CELLISTINNEN

MUSIK – KULTUR – GENDER

Herausgegeben von
Dorle Dracklé, Dagmar von Hoff, Nina Noeske
und Susanne Rode-Breymann

Band 14

Kultur ist Kommunikation: Wörter, die gelesen werden, ein literarisches oder filmisches Werk, das interpretiert wird, hörbare und unhörbare Musik, sichtbare oder unsichtbare Bilder, Zeichensysteme, die man deuten kann. Die Reihe Musik – Kultur – Gender ist ein Forum für interdisziplinäre, kritische Wortmeldungen zu Themen aus den Kulturwissenschaften, wobei ein besonderes Augenmerk auf Musik, Literatur und Medien im kulturellen Kontext liegt. In jedem Band ist der Blick auf die kulturelle Konstruktion von Geschlecht eine Selbstverständlichkeit.

CELLISTINNEN

Transformationen von Weiblichkeitsbildern in der Instrumentalkunst

von

Katharina Deserno

2018

BÖHLAU VERLAG KÖLN WEIMAR WIEN

Gedruckt mit freundlicher Unterstützung der Geschwister Boehringer Ingelheim Stiftung für Geisteswissenschaften und der Mariann Steegmann Foundation

Druckfassung der Inauguraldissertation von Katharina Deserno
zur Erlangung des Grades eines Doktors der Philosophie
angenommen an der Hochschule für Musik und Tanz Köln am 1. Juli 2014
Erstgutachterin: Prof. Dr. Annette Kreutziger-Herr
Zweitgutachter: Prof. Dr. Heinz Geuen

Bibliografische Information der Deutschen Nationalbibliothek:
Die Deutsche Nationalbibliothek verzeichnet diese Publikation in der
Deutschen Nationalbibliografie; detaillierte bibliografische Daten sind
im Internet über http://portal.dnb.de abrufbar.

Umschlagabbildungen von oben nach unten:
May Mukle, Lise Cristiani, Jacqueline du Pré, Hélène de Katow, Maria Kliegel, Guilhermina Suggia.
Bildnachweise siehe Abbildungsnachweise S. 525 und S. 526

Lindenstraße 14, D-50674 Köln, www.boehlau-verlag.com

Satz: Michael Rauscher, Wien
Druck und Bindung: Hubert & Co., Göttingen
Gedruckt auf chlor- und säurefreiem Papier.
Printed in the EU

ISBN 978-3-412-50171-6

Inhalt

Teil II: Lise Cristiani und Guilhermina Suggia. Zwei kulturwissenschaftliche Fallstudien

Teil III

Anhang

Einleitung

„In einer Männerwelt ist sie eine Königin."
(*Westdeutsche Allgemeine Zeitung*, 8. Oktober 2005)

„Dort, wo in der Regel die Männer regieren, hat sie sich längst einen Thron erobert, geadelt von Größen wie Rostropowitsch und Starker", so heißt es weiter in dem Zeitungsartikel aus dem Jahr 2005 über „die weltweit gefeierte Cellistin und Pädagogin Maria Kliegel".[1] Dieses Pressezitat wirft ein Licht auf zentrale Fragestellungen der vorliegenden Untersuchung. Wie kaum ein anderes Instrument hat das Cello einen Transformationsprozess durchlaufen, der es von einem als männlich verstandenen und fast ausschließlich von Männern gespielten zu einem sehr populären und von Männern wie Frauen gleichermaßen gespielten Musikinstrument werden ließ. Auf den ersten Blick scheint dieser Prozess mit der Vielzahl erfolgreicher junger Cellistinnen, mit der vermehrten Präsenz von Cellistinnen in Orchestern und Studentinnen an Musikhochschulen abgeschlossen zu sein. Und doch stellen sich Fragen, die nur mit einem Blick auf die einzelnen Schritte dieses Prozesses, also auch auf die Lebens- und Wirkungsgeschichten der Cellistinnen aus der Vergangenheit, beantwortet werden können.

In der vorliegenden Arbeit wird ein Transformationsprozess herausgearbeitet, der mit der ersten Konzertcellistin beginnt: Lise Cristiani (1827–1853)[2]. Sie steht für einen Bruch mit den Konventionen und Weiblichkeitsbildern des 19. Jahrhunderts. Lise Cristiani kann nach den bisherigen Forschungen als die erste Frau gelten, die mit dem Cello öffentlich auftrat.[3]

Um die Wende vom 19. zum 20. Jahrhundert wurde eine zweite Generation von Cellistinnen geboren, denen eine internationale Karriere gelang und die sich nahezu ebenbürtig mit den männlichen Künstlern ihrer Zeit positionieren konnten. Dazu zählen May Mukle, Beatrice Harrison und insbesondere Guilhermina Suggia (1885–1950). Während Lise Cristiani den Beinamen „Heilige Cäcilie von Frankreich"[4] erhielt, wurde Guilhermina Suggia in zahlreichen Kritiken „Queen of Cellists"[5] oder „Queen of the Cello"[6] genannt. Trotz einer spektaku-

1 Stenger, Michael: „In einer Männerwelt ist sie eine Königin. In Essen lebt die weltweit gefeierte Cellistin und Pädagogin Maria Kliegel", in: *Westdeutsche Allgemeine Zeitung*, 8. Oktober 2005.

2 Zur Ungewissheit des Geburtsdatums siehe Kap. 3.3.4.

3 Vgl. Hoffmann 1991.

4 „La sainte Cécile de France" Lanoye 1863, S. 385; siehe auch: Barbier, A. 1860, Teil 1, o. S.; *Le Ménestrel* 1846, 13. Jg., Nr. 43, 27. September 1846, S. 260.

5 *Scottish Daily Mail*, 25. August 1949.

6 Mercier 2008, S. 95f.

lären Karriere steht Suggia heute im Schatten einer Rezeptionsgeschichte, die sie nicht in den Rang einer „Königin" versetzte. Ganz anders ist die Situation bei Jacqueline du Pré (1945–1987): Sie ist die Cellistin, an die sich alle – seien es Musikwissenschaftlerinnen und Musikwissenschaftler, Laien, Cellistinnen oder Cellisten – erinnern. Sie ist sofort im kulturellen Gedächtnis präsent. Boettcher und Pape sprechen von der „unvergeßlichen Jacqueline du Pré".[7] In der vorliegenden Untersuchung werden alle drei Cellistinnen – Cristiani, Suggia und du Pré – zum einen als Symbolfiguren für eine Transformation und zum anderen als Projektionsfläche für Diskurse und Weiblichkeitsbilder verstanden. Im Zusammenhang mit dem Konzept der Transformation wird in der vorliegenden Studie auch die Konstruiertheit von Geschlechter- bzw. Weiblichkeitsbildern gezeigt.[8]

Die vorliegende Studie ist in drei Teile untergliedert: Im ersten Teil wird die theoretische und methodische Basis entfaltet, auf der diese Untersuchung aufbaut. In Orientierung an der Diskurstheorie Michel Foucaults, der Dekonstruktion Jacques Derridas und insbesondere der Performanztheorie Judith Butlers liefert diese Arbeit neue Sichtweisen und Ergebnisse zu den Selbstinszenierungen von Cellistinnen, zu deren Rezeption durch Publikum und Presse. Nicht zuletzt setzt sich diese Arbeit mit den Ursachen der fehlenden Dokumentation ihrer Leistungen in der Musikhistoriographie auseinander. Die zentralen Begriffe Weiblichkeitsbilder (Kap. 1.5.1), Konstruktion, Diskurs (Kap. 1.3) und Transformation (1.5) sowie die verschiedenen Erscheinungsformen und Strategien von Transformationen nach Judith Butler (Kap. 1.5.3) und die Begriffe, mit denen diese erfasst werden sollen, so Performanz und Performativität, Affirmation und Subversion, Maskerade und Verschiebung, werden zusammen mit ihrer Verortung im wissenschaftlichen Kontext vorgestellt.

Das kultur- und musikwissenschaftliche Erkenntnisinteresse dieser Untersuchung besteht zum einen darin, ein Forschungsdesiderat bezüglich des Wirkens von Cellistinnen am Beispiel von Lise Cristiani und Guilhermina Suggia zu bearbeiten. Dieser Aufgabe widmet sich Teil II. Zum anderen soll aufgezeigt werden, dass auch Musikgeschichte als diskursive Konstruktion (Kap. 1) zu verstehen und als solche zu interpretieren ist. Ein ausführlicher Überblick über ge-

7 Pape/Boettcher 2005, S. 160.

8 Ein Artikel der Autorin mit dem Titel „Ein Blick auf die Geschichte der Cellistinnen" erschien 2008 (Deserno 2008). Zum Forschungsstand und weiteren Publikationen anderer Autorinnen und Autoren siehe zu Cristiani Kap. 3.1, zu Suggia Kap. 4.1. Die Arbeiten von zwei Autorinnen müssen besonders hervorgehoben werden: Freia Hoffmann ist die ‚Wiederentdeckung' Lise Cristianis zu verdanken; sie publizierte mehrere Artikel über die Cellistin (Hoffmann 1991, dies. 2007/2010, dies. 2011). Die erste ausführliche englischsprachige Forschungsarbeit über Guilhermina Suggia legte Anita Mercier vor (Mercier 2008).

sellschaftspolitische und historische Kontexte (Kap. 2) bietet die Grundlage für die in den Teilen II und III folgenden Analysen.

Der Arbeitsansatz ist multiperspektivisch und interdisziplinär. Er erweitert die Perspektive der historischen Musikwissenschaft um die der Gender Studies, der Kulturwissenschaft und der Rezeptionsgeschichte, der Entwicklungspsychologie und der Instrumentalpädagogik. Die Betrachtung künstlerischer Ausbildungs- und Entwicklungsprozesse in dieser Arbeit stellt dabei einen verbindenden Baustein zwischen Musikwissenschaft und Geschichte der Instrumentalpädagogik dar.

Teil II dieser Arbeit (Kap. 3 und 4) präsentiert zwei ausführliche Fallstudien über die Cellistinnen Lise Cristiani und Guilhermina Suggia, die durch Verweise zu den jeweiligen Zeitgenossinnen ergänzt werden. Ziel der Fallstudien sind gendersensible und historisch kontextualisierende Analysen und Interpretationen zu den Wirkungsgebieten der Cellistinnen, zu ihrer Selbstpräsentation und Rezeption in der Musikgeschichtsschreibung. Unter Anwendung der dekonstruktivistischen Thesen Judith Butlers und ihrer Performanztheorie sowie in Orientierung an Michel Foucault und Jacques Derrida werden Presserezensionen, Briefe, Reiseberichte und weitere Primär- und Sekundärquellen über Cellistinnen analysiert. Auch in den biographischen Porträts steht der diskurskritische Ansatz im Vordergrund. Handschriften und historische Dokumente wie Briefe Cristianis, Postkarten Suggias, Bilder, Fotografien, die Übersetzung eines französischen Berichts über Lise Cristiani[9] sowie Gedichtfragmente, Karikaturen u.a. wurden zusammengetragen und viele von ihnen liegen in diesem Buch nun erstmalig publiziert vor.[10] Somit handelt es sich um einen Beitrag zu einer Musikgeschichtsschreibung, welche die künstlerischen Leistungen von Frauen sichtbar werden lässt, „History und Herstory" zusammen denkt[11], wie Annette Kreutziger-Herr es ausdrückt.

Die ausgedehnten Reisen Cristianis bis nach Sibirien und in den Kaukasus werden anhand der vorliegenden Quellen[12] untersucht (Kap. 3.4), nicht zuletzt deshalb, weil Cristianis Konzertreisen eine Formverwandlung in Abenteuerreisen erfuhren. Die damit einhergehende Grenzüberschreitung des traditionellen weiblichen Lebensraums wird als beispielhaft für eine zentrale Annahme dieser Arbeit herangezogen, dass nämlich die Künstlerinnen durch Grenzüberschreitungen erst zu Protagonistinnen eines Transformationsprozesses wurden.

Anhand bisher unveröffentlichter Gedichtfragmente von Jules-Paul Barbier, die uns die Cellistin Lise Cristiani aus der Perspektive des Bruders und der Familie sehen lassen, werden Überlegungen zur romantischen Utopie der Über-

9 Barbier, A. 1860.

10 Siehe Abbildungen und Dokumentenanhang.

11 Kreutziger-Herr 2009, S. 44.

12 Barbier, A. 1860; Lanoye 1863, siehe Kap. 3.4.1.

windung von Geschlechtergrenzen entfaltet. Weitere Quellenfundstücke sind Postkarten, welche die junge Cellistin Guilhermina Suggia von ihren Reisen zu Beginn des 20. Jahrhunderts nach Portugal schrieb.[13] Diese ermöglichen eine diskursanalytisch-dekonstruktivistische und tiefenhermeneutisch-biographische Untersuchung zur Selbstrepräsentation der Cellistin (Kap. 4.3).

Teil III dieser Arbeit (Kap. 5) rückt die Wirkungsfelder und einige Aspekte der künstlerischen Sozialisation von Cellistinnen in den Vordergrund, wobei auch der Einfluss der Frauenbewegung berücksichtigt wird (Kap. 5.6). Ausführungen über die Ausbildung von Cellistinnen (Kap. 5.5) stellen Beiträge zu einer Geschichte der Instrumentalpädagogik im Rahmen einer Genderperspektive dar. In diesen Forschungszusammenhang gehören ebenfalls Überlegungen zur „Musikhistoriographie und dem Status der Interpretinnen" (Kap. 1.6.2) sowie der Exkurs über Guilhermina Suggias Veröffentlichungen von 1920/21 in *Music & Letters*[14] (Kap. 4.4). Diese können als erste instrumentalwissenschaftliche Texte einer Cellistin gelten.

Teil III schließt mit einer Rezeptionsanalyse über die Cellistin Jacqueline du Pré. Deutlich wird hierbei wiederum die Macht diskursiver Strukturen und Bilder, die sich durch Geschichte und Gegenwart von Musikpraxis und -forschung ziehen. Auch wenn Jacqueline du Pré als Endpunkt eines aus heutiger Perspektive positiv empfundenen Transformationsprozesses erscheint, in dem das Cello seine Rolle als Männerinstrument ablegen konnte, so zeigen sich in den Analysen doch auch die Ambivalenz und Vielschichtigkeit der Diskurse und Bilder, die mit du Pré in Verbindung gebracht werden.

Neben einer Zusammenfassung steht am Ende dieser Arbeit ein Ausblick, der eine Brücke zwischen Musikwissenschaft und Unterrichtspraxis schlagen möchte (Kap. 6). Hier wird eine instrumentalpädagogische Studie[15] zur Instrumentenpräferenz von Kindern mit dem für diese Arbeit zentralen Bild-Begriff konfrontiert. Konzepte wie das des Vorbildes, der Imitation und Identifizierung werden als Bausteine und Parameter musikalischer Entwicklungsprozesse mit den Ergebnissen dieser Arbeit in Zusammenhang gebracht, um weitere Möglichkeiten einer interdisziplinären Perspektive zu eröffnen.

13 Postkartensammlung Guilhermina Suggia 1904–1911, Postkarten von Suggia an António Lamas. Sammlung Elisa und João Lamas, Lissabon. Ich danke Virgílio Marques für seine Hilfe bei der Recherche. Vgl. Mercier 2008, S. 16.

14 Suggia 1920; dies. 1921b und dies. 1921a.

15 Pickering/Repacholi 2001.

Teil I

Theorie, Methode und Kontexte

1. Theoretisch-methodologische Grundlagen

1.1 Musikwissenschaft und Gender Studies

Wie kaum ein anderes Instrument hat das Cello einen Bedeutungswandel von einem ‚Männerinstrument' hin zu einem von beiden Geschlechtern gespielten, populären Instrument durchlaufen. Heutzutage ist das Bild einer Cello spielenden Frau präsent und selbstverständlich, vielleicht steht es sogar für eine Art ‚weibliche' Ästhetik.[1] Dagegen sprachen Musikkritiker Ende des 19. Jahrhunderts noch von „vereinzelten Orgel- oder Cellospielerinnen und was der befremdlichen Gestalten mehr sind, die hin und wieder im weiten Tonreiche auf Abenteuer ausgegangen"[2] seien. Bei der Betrachtung einer „Geschichte der Cellistinnen" rückt demnach vor allem ein Wandlungsprozess signifikant in den Vordergrund[3]: Transformationsprozesse von Weiblichkeitsbildern lassen sich an Cellistinnen besonders klar erkennen, so lautet eine Hauptthese dieser Untersuchung.

Diese Arbeit kann mehreren Forschungsrichtungen zugeordnet werden. Zum einen der historischen Musikwissenschaft im Sinne musikhistorischer Biographieforschung über Instrumentalistinnen, so dass diese Arbeit eine Genderstudie im Rahmen des interdisziplinären Verständnisses von Musikwissenschaft als Kulturwissenschaft ist. Der Forschungsansatz basiert demnach auf Methoden der historischen Musikwissenschaft: Dazu gehören Recherche, Auswertung und Interpretation historischer Quellen,[4] Zusammenstellung und Darlegung der er-

---

1 Vgl. Deserno 2008, dies. 2009a.

2 Gumprecht 1876, S. 34.

3 Deserno 2008.

4 Beispielsweise Briefe, Tagebücher, Presseartikel, Widmungen. In Kap. 3 und 4 werden die verwendeten Quellen, der Rechercheprozess sowie die Herangehensweise jeweils zu Beginn der Fallstudien über die Cellistinnen vorgestellt.
Anmerkungen zur Zitierweise fremdsprachiger Zitate und zur Verwendung von Namen: Englische Zitate wurden im Original belassen, französische überwiegend auch, bzw. dann wenn es im Textkontext sinnvoll erschien. Einzelne Zitate wurden für ein leichteres Verstehen ins Deutsche übersetzt. Die Zitate aus beiden französischen Reiseberichten wurden von der Autorin übersetzt und werden auch durchgehend auf Deutsch zitiert. In Einzelfällen, z.B. bei Doppeldeutigkeiten und Interpretationsspielräumen, wurde in den Fußnoten auf das französische Original oder auf andere Übersetzungen verwiesen. Auf eine komplette Wiedergabe der französischen Originale in den Fußnoten wurde aus Platzgründen verzichtet. Die komplette Übersetzung des Reiseberichts von Alexandre Barbier ist im Dokumentenanhang abgedruckt (Dok. 9). Die Originale sind in der BNF,

forschten Daten und der biographisch-historischen Informationen über die Cellistinnen. Zum anderen hat diese Biographieforschung die Geschichte von Frauen zum Thema. Künstlerische Leistungen von Frauen sind auch noch in der Musikgeschichtsschreibung des 20. Jahrhunderts nahezu unsichtbar.[5] Die fehlende Würdigung ihrer Leistungen in der Historiographie steht der Präsenz von Künstlerinnen im zeitgenössischen Musikleben auf frappierende Weise entgegen. Hier knüpft die vorliegende Arbeit an die Vorgehensweise der musikwissenschaftlichen Frauenforschung an. Diese begann in den 1980er Jahren, Komponistinnen, Dirigentinnen und Interpretinnen sowie weiteren in der Musik und im Musikleben tätigen Frauen einen Platz in der Musikgeschichte zu schaffen. Forschung über ‚vergessene' Künstlerinnen muss die Fragen nach den Bedingungen des Vergessens und denen des Wiedererinnerns und damit auch die sozialen und kulturellen Kontexte mit einbeziehen. Eva Rieger und Sigrid Nieberle beschreiben diesen Paradigmenwechsel in der musikwissenschaftlichen Frauenforschung als „Anfang einer Forschungsrichtung […], die das ‚Geschlecht' nicht mehr unreflektiert in die Ergebnisse musikwissenschaftlicher Arbeit einfließen ließ, sondern es selbst zum Topos, zum Gegenstand der Analyse machte".[6]

Dieser Perspektivenwechsel prägt auch die Gender Studies, die aus der Frauenforschung hervorgegangen sind. Ergänzend zur historischen Aufarbeitung und Dokumentation weiblichen Musikhandelns rücken die Inszenierungen von Geschlechterrollen, geschlechtsspezifische und diese überschreitende Identitätsinszenierungen sowie Ausschlussverfahren von Frauen aus Musikpraxis und -geschichte in den Fokus des Forschungsinteresses.

1.1.1 (Musik-)Geschichte als Erzählung. Zur Perspektive und Methode

Es ist also zunächst Ziel dieser Arbeit, im Sinne musikwissenschaftlicher Frauenforschung die Lebens- und Wirkungsgeschichten von Musikerinnen sowie ihre Leistungen „sichtbar"[7] zu machen und ihnen einen angemessenen Platz in der Musikgeschichte einzuräumen. Dies gilt vor allem für Lise Cristiani (1827–

Datenbank Gallica zu finden (siehe Verweis Kap. 3.1 und 3.4.1). Die portugiesischen Texte der Postkarten von Guilhermina Suggia wurden von Katharina Deserno mit der Hilfe von Vírgilio Marques transkribiert und übersetzt (siehe Abb. 3). Hier wird im Text immer die deutsche Übersetzung verwendet. Die von Suggia auf Französisch geschriebenen Postkarten werden im Original zitiert. Doppelnamen, die in verschiedenen Formen verwendet wurden, werden in der Arbeit in der in den bearbeiteten Quellen am häufigsten zu findenden Form verwendet.

5 Kreutziger-Herr/Losleben 2009, S. 33.

6 Nieberle/Rieger 2005, S. 266.

7 Kreutziger-Herr/Losleben 2009, S. 33.

1853) und die Cellistinnen des 19. Jahrhunderts. Auch über Guilhermina Suggia (1885–1950) ist vergleichsweise wenig bekannt und in der deutschsprachigen Musikwissenschaft bisher kaum geforscht worden.[8] Diese Arbeit legt zum ersten Mal ausführliche Studien zu beiden Künstlerinnen vor. Vergleicht man Suggias Lebensweg mit dem von Pablo Casals, so zeigt sich Suggia als ebenbürtige Musikerin, die zu Lebzeiten anerkannt und gefeiert wurde. Es fällt aber zugleich auf, dass sich die Rezeption und das musikgeschichtliche Gedächtnis ungleich weniger an die Cellistin erinnern als an ihren zur Legende gewordenen Zeitgenossen.[9]

Ähnliches gilt für weitere Cellistinnen des frühen 20. Jahrhunderts. Oft ist es schwierig oder sogar unmöglich, eine sinnvolle Relation zwischen künstlerischem Erfolg zu Lebzeiten und der nachträglichen Beachtung in der Historiographie herzustellen. Zwar kann man aus Quellen wie Konzertprogrammen, Rezensionen und Aufnahmen oder aus (Auto-)Biographien – wie im Fall von Amaryllis Fleming und Beatrice Harrison[10] – den künstlerischen Weg der Cellistinnen rekonstruieren. Die Frage nach einer objektiven Vergleichbarkeit von ‚Berühmtheit' und einer sich danach richtenden Würdigung in der Historiographie erwies sich jedoch schon in den Anfangsstadien der musikwissenschaftlichen Frauenforschung als falscher Kausalzusammenhang, der die Spezifika weiblicher Biographien und ihrer Rezeption ignoriert sowie ihre Kontextualisierung versäumt.[11]

Gerade die traditionelle Biographik läuft Gefahr, inadäquate Denkmuster und Lesarten auf die Biographien von Frauen anzuwenden, die deren spezifischen Eigenheiten nicht gerecht werden. Zum einen besteht die Versuchung, „Heldinnen"[12]-Biographien nach dem Vorbild „männlicher Helden-Biographien"[13] zu erstellen. Diese haben aber neben der Würdigung den negativen Effekt, einzelne Künstlerinnen als „Ausnahmeerscheinungen"[14] hervorzuheben, ohne eine ansonsten männlich dominierte Musikgeschichte in Frage zu stellen. Ohne Einbeziehung der historischen, sozialen und politischen Kontexte führen solche ‚Ausnahmeheldinnen' keineswegs zu einem symmetrischen Geschichtsbild.[15] Auch die Abwertung der Künstlerinnen im Vergleich mit Künstlern, die

---

8 Mercier 2008; Campbell 2004; Eggebrecht 2007; vgl. Deserno 2010.

9 Siehe Kap. 5.5.3.

10 Harrison/Cleveland 1985; Fleming 1993.

11 Zur Problematik der spezifischen Situation der Erinnerung an Interpretinnen und Interpreten siehe Kap. 1.6.

12 Vgl. Brombach/Wahrig 2006, S. 10; vgl. Noeske u.a. 2008, Sp. 243.

13 Vgl. Borchard 2006; vgl. Noeske u.a. 2008.

14 Vgl. Brombach/Wahrig 2006, S. 10; vgl. Borchard 2006.

15 Vgl. Kreutziger-Herr/Losleben 2009, S. 44f.

im traditionellen Kanon fest verankert sind, liegt bei dieser Herangehensweise sehr nah. Dies konfrontiert direkt mit der Problematik, vor der die Musikwissenschaftlerinnen der 1980er Jahre standen und die Eva Rieger in ihrem Pionierwerk musikwissenschaftlicher Frauen- und Geschlechterforschung *Frau, Musik und Männerherrschaft*[16] wie folgt formulierte:

> „Es ging längst nicht mehr nur darum, Lücken in der Musikgeschichte zu füllen, sondern die Phänomene mußten neu bearbeitet werden. Die gesamte Sicht der Dinge war verrückt, ich mußte schier alles in Frage stellen, das sich als ‚Wissenschaft' ausgab."[17]

Diese Problematik markiert den Übergang von der Frauen- zur Genderforschung. Durch die veränderte Sicht entstand eine neue Herangehensweise, die soziale und politische Kontexte sowie die Konstruiertheit und Diskursivität von Geschlecht in den Vordergrund rückte. Im Fall der Cellistinnen steht das „Füllen der Lücken" tatsächlich noch aus, wozu in dieser Arbeit ein weiterer Beitrag geleistet werden soll. Hilfreich ist dabei Beatrix Borchards Konzept der Biographie als Montage.[18] Die vorliegende Studie verfolgt somit ein doppeltes Ziel: Zum einen soll sie zur angemessenen Repräsentation von Cellistinnen aus der Vergangenheit in der musikwissenschaftlichen Historiographie beitragen.[19] Zum anderen liegt ihr Forschungsschwerpunkt auf einer dekonstruktivistischen und diskursanalytischen Untersuchung dessen, was an den Lebens- und Wirkungsgeschichten der Cellistinnen über die Transformationen von Weiblichkeitsbildern sowie die Konstruktionen und Inszenierungen von Geschlecht abzulesen ist.

Geschichte und damit auch Musikgeschichte sollen in dieser Untersuchung im Sinne Hayden Whites als Erzählung(en) verstanden werden.[20] Damit wird die Hoffnung, scheinbar objektive Fakten darüber sammeln zu können, wer nun wirklich ‚am berühmtesten' war, aufgegeben. Lebensgeschichten sind Erzählungen, somit Konstruktionen von Wirklichkeiten und sollen hier als solche verstanden und untersucht werden. Dieser Ansatz ermöglicht oder fordert es sogar, die ‚Geschichten' der Cellistinnen als Texte zu lesen und sie im Sinne qualitativer und dekonstruktivistischer Textanalysen und -rekonstruktionen zu betrachten. Briefe, Reiseberichte, Tagebuchfragmente, Veröffentlichungen, Presserezensionen, Biographien, Interviews, Lexikonartikel, Sekundärliteratur, Filme u.a.

---

16 Rieger 1981.

17 Rieger 1988, Vorwort zur zweiten Auflage, o.S.

18 Borchard 2006, S. 47.

19 Andere Forschungen, die vergessene Künstlerinnen durch Archiv- und Quellenrecherchen aus dem Dunkel des historiographischen Schattens holen, werden z.B. vom Sophie Drinker Institut / Bremen und vom Forschungszentrum Musik und Gender / Hannover betrieben.

20 White 1991.

stellen eine Sammlung diskursiver Äußerungen dar, die es ermöglicht, aus den ‚Geschichten' „Fallgeschichten"[21] zu bilden. Die Reflexion über die jeweilige historische Funktion der einzelnen Quellen sowie über die historischen, zeitgenössischen, wissenschaftlichen und individuellen Perspektiven auf die Quellen fordern einen pluralistischen Ansatz.

Eine diskurskritische Dekonstruktion in Anlehnung an Michel Foucault sowie im Sinne der dekonstruktivistischen Thesen von Judith Butler und Jacques Derrida ist der methodische Ansatz, der diese Untersuchung bestimmen und leiten soll. Ergänzend dazu wurden Methoden aus der Literaturwissenschaft[22], der qualitativen Sozialforschung[23], den Erziehungswissenschaften[24], aus der psychoanalytischen Kulturanalyse[25] und aus der Entwicklungspsychologie/Adoleszenzforschung[26] miteinbezogen und an jeweiliger Stelle kenntlich gemacht.

Ein Schwerpunkt dieser Arbeit ist die Frage nach künstlerischen Entwicklungsprozessen. Es wird nach einem Verständnis dieser Prozesse innerhalb historischer und sozialer Kontexte sowie aus der Perspektive der Diskursivität von Wissen, Können und deren Weitergabe gefragt. Untersucht werden instrumentalpädagogische Themenfelder wie beispielsweise die Ausbildung von Kindern und Jugendlichen zu Berufsmusikerinnen und -musikern, die sich verändernden Methoden in der Vermittlung von musik- und instrumentalpädagogischem Können und Wissen sowie die sich verändernde Sprache über diese Prozesse. Damit rücken die Transformationen von Begriffen und Bedeutungszuschreibungen, welche diese Ausbildung und damit das Verständnis von Musik und Musikpädagogik im heutigen Sinne prägen, sowie insbesondere ihre genderspezifischen Auswirkungen in den Vordergrund des Interesses. Gerade die instrumentalpädagogische Forschung ist als junges Fach zwischen Wissenschaft, Musikausübung, Musikvermittlung und Erziehungswissenschaft situiert und ohne interdisziplinären Ansatz kaum denkbar. Die Transformationen von Weiblichkeitsbildern in der Instrumentalkunst[27] lassen sich nicht zuletzt mit einem Blick auf die künstlerischen Ausbildungsprozesse der Cellistinnen herausarbeiten. Der Blick auf die historische Wandelbarkeit dieser Prozesse, aber auch die Wiederholungen im Laufe der Musikgeschichte schärfen wiederum den Blick auf aktuelle instrumentalpädagogische Fragestellungen und Aufgabengebiete, denn in der Musikausbildung nehmen bis heute genderspezifische Mechanis-

---

21 Vgl. Flick 2005.

22 Weigel 2004.

23 Flick 2005.

24 Friebertshäuser/Langer/Prengel 2010.

25 Lorenzer 1978.

26 King 2002a.

27 Vgl. Deserno 2009a.

men und die Reproduktion von Diskursen aus der Vergangenheit nicht selten unbemerkt Einfluss. Der methodenpluralistische Ansatz rechtfertigt sich im Sinne des Paradigmas von interdisziplinärer Genderforschung und dekonstruktivistischer Kulturwissenschaft, zu der musikwissenschaftliche und instrumentalpädagogische Forschung, wie sie in dieser Arbeit geleistet wird, gezählt werden soll.

1.2 Kulturwissenschaft, Interdisziplinarität und Wissenschaftskritik

Das Geschichtsbild ist direkt verknüpft mit den Auffassungen über Geschlechteridentitäten und Geschlechterverhältnisse. In Anlehnung an einen konstruktivistischen Geschichtsansatz, der mit dem linguistic turn[28] die Herangehensweisen der Geschichtswissenschaften verändert und erweitert hat, soll auch die Musikgeschichte nicht als gegebene Wahrheit betrachtet, sondern ihr „Konstruktcharakter"[29] in den Blick genommen werden. Diese Studie sucht nach den Strukturen und Mechanismen, die dazu geführt haben, dass Informationen über Musikerinnen vorliegen (oder fehlen), in welcher Form sie vorliegen bzw. wie sie bisher rezipiert und bearbeitet wurden. Die Gender Studies bieten als interdisziplinäre Forschungsperspektive einen geeigneten Ansatz. Auch hier klingt ein zentrales Thema der musikwissenschaftlichen Genderforschung an: Forschung über künstlerisch tätige Frauen muss letzten Endes Kulturwissenschaft sein, damit die „Methode dem Gegenstand"[30] – oder dem Forschungs-„Subjekt"[31] – angemessen bleibt. Dabei fungiert Kulturwissenschaft als eine „Metaebene der Reflexion"[32], als selbstreflexiv-kritische Perspektive auf jede Art Forschung, die sich mit „Kultur"[33] befasst. Kulturwissenschaft ist somit auch Wissenschaftskritik, indem sie eine der eigenen Forschung gegenüber selbstreflexiv-kritische Haltung fordert und hervorbringt. Auch in der Musikwissenschaft kann man im Sinne Thomas S. Kuhns von einem „Paradigmenwechsel"[34] sprechen, mit welchem sich die Erkenntnis über musikwissenschaftliche Forschungsgegenstände nicht mehr von der Betrachtungsweise, dem Forschungsstandpunkt und den methodischen Herangehensweisen separieren und loslösen lässt. Zu dieser Problematik, welche die Wechselwirkung von „Erkennen" und „Inhalt" der Forschung

28 Vgl. Daniel 2006; vgl. Hanisch 1996; vgl. Kreutziger-Herr 2009; vgl. White 1994.
29 Vgl. Kreutziger-Herr 2009, S. 35.
30 Herr/Woitas 2006, Vorwort, S. X.
31 Zu Bourdieus Begriff „Subjekt der Wissenschaft" vgl. Daniel 2006, S. 184.
32 Fauser 2004, S. 9.
33 Zum Kulturbegriff in den Kulturwissenschaften vgl. Assmann 2008, S. 13ff.
34 Kuhn 1976, S. 123.

charakterisiert, schreibt Ludwik Fleck in seinem Buch *Entstehung und Entwicklung wissenschaftlicher Tatsachen*:

> „Es ist ein Wahn zu glauben, die Geschichte des Erkennens habe mit dem Inhalte der Wissenschaft ebensowenig zu tun wie die Geschichte etwa des Telephonapparates mit dem Inhalt der Telephongespräche: Wenigstens drei Viertel und vielleicht die Gesamtheit alles Wissensinhaltes sind denkhistorisch, psychologisch und denksoziologisch bedingt und erklärbar."[35]

1.2.1 (Musik-)Kulturelles Handeln und Räume von Frauen

Der Begriff des kulturellen, insbesondere des „musikkulturellen Handelns"[36] ist in diesem Forschungskontext von großer Bedeutung. Durch diese Perspektive werden Musikgeschichte und eine an der Werkanalyse orientierte Musikwissenschaft, die sich vorwiegend auf Musikwerke und ihre (meist männlichen) Schöpfer konzentrieren, ergänzt. Soziale und kulturelle Kontexte sowie Formen, in denen Musik entsteht, gespielt und rezipiert wird, rücken in den Fokus der Betrachtung. Dies ist insbesondere für diese Untersuchung ausschlaggebend, da Cellistinnen, also ausübende Musikerinnen, das Forschungsthema sind. Die Bereiche, welche sich sozusagen an der Peripherie des Forschungsgegenstandes Musik abspielen, wie die traditionelle, historische Musikwissenschaft ihn lange Zeit mit der Komposition im Zentrum konzipierte, waren häufig Tätigkeitsfelder von Frauen: Pädagogik, Mäzenatentum, Unterhaltungsmusik, Hausmusik.[37] Von Bedeutung sind damit auch die verschiedenen „Räume"[38], in denen Frauen künstlerisch tätig sein konnten – die Räume, welche ihnen zugestanden oder verschlossen wurden, und ebenso Räume, die sie sich aneigneten. Öffentlichkeit und Privatheit können als die zwei dichotomen Raumkonzeptionen des 19. Jahrhunderts gelten, welche die Handlungsspielräume der Geschlechter bestimmten. Auch der spezifische kulturelle und sozialpolitische Kontext eines Landes oder einer gesellschaftlichen Gruppierung kann als Raum fungieren. Reale Räume wie Konzertsäle oder Salons sind zugleich symbolische Räume, die nach diskursiven Ordnungen funktionieren, die diskursive Strategien und Codes manifest

---

35 Fleck 1980, S. 32.

36 Rode-Breymann 2007, S. 279ff.; dies. 2009; vgl. Noeske u.a. 2008, Sp. 244.

37 Vgl. Nieberle/Rieger 2005; Rieger 1981; Noeske u.a. 2008; vgl. Losleben 2012; vgl. Bloss 2006. Dabei haben sich Forschungsinteressen, die zunächst der systematischen Musikwissenschaft zugeordnet wurden, auch für die historische Musikwissenschaft erschlossen.

38 Rode-Breymann 2009b, S. 187; vgl. dies. 2009a, dies. 2007; Rode-Breymann/Tumat 2013; vgl. Löw 2009; vgl. Losleben 2012.

erlebbar machen, aber gelegentlich auch die Möglichkeit zur subversiven Umkonzeption bieten.[39] Innerhalb der Dichotomisierung des öffentlichen und des privaten Raums in männliche und weibliche Sphären, wie sie das 19. Jahrhundert konzipierte, überschritt die Cellistin Lise Cristiani gleich dreimal die Grenzen des ‚weiblichen Raumes': einmal als konzertierende, in der Öffentlichkeit stehende Musikerin, dann als Cellistin, als Musikerin mit einem als männlich verstandenen Instrument und nicht zuletzt durch ihre ausgedehnten Reisen.

In dieser musikwissenschaftlichen Herangehensweise wird der Forschungsgegenstand Musik als Zusammensetzung all der Tätigkeiten und Handlungen, die das Musikwerk entstehen lassen, verstanden. Dazu gehören natürlich Partitur, musikalische Werkanalyse und die Geschichte von Komponisten und Komponistinnen, aber eben auch die von Interpreten und Interpretinnen sowie die der Aufführungen, der Rezeption und der musikalischen Institutionen, der Musikpädagogik und -ausbildung.

1.3 Konstruktion, Dekonstruktion und Diskurs

> „Was wir brauchen, ist die Ablehnung der festgeschriebenen und permanenten Eigenschaft des binären Gegensatzes, eine echte Historisierung und die Dekonstruktion der Bedingungen des geschlechtlichen Unterschieds […]. Wenn wir dabei Jacques Derridas Definition der Dekonstruktion anwenden, so bedeutet diese Kritik eine Analyse der Funktionsweise des binären Gegensatzes in einem Kontext, indem man die hierarchische Konstruktion umkehrt und aus den Fugen hebt, und nicht, indem man den Gegensatz als echt oder selbstverständlich oder sogar als in der Natur der Dinge liegend akzeptiert."[40]
>
> Joan W. Scott

Wenn es möglich ist, dass Bilder, Geschlechterstereotype und Erwartungen an geschlechtsspezifisches Verhalten, die im Laufe von etwa 150 Jahren Musik- und Rezeptionsgeschichte an Cellistinnen herangetragen wurden, sich grundlegend verändern, so ist der Blick auf diesen Transformationsprozess der erste Schritt zur Dekonstruktion dieser Bilder. „Geschlechterbeziehungen" sollen auch hier als „Repräsentationen von kulturellen Regelsystemen"[41] verstanden werden.

39 Beispielsweise die Professionalität des Salons von Fanny Hensel; Performance-Art im Konzertsaal, Tango in der Kirche etc.

40 Scott 1994, S. 49f.

41 Hof, Renate: Die Entwicklung der *Gender Studies*, in: Bussmann/Hof 1995, S. 2–33, hier S. 16; vgl. Stephan 2006, S. 62.

Diese Repräsentationen werden, um mit Michel Foucault zu sprechen, diskursiv erzeugt. Im Sinne der Diskurstheorie Foucaults sind die Geschlechterbilder und -rollen Produkte kultureller Zuschreibungen, verkörperter Normen und diskursiver Strategien. Motor für die Organisation dieser Strukturen sind Machtgefüge und das Ziel, die Körper zu „disziplinieren", zu einem funktionierenden Gesellschaftskörper zu machen;[42] ein funktionierendes System zu erschaffen, das sich durch seine Mitglieder selbst erhält. Durch Verinnerlichung und Verkörperlichung der Diskurse und Einschreibungen in Form von Gewissen, Normvorstellungen sowie der Bildung von Identität entstehen Subjekte, die das diskursive System, das sie als solche erzeugt hat, selbst tragen.

Aus der Perspektive der Soziologie thematisiert Pierre Bourdieu die Übernahme von systemimmanenten Normen bzw. inkorporierten Machtstrukturen und spricht von „Habitus" als „durch Erfahrung erworbenen, zur zweiten Natur gewordenen Dispositionen, die die Akteure in einem bestimmten Feld nicht nur verinnerlicht, sondern geradezu verkörperlicht haben".[43]

Bei der Betrachtung der „Geschichte der Cellistinnen"[44] fällt auf, dass Weiblichkeit zwar immer thematisiert, jedoch selten hinterfragt wird. Dies trägt zur Aufrechterhaltung bestimmter Weiblichkeitsdiskurse bei, die in der Gesellschaft und in dem jeweiligen historisch-politischen Kontext eine Funktion erfüllen sollen. Foucault definiert Diskurse als „Praktiken [...], die systematisch die Gegenstände bilden, von denen sie sprechen"[45]. Aufgabe der Diskursanalyse sei es, diese Praktiken aufzudecken. Des Weiteren spricht er von „Grenzziehung und [...] Verwerfung"[46], welche als Ausschließungsmechanismen ebenso wie Verbote diskursive Definitionsmacht darüber haben, wie, worüber und über wen gesprochen wird, was als erinnernswert, was als falsch oder richtig, gut oder schlecht befunden wird.[47] „Ich setze voraus, daß in jeder Gesellschaft die Produktion des Diskurses zugleich kontrolliert, selektiert, organisiert und kanalisiert wird"[48], schreibt Foucault und betont damit, dass die diskursanalytische Betrachtung nicht nur auf die vordergründig präsenten Diskurse blickt, sondern gerade auf das, was „kontrolliert, selektiert, organisiert und kanalisiert" wird, und damit dem, was verschwiegen, unterdrückt und ausgelassen bleibt, Aufmerksamkeit schenkt. ‚Nicht-sprechen-Können' oder ‚Nicht-sprechen-Dürfen' ist in diesem

42 Vgl. Schössler 2008, S. 94; vgl. Braun 2006, S. 14f.; vgl. Foucault 1977; vgl. ders. 1976.

43 Bourdieu 2005, zitiert nach Daniel 2006, S. 189.

44 Deserno 2008.

45 Foucault 1994, S. 74.

46 Ders. 1974, S. 8.

47 Foucault spricht von drei „Ausschließungssystemen": „das verbotene Wort; die Ausgrenzung des Wahnsinns; der Wille zur Wahrheit", ebd., S. 14.

48 Ebd., S. 7.

Sinne auch das Ergebnis von Diskursen, die Macht- und Unterwerfungsstrukturen erzeugen. Dabei spielen Institutionen eine entscheidende Rolle: Schulen, Universitäten, Psychiatrien und Gefängnisse.[49] Sie tragen dazu bei, die Individuen in ihrer Form auszubilden, einzuschränken, auszuschließen oder zu fördern, so dass sie nicht nur dem gesellschaftlichen System und dessen diskursiv organisierten Verhaltensnormen angepasst werden, sondern durch Verinnerlichung auch Teil der Reproduktion desselben Systems werden. Dabei spielen der Musikbetrieb und die musikbezogenen Institutionen zum einen die Rolle von Gegenmodellen, da für sie häufig andere Regeln gelten als für eine Gesellschaft im Allgemeinen; zum anderen bestätigen sie die diskursiven Normen der Gesellschaft. Auf der Bühne ist vieles möglich, was im gesellschaftlichen Alltag nicht möglich wäre, sowohl im Sinne von Überschreitung als auch im Sinne von modellhafter Übertreibung der gültigen Normen.

Jacques Derrida hat mit seinen methodischen Ansätzen[50] der ‚différance' und des ‚Sous-rature-Setzens'[51] den Dekonstruktivismus geprägt, auf der Suche nach den Bedeutungen und Zusammenhängen, den „Gegenbegriffen" und „Oppositionen"[52] und Widersprüchlichkeiten, die eben gerade durch feststehende Begrifflichkeiten ausgelassen oder verdrängt wurden. Dies sei an einer Bemerkung zu Suggia kurz illustriert: „[I]hr Klang war von einer männlichen Kraft, wie man ihn nur selten von einer Cellistin zu hören bekommt."[53] Beim Durchstreichen der Wörter „männlich" und „Kraft", die der Autor mit Selbstverständlichkeit einsetzt und die doch bei kritischer Lesart am meisten Irritation hervorrufen, leuchtet das auf, was nicht ausgesprochen wird, die „Oppositionen und Gegenbegriffe": das ‚Weibliche' oder das ‚Schwache', das ‚Starke', was nicht ‚männlich' wäre, und das ‚Kraftvolle', was eigentlich nicht ‚weiblich' sei etc. Diese Oppositionen machen den durchgestrichenen Begriff erst verständlich, indem sie auf die Vielfalt an Bedeutungskontexten, aus denen er hervorgeht und gegen die er sich abhebt, verweisen.

Die binäre oder polare Konzeption der Geschlechtscharaktere entstand Ende des 18. Jahrhunderts[54], wurde charakteristisch für die Geschlechterauffassung

---

49 Vgl. DERS. 1976.

50 Die Dekonstruktion im Sinne Derridas ist methodisch und antimethodisch zugleich, sie verweigert, eine Methode zu sein, und versteht sich eher als Kritik, dennoch prägte sie feministische Theorie- und Methodenbildung; vgl. FREY-STEFFEN 2006, S. 126.

51 Technik des „Durchstreichens", „Ausstreichens" bestimmter Begriffe (vgl. DANIEL 2006, S. 140); DERRIDA 2001.

52 DANIEL 2006, S. 140; vgl. DERRIDA 1967; vgl. DERS. 2001, S. 91, 94.

53 BALDOCK 1996, S. 84, vgl. VAN DER STRAETEN 1915, S. 599.

54 Vgl. ROUSSEAU 1762; hier spielen neue Hierarchiekonzeptionen nach dem Zeitalter der Aufklärung und Französischen Revolution eine Rolle, siehe dazu Kap. 2.1, „Weiblichkeitsbilder des 19. Jahrhunderts".

des 19. Jahrhunderts, war bis in die Moderne wirksam und ist es zum Teil heute noch.[55] In dieser Konzeption sind gerade die Gegensätze, die „Polarisierungen"[56] ein Grundbaustein der sozialen Ordnung. Im binären System erklärt die Anwesenheit des Einen die Abwesenheit des Anderen, die Oppositionen bringen sich gegenseitig hervor, da das Grundkonzept die Binarität oder Dualität ist, nicht die Vielfalt. So können ‚die Frauen' zum „Anderen" oder „Zweiten Geschlecht"[57] werden, was eine klare Position definiert in einem System, in dem es nur zwei Möglichkeiten, das ‚Eine' oder das ‚Andere', das ‚Erste' oder das ‚Zweite', das ‚Starke' oder das ‚Schwache' gibt. Unter dieser Prämisse bekommen die Auslassungen, das Verschwiegene, sei es in Texten, sei es in der Geschichte, besonderes Gewicht, da sich die Oppositionen im Sinne Derridas bei einer kritischen Lesart geradezu aufdrängen. Bei der Dekonstruktion der Binarität wird man wiederum auf eine Vielfalt stoßen, die es noch eine weitere Schicht tiefer unter den binären Stereotypen „archäologisch"[58] auszugraben gilt.

Silvia Bovenschen nennt „die Geschichte der Präsentation des Weiblichen in den kulturellen Diskursen [...] eine Geschichte des Vergessens, der Aussparung"[59] und verdeutlicht damit die Notwendigkeit eines Blickes, der das sucht, was nicht sofort sichtbar ist. Ein Ansatz, der eine weibliche Geschichte in den „Aussparungen" und zwischen den Zeilen sucht, bezieht die Bedingungen dieses „Vergessens" ein, spürt die Diskurse auf, die das Vergessen ermöglichen, rechtfertigen oder auch kritisieren.

Stuart Hall nennt die „‚Diskursive Praxis' – die Praxis der Bedeutungsproduktion"[60] und geht davon aus, dass Diskurse in allen Bereichen einer Gesellschaft präsent und wirksam sind und sich in jeglichem Handeln innerhalb dieser Gesellschaft niederschlagen: „So treten Diskurse in alle sozialen Praktiken ein und beeinflussen sie."[61] In diesem Sinne eignet sich vor allem Kunst, die auf der Bühne geschieht, besonders, um diskursive Strategien einer Epoche, einer Gesellschaft oder Gruppierung zu thematisieren. Einmal durch die Funktion der Kunst als Spiegel der Gesellschaft und ihrer Widersprüchlichkeiten[62], wie es Theodor W. Adorno formulierte, dann aber auch durch ihre Exponiertheit und ihren Sonderstatus, welcher Übertreibungen, Fantasie, Überschreitungen ebenso

55 Siehe Kap. 2.

56 Hausen 1976.

57 Beauvoir 1968.

58 Vgl. Foucault 1994.

59 Bovenschen 1979, S. 65.

60 Hall 1994, S. 150; vgl. Habinger 2006, S. 17.

61 Ebd.

62 Vgl. Adorno 1962, S. 78.

wie normierende Präsentationen ermöglicht und diesen eine Stimme und eine Bühne verleiht.

1.4 Bühnen-Performance, Performanz und Performativität

„In Anlehnung an Foucault begreift Butler das Subjekt als Effekt diskursiv erzeugter Positionsmöglichkeiten."[63]
Dagmar von Hoff

Die Dekonstruktion der Geschlechtsidentität im Sinne einer radikal poststrukturalistischen Philosophie weiterentwickelnd, hat Judith Butler gerade auch im deutschsprachigen Forschungskontext die Gender Studies geprägt und zugleich mit ihrem Buch *Das Unbehagen der Geschlechter*[64] kontroverse Diskussionen ausgelöst. Besonders gilt dies für ihre Dekonstruktion des biologischen Geschlechtes („sex") und damit die Auflösung des Unterschiedes zwischen sozialem („gender") und biologischem Geschlecht („sex") und demzufolge die Auflösung der Kategorie „sex" als solcher. Damit einhergehend wurde sie für ihre Absage an den Subjektbegriff kritisiert.[65] Identität und insbesondere Geschlechtsidentität versteht Butler als diskursive und performative Konstruktionen, hinter denen kein „Original"[66] zu finden sei, sondern an denen vielmehr sogar ein maskeradisches Moment deutlich werde.[67] In der logischen Konsequenz dieses Gedankens zweifelt sie auch die Sinnhaftigkeit eines Subjektbegriffs an. Dass dies aus anderen Forschungsperspektiven wie beispielsweise der Psychoanalyse oder der politisch orientierten feministischen Theorie problematisch erscheint, lässt sich aus den jeweiligen forschungsimmanenten und politischen Erkenntnisinteressen nachvollziehen. Auch in der Forschung über Künstlerinnen, deren individuelle künstlerische Leistung gewürdigt und zugleich kritisch kontextualisiert werden soll, ist die „starke Version der These vom ‚Tod des Subjekts'"[68] problematisch. Gleichzeitig aber hilft gerade diese Absage oder dieses Desinteresse am Subjekt und am Subjektiven aus dem Dilemma heraus, dass Biographik Gefahr läuft zu heroisieren. Gerade das Geniekonzept des 19. Jahrhunderts, das mit den Männlichkeitskonzeptionen seiner Zeit verknüpft ist,[69] da ‚weibliches Genie' nicht

63 Hoff 2009, S. 188.
64 Butler 1991.
65 Ebd.; vgl. Stephan 2006, S. 63ff.
66 Butler 1991, S. 203.
67 Vgl. Butler 1991, S. 75ff.; vgl. Hoff 2009, S. 195; vgl. Rivière 1929; vgl. Stephan 2003.
68 Stephan 2006, S. 65; Benhabib, Seyla: Feminismus und Postmoderne. Ein prekäres Bündnis, in: Benhabib u.a. 1993, S. 9–30, hier S. 14.
69 Vgl. Müller-Oberhäuser 2009, S. 352f.

oder nur als Ausnahme gedacht wurde, ist Symbol für einen objektivierten Subjektivismus und für die Idee eines alles überragenden Ausnahmesubjekts. Die Kontroverse um das Subjekt tritt in den Hintergrund, wenn das Forschungsinteresse darin besteht, jene Diskurse zu dekonstruieren, die das Handeln von Individuen steuern und diese zu dem werden lassen, was sie sind. Dabei geht es nicht nur um die verinnerlichten Diskurse oder die verkörperlichten Strukturen, welche das Individuum im Sinne Foucaults disziplinieren[70] und den individuellen Spielraum einschränken, sondern auch um die Diskurse, welche Überschreitung, Neugestaltung und Transformation ermöglichen.

„Man kommt nicht als Frau zur Welt, man wird es."[71] Dieser berühmte Satz Simone de Beauvoirs bildete den Grundstein feministischer Theorie und verdeutlicht das Prozesshafte und die Konstruiertheit der Geschlechtsidentität, die durch „Werden" hergestellt wird. Sich auf Simone de Beauvoir beziehend, argumentiert Judith Butler, „die Kategorie *Frau* selbst" sei „ein prozessualer Begriff, ein Werden und Konstruieren [...], von dem man nie rechtmäßig sagen kann, daß es gerade beginnt oder zu Ende geht".[72]

Bewusst wählt Judith Butler für ihre dekonstruktivistische Geschlechtertheorie einen Begriff, der mit der Nähe zur Bühne spielt: Performanz bzw. Performativität.[73] Butler versteht Geschlechtsidentität sowohl in der Fortführung Foucaults als auch im Sinne de Beauvoirs als ein fortlaufendes Werden in Form von Betätigung, Wiederholungen, performativen Akten[74] oder Handlungen, die immer wieder aufs Neue Identität erzeugen. Diese Wiederholungen scheinen notwendig, da Identität laut Butler eine Konstruktion sei und nicht vorgängig oder natürlich, nicht als etwas dem Diskurs Vorhergehendes existiere. Performativität („performativity") ist der Begriff, mit dem Butler das fortlaufende Inszenieren der Geschlechtsidentität charakterisiert und ihm zugleich einen spielerischen Aspekt abgewinnt: Bei aller Einschränkung durch die Diskurse, in die ein Individuum hineingeboren wird, bei aller Disziplinierung und Verkörperlichung, um mit Foucault zu sprechen, erwachsen aus dem Erkennen dieser Performativität auch Freiheiten. Diese konzipiert Butler mit den Begriffen „Maskerade", „Parodie", „Subversion" und „Verschiebung".[75]

---

70 Vgl. Schössler 2008, S. 94; vgl. Braun 2006, S. 14f.; vgl. Foucault 1977; vgl. ders. 1976.

71 Beauvoir 1968, S. 265.

72 Butler 1991, S. 60.

73 Ebd.; dies. 1993; dies 1997b; zur Definition vgl. Frey-Steffen 2006, S. 130.

74 Vgl. Butler 1991; der Begriff des Performativen geht auf John L. Austin und dessen Vorlesung „How to do things with words" aus dem Jahr 1955 an der Harvard University zurück (Austin 1979; vgl. Fischer-Lichte 2004, S. 31).

75 Butler 1991, S. 45f., 49f., 123f.; vgl. Hoff 2009, S. 196.

1.4.1 Zur Unterscheidung von Performanz und Performativität

Judith Butler spricht in ihrem 1993 erschienenen Buch *Bodies that matter*[76] in dem Kapitel „Melancholie und die Grenzen darstellerischer Realisierung“[77] die Unterscheidung von Performativität (performativity) und Performanz (performance) an. Performanz ist als „darstellerische Realisierung“ zu verstehen, in der eine bewusste Inszenierung von Geschlechterbildern und Normen Ausdruck findet, während Performativität sich weitestgehend ohne willentliche oder bewusste Entscheidung der Akteurinnen und Akteure abspielt:

> „[D]ie darstellerische Realisierung (*performance*) als begrenzter ‚Akt‘ unterscheidet sich von der Performativität insofern, als letztere in einer ständigen Wiederholung von Normen besteht, welche dem Ausführenden vorhergehen, ihn einschränken und über ihn hinausgehen, und in diesem Sinne kann sie nicht als die Erfindung des ‚Willens‘ oder der ‚Wahl‘ des Ausführenden aufgefaßt werden; was ‚darstellerisch realisiert‘ wird, wirkt sich dahingehend aus, dasjenige zu verschleiern, wenn nicht gar zu leugnen, was opak, unbewußt, nicht ausführbar bleibt. Die Verkürzung von Performativität auf darstellerische Realisierung wäre ein Fehler.“[78]

Die Cellistinnen entwickeln jede für sich eine Art der Performanz, der „darstellerischen Realisierung“, zusätzlich und in Wechselwirkung mit ihrer musikalischen Performance – im Sinne von musikalisch-darstellerischer Aufführungspraxis auf der Bühne –, die ihren Umgang mit ihrer Geschlechtsidentität und deren Folgen im weitesten Sinne präsentiert und für die Öffentlichkeit sichtbar macht. Hier bietet sich dieses Wortspiel und die Verwendung des englischen Wortes ‚performance‘ an, da für das Gesamtkunstwerk einer musikalischen Interpretation auf der Bühne im Deutschen kein passendes Äquivalent existiert. Dazu gehört neben der musikalischen Interpretation und instrumentalen Darbietung jede Form der Selbstinszenierung als Künstlerin: Haltung, Kleidung, Mimik, Gesten, Sprache, Kommunikation mit dem Publikum und mediale Präsenz. Teil davon sind im Sinne der „Performativität“ Wiederholungen, performative Akte, die auf die Bestätigung der bestehenden gesellschaftskonformen, normativen Geschlechterbilder abzielen. Diese zu entziffern sowie historisch und sozial zu kontextualisieren, ist die Aufgabe einer diskurskritischen, dekonstruktivistischen Analyse, wie sie in dieser Arbeit vorgelegt wird. Die Cellistinnen entwickeln als Künstlerinnen und Bühnenpersönlichkeiten sowie als Personen,

---

76 Butler, Judith: *Bodies that matter*, New York 1993. Zitierweise im Folgenden nach der deutschen Übersetzung von 1997 (Butler 1997b).

77 Ebd., S. 321ff.

78 Ebd., S. 321.

die in der Öffentlichkeit stehen und von den Medien und einem breiteren Publikum wahrgenommen werden, Strategien der Überschreitung vorgegebener Rollenbilder, mehr oder weniger bewusst im Sinne von Performanz, unbewusst, nicht willentlich oder gewählt im Sinne von Performativität; sie kombinieren, bilden Kompromisse, provozieren, übertreiben und überzeugen und werden so zu Protagonistinnen von Transformationsprozessen.

Gerade in Bezug auf Bühnenkünstlerinnen ist die Unterscheidung zwischen Performanz und Performativität als fließender Übergang, als ein Spiel an der Grenze zu verstehen. Die Grauzonen zwischen beiden Begriffen und den mit ihnen zu fassenden Inszenierungsstrategien und Verhaltensweisen bilden häufig den Ausgangspunkt für Transformationen der inszenierten Bilder.[79]

1.5 Transformationen von Weiblichkeitsbildern

Transformationsprozesse von Weiblichkeitsbildern lassen sich an den Lebens- und Wirkungsgeschichten von Cellistinnen ablesen. Es soll zum einen analysiert werden, inwiefern Konstruktionen, die Weiblichkeit definieren, prägend sind; zum anderen, wie sich diese Bilder verändern und welche Transformationsprozesse sie durchlaufen. Die Veränderung der Weiblichkeitsbilder, die sich von Lise Cristiani bis Jacqueline du Pré abzeichnet, gleicht einer Drehung um 180 Grad. Das Cello wird vom ‚Männerinstrument' zu einem von Männern und Frauen gleichermaßen erfolgreich gespielten Instrument.

Lise Cristiani realisierte als erste Frau das Bild einer professionellen Konzertcellistin. Jacqueline du Pré löste einen regelrechten ‚Cello-Boom' aus, so dass die Frage, ob das Cello ein Instrument für Männer oder Frauen sei, in den Hintergrund trat.[80] Sowohl die Form der Thematisierung von Weiblichkeit speziell in Bezug auf Cellistinnen als auch die allgemein gesellschaftlich präsenten Diskurse und Bilder verändern sich. Retrospektiv betrachtet ist diese Veränderung markant. Aus den jeweiligen historischen Situationen heraus scheint die Veränderung an sich und die Reflexion über die Veränderung eher eine untergeordnete Rolle zu spielen. Die Thematisierung von Weiblichkeit ist bei allen Cellistinnen zu finden – sei es in der Rezeption, der Erinnerung, ihrer Selbstpräsentation oder ihren Bühneninszenierungen. Dies geschieht auf unterschiedliche Art und soll in dieser Arbeit an Fallbeispielen untersucht und verglichen werden. Dabei

79 In diesem Sinne soll auch im Folgenden der Begriff „Performance" bezogen auf die Bühnenhandlungen der Cellistinnen verwendet werden. Erika Fischer-Lichte arbeitet in ihrer Studie zur „Ästhetik des Performativen" mit dem Begriff der Performativität im Sinne Austins und Butlers bei der Betrachtung künstlerischer Performances als Bühnengeschehen (Fischer-Lichte 2004).

80 Vgl. Deserno 2008, S. 38.

dient die signifikante Transformation der Weiblichkeitsbilder und -diskurse als Beweis für ihre Konstruiertheit. Mit dieser Prämisse liegt es nahe, diskursanalytisch und dekonstruktivistisch vorzugehen, um die verschiedenen Bilder und Diskurse zu analysieren und als Konstruktionen der jeweiligen historischen, sozialpolitischen und individuellen Kontexte zu erfassen. Untersucht werden sollen:

- Weiblichkeitsbilder, die an Cellistinnen herangetragen wurden und nachträglich herangetragen werden;
- Weiblichkeitsbilder, welche die Cellistinnen in ihre Selbstrepräsentation aufnahmen, welche sie bewusst oder unbewusst inszenierten, übernahmen und veränderten,
- sowie die in etwas Neues transformierten Bilder und Diskurse.[81]

1.5.1 Zur Verwendung des Bild-Begriffs in dieser Arbeit

> „Die Bilder heben sich aus dem Fluß der Zeit; sie stehen aufdringlich zur Verfügung; sie sind das Material, aus dem sich die Vorstellungen und der Begriff vom Weiblichen in den verschiedenen Situationen blitzschnell zusammensetzen; aber ihre Zusammensetzung und Reihung ergeben keineswegs die weibliche Geschichte, sondern bezeichnen allein den Präsenzmodus des Weiblichen in der Geschichte.“[82]
>
> Silvia Bovenschen

Silvia Bovenschen thematisiert in ihrer 1979 erschienenen Studie *Die imaginierte Weiblichkeit*[83] „die kulturellen Erscheinungsweisen des Weiblichen moderierenden Bilder und Vorstellungen – Imagines“[84]. Die Literaturwissenschaft verwendet den Begriff der Imagines für Geschlechterkonzeptionen, die in literarischen Texten entworfen und verbalisiert werden.[85]

Bilder erscheinen in der Sprache in verschiedensten Formen: als Metaphern, Symbole, Tropen, Allegorien, in der Beschreibung von Fantasien, durch Bezüge auf Mythen und Märchen. Alle diese „Sprachbilder“[86] dienen dazu, Begriffe zu

81 Vgl. DIES. 2013, S. 219f.
82 BOVENSCHEN 1979, S. 56.
83 Ebd.
84 Ebd., S. 15.
85 Vgl. STEPHAN 2006a, S. 289.
86 Vgl. RICKLEFS 1996.

illustrieren und der reinen Verständnisebene im Text eine visuelle Formgebung sowie eine emotionale Ebene des individuellen und kollektiven Verstehens und Anknüpfens hinzuzufügen. Diese Ebene bleibt aber gerade keine individuelle, sondern ist durchsetzt von gesellschaftlichen, historischen sowie politischen Codes, die sich allein durch ihre Konstituiertheit innerhalb der das Bild produzierenden Diskurse erschließen. Deswegen eignet sich der Bildbegriff besonders für die Konzeption von Geschlechterrollen. Scheinbar für sich stehend, greift ein Bild auf einen Fundus an Diskursen, vorgängigen Bildern, Erzählungen, Denk- und Repräsentationssystemen zurück. Die Bündelung in ein Bild entzieht die darunterliegende diskursive Struktur der direkten ‚Durchschaubarkeit'. Es handelt sich – bildlich gesprochen – nicht um ein durchsichtiges Glasgebäude, dessen Architektur ohne Weiteres sichtbar ist, sondern die Architektur des Bild-Gebäudes muss Schritt für Schritt erschlossen und bei der Textanalyse müssen die Zusammensetzungen des Bildes enthüllt werden.

Immer wieder wird in der Geschlechterforschung festgestellt, dass Literatur und Geschichte reich an ‚Frauen-Bildern' seien, nicht aber an ‚von Frauen gebildeten Bildern'.[87] Aus männlicher Perspektive wurden Bilder von Frauen geschaffen, welche wiederum den realen Frauen als (Vor-)Bilder – da scheinbar Ab-Bild einer vorgängigen Natürlichkeit – dienen sollten. Silvia Bovenschen geht so weit zu schlussfolgern: „Eine Genealogie des Weiblichen läßt sich allenfalls auf der Ebene der Bildproduktionen ermitteln."[88] Dass diese Bilder aber nicht dem entsprechen, was Frauen in Realität sind, was ihnen möglich ist und wäre, rückt die Notwendigkeit einer kritischen Analyse oder Dekonstruktion der jeweiligen an die unterschiedlichen Frauen herangetragenen Bilder in den Vordergrund:

> „Die Qualität dieser Bilder ist jedoch keineswegs mit der soziologischen Kategorie der Rolle angemessen erfaßt, auch wenn sich die wirklichen Frauen gelegentlich diesen kulturellen Präformationen des Weiblichen anzugleichen suchen [...]."[89]

Sigrid Weigel skizziert als wichtigen Forschungsaspekt die Suche danach, wie Frauen sich „auf die vorgefundenen imaginären Muster beziehen":

> „So folgt aus der Dominanz der männlichen Perspektive im Diskurs (nicht nur) über die Geschlechter, aus der männlichen Vorherrschaft im Entwurf der Bilder und Vorstellungen von Weiblichkeit nicht die Frage nach anderen Bildern, sondern nach der Art und Weise, in der sich Frauen auf die vorgefundenen imaginären Muster beziehen. Die Frage, *wie* Frauen mit den vorgefundenen Mustern umgehen, ob sie sie reproduzieren, kritisie-

87 Vgl. Bovenschen 1979, S. 12: „Einem großen und breiten Panoptikum imaginierter Frauenfiguren stehen nur wenige imaginierende Frauen gegenüber"; vgl. Theweleit 1977.

88 Bovenschen 1979, S. 57.

89 Ebd.

ren, durchqueren, nachahmen, (schau)spielen, dekonstruieren o. a., ist so zu einem Leitmotiv in der Forschung und zu einem Experimentierfeld für die ‚Theorie des Weiblichen' geworden."[90]

Dies soll anhand der Lebens- und Wirkungsgeschichten der Cellistinnen herausgearbeitet werden. Wenn Lise Cristiani von ihren begeisterten Zuhörern schwärmerisch „die heilige Cäcilie von Frankreich"[91] genannt wurde, entsteht damit ein Bild, das in sich viele verschiedene Ebenen birgt: Übermalungen und Grundierungen, Allusionen, direkte und indirekte Verweise auf ein Wissen um die Herkunft und den diskursiven Kontext dieses Bildes. Schon allein das Bild der Heiligen würde eine genauere Untersuchung lohnen – impliziert es doch verschiedenste Weiblichkeitsdiskurse. Das Bild der „heiligen Cäcilie" setzt das Wissen um die Funktion dieser Heiligen voraus, die als Schutzheilige der Musik gilt und noch dazu auf Gemälden mit einer Bassgambe, dem Vorläufer des Cellos, abgebildet ist.[92] Spannend ist die Verbindung zwischen ‚materiellen' Bildern wie Gemälden, Lithographien, Fotografien und „imaginierten" Bildern. Nicht selten wurden (und werden) Künstlerinnen gemalt oder fotografiert, sei es zu Werbezwecken oder aus künstlerischem Interesse. Von Lise Cristiani ist ein einziges Bild, eine Lithographie[93], überliefert. Hier übernimmt das Bild zugleich die Funktion, die heute Künstlerfotos haben: Werbung, Selbstpräsentation und Dokumentation. Von Guilhermina Suggia gibt es bereits zahlreiche Fotografien, aber auch ein Gemälde, zwischen 1920 und 1923 von Augustus John angefertigt. Dieses Gemälde war Werbung und Kunst zugleich und nimmt in der Zeit der sich etablierenden Fotografie einen Sonderstatus ein. Es ist berühmt geworden – außerhalb von Musikerkreisen vielleicht berühmter als die Cellistin selbst.[94] Von einer Interpretin oder einem Interpreten bleibt in der nachträglichen Rezeption meist eher das ‚Bild' – im Sinne von Gesamtbild – als allein der Klang in Erinnerung. Denn die Kunst der Interpreten, insbesondere bevor sie sich auf Schallplatten und CDs fixieren ließ, lebt von dem Moment, in dem die Musik erklingt und in dem der bewegte Körper auf der Bühne dem Publikum ein ‚Bild

90 Weigel 2004, S. 689.

91 Lanoye 1863, S. 385, „[S]ainte Cécile de France" u.a.

92 Domenichino (Zampieri): „Die Heilige Cäcilia", um 1620, Musée du Louvre, Paris (vgl. Hoffmann 1991, S. 199); ein weiteres Gemälde der Heiligen, auf dem ein Engel der Laute spielenden Cäcilia eine Bassgambe reicht: Carlo Saraceni, um 1610, Galleria Nazionale d'Arte Antica, Rom; vgl. Hoffmann 1991, S. 199; vgl. Deserno 2016, S. 92ff.

93 Es existieren verschiedene Fassungen, die auf eine Quelle zurückzugehen scheinen, da die Drucke sich nur in geringfügigen Details unterscheiden: Gallica: Lise B. Cristiani / H. J. J. d'après Thomas Couture, verlegt von Lemercier, Paris, 1860, http://catalogue.bnf.fr/ark:/12148/cb39603642z, letzter Zugang am 25. Februar 2013; vgl. Hoffmann 1991; vgl. dies. 2001, siehe Abb. 1 und Abb. 4.

94 Gemälde: John, Augustus: „Mme Suggia", 1920–1923, Tate Gallery, London.

von der Musik' präsentiert – von der Performance. Ob das Bildhafte – der das Instrument spielende Mensch – im Vordergrund steht oder der Interpret / die Interpretin als Medium hinter der Musik (der Komposition) zurücktritt, ist eine Frage, die im 19. Jahrhundert sehr kontrovers diskutiert wurde.[95]

1.5.2 Transformation, Form und Substanz, Bild und Original

„Das Weibliche, so wie es dort erscheint, ist eine Form."[96]
Silvia Bovenschen

Transformation impliziert sowohl eine aktiv herbeigeführte Veränderung als auch passiv erfahrene Veränderungsprozesse. ‚Trans-Formation' als Begriff fokussiert den Übergang von einer ‚Form' in die andere, der fließend oder markant sein kann, bemerkt oder zunächst unbemerkt ablaufen kann. Sie kann bewusst oder unbewusst vonstattengehen, als Widerstand und subversiver Akt[97] sowie als zunächst unbemerkter Prozess im Sinne der „Unsichtbarkeit der Revolutionen"[98], wie Thomas S. Kuhn es ausdrückt. ‚Form' kann im Sinne von Struktur aber auch die Ausprägung paradigmatischer Denk-, Repräsentations- und Definitionssysteme bedeuten. Die Begriffe Form, Konstruktion und Bild/Imago haben eines gemeinsam: Sie beschreiben eine Konstituiertheit, nicht aber einen Inhalt. Wenn Judith Butler jede Art von Geschlechterperformanz als Performativität und Performance, ja sogar als Maskerade oder Parodie konzipiert[99], bedeutet dies eine endgültige Absage an etwas vorhergehend Reales, an die eigentliche ‚Existenz' oder ‚Substanz' hinter der ‚Form'. Butler führt hier Foucaults Ansatz weiter, wonach „diskursive Sprachordnungen [...] das bürgerliche Individuum produzieren"[100]. Die Seele kann laut Foucault nicht mehr der wahre und einzig autonome Zufluchtsort des Individuums sein, sondern wird als Instrument zur Beherrschung des Körpers eingesetzt. Sie wird als „Effekt und Instrument einer politischen Anatomie" und „Gefängnis des Körpers"[101] sogar von den körperlichen Einschreibungen[102] produziert. Es gibt in dieser Argumentationslinie hinter dem handelnden, bürgerlichen Individuum kein eigentliches freies Subjekt mehr,

95 Die Debatte um Virtuosität und Interpretation sowie ihre Auswirkung auf die spezifische Situation von Interpretinnen soll in den folgenden Kapiteln behandelt werden; vgl. Borchard 2006.
96 Bovenschen 1979, S. 56.
97 Vgl. Butler 1991, S. 123ff.
98 Kuhn 1976, S. 147.
99 Vgl. Butler 1991; vgl. dies. 1997b.
100 Schössler 2008, S. 93.
101 Foucault 1976, S. 42.
102 Ders. 1978, S. 91; vgl. Schössler 2008, S. 95, vgl. Butler 1991, S. 190ff.

dies ist vielmehr nur noch Produkt diskursiver Konstruktionen, körperlicher Einschreibungen und daraus resultierender Performanzen. So kann auch Butler nicht mehr davon ausgehen, „daß es ein Original gibt“[103]. In der Geschlechterparodie, wie sie beispielsweise in der Travestie praktiziert wird, welche Butler als Symbol für das alltägliche performative Spiel der Geschlechterrollen heranzieht, „geht es gerade um die Parodie *des* Begriffs des Originals als solchem“[104]. Sie spricht von „Transfiguration eines Anderen, der immer schon ‚Figur‘ im doppelten Sinne ist“[105]:

> „Deshalb kann die geschlechtlich bestimmte Identität, statt als ursprüngliche Identifizierung, die als determinierende Ursache dient, neu als persönliche/kulturelle Geschichte übernommener Bedeutungen begriffen werden. Diese Bedeutungen unterliegen einer Reihe von Imitationsverfahren, die sich letztlich nur auf andere Imitationen beziehen und gemeinsam den Anschein eines primären und in sich geschlechtlich bestimmten Subjekts hervorbringen bzw. den Mechanismus dieser Konstruktion parodieren.“[106]

Die Transformation ist also der Übergang von einer Form in die andere, doch auch das Neue ist wieder nur Form und war, als das, was immer schon „imitiert“ wurde, immer schon „Figur“. Das, was imitiert wird, musste zunächst ‚imaginiert‘ und konstruiert werden, um dann funktionalisiert und verwendet werden zu können. So schreibt Butler:

> „Zudem ist die Geschlechtsidentität eine Norm, die niemals vollständig verinnerlicht werden kann: Das ‚Innen‘ ist eine Oberflächenbezeichnung, und die Geschlechternormen haben letztlich phantasmatischen Charakter und lassen sich nicht verkörpern.“[107]

Das, was gerne als Natur stilisiert wird, entlarvt Butler nun als „Norm“ und noch dazu als eine, die sich nicht einmal wirklich „verkörpern“ oder „verinnerlichen“ lässt. Die Norm von Geschlechtsidentität oder Weiblichkeit ist also „phantasmatisch“ und „imaginiert“ und damit nicht real umsetzbar. Sie wird, so Butler, durch „in sich diskontinuierliche Akte instituiert“[108], so dass gerade durch die Diskontinuität, durch das Nicht-Übereinstimmen, das Abweichen, welches wiederum normiert und zur Ordnung gerufen[109] wird, „der *Anschein der Substanz* als eine konstruierte Identität oder als eine performative Leistung“[110] hervortritt. Darauf

103 Butler 1991, S. 203.
104 Ebd.
105 Ebd.
106 Ebd.
107 Ebd., S. 207.
108 Ebd.
109 Butler bezieht sich auf das Konzept der „Anrufung“ von Husserl.
110 Ebd. S. 207.

aufbauend konzipiert Butler wiederum die Performativität[111] als einzigen Weg eines Real-Werdens. Geschlechtsidentität müsse immer wieder hergestellt und praktiziert werden, sonst existiere sie nicht:

> „Die Realität der Geschlechterzugehörigkeit ist performativ, was ganz einfach bedeutet, daß die Geschlechterzugehörigkeit real nur ist, insoweit sie performiert wird.“[112]

Die Wiederholung ist also Grundbedingung und nach Butler Voraussetzung für jegliche Existenz einer Geschlechtszugehörigkeit. Zugleich wirkt diese Wiederholung aber paradoxerweise als Verschleierung der Erkenntnis, dass allein die Performativität die Realität herstellt. Durch Wiederholungen entsteht der Eindruck, es gebe ein reales Norm-Ideal und nicht etwa nur ein (Ab-)Bild eines Bildes, sondern ein Abbild einer wahrhaftigen, präexistenten Idee im Sinne Platons. Außerdem verleiten die Wiederholungen auch zu der Annahme, diese gingen aus der ‚wahren Natur‘ der wiederholenden Subjekte hervor.[113]

1.5.3 Strategien der Transformation: Performanz, Subversion, Maskerade und Verschiebung

Form kann als Gegensatz zu Substanz oder Materie verstanden werden.[114] Vergleicht man die Begriffe ‚Trans-Formation‘ und die aus der Theologie stammende ‚Trans-Substantiation‘, so wird deutlich, dass es bei einer Transformation nicht um die Veränderung einer Substanz – eines ‚wahrhaft Seienden‘[115] – gehen kann. Daran anschließend – in Orientierung an poststrukturalistischen und dekonstruktivistischen Ansätzen im Sinne Foucaults, Derridas und Butlers – folgt der Gedanke, dass diese Substanz gar nicht existiert und dass der Begriff, der sie dem Anschein nach bezeichnet, nicht auf ihre Existenz schließen lassen kann. Butler beschreibt die Geschlechtsidentität als ein „Ensemble von Akten, die innerhalb eines äußerst rigiden regulierenden Rahmens wiederholt werden, dann

111 „Performativity“.

112 Butler 2002, S. 315; vgl. Scheich 2006, S. 189.

113 Vgl. Butler 1991, S. 60.

114 Diese Begriffe haben eine lange und kontroverse philosophische Geschichte, die hier nicht weiter behandelt werden kann. Die Debatten und Konzeptionen um Form und Materie sowie um Form und Substanz prägen die philosophischen Diskurse von der Antike über das Mittelalter und die Neuzeit bis heute.

115 Vgl. Butler 1991, S. 28: „Kritik […] der Metaphysik der Substanz […], die den Subjektbegriff noch selbst strukturiert“; Substanz-Debatten ziehen sich durch die Geschichte der abendländischen Philosophie z.B. bei Platon, Kant, Hegel, Spinoza u.a.

mit der Zeit erstarren und so den Schein der Substanz bzw. eines natürlichen Schicksals des Seienden hervorbringen".[116]

Es bleibt also die Form, die sichtbar ist, die mit Begriffen versehen und durch sie verstanden wird, die sich verändert und zugleich den Schein der Substanz zu erwecken versucht: Butler spricht von „phantasmatischen Konstruktionen – Illusionen von Substanz".[117] Durch die ‚Trans-Formationen' wird deutlich, dass das, was als Substanz erschien, so wandelbar ist – wie die Veränderung der Geschlechterkonzeptionen über die Jahrhunderte –, dass die Suche nach der Substanz ihren Sinn verliert und an diese Stelle die Suche nach der Konstruktion und Beschaffenheit der sich verändernden Form tritt.

Während feministische Theoretikerinnen wie Seyla Benhabib, Jessica Benjamin und Barbara Duden aus so unterschiedlichen Disziplinen wie Philosophie, Psychoanalyse, Sozialwissenschaft und Körpergeschichte im Sinne eines strategischen „Essentialismus"[118] dafür plädieren, das Subjekt als Konzept und Denkfigur beizubehalten[119], verabschiedet ein „radikaler Relativismus"[120], wie ihn Judith Butler vertritt, den Subjektbegriff ganz und versteht Identität ausschließlich als Konstruktion. Tatsächlich ist die Debatte um den „Tod des Subjekts"[121] für die feministische Theorie von großer Bedeutung. Auch in dieser Arbeit soll Butlers „radikaler Relativismus" nicht vollständig übernommen werden. Es ist im Kontext der Transformationen von Weiblichkeitsbildern aber sinnvoll, ihre Argumentationslinie zu verfolgen und ihre Konzepte der Performanz/Performativität, Maskerade, Subversion und Verschiebung auf der Grundlage ihrer dekonstruktivistischen Philosophie in den diskurskritischen Analysen und Interpretationen anzuwenden. In einigen Fällen wird es bei der Analyse der Lebensgeschichten der Cellistinnen nötig sein, den Subjektbegriff im Sinne psychoanalytischer, sozialphilosophischer oder entwicklungspsychologischer Ansätze zu verwenden und sozusagen gegenüber Butlers Ansatz zu rehabilitieren. In diesem Zusammenhang soll der Bezug zu Theorien hergestellt werden, welche Postmoderne und die Konzeption eines Subjekts nicht als sich ausschließende Denkansätze verstehen.[122]

Welche Form der Repräsentation von Geschlecht oder Weiblichkeit wählen die in dieser Arbeit betrachteten Cellistinnen? Wählen sie diese Form oder wird

116 Ebd., S. 60.

117 Ebd., S. 214.

118 Vgl. Spivak 2008.

119 Benhabib u.a. 1993; vgl. Frey-Steffen 2006, S. 77f.

120 Stephan 2006, S. 64.

121 Vgl. ebd., S. 65; Benhabib, Seyla: Feminismus und Postmoderne. Ein prekäres Bündnis, in: Benhabib u.a. 1993, S. 9–30, hier S. 14.

122 Vgl. King 2002a; Honneth 2004; Würzbach 2006.

diese von ihnen gefordert? Welche der Forderungen übernehmen oder welche Bilder imitieren sie? Geschieht dies unbewusst oder bewusst? Was geschieht bei ihrer spezifischen Imitation der Bilder? Wo ist in der auf der Bühne erklingenden Instrumentalkunst die Grenze zu ziehen zwischen Performativität und Performanz? Durchläuft die Performanz von Weiblichkeit und Identität Veränderungen? Durch welche Strategien werden diese Veränderungen ermöglicht? Welche ‚Trans-Formationen' lassen sich ablesen?[123]

Butler bietet verschiedene Konzepte an, die aus der Performativität und Performanz der (Geschlechts-)Identität hervorgehen und trotz der zunächst vorwiegend repressiv und ausweglos erscheinenden Mechanismen performativer Wiederholungen die Entstehung von Neuem[124] ermöglichen. Die Performativität konstituiere durch Wiederholungen das, was als Identität angestrebt werde und legitimiere diese zugleich: „Diese Wiederholung ist eine Re-Inszenierung und ein Wieder-Erleben eines bereits gesellschaftlich etablierten Bedeutungskomplexes – und zugleich die mundane, ritualisierte Form seiner Legitimation."[125] Dieser Aspekt performativen Handelns soll in Bezug auf die Inszenierungsstrategien der Cellistinnen mit dem Begriff der Affirmation erfasst werden. Zugleich habe die Performativität im Sinne von Performanz neben dieser affirmativen auch eine subversive Seite,[126] so Butler, und beide seien wiederum miteinander verknüpft, da die Subversion – als Transformation – nur durch vorhergehende Affirmation – durch Annehmen – denkbar ist; die Affirmation kann aber schon transformatorischen Charakter haben, da sie von einer spezifischen Person in einem spezifischen Kontext ausgeübt wird. Dadurch wird aus der Affirmation eine „Verschiebung".[127] Eine originalgetreue Zitation ist nicht möglich. Butler bezieht sich „auf Derridas Begriff der dezentrierenden Wiederholung, die Funktionsweise des Zitierens".[128] So führen Gutenberg und Poole weiter aus:

123 Judith Butlers Rhetorik ist bekannt für die zahlreichen Fragestellungen, mit denen sie ein Problem einkreist und fokussiert. Die Übernahme dieser Rhetorik an der obigen Stelle ist bewusst eingesetzt. Um mich Butlers Begriffen zu nähern, versuche ich ihre Technik des Fragestellens zu ‚imitieren' – mit dem Ziel, dass auch diese Imitation allein schon durch den Forschungsgegenstand etwas Neues hervorbringt, ein Verschiebungseffekt entsteht, der neue Erkenntnisse in Bezug auf das hier bearbeitete Thema hervorbringt.

124 Vgl. King 2002a.

125 Butler 1991, S. 206.

126 Vgl. ebd.; vgl. dies. 1997b; vgl. Schössler 2008, S. 100.

127 Vgl. Butler 1991, S. 49ff., 61, 213, 215; vgl. Derrida 1988, ders. 2001. „Différance" ist der von Derrida gebildete Begriff, der sich aus „différence" und „deferral" (Verschiebung) zusammensetzt (vgl. Frey-Steffen 2006, S. 126).

128 Gutenberg/Poole 2001, S. 29.

> „[I]m performativen Sprechakt wird eine Norm ständig zitiert und dabei zugleich Bedeutung verschoben und rekontextualisiert.“[129]

Butler verwendet die Travestie als Beispiel inszenierter, performativ hergestellter Geschlechtsidentität. Die Imitation einer Geschlechtsidentität, wie die Travestie sie als parodistisches Spiel praktiziert, gilt bei Butler als Modell jeder Art von Geschlechter-Performanz. In der Travestie würden durch das bewusste Parodieren, Übertreiben und In-Szene-Setzen Irritationen provoziert, die Zweifel an dem parodierten „Original“ aufkommen lassen. In Form von parodistischer „Re-Kontextualisierung“[130] werde die Idee von Original, Natürlichkeit und Ursprünglichkeit ad absurdum geführt:

> „Als Imitationen, die die Bedeutung des Originals verschieben, imitieren sie den Mythos der Ursprünglichkeit selbst.“[131]

Die Verschiebung tritt also schon in dem Moment in Kraft, wenn ein Rollen- oder Identitätskonzept in einem anderen, neuen Zusammenhang imitiert wird. Die Imitation ist an sich nicht subversiv, aber das Ergebnis ist es bzw. kann es sein. Zudem bringt das Resultat wiederum neue Bilder hervor: Nach Butler liegen „[d]ie Möglichkeiten zur Veränderung der Geschlechtsidentität“ nicht zuletzt „in der Möglichkeit, die Wiederholung zu verfehlen bzw. in einer De-Formation oder parodistischen Wiederholung“[132].

Gerade im Kontext von Bühnengeschehen ist es sinnvoll, „Performativität mit Judith Butler als Zitationskraft zu verstehen, deren Potential in der Verschiebung liegt“.[133] Diese Verschiebungen erzeugen neue ‚Bilder‘, indem vorübergehend eine „fließende Ungewißheit der Identitäten“ hervorgerufen wird, so Butler, „die ein Gefühl der Offenheit für deren Resignifizierung und Re-Kontextualisierung vermittelt.“[134]

Aus dieser Perspektive betrachtet, imitierte Lise Cristiani Bilder traditionellen weiblichen Verhaltens, Bilder, wie sie für bürgerliche Frauen im 19. Jahrhundert dem Anschein nach als ‚Original-Ideale‘ erstrebenswert waren: Eleganz, Zartheit, Schönheit. Dies tat sie zunächst als Cellistin, was an sich schon affirmativ und subversiv zugleich war, weil sie ein ‚männliches‘ Instrument mit ‚weib-

---

129 Ebd.
130 Butler 1991, S. 203.
131 Ebd.
132 Ebd., S. 207.
133 Lummerding 2008, S. 177.
134 Butler 1991, S. 203.

lichem' Ausdruck spielte, Lautstärke, Kraft und tiefe Tonlagen vermied.[135] Das Gleiche gilt für ihre Reise. Als Künstlerin und Frau reiste sie an Orte, „wo nie zuvor ein Künstler war"[136]; sie machte sich als reisende Frau und reisende Musikerin sowohl weibliche als auch männliche Rollen zu eigen. Keine der Rollen kann sie jedoch ausschließlich übernehmen, ihre Affirmation muss teilweise zur „Verfehlung"[137] werden. Darin liegt genau der Aspekt der subversiven Verschiebung, mit welcher die Künstlerin auf der Grundlage bereits existierender Bilder etwas Neues hervorbringt.

Dagmar von Hoff resümiert Butlers Thesen, indem sie vor allem auf die „Chance" zur Veränderung hinweist:

> „Das (post)feministische Maskeradekonzept von Butler betont daher den Aspekt des Spielerischen und Parodistischen. In einem ‚Performing Gender' wird dem Subjekt eingeräumt, kulturelle geschlechtliche Zuschreibungen nicht allein als Repression, sondern auch als Chance zu begreifen, geschlechtliche Zuschreibungen als performativ, d.h. im Vollzug ihrer sozialen ‚Aufführung', kritisch in Frage zu stellen."[138]

Vergleichbar mit den Konzepten von Maskerade oder Mimikry fokussiert Bovenschen die Imitation als Konzept der Darstellung, welches die Vorstellung vorgängiger, naturgegebener Authentizität ersetzt. Auch sie spricht von „Imitation" und thematisiert das Problem der „Authentizität":

> „Dennoch mag die Imitation eine Möglichkeit der weiblichen Selbstdarstellung sein, vielleicht sogar die einzige, allerdings nur insofern, als sie bewußt und souverän gebraucht wird und nicht mit der Illusion weiblicher Authentizität verknüpft ist […]."[139]

Bovenschens Einschränkung in Bezug auf das „bewusste" und „souveräne" Einsetzen würde im Sinne Butlers überflüssig, da in deren Konzeption jegliche Performanz von Identität „Illusionen" oder bereits „Imitationen" imitiert, verschiebt und damit neu in Szene setzt. Die Frage nach der Bewusstheit beträfe also eher das Reflektieren über die Art und Weise der Imitationen als die Handlung selbst. Ob es dabei mehr um eine diskurskritische Meta-Ebene der Betrachtung geht oder um eine tatsächliche Möglichkeit „weiblicher Selbstdarstellung", wird an anderer Stelle zu diskutieren sein.[140] Die Konzepte Rivières und Lacans weiter-

---

135 Dieses Beispiel soll hier als Illustration dienen und wird in Kap. 3 noch ausführlich bearbeitet. Zur Haltung am Cello siehe Kap. 3.1 und 3.2.

136 Lanoye 1863, S. 399: „où jamais artiste n'était encore parvenu."

137 Butler 1991, S. 215: „konstitutive Verfehlung *aller* Inszenierungen der Geschlechtsidentität, weil diese ontologischen Orte grundsätzlich unbewohnbar sind."

138 Hoff 2009, S. 196.

139 Bovenschen 1979, S. 57f.

140 Siehe Kap. 5.7 zum Authentizitätsdiskurs um Jacqueline du Pré und in der Musik im Allgemeinen.

denkend, entwickelt Butler ein Konzept der Geschlechtsidentität als Maskerade.[141] Grundlegend dafür ist ihre Annahme, dass letztlich jede Geschlechtsidentität, ob subversiv, affirmativ, gesellschaftskontrovers oder gesellschaftskonform inszeniert, performativ sei und sich damit als Maskerade, hinter der es kein Original zu suchen gäbe, enthüllt.

Die Musikwissenschaftlerin Susanne G. Cusick versteht „musikalische Performanzen" als „ebenfalls (wenn auch nicht ausschließlich) körperliche Darstellungen, die in einer Kultur generell verstanden werden können. Vieles an musikalischer ‚Komposition' kann als Übersetzung von Ideen beschrieben werden"[142]. Cusick hat in ihren Arbeiten den Performativitätsbegriff Butlers explizit auf musikalische Inhalte bezogen und angewendet. Da das Performanz-Konzept mit der Anspielung auf die Bühne arbeitet[143] und dieses Bild bewusst auf alltägliche Handlungen überträgt, eignet es sich besonders auch für die dekonstruktivistische Betrachtung des realen Bühnengeschehens. Auch Kompositionen können zum einen als Spiegelbild der Gesellschaft und ihrer Widersprüchlichkeiten[144] verstanden werden, zum anderen als Projektionsfläche der sozio-historischen Kontexte und Denkmuster, der diskursiven Ordnungen, in denen die Komposition entstand, gelesen werden.[145]

Gerade Kunst und Kultur scheinen zahlreiche Möglichkeiten zur Überschreitung repressiver Geschlechternormen, zur Irritation des binären Systems[146] und damit zur Hervorbringung freiheitlicher, kreativer „Möglichkeitsräume"[147] zu bieten:

> „Die kulturellen Konfigurationen von Geschlecht und Geschlechtsidentität könnten sich vermehren, oder besser formuliert: ihre gegenwärtige Vervielfältigung könnte sich in den Diskursen, die das intelligible Kulturleben stiften, artikulieren, indem man die Geschlechter-Binarität in Verwirrung bringt und ihre grundlegende Unnatürlichkeit enthüllt."[148]

141 Vgl. Butler 1991, S. 75ff.; vgl. Hoff 2009, S. 195; vgl. Rivière 1929; vgl. Stephan 2003.

142 Cusick 1999, S. 290.

143 Vgl. Frey-Steffen 2006, S. 130.

144 Adorno 1962, S. 78: „daß in jeglicher Musik [...] in ihrer inwendigen strukturellen Zusammensetzung, die antagonistische Gesellschaft als ganze erscheint [...]. Innermusikalische Spannungen sind die ihrer selbst unbewußte Erscheinung von gesellschaftlichen." Hier stehen zwei unterschiedliche Denktraditionen im Sinne von Ausdrucksmodell versus Diskursmodell einander gegenüber.

145 In Kapitel 5.1 dieser Arbeit sollen für die Cellistinnen Cristiani und Suggia komponierte Werke betrachtet werden, unter der Fragestellung, inwiefern sich auch an der Musik als Komposition genderspezifische Diskurse und kontextuelle Prägungen ablesen lassen. Vgl. die kontrovers diskutierte Herangehensweise von Susanne McClary: McClary 1991; vgl. Treitler 1993; vgl. Huber 1997.

146 Vgl. Butler 1991, S. 218.

147 Vgl. King 2002a.

148 Butler 1991, S. 218.

Butlers Buch *Das Unbehagen der Geschlechter* schließt – wie könnte es anders sein – mit einer Frage: „Welche anderen lokalen Strategien, die das ‚Unnatürliche' ins Spiel bringen, könnten zur Ent-Naturalisierung der Geschlechtsidentität als solcher führen?"[149] Mit dieser Frage soll der Blick auf die Strategien der Cellistinnen gelenkt und dieses Kapitel ebenfalls mit Fragen beschlossen werden:

- Welche „lokalen Strategien" inszenieren die Cellistinnen?
- Welche Rolle spielen dabei unbewusste und bewusste Anpassung, unbewusster und bewusster Widerstand und Kompromiss sowie unbemerkte und bemerkte Subversion?
- Mit welchen Bildern sind die Künstlerinnen konfrontiert und mit welchen Bildern konfrontieren sie ihrerseits die Gesellschaft?
- Welche Bilder nehmen sie in die Performanz und Inszenierung ihrer Künstlerinnen- und Frauen-Identität auf? Welche Bilder sind neu, welche entstehen durch Verschiebung und Subversion, durch Maskerade und Parodie?
- Inwiefern bringen sie das „Unnatürliche" ins Spiel?
- Welche Veränderungen – Transformationen – lösen sie im Hinblick auf die Rezeption und Definition dieses „Unnatürlichen" aus?
- Führen diese Veränderungen zu einer „Entnaturalisierung der Geschlechtsidentität" oder bringen sie wiederum neue Identitäten mit dem Anspruch der ‚Natürlichkeit' hervor?
- Inwiefern wird der Transformationsprozess reflektiert, und verändert dies den Blick auf die Geschichte der Cellistinnen sowie auf die Konzeption von Geschlechtsidentität?

1.5.4 Grenzüberschreitung und Transformation[150]

Lise Cristianis Reise nach Sibirien bietet Anlass, die Künstlerin aus verschiedenen Perspektiven zu betrachten. Die Gender-Perspektive wird sowohl durch einen postkolonialen als auch durch einen entwicklungspsychologischen Ansatz im Sinne neuer Lesartenbildung und Interpretationen erweitert. Die Anglistin Natascha Würzbach betont die Notwendigkeit eines multiperspektivischen Ansatzes sowie einer Reflexion der verschiedenen Perspektiven zur Untersuchung von Reiseberichten und deren erzählenden Figuren:

---

149 Ebd.

150 Vgl. Deserno 2013. Einige Argumentationslinien aus den zwei folgenden Kapiteln werden im gleichnamigen Artikel der Autorin behandelt.

> „Eine Unterscheidung der Reisefigur als psychische Einheit versus Diskurseinheit, als Repräsentant von Ideologien versus Kultursymbol, als Rollenträger versus Signifikant erscheint ebenso textsemantisch wie rezeptionspsychologisch geboten.“[151]

Die ‚reisende Frau‘ kann im 19. Jahrhundert als Symbolfigur für Grenzüberschreitung und für die Erweiterung weiblicher Handlungsspielräume gelten. In der Kombination Künstlerin – noch dazu mit dem Instrument Cello – und Reisende lebte die Cellistin Lise Cristiani einen geradezu frappierenden Gegenentwurf zum traditionellen weiblichen Lebensweg. Sie brachte tatsächlich ein neues Bild hervor und dies nicht nur als subversiver Nebeneffekt verschiedener „Verfehlungen“, um die Begriffe Butlers zu verwenden, sondern auch im Sinne eines bewussten Gegenentwurfs: „[I]ch habe mich an Orten hören lassen, wo noch nie zuvor ein Künstler war“[152], schreibt Lise Cristiani in ihren Reiseberichten. Die Cellistin ist an einem Künstlerbild orientiert, das Originalität, Neugierde und Einzigartigkeit anzustreben scheint. Die Reise nach Sibirien wird von ihr selbst als Selbstvervollkommnung empfunden: „[S]ie wird die Originalität meines Künstlerdaseins komplettieren“[153], führt die junge Musikerin in ihren Reiseberichten aus. Diese Bilder, an denen sich Cristiani hier orientiert, sind keine neuen Bilder, sondern lassen sich verschiedenen Diskursen zuordnen, in diesem Kontext vor allem Männlichkeitsdiskursen im Spannungsfeld von Künstlertum und Kolonialismus. In der Verbindung mit Weiblichkeitsdiskursen und Weiblichkeitsbildern, die Cristiani in ihrem Verhalten und ihrer Selbstpräsentation beibehält und die es ihr ermöglichen, als Künstlerin diese Reise zu unternehmen, entsteht eine Situation, in der Affirmation, Verfehlung und Subversion der verschiedenen Bilder zu einer Grenzüberschreitung[154] – real und im übertragenen Sinne – führen. Damit werden die bereits existierenden Bilder in etwas Neues transformiert. Lise Cristiani symbolisiert das ‚Andere‘, nicht nur als Frau, nicht nur als Cellistin, auch als Reisende. Indem sie sich auf der Reise aber mit dem ‚ganz Anderen‘ – mit der Fremde[155] – konfrontiert, findet sie etwas scheinbar Eigenes, versöhnt sich mit der ‚fremden Heimat‘ in der Fremde, die ihre Heimat wird, weil sie den für sie scheinbar einzig annehmbaren und praktikablen Gegenentwurf darstellt. Sie muss in die Fremde gehen, um frei zu werden, weil sie dort, wo sie herkommt, bereits anders und fremd war. Das Fremd-Werden ist zugleich Fortgehen und Ankommen, Befreiung und Tod; es pointiert die Un-

151 Würzbach 2006, S. 69.
152 Lanoye 1863, S. 399: „Je me suis fait entendre en des lieux où jamais artiste n'était encore parvenu.“
153 Ebd., S. 392: „l'originalité de ma vie d'artiste“.
154 Vgl. Habinger 2006, S. 19.
155 Vgl. Habinger 2006.

möglichkeit eines Ausweges aus den diversen Dilemmata von Erwartungshaltungen und Rollenzuschreibungen, mit denen die junge Frau konfrontiert war.

Im Sinne von „Othering" – „wie der westliche dominante Diskurs die ‚Fremden' als Gegenentwurf zur eigenen westlichen Identität, also als ‚Andere' definiert und konstruiert und damit gleichzeitig distanziert und abwertet"[156] – kann Lise Cristiani auf das Fremde und auf das ihr Eigene blicken. Das ermöglicht es ihr, dort, wo sie herkommt, nicht mehr ganz so fremd wie zuvor – dafür aber entfernt – zu sein. Die räumliche Entfernung wird zum Symbol für all das, was Lise Cristiani im Rahmen eines bürgerlichen weiblichen Lebensentwurfes nicht möglich gewesen wäre: Freiheit, Mündigkeit, Künstlerinnenidentität, Mobilität. „Raumkonzeptionen" können als „diskursiv produzierte gesellschaftlich-symbolische Konstruktionen"[157] verstanden werden. In diesem Sinne ist auch die Sibirienreise eine erweiterte „Raumkonzeption"[158], eine Konzeption von erhoffter, wenngleich unerreichbarer Freiheit,[159] ein utopischer Raum. Aus der Perspektive der Postcolonial Studies[160] können die Reiseberichte Cristianis nicht nur auf ihre genderspezifische Diskursivität hin untersucht werden, sondern um die Kategorien ‚class' und ‚race' erweitert werden, die als Trias (gender/class/race) den Blickwinkel postmoderner Geschlechterforschung kennzeichnen. Westeuropäische Frauen, die im 19. Jahrhundert Fernreisen unternahmen – meist in die Kolonien –, machten häufig die Erfahrung, dass sie in den fremden kulturellen Kontexten stärker als ‚Weiße und Westeuropäer' und damit als Teil der Kolonialmacht wahrgenommen wurden und weniger als Frauen. In ihren Herkunftskontexten wurden sie dagegen meist auf die weibliche Rolle eingeschränkt.[161] Dass dabei hegemoniale Machtdiskurse und Ansprüche der westlichen Welt in Bezug auf den „Rest"[162] – die zu kolonialisierende Welt – von den Europäerinnen übernommen wurden, wird auch an einigen Stellen in den Berichten Lise Cristianis deutlich. Lise Cristianis Transformation hat mehrere Facetten: von der Künstlerin zur reale Grenzen überschreitenden Reisenden bis zur Autorin publizierter Reiseberichte[163], damit zur Symbolfigur einer neuen Weiblichkeit, welche die Grenzüberschreitungen vielleicht als außerordentlich, aber nicht mehr als unmöglich anerkennt.

---

156 Ebd., S. 18.

157 Ebd., S. 19.

158 Vgl. Löw 2009, S. 177ff.

159 Vgl. Würzbach 2006, S. 3ff., 139ff.

160 Vgl. Schössler 2008, S. 120ff.; vgl. „Postcolonial Theory" (Fauser 2004, S. 35).

161 Vgl. Habinger 2006, S. 131ff.; vgl. Polk/Tiegreen 2004; vgl. Reiseberichte von Ida Pfeiffer, Ida Hahn-Hahn, Anne Isabella Blunt, Alexandrine Tinné u.a.

162 Hall 1994.

163 Siehe Kap. 3.

1.5.5 Adoleszenz als Phase der Transformation

Wie dargestellt, wurde Lise Cristianis Sibirienreise symbolisch und real als erweiterter Möglichkeitsraum[164] verstanden, der Transformationen eröffnete. Im Folgenden sollen die grenzüberschreitenden Reiseunternehmungen der Cellistin Lise Cristiani im Zusammenhang mit dem sozialwissenschaftlich-psychoanalytischen Konzept der Adoleszenz, wie es Vera King vorgelegt hat, diskutiert werden. In diesem entwicklungspsychologischen Ansatz gilt die Adoleszenz als die entscheidende biographische Phase der Transformation, der „Entstehung des Neuen“[165]. Der Übergang von der Kindheit ins Erwachsenenalter wird als Möglichkeitsraum gedacht.[166] Durch die Chance zur Transformation in verschiedene Richtungen, die eine aus heutiger Perspektive gelungene Entwicklung durch Erfahrung, Bindung und Entscheidungen prägt, nimmt die Adoleszenz eine Schlüsselstellung im menschlichen Lebenslauf ein. Sie ist bestimmend und entscheidend für den weiteren Verlauf des Lebenswegs. In dieser Phase der dem Anschein nach noch unbegrenzten Möglichkeiten entscheidet sich, welche dieser Möglichkeiten für den erwachsenen Menschen weiterhin existieren und als Entwürfe und Ziele verfolgt sowie welche zurückgelassen und aufgegeben werden.

Während im 19. Jahrhundert für junge Männer aus dem wohlhabenden Bürgertum die Adoleszenz durchaus als ein solcher Möglichkeitsraum gedacht und gestaltet, wenngleich auch nicht so benannt wurde und somit eine Phase des Experimentierens, der Ausbildung, des Lernens und des Reisens war,[167] so war dies für junge Frauen nicht vorgesehen. Im Gegenteil, mit Beginn der Pubertät wurden meist die Weichen für den weiblichen Lebenslauf gestellt, der gerade die mündige Entscheidung, die freie Selbstentfaltung und Selbstfindung sowie Selbstverwirklichung durch einen Beruf, durch künstlerische Tätigkeit, Bildung und Forschung nicht vorsah.[168]

Die Karriere von Künstlerinnen und Künstlern beginnt meist früh, oft schon in der Kindheit durch die sogenannten Wunderkindkarrieren. Als Wunderkinder waren weibliche Künstlerinnen im 19. Jahrhundert durchaus akzeptiert, ja

---

164 Vgl. King 2002a, S. 128ff.

165 King 2002a.

166 Dies., S. 128ff.; vgl. Bründl/King 2012.

167 Insbesondere für die Ausbildung von Musikern und Künstlern wurde diese Phase von Ausbildung, Studium und Reisen geprägt, wie an den Lebensläufen von W. A. Mozart, F. Mendelssohn und J. W. von Goethe zu sehen ist – vor allem verglichen mit den Biographien von deren Schwestern.

168 Vgl. Bovenschen 1979, S. 158f. Siehe die Lebenswege von Fanny Mendelssohn, Cornelia Goethe, Nannerl Mozart; vgl. King 2002a; vgl. Horlacher 2009.

sogar erwünscht.[169] Ob aus einem Wunderkind aber eine Künstlerpersönlichkeit wird, entscheidet sich in der Adoleszenz. Das Konzept dieser Phase als Möglichkeitsraum für die Lebensläufe von Frauen im 19. Jahrhundert anzusetzen, bedeutet den Blick auf eine Entwicklungsphase zu richten, die in dieser Form für junge Frauen nicht existierte. Zugleich ermöglicht diese Herangehensweise, das Transformationspotential dieser Phase zu erkennen und die verschiedenen Strategien zu beschreiben, mit denen auch Künstlerinnen sich diesen Spielraum eroberten. Eine Verlängerung der künstlerischen Aktivität über die Wunderkindkarriere hinaus bis ins Heiratsalter hinein bedeutete für Frauen eine errungene Adoleszenz, ein Hinauszögern des sonst direkten Übergangs vom „Kind-Sein" zum „Kind-Haben".[170] Das Bild der kindlichen, unmündigen Frau, deren Sphäre im Privaten liegt, deren Aufgabe die Kindererziehung ist, der zu viel Bildung und gar Wissenschaft in ihrer Weiblichkeit schadet,[171] wurde umgesetzt in verkürzte bis gar nicht vorhandene Adoleszenzphasen. Diese zielten darauf ab, dass junge Mädchen die körperliche Transformation zur Frau als einzige Lebensaufgabe zu interpretieren lernten, um sich auf dem Heiratsmarkt zu platzieren und sich auf die Ehe vorzubereiten.[172] Interessanterweise sind es vielfach die Väter, wie bei den Cellistinnen Rosa Szuk und Guilhermina Suggia oder bei der Pianistin Clara Schumann, welche die Karrieren ihrer Töchter vorantrieben und nicht an der Schwelle zum Erwachsenenalter abbrachen.[173] Auch bei Lise Cristiani war es der Großvater, der die Verantwortung für die ‚unweibliche' Instrumentenwahl der Enkelin übernahm.[174] Die Frage, wie in den einzelnen Biographien mit dieser wichtigen Phase der Transformation umgegangen, wie sie

169 Vgl. Hoffmann 1991, S. 309ff.; vgl. Timmermann 2011; vgl. Weissweiler 1990, S. 19.

170 King 2002a, S. 69.

171 Vgl. „Empfindsame Kritik der weiblichen Gelehrsamkeit" (Bovenschen 1979, S. 58); vgl. Simmel 1980.

172 Vgl. Bovenschen 1970; vgl. Fraisse 1994; vgl. Horlacher 2009; vgl. Frevert 1995; vgl. Illouz 2011.

173 Es sind aber auch die Väter, welche die Karrieren abbrechen, siehe Fanny Mendelssohn oder Nannerl Mozart; es sind generell die Väter, die handeln und entscheiden (vgl. Butler 1990, S. 75f.: der Vater als Symbol des Gesetzes bei Lacan). Siehe Kap. 5.4 „Cellistinnen und ihre Väter".
Vgl. Mercier 2008, S. 4: „Violist-composer Rebecca Clarke (1886–1979) and composer Germain Tailleferre (1892–1983) had to struggle with unsupportive fathers, as did the somewhat older composers Ethel Smyth (1858–1944) and Cécile Chaminade (1857–1944). In conservative Catholic Portugal, Augusto Suggia had the vision to imagine futures for both of his daughters outside the boundaries of home and hearth. The foundation for Guilhermina's ultimate success was laid by her father, who not only recognized her abilities but also supported her ambitions with unstinting devotion."

174 „‚Eine Dame mit einem Violoncello, das ist eine sehr drollige Geschichte', sprach Lieschen. ‚Wenn es mit Geschick geschieht, durchaus nicht', versetzte der Vater. [,]Die heilige Cecilie spielte auch den Bass. Eine Idee, eine Idee!'", BMZ 1846, Nr. 1, Artikel von Carl Gaillard über Lise Cristiani.

gestaltet, inszeniert, verhindert oder ermöglicht wurde, soll den Blickwinkel auf die „Geschichte der Cellistinnen"[175] und ihre Transformationen von Weiblichkeitsbildern noch um einen neuen ‚Denk-Raum' erweitern.

Jugend bedeutete für junge Frauen im 19. Jahrhundert, von der Abhängigkeit in der Herkunftsfamilie in die Abhängigkeit als Ehefrau und Mutter zu geraten, wie es in den Gesetzen des Code Civil festgeschrieben war, der Einfluss in ganz Europa hatte.[176] Dazwischen gab es keinen Zeit- bzw. Spielraum für persönliche, individuelle Entwicklung und Ausbildung. „Jugend als eigenständige Phase der Selbstfindung, des psychosozialen Experiments, der Bildung und Ausbildung jenseits des ökonomischen Zwangs [...] als sozialer Spielraum für Krise und Individuation"[177] blieb männlichen Jugendlichen vorbehalten und kennzeichnete deren Entwicklung. Dies ist an den Biographien von Wolfgang Amadeus Mozart, Felix Mendelssohn und Johann Wolfgang von Goethe erkennbar, bei denen der direkte Vergleich mit den Biographien ihrer Schwestern Nannerl Mozart, Fanny Hensel oder Cornelia Goethe aufschlussreich ist, denen diese Transformationsspielräume nicht zugestanden wurden. Die Adoleszenz wird in den Biographien der genannten Schwestern und vergleichbaren Frauenbiographien verkürzt, wenn nicht sogar ausgelassen. Ungebrochen und unkritisiert wird dieses Lebensmodell im Gedichtzyklus *Frauenliebe und Leben* von Adelbert von Chamisso gefeiert, den Robert Schumann 1841 im Jahr seiner Eheschließung mit Clara Wieck vertonte. Auch Schumann idealisierte und erträumte sich seine Clara in dieser traditionellen Rolle, obwohl er zugleich von einer Künstlerverbindung sprach, von Liebesheirat und gegenseitiger Inspiration. Diese Ambivalenz ist in seinen Briefen ersichtlich und dieser ungelöste Widerspruch prägte das Zusammenleben von Robert und Clara Schumann. In Theodor Fontanes *Effi Briest* sowie in *Madame Bovary* von Gustave Flaubert werden hingegen Frauen beschrieben, die an der Unlösbarkeit der Konflikte zwischen traditionellem Frauenbild und den Wünschen nach Selbstbestimmung zugrunde gehen. An dieser Stelle sei aus einem Brief Heinrich von Kleists zitiert, den er im Mai 1800 an seine Verlobte schrieb. Daraus geht hervor, wie sehr man nach den Stürmen der Revolution damit beschäftigt war, Weiblichkeit in Abhängigkeit zu definieren, Frau-Sein ausschließlich über die Beziehung zum Mann zu sehen, ohne Frauen als Akteurinnen im politischen und gesellschaftlichen Leben zu denken, während Männer als ‚universale' Menschen der bürgerlichen Öffentlichkeit und dem Staat verpflichtet waren.

---

175 Deserno 2008.

176 Geneviève, Fraisse/Perrot, Michelle: Einleitung. Ordnungen und Freiheiten, in: Fraisse/Perrot 1994, S. 11–24, hier S. 22.

177 King 2002a.

„Der Mann ist nicht bloß der Mann seiner Frau, er ist auch ein Bürger des Staates; die Frau hingegen ist nichts, als die Frau ihres Mannes; der Mann hat nicht bloß Verpflichtungen gegen seine Frau, er hat auch Verpflichtungen gegen sein Vaterland; die Frau hingegen hat keine andern Verpflichtungen, als Verpflichtungen gegen ihren Mann; [...] das Glück des Mannes [...] ist der *einzige* Gegenstand der Frau; der Mann ist nicht mit allen seinen Kräften für seine Frau tätig, er gehört ihr nicht ganz, nicht ihr allein, denn auch die Welt macht Ansprüche auf ihn und seine Kräfte; die Frau hingegen ist mit ihrer ganzen Seele für ihren Mann tätig, sie gehört niemandem an, als ihrem Manne, und sie gehört ihm *ganz* an; die Frau endlich, empfängt, wenn der Mann seine Hauptpflichten erfüllt, nichts von ihm, als Schutz gegen Angriff auf Ehre und Sicherheit, und Unterhalt für die Bedürfnisse ihres Lebens, der Mann hingegen empfängt, wenn die Frau ihre Hauptpflichten erfüllt, die ganze Summe seines irdischen Glückes; die Frau ist schon glücklich, wenn es der Mann nur ist, der Mann nicht immer, wenn es die Frau ist, und die Frau muß ihn erst glücklich machen."[178]

Simone de Beauvoir charakterisiert den Status der Frauen in der Geschichte als „anderes" oder „zweites" Geschlecht, das stets als mangelhafte Ergänzung zum männlichen Geschlecht verstanden worden sei. Weiblichkeit wurde mit Körperlichkeit gleichgesetzt. Die Frau ist zuerst Körper; dieser aber wiederum galt als Grund, ihr den Zutritt zu den ‚höheren', ‚geistigen' und öffentlichen, den von Männern beanspruchten Sphären mit der Begründung zu verwehren, der weibliche Körper sei dafür nicht geschaffen.[179] Luce Irigaray argumentiert, die Definition als „Andere", als Objekt, gegen das sich das männliche Subjekt abhebe und definiere, sei wiederum Teil einer in sich geschlossenen, männlichen „Bedeutungsökonomie", die sie als „Fehlrepräsentation" einschätzt.[180]

---

178 Kleist, Heinrich von: Brief an seine Verlobte, Mai 1800, II, 507ff.

179 Vgl. Horlacher 2009, S. 63; vgl. Beauvoir 1968, S. 23f.

180 Vgl. Irigaray 1979, S. 139; vgl. Butler 1991, S. 28; vgl. Deserno 2009a.

1.6 Erinnerung, Vergessen und das Ziel einer symmetrischen Musikgeschichtsschreibung

„Was zur Erinnerung ausgewählt wird, ist stets von den Rändern des Vergessens profiliert."[181]

Aleida Assmann

1.6.1 Cellistinnen in der Musikgeschichte: (fehlende) Erinnerungs-Räume[182]

Cellistinnen sind nicht oder kaum in der Musikgeschichtsschreibung sichtbar, obwohl sie – seit Jacqueline du Pré ihre spektakuläre Karriere machte – selbstverständlich Teil des aktuellen Konzertlebens sind. Aber auch du Prés Vorgängerinnen waren von Bedeutung für die Musikgeschichte, was in dieser Arbeit gezeigt werden soll. Anita Mercier schreibt über Guilhermina Suggia: „Very famous during her lifetime, Suggia faded into relative obscurity after her death in 1950."[183] Ähnliches gilt für May Mukle und ihr Lebenswerk, sie war nicht nur als Cellistin international renommiert, sondern komponierte auch. Zu Lebzeiten nannte sie der Musikkritiker Max Kalbeck „ein weiblicher Casals"[184]. Bis heute besteht Forschungsbedarf in Bezug auf alle Bereiche ihrer künstlerischen Tätigkeit, ihre Kompositionen sind bis auf wenige Ausnahmen unveröffentlicht geblieben. Beatrice Harrison spielte das Cellokonzert von Edward Elgar in Zusammenarbeit mit dem Komponisten auf Schallplatte ein, die Erinnerung an sie steht aber gänzlich im Schatten der legendären Interpretation desselben Konzerts der jüngeren Jacqueline du Pré.[185] Geht man noch weiter zurück, so wird die Erinnerung an und die Recherche zu Cellistinnen wie Lise Cristiani, Anna Kull, Gabrielle Platteau oder Eliza de Try schon zu mühsamer Archivarbeit, oftmals begleitet von zahlreichen Schwierigkeiten mit unvollständigen, nicht katalogisierten oder unauffindbaren Quellen.[186]

Es gilt also neue „Erinnerungs-Räume"[187] zu schaffen, um damit Aleida Assmanns Begriff zu verwenden. Der Erinnerung Raum zu schaffen, bedeutet zu-

181 Assmann 2009, S. 408.

182 Ebd.

183 Mercier 2008, Preface, S. X.

184 Campbell 2004, S. 132; vgl. Kohnen 1999.

185 Harrison/Cleveland 1985; vgl. Eggebrecht 2007, S. 109f.; vgl. Wenzel 2007a; Elgar, Edward, Konzert für Violoncello und Orchester e-Moll op. 85. Aufnahmedatum: 23. März und 13. Juni 1928; siehe Abb. 13.

186 Siehe Instrumentalistinnen-Lexikon des Sophie Drinker Instituts (SDI), http://www.sophie-drinker-institut.de/cms/index.php?page=instrumentalistinnen-lexikon, letzter Zugang am 27. März 2014.

187 Assmann 2009.

gleich, alternative Räume zu erinnern und zu denken, die oftmals aus dem üblichen historiographischen Architekturplan[188] herausfallen.

> „In der musikwissenschaftlichen Frauenforschung wurden anfangs Kompositionen von Frauen gesucht. Übersehen wurde, in welchen Räumen Frauen musikbezogen handelten – und unter dieser Perspektive taucht eine Vielzahl von musikalisch aktiven Frauen auf. [...] Übersieht man solche Räume, [...] bleiben viele musikalisch aktive Frauen unsichtbar."[189]

Susanne Rode-Breymann hat in ihrer Forschungsreihe „Orte der Musik" auf die Vielfältigkeit musikkulturellen Handelns von Frauen in der Geschichte aufmerksam gemacht.[190] Gerade Musikpädagogik, musikalische Arbeit mit Laien und Kindern, Unterhaltungsmusik sowie der musikalische Salon waren oft Bereiche und damit Orte, an denen Frauen künstlerische Kreativität zugebilligt wurde, während der öffentliche Konzertbetrieb sowie der Bereich der Komposition von sogenannter ernster Musik lange Zeit vorwiegend von Männern dominiert wurde.[191]

1.6.2 Musikhistoriographie und der Status der Interpretinnen

Anita Mercier nennt im Vorwort ihres Buches über Guilhermina Suggia einen Grund für das Verschwinden der Cellistin aus dem musikhistorischen Gedächtnis in „relative obscurity":

> „One reason for this is the fact that she did not make many recordings, and many of those that she did make in 78 rpm format have not been remastered and reissued."[192]

Das ist ein entscheidender Umstand, der genauso für Beatrice Harrison zutrifft und das Schicksal vieler Interpretinnen und Interpreten vor der Erfindung der CD skizziert.

Betrachtet man die Musikgeschichte unter dem Aspekt einer Suche speziell nach den Interpretinnen und Interpreten, so fällt zum einen auf, dass die Erin-

---

188 Vgl. Kreutziger-Herr/Losleben 2009, Bauplanung, o. S.

189 Rode-Breymann 2009b, S. 187.

190 Dies. 2009b u. dies. 2009a; dies. 2007; dies. 2013; siehe Forschungszentrum Musik und Gender/ Hannover, http://www.fmg.hmtm-hannover.de/de/forschung/publikationen, letzter Zugang am 29. April 2014.

191 Vgl. dies. 2009b, S. 187; vgl. Rieger 1981, S. 11.

192 Mercier 2008, Preface, S. X.

nerung an diese wesentlich kurzlebiger ist als die an Komponisten.[193] Das geschriebene Musikwerk bleibt und kann archiviert, neu aufgelegt und anhand des Notentextes immer wieder reproduziert werden. Das gespielte Musikstück verklingt und bis zur Erfindung der Schallplatte bestand keinerlei Möglichkeit des Festhaltens dessen, was das Lebenswerk eines Interpreten oder einer Interpretin ausmachte. Wenn diese an der Entstehung und Uraufführung von Werken beteiligt waren, die in der nachträglichen Rezeption Beachtung finden, oder selber Kompositionen hinterließen, bleiben sie länger im Gedächtnis. Namen von Cellisten wie Bernhard Romberg (1767–1841), Georg Friedrich Goltermann (1824–1898), Justus Johann Friedrich Dotzauer (1783–1860), Adrien-François Servais (1807–1866), Auguste Franchomme (1808–1884), Alfredo Piatti (1822–1901) oder Julius Klengel (1859–1933) gehören zumindest für Cellistinnen und Cellisten zur musikalischen Allgemeinbildung. Alle diese Cellisten haben Studien- oder andere, meist virtuose Celloliteratur hinterlassen, Chopin hat Franchomme seine Sonate op. 65 für Violoncello und Klavier in g-Moll gewidmet, Max Reger stellte seiner Sonate in a-Moll op. 116 eine Widmung an Klengel voran. Auch bei den männlichen Interpreten ist es in der Retrospektive schwer zu entscheiden, ob ihre Erwähnung in Musiklexika mit ihrem Erfolg zu Lebzeiten, mit den von ihnen hinterlassenen Kompositionen oder mit ihrer Rolle als Widmungsträger von Kompositionen, die Teil des etablierten Kanons wurden, zu tun hat.

Lise Cristiani ist Widmungsträgerin der *Romance sans paroles* D-Dur für Violoncello und Klavier op. 109 posthum[194] sowie eines *Andante pastorale* in C-Dur für Klavier von Felix Mendelssohn Bartholdy.[195] Ihre Rolle als Widmungsträgerin dieser beiden Werke Felix Mendelssohns scheint aber nicht ausgereicht zu haben, um ihr in der Musikgeschichte einen Platz zu sichern. Merkwürdigerweise auch nicht als periphere Erscheinung der Mendelssohn-Forschung.[196] Dies hängt möglicherweise damit zusammen, dass die Stücke an sich vergleichsweise wenig Aufmerksamkeit im Kontext des Gesamtwerkes von Mendelssohn erhielten. Auch über die historische Situation der Widmung kann nur spekuliert werden – es ist weder bekannt, ob Lise Cristiani die *Romance sans paroles* in ihren Konzerten gespielt hat, noch ob sie nach dieser einmaligen Begegnung weiterhin Kontakt mit Felix Mendelssohn hatte.[197]

---

193 Die männliche Form ist hier Absicht, da es sich in der ‚Erinnerung' der westeuropäischen Musikgeschichte eben vorwiegend um Komponisten handelt, die erinnert werden.

194 Mendelssohn-Autograph mit Widmung im Dokumentenanhang Dok. 5.

195 Hoffmann 2007/2010.

196 Cristiani wird nach bisherigem Forschungsstand in keinem der Briefe von Felix oder Fanny Mendelssohn und auch nicht in den verschiedenen Mendelssohn-Biographien erwähnt.

197 Siehe Kap. 5.1.

Außerdem fällt auf, dass es spezifische Besonderheiten in der Art und Weise gibt, wie man sich an Sängerinnen und Sänger oder die verschiedenen Instrumentalistinnen und Instrumentalisten erinnert. Dies hängt mit der Popularität von Musikstilen und dem Repertoire der Instrumente oder Stimmlagen zusammen. Im Allgemeinen zeichnet sich in der westeuropäischen Musikgeschichte und der traditionellen historischen Musikwissenschaft die Tendenz ab, sich auf die Komposition als zentralen Forschungsgegenstand zu beschränken. Musikrezeption, Musikbetrieb, Musikerziehung und -interpretation wurden lange Zeit als eher periphere Phänomene behandelt und finden erst seit den 1980er Jahren in den Forschungsansätzen der systematischen Musikwissenschaft, der Gender Studies und einer kulturwissenschaftlich orientierten historischen Musikforschung Beachtung.

Es gibt noch weitere Kriterien für das „Vergessen" oder „Erinnern". Denn die Namen von Interpreten wie Joseph Joachim, Niccolò Paganini, Clara Schumann, Pablo de Sarasate, Bernhard Romberg, Alfredo Piatti, Adrien-François Servais oder David Popper sind durchaus bekannt. Zeitgenossen von Suggia und Harrison wie Casals, Cassadó, Feuermann haben ebenfalls ihren festen Platz in der Musikgeschichte.[198] Eigene Kompositionen, Studienwerke oder Virtuosenliteratur für das eigene Instrument oder aber die enge Zusammenarbeit mit Komponisten, Herausgebertätigkeit und Uraufführung der Werke zeitgenössischer Komponisten, Kadenzen zu denselben sowie Überarbeitungen der Instrumentalstimmen in Kooperation mit den Komponisten sind Hinterlassenschaften der Interpreten, die für ihre Erinnerung in der Musikgeschichte sorgen.

Es geht also um die Unterscheidung und Hierarchisierung von produktiver (Komposition) und reproduktiver Kunst (Interpretation). Dabei wird wiederum eine Unterscheidung zwischen Interpretation und Virtuosentum vorgenommen, die retrospektiv zugunsten der als ‚ernsthaft' verstandenen Interpretation ausfällt. Somit kann die Leistung von Joseph Joachim, auch wenn er kaum Kompositionen veröffentlicht hat[199], dennoch retrospektiv höher bewertet und dadurch historiographisch eher berücksichtigt werden als beispielsweise die Leistung ei-

---

198 In der Tat ist es nicht einfach, das Phänomen der musikhistoriographischen Erinnerung für diesen Kontext zu erfassen. Retrospektiv kann ausgehend von der Präsenz musikalischer Personen / Cellist(inn)en in Musiklexika, Biographien, populärwissenschaftlicher Literatur, Cello-‚Stammbäumen', anhand von Aufnahmen und von in der Gegenwart verwendeter oder unter historischen Aspekten Beachtung findender Cellostudienliteratur geschlussfolgert werden, dass diese Persönlichkeiten ihren Platz im kollektiven musikhistoriographischen Gedächtnis zugestanden bekommen haben.

199 „Aber die Pein kennst Du nicht, eine beständige Musik im Innern zu haben [...], und dabei gezwungen zu sein die durch andere, fremde zu verdrängen, in Proben u.s.w. Das gleicht Inquisitions-Tortur!" (Joseph Joachim an Herman Grimm, 11. Dezember 1853, zitiert nach Borchard 2004, S. 72).

nes Bernhard Romberg. Während dieser zu Lebzeiten nicht nur als Cellist gefeiert, sondern auch für zahlreiche Kompositionen geschätzt wurde, die er nicht nur für sein Instrument schrieb, finden seine Werke heute höchstens in musikwissenschaftlich-cellistischen Nischen Beachtung. Bei Jacques Offenbach verhält es sich andersherum: Man muss explizit erwähnen, dass er Cello-Virtuose war und seine Cello-Salonstücke ‚ausgraben', die er selbst u.a. mit Wilhelm von Flotow aufführte, weil er in der Musikgeschichte einen Namen als Komponist von Operetten wie *Orpheus in der Unterwelt* oder *Hoffmanns Erzählungen* hinterlassen hat.

Die Verfasser von Etüden, wie z.B. Servais, Piatti oder Popper behalten ihren Platz in der Musikgeschichte dadurch, dass sie die Ausbildung der nachfolgenden Cellisten-Generationen geprägt haben. Manchmal sind auch ihre Kompositionen für das Instrument Teil des kanonisierten Repertoires geworden. Dies hängt wiederum vom Geschmack und dem instrumentalen Ausbildungskonzept der jeweiligen Zeit ab, auch davon, ob sich renommierte Interpretinnen und Interpreten, CD-Labels oder Konzertveranstalter zu späteren Zeiten für diese Werke einsetzen. David Popper gehört als „Sarasate des Cellos"[200] bis heute ins Repertoire. Mit seinen Stücken lernen und beweisen Cellistinnen und Cellisten ihr technisches Können und die Fähigkeit, technische Schwierigkeiten und romantische Melodien und Harmonisierungen – zum Teil musikalische Klischees, mal volkstümlich, mal an Salonmusik erinnernd – geschmackvoll zu interpretieren. Dazu haben entscheidend János Starker und Maria Kliegel beigetragen.[201]

Dieser Exkurs über Musik von Interpreten soll zeigen, wie vielschichtig das Moment der musikhistoriographischen Erinnerung an Interpretinnen und Interpreten ist. Cellistinnen sind in der Musikgeschichte unterrepräsentiert, zum einen als

- Interpretinnen;
- als Interpretinnen, die nicht oder wenig komponierten, oder
- als Interpretinnen, deren Kompositionen verschwunden sind, weil „reproductives Genie […] dem schönen Geschlecht zugesprochen […][,] wie productives ihm unbedingt abzuerkennen"[202] sei, wie der Dirigent Hans von Bülow es ausdrückte;

200 Campbell 2004, S. 64.

201 CD von Maria Kliegel: Cello Showpieces, NAXOS; János Starker: CD Popper: Romantic Cello Favorites, 1989 Delos.

202 Hans von Bülow zu Clara Schumanns Kompositionen, zitiert nach Weissweiler 1981, S. 269.

- als Interpretinnen, die im Sinne weiblicher bürgerlicher Verhaltensnormen solche Literatur spielten und eventuell auch komponierten, die als oberflächlich oder unernst kategorisiert wurde.[203]

1.6.3 Geschlechtsspezifisches Erinnern und Vergessen

Bereits bei diesem Versuch, die Gründe für ‚Erinnern oder Vergessen' im Status der Cellistinnen als Interpretinnen zu suchen, ergeben sich Begründungen, die geschlechtsspezifische Zusammenhänge haben. Aleida Assmann pointiert: Was als nicht historiographiewürdig deklariert werde, lande auf dem Müll statt im Archiv.[204] Dass gerade die künstlerischen Leistungen und Hinterlassenschaften von Frauen in der westeuropäischen Musikgeschichte häufig diesen Weg nahmen, ist mittlerweile Konsens in der musikwissenschaftlichen Frauen- und Geschlechterforschung. Dabei wurde aber in verschiedenen Untersuchungen seit den 1980er Jahren deutlich, wie viele unterschiedliche Mechanismen die Musik von Frauen von der musikhistoriographischen Landkarte verschwinden ließen. Auch Inge Stephan betont die Relevanz geschlechtsspezifisch gesteuerter Erinnerungsmechanismen:

> „Nicht nur, was vergessen oder was erinnert wird, ist geschlechtsspezifisch bestimmt. Differenzen bestehen auch zwischen den Erinnerungsformen von Frauen und Männern. So stehen den repräsentativen Memoirenbänden von Herrschern und Dichtern, die sich ihrer öffentlichen Bedeutung sicher sind und versichern wollen, die privaten Aufzeichnungen und Briefe von Frauen gegenüber, die häufig erst aus dem Nachlass veröffentlicht werden. Mit eigenen Aufzeichnungen und Werken gehen Frauen oft sorglos um, während sie die Werke ihrer Ehemänner, Brüder und Väter mit großer Aufopferung betreuen und für die Veröffentlichung vorbereiten. Die Entscheidung, ob eine Lebensgeschichte nur aufgeschrieben oder aber veröffentlicht wird, hängt häufig nicht von der Qualität der Aufzeichnungen, sondern vom Geschlecht des Autors ab."[205]

Das kollektive kulturelle Gedächtnis[206] produziert Mechanismen der Auslese, diese sind wiederum Produkte der Diskurse der jeweiligen sozio-historischen Kontexte. Leistungen und Lebensgeschichten von Frauen sind als „minoritäres Element"[207] zu verstehen. Wenn Frauen als historiographisch ‚nicht sprechende'

---

203 Salonmusik, Bearbeitungen etc.; vgl. Rode-Breymann 2009b, S. 187; vgl. Rieger 1981, S. 11f.; siehe Kap. 3.2.3, 4.2.5 und 4.2.6.

204 Vgl. Assmann 2009, S. 383.

205 Stephan 2006, S. 79.

206 Verwendung dieses Begriffs bei Weigel 2004, in: Stephan 2006, S. 79; vgl. Assmann 2006.

207 Kreutziger-Herr 2009, S. 24.

Gruppe nicht handelnd oder erschaffend, sondern erhaltend konzipiert wurde, bedeutet das für Frauen, die kreativ waren, dass sie Ausnahmen bleiben mussten – ob das der realen Anzahl von Künstlerinnen gerecht wurde oder nicht. Silvia Bovenschen spricht von einer „Geschichte der weiblichen Geschichtslosigkeit"[208] und mit Hans Mayer von einer „Minderheit, die keine ist"[209] und beschreibt so das verzerrte Bild, das eine Geschichtsschreibung wiedergibt, die Frauen retrospektiv ausschließt und nicht erinnert.[210]

Frauen waren oder sind in der Musikgeschichte mit einigen wenigen Ausnahmen nur marginal vertreten und wurden erst durch die Forschungsergebnisse der Frauen- und Genderforschung angemessen gewürdigt. Diese Arbeit befasst sich mit Cellistinnen, für die beide zuvor skizzierten Zusammenhänge gelten, die in der Musik tätige Persönlichkeiten nicht oder nur erschwert in die Musikgeschichte eingehen lassen. Zum einen handelt es sich um Interpretinnen, die kein oder nur selten ein schriftliches Werk hinterlassen, zum anderen handelt es sich um Frauen. Was das Violoncello betrifft, so ist die Frage nach der Historiographie in Bezug auf Cellistinnen besonders aufschlussreich, da sich das Cello innerhalb von nur 150 Jahren von einem reinen Männerinstrument zu einem beliebten und von beiden Geschlechtern gleichermaßen gespielten Instrument entwickelt hat. Dies ist ein Prozess positiver und schneller Veränderung. Es fällt aber auf, dass der Wandlungsprozess selten reflektiert wird und dass Cellistinnen zwar heute in den Medien und Konzertsälen präsent sind, man denke z.B. an Sol Gabetta, es aber keine ‚Ahnenlinie' zu geben scheint. Die erste Cellistin, mit der sich das ändert, ist Jacqueline du Pré.[211]

Die Erklärung, dass es keine Cellistinnen gab, weil das Cello ein Männerinstrument war, liegt vordergründig auf der Hand. Demnach brauchten die Frauenbewegungen mehrere Anläufe, um die aus dem 18. und 19. Jahrhundert übernommenen Vorstellungen von Weiblichkeit zu dekonstruieren. Somit ist Jacqueline du Pré nicht nur eine herausragende Cellistin und bewegende Musikerin gewesen, sondern auch die erste Frau, die als Cellistin von den neuen emanzipatorischen Errungenschaften der zweiten Frauenbewegung profitierte. Das Bild ist aber unvollständig, denn obwohl Jacqueline du Pré einen Wendepunkt darstellte, einen Cello-Boom bei Mädchen genauso wie bei Jungen auslöste, ist es nicht richtig, dass es vor ihr keine Cellistinnen ‚gab'. Die Geschichtsschreibung gibt ein Bild von der Vergangenheit wieder, das Denk- und Sichtweisen aus eben dieser Vergangenheit spiegelt. Diese Geschichtsschreibung

208 Bovenschen 1979, S. 10 und S. 15.

209 Mayer, Hans, Außenseiter, Frankfurt a.M. 1975, S. 37, zitiert nach Bovenschen 1979, S. 23.

210 Vgl. Kreutziger-Herr/Losleben 2009; vgl. Hausen 1998.

211 Vgl. Deserno 2008, dies. 2009a.

ist als Konstruktion oder Erzählung zu sehen, die zusammenfügt, auslässt, Lücken füllt oder offenlässt. Das, was zur Erinnerung wird, ist niemals identisch mit dem, was es erinnert.

„Die Lückenhaftigkeit des kulturellen Erinnerungsvermögens ist ebenso auffällig wie, damit korrespondierend, der Mangel an Tradition in der problemgeschichtlichen Reflexion“[212], argumentiert Silvia Bovenschen. Nicht nur die Erinnerung an Cellistinnen der Vergangenheit fehlt, sondern auch die Frage danach, warum dies so ist. Das Vergessen wird zum Gegenspieler des Erinnerns, die „Mülldeponie“[213] zum Gegenüber des Archivs. Von der Annahme ausgehend, dass Erinnern nur mit „Lückenhaftigkeit“ durch „Aussparungen“ denkbar ist und durch Vergessen dessen, was nicht erinnert wird, erst ermöglicht wird, soll das Hauptinteresse einer kritischen Betrachtung der Geschichtsschreibung in der Analyse und Dekonstruktion der Mechanismen liegen, mithilfe derer erinnert und vergessen wird, durch welche das Konstrukt ‚Geschichte‘ entsteht. Nicht nur der Blick darauf, wer Geschichte wann und in welchem Kontext geschrieben hat, ist für eine solche dekonstruktivistische Herangehensweise wichtig, sondern auch das selbstreflexive Moment, die Forschungsperspektive zu hinterfragen bzw. als Teil des Ergebnisses mit einzubeziehen.

Europäische Musikgeschichte wurde vorwiegend von Männern und über Männer geschrieben. Dies ist Eva Riegers Feststellung in ihrer 1981 veröffentlichten Studie *Frau, Musik und Männerherrschaft*, die mittlerweile als einer der Gründungstexte der musikwissenschaftlichen Gender Studies zählt.

> „Wenn Musik fast ausschließlich von Männern produziert worden ist, von ihnen gespielt und dirigiert wurde und jahrhundertelang in der Öffentlichkeit nur von ihnen gesungen wurde, dann bildet die männliche Identität einen integralen Bestandteil der ästhetischen Produktion selber. Darüber hinaus vollzieht sich der heutige Kulturbetrieb ‚durch die Brille der einen Hälfte der Kulturmenschheit‘“.[214]

Frauen spielten in der Musikhistoriographie nebensächliche und untergeordnete Rollen. Auch herausragende Leistungen von Frauen wurden im Zuge einer Geschichtsschreibung, die diese nicht vorsah, häufig ‚übersehen‘. Annette Kreutziger-Herr nennt dieses Phänomen ein „Verschwinden“ von „Frauen in der postulierten Einheit von Geschichte als minoritäres Element“.[215] Frauen seien demnach „nicht historiographiewürdig, im Kern also nicht geschichtsmächtig und des Erinnerns wert“.[216]

212 Bovenschen 1979, S. 65.
213 Assmann 2009, S. 383.
214 Rieger 1981, S. 11.
215 Kreutziger-Herr 2009, S. 24.
216 Ebd.

Inge Stephan geht davon aus, dass Erinnerungen von Frauen andere Formate und Ausdrucksebenen als die von Männern haben und dass diese von Frauen wie von Männern weniger oder kaum beachtet wurden.[217] „Memoirenbände von Herrschern und Dichtern" machen den Blick auf die Vergangenheit oft zu einer „Heroengeschichtsschreibung"[218], in Analogie dazu bringt die Musikgeschichtsschreibung mit Vorliebe Biographien über „Große Komponisten", „Große Cellisten" und „Große Geiger" hervor.[219] Die Frage, „ob sich die Geschichtswissenschaft nicht insgesamt und damit auch mit Blick auf Geschlechtergeschichte von Meistererzählungen verabschieden sollte"[220], stellt sich für die Musikgeschichte gleichermaßen: Damit rücken Geschlechterbeziehungen und Geschlechterrollen und ihr Einfluss auf Erinnern und Vergessen in den Fokus der Betrachtung.

1.6.4 Musikgeschichtsschreibung als diskursive Konstruktion

Geschichtswissenschaft, die sich als Kulturwissenschaft versteht, „müsste weit stärker als bisher wahrnehmen und einarbeiten, wie die Positionierung der Geschlechter und die Dynamik ihrer Beziehungen zur Konstruktion und zu den Wirkungsweisen von Gesellschaft und Politik beigetragen haben"[221]. Mithilfe der Diskurskritik können Geschichtsschreibung und ihre Ergebnisse dekonstruktivistisch hinterfragt und als Produkte oder Konstruktionen der jeweiligen Zeit, ihrer Kontexte und Konstellationen verstanden werden: „[W]er, wie, was, wozu, warum und für wen erinnert"[222] wird, die Konstellationen des Erinnerns und Vergessens innerhalb eines historischen und sozialen Kontextes sind zentral für eine dekonstruktivistisch-diskurskritische Perspektive auf die Geschichte.

Pierre Bourdieu erwidert den Vorwurf des Relativismus, der häufig in Reaktion auf dekonstruktivistische Ansätze formuliert wird, indem er argumentiert:

> „Das Subjekt der Wissenschaft in Geschichte und Gesellschaft hineinzuversetzen bedeutet nicht, sich zum Relativismus zu verdammen; das bedeutet vielmehr, die Bedingungen einer kritischen Erkenntnis der Grenzen der Erkenntnis als der Voraussetzung wahrer Erkenntnis zu postulieren."[223]

---

217 Stephan 2006, S. 79.
218 Vgl. Borchard 2006.
219 Eggebrecht 2007; Bächi 2003; Campbell 2004.
220 Kessel/Signori 2006, S. 119.
221 Ebd., S. 118.
222 Stephan 2006, S. 78.
223 Bourdieu 1993, S. 71, zitiert nach Daniel 2006, S. 184.

„Subjekte der Wissenschaft", Ergebnisse von Forschung oder Geschichtsschreibung in Kontexten zu verorten, bedeutet also auch, Grenzen der Erkenntnis zu akzeptieren, Lücken in der Erkenntnis sichtbar zu machen und durch neue Lesarten zu füllen, diese aber auch gegebenenfalls offenzulassen. Dadurch bleiben Fragen offen, aber zumindest wird keine ‚falsche Version' der Geschichte, von der es in diesem Sinne keine ‚richtige', sondern nur viele Versionen geben kann, geschrieben.[224] In „Metahistory"[225] stellte Hayden White die grundlegende Frage der postmodernen Geschichtswissenschaft: Wie wird Geschichte erzählt?[226]

1.6.5 Neue Erinnerungsräume schaffen: Separatismus, Mainstreaming und Symmetrie

Lexika, Biographien, Archive zur Frauenforschung, Musik von Frauen aufführen und aufnehmen – all dies sind Maßnahmen des „kompensatorischen Ansatzes" oder „Separatismus"[227], dessen Ziel es ist, den Ausschluss von Frauen aus Geschichte und Musikgeschichtsschreibung nicht länger als gegeben hinzunehmen, sondern neben den bereits präsenten Männern nun herausragende Frauen sichtbar zu machen. Dem geht die Kritik am gängigen Wissenskanon voraus. So ändert sich das Bild von der Geschichte und Musikgeschichtsschreibung, sie wird als „Erzählung"[228] überprüft bzw. als Konstruktion verstanden. Das Hinzufügen von Frauen und besonders das ausschließliche Präsentieren der historischen und zeitgenössischen Leistungen von Frauen in separaten Kontexten[229] ist zunächst ein politisches Anliegen, welches auf ungleiche und als Unrecht empfundene Situationen reagiert. Separatistische Ansätze betonen die Bedeutung von Kontexten, von neuen Räumen, die ausschließlich Frauen vorbehalten sein sollen, um zu vermeiden, dass bei dem Versuch, Frauen und Männern gleichermaßen gerecht zu werden, wieder Diskurse und Mechanismen in Kraft träten, die letztlich keine Gleichberechtigung zwischen den Geschlechtern hervorbrächten, sondern das über Jahrhunderte transportierte Ungleichgewicht nur

224 „Es ist nicht wahr, dass Geschichte gefälscht wird. Sie hat sich großenteils wirklich falsch zugetragen. Ich kann das bezeugen. Ich war dabei." Aus: Fried, Erich: Die Engel der Geschichte, in: Fried 1993, S. 491, zitiert nach Kreutziger-Herr 2009, S. 46.

225 White 1994.

226 Vgl. Daniel 2006, S. 157ff.

227 Heesch/Losleben 2012, S. 77.

228 Vgl. White 1994; vgl. Kreutziger-Herr 2009.

229 Z. B. Internationaler Arbeitskreis Frau und Musik, Musik und Gender im Internet (MUGI), Instrumentalistinnen-Lexikon Sophie Drinker Institut, Frau Musica Viva, Furore Verlag.

wieder herstellten. Aus der Perspektive dieser Ansätze sind die Mechanismen, die historisch zum Ausschluss von Frauen geführt haben, (noch) zu mächtig, so dass noch keine ‚gemeinsamen Räume' denkbar seien.[230] Problematisch sind dabei sowohl die Ansätze, eine Geschichte über idealisierte, heroisch-starke Frauen zu schreiben, als auch eine Geschichte, die Frauen ausschließlich als Opfer sieht. Eine weitere Gefahr besteht darin, parallel zur „Heroengeschichtsschreibung"[231] eine „Heroinnengeschichte" zu erzählen. In der ersten Phase der Frauenforschung sollte zunächst einmal bewiesen werden, dass die Geschichte wichtige Frauen hervorgebracht hatte und dass diese es wert waren, sich mit ihnen auseinanderzusetzen. Es ging darum, diese Künstlerinnen zu würdigen, ja zu fordern, dass sie ihren Platz neben den ‚großen Meistern' bekommen sollten. Es lässt sich nachvollziehen, dass dabei diese Frauen als neue ‚Heldinnen' idealisiert wurden. Mit welchen Worten, Formen, Mitteln sollte denn diese neue Frauengeschichte geschrieben werden, wenn nicht mit den gleichen, mit denen zuvor jahrhundertelang eine ‚Männergeschichte' geschrieben worden war?[232]

Die Konstruktion einer Heldin allerdings impliziert immer deren Ausnahmestatus. ‚Ausnahmeheldinnen' korrigieren das Geschichtsbild nicht, denn sie schließen von vornherein aus, dass die Möglichkeit, Historiographiewürdiges zu leisten, selber historiographiewürdig zu werden, auch für andere, vielleicht sogar für alle Frauen und alle Männer gleichermaßen bestünde.[233] Man kann darüber hinaus argumentieren, dass die idealisierte Darstellung von Ausnahmephänomenen zur Vermeidung einer Korrektur des Geschichtsbildes[234] beitrage. Studien und Biographien über ‚vergessene Frauen' ergänzen zunächst ein unsymmetrisches Geschichtsbild. Ein nächster Schritt ist die Reflexion dieser Erkenntnisse, die impliziert, dass jede Form, Geschichte zu schreiben, nur eine von vielen Möglichkeiten ist. Diesen Freiraum, der akzeptiert oder sogar betont, dass Geschichte und damit auch das, was die Gegenwart und ihre Auffassungen über die Geschlechterverhältnisse prägt und beeinflusst, geschrieben oder erzählt wird, nutzt das Mainstreaming.

Frauen sollen in Geschichte und Gegenwart integriert werden; die Gegenwart wird (z.B. durch Gleichstellung und Quote) aktiv umgestaltet. Ziel ist ein „symmetrisches" Geschichtsbild[235] und eine geschlechtergerechte Gegenwart – dies ist mehr ein politisches Anliegen denn ein wissenschaftlich-theoretisches

230 Vgl. Heesch/Losleben 2012, S. 76ff.
231 Vgl. Borchard 2006.
232 Vgl. Rieger 1981.
233 Vgl. Deserno 2008, S. 39.
234 Vgl. Habinger 2006, S. 115.
235 Kreutziger-Herr 2007b, S. 17f.

und könnte als widersprüchlich zu dem dekonstruktivistischen Diskurskonzept verstanden werden.

Marcia J. Citron ist der Ansicht, Separatismus und Mainstreaming seien keineswegs „zwangsläufig widersprüchlich“[236]. Gerade in den Gender Studies liegen politische Anliegen und wissenschaftliche Theoriebildung sehr dicht beieinander. Eine radikal dekonstruktivistische Analyse kann zunächst kein politisches Interesse haben oder muss dieses in die Analyse miteinbeziehen und ebenfalls als Diskurs verstehen. Die Kanonkritik beispielsweise – was in welcher Form gelehrt und gelernt und als Wissen transportiert wird – muss zunächst dekonstruktivistisch vorgehen, um dann in den jeweiligen Disziplinen Veränderungen in Lehre und Forschung, Pädagogik und Wissensverbreitung umzusetzen.[237] Für die vorliegende Untersuchung über Cellistinnen sind beide Ansätze von Bedeutung. Sie ist separatistisch, indem sie Frauen am Cello porträtiert, in einem Buch versammelt sowie untersucht. Gleichzeitig praktiziert sie Mainstreaming, indem sie versucht, diese Frauen in eine Geschichtsschreibung einzuordnen, die Bedingungen und Umstände ihres Lebens und Wirkens, ihrer Rezeption sowie der vorhandenen und der fehlenden Erinnerung an sie zu kontextualisieren und zu analysieren.

Aleida Assmann sieht ein zentrales Anliegen der Kulturwissenschaft in der Neuordnung des Kanons, der Kontextualisierung des Forschungsgegenstandes – „Abschaffung des elitären Begriffes von Hochkultur und einen neuen Zugang zur Popkultur“[238] –, in der Integration sozialer und kultureller Minderheiten sowie in reflexiver und kritischer Analyse von symbolischen Repräsentationen.[239] Alle diese Forderungen gelten entsprechend für eine kulturwissenschaftlich orientierte Musikwissenschaft. In diesem Sinne sieht Melanie Unseld die Aufgaben einer kritischen Musikwissenschaft mit Genderperspektive auch „auf dem Weg zu einer memorik-sensibilisierten Geschichtsschreibung“[240]. Die „Erkenntnis, dass die Darstellung von Geschichte untrennbar mit uns verbunden ist – wir, die wir uns heute der Geschichte zuwenden und entscheiden, was erinnert werden soll, was vergessen werden kann“[241], so Annette Kreutziger-Herr, stellt einen Wandel in der musikhistorischen Forschung dar.[242] Die zitierte Wissenschaftlerin konzipiert die Idee vom symmetrischen Geschichtsbild im Wortspiel „His-

236 Citron 1993, in: Heesch-Losleben 2012, S. 77.

237 Zur Kanonkritik: Assmann 2006; vgl. Citron 2009, S. 301f.

238 Vgl. Assmann 2008, S. 29.

239 Ebd.

240 Unseld 2006.

241 Kreutziger-Herr 2007b, S. 17f.

242 Deserno 2008, S. 42: „Unter diesem Gesichtspunkt wird deutlich, warum es gelingt, eine ‚Cello-Heldin‘ in den Olymp zu erheben und andere im Schatten des Vergessens zu belassen.“

tory und Herstory“[243]: Symmetrie wird nicht nur durch das Füllen der Lücken, das Hinzufügen der Herstory zur History hergestellt; Ziel ist eine Zusammenführung der beiden Geschichten durch den Versuch, männliche und weibliche Geschichte zusammenzudenken.[244]

243 Ebd.

244 Kreutziger-Herr 2009, S. 44.

2. Kontextualisierung

2.1 Weiblichkeitsbilder im 19. Jahrhundert

> „Es hat den Anschein, als gehöre die Ebene der Bilder und Vorstellungen unabdingbar zur Geschichte der Frauen dazu, existiert doch eine Frau niemals unabhängig von dem ihr zugeschriebenen Bild der Frau. Frauen gibt es als Symbole: die Marianne der Französischen Republik, die Musen der schönen Künste; Frauen sind Illustrationen, Romangestalten, Modestiche, Reflex und Spiegel des Anderen, wie die Philosophen sagen. Frauen setzten an diesen Bildern an, um sich selbst zu verändern, denn sie wußten, dass diese Bilder eine Falle waren."[1]
>
> Georges Duby und Michelle Perrot

Im Folgenden sollen die Weiblichkeitsbilder skizziert werden, welche im Laufe des 19. Jahrhunderts und in der ersten Hälfte des 20. Jahrhunderts die Rezeption sowie die Selbstpräsentation von Cellistinnen prägten. Dabei liegt der Fokus auf Westeuropa und den Ländern, in denen die Cellistinnen aktiv waren – insbesondere Frankreich, Deutschland, England. Der Beginn des 19. Jahrhunderts[2] ist mit der Französischen Revolution 1789 anzusetzen, weil die entscheidenden Veränderungen dieses Jahrhunderts damals programmatisch formuliert wurden. Die revolutionären Ereignisse und politischen Veränderungen wurden im Zuge der Aufklärung von einer Vielzahl neuer und veränderter Denkansätze angestoßen und begleitet, die in die Forderung der Französischen Revolution nach Freiheit, Gleichheit und Brüderlichkeit mündeten. Damit wurde die grundlegende Strukturierung der westeuropäischen Gesellschaften in Frage gestellt, die durch soziale Ungleichheit, Leibeigenschaft, Privilegienherrschaft des Adels und des Klerus auf Kosten des Dritten Standes, des Bürgertums, der Bauern, der besitzlosen, arbeitenden Bevölkerung gekennzeichnet war. Die Maximen von Freiheit, Gleichheit und Brüderlichkeit galten in der politischen Realität nach der Französischen Revolution zunächst nur für den männlichen Bürger, nicht für Frauen und nicht für die besitzlose, arbeitende Bevölkerung.

Die Geschlechterordnung, die in der Diskussion der Weiblichkeitsbilder besondere Berücksichtigung finden soll, spielte in den hierarchischen Strukturen

---

1 Fraisse/Perrot: Einleitung. Ordnungen und Freiheiten, in: Dies. 1994, S. 11–24, hier S. 15.

2 Vgl. Unseld 2009a, S. 88.

des 17. und 18. Jahrhunderts eine eher untergeordnete Rolle und erfuhr erst im Laufe des 19. Jahrhunderts ihre besondere Bedeutung als Regulativ des kulturellen und privaten Lebens.[3] Männer und Frauen erhielten eine Vorrangstellung nicht aufgrund ihres Geschlechts, sondern innerhalb der Ständeordnung qua Geburt aufgrund der Zugehörigkeit zu Adel, Klerus, Bürgertum, dem Stand der Handwerker oder Bauern.

> „Ein Mann oder eine Frau zu sein, hieß, einen sozialen Rang, einen Platz in der Gesellschaft zu haben und eine kulturelle Rolle wahrzunehmen, nicht jedoch, die eine oder andere zweier organisch unvergleichlicher Ausprägungen des Sexus zu sein. [...] [V]or dem 17. Jahrhundert war der Sexus noch eine soziologische und keine ontologische Kategorie."[4]

Bis ins 17. Jahrhundert war das „Ein-Geschlecht-Modell" vorherrschend, welches Frauen als anatomisch unvollständige Männer konzipierte. Fehlende Kenntnisse über den weiblichen Körper führten zu Definitionen, die direkt von dem ebenfalls lückenhaft vorhandenen Wissen über den männlichen Körper abgeleitet waren. Die Geschlechterdifferenz stellte sich weniger polarisiert dar, der weibliche Körper wurde nicht als Gegensatz zum männlichen, sondern als eine mögliche, allerdings unterlegene und defizitäre Variante angesehen.[5]

Die Ideale der Französischen Revolution hingegen erlaubten es nicht mehr, Ungleichheit zwischen Menschen allein durch Geburt in einen bestimmten gesellschaftlichen Zusammenhang zu denken. Da eine Gesellschaft ohne Hierarchisierungen, Rollenverteilungen und Machtstrukturen aber nicht denkbar ist, begann mit dem 19. Jahrhundert die Suche nach anderen Begründungen für die Ungleichheit zwischen Menschen, die ihre unterschiedlichen „kulturellen Rollen"[6], sozialen Positionen und Einflussbereiche definieren sollten. Um Rollenverteilungen neu legitimieren zu können, wurde vermehrt biologisch argumentiert; Medizin und Naturwissenschaften befanden sich im Aufbruch zu neuen Erkenntnissen und Forschungsmöglichkeiten: „Die Biologie wird die epistemologische Grundlage sozialer Regeln [...]. Die Verschiedenartigkeit der Geschlechter bestimmt das jeweils verschiedene Schicksal und die jeweils unterschiedlichen Rechte"[7], so Elisabeth Badinter.

Dem *Staatslexikon für das Volk* aus dem Jahr 1848 ist zu entnehmen, wie sehr sich im Laufe des 19. Jahrhunderts die Vorstellung von der biologisch determinierten Ungleichheit der Geschlechter durchsetzte. So sei „hinsichtlich der Ge-

3 Vgl. Perrot 1992.

4 Laqueur 1992, S. 21f.

5 Vgl. Horlacher 2009; vgl. Laqueur 1992; vgl. Badinter 1993.

6 Laqueur 1992, S. 21f.

7 Badinter 1993, S. 20; vgl. Horlacher 2009, S. 59.

schlechtsverhältnisse das Verlangen der *gleichen* Stellung von Mann und Weib unvernünftig und unnatürlich“[8].

Während in Humanismus und Frühaufklärung der Typus der „gelehrten Frau“ Geltung besessen habe, wie Silvia Bovenschen ausführt, sei an dessen Stelle im 18. Jahrhundert das Bild von der „empfindsamen Frau“ getreten.[9] Jean-Jacques Rousseau proklamierte eine Idealvorstellung von der gefühlvollen, empfindsamen Frau.[10] Es wurde davon ausgegangen, dass Männer und Frauen aufgrund ihres biologischen Geschlechtes unterschiedliche intellektuelle Fähigkeiten besäßen und dass Weiblichkeit und Intellektualität sich ausschlössen. Gelang es Frauen trotzdem, intellektuell oder künstlerisch tätig zu sein – wie beispielsweise der Schriftstellerin und Pädagogin Madame d'Epinay oder der Mathematikerin Madame de Châtelet (Lebensgefährtin Voltaires) –, so wurden sie meist wenig später vergessen und ihre Leistungen kaum oder gar nicht beachtet.[11]

Im 18. Jahrhundert erlebten Pädagogik und Erziehungswissenschaft einen Aufbruch. So sind Rousseaus oder Pestalozzis Schriften[12] zunächst einmal als Zeichen einer neuen Beschäftigung mit Kindheit und Entwicklung zu betrachten. Bei der Modernität dieser Texte in Bezug auf eine proklamierte mehr freiheitliche und kindgemäße Erziehung fällt jedoch ebenso ins Gewicht, wie männliche und weibliche Entwicklung als komplementär verstanden und mit der Argumentation des geschlechtlichen Unterschiedes weibliche und männliche Rollen definiert werden. In *Julie oder die neue Héloise* schreibt Rousseau:

> „Das vollkommene Weib und der vollkommene Mann dürfen sich weder in Ansehung des Geistes noch in der Gesichtsbildung gleichen; die eitlen Nachäffungen der Geschlechter sind höchste Stufe der Unvernunft […].“[13]

In diesen Texten wird das Bild der auf der einen Seite empfindsamen, auf der anderen Seite intellektuell inkompetenten Frau entworfen. Ergänzend dazu werden intellektuelle Frauen als unweiblich diskriminiert und abgewertet. Therese Frey-Steffen macht in ihrem Gender-Kompendium darauf aufmerksam, dass in Kants *Beobachtungen über das Gefühl des Schönen und Erhabenen* von 1764 zwischen einem denkenden, aktiv-männlichen und einem fühlenden, passiv-weibli-

8 Blum, Robert (Hg.): Volksthümliches Handbuch der Staatswissenschaften und Politik. Ein Staatslexikon für das Volk, Bd. 1, Leipzig 1848, zitiert nach Frevert 1995, S. 42.

9 Bovenschen 1979, S. 150, 158f.; vgl. Stephan 2006, S. 71.

10 Rousseau 1761; ders. 1762; vgl. Simmel 1980, S. 46f.

11 Vgl. Stephan 2006, S. 71; vgl. Badinter 1993.

12 Rousseau 1762; Pestalozzi 1781.

13 Rousseau 1761, zitiert nach Schössler 2008, S. 23.

chen Prinzip unterschieden wird.[14] Auf ein vergleichbares Phänomen bei Herder weist Silvia Bovenschen hin: das Konzept der empfindsamen, aber gerade wegen ihrer Unintellektualität besonders weiblichen Frau. In diesem Sinne zitiert sie aus einem Brief Herders an Caroline Flachsland:

> „So abscheulich in meinen Augen ein gelehrtes Frauenzimmer ist; so schön, dünkt mich, ists für eine zarte Seele, wie Sie, so feine Empfindungen nachfühlen zu können."[15]

Mit dieser Entwertung weiblicher Intellektualität geht eine „Unterordnung des Weiblichen"[16] und eine scheinbar von der Natur angelegte Komplementarität der Geschlechter einher, welche für den Mann Autonomie, für die Frauen Unterordnung bedeutet. Diese soll laut Rousseau früh durch „Zwang" eingeübt und gelernt werden, um die Mädchen „gefügig" und „sanftmütig" zu machen.[17]

2.1.1 Weiblichkeitsbilder und Bürgerrechte

Im Gegensatz zu Kant und Rousseau lehnt Friedrich Schlegel den Ausschluss der Frauen vom Wahl- und Bürgerrecht ab.[18] In seinem Roman *Lucinde*[19] entwirft er 1799 ein Bild der idealisierten Geliebten, die für den Mann Erlösung bedeute,[20] so Franziska Schößler. Eine Idealisierung der Frau weist Monika Simmel auch bei Rousseau nach. Dieser Idealisierung wird allerdings die Bedrohung, die von der angeblichen Naturhaftigkeit des Weiblichen auszugehen scheint, gegenübergestellt, welche dann überwunden und gezähmt in Verantwortungsbewusstsein für Familie und Staat umgewandelt werden solle. „Es gelingt Rousseau nicht, eine menschliche Frau zu zeichnen, die als selbstbestimmtes Individuum neben dem Mann steht. Sie ist entweder überhöhtes Ideal oder Verführerin"[21], so Monika Simmel. Parallel zu diesen in Literatur und Philosophie entworfenen Bildern von Weiblichkeit werden im späten 18. Jahrhundert Forderungen nach neuen Handlungs- und Denkspielräumen laut, die ihren Niederschlag sowohl in den Aktivitäten von Frauen finden, z. B. in den Salons, als auch in verschiedenen Publikationen artikuliert werden. So schreibt Olympe de Gouges 1771 die *Déclaration des droits de*

14 Vgl. Frey-Steffen 2006, S. 9.
15 Herder, Johann Gottfried: Brief vom 12. Sept. 1770, in: Herders Briefwechsel mit Caroline Flachsland, hg. v. Hans Schauer, Bd. 1, Weimar 1926, S. 43f., zitiert nach Bovenschen 1979, S. 159.
16 Schössler 2008, S. 23.
17 Rousseau 1762, S. 744; vgl. Schössler 2008, S. 24; vgl. Simmel 1980, S. 51.
18 Schössler 2008, S. 25.
19 Schlegel 1799.
20 Schössler 2008, S. 25f.; Schlegel 1799.
21 Simmel 1980, S. 56.

la femme, Mary Wollstonecraft 1792 die *Vindication of the Rights of Women*, eine Verteidigung der Rechte der Frauen gegen die Annahme der Unterlegenheit und Unterordnung der Frau im Geschlechterverhältnis; Jean Antoine Marquis de Condorcet publiziert 1790 *Sur l'admission des femmes au droit de cité*. Es geht nun darum, Frauen als politische Subjekte zu betrachten und ihnen die entsprechenden Handlungsspielräume zu gewähren. Die Forderungen nach Gleichberechtigung werden allerdings nur begrenzt umgesetzt:

> „1790 wurden das Recht der Erstgeburt und der Vorrang der männlichen Erbfolge abgeschafft; Töchter und Söhne sind mit Bezug auf die Erbschaft nunmehr gleichgestellt; 1792 wird die Ehescheidung gesetzlich anerkannt".[22]

Direkt nach der Revolution „genießt die Frau die Freiheit der Anarchie"[23], so Simone de Beauvoir. Mit dem Code Napoléon bzw. Code Civil, der wenig später in Kraft tritt, werden die Freiheiten der Frauen jedoch stark eingeschränkt. Bis 1938 wird nun in Frankreich Artikel 213 des Code Napoléon gültig sein, nach dem ein junges Mädchen von der Vormundschaft des Vaters bzw. anderer männlicher Verwandter, die das Züchtigungsrecht haben, in die Obhut ihres Ehemannes übergeht; dieser hat von da an uneingeschränktes Verfügungsrecht über ihre Person und ihr Vermögen.[24] Des Weiteren hat der Mann das Vorrecht, Entscheidungen über die gemeinsamen Kinder zu treffen. Die Ehefrau ist ihm zu Gehorsam verpflichtet: „Der Mann schuldet seiner Frau Schutz, die Frau schuldet ihrem Mann Gehorsam"[25], ist in Artikel 213 des Bürgerlichen Gesetzbuches in Frankreich zu lesen; weder Mädchen noch Frauen haben die Staatsbürgerschaft, ein Mord in Folge eines Ehebruchs von Seiten der Frau wird vor Gericht freigesprochen.[26] 1793 spricht der Konvent den Frauen das Bürgerrecht ab, sie stehen nun rechtlich auf einer Stufe mit Kindern, Geisteskranken und Kriminellen.[27] Im Code Napoléon manifestierte sich die untergeordnete und unfreie Position der Frau in der Gesellschaft für mehr als ein weiteres Jahrhundert, wie Simone der Beauvoir konstatiert.[28] Aspekte der Gleichstellung wurden nur begrenzt berücksichtigt, wie die Abschaffung des Erstgeburtsrechts und die Gleichstellung zwischen Söhnen und Töchtern. Während „die unverheiratete Frau uneingeschränkt ihre zivilen Rechte" genießt, ist die verheiratete Frau ganz ihrem Ehe-

22 Beauvoir 1968, S. 121.
23 Ebd.
24 Vgl. Horlacher 2009, S. 60f.
25 Zitiert nach Arnaud-Duc, Nicole: Die Widersprüche des Gesetzes, in: Fraisse/Perrot 1994, S. 97–141, hier S. 116.
26 Beauvoir 1968, S. 43.
27 Vgl. Horlacher 2009, S. 60.
28 Beauvoir 1968, S. 121.

mann unterstellt.[29] Auch in England und den USA haben die Frauen weder ein Stimm- noch Wahlrecht und „nach der Heirat weder ein Recht auf ihren Besitz noch einen Anspruch auf ihre Kinder“[30].

Die Forderungen nach Bürgerrechten und nach gleichberechtigter politischer Teilhabe erfuhren, nachdem sie artikuliert wurden, einen vehementen Rückschlag. Dieses Phänomen interpretieren Geneviève Fraisse und Michelle Perrot in der *Geschichte der Frauen*[31] als ein sich immer wiederholendes Prinzip:

> „Jede moderne Revolution hat bis heute die Frauen auf die Straße gehen und politische Clubs gründen lassen. Sie hat es aber ebenso stets auch verstanden, diese Clubs wieder zu schließen und die Frauen an den Herd zurückzurufen. Zu den Folgen einer Revolution gehörte immer auch, daß sich die Trennung zwischen öffentlicher und privater Sphäre konsolidierte.“[32]

2.1.2 „Die Polarisierung der ‚Geschlechtscharaktere‘“[33]

Die Ära Napoleons proklamierte verstärkt die Mutterschaft als das Idealbild der Frau, „[w]ie alle Militärs will Napoleon die Frau nur als Mutter sehen“[34], pointiert Simone de Beauvoir:

> „Zu Beginn des Jahrhunderts war man sich einig, daß alle Frauen einzig und allein die Bestimmung der Ehefrau und Mutter hatten. Hier findet der demokratische Gedanke, daß unter der Frau im Allgemeinen ‚alle Frauen‘ zu verstehen sind, seinen Niederschlag. Statt zu Bürgerinnen wurden nun alle Frauen zu Erhalterinnen der Art gemacht […].“[35]

Für die komplementäre Konstruktion der Geschlechterbilder, welche das 19. Jahrhundert prägt, ist die „Bestimmung zur Mutterschaft als normativem Ziel und Zentrum des Frauenlebens“[36] von Bedeutung. Im *Brockhaus* von 1815 werden die komplementären, polarisierten Geschlechterstereotype skizziert:

> „Aus dem Manne stürmt die laute Begierde; in dem Weibe siedelt sich die stille Sehnsucht an. Das Weib ist auf einen kleinen Kreis beschränkt, den es aber klarer überschaut;

---

29 Ebd.

30 Frey-Steffen 2006, S. 30.

31 Fraisse/Perrot 1994.

32 Fraisse, Geneviève/Perrot, Michelle: Einleitung. Ordnungen und Freiheiten, in: Fraisse/Perrot 1994, S. 11–24, hier S. 21.

33 Hausen 1976.

34 Beauvoir 1968, S. 121.

35 Ebd., S. 22.

36 King 2002a, S. 68.

es hat mehr Geduld und Ausdauer in kleinen Arbeiten. Der Mann muss erwerben, das Weib sucht zu erhalten; der Mann mit Gewalt, das Weib mit Güte oder List."[37]

Sobald sich eine Veränderung zugunsten der Gleichberechtigung durchsetzen konnte, wurde mit Nachdruck auf ein scheinbar natürliches Prinzip, welches die Frau ausschließlich in ihrer Bestimmung zur Mutterschaft sah, rekurriert. Bemerkenswert sind deshalb die häufig gegenläufigen Prozesse, welche die Geschichte der Frauen durchziehen.

Mit dem Beginn der Industrialisierung spielte Arbeitsteilung eine verstärkte Rolle. Auf dieser Grundlage entsteht das binäre Geschlechtermodell, das von zwei komplementären Geschlechtern ausgeht.[38] Karin Hausen fasst diese das 19. Jahrhundert prägende Entwicklung im Begriff der „Polarisierung der ‚Geschlechtscharaktere'"[39]. Innerhalb dieser Polarisierung bleibt der Mann als universal gedachter Mensch die Bezugsgröße, nach der das Andere, die Frau, zu definieren sei:[40]

„[...] weshalb der Frau der häusliche, dem Mann aber der öffentliche Raum zugewiesen wird. Daraus folgt, dass der männliche Körper zur Symbolgestalt des Geistigen und der weibliche zur Symbolgestalt des Körperlichen/Sterblichen, der Sexualität geworden ist."[41]

Michel Foucault betont, dass die Unterdrückung von Sexualität ebenfalls im Zusammenhang mit dem Entstehen einer Arbeitsordnung und den ökonomischen Interessen am Erhalt derselben zu sehen sei. Die moralische Kontrolle der „Bevölkerung", die „Reichtum", „Arbeitskraft oder Arbeitsfähigkeit"[42] für den Staat darstelle, führe zur Reglementierung aller Bereiche der Sexualität, die von da an nur unter der Gleichsetzung mit Fortpflanzung akzeptiert werde. Das „Zwei-Geschlechter-Modell", so betont Thomas Laqueur, sei nicht nur auf neuere Erkenntnisse in Medizin und Biologie zurückzuführen, deren Möglichkeiten zur Erforschung der anatomischen Unterschiede und der Beschaffenheit von weiblichen und männlichen Körpern große Fortschritte machten. Vielmehr handelte es sich um ein gesellschaftliches Interesse, den weiblichen Körper vorwiegend als Mittel zur Reproduktion zu sehen und damit Rollenverteilungen zu etablieren.

Besonders widersprüchlich und charakteristisch für das viktorianische Zeitalter und das Frauenbild des 19. Jahrhunderts ist dabei die Betrachtung des weib-

---

37 *Brockhaus* von 1815, zitiert nach Schössler 2008, S. 27.

38 Vgl. Frevert 1995, S. 39.

39 Hausen 1976.

40 Vgl. Deserno 2009a.

41 Frey-Steffen 2006, S. 9f.

42 Foucault 1977, S. 37.

lichen Körpers als sexuell auf der einen Seite und das Konzept der reinen Frau ohne sexuelle Gefühle und körperliches Begehren[43] auf der anderen Seite:

> „She [the victorian woman] was conceptually disembodied, but only to the extent that she was biologized; she was denied sexual feeling, but only to the extent that she was often imagined as wholly sexually determined."[44]

Die industrielle Revolution und der Beginn der demokratischen Politik bedeuten einen ambivalenten Wendepunkt für die Rolle der Frauen. Zum einen wird die Gleichberechtigung zum Thema, bedingt durch den einfachen demokratischen Grundsatz: „[W]as für den einen gilt, hat auch für den anderen zu gelten."[45] Zum anderen kann der Beginn der demokratischen Kultur als Beginn des Feminismus gesetzt werden, ausgehend von der Annahme, dass es sich bei den Forderungen nach Rechten und Gleichberechtigung der Frauen um Rechte für alle Frauen handele. Von dieser Forderung nach Gleichberechtigung sieht sich die Machtverteilung zwischen den Geschlechtern bedroht, so dass, trotz Widerspruchs zu den demokratischen, republikanischen Grundprinzipien, eine der Gleichberechtigung entgegenwirkende Entwicklung beginnt. So stehen sich der Ausschluss aller Frauen von den Bürgerrechten und die demokratischen Grundprinzipien, dass die Gleichheit für alle und alle Bereiche des gesellschaftlichen Lebens gelten sollte, diametral entgegen. Es kann aber davon ausgegangen werden, dass gerade diese Paradoxie ein Spannungsfeld erzeugte, welches wiederum neue Handlungsmöglichkeiten und Impulse für Veränderungen schuf.[46]

2.1.3 *Weiblichkeitsbilder in der bürgerlichen Kultur*

Während der napoleonischen Herrschaft, nach dem Wiener Kongress und der folgenden Restauration wurden die bürgerliche Kultur und deren Ideale zu einer prägenden Kraft in den westeuropäischen Gesellschaften. Als die Schicht, welche neben dem Adel Kunst und Musik schätzte, förderte und konsumierte, hatte

43 Vgl. Deserno 2009a.

44 Gallagher/Laqueur 1987, S. 2.

45 Fraisse/Perrot: Einleitung. Ordnungen und Freiheiten, in: Dies. 1994, S. 11–24, hier S. 13.

46 Dabei spielt wiederum die Idealisierung der Mutterschaft eine Rolle. Die Wirkung dieses Weiblichkeitsbildes war mehrschichtig, zum einen als Einengung, zum anderen aber auch als neue Macht und Stärke, als Aufwertung weiblicher Tätigkeit. Dasselbe gilt für die mit der Industrialisierung aufkommende Lohnarbeit, die zwar schlechte ausbeuterische Arbeitsbedingungen mit sich brachte, zugleich aber einen Schritt in Richtung Emanzipation darstellte (vgl. Fraisse/Perrot: Einleitung. Ordnungen und Freiheiten, in: Dies. 1994, S. 11–24, hier S. 13ff.).

sie großen Einfluss auf die Entwicklung des Kulturlebens und prägte die Rezeption von Musikerinnen und Musikern der sogenannten klassischen Musik.

Neben der Stilisierung des Mutterbildes, der Idealisierung natürlicher Weiblichkeit, deren Wirkungskreis sich auf Familie und Privatheit beschränkte, existierten auch weitere Bilder, die eine Kategorisierung weiblichen Verhaltens implizierten. Diese Bilder oder Archetypen von Weiblichkeit bewegten sich im Spannungsfeld von Madonna, Engel, femme fragile, Verführerin oder femme fatale, letztere inspiriert von Frauenbildern aus den Kontexten der Bohème in Paris, wie die Grisette und die Lorette, die höher gestellten Kurtisanen und Schauspielerinnen, die sich immer an der schmalen Grenze zur Halbwelt befanden. Diese wurden sowohl von literarischen Frauenfiguren wie Dumas' *Kameliendame* als auch von realen Persönlichkeiten wie La Paiva[47] oder Lola Montez[48] repräsentiert. In der Stilisierung zur femme fragile oder femme enfant[49] manifestieren sich gegensätzliche und zugleich einander bedingende Bilder:

> „Ihre Andersartigkeit drückte sich nicht – wie bei der femme fatale – in der die bürgerlichen Grenzen sprengenden Sexualität aus, sondern in der Verrätselung ihres Wesens"[50].

Beide Modelle eröffneten für künstlerisch tätige Frauen „Handlungsspielräume"[51], so Melanie Unseld. Das Bild der empfindsamen, aber unintellektuellen Frau ausweitend, beschränkte das Konzept vom ausschließlich männlichen Genie[52] die künstlerischen Wirkungsmöglichkeiten für Frauen:

> „Frauen, deren Werk in diesem Sinne Genialität erkennen ließ, hielt man für anormal oder bestenfalls asexuell."[53]

Mit dieser Entwertung wurde weibliche Kreativität nicht nur eingeschränkt, sondern auch verhindert.[54]

Die Muse entsteht als polarisiertes „weibliches Pendant zum männlichen (Komponisten-)Genie"[55] und verkörpert die passiv-inspirierende Rolle von (imaginierten) Frauen bei der Entstehung von Kunst. All diese Bilder repräsen-

47 Therese/Esther Lachmann (1819–1884).

48 Kracauer 1976, S. 81; vgl. Unseld 2009b.

49 Unseld 2009b, S. 518

50 Ebd.

51 Ebd.

52 Vgl. Higonnet 1994, S. 288; vgl. Müller-Oberhäuser 2009, S. 352f.

53 Higonnet 1994, S. 288.

54 Es gab jedoch auch künstlerische Gegenentwürfe, so konzipierten beispielsweise George Sand (1804–1876) und Germaine de Staël (1766–1817) in ihren Romanen *Corinne* (1807) und *Consuelo* (1842–1844) weibliche Genies.

55 Unseld 2009b, S. 517.

tierten paradoxale Fantasien über das „andere Geschlecht“[56] sowie die manifestierten Grenzen zwischen diesen als dem Anschein nach unvereinbar konzipierten Weiblichkeitsbildern:

> „Als Bild gestaltete Archetypen schlossen Individualität aus und beförderten rigide Unterscheidungen zwischen begrenzten Verhaltensmöglichkeiten. Die Muse blieb, was sie immer gewesen war, nicht eine bestimmte Person, sondern eine allegorische Figur oder die Verkörperung einer Idee [...]. Nicht weniger abstrakt waren Bilder von Madonnen und Verführerinnen. Sie ordneten Weiblichkeit um zwei entgegengesetzte Pole: der eine versammelte Normalität, Ordnung und Sicherheit, der andere Abweichung, Gefahr und Verführung [...]. Diese Alternativen waren keinesfalls gleichwertig. Üblicherweise wurden feminine Frauen als bewundernswerte, tugendhafte, glückliche oder belohnte Frauen dargestellt, während die vom Weiblichkeitsideal abweichenden Frauen als groteske, verdorbene, unglückliche oder bestrafte Frauen gestaltet wurden.
>
> Bilder verliehen den Definitionen des Frau-Seins eine Aura der Wahrheit, indem sie abstrakte Konzepte in Porträts von Menschen und Orten verwandelten.“[57]

2.1.4 Weiblichkeitsbilder in der zweiten Hälfte des 19. Jahrhunderts

Mit der 1848er Revolution entstanden erneut Emanzipationsbewegungen. So engagierten sich die deutschen Frauenrechtlerinnen des Vormärz Luise Otto-Peters (1819–1895) und Auguste Schmidt (1833–1902) für die Mädchenbildung und gründeten gemeinsam 1865 den Allgemeinen Deutschen Frauenverein (ADF). Entgegen dem Wandel im gesellschaftlichen Leben durch die veränderten Arbeitsbedingungen, den neuen politischen Forderungen und revolutionären Bewegungen wurde verstärkt versucht, das Bild einer „Priesterin des heimischen Herdes“[58], eines „angel in the house“[59] als natürliche weibliche Bestimmung zu proklamieren. Claudia Honegger spricht von einem Ersatz der „Moraltheologie“ durch eine „Moralphysiologie“, welche sich als „zentrale kulturelle Definitionsmacht [...] durch die ‚harte‘ Wissenschaft der vergleichenden Anatomie“ legitimierte: „Damit wurden vor allem die Mediziner zu neuen Priestern der menschlichen Natur, zu Deutungsexperten [...].“[60]

---

56 Beauvoir 1968.
57 Higonnet 1994, S. 284.
58 Ebd., S. 115.
59 Horlacher 2009, S. 62.
60 Honegger 1991, S. IX, zitiert nach Schössler 2008, S. 31.

In der zweiten Hälfte des 19. Jahrhunderts wird besonders die Argumentation laut, Frauen würden durch ‚unweibliches' Verhalten entweder überfordert oder vermännlicht und dadurch krank.[61]

Als Pasteur seine bahnbrechenden Erkenntnisse über Hygiene und Kinderpflege veröffentlichte, die endlich die Bekämpfung von Kinder- und Müttersterblichkeit ermöglichten, entstand zugleich ein erneutes Dilemma: Das neue medizinische Wissen und ein neuer medizinischer Diskurs, in dem neben den Erkenntnissen zu Hygiene und Säuglingspflege auch erste Aspekte der Bindung zwischen Mutter und Kind angesprochen wurden, löste die Erwartung aus, eine Mutter müsse sich auf das Haus beschränken und nur für ihre Kinder da sein. Zum einen waren die Erkenntnisse Pasteurs ein Segen, da die Mütter- und Kindersterblichkeit sich verringerte. Zum anderen verpflichteten sie gerade gebildete Frauen, sich aus einem neuen Verantwortungsbewusstsein für die Gesundheit ihrer Kinder ganz ihrer Aufgabe als Mutter zu widmen, da es gesellschaftlich keine funktionierenden Gegenentwürfe gab.[62]

2.1.5 Hysterie. Weiblichkeitsbilder als Symptom

Das Krankheitsbild der Hysterie kann als symptomatisch für die Einengung weiblicher Entwicklungsmöglichkeiten aufgrund determinierender Geschlechterbilder, welche das polarisierte Geschlechterverhältnis im 19. Jahrhundert kennzeichneten, verstanden werden.[63] So formuliert schon 1895 Josef Breuer in den mit Sigmund Freud verfassten *Studien über Hysterie* die folgende Beobachtung:

> „Die Adolescenten, welche später hysterisch werden, sind vor ihrer Erkrankung meist lebhaft, begabt, voll geistiger Interessen; ihre Willensenergie ist oft bemerkenswert. Zu ihnen gehören jene Mädchen, die Nachts aufstehen, um heimlich irgend ein Studium zu treiben, das ihnen die Eltern aus Furcht vor Ueberanstrengung versagten."[64]

Auch in Bezug auf die besonders bei Mädchen häufig auftretende Tuberkulose waren bereits im 19. Jahrhundert Zusammenhänge zwischen den psychischen und physischen Folgen, welche der eingeschränkte weibliche Lebensraum wörtlich und im übertragenen Sinne mit sich brachte – ein Leben mit wenig Bewegung in abgedunkelten Räumen und keine Optionen zur Entfaltung der eigenen Potentiale –, erkannt worden.[65] Freud und Breuer postulierten einen Zusam-

61 Vgl. Braun 2006, S. 27.
62 Knibiehler 1994, S. 398.
63 King 2002, S. 73ff.
64 Breuer, Josef 1895, „Theoretisches", S. 161–221, in Freud/Breuer 1895, S. 211.
65 Vgl. Knibiehler 1994, S. 383.

menhang zwischen der Einschränkung weiblicher Kreativität und dem Entstehen der Hysterie. Die Experimente des Hysterieforschers Jean Martin Charcot, bei denen Freud 1885 anwesend war, fanden in der Öffentlichkeit des Hörsaals der Salpêtrière statt und müssen regelrechte Inszenierungen gewesen sein. Bei der Dramatik, die den sogenannten Anfällen („femmes en attaques“) innewohnte, assoziierte man oft die Nähe zur Bühne und nahm die hysterische Patientin als „unberechenbare Schauspielerin“[66] wahr. So wurden anhand des Krankheitsbildes Hysterie auch die Auffassung von der „Lügenhaftigkeit der Frau“[67] – wie sie auch bei Friedrich Nietzsche zu finden ist – sowie eine erneute und verstärkte „Gleichsetzung von Weiblichkeit und Sexualität“[68] manifestiert. Der hysterische Anfall kann als ein Versuch gedeutet werden, aus den unüberwindbaren Grenzen, in denen sich Frauenleben abspielte, auszubrechen. Junge Frauen, die sich aus den engen Grenzen zu befreien versuchten, blieb häufig nur der Ausweg in die ‚Verrücktheit‘, die ihnen mit der Diagnose Hysterie von Medizin und Gesellschaft attestiert wurde. Mit dieser Diagnose waren Einschränkungen der Handlungsmöglichkeiten, Klinikaufenthalte sowie Genitaloperationen und Zwangssterilisationen legitimiert.[69] Freud entlastete mit seiner These von den verdrängten und gesellschaftlich sanktionierten sexuellen Fantasien die Patientinnen und übte mit dieser Auffassung Kritik an der damaligen Gesellschaft.[70]

2.1.6 Instrumentalistinnen und Weiblichkeitsbilder des 19. Jahrhunderts

Ab Ende des 18. Jahrhunderts erschienen einige Schriften, die sich damit befassten, Vorstellungen über die Geschlechtscharaktere sowie Weiblichkeits- und Männlichkeitsbilder, die sich gesellschaftlich herausbildeten, auf die Musikpraxis zu übertragen. Dies geschah insbesondere unter Bezugnahme auf die sich etablierende Kultur des Bürgertums und deren Bilder von den Rollenverteilungen zwischen den Geschlechtern. Für die bürgerliche Kultur ist die Polarisierung der Geschlechter ein identitätsstiftender Aspekt, auf welchem das Selbstverständnis dieses neuen und das 19. Jahrhundert prägenden Bürgertums aufbaut.

1857 formulierte Adolph Bernhard Marx in seiner Kompositionslehre[71] eine dualistische Gegenüberstellung von Haupt- und Seitensatz der Sonate als

---

66 Schössler 2008, S. 38.
67 Ebd.
68 Ebd.
69 Vgl. Deserno 2013, S. 220.
70 Ebd., S. 40.
71 Marx, Adolph Bernhard, Die Lehre von der musikalischen Komposition, Bd. 3, Leipzig 1857, S. 282; vgl. Grothjahn/Hoffmann 2002, S. 3.

„männliches" und „weibliches" Thema und übertrug so die Polarisierung der Geschlechtscharaktere auf die musikalische Analyse. Karl Heinrich Heydenreich führte um 1800 in seinem Text *Der Privaterzieher in Familien wie er seyn soll*[72] aus, dass für die musikalische Ausbildung von Mädchen und Jungen keineswegs die gleichen Bedingungen gälten. Carl Ludwig Junker publizierte 1784 eine Abhandlung, in der er darstellte, dass und warum „gewisse Instrumente nur von Männern gespielt würden, als zum Beyspiel, das Horn, das Violoncell, der Contrabaß, der Fagott, die Trompete"[73].

In Bezug auf das Cello wurden auch noch Ende des 19. Jahrhunderts insbesondere der „männliche, [...] zum Gravitätischen neigende Charakter"[74] des Instruments, die tiefe Tonlage, welche dem männlichen Stimmumfang entspricht, die Kraftanstrengung beim Spielen, die als wenig ‚damenhaft' empfundenen notwendigen Spielbewegungen in Kombination mit der – über die Jahrhunderte bewegungsfeindlichen – Mode für Frauen sowie besonders die als extrem unschicklich empfundene Haltung ins Feld geführt.[75] Schon 1739 hatte Abbé Carbasus bemerkt: „Decency, modesty, and the hoopskirt fashion effectively prohibit the fair sex from playing the viol"[76]. Wasielewski sprach noch 1888 über „[t]he masculine character of the cello, better adapted for subjects of serious nature"[77].

Professionelle Instrumentalistinnen befanden sich im 19. Jahrhundert gesellschaftlich zwischen den Definitionen. Sie gehörten, wenn sie aus Musiker- oder Künstlerfamilien kamen, nicht zu der neuen bürgerlichen Schicht, sondern hatten einen Sonderstatus, der aus dem Selbstverständnis dieser Familien im Sinne einer Musikerzunft resultierte. Über den Sozialstatus von Musikerfamilien schreibt Freia Hoffmann:

> „Für die Geschichte der Instrumentalpraxis von Frauen ist es wichtig, daß sich bis nach 1800 Musikerfamilien noch nicht zum Bürgertum oder Bildungsbürgertum zählten. Ein institutionalisiertes Musikstudium gab es in Deutschland noch nicht [...]. Die bürgerlichen Vorstellungen, nach denen eine Frau sich eine breite oberflächliche Bildung zu Konversationszwecken aneignet und sich auf ihre spätere Rolle als Hausfrau und Mutter vorbereitet, hatten um 1800 die meisten Musikerfamilien noch nicht erreicht."[78]

Eine Karriere als Musikerin oder Musiker konnte, vor allem durch den im 19. Jahrhundert aufkommenden Virtuosenkult, wirtschaftlichen und sozialen

72 Unseld 2009c, S. 288.
73 Junker 1784, S. 85; vgl. Hoffmann 1991, S. 28ff.
74 Wasielewski 1925, S. 244, zitiert nach Unseld 2009c, S. 289.
75 Siehe Kap. 3.2.
76 Abbé Carbasus, zitiert nach Mercier 2008, S. 2.
77 Wasielewski 1888, zitiert nach Mercier 2008, S. 2.
78 Hoffmann 1991, S. 83f.

Erfolg mit sich bringen. Ein erfolgreicher Solist war von seinem sozioökonomischen Status weit entfernt von dem, was einmal ein fahrender Musiker gewesen war, aber auch von der prekären Existenz des Privatmusiklehrers.[79] Eine Solisten- bzw. Virtuosenkarriere bot die Aussicht, die bürgerliche Schicht sozusagen zu überspringen und von einem Sonderstatus am Rande der Gesellschaft zu einer Ausnahmeexistenz als gefeierte Berühmtheit im kulturellen Mittelpunkt der Gesellschaft zu werden, bewundert von Bürgertum, Adel und anderen Musikern. Diese Perspektive war in jeder Hinsicht für Männer und Frauen attraktiv.

Für Frauen hätte diese Perspektive im Idealfall einer gelingenden Karriere sogar fast eine Gleichstellung mit ihren männlichen Kollegen bedeuten können. Allerdings stellte sich das in der Realität anders dar. Selbst wenn Musikerfamilien sich nicht zur bürgerlichen Schicht zählten, war es doch das Bürgertum, das über den Erfolg einer Karriere entschied. Denn mit dem wirtschaftlichen und sozialen Erfolg des Bürgertums war nicht mehr nur der Adel Hauptadressat für Musik und Kunstdarbietungen. In unzähligen Salons und öffentlichen Konzerten expandierte eine bürgerliche Musikkultur. Dies bedeutete, dass die Auffassungen dieser Gesellschaftsschicht auch Einfluss darauf hatten, wer in welcher Form zum ‚Star' werden sollte. Die Geschlechterbilder der bürgerlichen Kultur wurden somit auch auf Virtuosinnen und Virtuosen projiziert, auch wenn diese sich selbst nicht zur bürgerlichen Schicht zählten. Aufgrund des oben beschriebenen Sonderstatus war es jedoch möglich, dass die bürgerlichen Bilder in Anwendung auf Künstlerinnen und Künstler Veränderungen, Transformationen erfuhren. Dadurch wurden Instrumentalistinnen wie Lise Cristiani zu Protagonistinnen von Transformationsprozessen, welche auch die Geschlechter- und Weiblichkeitsbilder durchliefen.[80]

Durch den Sonderstatus der Bühne als der Alltagswelt enthobenem Ort, wo mehr und anderes erlaubt und möglich ist als im realen Leben, konnten Instrumentalistinnen auf der Bühne ein Verhalten inszenieren, das sich allgemeingesellschaftlich noch nicht durchgesetzt hatte. Sie sahen sich aber durch die Augen des bürgerlichen Publikums ständig mit den konformen Bildern von Weiblichkeit konfrontiert, zu denen sie eine Abweichung darstellten, schon vor allem dadurch, dass sie als Frau einem Beruf nachgingen, der sich noch dazu in der Öffentlichkeit abspielte. Die Musikbegeisterung des Bürgertums führte nicht nur zu einer erhöhten Nachfrage nach Konzertangeboten, sondern produzierte auch eine Musikkultur des Bürgertums. Eine musikalische Ausbildung in Klavierspiel, Gesang, Kenntnisse der Musiktheorie und -geschichte, aber all dies als „breite oberflächli-

79 Vgl. Roske 1985.

80 Dies gilt natürlich in besonderem Ausmaß für Oper und Theater. Die Rolle der Sängerin ist in zahlreichen Publikationen behandelt worden und kann hier nicht näher besprochen werden.

che Bildung zu Konversationszwecken“[81], gehörten in das Ausbildungscurriculum bürgerlicher Frauen. Diese gebildeten Frauen sollten keineswegs Künstlerinnen werden, sondern künstlerisch versierte Gattinnen. Es liegt nahe, dass dieses Konzept zu großen Konflikten für begabte Mädchen aus dem Bürgertum führte. Denn musste es für diese Mädchen nicht sinnlos erscheinen, ihre Begabung erst auszubilden, um dann die weitere Entwicklung abzubrechen? Überschneidungen der Ansichten bürgerlicher Familien und der von Musikerfamilien hinsichtlich der Karrieren ihrer Töchter waren vorhanden. Auch ist die Trennlinie zwischen Musikerfamilien und bürgerlichen Familien nicht so klar zu ziehen, wie es zunächst scheint. In einigen Fällen übernahmen Musikerfamilien bürgerliche Vorstellungen vom weiblichen Lebensentwurf, der für die Mädchen keine Karriere als Musikerin ermöglichte. In anderen Fällen lebten Musikerfamilien bereits ein Leben, welches dem Bürgertum ähnelte und nichts mit ‚fahrendem Künstlertum‘ zu tun hatte; man denke an Friedrich Wieck, der Klavierlehrer und -fabrikant war, oder auch an Nicolas-Alexandre Barbier, den Großvater Lise Cristianis, der als Zeichenlehrer am Hofe des Königs unterrichtete. Diese beiden Männer förderten und forcierten die Karrieren ihrer Tochter bzw. Enkelin. Es gibt auch das Beispiel von Amalie Joachim, die aus einer bürgerlichen Familie kam und deren Vater sich als Beamter die Karriere seiner Tochter ausdrücklich gewünscht haben soll.[82] Für unverheiratete Mädchen aus dem Bürgertum konnte eine fundierte musikalische Ausbildung ein Weg in eine gewisse Selbstständigkeit bedeuten: Der Beruf der Klavierlehrerin war vielleicht eine der ersten Formen der Berufstätigkeit von Frauen aus bürgerlichen Schichten, die es unverheirateten Frauen ermöglichte, nicht sozial abzusteigen sowie künstlerisch-pädagogisch tätig zu sein.[83]

Musikerinnen und Musiker gehörten nicht zum Bürgertum und waren doch Teil der bürgerlichen Kultur. Und Musikerinnen hatten sich mit den Weiblichkeitsbildern dieser Kultur auseinanderzusetzen. Durch ihren Sonderstatus war es ihnen möglich, auch Bilder, die aus anderen Kontexten stammten, z.B. aus der adligen Kultur, der Welt der Oper oder der Mythologie, für ihre individuelle Form der Inszenierung bzw. der Performance zu nutzen. Instrumentalistinnen im 19. Jahrhundert wurden zur Projektionsfläche von sich wandelnden Bildern, sie spiegelten und imitierten in ihrer Performance die vorhandenen Bilder und erzeugten so im Sinne Butlers deren Verschiebungen[84] und Transformationen.

---

81 Hoffmann 1991, S. 83f.

82 Borchard 2011, S. 198f.

83 Schweitzer 2008; siehe Kap. 5.5.

84 Butler 1991, S. 49ff.

2.2 Weiblichkeitsbilder in der ersten Hälfte des 20. Jahrhunderts

„[W]ir wollen die unterschiedlichen Bilder von der Frau – Göttin, Madonna, Hexe ... – in ihrer Beständigkeit und in ihrem Wandel erfassen.“[85]

George Duby und Michelle Perrot

2.2.1 Jahrhundertwende und Belle Époque

Um die Jahrhundertwende werden widersprüchlichste Veröffentlichungen, die sich mit dem Status von Frauen in der Gesellschaft, ihren Rechten und Rollen sowie mit Konzeptionen von Weiblichkeit befassen, miteinander konfrontiert. So publizierten Helene Lange und Gertrud Bäumer das *Handbuch der Frauenbewegung*[86]; 1902 erscheint Otto Weiningers *Geschlecht und Charakter*[87] sowie eine Schrift von Paul Julius Möbius *Über den physiologischen Schwachsinn des Weibes*[88]. Hedwig Dohm kritisiert 1902 in ihrem Buch *Die Antifeministen*[89] frauenfeindliche und der Frauenbewegung entgegengestellte Positionen, wie die von Nietzsche und Möbius, ebenso wie die der Schriftstellerinnen Lou Andreas-Salomé, Ellen Key und Laura Marholm.[90] Der Begriff des Antifeminismus hat hier seine Wurzeln und bezieht sich auf misogyne Positionen und die Abwehr gegenüber der Frauenbewegung, wie sie in den Schriften der genannten Autoren und Autorinnen – auf sehr unterschiedliche Weise – proklamiert werden. Im Sinne einer „differenzorientierten Medizin“[91] wird ein Konzept von „defizitärer Weiblichkeit“[92] etabliert. Gerade die positiven Veränderungen in Bezug auf Rechtslage und Wahlrecht lösten heftige Abwehr aus. Ab 1907 können französische Frauen über ihr Einkommen verfügen,[93] in England wurde dies bereits 1870 durchgesetzt. Frauen werden nach heftigen Kontroversen vermehrt an Universitäten zum Studium zugelassen.[94]

---

85 Duby, Georges/Perrot, Michelle: Eine Geschichte der Frauen schreiben, in: Thébaud 1995, S. 9–10, hier S. 9.

86 Bäumer, Gertrud/Lange, Helene (Hg.): Handbuch der Frauenbewegung, Berlin 1901–1910.

87 Weininger 1903.

88 Möbius, Paul Julius, Über den physiologischen Schwachsinn des Weibes, Halle 1903.

89 Dohm 1902.

90 Nieberle 2009.

91 Ebd.

92 Ebd.

93 Vgl. Arnaud-Duc, Nicole: Die Widersprüche des Gesetzes, in: Fraisse/Perrot 1994, S. 97–141, hier S. 127.

94 Siehe Kap. 5.5.

„Wir kennen kein in religiöser Beziehung productives Weib, und keine schöpferische Musikerin", polemisierte Weininger in seinem Text *Eros und Psyche*[95] von 1901 – vielleicht gerade deshalb, weil die Gesellschaft im Begriff war, sich vom Gegenteil überzeugen zu lassen? 1911 entsteht in Großbritannien die Society of Women Musicians; Ethel Smyth komponiert für die Suffragetten, deren Ziel in Großbritannien vor allem das Frauenwahlrecht war, den *March of the Women*; Lili Boulanger erhält als erste Komponistin 1913 den Grand Prix de Rome. In England wurden schon Ende des 19. Jahrhunderts Forderungen nach Gleichberechtigung und Wahlrecht laut, die innerhalb der Women's Suffrage-Bewegung artikuliert wurden. Bereits 1886 veröffentlichte Eleanor Marx *The Women Question*.[96] 1918 wurde Nancy Astor als erste Frau zum Mitglied des Parlaments im House of Commons gewählt;[97] 1928 dann erreichte die Bewegung ihr Ziel, das allgemeine Wahlrecht für alle Frauen.[98]

2.2.2 Frauenbilder im Ersten Weltkrieg

Mit Beginn des Ersten Weltkrieges 1914 treten die feministischen Forderungen nach Wahlrecht und Gleichberechtigung in den Hintergrund.[99] Aufforderungen wie 1914 in der Zeitschrift *La Fronde*: „Frauen[,] Euer Land braucht Euch"[100] oder in *La Française*: „Solange die Prüfung andauert [...] darf niemand auf seine Rechte pochen"[101], führten zu einer Zurückstellung der artikulierten feministischen Forderungen und Visionen zugunsten eines Nationalbewusstseins, welches mit dem Krieg befasst war. Hier entsteht die „Vision der geläuterten Frau" als „Inkarnation der Bilder aus dem bürgerlichen 19. Jahrhundert"[102]. Vorherrschende und idealisierte Bilder und Metaphern des Krieges waren die „Siegesgöttin, die trauernde Witwe und Mutter" sowie die Krankenschwester als „The Greatest Mother of the World"[103], als das wohl am stärksten idealisierte Weiblichkeitsbild des Krieges:

95 Brüstle 2009, S. 98; Weininger 1902, S. 148.
96 Marx-Aveling 1886.
97 Ebd., S. 51.
98 Housego/Storey 2012, S. 52.
99 Vgl. Thébaud 1995a, S. 35.
100 Ebd., S. 39.
101 Jane Misme 1914, in: *La Française*, zitiert nach Thébaud 1995a, S. 39.
102 Thébaud 1995a, S. 38.
103 Rot-Kreuz-Plakat, in: Thébaud, Françoise: Einleitung, in: Thébaud 1995, S. 11–32, hier S. 32. Auch Guilhermina Suggia engagierte sich während des Ersten Weltkriegs beim französischen Roten Kreuz (Fotografie CMM).

„Die Krankenschwester – Symbol der Selbstaufopferung, Engel und Mutter – war die gepriesenste Frauengestalt des Krieges und das bevorzugte Sujet von Künstlern […].“[104]

Durch die Mobilisierung der Frauen zur Kriegsarbeit und die Notwendigkeit eigenverantwortlichen Handelns, während die Männer im Krieg waren, wurden die polarisierten Verhaltensnormen verwischt. So kann der Kriegszustand auch als eine Art Befreiung der Frauen gewertet werden, da diese nun zwangsläufig in fast allen Bereichen, auch solchen, die zuvor nur Männern vorbehalten waren, aktiv wurden. 1917 äußert Raymond Rubins, eine amerikanische Gewerkschafterin: „Für die Frauen dieser Welt ist dies die wichtigste Stunde ihrer Geschichte. Das Zeitalter der Frau hat begonnen!“[105]

2.2.3 Weimarer Republik, Zwischenkriegszeit und die 1920er Jahre

Zwischen den Kriegen kommt es zu einem Höhepunkt der „familialistischen Propaganda“[106] als Gegenreaktion auf die Mobilisierung der Frauen während des Krieges und auf die Einführung des Frauenwahlrechts in vielen Ländern Europas (1915 Dänemark, 1918 Österreich, 1918 Deutschland [bis 1933], 1920 USA [vollständiges Wahlrecht], 1928 Großbritannien, davor ab 1919 eingeschränktes Wahlrecht). In dieser Zeit etabliert sich auch das Bild von der „neuen Frau“, der „sachlichen, aufstiegsorientierten, emanzipierten Frau“[107], die finanziell unabhängig und berufstätig ist. Zugleich waren die christlich-konservativen Parteien mit Propagandastrategien erfolgreich, die „auf den Schutz der Familie, der Mutter und der ehelichen Moral angelegt waren“.[108]

Die Zwischenkriegszeit ist eine Übergangsepoche voller widersprüchlicher Tendenzen. Gesetzgebungen erweitern und beschränken zugleich die Handlungsspielräume der Frauen: 1920 wird beispielsweise in Frankreich ein Gesetz gegen Empfängnisverhütung und Abtreibung erlassen, in England wird erst 1936 durch die Abortion Law Reform Association die Abtreibung in „Fällen von physischer und psychischer Not“ legalisiert[109]; 1923 wird in England der Ehebruch des Mannes als Scheidungsgrund anerkannt, und obwohl das Verfahren nur für Wohlhabende bezahlbar ist, steigt die Scheidungsrate signifikant

104 Thébaud 1995a, S. 55.
105 Ebd., S. 33.
106 Sohn 1995, S. 116.
107 Brüstle 2009, S. 102.
108 Ebd.
109 Sohn 1995, S. 131.

an.[110] In den 1920er Jahren bildeten sich in England verschiedene Frauengruppen, die sich in der Weiterführung der feministischen Anliegen der Suffragetten für die Rechte der Frauen einsetzten. Die 1921 gegründete Six Points Group (SPG) forderte eine Verbesserung der Rechtslage für verheiratete, verwitwete und unverheiratete Mütter und ihre Kinder, gleiche Rechte bei der Kindererziehung für beide Ehegatten, dieselbe Bezahlung für Lehrerinnen und Lehrer sowie Chancengleichheit für Frauen und Männer im Beamtenrecht.[111] Zwischen 1906 und 1946 sind 36,6 bis 37,9 Prozent der Erwerbstätigen in Frankreich Frauen, in Großbritannien sind es 28,5 Prozent.[112] 1924 wird Margaret Bondfield die erste Ministerin der Labour-Partei Großbritanniens, Clara Zetkin wird Reichstagsabgeordnete in der Weimarer Republik. Der Internationale Frauentag wird am 8. März 1911 ins Leben gerufen, 1926 die Society of American Women Composers, 1926 die GEDOK (Gemeinschaft Deutscher und Österreichischer Künstlerinnen) durch Ida Dehmel; Ethel Smyth erhält 1922 den Ehrentitel „Dame Commander" und 1926 die Ehrendoktorwürde.[113]

Das „Mädchen mit Bubikopf"[114] ist eine neue, moderne Frauengestalt nach dem Ersten Weltkrieg und Symbolfigur der 1920er Jahre. Ähnlich ist diesem Bild die französische Garçonne, in den USA spricht man von der „modernen Frau"[115], im deutschsprachigen Gebiet von der „neuen Frau"[116], die wirtschaftlich und sexuell unabhängig ist[117]. „Flapper" ist ebenfalls eine Bezeichnung für eine „emanzipierte Frau, die Tanzlokale und kurze Röcke liebt"[118]; das „City Girl"[119] inszeniert einen alternativen Lebensentwurf zum bürgerlichen Weiblichkeitsideal: die mondäne, sexuell befreite Frau, die das Leben in der Großstadt als neue Freiheit zelebriert. Auch die Mode verändert sich; im Gegensatz zum 19. Jahrhundert, wo die Bewegungsfreiheit der Frauen[120] symbolisch und tatsächlich durch Bekleidung (insbesondere das Korsett) massiv eingeschränkt wurde, entsteht nun eine bewegungsfreundlichere Mode. Diese Entwicklung wird auch von der Jugend- und Reformbewegung beeinflusst, die eine neue Frei-

110 Ebd., S. 133.

111 Housego/Storey 2012, S. 51f.

112 Sohn 1995, S. 116.

113 Brüstle 2009, S. 98.

114 Thébaud, Françoise: Einleitung, in: Thébaud 1995, S. 11–32, hier S. 12.

115 Cott 1995, S. 93ff.

116 Vgl. Kessemeier, Gesa, Sportlich, sachlich, männlich: das Bild der „Neuen Frau" in den Zwanziger Jahren. Zur Konstruktion geschlechtsspezifischer Körperbilder in der Mode der Jahre 1920 bis 1929, Dortmund 2000; vgl. Frevert 1986, Spelz 2009, S. 211.

117 Thébaud 1995a, S. 35.

118 Sohn 1995, S. 112f.; vgl. Spelz 2009, S. 211.

119 Spelz 2009, S. 211.

120 Ebd.

körper-, Natur- und Bewegungskultur vertrat. Die Mode wird androgyner, so werden Anzug und Krawatte als Symbol der Aneignung männlicher Attribute für Frauen spielerisch in bestimmte Outfits eingebunden. Medienpräsenz, Körperkult, Gymnastikkultur, Tanzbegeisterung, vor allem Modetänze und der Jazz prägen die neuen Frauen der Zwanzigerjahre – die Selbstständigkeit bringt ihnen Bewunderung, aber auch Skepsis, ob dieses Verhalten für Frauen angemessen sei, was in der Wortschöpfung ‚Garçonne' anklingt.[121] Die ‚wilden' Zwanziger betreiben eine „Glorifizierung der ‚befreiten Frauen'", besonders in Folge der Internationalen Sexualreformbewegung zwischen den Kriegen, so Christa Brüstle.[122] Das „Luder"[123] wiederum ist die abwertende Begriffsvariante für die modernen, befreiten Frauen. Victor Marguerittes Roman *La Garçonne*[124] wurde innerhalb kürzester Zeit ein Bestseller und gilt als repräsentativ für die ambivalenten Tendenzen dieser Zeit; zum einen der Erfolg des Romans durch seine skandalträchtige Freizügigkeit, zum anderen das Happy End, bei dem die Protagonistin letztlich nach allen Wirrungen doch den Weg in die Ehe findet. Die „neue Frau" ist mit ihren vielen beschriebenen Facetten eines der Symbole für die goldenen Zwanzigerjahre.[125] Und 1929 ist das Jahr, in dem Virginia Woolf *A Room of One's Own* schreibt, den Essay, der sie zu einer Symbolfigur der Frauenbewegungen machte.[126]

2.2.4 *Die Großstadt und das Reisen als neue Handlungsräume von Frauen*

Die Großstadt als Handlungsraum bot „zunächst einmal eine Chance zur Befreiung aus häuslichen Zwängen [...]. Es kann vermutet werden, dass das Großstadtleben von Frauen weniger von Angst als von Aufbruchsstimmung getragen war"[127], so Natascha Würzbach. Ähnliches kann für die Frauen gelten, die ausgedehnte Reisen unternahmen, sei es beruflich, so wie Musikerinnen auf Konzertreisen, oder aus Abenteuerlust.[128]

Im Fall von Lise Cristiani war die Grenze zwischen Konzert- und Abenteuerreise nicht eindeutig, ebenso war die Tatsache, dass sie allein reiste, keineswegs selbstverständlich, sondern kann als Grenzüberschreitung gesehen werden. Da-

121 Ebd.; auf Deutsch könnte man diese Wortschöpfung mit „Knäbin" übersetzen.
122 Brüstle 2009, S. 102.
123 Sohn 1995, S. 113.
124 Der deutsche Titel der Übersetzung lautet *Die Aussteigerin.*
125 Vgl. Spelz 2009.
126 Vgl. Woolf 2005; vgl. Thébaud, Françoise: Einleitung, in: Thébaud 1995, S. 11–32, hier S. 19.
127 Würzbach 2006, S. 20.
128 Vgl. Habinger 2006; siehe die Reisen von Alexandrine Tinné, Ethel Smyth u.a.

gegen waren Guilhermina Suggias Konzertreisen bereits professionell im heutigen Sinne durch Konzertveranstalter und Agenturen organisiert. Während das Alleinreisen innerhalb Europas für Suggia kein großes Problem mehr dargestellt haben sollte, betont sie doch in einem Brief an ihre Agentur, dass eine Amerikareise unproblematischer wäre, wenn ihr Mann sie begleiten könne.[129]

Die „progressiven Frauenbilder der *flapper* und der *new woman*, die mit ihrem androgynen Auftreten ihren Platz im Stadtbild beanspruchten"[130], sind ein Beispiel für eine neue Unabhängigkeit von Frauen, sich ohne Begleitung in einer Großstadt zu bewegen. Würzbach betont, dass „nur in größeren Städten der intellektuelle Nährboden und das revolutionäre Pflaster für die englische Frauenbewegung seit Mitte des 19. Jahrhunderts gegeben war"[131]. So waren auch die großen Musikmetropolen Paris, Wien und London die Zentren, in denen Cellistinnen in der Vergangenheit der Durchbruch gelang.

2.2.5 Was ändert sich für Instrumentalistinnen im 19. und 20. Jahrhundert?

Die Frauenbewegungen sowie die rechtlichen und gesellschaftlichen Veränderungen hatten auch ihren Einfluss auf Instrumentalistinnen, deren Handlungsspielräume und Selbstverständnis. In England wurde 1911 die Society of Women Musicians[132] von der Sängerin Gertrude Eaton, der Musikwissenschaftlerin Marion M. Scott und der Komponistin Katharine Eggar gegründet. Diese Organisation sollte Instrumentalistinnen, Sängerinnen und Komponistinnen eine Plattform bieten, sich zu treffen und auszutauschen, Konzerte zu organisieren sowie Kontakte zu knüpfen – vergleichbar mit der GEDOK, 1926 gegründet, die sich spartenübergreifend organisierte und bis heute besteht.[133] Die Musikerinnen der Society of Women Musicians bildeten ein Sinfonieorchester, ein wichtiger Aspekt in einer Zeit, in der besonders die Abwehr gegen Frauen als Orchestermusikerinnen noch stark war: „Soloists like Suggia actually faced fewer gender barriers than orchestral musicians did"[134], so Anita Mercier. Orchesterspiel wurde als „severe task of real hard, strenuous work"[135] gesehen, während

---

129 Vgl. Mercier 2008, S. 95; siehe Kap. 5.5.

130 Würzbach 2006, S. 19.

131 Ebd., S. 20.

132 Vgl. ebd., S. 33.

133 http://www.gedok.de/08/, letzter Zugang am 5. September 2013. Die Society of Women Musicians bestand bis 1972; vgl. Mercier 2008, S. 33.

134 Mercier 2008, S. 33.

135 So Eugene Goossens, zitiert nach Mercier, S. 33; siehe Carole Rosen, The Goossens. A Musical Century, Boston 1993, S. 86–97.

solistische Auftritte, Kammermusik oder Varieté-Performances Frauen eher zugestanden wurden.[136] Radikal kommt die Abwehr gegen Frauen im Orchester in der Haltung der Wiener Philharmoniker zum Ausdruck sowie in einer Äußerung Karajans, der noch 1979 als Chefdirigent der Berliner Philharmoniker auf die Frage, warum bei den Berlinern keine Musikerinnen spielten, geantwortet haben soll, dass „Frauen in die Küche, nicht ins Orchester gehören“[137].

Seit der Mitte des 19. Jahrhunderts,vereinzelt auch früher, ließen europäische Konservatorien Frauen in einigen Fächern zum Musikstudium zu.[138] Allerdings war diese Ausbildung meist „a kind of finishing school on the path to marriage“[139]:

> „[T]hey were excluded from professional orchestras, conducting posts, positions in universities, and the professional musical life of the Church. If a musical profession was anticipated, it would likely be a short-lived career as a solo performer, which would normally abandoned upon marriage, or teaching at the elementary or secondary level.“[140]

Am Beispiel der Lebensläufe von Cellistinnen wie Margarethe Quidde, Rosa Szuk und Eliza de Try wird dieses Modell der kurzlebigen Solistinnen-Karriere bis zur Eheschließung deutlich.[141] Besonders Musikunterricht mit Kindern war ein übliches Berufsbild für Frauen nach Abschluss eines Studiums am Konservatorium.[142] In Paris lehrten Frauen allerdings schon in der zweiten Hälfte des 19. Jahrhunderts am Conservatoire. Die Geigerin Wilma Neruda unterrichtete zwischen 1900 und 1902 am Stern'schen Konservatorium in Berlin,[143] die Cellistin Lotte Hegyesi für kurze Zeit als Vertretung am Dr. Hoch'schen Konservatorium.[144] Cellistinnen in Großbritannien, Frankreich und Amerika scheinen früher an universitären Institutionen und Konservatorien unterrichtet zu haben als Cellistinnen in Deutschland.

Ein Gegenmodell zum Rückzug von der Bühne nach der Eheschließung bildete die Verbindung eines Künstlerehepaares wie im Fall von Luise Wandersleb, die den Pianisten Alfred Patzig heiratete – das Paar konzertierte gemeinsam. Viele Musikerinnen entschieden sich gegen eine Ehe und organisierten sich in Frauenensembles, so z. B. Rebecca Clarke, May Mukle, Beatrice Harrison. Diese

136 Vgl. ebd.

137 Herbert von Karajan, in: *Die Welt* 07.11.1979, zitiert nach Rieger 1988, S. 223.

138 Vgl. Hoffmann/Rieger 1992.

139 Mercier 2008, S. 7.

140 Ebd.

141 Siehe Kap. 3.6, Kap. 4.6.

142 Mercier 2008, S. 7.

143 Heise 2007.

144 Geb. Charlotte Hegyesi, Lotte Hegyesi-Haff (Wenzel 2013d).

Ensembles stellten einen wichtigen Karriereausgangspunkt für die Musikerinnen Ende des 19. und zu Beginn des 20. Jahrhunderts dar.

Mit der Entstehung des Virtuosen- und Starkultes ab der Mitte des 19. Jahrhunderts und der Veränderung des Konzertwesens gewinnt für künstlerisch herausragende Frauen in der Musik das Konzept der ‚Diva' an Bedeutung. Als ‚Diven' wurden ab dem 18. Jahrhundert insbesondere Opernprimadonnen bezeichnet. Die Reihe der herausragenden Sängerinnen, die diesen Typus der Selbstinszenierung verkörperten, reicht von Maria Malibran über Maria Callas bis Anna Netrebko. Sarah Bernhardt machte Ende des 19. Jahrhunderts und um die Jahrhundertwende das Bild der Schauspielerin als Diva lebendig, ab den 1920er Jahren wurden auch Filmschauspielerinnen als Diven bezeichnet. Zwischen femme fatale der Musik – die auch Aspekte der femme fragile kultivierte[145] – und vergötterter Künstlerin, einem Wesen mit übermenschlichen Fähigkeiten, voller erotischer Ausstrahlung und unberührbar zugleich, einzigartig und Projektionsfläche für Wünsche und Fantasien des Publikums,[146] bot die Diva als Inszenierungsentwurf neue Spielräume zur Entfaltung von künstlerischem Potential, die sich auch Instrumentalistinnen ab dem frühen 20. Jahrhundert zu eigen machten und als Teil ihrer Selbstinszenierungen verwendeten. Das Diva-Bild kann als radikaler Gegenentwurf zum bürgerlichen Frauenideal verstanden werden und ist zugleich ein Spiegel fast aller Optionen von Weiblichkeit, die im eingeschränkten polarisierten Geschlechterkonzept für Frauen nicht vorgesehen waren. Die Diva wird zur Projektionsfigur von Grenzüberschreitungen, die ihr als Ausnahmefrau zugestanden[147] und sogar von ihr erwartet werden. Zum einen kann die Diva als Superlativ der neuen Freiheiten gesehen werden, die sich Frauen in den 1920er Jahren in den Großstädten und besonders in Künstlerinnen- und Künstlerkreisen zu erobern begannen. Zum anderen betont sie die Erreichbarkeit dieser Freiheiten für nur wenige, ausgewählte, einzigartige Frauen aufgrund herausragender, ja unnachahmlicher künstlerischer Leistungen. Die Diva ist daher eher Idealbild und weniger Identifizierungsmodell für das Streben nach Emanzipation vieler Frauen einer Gesellschaft. Die Übernahme des Diva-Bildes als besonderer weiblicher „Startypus"[148] in die Inszenierungen von Cellistinnen beinhaltet ein transformatorisches und zugleich nicht unproblematisches Potential, wie am Beispiel Guilhermina Suggia gezeigt werden soll.[149] Instrumentalistinnen wurden im 19. Jahrhundert von der bürgerlichen

145 Unseld 2009b.

146 Vgl. Grotjahn/Schmidt/Seedorf: Einleitung, in: Grotjahn/Schmidt/Seedorf 2011, S. 7–18, hier S. 7ff., 12f.; vgl. Hügel 2011, S. 41f.; Bronfen/Straumann 2002; siehe Kap. 4.2.3.

147 Vgl. Risi 2011, S. 200.

148 Vgl. Kohl 2009a, S. 519.

149 Siehe Kap. 4.

Kultur im Hinblick auf die für ebendiese Kultur gültigen moralischen Maßstäbe betrachtet und bewertet,[150] während die Opernsängerinnen und Opern-Diven als Stellvertreterinnen einer anderen Welt der Kunst, in der nicht die gleichen Regeln galten, wahrgenommen wurden. Die Debatte um Schicklichkeit konfrontierte Instrumentalistinnen – vor allem, wenn sie solche als männlich empfundenen Instrumente wie das Cello spielten – mit der Frage, ob diese Tätigkeit mit den gängigen Vorstellungen von weiblichem Verhalten verträglich sei. Die Diva nahm dagegen eine Sonderrolle ein. Aufgrund ihrer herausragenden, einmaligen Leistungen wurden der Diva Erotik und Exzentrik zugestanden, ohne dass ihr die moralische Verachtung der bürgerlichen Kultur zuteilwurde, die Opernsängerinnen und Schauspielerinnen in einer seit der Antike andauernden Tradition in der Nähe zur Prostitution wahrnahm.[151]

Die Instrumentalsolistinnen versuchten sich zwischen Divenstatus und Bürgerlichkeit zu positionieren. Auch in der Unterscheidung von Interpreten- und Virtuosentum, welche ab der Mitte des 19. Jahrhunderts die Bewertungsmuster von instrumentalkünstlerischen Leistungen prägte und veränderte, lagen für Cellistinnen spezifische Optionen und Schwierigkeiten.

Paradoxerweise wurde virtuoses Spiel zunächst männlichen Cellisten zugestanden, während man, wie an den Konzertprogrammen Lise Cristianis deutlich wird, einer Cellistin allzu virtuoses und auf Faszination des Publikums durch technische Fähigkeiten ausgerichtetes Spiel eher als unweibliches Verhalten übel genommen hätte. Mit der Idealisierung des neuen Interpretentypus, der hinter dem zu interpretierenden Werk zurücktritt, wurde der Virtuose allerdings als „weiblicher Künstlertypus"[152] entwertet, da in seiner Performanz die Selbstdarstellung und Maskerade im Vordergrund zu stehen schienen – negativ bewertete Eigenschaften, die wiederum mit Weiblichkeit assoziiert wurden. Künstlerinnen wie Guilhermina Suggia gelang eine Fusion zwischen den Bildern ‚Diva' und ‚Interpretin', die von Bedeutung für die Entstehung eines neuen Bildes der Cello-Solistin war.

150 Vgl. Hoffmann 1991, S. 57.

151 Grotjahn/Schmidt/Seedorf: Einleitung, in: Grotjahn/Schmidt/Seedorf 2011, S. 7–18, hier S. 12f.; siehe Kap. 4.2.3.

152 Vgl. Borchard 2004; vgl. Bartsch 2004.

2.3 Inszenierungen

2.3.1 *Die unschickliche Haltung*[153]

„Zur großen Mode wurde das Klavier ab 1815; in seiner Bevorzugung spiegelte sich der Kodex bürgerlicher Prüderie: die Violine, die Harfe oder gar das Cello zu spielen, galt für Frauen zunehmend als ‚unanständig'."[154]

Alain Corbain

Das Klavier, so schrieb Carl Czerny 1842, sei das „Einzige schicklich Brauchbare"[155] Instrument für Frauen. Der Pfarrer und Komponist Carl Ludwig Junker (1748–1797) führte in seiner 1784 publizierten Abhandlung[156] über die Unschicklichkeit von Instrumenten wie Geige, Cello, allen Blasinstrumenten und Schlagzeug für Frauen vor allem „schnelle, heftige, gewaltsame, rasche Bewegungen"[157] an, die sich mit der „anerkannten Schwäche des zweyten Geschlechts"[158] nicht vertrügen. Das Cello stellt an den Spieler oder die Spielerin verschiedene Anforderungen, die mit den Weiblichkeitsbildern der bürgerlichen Kultur des 19. Jahrhunderts zunächst nicht vereinbar schienen.[159]

Der Vorwurf der Unschicklichkeit bezog sich auf die Größe des Instruments und auf dessen tiefe Tonlage, welche dem Stimmumfang einer männlichen Stimme entspricht, auf die Kraftausübung bei den für das Cellospielen notwendigen Bewegungen, aber vor allem auf die Körperhaltung. Ein besonderes Problem sah man dabei in der für das Spiel notwendigen geöffneten Beinstellung, hinzu kam das frontal zum Publikum hingewendete Spiel sowie die gebückte, als ungraziös, undamenhaft und unschicklich empfundene Haltung beim Spielen in den hohen Lagen. Eine Frau Cello spielen zu sehen, löse, so Junker, „ein gewisses Gefühl des Unschicklichen"[160] aus. Er äußerte sich explizit zur Cellohaltung:

> „Ein Frauenzimmer spielt das Violoncell. Sie kann hiebey zwey Uebelstände nicht vermeiden. Das Ueberhangen des Oberleibs, wenn sie hoch (nahe am Steg) spielt, und also das Pressen der Brust; und denn eine solche Lage der Füße, die für tausende Bilder erwecken, die sie nicht erwecken sollten; sed sapienti sat."[161]

---

153 Einige Argumentationslinien und Ausschnitte dieses Kapitels wurden in Deserno 2016 verwendet.

154 Corbin, Alain: Mittler des einsamen Gesprächs, in: Perrot 1992, S. 485–498, hier S. 497.

155 Zitiert nach Hoffmann 1991, S. 91.

156 Junker 1784.

157 Ebd., S. 92.

158 Ebd.

159 Vgl. Hoffmann. 1991, S. 197f.; vgl. dies. 2007/2010; vgl. Mercier 2008 S. 1f.

160 Junker 1784, S. 91.

161 Ebd., S. 97.

Die Tatsache, dass das Instrument beim Spielen zwischen den Beinen gehalten werden muss, stellte für die bürgerliche Moralvorstellung eine provokative Inszenierung dar – unter der Prämisse, dass geöffnete Beine mit Sexualität verknüpft werden, Sexualität dagegen als tabuisiertes Thema konzipiert wurde. Die Thematisierung der Haltung steht nicht nur für die Schwierigkeiten der bürgerlichen Moralvorstellungen mit Sexualität im Allgemeinen, mit weiblicher Sexualität im Besonderen, sondern impliziert auch die ständige wachsende Präsenz des Sexuellen in den körperfeindlichen und moralischen Diskursen des 19. Jahrhunderts, wie Michel Foucault in *Sexualität und Wahrheit* ausführt.[162]

Von der Unschicklichkeit der Haltung wurde in zeitgenössischen Presseberichten viel gesprochen, jedoch äußerte sich nie ein Kritiker konkret über diese Haltung.[163]

Wie kann man sich diese unschickliche Haltung vorstellen?

Um 1440 gibt es erste Abbildungen von Celli, Violen da Gamba und Violen da braccio[164] sowie musizierenden Cellisten auf Gemälden. Die Violen wurden entweder „waagerecht vor der Brust […] oder senkrecht auf den Schenkeln, Waden oder auf dem Boden"[165] gehalten. Auch das Cello, das im Unterschied zur Viola da Gamba und dem Kontrabass aus der Geigen- und nicht aus der Gambenfamilie kommt, besaß keinen Stachel und wurde zwischen den Knien gehalten – noch bis ins 20. Jahrhundert, obwohl Vorformen des Stachels bereits im 16. Jahrhundert erfunden wurden.[166] Erst Ende des 19. Jahrhunderts begann sich der Gebrauch des Stachels durchzusetzen, bis er in der ersten Hälfte des 20. Jahrhunderts zur Selbstverständlichkeit wurde. Dazu trug Adrien-François Servais bei, der als erster Cello-Virtuose gilt, der mit Stachel spielte, er soll diese Haltung auch unterrichtet haben.[167] Sein Schüler Joseph Hollmann benutzte auch einen Stachel, wie Fotografien belegen.[168] Jules de Swert lehrte in Paris ebenfalls das Spiel mit Stachel. De Swert stellt 1882 fest, fast „alle modernen Spieler" benutzten mittlerweile einen Stachel aus Holz oder Metall[169] – während 1887 Hippolyte François Rabaud noch von einer klassischen Haltung ohne Stachel spricht, die erst erlernt werden solle, bevor man sich gegebenenfalls dagegen entscheide.[170]

162 Foucault 1977.

163 Vgl. Hoffmann 1991, S. 206.

164 ‚Knie-' oder ‚Armgeige'.

165 Pleeth 1985, S. 263.

166 Mercier 2008, S. 2.

167 Vgl. Deserno 2016.

168 Pape/Boettcher 2005, S. 122f.

169 Swert 1882, S. 4.

170 Vgl. Kennaway 2009, S. 29.

2.3.2 Cello-Stachel und Konzertkleider

Die Erfindung des Cello-Stachels bzw. seine vermehrte Verwendung ab der zweiten Hälfte des 19. Jahrhunderts war von Bedeutung für Cellistinnen. Im Fall von „schwachen Knien“ könnte das Cello, so Robert Crome,[171] auch auf einen Schemel oder Hocker gestützt werden. Auch existieren Abbildungen aus dem 18. Jahrhundert, auf denen das Instrument ganz auf dem Boden abgestellt wird.[172] Diese stehende Haltung war verträglich mit der ausladenden Mode, wie sie im 18. Jahrhundert von adligen Damen getragen wurde, allerdings maximal ausreichend für einfache Begleitfunktionen, mit einem solistischen Cellospiel auf hohem Niveau aber nicht vereinbar. Prinzessin Henriette de France ließ sich beim Spielen der Bassgambe malen, mit ausladendem Reifrock.[173] Im 19. Jahrhundert etablierte sich eine Haltung, die von den meisten Cellisten angewendet wurde:

> „with the left foot slightly forward of the right, the back edge of the cello against the left calf, and the front edge against the right.“[174]

Auf einer Abbildung aus der Violoncelloschule von Bernhard Romberg ist eine Haltung zu sehen, bei der das rechte Bein fast um das Cello ‚herumgeschlungen‘ wird.[175] Nach einem Konzert Cristianis schrieb ein Kritiker:

> „[...] dass es daher nothwendig weit hübscher und graziöser aussehen muss, wenn eine Dame, als wenn ein Mann das Violoncell zärtlich umknieet.“[176]

Die Formulierung des ‚Umkniens‘ – als Pendant zum ‚Umarmen‘ – wird durch die Abbildung Rombergs verständlicher, aber nicht weniger brisant, weswegen es dem Rezensenten besonders wichtig war zu betonen, „dass Dem. *Cristiani* eine Dame sei und für ihren speziellen Zweck ein weithinwallendes Kleid trägt, wodurch alle Contouren des Körpers verschleiert werden“[177]. Margaret Campbell argumentiert, der Stachel habe es für Frauen möglich gemacht, „with greater decorum“[178] zu spielen. Dies ist zutreffend, weil der Stachel eine ruhigere und unbewegtere Sitzposition ermöglichte, so dass das Halten des Instruments mit

---

171 Crome 1765.

172 Halm, Matthäus: „Concert Champetre“, Mitte 18. Jh., BNF, in: Pape/Boettcher 1996, S. 118.

173 Nattier, Jean-Marc: „Prinzessin Henriette Anne von Frankreich“, 1754, Musée national Chateaux Versailles et de Trianon, in: Hoffmann 1991, S. 26.

174 Kennaway 2009, S. 23.

175 Pape/Boettcher 2005, S. 135, Abb. 6.

176 AMZ 1846, Sp. 290.

177 Ebd.

178 Campbell 2004, S. 41.

den Beinen das ‚Umknien' im wortwörtlichen Sinne überflüssig machte. Mit Stachel reichte es aus, das Cello an die Beine anzulehnen. So wurde das Spielen in steifen (Reif-)Röcken, aufwendiger Abendmode, mit Korsett und viel Schmuck einfacher. Ob dies im Sinne einer gelungenen und körperfreundlichen Spielweise war, ist zu bezweifeln. Eine weitere Perspektive legt nahe, dass gerade die weitausladenden Röcke ein Hilfsmittel für Cellistinnen waren, dem „an sich Unschönen Form zu geben"[179], wie es in der *Neuen Zeitschrift für Musik* 1845 hieß, die geöffnete Beinhaltung zu „verschleiern" und das Cello zierlicher und kleiner aussehen zu lassen. Dieser Effekt lässt sich noch im 20. Jahrhundert auf Fotografien von Zara Nelsova bemerken. Das Cello wirke in Nelsovas „pompösen, gleichwohl genau balancierten Inszenierung zierlich, leicht, damenhaft"[180], kommentierte Harald Eggebrecht 2007. Bis heute hat sich für Cellistinnen die Mode des Abendkleides mit weitem, oftmals ausladendem Rock bis zum Boden gehalten – das „weithinwallende Kleid" Lise Cristianis wurde zur Standard-Konzertkleidung. Auf Augustus Johns Gemälde „Mme Suggia"[181] dominiert das rubinrote Kleid in seiner Üppigkeit den gesamten unteren Teil des Bildes.

Nicht immer scheint das Verstecken der ‚unschicklichen' Beinhaltung unter dem „weithinwallenden" Kleid alle Kritiker beschwichtigt zu haben. Einige Cellistinnen spielten deswegen im Damensitz, eine Haltung, die durch den Stachel möglich wurde. Dabei werden beide Beine geschlossen zur linken Seite gedreht oder das rechte Bein wurde über das linke geschlagen.[182] Eine Alternative war, beide Beine hinter dem Cello zu belassen und das Instrument an die Knie zu lehnen. Diese beschriebenen Haltungen wurden, obwohl sie weder cellotechnisch noch physiologisch sinnvoll sind, von Cellistinnen bis ins 20. Jahrhundert angewandt. Paul Tortelier erinnerte sich, dass seine Lehrerin Béatrice Bluhm im Damensitz gespielt und unterrichtet habe.[183] Auf einem Gruppenfoto der Klasse von Julius Klengel ist „noch ausschließlich die sogenannte Damenhaltung (oder der sogenannte Damensitz) zu sehen, bei der das Instrument nicht zwischen die Knie genommen, sondern außen an das linke Knie angelehnt wurde"[184]. Carl Fuchs äußert in seiner Violoncello-Schule 1907, Cellistinnen würden immer mit Stachel spielen, für Cellisten hält er die Haltung ohne Stachel durchaus für

179 *Neue Zeitschrift für Musik* 1845 II, Bd. 23, Nr. 34, 24.10.1845, S. 132.

180 Eggebrecht 2007, S. 238.

181 John, Augustus: „Mme Suggia", 1920–1923, Tate Gallery, London; Abb. 2.

182 Vgl. Deserno 2008, S. 36; vgl. Mercier 2008, S. 3.

183 Eggebrecht 2007, S. 91; siehe Kap. 5.5.2.

184 Pape/Boettcher 1996, S. 160. Eigentlich ist der Damensitz spieltechnisch nur sinnvoll und praktikabel, wenn das Cello an das rechte Knie angelehnt wird bzw. die Beine nach links gedreht werden, möglich ist aber, dass für Fotos der Damensitz auch mit beiden Beinen nach rechts eingenommen wurde.

möglich,[185] was darauf hindeutet, dass die Mehrzahl der Cellistinnen den Stachel wegen der Option einer Damenhaltung verwendeten.[186]

Augusto Suggia brachte Ende des 19. Jahrhunderts seiner Tochter Guilhermina als ihr erster Lehrer die Haltung bei, die er auch selber anwendete: mit Stachel, das Instrument zwischen den Knien. Guilhermina Suggia hat also wahrscheinlich nie im Damensitz gespielt. Es ist davon auszugehen, dass für Augusto Suggia als Cellisten vor allem technische und musikalische Aspekte im Vordergrund standen, die ihn dazu bewogen, auch seine Tochter in dieser für Frauen immer noch umstrittenen, aber technisch überzeugendsten Haltung spielen zu lassen.[187] Dass er dies bereits Ende des 19. Jahrhunderts in Portugal, einem tief katholisch geprägten Land, tat und gleichzeitig eine professionelle Karriere seiner Tochter von Anfang an plante und förderte, spricht für seine moderne und unkonventionelle Einstellung. Ähnliches ist bei Leopold Szuk zu vermuten, der, vergleichbar mit Augusto Suggia, Cellist im Orchester und Cello-Professor am Konservatorium war. Während die Cellistinnen aus der belgischen Schule bereits die Verwendung des Stachels von ihrem Lehrer Servais übernahmen, lernte Rosa Szuk bei ihrem Vater die bis dahin allgemeingültige Haltung ohne Stachel oder andere Hilfsmittel. Es gibt von Rosa Szuk eine Zeichnung, die sie frontal spielend und mit einem Cello ohne Stachel zeigt, das sie zwischen den Knien hält. Auch sie trägt ein ausladendes Konzertkleid, das mit Rüschen versehen ist, so dass man von der Haltung sowie von den „Contouren des Körpers“[188] – besonders von den das Cello haltenden Beinen bzw. Knien – nichts sehen kann.[189] Auf Johns Gemälde ist trotz des roten, üppigen Kleides Suggias linkes Knie unter dem Stoff zu erkennen, das deutlich das Cello umschließt. Hier umspielt der Stoff des Kleides die Körperkonturen schon mehr als dass er verschleiert. Auffällig ist, dass Suggia bereits einen sehr langen Stachel benutzt.[190] Der lange Stachel ermöglicht zum einen ein sehr aufrechtes Sitzen, zum anderen eine optimierte Klangproduktion durch stärkere Ausnutzung der Schwerkraft in der Bogendruckrichtung, da das Cello flacher gehalten wird. Die Stachellänge ist weniger von Schulen und Methoden abhängig, obwohl das häufig so diskutiert wird, sondern sollte auf die individuelle Physiognomie eingestellt werden und das Verhältnis der Bein- zur Rückenlänge sowie die Sitzhöhe berücksichtigen. Zu Beginn des 20. Jahrhunderts kann man bei vielen männlichen Cellisten noch die Ver-

---

185 Fuchs 1907.

186 Vgl. Deserno 2016, S. 104f.

187 Vgl. Mercier 2008, S. 3.

188 AMZ 1846, Nr. 17, Sp. 290.

189 *Vasárnapi Ujság* (Pest) 1858, S. 160, vgl. Timmermann 2009, http://www.sophie-drinker-institut.de/cms/index.php/suck-rosa, letzter Zugang am 14. August 2016.

190 John, Augustus: „Mme Suggia“, 1923–1925, Tate Gallery, London, Abb. 2.

wendung eines sehr niedrigen Stachels beobachten. Suggia scheint sich bereits in dieser Zeit für eine Haltung entschieden zu haben, die für sie persönlich besonders gut passte. Sie scheint sich unabhängig von Schulen, Lehrern und Vorurteilen gegenüber Cellistinnen ihren Weg gebahnt zu haben.

Obwohl Guilhermina Suggia und auch ihre Zeitgenossin Beatrice Harrison mit Stachel in der bis heute üblichen Haltung spielten, nahmen beide auf Fotos manchmal eine Haltung ein, die eine abgeschwächte Version des Damensitzes darstellt, bei der das rechte Bein nach innen gedreht und hinter das Cello gezogen wird. Für dieses Posieren versteckten beide Frauen das rechte Knie hinter dem Cello – vermutlich ein Tribut an die Schicklichkeitsdiskurse des 19. Jahrhunderts, die zu Beginn des 20. Jahrhunderts noch nicht vollständig überwunden waren.

Lise Cristiani und Anna Kull[191] wurden auf den erhaltenen Porträts so abgebildet, dass man nicht erkennen kann, wie sie das Cello beim Spielen gehalten haben. In einer Karikatur, die 1846 in der Zeitschrift *Corsaren* erschien, wurde Lise Cristiani als Kind gezeichnet, das mit einem Cello mit Stachel übt.[192] Dies könnte ein Hinweis darauf sein, dass Lise Cristiani bereits mit Stachel gespielt hat. Es gibt Vermutungen, ihr sei anstelle von Servais die Erfindung des Stachels bzw. dessen verstärkte Verbreitung zuzuschreiben.[193]

Auch Eliza de Try wurde in einer Karikatur mit einem Cello gezeichnet, das einen sehr kurzen Stachel hat.[194] Die Servais Society besitzt ein Foto von Hélène de Katow, das sie mit Stachel spielend zeigt,[195] ebenso gibt es solch ein Foto von Margarethe Quidde.[196] Es ist zu vermuten, dass die meisten Cellistinnen ab der zweiten Hälfte des 19. Jahrhunderts, sicherlich aber die Schülerinnen von Servais mit Stachel spielten und weite Kleider trugen, so dass sie ein Spiel im Damensitz suggerierten, aber nicht unbedingt praktizierten, was ihrer Technik zugutekam.[197]

Wir machen einen Sprung von den 1860er Jahren in die 1960er. Fast 100 Jahre später hatte sich einiges geändert: Jacqueline du Pré blickt auf zahlreichen Fotos lachend und direkt in die Kamera, meist dem Betrachter direkt zugewandt, mit langen Haaren, auf Probenfotos häufig mit kurzem Rock, die nackten Beine sichtbar: So tritt sie als Symbolfigur einer neuen Cellistinnen-Ära auf.[198]

---

191 Vgl. Timmermann 2010; vgl. ders. 2008.

192 *Corsaren* 1846, Bd. 288, S. 106ff., Abb. 5.1.–5.11.

193 Vgl. Russel 1987, S. 350.

194 *L'Index* 1872, Nr. 10, 31.8.1872.

195 Foto von Nestor Schaffers, um 1864, Abb. 8.

196 Abb. 10.

197 Deserno 2016, 105ff.

198 Siehe Abb. 14.3.

2.3.3 Verkleidung, Travestie, Parodie und Karikatur

Zu Beginn dieses Kapitels wurde Carl Ludwig Junkers Beschreibung von den „Uebelständen" beim Cellospiel von Frauen zitiert. Das Zitat stammt aus einem Text mit dem kuriosen Titel: *Vom Kostüm des Frauenzimmer Spielens*[199]. Sowohl die Formulierung „Kostüm" als auch „des Frauenzimmer Spielens" lösen Assoziationen von Theaterspiel, Verkleidung, von Maskerade und Travestie aus. Spielen diese Frauen, ein „Frauenzimmer" zu sein? Oder wird es als Kostümierung empfunden, wenn Frauen Musikinstrumente spielen, die laut Junker und den Vorstellungen der Zeit nur für Männer bestimmt waren? Ist die Geschlechtsidentität, ein „Frauenzimmer" zu sein, also eine gespielte Identität? Oder ist es eine Verkleidung, ein travestitisches Moment, wenn eine Frau ein Instrument spielt?

Judith Butler versteht „[d]ie Realität der Geschlechterzugehörigkeit" als „performativ"[200]. Damit wird jede Geschlechtsidentität zu einer gespielten Identität, sozusagen zum Kostüm oder zur Maskerade. Trotzdem ist in diesem Sinne Geschlechtsidentität keinesfalls als freiwillige Kostümierung zu verstehen, ihre „Unnatürlichkeit" wird aber durch Handlungen, in denen der Aspekt von Kostümierung und Maskerade oder Travestie ersichtlich wird, erkennbar. In Junkers Formulierung *Vom Kostüm des Frauenzimmer Spielens* scheint ein Aspekt von bewusster Verkleidungsinszenierung anzuklingen, in der das Instrumentalspiel Teil der ‚Verkleidung' ist. Der Wortursprung des aus dem lateinischen stammenden Begriffs ‚Kostüm' ist „consuetudo", was mit „Gewöhnung, Gewohnheit, Herkommen, Brauch, Sitte"[201] zu übersetzen ist. Im 18. Jahrhundert wurde der Begriff noch in diesem Sinne verwendet, bevor sich dann im 19. Jahrhundert die heutige Bedeutung in Bezug auf Kleidung durchsetzte.[202] So macht sich an diesem Begriff und seinem sprachlichen Bedeutungswandel ein Moment fest, das Judith Butler in Bezug auf die Performativität von Geschlechtsidentität beschreibt. Das ‚gewohnte' und ‚übliche' Verhalten – das Kostüm im ursprünglichen Sinne, das, was Menschen jeden Tag performativ wiederholen, wird zur Maskerade, zum Verkleidungs-Kostüm, wird erkennbar als ein performatives Imitieren und Spielen, dann, wenn eine übertriebene Form desselben Verhaltens, als Parodie, Karikatur oder Kostümierung im heutigen Sinne, die Unnatürlich-

199 Junker 1784.

200 Butler 2002, S. 315.

201 Duden. Das Herkunftswörterbuch. Etymologie der deutschen Sprache, Band 7, 4. neue, bearbeitete Auflage, Mannheim 2007, S.446. Im Spanischen ist das wortverwandte „costumbre" bis heute mit ‚Gewohnheit, Brauch, Sitte' zu übersetzen.

202 Vgl. ebd.; vgl. Kluge, Friedrich 2001: Etymologisches Wörterbuch der deutschen Sprache, Berlin, New York, S. 531f. Ich danke Annkatrin Babbe für diesen Hinweis.

keit oder den „Kostüm“-Charakter des Parodierten zu erkennen gibt. Instrumentalspiel von Frauen muss, so kann man Junker interpretieren – wenn man das in seiner Begriffsgeschichte changierende Wort ‚Kostüm‘ in dieser Form auslegen möchte –, die Wirkung einer Kostümierung von Geschlechtsidentität gehabt haben, was als irritierend und bedrohlich empfunden wurde. Vor allem das Spiel der als männlich verstandenen Instrumente Cello, Geige, Blasinstrument und Schlagzeug wurde als eine die Geschlechterrolle überschreitende Inszenierung wahrgenommen, die Aspekte von Geschlechterrollen-Tausch implizierte.

Das Instrumentalspiel, insbesondere das Cellospiel, bringt Aspekte mit sich, die einer Frau im Rahmen der polarisierten Konzeption von Weiblichkeit nicht zustanden: aktiv sein, in der Öffentlichkeit stehen, künstlerischen Einfluss bzw. sogar Macht und Kontrolle über das Instrument, über das Werk und das Publikum ausüben. Dazu kommt, dass die Bühnenkünstlerin vom Publikum angesehen und bewundert wird, nicht aber als begehrenswertes, passives Objekt, sondern als handelndes Subjekt. So führt Junker „schnelle, heftige, gewaltsame, rasche Bewegung“[203] als unpassend an, die sich nicht mit der „anerkannten Schwäche des zweyten Geschlechts“[204] vertrüge und die mit einem für Frauen als adäquat „angenommenen Begriff von Ruhe, streiten“[205] würde. Der Einsatz des Körpers beim Musizieren und der Kraftaufwand beim Cellospielen sowie der Anspruch auf Ausdruck unterschiedlichster Emotionen in der Interpretation widersprachen einem Frauenbild, das von Begriffen wie Immobilität, Ruhe, Sanftmütigkeit und Passivität bestimmt war. Bei professionellen Instrumentalistinnen wurden all diese Irritationen noch durch deren selbstständige Berufstätigkeit gesteigert, welche die polarisierten Geschlechterbilder gänzlich in Unordnung brachte. Das Bild von der ‚empfindsamen Frau‘ gestand Frauen zwar starke Gefühle zu, sah aber nicht vor, dass diese durch leidenschaftliche Äußerungen oder Darbietungen Ausdruck finden sollten:

> „Wir können nicht wünschen, dass uns die Künstlerin feurige und leidenschaftliche Ergüsse auf ihrem Instrumente vortrüge, das Cello in dieser Art gespielt, passt nicht in die Hände einer Frau. Es ist ein Zeichen von dem sichern Takt der Cellistin, dass sie sich in diesen Grenzen hält, weil sie sonst nothwendig, der Aeusserlichkeit ihres Instruments gemäss, Carikirtes zum Vorschein bringen würde. Es sind die zarteren Gefühle, denen sie Ausdruck zu geben hat, und darin ist sie Meisterin.“[206]

203 Junker 1784, S. 92.
204 Ebd.
205 Ebd.
206 BMZ 1845, 2. Jg., Nr. 50, o. S.

Instrumentalistinnen wurden nicht nur als bedrohlich und unschicklich empfunden, weil sie die Geschlechtergrenzen überschritten, sich anders ‚kostümierten', als man es von Frauen im Allgemeinen erwartete und sich in diesem „Kostüm" Freiheiten herausnahmen, die nur Männern zustanden. Sie waren auch deswegen eine Bedrohung für das Konzept der polarisierten und komplementären Geschlechter, weil sie durch ihre Performanz, ihre als Geschlechtsrollen überschreitende Maskerade empfundene Inszenierung zeigten, dass es möglich war, von den als natürlich verstandenen Bildern abzuweichen. Wenn Instrumentalistinnen wie Cristiani erfolgreich wurden, ihre Form der Maskerade, der Geschlechtsüberschreitung akzeptiert wurde, liegt die Schlussfolgerung nahe, dass sie durch ihr Auftreten die Unantastbarkeit der normierten Geschlechterbilder ins Wanken brachten und andere, als genuin weiblich angenommene Verhaltensweisen ebenso als ‚Verkleidung', ‚Kostüm', ja „Maskerade" im Sinne Butlers „entlarvten"[207]. Durch ihr Auftreten stellten sie Natürlichkeit und Selbstverständlichkeit der an sie herangetragenen Weiblichkeitsbilder und Normen in Frage. Sie decouvrierten Geschlechtsidentität als Maskerade, das scheinbar Natürliche als ‚unnatürlich' und brachten damit die „Geschlechter-Binarität in Verwirrung"[208].

Verkleidung kann konkret zur Inszenierung eines gespielten Geschlechterwechsels eingesetzt werden, wie dies in der Travestie praktiziert wird. Travestie „stellt durch ihre offensichtliche Imitation der Geschlechtsidentität diese als Inszenierung bloß"[209]. Sie beinhaltet das Moment der Übertreibung, der Persiflage, der ironischen oder grotesken Überzeichnung. Dies ist vergleichbar mit dem, was in Karikaturen gemacht wird: Etwas scheinbar Natürliches, ein Vorbild, ein Charakterzug wird so übertrieben dargestellt, dass die Aussage ins Lächerliche, Lustige oder Ironische umschlagen kann. Damit wird aber zugleich der Begriff von Originalität in Frage gestellt: Wenn die Karikatur als fortgeschrittene Stufe einer Imitation zur Übertreibung oder zum Scherz wird und wenn die Travestie in der Imitation des Natürlichen zum Sinnbild des Unnatürlichen wird, wo ist dann die Grenze zwischen Original und Imitation zu ziehen? Ab wann ist etwas Imitation, ab wann Original? Oder wird hier nicht gerade deutlich, dass es in diesem Zusammenhang kein Original geben kann, sondern „daß bestimmte kulturelle Konfigurationen der Geschlechtsidentität die Stelle des ‚Wirklichen' eingenommen haben und durch diese geglückte Selbst-Naturalisierung ihre Hegemonie festigen und ausdehnen"[210], wie Judith Butler es ausdrückt?

---

207 Butler 2002, S. 315.
208 Dies. 1991, S. 218.
209 Kohl 2009b.
210 Butler 1991, S. 60.

Kunst auf einer Bühne spielt häufig mit dieser ‚Verkleidung' eines nur scheinbar existenten Originals. In Oper und Theater ist dies unmittelbar wahrzunehmen. In der Instrumentalmusik als abstrakter Kunst sind diese Momente komplizierter und wegen der nicht sprachlichen Wirkmächtigkeit von Musik auf die Gefühle besonders vielschichtig. Virtuosen des 19. Jahrhunderts wie Paganini, Liszt und Offenbach integrierten Aspekte von Maskerade in ihre Performances, die weit mehr waren als nur die Wiedergabe von Musikstücken.[211] Ihre Performances lebten von der Art und Weise, wie die Virtuosen sich selbst mit den Kompositionen auf der Bühne inszenierten. Dazu gehörten werbewirksame Strategien wie Geschichten, die sich gerüchteweise bereits vor den Konzerten um die Künstler rankten. Sie bezogen sich auf Kleidung, die Verkörperung eines bestimmten Typus durch Gesten, Haltung und Spielweise. Der Virtuose war also zugleich Schauspieler; in diesem Sinne, resümiert Camilla Bork, „bestimmt die Maskerade die Selbstinszenierung des Virtuosen"[212].

Der Bühnenkünstler übt Macht aus, indem er das Publikum auf eine Reise der ‚Imitationen' mitnimmt. Thomas Mann beschrieb in *Tonio Kröger* den Schriftsteller, der auf das eigene Erleben verzichte, um dafür ebendies und Gefühle beim Leser intensiv hervorzurufen.[213] Gefühle im Zuhörer auszulösen, bedeutet diese so darzustellen, dass sie beim Hörer ein Erleben bewirken, das er als sein Eigenes empfindet. Zugleich ist dieses Eigene aber in jedem Einzelnen auf vielfältige Weise möglich. Und der Künstler oder die Künstlerin muss den Auslöser für dieses Erleben der Hörer liefern: nicht als originales persönliches Erleben – sondern als perfekt kalkulierte Imitation eines solchen. Der Anspruch, nicht selbst auf der Bühne zu weinen, sondern das Publikum zum Weinen zu bringen, beinhaltet eine sozusagen gespielte Natürlichkeit, die im Gegenüber ein ‚echtes' Gefühl auslöst. Der professionelle Künstler auf der Bühne muss also im Unterschied zum Amateur, der spielt oder schreibt, um etwas Persönliches auszudrücken und um daran Freude zu haben, tatsächlich zum Schauspieler werden. Die künstlerische Imitation von Gefühlen oder Erleben auf der Bühne muss so gestaltet sein, dass sie für die Zuhörer ein daran anknüpfendes Erleben ermöglicht. Sie stellt also eine doppelte Imitation dar: die Imitation eines imaginierten Originals, das sich als Original ‚maskiert'.

Jacques Offenbach hat in seinen Cello-Kompositionen und wohl besonders in seiner Spielweise das Spiel mit „blendenden Imitationen"[214] bis ins Extrem umgesetzt. Er scheint die „natürlichen Möglichkeiten des Cellos"[215] nicht interes-

211 Vgl. Heinemann 1997.
212 Bork 2009b, S. 511.
213 Mann, Thomas, Tonio Kröger, Berlin 1913.
214 Kracauer 1976, S. 86.
215 Ebd.

sant genug gefunden zu haben und hat sich stattdessen den zahlreichen Variationen von Maskierungen, Verkleidungen und Imitationen dieser scheinbar „natürlichen Möglichkeiten“ gewidmet. Mit Vorliebe setzte er das Spiel in den für das Cello ungewöhnlich hohen Tonlagen ein, verwendete virtuose Techniken und Effekte wie beispielsweise natürliche und künstliche Flageoletttöne. Zusätzlich dazu muss er in seiner Interpretation und Performance, was Spielweise und Bewegungen angeht, immer in die Extreme gegangen sein. Das Cello „mußte den Dudelsack nachahmen, sich als eine schnarrende Klapper gebärden oder gar wie ein Vögelchen zwitschern und flöten“[216], mutmaßte Siegfried Kracauer. Offenbachs Übertreibungen bewirkten Komik, Satire, waren unterhaltsam, vielleicht auch irritierend und konnten rückblickend so gedeutet werden, dass sich im Cellisten Offenbach bereits der spätere Operettenkomponist gezeigt hatte. Gustave Doré wurde von Offenbachs Spiel und Performance zu einer Karikatur inspiriert: „De l’influence de la propagation du violoncelle, à l’exemple de M. Offenbach“[217]. Offenbachs Übertreibung war sozusagen eine erkennbare Travestie oder Parodie: Er parodierte das, was Doré „den Einfluss und die Verbreitung des Cellos“ nannte, so dass das Unnatürliche sichtbar wurde. Offenbach wird als Beispiel für allgemeine Tendenzen des damaligen Cellospiels karikiert. Seine spezifische Art, Cello zu spielen, Imitationen zu präsentieren, war aber bereits parodistisch und bemühte sich nicht, sich als ‚Original zu verkleiden‘ – hatte aber sicherlich das Ziel, *originell* zu sein. In seiner Performance waren Aspekte vorhanden, welche die maskeradischen Anteile jeder Art von Performance erkennbar werden ließen. Die Karikatur überspitzte dies dann in einer offensichtlich satirisch-parodistischen Imitation, so dass das Original, das als ernstzunehmend verstandene Cellospiel, wie es in der Zeit Mode war, ebenfalls wie eine Form der Maskerade scheinen musste.

Das Prinzip der Maskerade auf der Bühne galt für Männer wie für Frauen, es war und ist ein der Bühnenkunst oder Performance inhärentes Phänomen. Allerdings wurde es in Bezug auf Frauen besonders problematisiert:

> „Virtuosität als Selbstinszenierung und Maskerade tritt im 19. Jahrhundert in eine unauflösbare Spannung zum weiblichen Musizieren. Im Kontext des neuzeitlichen Tugendbegriffes, der die Frau zur Keuschheit und Wahrheit verpflichtet, erscheint die Maskerade der Virtuosin zwangsläufig als anrüchig.“[218]

---

216 Ebd.

217 *Petit Journal pour rire* 1856, Nr. 15, BMVR de Nice, in: Pape/Boettcher 1996, S. 155, siehe Abb. 5.12.

218 Bork 2009b, S. 511.

Beatrix Borchard äußert sich über die Wahrnehmung von Virtuosen im 19. Jahrhundert zwischen dichotomisch konzeptualisierten Polen. Diese Dichotomien spiegeln eine für das 19. Jahrhundert entscheidende Entwicklung. Das Konzept von dichotomisch-komplementären Polaritäten ersetzte das Konzept der Vielfalt, die durch andere Formen der Hierarchie geordnet werden musste. Die Auffassung von der Geschlechterpolarität basierte auf einer veränderten Vorstellung von den Geschlechtern, aber auch von der sozialen Ordnung. Im 18. Jahrhundert waren soziale Positionen durch religiöse, politische und soziale Hierarchien mehr oder weniger festgeschrieben. Geschlecht war ebenfalls eher „eine soziologische und keine ontologische Kategorie“[219]. Im 19. Jahrhundert dagegen wurde die komplementär entgegengesetzte Unterschiedlichkeit von Frauen und Männern, die Konzeption von sich dichotomisch gegenüberstehenden Positionen zur Grundlage des Denkens über Mensch, Gesellschaft und Kultur. Otto Gumprecht stellte 1876 fest, „dass die Musik von der Liebe zwischen Mann und Frau lebt“[220]. Das komplementäre Denken wurde also auch auf Musik und die Wahrnehmung von Musikerinnen und Musikern übertragen:

> „Die Musikkritik konzeptionalisierte Virtuosität im 19. Jahrhundert in einer Kette von Dichotomien, zu denen u.a. die Gegenüberstellung von Form und Materie, Tiefe und Oberfläche bzw. Brillanz, Natürlichkeit und Künstlichkeit gehörte. Sofern diese Dichotomien im Blick auf das Geschlecht fortgeschrieben wurden, markiert Virtuosität die Position des ‚Weiblichen‘. […] Vor diesem Hintergrund etablierte sich das Bild des Virtuosen als ‚weiblicher Künstlertypus‘ (Nicolò Paganini, Pablo Sarasate), der sich von dem Interpreten männlichen Typus (Joseph Joachim, Clara Schumann), der dem Dienst am Werk verpflichtet ist, unterscheidet.“[221]

Im Zuge der diskursiven Aufwertung des Interpreten- gegenüber dem Virtuosentypus ab der zweiten Hälfte des 19. Jahrhunderts werden die Zuschreibung ‚weiblich‘ und ‚männlich‘ als Wertungskategorien eingesetzt, innerhalb derer die weibliche Position gegenüber der männlichen abgewertet wird.

Die „weibliche Position“[222], wie Borchard es ausdrückt, war die Position der Maskerade. Das hatte mit einem Frauenbild zu tun, wie es bereits bei Rousseau zum Ausdruck kommt. Rousseau ging davon aus, dass „Verstellung und Maske-

219 Laqueur 1992, S. 21f.

220 Rieger 1988, S. 34, in: Heesch/Losleben 2012, S. 21ff.; siehe Gumprecht 1876, S. 45: „Ja, es ließ sich behaupten, daß die Musik recht eigentlich in dem berauschenden Blütenduft der Empfindung lebt und athmet, welcher dem allmächtigen, nach Vereinigung und Ergänzung verlangenden Zuge von Mann zu Weib und umgekehrt entströmt.“

221 Bork 2009b, S. 511; vgl. Borchard 2004; vgl. Kap. 1.6.2.

222 Borchard 2004, S. 71, 75.

rade die natürlichen Ausdrucksmöglichkeiten der Frau bilden“[223]. Die Frau als „unberechenbare Schauspielerin“[224] sowie die personifizierte „Lügenhaftigkeit in Person der Frau“[225], wie Friedrich Nietzsche später werten sollte, waren Bilder von einer bedrohlichen Weiblichkeit, die es einzuschränken und zu disziplinieren galt. Davon ausgehend, dass Maskerade und Verstellung als aus der weiblichen Natur resultierende Eigenschaften angesehen wurden, wird es verständlich, warum für das idealisierte Frauenbild des 19. Jahrhunderts entgegengesetzte Eigenschaften proklamiert werden: Natürlichkeit, „Keuschheit und Wahrheit“[226]. Die professionelle Instrumentalistin stellte demnach eine eindeutige Gefahr für die neu gefundene Konzeption der Disziplinierung der Frau zum „angel of the house“ im Sinne der bürgerlichen Kultur dar. Sie entlarvte Weiblichkeit oder weibliches Verhalten in Orientierung an den bürgerlichen Verhaltensnormen im Sinne Rivières als Maskerade[227], die sich an einer imaginierten Natürlichkeit orientiert, die als „Norm, die niemals vollständig verinnerlicht werden kann“[228], erscheint und „letztlich phantasmatischen Charakter“[229] hat.

Junkers Text entstand an der Schwelle vom 18. zum 19. Jahrhundert. Er bemüht sich um eine klare Definition dessen, was für Frauen ‚schicklich‘ sei. Zum anderen aber gibt er Hinweise auf eine Möglichkeit des Überschreitens dieser Schicklichkeitsnormen durch Inszenierungen, die im wahrsten Sinne des Wortes Travestie oder Cross-Dressing als Option integrieren.

> „Er sehe das nemliche Frauenzimmer, nun im Amazonenhabit, also in einer Kleidung spielen, in welcher sie sich dem Manne, mehr annähert, und jenes Gefühl des Unschicklichen wird um vieles geschwächt.“[230]

Auch ein Musikkritiker fand es 1783 viel angemessener, „wenn die Künstlerinn als ein reizender Halbmann im Hütgen vorm Pult stünde“[231]. Durch Verkleidung wird in den Augen dieser Autoren also eine Überschreitung von Geschlechterrollen denkbar und weniger irritierend. Das Konzept des Cross-Dressings und Geschlechterrollentauschs hatte im 18. Jahrhundert noch eine andere Funktion und Tradition. Möglicherweise greift Junker hier zum einen den Geschlechterrollentausch auf, wie er in Barockoper und -theater üblich war, wenn

223 Bork 2009a, S. 261f.
224 Schössler 2008, S. 38.
225 Ebd.
226 Bork 2009b, S. 511.
227 Rivière 1929.
228 Butler 1991, S. 207.
229 Ebd.
230 Junker 1784, S. 94.
231 *Magazin der Musik* 1783, S. 844.

Frauenrollen mit männlichen Darstellern besetzt wurden. Der Verkleidungsaspekt erscheint hier weniger anstößig als die Tatsache, eine Frau bei einer Tätigkeit zu sehen, die nicht in das vom Autor vertretene Konzept von Weiblichkeit passt.

Das erste Mädchen, von dem Mitte des 18. Jahrhunderts ein solistischer Auftritt mit dem Cello in öffentlichem Rahmen, in einem Variété-Theater, überliefert ist, war ein verkleideter Junge. Als „The Child" angekündigt, spielte ein angeblich fünfjähriges Kind, in Frauenkleidern nach der Mode der Zeit gekleidet, auf einem Cello, das es wie einen Kontrabass hielt. Auf einem Plakat, das diese Inszenierung ankündigte, konnte man ein Cello spielendes Mädchen sehen. Tatsächlich handelte es sich bei „The Child" aber um einen Jungen namens Benjamin Hallet.[232] Im British Museum ist ein Bild von ihm zu sehen.[233] Hallet war in einer Show zu hören, die von dem Schauspieler und Theaterunternehmer Christopher Smart (1722–1771) geleitet wurde.[234] Smart selbst trat in diesem Kontext als „Mrs. Mary Midnight" auf und kündigte eine kabarettistische Darbietung an, in der neben einer „Band of Originals" mit Namen wie „Bombasto", „Signora Spoonatissima", „Twangdiloo" u.a. „gentlemen who are eminent performers" auftreten sollten. Ein Programmpunkt war „a Solo on the Violincello by Cupid in Propria Persona"[235]. Dies war Benjamin Hallets Auftritt. Ebenso trat eine „Miss Midnight" auf, die als Tochter von Mrs. Midnight angekündigt wurde und ein „Solo of Humour on the French Horn" zum Besten gab.[236] Auch bei dieser Person handelte es sich, laut Highfill, wahrscheinlich nicht um eine Frau, sondern um einen verkleideten Mann.[237] In einer kabarettistischen Travestie inszenierte Smart die Instrumente, welche Junker 1784 für Frauen als unschicklich deklarierte. Junker schlug vor, die Frauen sollten sich als Männer verkleiden, um den Eindruck von Unschicklichkeit abzumildern, Smart potenzierte die Wirkung des Parodistischen und Grotesken, indem er als Frauen verkleidete Männer mit gerade diesen Instrumenten auftreten ließ.

---

232 Campbell 2004, S. 23f.; vgl. Stowell 1999, S. 57.

233 Stich von James McArdell nach einem Gemälde von Thomas Jenkins; *Benjamin Hallet. A Child not five Years old*; Abb. 7.

234 Highfill 1991, S. 118f.

235 Ebd., S. 119.

236 Ebd., S. 120.

237 Ebd.

Tafeln

Abb. 1 Lise Cristiani, Lithographie um 1844

Abb. 2 „Madame Suggia“, Gemälde von Augustus John, 1923–1925

Abb. 3 Postkarten von Guilhermina Suggia an ihren Förderer und Freund António Lamas, geschrieben von ihren Konzertreisen in den Jahren 1904–1910

Abb. 3.1 Postkarte aus Heidelberg vom 24.10.1904

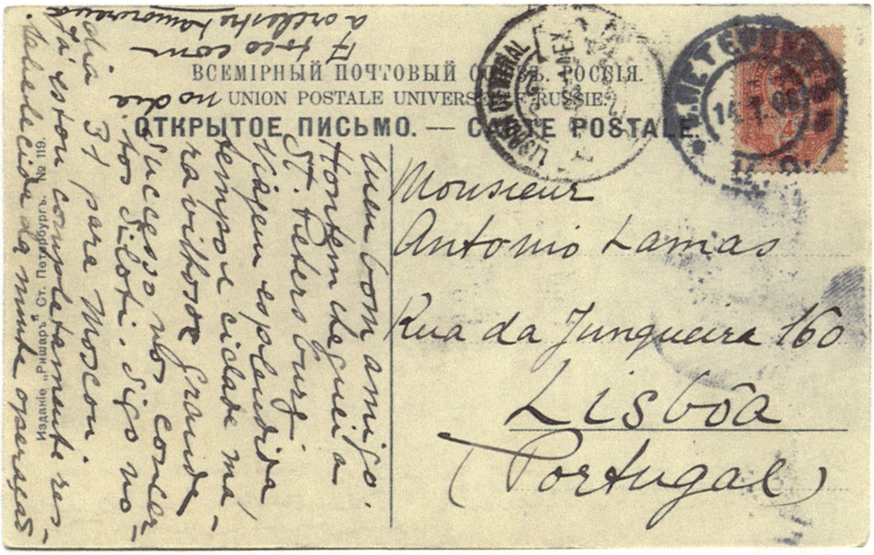

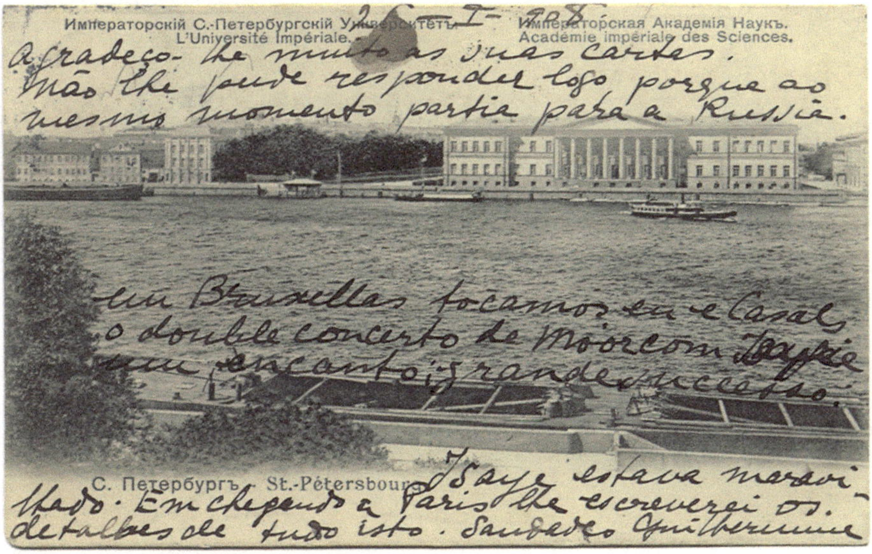

Abb. 3.2 und 3.3 Postkarte aus St. Petersburg vom 26.1.1908

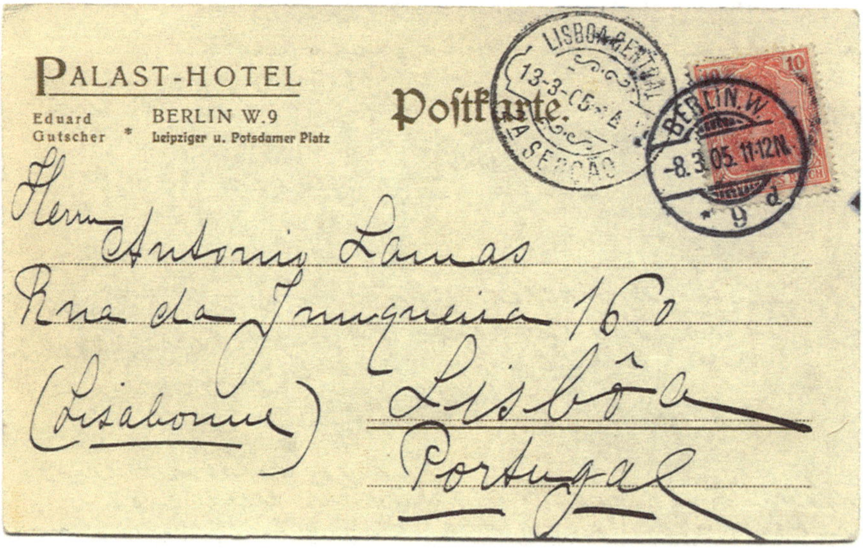

Abb. 3.4 und 3.5 Postkarte aus Berlin vom 8.3.1905

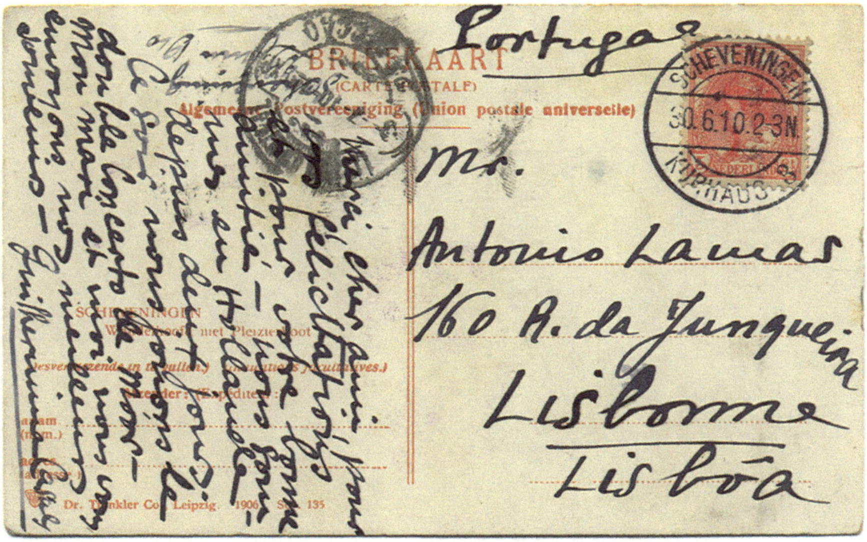

Abb. 3.6 Postkarte aus Holland vom 29.6.1910

Teil II
Lise Cristiani und Guilhermina Suggia.
Zwei kulturwissenschaftliche Fallstudien

3. Lise Cristiani

3.1 Forschungsdokumentation

> „Tant de lacunes! L'histoire n'est pas lisse et a subi bien des cahots. […] [M]ais qu'importe, la route est belle! […] Peut-être aussi la beauté de notre recherche tient au voyage lui-même qu'il nous fait faire. C'est comme si Lise s'amusait à nous faire voyager sur ses pas. […] [E]lle parle par énigmes, et la beauté est moins encore de les résoudre toutes que de se pencher sur les espaces qu'elles ouvrent."[1]
>
> Lonaïs Jaillais

Dieses Kapitel über Lise Cristiani hat zwei Schwerpunkte und Ziele: zum einen die Analyse der Weiblichkeitsbilder und Diskurse, welche die Wahrnehmung dieser Cellistin des 19. Jahrhunderts prägten. Zum anderen ist das Kapitel als ‚Spurensuche' zu verstehen. Dieser Begriff wird in letzter Zeit häufiger im Kontext biographischer Forschung verwendet.[2] Er skizziert eine Herangehensweise, die auch dieses Kapitel prägen soll. Dem Anspruch, ein vollständiges, ‚authentisches' Bild zu liefern, kann und will diese Spurensuche nicht gerecht werden. Die historischen Quellen zeigen eine oder mehrere Spuren, die Lise Cristiani hinterlassen hat, bildlich gesprochen vielleicht einen ‚Abdruck ihrer Schritte im Schnee oder auf einem staubigen Weg' – nicht aber den Schritt selbst. Einige dieser Spuren sind dem Lauf der Zeit zum Opfer gefallen, andere sind mehrschichtig, versteckt, unklar, geschönt oder bearbeitet. Als diskursive Äußerungen oder Texte stehen sie in Form der Quellen, in Presseberichten, Reiseberichten, Handschriften, einer Lithographie sowie Gedichten und Fragmenten zur Verfügung.[3]

Freia Hoffmann rekonstruierte 1991 in ihrer Studie *Instrument und Körper*[4] sowie in einem weiteren biographischen Artikel im Instrumentalistinnen-Lexikon des Sophie Drinker Instituts für musikwissenschaftliche Frauen- und Geschlechterforschung[5] erstmals die Biographie der Cellistin Lise Cristiani. In zwei

---

1 Der Musiker und Reiseführer Lonaïs Jaillais über seine Recherche zu Lise Cristiani, 2013, unveröffentlichtes Dokument, Sammlung Jaillais.

2 Vgl. Weissweiler 2013; vgl. Stahrenberg/Rode-Breymann 2011.

3 Mein Dank für ihre Unterstützung bei der Recherche gilt ganz besonders Prof. Dr. Freia Hoffmann, Dr. Volker Timmermann, Lonaïs Jaillais, René de Vries und Marianne de Meyenbourg.

4 Hoffmann 1991.

5 Dies. 2007/2010.

weiteren Publikationen machte Hoffmann 2011 eine kommentierte Übersetzung des Reiseberichts von Cristiani, der 1863 in der Zeitschrift *Le Tour du Monde* veröffentlicht wurde, zugänglich[6] sowie 2013 weiteres Quellenmaterial, vorwiegend Presserezensionen.[7] Die Autorin dieser Arbeit publizierte mehrere Artikel über Cristiani.[8] Im Anhang dieses Buches sind Abdrucke der Brief(fragment)e Cristianis, der Handschriften aus dem Barbier-Nachlass, einige Bilder und die Übersetzung des Reiseberichts aus dem *Journal des Débats* zu finden.[9] Damit werden neben dem Schwerpunkt der Untersuchung auf der dekonstruktivistischen Analyse von Weiblichkeitskonstruktionen historisch-biographische Informationen über Leben und Wirken von Lise Cristiani ergänzt.

Bis auf zwei handschriftliche Briefe, von denen einer fragmentarisch ist, fehlen autobiographische Originaldokumente von Lise Cristiani. Die beiden Handschriften werden im Anhang dieser Arbeit abgedruckt und zum ersten Mal der Öffentlichkeit zugänglich gemacht. Der eine Brief stammt aus der Staatsbibliothek Preußischer Kulturbesitz Berlin und ist eine Danksagung an den Kritiker der *France Théatrale*, in der eine sehr positive Besprechung eines Konzertes von Lise Cristiani und dem Flötisten Jean-Baptiste Elie abgedruckt wurde.[10] Das Brieffragment aus der Universitätsbibliothek Bonn, wesentlich unleserlicher geschrieben, ist eine Entschuldigungskarte, in der es um das verspätete Zurücksenden einer Equipage geht.[11] Lise Cristiani hat von ihren großen Reisen an die Familie geschrieben, was aus den nach ihrem Tod veröffentlichten Reiseberichten hervorgeht. Diese sollen in Kapitel 3.4 vorgestellt und detaillierter behandelt werden. In der Bibliothèque nationale de France (BNF)[12] ließen sich keine Originalbriefe finden, weder im dort archivierten Nachlass von Jules-Paul Barbier

6 Dies. 2011.

7 Dies. 2013. Die Arbeiten von Freia Hoffmann lieferten eine Fülle von Informationen, Thesen und Quellenhinweisen.

8 Deserno 2008, dies. 2009a, dies. 2009c, dies. 2010, dies. 2013.

9 Siehe Abbildungen und Dokumentenanhang.
Barbier, A. 1860; Lanoye 1863; im Folgenden werde die beiden Reiseberichte bis auf einige Ausnahmen in der deutschen Übersetzung von Katharina Deserno zitiert. Aus Platzgründen auf die Angabe des französischen Originals in den Fußnoten bis auf Ausnahmen verzichtet, es kann in der Datenbank Gallica der BNF eingesehen werden: Lanoye 1863: http://gallica.bnf.fr/ark:/12148/bpt6k34382j/f388.image.r=Lise%20Cristiani%20Le%20Tour%20du%20MOnde, letzter Zugang am 17. September 2016. Barbier, A. 1860: Teil I: http://gallica.bnf.fr/ark:/12148/bpt6k452472z.r=Lise%20Cristiani%20Journal%20des%20debats?rk=21459;2; Teil II : http://gallica.bnf.fr/ark:/12148/bpt6k452473b/f1.image.r=Journal%20des%20Debats%20Lise%20Cristiani?rk=64378;0, letzter Zugang am 17. September 2016.

10 Brief von Lise Cristiani an J. Arago 1845, Dok. 1.

11 Brief von Lise Cristiani an unbekannten Adressaten, Dok. 2.

12 Im Folgenden BNF.

noch im privaten Familiennachlass Barbier.[13] Allerdings gibt es im Archiv der BNF an Lise Cristiani adressierte Gedichte bzw. Fragmente sowie ein Theaterstück, welches vom Alltag der Kinder der Familie Barbier handelt und wahrscheinlich von Lise Cristiani und Jules-Paul Barbier verfasst wurde.[14] Diese Quellen werden im Anhang dieser Arbeit erstmals veröffentlicht und in diesem Kapitel besprochen.[15] Informationen über die Familie Lise Cristianis stammen zum großen Teil aus dem privaten Familiennachlass Barbier. Marianne von Meyenbourg, Nachfahrin der Familie Barbier, ermöglichte den Zugang zu Dokumenten, Fotos und einer Familiengenealogie.[16]

Lise Cristiani muss einen großen Teil ihrer Briefe an die Tante Victoire Barbier[17], die mit ihr wie eine ältere Schwester aufwuchs, geschrieben haben. Es ist davon auszugehen, dass diese Briefe für die ganze Familie bestimmt waren. „Familienkorrespondenzen waren für die Gruppe oder eine Untergruppe bestimmt; sie wurden innerhalb der Familie weitergegeben“, so Michelle Perrot: „Das Themenspektrum war deshalb begrenzt; intime Details waren ausgeschlossen.“[18] Die Briefe hatten immer auch literarische Funktion, gerade eine so bekannte Künstlerin wie Lise Cristiani war sich sicher darüber bewusst, dass ihre Briefe auch eine Öffentlichkeit interessieren würden. Aus einem 1878 veröffentlichten Essay von Victoire Barbier geht hervor, dass sie Briefe von Lise Cristiani besaß und aufbewahrte, bis diese 1871 bei der Plünderung ihres Hauses durch preußische Soldaten verbrannten. Victoire Barbier beschreibt diese Zerstörung während des Deutsch-Französischen Kriegs und den Verlust der Korrespondenz Lise Cristianis:

> „Ce jour néfaste fut celui où, à Sceaux, les Prussiens dévastèrent ma maison, crevèrent mes murailles, bouleversèrent mes escaliers, et firent de mon jardin le réceptacle de leurs plus honteuses immondices. […] Mais toutes mes œuvres manuscrites, ma correspondance intime et littéraire, les écrits de mon cher père, ceux de ma chère nièce L. Cristiani!… Recueils qui devaient occuper ma vieillesse, et que je couvais avec tant de soin! Toutes ces richesses avaient allumé leurs poêles […].[19]

13 Jules-Paul Barbier ist Lise Cristianis Stiefbruder und Onkel, beide wuchsen wie Geschwister gemeinsam in der Familie Barbier auf. Cristiani ist ein Künstlername, der sich von Chrétien, dem Namen ihres Vaters ableitete, häufig verwendete sie aber auch den Familiennamen Barbier, siehe Kap. 3.3.

14 Siehe Kap. 3.3 und 3.5.

15 Dok. 4.

16 Porträt von Jenny Barbier Abb. 4.3.

17 Lise Cristianis zehn Jahre ältere Tante, mit der sie aufwuchs. Victoire ist die Schwester von Cristianis verstorbener Mutter Lisberthe Barbier.

18 Perrot, Michelle: Das Familenleben, in: dies. 1992, S. 195–200, hier S. 196.

19 Barbier, V. 1878, S. 21f.

In derselben Zeit wurde auch das Rathaus von Paris zerstört, wobei zahlreiche Urkunden und Dokumente verloren gingen, so auch die Geburtsurkunde von Lise Cristiani.[20] Es sind zahlreiche Artikel, Konzertbesprechungen und -ankündigungen über Lise Cristiani aus der französischen, deutschen, russischen, dänischen und schwedischen Presse erhalten. Im folgenden Kapitel sollen diese die Grundlage für eine dekonstruktivistische und diskurskritische Rezeptionsanalyse bilden. Ein biographischer Artikel mit dem Titel „Elise B. Cristiani" von Carl Gaillard wurde 1846 in der *Berliner musikalischen Zeitung* veröffentlicht und diente zur Vorlage für einen ‚Cartoon' in der Satire-Zeitschrift C*orsaren*, der Cristianis Werdegang vom kleinen Mädchen bis zur erfolgreichen Cellistin in Karikaturen darstellt.[21] In dieser Arbeit wurden vorwiegend deutschsprachige Presseartikel aus der *Berliner musikalischen Zeitung*, den *Signalen für die musikalische Welt*, der *Allgemeinen Wiener Musikzeitung*, der *Allgemeinen musikalischen Zeitung*, französischsprachige Texte aus *Le Ménestrel*, *Revue et Gazette Musicale* u.a. aus dem Zeitraum von 1844 bis 1853, vom Beginn der Konzerttätigkeit Lise Cristianis bis zu ihrem Tod, berücksichtigt. Englischsprachige zeitgenössische Artikel liegen bisher nicht vor, da Lise Cristiani nicht in England konzertierte. Sie plante eine Konzertreise nach London, die sich an die Reise nach Petersburg 1847 anschließen sollte, dazu kam es jedoch nicht.[22]

20 Diese Information stammt von Marianne de Meyenbourg. Im Folgenden werden Informationen, die aus Dokumenten der Sammlung Barbier / de Meyenbourg oder von Marianne de Meyenbourg direkt stammen und sich auf Dokumente aus dieser Sammlung beziehen, mit „Sammlung Barbier / de Meyenbourg" angegeben.

21 C*orsaren* 1846, Bd. 288, S. 106ff., Royal Library Copenhagen, Kopie aus der Sammlung Jaillais, Abb. 5.1–5.11. Das satirische Wochenmagazin wurde zwischen 1840 und 1846 von Meïr Aron Goldschmidt (1819–1887) herausgegeben; bekannt wurde die sogenannte Korsar-Affäre, eine Auseinandersetzung Goldschmidts mit Søren Kierkegaard, nachdem über den Philosophen eine bissige Karikatur erschienen war. (Vgl. Dietz, Walter: Verzweiflung en masse. Kierkegaards Einzelner und die Kritik der Masse, in: Broese, Konstantin/Hüthig, Andreas/Immel, Oliver/Reschke, Renate (Hg.), Vernunft der Aufklärung. Aufklärung der Vernunft, Berlin 2006, S. 185–206, hier S.194.)

22 Die erste Cellistin, die nach England reiste, war Anna Kull; vgl. Timmermann 2010.
Russische Presseberichte sind in der Nationalbibliothek in St. Petersburg archiviert, wurden aber für diese Untersuchung nicht berücksichtigt, zum einen wegen der erschwerten Zugänglichkeit und zum anderen, um den Quellenkorpus überschaubar und vergleichbar mit den Rezensionen zu den anderen Cellistinnen zu gestalten, die ebenfalls aus deutsch-, französisch- und englischsprachigen Zeitschriften ausgewählt wurden. Ausnahmen bilden Pressezitate, die aus den Büchern von Ginsburg und Markevitch stammen: Markevitch 1984; Ginsburg 1950; dies. 1983.

3.2 Die erste Konzertcellistin in der zeitgenössischen Presse

Am Beginn dieses Kapitels soll eine Zeitungsrezension von 1846[23] stehen. Sie bildet den Ausgangspunkt für eine diskurskritisch-dekonstruktivistische Analyse von Presserezensionen über die Cellistin Lise Cristiani aus der deutschen, französischen und österreichischen Presse, die während der ersten Jahre ihrer Karriere von 1844 bis 1847 erschienen waren. In der ausgewählten Kritik sind nahezu alle Äußerungen über die Cellistin zu finden, die stereotyp weitere Kritiken aus dem Zeitraum von 1844 bis 1847 durchziehen. Schlüsselsätze oder -wörter, die Zugang zu den dahinterliegenden Diskursen um Weiblichkeit liefern, sollen auf ihre Bedeutungszusammenhänge hin untersucht werden. Es werden Aussagen aus anderen Quellen hinzugefügt und verglichen.

Lise Cristianis Karriere beginnt in den Salons von Paris, der Durchbruch gelingt ihr mit den großen Konzerten in Paris, Rouen, Brüssel 1845, vor allem im Musikvereinssaal in Wien 1846. Danach bereist sie bis 1847 vorwiegend das deutschsprachige Gebiet, gibt aber auch Konzerte in Stockholm, Kopenhagen, Uppsala. Aus den Presserezensionen sind bemerkenswerte Reaktionen auf die Konzertcellistin als ein neues Phänomen im Konzertbetrieb zu erkennen. Diese thematisieren die Neuheit, die Sensation, die Frage nach der ‚Unschicklichkeit' und nach einer ‚weiblichen' sowie einer vermeintlich objektiv gelungenen Interpretation. Diskurse über ‚Unschicklichkeit' finden sich gebündelt in der Thematisierung von Haltung, Spielweise, Kleidung und Aussehen. Ausführungen über die Spielweise Cristianis führen zu gesellschaftspolitischen Diskursen, die mit nationaler und künstlerischer Abgrenzung befasst sind, mit der Rolle der Frau in der Gesellschaft sowie mit der sich anbahnenden Revolution, die zugleich auch die Emanzipation der Frauen vorantreibt. Alle Facetten, welche die anerkennenden und abwertenden, die idealisierend-begeisterten und manchmal in ironischer Weise negativen Rezensionen abdecken, befassen sich mit der Performanz von Geschlecht, insbesondere von Weiblichkeit. Die Weiblichkeitsbilder der ersten Hälfte des 19. Jahrhunderts bilden den Hintergrund, auf dem Erwartungen und Befürchtungen, Erkenntnisse, Widersprüche und auch Neu-Konzeptualisierungen an die Cellistin herangetragen werden.

In Judith Butlers Argumentation wird Geschlecht als performativer Akt verstanden. So sollen im Sinne Foucaults und Butlers die diskursiven Formationen untersucht werden, in denen sich die Performance Lise Cristianis – im wörtlichen sowie im Sinne Butlers – rekonstruieren lässt. Aus diesen diskursiven For-

23 AMZ 1846, Nr. 17, Sp. 289–291. Im Folgenden werden Zitatwiederholungen aus dieser zu Beginn des Kapitels vollständig abgedruckten Rezension als Zitate kenntlich gemacht, aber nicht mehr mit der Quellenangabe versehen.

mationen lassen sich die Geschlechtervorstellungen der ersten Hälfte des 19. Jahrhunderts dekonstruieren. Bedeutungszusammenhänge erschließen sich anhand von Schlüsselwörtern, die in Anlehnung an Derrida auf ihre Widersprüche, Gegenbegriffe, Oppositionen[24] und die Bilder, welche sie hervorrufen, überprüft werden. Metaphern und Wortspiele verweisen auf versteckte Bedeutungen.

Wie spiegeln sich gesellschaftliche Rollenmodelle in den Erwartungen und Beurteilungen, die an die Cellistin herangetragen werden? Welche Performance wählt Cristiani, um sich als Frau, aber auch als Cellistin zu präsentieren? Welche Diskurse über Weiblichkeit werden in den Thematisierungen von Haltung, Aussehen, Interpretation, Natur abgehandelt? Welche subversiven Möglichkeiten des Überschreitens existieren für diese Cellistin des 19. Jahrhunderts, wie nutzt sie diese?

Performanz hat, so Butler, neben der affirmativen auch eine subversive Seite.[25] Es existiert also eine Möglichkeit des Überschreitens von vorgegebenen Verhaltensnormen. Wie sieht Lise Cristianis Form von ‚doing gender' oder ‚performing gender' aus? Inwiefern sind ihre „Strategien" und ihre Performances affirmativ oder subversiv? Inwiefern haben sie den Charakter von „Maskerade", „Parodie" oder von „Imitation" und bewirken „Verschiebung" und „Subversion"?[26] Wenn Affirmation zur „Verfehlung"[27] werden muss, wie Butler argumentiert, dann ist in diesem Aspekt der Performanz genau die subversive Verschiebung zu finden, mit der eine Künstlerin wie Lise Cristiani, auf der Grundlage von bereits existierenden Bildern, etwas Neues hervorbringt. Es bleibt weiter zu fragen, welche transformierten Bilder die Cellistin hervorbringt und welche Kompromissbildungen dafür nötig sind.

Wie Lise Cristianis Performanz von Geschlecht aussieht bzw. was darüber in den Berichten über die Cellistin herauszulesen ist, wird an folgendem Presseartikel sichtbar.

> „*Berlin.* Eine weibliche Violoncellistin hatten wir nie gesehen und gehört, obwohl uns vor Jahren in einer Seestadt auf einem Matrosenball ein weiblicher Contrabass schon vorgekommen, der aber nur zwei Saiten hatte, und je nach der Tonart des Tanzstückes in Tonica und Dominante à la timballes gestimmt wurde. Eine Violoncellistin, aus Paris, hübsch und jung, in Berlin ‚noch gar nicht dagewesen' – das musste auf's Höchste spannen und interessiren. Gelesen hatte man schon viel über die originelle Erscheinung, man hatte sie in den Illustrations de Paris abgebildet gesehen, sie hing, kaum in Berlin angelangt, an allen Bilderläden in einer geschmackvollen Lithographie aus; – man musste sie sehen, – sehen, wie sie den Bass halten würde; das war die Hauptsache. Dem. *Cristiani* gab ein Concert im Saale des Schauspielhauses, ein zweites im Saale der Singacademie

24 Vgl. die Verwendung des Begriffs „Opposition" bei Derrida (Derrida 2001, S. 91, 94).

25 Vgl. Butler 1991; vgl. dies. 1995; vgl. Schössler 2008, S. 100.

26 Vgl. Butler 1991, zur Begriffseinführung siehe Kap. 1.

27 „konstituive Verfehlung *aller* Inszenierungen der Geschlechtsidentität, weil diese ontologischen Orte grundsätzlich unbewohnbar sind" (Butler 1991, S. 215).

und wirkte ausserdem in einigen Hofconcerten mit. Die äussere Erscheinung der jungen Künstlerin machte einen sehr angenehmen Eindruck. Als sie hervortrat, um das Violoncell zu ergreifen, das, melancholisch an einen Stuhl gelehnt, mit seinen langgeschlitzten F-Augen in's Publicum starrte, da richteten sich alle Operngucker und Lorgnon's auf die Virtuosin, und viele im Hintergrunde des Saales Entfernte stiegen auf die Stühle, um zu sehen, wie eine Dame einen Bass halten könne, und wie Dem. *Cristiani* ihn halten werde. Zehn gegen Eins! die Meisten glaubten, es müsse etwas frivol aussehen, indem sie ganz und gar vergessen hatten, dass Dem. *Cristiani* eine Dame sei und für ihren speziellen Zweck ein weithinwallendes Kleid trägt, wodurch alle Contouren des Körpers verschleiert werden, und dass es daher nothwendig weit hübscher und graziöser aussehen muss, wenn eine Dame, als wenn ein Mann das Violoncell zärtlich umknieet[sic].

Was nun die Leistungen der Dem. *Cristiani* anlangt, so schrieb uns ein urtheilsfähiger Musikfreund aus Leipzig: ‚Man muss von einer französischen Dame freilich nicht deutsches Männerspiel erwarten,' und wir fanden diesen Ausspruch späterhin, nachdem wir sie gehört, vollkommen bestätigt. Eine Violoncellvirtuosin kann man Dem. *Cristiani* mit weniger Fug und Recht nennen, als eine geschmackvolle, sentimentale Romanzensängerin auf dem Violoncello. Am Meisten, am Liebsten spielt sie die reizenden innigen Melodieen *Schubert's*, die *Franchomme, Batta, Offenbach* u. A. m. für dies Instrument arrangirt haben. Der Ton, den Dem. *Cristiani* aus dem Violoncello zieht, ist nicht gross, aber klangvoll und voll Schmelz, ihre Intonation sehr rein, ihr Vortrag geschmackvoll und interessant, so dass viele Sänger von ihr lernen könnten, wie man eine Melodie zu behandeln habe. Auf grosse Schwierigkeiten à la *Servais*, *Romberg*, *Piatti*, *Ganz* u. A. lässt sie sich nicht ein, höchstens auf ein paar Flageoletttöne, wenn sie im Rayon der natürlichen Intervalle eines Dreiklanges liegen, der auf einer leeren Saite des Instruments basirt. Die beiden Concerte der jungen anziehenden Künstlerin fanden viel Theilnahme, ihr Spiel günstige Aufnahme; doch glauben wir, dass der Erfolg in jeder Beziehung noch günstiger gewesen sein würde, wenn Dem. *Cristiani* ein kleineres Local gewählt und darin einen Cyclus von Soiréen veranstaltet hätte, da in Räumen, wie die obengenannten (Schauspielhaus und Singacademie), ihre Piano's, ihre säuselnden, hinsterbenden Flageoletts für entfernt Sitzende beinahe ganz unhörbar wurden. Der Zustand des Lauschens ist für den Menschen ein höchst gespannter Act des Gehörsinnes, wie der Seele und der gesammten Nerventhätigkeit; er darf deshalb nicht von zu langer Dauer sein, weil der Hörer sonst stumpf und indifferent wird. – Wie man erfuhr, war Dem. *Cristiani* vordem Sängerin, verlor leider die Stimme und fing daher etwas spät an, sich dem Studium des Violoncells zu widmen, was sehr zu beklagen ist; denn wir sind überzeugt, dass sie mit der Stimme noch ganz anders gewirkt haben würde, als mit dem Violoncellbogen. Das Refrainlied aus Charles VI. von *Halévy*: ‚Mort aux Anglais!' singt sie mit wenig Stimme, aber mit einer für jeden Engländer lebensgefährlichen fanatischen Begeisterung."[28]

28 AMZ 1846, Nr. 17, Sp. 289ff.

3.2.1 Reaktionen von Publikum und Kritik. Eine Rezeptionsanalyse

Der Beginn der Rezension könnte zur Schlagzeile werden: „Eine weibliche Violoncellistin hatten wir nie gesehen und gehört." Was hier besprochen wird, ist mehr als eine Konzertdarbietung, es ist eine Sensation[29] – „noch gar nicht dagewesen". Mit einem Satz wird der Leser in eine Situation versetzt, die aus dem 21. Jahrhundert betrachtet erstaunlich anmutet: Es gab also keine „weibliche Violoncellistin"? Historisch war Lise Cristiani nach bisherigem Forschungsstand die erste Frau, die als Solistin öffentlich auftrat – das löste Erstaunen und Irritation aus. Hinweise darauf, wie sehr das Auftreten einer Cellistin in der zeitgenössischen Rezeption als ungewöhnlich und „originell"[30] wahrgenommen wurde, sind in zahlreichen Presseartikeln zu finden. In der gleichen Rezension wird nur wenige Sätze weiter betont: „Eine Violoncellistin, [...] ‚noch gar nicht dagewesen' – das musste auf's Höchste spannen und interessiren."[31] Die *Berliner musikalische Zeitung* spricht vom „Reiz der Neuheit"[32], die *Hannöverschen Handelsblätter* heben „die Seltenheit und das Neue der Erscheinung"[33] hervor. Auch in den *Signalen für die musikalische Welt* 1845 ist zu lesen: „Wegen des bis jetzt Ungewöhnlichen, dieses Instrument in den Händen einer Dame zu sehen, waren wir sehr gespannt auf die Art und Weise der Handhabung desselben unter so zarten Fingern."[34]

Als „originelle Erscheinung"[35] wird die Cellistin zunächst vor allem als Neuheit betrachtet, doch es zeigt sich, dass Originalität und Neuheit auch schnell in Richtung Kuriosität und sogar „Abnormität"[36] bewertet werden. Die Erwähnung des „weiblichen Kontrabasses" mit zwei Saiten zeigt schon die geringe Erwartung, die der Cellistin entgegengebracht wurde. Sie wird zwar nicht mit ihrem Instrument gleichgesetzt, wie die Formulierung „weiblicher Kontrabass" es tut, jedoch scheint es nötig zu sein, der Bezeichnung „Violoncellistin" zusätzlich das Adjektiv „weiblich" voranzustellen, was verdeutlicht, wie sehr der Autor sich unter Zugzwang fühlt, klarzustellen, dass es sich bei der Cellistin auch wirklich um eine Frau handelt. Es zeigt sich in der Sprache eine ungelenke Verwendung des im Deutschen

29 Vgl. HOFFMANN 1991, S. 197.

30 Ebd.

31 Ebd.

32 BMZ 1845, 2. Jg., Nr. 50, o. S.: „Berliner Opern und Musikaufführungen", „Zweites Concert der Fräul. Lise Cristiani im Saale der Singakademie", Konzert am 13. Dezember 1845.

33 *Hannöversche Landesblätter*, S. 108, zitiert nach HOFFMANN 1991, S. 409f.

34 *Signale* 1845, 3. Jg., Nr. 42, Oktober 1845, S. 329.

35 AMZ 1846, Nr. 17, Sp. 289ff.

36 AWZ 1845, S. 234f., zitiert nach HOFFMANN/TIMMERMANN 2013, S. 155.

grammatikalisch eindeutigen Femininums.[37] Dies wird auch in der Bemerkung, man sei gekommen, „den weiblichen Cellisten selbst zu hören"[38], sichtbar.

Für die *Wiener Musikzeitung* sind die neuen Musikerinnen, die erfolgreich konzertieren, die Geigerinnen Theresa und Maria Milanollo oder Lise Cristiani, nicht nur etwas Ungewöhnliches, sondern fast ein Ärgernis: „[E]ine Violoncellistin [...] macht in Paris Aufsehen – dieß fehlte noch."[39] Einige Kritiker äußern sich unverhohlen ablehnend und sarkastisch:

> „Es mangelt uns nichts mehr als eine weibliche Bratschistin und das Streichquartett aus Damen besetzt wäre fertig. Die M i l a n o l l o's als Violino primo und secondo, Dlle. C r i s t i a n i als Cellistin und noch eine entsprechende vierte Virtuosin, welch' ein Genuß ganz absonderlicher Art müsste es nicht sein, B e e t h o v e n auf diese Weise verherrlicht zu hören. Unsere Zeit, welche sich in Abnormitäten aller Art gefällt [...]."[40]

Ein aus vier Frauen bestehendes Streichquartett wird hier fast einer Art absurden Zirkusvorstellung gleichgesetzt. Die Formulierung „Abnormität" verweist auf den stark naturalisierten und normativen Geschlechterdiskurs, der sich im 19. Jahrhundert verbreitet. Dieser sieht keine Variationen von Geschlechterrollen vor, sondern entwertet alles, was von einer Normvorstellung abweicht. Dass diese Normvorstellung, wie Butler es formuliert, immer schon nur „Imitation"[41] und zugleich „Verfehlung"[42] ist, wird deutlich an der Vehemenz, mit der die verschiedenen Autoren ihre Verwunderung oder gar Ablehnung formulieren. Die „Neuheit" und „Abnormität" einer Cellistin ist eine diskursive Inszenierung, die dazu dient, die neuen Weiblichkeitsideale der Zeit abzugrenzen sowie klar zu definieren und somit die Identität der bürgerlichen Kultur zu stärken. Dies wiederum deutet auf die Instabilität dieser Bilder hin, die sich auf Natur und Natürlichkeit berufen, zugleich aber ständig mit Gegensätzen und „Oppositionen"[43] konfrontiert sind und durch Frauen wie Cristiani ganz besonders in „Verwirrung"[44] gebracht werden.

---

37 Dagegen sind im Französischen und Englischen bis heute zwei Formulierungen möglich, wenn nicht das neutrale bzw. männliche „cellists" / „violoncellistes" benutzt werden soll: „femme violoncelliste" / „women cellist" oder „violoncelliste du sexe feminin" / „female cellist". Dabei ist Letzteres die problematischere Formulierung, als Alternative zu „femme compositeur" etwa wird im Rahmen feministischer Debatten „compositrice" als treffender angesehen.

38 *Neue Zeitschrift für Musik* 1847, 14. Jg., Bd. 26, Nr. 45, S. 194.

39 AWZ 1845, S. 168.

40 Wiener allgemeine Musik-Zeitung 1845, 5. Jg., Nr. 59, S. 234.

41 Butler 1999, S. 203.

42 Dies. 1991, S. 213.

43 Daniel 2006, S. 140.

44 Vgl. Butler 1991.

Nachdem in der obigen Rezension klargestellt wurde, dass es sich wirklich um eine Frau am Cello handelt, werden Aussehen und Alter der Künstlerin thematisiert: „aus Paris, hübsch und jung“[45] sei sie, und dass die „äussere Erscheinung der jungen Künstlerin [...] einen sehr angenehmen Eindruck“ gemacht habe. Ein Phänomen, das sich bis ins 21. Jahrhundert gehalten hat: Rezensionen über Frauen besprechen meistens das Äußere, die Garderobe und die Schönheit der Frauen, dies gilt nicht nur für Musikerinnen, sondern auch für andere Frauen, die im öffentlichen Leben eine herausragende Rolle einnehmen, seien es Politikerinnen, Moderatorinnen oder Schauspielerinnen. Im Kontext der zweiten Frauenbewegung wurde diese Sichtweise, die Frauen vornehmlich auf ihre körperliche Attraktivität reduziert bzw. diese zur Bedingung des Erfolgs und die Frauen damit zu Objekten eines „männlichen Blicks“ macht, als Ausdruck der Ungleichheit zwischen den Geschlechtern und Diskriminierung der Frau stark kritisiert.[46] Der „männliche Blick“[47] nimmt auch in dieser Rezension eine voyeuristische Perspektive ein: „[M]an musste sie sehen, – sehen, wie sie den Bass halten würde; das war die Hauptsache.“[48] Als ob die Leistungen der jungen Künstlerin und die Musik völlig nebensächlich seien, fokussiert der Autor relativ unvermittelt eine sehr direkte Frage nach der Haltung. Diese Frage impliziert die Auffassung, dass mit dieser Haltung etwas Unanständiges verbunden sei: „[O]b die Virtuosin dem Instrument dieselbe Stellung giebt, welche die Herren beim Spiel desselben für nöthig erachten [...].“[49] Das Problem wird nicht beim Namen genannt. Im Sinne Foucaults entsteht die Sexualisierung der Situation gerade durch die schamhafte Form des (Nicht-)Sprechens, des Andeutens, durch bedeutungsvolles Verschweigen. Das Tabu produziert im Sinne Foucaults erst das Tabuisierte,[50] macht die Sexualität präsent in einer Situation, in der es um etwas anderes, nämlich um Musik geht. Mit scheinbarer Erleichterung stellt der Autor fest, dass die Cellistin „ein weithinwallendes Kleid trägt, wodurch alle Contouren des Körpers verschleiert werden“. Wenn man die Gegenbegriffe und Oppositionen im Sinne einer „dif-

45 AMZ 1846, Nr. 17, Sp. 290ff., im Folgenden werden Zitatwiederholungen aus dieser zu Beginn des Kapitels vollständig abgedruckten Rezension als Zitate kenntlich gemacht, aber nicht mehr mit der Quellenangabe versehen.

46 Vgl. Schalz-Laurenze 1992; vgl. Deserno 2009a.

47 Deserno 2008, S. 39.

48 AMZ 1846, Nr. 17, Sp. 290.

49 Neue Zeitschrift für Musik 1845, Bd. 23, Nr. 33, S. 132.

50 Foucault sieht in der Tabuisierung oder der „Zensur“ der Sexualität im viktorianischen Zeitalter gerade die verstärkte, aber verdeckte Thematisierung von Sexualität. Er beschreibt eine Multiplikation von Diskursen, welche sich mit Sexualität beschäftigen, während sich gleichzeitig das viktorianische Zeitalter durch Repression der Sexualität kennzeichnet (vgl. Foucault 1977, S. 27f.).

férance"-orientierten Lesart nach Derrida[51] zulässt, so erscheint hinter diesem beschwichtigenden Satz sozusagen die eigentliche Fantasie hervor: der Blick auf die Konturen des Körpers der Frau, die sich dort auf der Bühne präsentiert. Die Frage nach der Haltung ist auch nur vordergründig verschämt, dahinter liegt eine direkte Thematisierung von Sexualität, durch die der Blick in der Fantasie bereits auf die geöffneten Beine der Musikerin gefallen ist. Die Fantasie der Zuschauer und Kritiker ist also fasziniert von dem an der Oberfläche befürchteten Sexuellen. Um diese Fantasien zu bannen, werden verschiedene Anstandsdiskurse ins Feld geführt. Dabei rückt die Sexualisierung in den Hintergrund, es scheint nun vielmehr um gesellschaftlichen Verhaltensnormen entsprechende Verhaltensweisen zu gehen, um Bilder, die den Idealvorstellungen von Weiblichkeit entsprechen, bzw. die Sorge, die Cellistin möge diese nicht erfüllen und sich damit in eine peinliche Situation begeben: „[D]ie Meisten glaubten, es müsse etwas frivol aussehen"[52]. Der Ausdruck „frivol" provoziert die „Gegenbegriffe", die auch direkt anschließend vom Autor selbst formuliert werden – denn die Zweifler, die „Frivolität" gefürchtet oder fantasiert hatten, werden gegen Ende der ausgewählten Rezension fast ein wenig vor den Kopf gestoßen, da „sie ganz und gar vergessen hatten, dass Dem. *Cristiani* eine Dame sei". In zahlreichen Kritiken werden Anmut, Eleganz und Dezenz hervorgehoben. Das Problem der sexualisierten Fantasien wird durch einen Anstandsdiskurs gelöst, der für die Cellistin die Option eröffnet, sich damenhaft zu verhalten, elegant, dezent, graziös und hübsch auszusehen – und trotzdem Cello zu spielen. Hier geschieht das, was im Sinne Judith Butlers als „Verschiebung" bezeichnet werden kann. Mit Übernahme dieser Verhaltensweisen im Rahmen einer neuen Situation, durch ein an der Oberfläche konformes Auftreten mit dem ‚unschicklichen' Instrument Cello transformiert die Cellistin etwas zunächst Undenkbares – „Eine Violoncellistin […] – dieß fehlte noch!"[53] – zu einem für das bürgerliche Publikum annehmbaren Bild.

Neben der Anerkennung, die Sätze wie „Lise Christiani, die schöne Violoncellistin"[54] beinhalten, versteckt sich darin auch die Vorannahme – im Sinne eines impliziten Gegenbegriffs –, dass eine Cellistin[55] nicht hübsch, schön oder damenhaft aussehen mag, sondern, wie in der Kritik angesprochen, „frivol" oder „unschön".[56] Einerseits impliziert dies eine Entfeminisierung von erfolgreichen Frauen – oder von Frauen in sogenannten Männerdomänen – und manifestiert

51 Vgl. Daniel 2006; vgl. Noeske 2009, S. 183: „Ein Zeichen wird demnach durch seine Differenz zu sämtlichen existierenden Zeichen markiert."

52 AMZ 1846, Nr. 17, Sp. 290.

53 AWZ 1845, 5. Jg., Nr. 42, 8. April 1845, S. 168.

54 *Signale* 1845, 3. Jg., Nr. 51, Dezember 1845, S. 402.

55 Vgl. die Rezeption von Dirigentinnen; vgl. Blankenburg 2003; Rieger 1981; Steinbeck 2010.

56 AWZ 1845, 5. Jg., Nr. 59, 17. Mai 1845, S. 234f.

die Grundannahme, dass diese Rollen doch eigentlich Männern zustünden. Wenn sie von Frauen ausgeführt werden, dann von solchen, die nicht mehr dem gängigen Weiblichkeitsbild entsprechen. Andererseits bedeutet der Fokus auf die Äußerlichkeiten bei einer erfolgreichen Frau eine Abwertung: Wenn sie den Ansprüchen, „hübsch und jung" sein zu sollen, nicht entspricht, ist sie unweiblich, vielleicht gar uninteressant, und damit ist ihr Erfolg schon von vornherein geschmälert. Ist sie „hübsch", so wird damit die Anerkennung ihrer Leistung gemindert – sie ist nur erfolgreich, weil sie hübsch ist, ihre Leistung rückt in den Hintergrund. Es zeigt sich in den Rezensionen zu Lise Cristiani, dass beide Perspektiven, teilweise sogar aufeinanderfolgend, von den Rezensenten eingenommen werden: die Befürchtung, die Cellistin könne unweiblich erscheinen und damit zum einen das Sittlichkeits- und Moralgefühl der bürgerlichen Kultur verletzen, aber zum anderen auch einfach ein „unschönes"[57] Bild bieten. Diese Befürchtung wird in allen vorliegenden Presseberichten widerlegt, manchmal scheint es das Hauptanliegen der Journalisten gewesen zu sein, darzulegen, dass Lise Cristiani als Cellistin trotzdem als sehr weiblich wahrgenommen wurde.

Insbesondere in der *Wiener Musikzeitung* wurde auf die Cellistin häufig mit scharfer Ironie reagiert, aber auch in der *Gazette Musicale* sind im Gegensatz zur *Allgemeinen musikalischen Zeitung*, in der überwiegend begeisterte Musikkritiker über die Künstlerin schrieben, Rezensionen zu finden, welche die Anerkennung „weiblicher Tugenden" zugleich mit ironischer, bissiger Abwertung verknüpfen. Es erscheint immer wieder nötig, die Leser zu beschwichtigen und von den Fähigkeiten der Cellistin – im Rahmen des Anstandes – zu überzeugen, meist nicht ohne einen abwertenden Beiklang: „[D]as linke weiße Händchen versteht mit Anstand, ohne unschön zu werden, die verwickeltsten Applicaturen auszuführen."[58]

Eine Idealisierung von Weiblichkeit, die ebenfalls Teil der Geschlechterpolarisierung des 19. Jahrhunderts ist, führt in einigen Fällen zum Umdenken. Carl Gaillard spricht von einem Talisman „reiner Weiblichkeit",[59] der Lise Cristiani – als Künstlerin und als Mensch – mitgegeben worden sei. Fast bildlich erscheint das Wort „Weiblichkeit" hier wie ein Glücksbringer oder eine magische Formel, die in diesem Fall jede Art von Verhalten der Cellistin, auch solches, das im Rahmen der bürgerlichen Moralvorstellungen eigentlich als unweiblich gelten sollte, legitimiert. Mit dem Zusatz „rein" wird wiederum betont, dass es sich um etwas Echtes, Natürliches, Unverdorbenes, auf keinen Fall um eine Inszenierung handele. Um mit Derrida zu argumentieren, so versteckt sich genau hinter dieser Versicherung die Opposition, und die Performativität, um mit Butler zu spre-

57 Ebd.

58 Ebd., S. 235.

59 Gaillard 1846.

chen, dieser Weiblichkeit wird ersichtlich. Diese ist performativ nicht nur im Verhalten der Cellistin, sondern auch vor allem in den Äußerungen über sie. Letztere konstruieren eine performative Inszenierung von Weiblichkeit, die zum einen den Bildern der Zeit entspricht bzw. diese performativ erneut herstellt und stützt, zum anderen aber – tatsächlich im Sinne eines „Talismans“ – auch neue Verhaltensspielräume für die Cellistin eröffnet.

In einem Gedicht, das ohne Angabe des Verfassers 1845 unter dem Titel „An Lise Cristiani“ in der Zeitschrift *Signale für die musikalische Welt* abgedruckt wurde, wird die Cellistin zur Symbolfigur einer „heiligen Weiblichkeit“. In diesem Gedicht wird ein Begriff von Weiblichkeit konstruiert, der noch mehr ist als ein Talisman, denn diese Weiblichkeit siegt über all die diskursiven Zusammenhänge, die Macht haben, zu definieren, was Weiblichkeit sei: Die „stolze Kraft“ erliegt als Schlüsselwort für männliche Vormachtsansprüche einer neuen „holden Macht der Frauen“ und dies vor allem im Kontext der Kunst:

> „Was sagt ihr Lied? ‚Daß überall erliegt / Die stolze Kraft der holden Macht der Frauen, / Und daß des Weibes heilig Recht gesiegt / Wo Kunst und Geist dem Schönen Tempel bauen.‘“[60]

Die „holde Macht der Frauen“ siegt über die „stolze Kraft“ und dies insbesondere im Dienste von „Kunst und Geist“. „Hold“ wird in diesem Gedicht „stolz“ als überlegen gegenübergestellt. Was mag der Verfasser oder die Verfasserin mit „des Weibes heilig Recht“ gemeint haben? Sicherlich nicht die Rechte der Frauen im Sinne ihre „natürlichen“ weiblichen Bestimmung als Ehegattinnen und Mütter, denn in diesem Gedicht siegt „des Weibes heilig Recht“ dort, „wo Kunst und Geist dem Schönen Tempel bauen“ – und für die Kunst ist in diesem Fall Lise Cristiani verantwortlich, die „schöne Violoncellistin“[61], das „geistreiche Mädchen“[62], „diese geniale Künstlerin“[63]. Das Gedicht spiegelt eine Transformation in der Sichtweise auf die Cellistin: Scheinbar weibliche Attribute (Schönheit) werden ihr ebenso wie als männlich betrachtete (Geist, Kunst, Genialität) zugeschrieben, und diese Geschlechtergrenzen überschreitende Inszenierung lässt „des Weibes heilig Recht“ siegen. Ein Appell an die Emanzipation der Frauen? Eine Idealisierung der Frauen als vollkommene Wesen? Lise Cristiani wird zur Symbolfigur für eine Gleichberechtigung im Namen humanistischer, künstlerischer Ideale, die zur Überwindung der polarisierten und einschränkenden Geschlechtergrenzen führen sollen.

60 Ohne Verfasser: „An Lise Cristiani“, in: *Signale* 1845, 3. Jg., Nr. 52, Dezember 1845, S. 413.
61 *Signale* 1845, 3. Jg., Nr. 51, Dezember 1845, S. 402.
62 *Signale* 1856, 14. Jg., Nr. 53, Mai 1856, S. 277.
63 *Signale* 1845, 3. Jg., Nr. 42, Oktober 1845, S. 331.

3.2.2 Paradoxe Formen der Anerkennung[64]

„Eine besonders interessante Erscheinung war Fräul. Christiani. Eine Cello spielende Dame ist jedenfalls eine grosse Seltenheit, da dieses Instrument durch seine Haltung und sonstige Natur vorzugsweise auf eine männliche Behandlungsweise angewiesen zu sein scheint. Daher erklärt sich auch wohl das Vorurtheil, welches ein grosser Theil des hiesigen Publikums gegen Fräul. *Christiani* gefasst hatte. Man hatte eine geringe Meinung von ihrem Spiele, fürchtete wohl gar einen ungraziösen Anblick."[65]

So kommentierte die *Allgemeine musikalische Zeitung* noch 1847 ein Konzert Lise Cristianis, und dies, nachdem die Cellistin bereits zwei Jahre in Europa konzertiert hatte. Zu den „männlichen Behandlungsweisen" zählte vor allem kraftvolles und seriöses, „ernsthaftes" Spiel. „[W]ir können sie kaum ermutigen, dieses Instrument großzügig und ernsthaft zu handhaben"[66], konnte man 1845 in einer französischen Zeitung lesen. Obwohl das Cello diese Behandlungsweise erfordere, solle die Cellistin lieber nicht in dieser Art spielen. Was blieb Lise Cristiani da übrig? Unernst und weiblich zu spielen oder gar nicht?

Die Anerkennung von weiblichen Tugenden, insbesondere weiblicher Spielweise, beinhaltete eine gefährliche Macht- und Entwertungsstruktur: Erfüllten Musikerinnen die objektiven Erwartungen an ein seriöses, ernsthaftes Spiel, so waren sie unschicklich und unweiblich. Erfüllten sie die geschlechtsspezifischen Erwartungen und lieferten eine ‚weibliche' Spielweise, so blieb ihnen das Tor zur gleichberechtigten Anerkennung versperrt. Der Sozialphilosoph Axel Honneth spricht von „Formen der Anerkennung [...], die deswegen als Mittel sozialer Herrschaft wirksam sind, weil sie nach dem Muster ritueller Bestätigungen ein gesellschaftskonformes Selbstbild schaffen und daher zur Reproduktion der existierenden Herrschaftsverhältnisse beitragen."[67] Die Anerkennung der weiblichen Tugenden ist solch eine paradoxe Form der Machtausübung durch Anerkennung. Diese Anerkennung ist aber auch insofern paradox, als dass sie für eine Künstlerin wie Lise Cristiani eine Chance des Überschreitens beinhaltet, die hier Transformation durch Affirmation genannt werden soll.[68] Durch das Erfüllen der normativen Erwartungen in einem Bereich, z.B. der Interpretation, der Kleidung oder des Verhaltens, in Verbindung mit einem konsequenten Wider-

64 Honneth 2004, S. 52.

65 *Allgemeine musikalische Zeitung*, Nr. 25, Juni 1847, Sp. 433.

66 RGM 1845, S. 61, zitiert nach Hoffmann/Timmermann 2013, S. 150, Übersetzung von Freia Hoffmann. Französisches Original: „[N]ous ne pouvons guère l'inviter à jouer cet instrument d'une façon large, sévère". Zitiert nach ebd., S. 149.

67 Ebd.

68 Vgl. Butler 1991.

stand gegen dieselben normativen Erwartungen in anderen Bereichen – Lise Cristiani trat als Cellistin auf, sie reiste, meist sogar ohne Begleitung –, entstehen neue, transformierte Verhaltensspielräume. Hinzu kommt das subversive Moment der Verschiebung oder Verfehlung im Sinne Butlers bei der Transformation durch Affirmation. Wenn Cristiani sich wie eine Dame verhält, dies aber als Konzertcellistin auf einer öffentlichen Bühne, auf einer großen Konzertreise tut, so beinhaltet dies einen subversiven Aspekt innerhalb des affirmativen Verhaltens: Es ist nicht das Gleiche, wenn sich eine junge Frau – scheinbar den bürgerlichen Normen entsprechend – ‚weiblich' in einem Salon verhält oder als Konzertcellistin auf Reisen. Der Begriff wird schon bei der Versetzung in einen anderen Kontext erweitert und in seiner ursprünglichen Form ad absurdum geführt. Dies bildet den Grundstein für eine gesellschaftliche Akzeptanz eines weiter gefassten Begriffs von ‚weiblichem' Verhalten.

Alle dem Cello zugeschriebenen Eigenschaften waren männlich konnotiert und machen im Gegenzug deutlich, mit welchen Bildern Weiblichkeit konstruiert wurde: „zart", „nicht eben mit Kraft", gefühlvoll, aber auch im Gegensatz zu ‚seriös' als ‚manieriert' und ‚sentimental'.[69] Diese Bilder sind nicht als Beschreibungen, sondern als Ideale zu verstehen. Diese haben, so Butler, „phantasmatischen Charakter"[70], sind normative Orientierungen, die als allgemeingültig, ja naturgegeben gesetzt werden, gleichzeitig aber niemals ganz erfüllt werden können. Sie sind gesellschaftlich gerade deswegen notwendig, weil sie als Orientierung für die Performanz von Geschlecht und Identität herangezogen werden, für das, was nachher als natürlich und als Realität erscheint. So betont Butler, „dass die Geschlechterzugehörigkeit real nur ist, insoweit sie performiert wird"[71]. Die Abweichung von der ‚Norm' ist demnach der Normalfall und die Norm nur über die Abgrenzung zum ‚Unnormalen' definierbar.[72]

Die über das Instrument gebeugte Haltung, die beim Cellospielen, vor allem in den hohen Lagen und noch verstärkt beim Spielen ohne Stachel nötig ist, wurde als besonders unelegant für Frauen empfunden.[73] Von einer Dame wurde eine aufrechte Haltung erwartet. Zahlreiche Apparaturen wurden im 19. Jahrhundert erfunden, um junge Mädchen zu geradem Sitzen zu erziehen.[74] Die Mode war bewegungsfeindlich und die Einstellung zum Körper beherrscht von

---

69 AMZ 1846, Nr. 17, Sp. 290.

70 Butler 1991, S. 207.

71 Dies. 2002, S. 315; vgl. Hoff 2009, S. 189.

72 Vgl. Foucault 1974, S. 10, 14.

73 Französische Karikatur von Forest aus dem Jahr 1847 über das Cellospiel von Frauen, abgedruckt in: Seibt, Sophie, Drei Romanzen op. 1, kommentiert von Freia Hoffmann, Lilienthal bei Bremen, Edition Eres.

74 Vgl. Hoffmann 1991, S. 44f.

einem technisiert-mechanistischen Bild. Mit der gebeugten Haltung wurden als Gegenbegriffe von Eleganz Mühe, Anstrengung und Arbeit assoziiert.

Das Bürgertum trat im Laufe des 19. Jahrhunderts die Nachfolge des Adels an. Die Identitätskonzeptionen, welche die bürgerliche Kultur erschuf, waren stark mit Abgrenzung und Selbstdefinition befasst. Zum einen waren Hierarchien durch die Französische Revolution außer Kraft gesetzt worden und hatten so den Aufstieg des Bürgertums ermöglicht. Zum anderen baute dieses Bürgertum wiederum Konzeptionen in seine Selbstdefinition ein, mit denen es sich von der Schicht der Arbeiter und Bauern absetzte. Die beschriebenen Weiblichkeitsbilder machten nämlich vor den neuen Fabriktoren und der Arbeit in der Landwirtschaft halt. Dort leisteten die Frauen sehr wohl körperlich schwere Arbeit, die mit Sicherheit „gebeugte Haltung" und schnelle Bewegungen erforderte, während die bürgerliche Kultur es sich leistete, Frauen von diesen Anforderungen zu entlasten, sie aber unter der Prämisse, dass der von der Natur vorgegebene Zustand für Frauen ein ruhiger, eleganter, unbewegter sei, auch fesselte und einschränkte. Somit implizieren die Forderungen, die zunächst nur die Geschlechtsidentitäten zu betreffen scheinen, auch eine hierarchische Abgrenzung des Bürgertums zur Schicht der Arbeiter und Bauern. Was als Einschränkung erscheint, kann in diesem Zusammenhang auch als Privileg verstanden werden.[75]

3.2.3 Interpretation und Repertoire

Das Repertoire, welches Lise Cristiani für ihre Konzertprogramme wählte, sowie ihre Interpretation dieser Werke sind als Teil einer Inszenierung von Weiblichkeitsbildern zu begreifen.

> „Auf grosse Schwierigkeiten à la *Servais*, *Romberg*, *Piatti*, *Ganz* u. A. lässt sie sich nicht ein, höchstens auf einige Flageoletttöne, wenn sie im Rayon der natürlichen Intervalle eines Dreiklanges liegen, der auf einer leeren Saite des Instruments basirt."[76]

Aus dieser und anderen Rezensionen sowie Konzertprogrammen kann man schlussfolgern, dass Cristiani virtuoses Repertoire vermieden zu haben scheint und bevorzugt Kompositionen „im langsamen, getragenen Tempo"[77] auswählte. Außerdem soll sie vorzugsweise auf den hohen Saiten gespielt haben, die tiefen

75 Vgl. ebd., S. 43.
76 AMZ 1846, Nr. 17, Sp. 289ff., hier Sp. 290.
77 *Hannöversche Landesblätter* vom 6. März 1846, S. 112, zitiert nach Hoffmann 1991, S. 410.

Tonlagen vermeidend, dafür Flageoletttöne häufig einsetzend.[78] Auch die Stücke, die sie gespielt hat, können als Inszenierung von Weiblichkeitsbildern gedeutet werden: Fantasien über Opernthemen von Batta und Franchomme, z.B. über *Lucia di Lammermoor* und *Norma*, Opern, in denen Frauenfiguren im Mittelpunkt stehen. Es gab zahlreiche Fantasien dieser Art über Opernthemen und es ist sicherlich kein Zufall, dass sie nicht die Fantasien über *Le prophète*[79] oder *Les Huguenots* von Meyerbeer spielte. Auch das *Ave Maria* von Schubert vervollkommnet ihre Inszenierung in besonderer Weise: Die „heilige Cäcilie" spielt das Gebet „einer Jungfrau" an die Heilige Jungfrau Maria.[80] Des Weiteren wählte sie Stücke, die schon im Titel Gefühle thematisieren, wie *L'Elisir d'amore* oder *Une larme* von Batta, sowie Salonstücke von Offenbach, u.a. *Musette*[81] und *Boléro*. Letzterer ist kein langsames, sondern ein hochvirtuoses Stück, trotz gemäßigten Tempos, aber sehr fragil komponiert, sich ständig in den höchsten Lagen bewegend, mit einigen Ausnahmen ständig auf der A-Saite. Beide Stücke sind Tänze, die Eleganz in der Interpretation erfordern. Die *Musette* im Anklang an höfische Ballettmusik, der *Boléro* als eine Anlehnung an den spanischen Tanz, dessen Rhythmus und Charakter er verwendet. Gelegentlich ähnelt er aber eher einem schnellen Walzer, man wird daran erinnert, dass Jacques Offenbachs Karriere als Komponist mit Walzern begann.[82] Lise Cristiani muss eine sehr gute Technik gehabt haben, sonst hätte sie vor allem dieses letzte Stück nicht spielen können. Es wird deutlich, dass die Cellistin das langsame, getragene und gesangliche Repertoire bevorzugte, weil die Auswahl dieser gefühlsbetonten sowie melodienlastigen Musikstücke Teil ihrer Inszenierung von Weiblichkeit war, nicht etwa, wie es in der zitierten Rezension anklang, weil sie virtuosere Stücke nicht spielen konnte.

Cristiani wurde häufig für ihr Flageolett-Spiel gelobt. Aus der Presse geht hervor, dass sie die zwei oben genannten Stücke von Offenbach, *Musette* und *Boléro*, häufig gespielt hat. In beiden Stücken wird eine Technik eingesetzt, bei der (weitgehend) mit natürlichen Flageoletttönen ganze Melodiephrasen erzeugt werden. Natürliche und künstliche Flageoletts wurden in den virtuosen Kompositionen für Streicher des 19. Jahrhunderts häufig verwendet, insbesondere auch von Paganini. Allerdings wurde die Verwendung dieses typischen Virtuoseneffekts durchaus kontrovers diskutiert: Louis Spohr war der Ansicht, es würde „das edle Instrument herabwürdigen, wenn man ganze Melodien in sol-

78 Vgl. DIES. 2007/2010; DIES. 2011.

79 Z.B. Kummer, Friedrich August (1850): 2 Divertissements sur des thêmes de l'opéra *Le prophete* op. 94, Leipzig.

80 Schubert, Franz: Ellens Gesang III. Hymne an die Jungfrau op. 52, Nr. 6.

81 Offenbach, Jacques: Musette. Air de ballet du 17ème siècle.

82 KRACAUER 1976, S. 49.

chen kindischen, fremdartigen Tönen spielt“[83]. Thomastik spricht 1932 in einer Abhandlung, die eine Verteidigung der neuen Stahlsaiten ist, über das Flageolett: „Bei der Darmbesaitung war es ein ausgesprochener Solisteneffekt.[84] Dieser ist auf Stahlsaiten einfacher auszuführen. Es ist also davon auszugehen, dass auch natürliche Flageoletts, die heute nicht mehr als besonders schwer gelten – Thomastik nennt Flageoletts auf Stahlsaiten „ein dem Spieler geschenkter Effekt“ –, in den Zeiten der Darmsaiten, also bis ins frühe 20. Jahrhundert, als virtuose Schwierigkeit galten, deren „Aufführung […] unsicher war“[85]. Des Weiteren charakterisiert er den Klang der Flageoletts und seine daraus folgende Einsetzbarkeit:

> „Der Instrumentalist hat wohl gewusst, dass das Flageolett der leidenschaftsloseste Klang mit echtestem Lichtcharakter ist, den wir überhaupt besitzen […].“[86]

Hier entsteht ein interessanter Widerspruch: Zum einen vermeidet Cristiani als Frau bewusst Virtuosität, die als Kunststück wahrgenommen werden könnte. Ihre Interpretation und ihr Repertoire sind am Gesang, am Ausdruck von Gefühlen, an der Melodie orientiert und entsprechen damit den bürgerlichen Weiblichkeitsbildern. Einen Effekt kultiviert sie dennoch besonders: den natürlichen Flageoletton. Aus dem obigen Zitat können wir entnehmen, dass diese Spieltechnik durchaus zu den virtuosen Schwierigkeiten zählte und ein „Solisteneffekt“ war. Dieses Stück Virtuosität, das sich Cristiani im Rahmen ihrer ‚weiblichen‘ Spielweise erlaubt, wird von Thomastik als „leidenschaftslosester Klang mit echtem Lichtcharakter“ bezeichnet. Die natürlichen Flageolettöne symbolisieren also einen Kompromiss zwischen Virtuosität und ‚weiblichem‘ Spiel, sie sind ‚echt‘ und ‚natürlich‘ im wahrsten Sinne des Wortes, passen also gut in die Idee von ‚reiner und natürlicher‘ Weiblichkeit. Der von Thomastik verwendete Begriff „leidenschaftslos“ sollte nicht als Gegenbegriff zu ‚gefühlvoll‘ verstanden werden, sondern ist fast als positiver Begriff zu werten, im Rahmen eines Weiblichkeitsdiskurses, der Leidenschaft – zumindest für Frauen – für unangebracht hält. Im Kontext bürgerlicher Musikrezeption im 19. Jahrhundert ist „leidenschaftliches“ Spiel von Frauen als inadäquat empfunden worden. Leidenschaft ist eine männliche Attitüde, Frauen, die sich einer Leidenschaft hingeben oder sie auf der Bühne verkörpern, galten entweder als unanständig oder verrückt – in der zweiten Hälfte des 19. Jahrhunderts münden diese Auffassungen in die Diskurse um weibliche Hysterie. Weiblich sind nicht die „leidenschaftli-

83 Spohr, Louis: *Violinschule (Noten) mit erläuternden Kupfertafeln*, Wien 1833, S. 108 (Fn.), zitiert nach Rônez-Kubitschek 2012, S. 170.

84 Thomastik 1932, S. 55.

85 Ebd.

86 Ebd.

chen", sondern „die zarteren Gefühle". Dies geht deutlich aus einer Konzertbesprechung von Julius Weiss aus dem Jahr 1845 hervor:

> „Wir können nicht wünschen, dass uns die Künstlerin feurige und leidenschaftliche Ergüsse auf ihrem Instrumente vortrüge, das Cello in dieser Art gespielt, passt nicht in die Hände einer Frau. Es ist ein Zeichen von dem sichern Takt der Cellistin, dass sie sich in diesen Grenzen hält, weil sie sonst nothwendig, der Aeusserlichkeit ihres Instruments gemäss, Carikirtes zum Vorschein bringen würde. Es sind die zarteren Gefühle, denen sie Ausdruck zu geben hat, und darin ist sie Meisterin."[87]

Während zunächst in den Reaktionen auf Lise Cristiani die ‚männlichen' Eigenschaften des Cellos hervorgehoben wurden, der dunkle Klang, die tiefe Tonlage, der Kraftaufwand etc., so äußert bereits 1845 ein Kritiker in der *Allgemeinen Wiener Musikzeitung* eine sich von diesen Vorannahmen emanzipierende Sichtweise:

> „und vollends der sanfte, elegisch-klagende, weiche, zum Herzen sprechende Ton eines Cellos ist ganz geeignet, Empfindungen auszudrücken und wiederzugeben, welche ihren Ursprung in einem weiblichen Busen haben, trotzdem die Klangstufe des Instrumentes, welche ungefähr auf der Höhe des Tenors steht, das Gegentheil von Allem diesen anzudeuten scheint"[88].

Das Konzept der empfindsamen Frau dient hier als Übergangsmodell zu einer veränderten Sichtweise auf das Cellospiel von Frauen: Obwohl das Cello mit den oben genannten Eigenschaften „das Gegentheil von Allem diesen anzudeuten scheint", wird ihm nun durch die Performance, die Lise Cristiani mit ihrer gesanglichen Spielweise, dem langsamen und melodiösen, gefühlsbetonten Repertoire bietet, auch eine ‚weibliche' Seite zugestanden. Die Beschreibung, die der Kritiker vom Klang des Instruments gibt, „der sanfte, elegisch-klagende, weiche, zum Herzen sprechende Ton eines Cellos", ist eine Beschreibung von Cristianis Spielweise, denn das Cello kann und wurde ebenso häufig ganz gegensätzlich, nämlich energisch, kraftvoll, vielleicht sogar grob, virtuos und prachtvoll gespielt. Durch diese Oppositionen wird deutlich, dass es sich um eine veränderte Zuschreibung handelt, die allerdings im Laufe des 19. Jahrhunderts und bis heute an Bedeutung gewonnen hat und viele Kompositionen für Cello in langsamen Tempi mit Fokus auf Klangfarben und Expressivität hervorbrachte. Man könnte so weit gehen, diese von Lise Cristiani angestoßene Transformation des Cellospiels, aber auch der Sichtweise auf die Ausdrucksmöglichkeiten des Instruments als entscheidend und prägend für das

87 BMZ 1845, 2. Jg., Nr. 50, 13. Dezember 1845.
88 AWZ 1845, S. 234f.

moderne Cellospiel zu sehen. Schon Guilhermina Suggia forderte in ihren Texten über das Cellospiel in den 1920er Jahren die intensive Beschäftigung mit dem Klang und der Tonproduktion, sie war bereits eine Vertreterin der neuen Generation, die mit Casals und in seiner Nachfolge für ein modernisiertes Cellospiel stand. Und bis heute gilt die Fähigkeit, einen schönen, eigenen, differenzierten Klang zu produzieren, für das Cellospiel oder sogar das Streichinstrumentenspiel im Allgemeinen als die entscheidende Eigenschaft: „Selbst die perfekteste Technik der linken Hand – Intonation, allgemeine Motorik, Vibrato, Lagenwechsel, Glissandi etc. – bleibt ohne eine differenzierte Klanggebung durch den Bogen bedeutungslos“[89], schreibt die Cellistin Maria Kliegel in ihrem 2006 erschienenen Buch.

Mit der Formulierung vom „‚feminised‘ Cello“[90] beschreibt George William Kennaway eine verstärkte Tendenz im Laufe des 19. Jahrhunderts, das Instrument als weiblich, als Partnerin für den Spieler zu stilisieren. Dabei gewinnt vor allem die ausdrucksvolle und romantische Spielweise, das Melancholische und Emotionale an Bedeutung, eine Spielweise, die – abgesehen von den tiefen Tonlagen – dem Ideal Cristianis recht nahekam. Auch der Cellist Batta kultivierte zeitgleich eine ähnliche Interpretationsästhetik wie Cristiani. Die Feminisierung des Cellos in Kennaways Sinn beinhaltet damit aber keine Transformation, die das Cellospiel von Frauen begünstigte – im Gegenteil. Je mehr das Cello ‚feminisiert‘, zur weiblichen Partnerin gemacht, mit dem weiblichen Körper assoziiert wurde, desto mehr wurde eine Cello spielende Frau als eine die Geschlechtergrenzen überschreitende Performance betrachtet. Entweder wird die Assoziation einer erotischen Beziehung zweier Frauenkörper nahegelegt oder die Vorstellung, die Spielerin nehme die Rolle des Mannes ein. Damit kann diese Feminisierung sogar zum Hindernis werden. Solange man das Cello als ‚ernstes, männliches‘ Instrument betrachtete, wurde zumindest die heterosexuelle Inszenierung nicht überschritten. Trotzdem war diese Inszenierung mit den Rollenmodellen des frühen 19. Jahrhunderts wenig kompatibel, da der Spielerin gegenüber ihrem ‚männlichen‘ Instrument eine aktive und bestimmende Rolle zukommt, die nicht in das Konzept weiblicher Passivität und männlicher Aktivität passt, das die Grundform der polarisierten Geschlechtscharaktere[91] bildet. Im ersten Fall – ‚ernstes, männliches Instrument‘ – maßt sich die Cellistin eine männliche, aktive Rolle an. Im zweiten Fall – ‚weibliches, erotisch besetztes Instrument‘ – kommt es zumindest auf der Ebene der Fantasien zu einer homoerotischen Inszenierung

89 Kliegel 2006, S. 120.

90 Vgl. Kennaway 2009, S. 275.

91 Hausen 1976.

oder sogar zu einem Geschlechtertausch, der an Travestie erinnert. Freia Hoffmann argumentiert in diesem Zusammenhang:

> „Zum weiblichen Körper und seinem Betrachter kommt als Drittes das Instrument hinzu. Die Frau nimmt das Violoncello zwischen die Beine, sie setzt die Geige an die Schulter [...]. Wer sie betrachtet, betrachtet auch die Beziehung zweier Körper zueinander. [...] Ist es da verwunderlich, wenn Frauen all dies nicht dürfen? In der bürgerlichen Gesellschaft hat der Mann das Privileg, Dinge zu instrumentalisieren und mit erotischen Bedeutungen zu versehen [...] Auch die Frauen gehören zu den Dingen, die der Mann als Objekte für sich nutzt. [...] Eine Instrumentalistin hat also die Zensur auf den Plan gerufen, wenn sie eine Rolle einnahm, die nur dem Mann zukommt, und bei deren Wahrnehmung der Mann auch den Objektstatus der Frau braucht."[92]

Im *Journal des Débats*[93] spricht Lise Cristiani von ihrem Cello: „Wie sehr liebe ich meinen treuen Gefährten [...] er ist so treu an meiner Seite gewesen."[94] Und der Verfasser des Berichtes, Nicolas-Alexandre Barbier, fügt wenig später hinzu: „Unser reisendes Paar, wiedervereint wie nie zuvor."[95] Der Titel des Berichts lautet „Die Reise eines Stradivarius'", nicht etwa: ‚Die Reise einer Cellistin nach ...'. Hier wird das Cello nicht nur personifiziert und zum männlichen Begleiter auf Reisen, vielmehr noch lässt sich eine Rollenkonstellation erkennen, bei der dem Cello der Part des Protagonisten und Überlebenden zukommt. Gegen Ende des Berichtes nennt Barbier das Stradivari „den Witwer der schönen und charmanten Künstlerin, der so sehr seine Seele mit der ihren verschmelzen hatte lassen können"[96]. Gerade die übliche Assoziation vom männlichen Charakter des Cellos wird vom Verfasser[97] schriftstellerisch eingesetzt, um die Tatsache, dass eine junge Frau allein, ohne Ehemann oder sonstige familiäre Begleitung durch Sibirien und den Kaukasus reist, abzumildern. Das ‚große und männliche' Instrument wird durch diese Formulierungen ‚vermenschlicht' – und wird damit zu einem männlichen Partner. Damit kann die Cellistin wieder den weiblichen Part in dieser Paar-Inszenierung übernehmen. Während in Bezug auf männliche Künstler häufig von ihrer Beherrschung des Instruments gesprochen wird und dieses Verhältnis von aktivem Künstler und passivem Instrument für

92 Hoffmann 1991, S. 62ff.

93 Barbier, A. 1860, Teil 2, o. S.

94 Ebd.: „[J]'aime tant ce cher compagnon! [...] Il m'a tenu si fidèle compagnie!", Übersetzung von Katharina Deserno.

95 Ebd., „[N]otre couple voyageur, plus uni que jamais", Übersetzung KD.

96 Ebd., „veuf de la belle et charmante artiste qui avait su si bien fondre son âme dans la sienne", Übersetzung KD.

97 A. Barbier war der Großvater der Cellistin und an der Instrumentenwahl beteiligt gewesen, siehe Kap. 3.3.5.

Musikerinnen im Rahmen der polarisierten Geschlechterrollen durchaus problematisch war, wie bereits gezeigt wurde, so wird auf der Reise die Rollenverteilung scheinbar umgekehrt und dadurch entschärft, obwohl die Situation viel brisanter und spektakulärer als je zuvor ist. Der Großvater Nicolas-Alexandre Barbier wird in mehreren Zusammenhängen zu einer Figur, die durch diskursive Kompromissbildung zu einer Transformation der Weiblichkeitsbilder beitrug, die Lise Cristiani als Hindernis entgegenstanden oder ihrem ‚Image' hätten schaden können. „Die heilige Cecilie spielte auch den Bass"[98], soll er als Begründung für die Instrumentenwahl seiner Enkelin vorgebracht haben. Durch das Rekurrieren auf die Heilige wird Barbier zu einem Entscheidungsträger, der ein als ‚männlich' verstandenes Verhalten (eine Karriere als Cellistin anstreben, durch die Welt reisen) für seine Enkelin diskursiv so uminszeniert, dass es zu einem neuen ‚weiblichen' Verhalten wird.

Die Auswahl des Repertoires, so wurde gezeigt, aber auch ihre Interpretation mit dem Fokus auf gesungenen Linien, schönem Klang und Gefühlsausdruck waren keinesfalls einfach eine persönliche Vorliebe von Lise Cristiani. Vielmehr sind ihr Repertoire und ihr Interpretationsstil als Inszenierung eines Diskurses um die „empfindsame Frau"[99] zu verstehen, der Ende des 18. Jahrhunderts entstand und im 19. Jahrhundert besondere Gültigkeit erhielt. „Uns reizt an den Frauen gerade die Gefühlswärme, Naivetät und Frische"[100], wurde als Argument gegen die Zulassung von Mädchen zum Abitur noch 1891 vorgebracht. Cristiani muss durch die Auswahl ihres Repertoires, durch ihre Interpretation und Spielweise das Bild der empfindsamen Frau bedient haben, wie es aus zahlreichen Rezensionen hervorgeht: „Doch wie spielt sie? Allerliebst und vorzugsweise Gesangsstellen mit Seele und Ausdruck."[101] Es wird immer wieder hervorgehoben, dass sie sich dem melodiösen, kantablen Spiel verschrieben und Virtuosität vermieden habe:

> „[...] denn sie geht nicht darauf aus, durch Überraschung und Kunststückchen zu wirken und Erstaunen zu erregen, sondern verständigerweise hat sie nur die Schönheit des Tones, den Gesang des Instrumentes in ihrem Vortrage als Ziel vor Augen gehabt."[102]

Dieses Zitat stammt aus einer Rezension in den *Hannöverschen Landesblättern* von 1846 und lässt in den folgenden Sätzen eine interessante Beurteilung erkennen:

---

98 Gaillard 1846, o. S.

99 Siehe Kap. 2, vgl. Bovenschen 1979, S. 158.

100 Äußerung des Vizepräsidenten des Weimarer Landtages 1891, in Frevert 1995, S. 157.

101 Gaillard, Carl: Auch ein kleiner Reise-Brief, in: BMZ 1845, 2. Jg., Nr. 43, 25. Oktober 1845, o. S.

102 *Hannöversche Landesblätter*, 6. März 1846, S. 112, zitiert nach Hoffmann 1991, S. 410f.

„Darin ist ihr denn aber auch eine seltene Vollendung zu Theil geworden, und fast möchten wir glauben, es gehöre die zarte Organisation und gemüthliche Innigkeit einer weiblichen Individualität dazu, um mit solcher Reinheit die Sprache des Herzens auf die Saiten übertragen zu können."[103]

Ihre Spielweise wird hier nicht kritisiert, sondern als vollendet anerkannt. Der Rezensent vermutet anschließend, dass die „zarte Organisation und gemüthliche Innigkeit einer weiblichen Individualität" geradezu Bedingung dieser „Vollendung" seien. Wie man sieht, ist diese Anerkennung ambivalent: Sie setzt die „Polarisierung der ‚Geschlechtscharaktere'"[104] bis in die Interpretation von Musik fort. Solange die Polarisierung weiblicher und männlicher Eigenschaften erste Priorität erhält, ist dies tatsächlich eine Anerkennung der Cellistin. Sobald aber an eine musikalische Interpretation der Anspruch an Allgemeingültigkeit gestellt wird, die sie den polarisierten Geschlechtergrenzen entheben soll, wird die Anerkennung geschmälert und die Künstlerin für ihre Beschränkung auf ein ausschließlich melodiöses, nie virtuoses Spiel kritisiert. Bei Markevitch ist über einen Vergleich zwischen Lise Cristiani und ihrem berühmten Zeitgenossen Servais zu lesen:

„Cristiani and Servais both being very popular, the inevitable comparisons were made, including this: ‚If one listens to the Belgian cellist, one pricks up one's ears, but with the petit Frenchwoman one listens with the heart.'"[105]

Hier wird der empfindsame, zuvor als weiblich beschriebene Aspekt von Cristianis Spiel wieder hervorgehoben, allerdings anders bewertet: Servais erreiche nur die Ohren der Zuhörer, dies allerdings mit Bravour, Cristiani hingegen erreiche deren Herzen. Aus der Formulierung kann sogar eine Bewertung herausgelesen werden, die für Cristiani besser ausfällt und sie eher als „Interpretin", Servais dagegen nur als „Virtuosen"[106] sieht.

Eine besondere Bedeutung für die Musikausübung von Frauen hatte im 19. Jahrhundert die musikalische Gattung der Romanze. Die Zeitschrift *Le Ménestrel* veröffentlichte in der ersten Hälfte des 19. Jahrhunderts in jeder Ausgabe eine Romanze.[107] Siegfried Kracauer bringt die Popularität dieser Gattung mit den gesellschaftlichen Entwicklungen der Zeit in Verbindung:

---

103 Ebd., S. 411.

104 Hausen 1976.

105 Markevitch 1984, S. 87f.

106 Vgl. Kap. 1.6.2; vgl. Borchard 2004.

107 Kracauer 1976, S. 60.

> „Je offener sich im äußeren Dasein materialistische Gesinnungen kundgaben, desto mehr wuchs das Bedürfnis nach seelischem Überschwang, und die Musik trug der Empfindungsseligkeit Rechnung. [...] [E]ine besondere musikalische Form: die Romanze. Mit diesen Romanzen wurde ein wahrer Kult getrieben, und so fein und zart sie waren, in den Salons konnte ihnen niemand entrinnen.“[108]

Die Romanze stellt eine Verbindung zwischen Gesang und Instrumentalspiel her. In der zweiten Hälfte des 18. Jahrhunderts „wurden viele Klavierlieder so eingerichtet, dass sie auch instrumental gespielt werden konnten. Dadurch geriet Liedrepertoire in die Instrumentalmusik, darunter viele Romanzen.“[109] In den 1820er Jahren wurde „romance“ in Frankreich „zum Sammelbegriff für sämtliche Sololieder“[110], parallel zum deutschen Begriff „Lied“. Die instrumentale Romanze, insbesondere für das Klavier, war neben der vokalen Romanze eine der meistgespielten Gattungen der Salons. Auch wurden häufig vokale Romanzen für Instrumente bearbeitet, vor allem Transkriptionen aus Opern waren äußerst beliebt. Insbesondere für Künstlerinnen stellte diese Verbindung zwischen Gesang und Instrumentalmusik eine Möglichkeit dar, sich auf die gesanglichen Seiten ihres Instruments zu konzentrieren. Der Gesang, insbesondere der Operngesang, ist vielleicht das erste musikalische Tätigkeitsfeld gewesen, in dem es Frauen möglich war, öffentlich aufzutreten und erfolgreich zu sein; seit Ende des 17. Jahrhunderts waren Sängerinnen bereits in ganz Europa zu hören.[111] Dagegen waren Instrumentalistinnen, insbesondere Cellistinnen, für die bürgerliche Kultur des 19. Jahrhunderts neue Erscheinungen, auf die kontrovers reagiert wurde. Die Wahl eines Repertoires, das sich auf den Gesang bezieht, kann also als Versuch interpretiert werden, die skeptischen Reaktionen abzumildern. Auch Komponistinnen wurden häufig dazu angehalten, sich auf kleinere Formen wie Lieder, Charakterstücke sowie nicht zuletzt Romanzen zu beschränken und große symphonische Werke den Männern zu überlassen.[112] Auch dies beinhaltet die gleiche paradoxale Struktur, wie sie in Bezug auf Instrumentalistinnen und auf die Auswahl gesanglichen Repertoires auszumachen war: Die Beschränkung wurde im Namen weiblicher Eigenschaften erwartet und gefordert, darauf folgte aber eine Entwertung und Kritik, die den Musikerinnen unterstellte, ihre Fähigkeiten reichten zu mehr nicht aus: „Eine Violoncellvirtuosin kann man Dem. *Cristiani* mit weniger Fug und Recht nennen, als eine geschmackvolle, sentimen-

---

108 Ebd., S. 61.

109 Gstrein, Rainer: „Die instrumentale Romanze“, in: MGG, Sachteil, Band 8, Sp. 533.

110 Ebd., Sp. 526.

111 Vedder 2009, S. 381.

112 Vgl. Mackensen 2009, S. 374.

tale Romanzensängerin auf dem Violoncello."[113] Nicht nur das Spiel Cristianis wird mit dem Gesang einer Sängerin verglichen. Dies scheint noch nicht auszureichen, um die Irritation, die sie als Cello spielende Frau auslöst, zu beruhigen. Dazu wird eine Geschichte erzählt, die alles erklären soll: „Wie man erfuhr, war Dem. *Cristiani* vordem Sängerin, verlor leider die Stimme und fing daher etwas spät an, sich dem Studium des Violoncells zu widmen, was sehr zu beklagen ist."[114] Gaillard erzählt in seinem Artikel die gleiche Version. Das irritierende Bild, dieses junge Mädchen habe sich ganz freiwillig und „muthwillig"[115] dem ‚männlichen' Instrument Cello gewidmet, wird korrigiert. Die Berufswahl Sängerin ist verständlich, eine Sängerin, welche die Stimme verlor und nun gesangliche Melodien auf einem Streichinstrument interpretiert, scheint auch noch akzeptabel zu sein. Es ist nicht ganz eindeutig, ob der Rezensent den späten Beginn des Violoncello-Studiums beklagt oder dass sie überhaupt damit begonnen habe, oder ob es ihm darum geht, festzustellen, dass an Cristiani eine Sängerin verloren gegangen sei: „denn wir sind überzeugt, dass sie mit der Stimme noch ganz anders gewirkt haben würde, als mit dem Violoncellbogen". Mit dieser Bemerkung wird die Transformation zunächst ein wenig zurückgenommen: Der Gesang wäre doch eigentlich der bessere Weg für eine junge Frau gewesen, scheint das Resümee der Rezension zu sein.

3.2.4 Diskurse der Entwertung und das Dilemma der ‚weiblichen' Interpretation

Die Cellistin gerät in ein unlösbares Dilemma zwischen den Forderungen nach sogenannter weiblicher Spielweise auf der einen Seite und nach angemessener Interpretation auf der anderen, die aber einen Bruch mit den Konventionen weiblichen Verhaltens bedeutet hätte.[116] In folgendem Ausschnitt aus einer Rezension in der *Revue et Gazette Musicale* von 1845 kommt diese paradoxe und ausweglose Situation, aus der die junge Künstlerin nur als Verliererin hervorgehen konnte, deutlich zum Ausdruck:

> „Wir wissen nicht recht, wie wir es ihr sagen sollen: dass die Affektiertheit, die Manier, die gezierten Glissandi, die schwächliche und zweifelhafte Tongebung überhaupt nicht zum Charakter des Violoncellos passen; und wir können sie kaum ermutigen, dieses

---

113 AMZ 1846, Nr. 17, Sp. 290.

114 Ebd., Sp. 290f.

115 Gaillard 1846. Das Adjektiv „muthwillig" wird von Gaillard doppeldeutig verwendet, als positive Charaktereigenschaft, aber auch mit der Konnotation, etwas Besonderes, Eigensinniges darzustellen.

116 Vgl. Hoffmann 1991, S. 204.

> Instrument großzügig und ernsthaft zu handhaben; etwa die tiefen Saiten mit Kraft anzugehen statt wie ein hübsches weißes Kätzchen die *Prières* und *Boléros* zu miauen – wissend, dass all dies dem schönen Geschlecht wenig ziemt. Was man Mademoiselle Christiani raten muss, ist, auf dem Violoncello [...] eine zarte, sanfte a-Moll-Romanze auf der A-Saite zu spielen, die Augen zum Himmel zu erheben wie die Heilige Cäcilie im Angesicht des Martyriums, und ihr Erfolg wird pyramidal sein.“[117]

All das, was hier an ihrem Spiel zutiefst kritisiert wird, kann die Cellistin nicht ändern, da diese Veränderung in Richtung einer den Werken angemessenen, gelungenen Interpretation „dem schönen Geschlecht wenig ziemt“. In ironischem, fast verächtlichem Tonfall entwertet der Rezensent diese ‚weibliche‘ Spielweise Cristianis zu einer lächerlichen Karikatur. In diesem Fall ist Cristianis Inszenierung, das ‚männliche‘ Cello auf eine ‚weibliche‘ Art zu spielen, gescheitert und auf Ablehnung gestoßen. Ihr affirmatives Integrieren der gängigen Weiblichkeitsbilder in ihre Inszenierung hatte vielerorts das Publikum überzeugt. Vielleicht gerade weil die Cellistin bereits mit dieser Art der Inszenierung erfolgreich war, folgte nun Spott. Auch die versteckte Befürchtung, Frauen hätten durch diese neue Form der Inszenierung sowie durch ihre Schönheit gar einen Vorteil männlichen Künstlern gegenüber, klingt an. Es scheint, als ob in dem Moment, in dem das Konzept Cristianis zum Erfolg führte, der Rückschlag umso heftiger erfolgte. In einer Rezension aus dem Jahre 1847 folgt auf vordergründiges Lob regelrechte Vernichtung. Gespiegelt wird aber auch, was sich in den zwei Jahren, die seit Cristianis Debütkonzert vergingen, verändert hatte. Es scheint nicht mehr zu reichen, die Cellistin dafür zu kritisieren, dass sie eine Frau ist. Es wird sogar unterstellt, dass sie damit eine Art Mode ausgelöst und sie dadurch Vorteile habe, die von ihrer eigentlichen Inkompetenz ablenkten. Letztere allerdings macht der Autor wiederum genau an dem fest, was zuvor als weibliche Spielweise gefordert wurde. Hier werden zum ersten Mal „ziemlich schwierige Passagen“ erwähnt, die Cristiani „mit Leichtigkeit rein und angenehm zu Gehör“ gebracht haben soll. Das lässt schlussfolgern, dass sie nicht nur langsame Stücke ohne instrumental anspruchsvolle Anforderungen gespielt hat,

---

117 RGM 1845, S. 61, zitiert nach Hoffmann 2007/2010, Übersetzung von Freia Hoffmann, franz. Original: „Nous ne savons trop comment lui dire que l'afféterie, la manière, les glissades mignardes sur la corde, l'intonation mesquine, équivoque ne sont nullement dans le caractère du violoncelle; et nous ne pouvons guère l'inviter à jouer de cet instrument d'une façon large, sévère; à attaquer vigoureusement les cordes basses au lieu de miauler comme une jolie petite chatte blanche des *prières* et des boleros, attendu que tout cela convient peu au beau sexe. Ce qu'il faut conseiller à mademoiselle Christiani, c'est de dire sur le violoncelle [...] une tendre et douce romance en la mineur sur la corde la, de lever les yeux au ciel pour se donner un air de sainte Cécile se préparant au martyre, et son succès sera alors pyramidal.“

wie zuvor häufig zu lesen war. Die Wahrnehmung hatte sich also schon insofern gewandelt, dass auch virtuoses Spiel der Cellistin erwähnt werden durfte. Trotzdem ist dieser Rezensent entschlossen, ein vernichtendes Urteil abzugeben, obwohl formal nichts zu kritisieren wäre. Die Kritik muss nun an die Substanz gehen und soll das Talent der Cellistin grundsätzlich in Frage stellen. Dafür wird ein nicht näher definierter Begriff vom „Künstlerthum" herbeizitiert, auch wenn es offensichtlich – und das zeigt der letzte Abschnitt – um eine Abneigung gegen Frauen als Instrumentalistinnen im Allgemeinen geht:

> „Frln. Cristiani gab am 4. März ein sehr wenig besuchtes Konzert im großen Theater; das Spiel dieser Dame ist besonders in der Cantilene seelenvoll und bringt sie ziemlich schwierige Passagen mit Leichtigkeit rein und angenehm zu Gehör; trotz dem vielen Beifalle war auch das 2. Konzert leer; uns dauert das hübsche Mädchen und noch mehr die, auf Erlernung des Cellos verwendete Zeit, beim öffentlichen Auftreten verlangt man mehr oder minder Künstlerthum, das nette saubere Spiel ist alsdann noch unbefriedigend, wenn auch von einer Dame vorgetragen. Sollte nicht eine zweite Ballettmutter Schwarz auf den Einfall kommen, ein Mädchen-Orchester zu bilden und damit der musikalischen Welt etwas vorfideln und blasen zu lassen? Eine gewiß sehr einträgliche Speculation in dieser nach dem Neuem und Pikanten angelnden Zeit."[118]

Der Erfolg der Cellistin sei nicht auf ihr Können zurückzuführen, sondern nur auf das Sensationelle ihrer Erscheinung – auch so lauteten einige Reaktionen auf Lise Cristiani:

> „Eine junge Künstlerin aus Paris, Namens Cristiani, macht bedeutendes Aufsehn in unsrer musikalischen Welt, nicht so sehr wegen der Höhe ihres Kunstvermögens, als wegen der Seltsamkeit, ein hübsches Mädchen Violoncell spielen zu sehen."[119]

So pointiert Gaillard, der Verfasser eines ausführlichen biographischen Artikels[120] über die Cellistin: „Das Problem ist gelöst, um als Concertgeber Glück zu machen, darf man nicht Virtuose, muss man Virtuosin sein!"[121] Laut Gaillard, der eher ein Fürsprecher Cristianis war, scheint es sogar von Vorteil, eine Frau zu sein, um eine Virtuosenkarriere zu machen. Hier zeichnet sich sowohl eine Transformation als auch eine Gegenbewegung ab: Cristiani hatte als Cellistin bereits Erfolg, es war ihr gelungen, das Publikum trotz der erwähnten Vorurteile und Hindernisse zu überzeugen.

---

118 Hall, Rudolph: „St. Petersburger Konzertsaison", in: AWZ 1847, S. 195.

119 Die Grenzboten. Zeitschrift für Politik, Literatur und Kunst 1845, 2. Quartal, S. 539.

120 Gaillard 1846.

121 Gaillard, Carl: Auch ein kleiner Reise-Brief, in: BMZ 1845, 2. Jg., Nr. 23, 25. Oktober 1845.

Das Neue und „Pikante“[122] am Auftritt einer Cellistin scheint eine „einträgliche Speculation“[123] gewesen zu sein. Wie aus den Rezensionen hervorgeht, war es zunächst Neugier, welche die Menschen dazu veranlasste, die Konzerte Cristianis zu besuchen: „das musste auf's Höchste spannen und interessiren“[124], „man musste sie sehen“[125]. Allerdings ist Gaillards Äußerung bereits ironisch, denn es liegt auf der Hand, dass „das Problem“ keineswegs „gelöst“ war. Gaillard spricht von der generellen Schwierigkeit, als Virtuose eine Karriere zu machen, und unterstellt, Frauen hätten es leichter – eine Argumentation, die im 21. Jahrhundert sehr beliebt geworden ist, nicht nur in Bezug auf Musikerinnen und ihre Vermarktungsstrategien, sondern auch auf andere erfolgreiche Frauen.[126] Das Problem, mit dem Cristiani sich aber tatsächlich konfrontiert sah, war ein anderes: ob und wie es ihr als Frau gelingen könnte, eine Karriere zu machen. Tatsächlich war es ihrem beruflichen Erfolg zunächst zuträglich, dass sie die erste Frau war, die mit einem Cello auftrat und dass sie als Sensation gehandelt wurde. In vielen zeitgenössischen Äußerungen ist dann tatsächlich eine Transformation wahrzunehmen, da jetzt die Cellistin als Künstlerin und für ihre Leistungen anerkannt wird. Die Rezeption Lise Cristianis bewegt sich ständig zwischen zwei Polen: der Anerkennung, die Transformation ermöglichte, und der Abwertung, die sie verhinderte. Durch den Diskurs über die Sensation wird implizit eine gravierende Abwertung vorgenommen, in deren Schatten die Leistungen Cristianis fallen. Darin enthalten ist ein Diskurs über eine generelle Inkompetenz von Frauen, die im Rahmen eines biologistisch-determinierenden Diskurses, wie er das Menschenbild des 19. Jahrhunderts prägte, gar nicht zu überwinden sei – auch nicht durch besonderes, individuelles Können. Obwohl Cristianis Können in zahlreichen Rezensionen gelobt wurde, konnte ungeachtet ihrer erfolgreichen Konzertreisen durch viele europäische Länder ein anderer Kritiker schreiben:

> „Für eine Dame, als Dilettantin, ist ihr Spiel recht niedlich, als reisende Concertistin aber doch nicht bedeutend genug, um Aufmerksamkeit zu erregen.“[127]

---

122 Hall, Rudolph: St. Petersburger Konzertsaison, in: AWZ 1847, S. 195, Kopie Sammlung Jaillais.

123 Ebd.

124 AMZ 1846, Nr. 17, Sp. 289.

125 Ebd., Sp. 290.

126 Man denke an die Diskussion um die Frauenquote, die gedacht ist, um die Unterrepräsentation von Frauen in Führungspositionen und Institutionen zu verändern. Die Bezeichnung ‚Quotenfrau‘ wird häufig abwertend eingesetzt und impliziert, durch den Vorteil der Quote müssten Frauen weniger leisten als Männer.

127 AMZ 1846, Nr. 31, Sp. 520.

3.2.5 Patriotismus und Maskerade

> „‚Mort aux Anglais!‘ singt sie mit wenig Stimme, aber mit einer für jeden Engländer lebensgefährlichen fanatischen Begeisterung.“[128]

Aus dem Singen als Schauplatz von Weiblichkeitsinszenierungen wird nun eine Artikulation patriotischen Denkens. Die französische Cellistin singt ein englandfeindliches Lied und wird damit zur Projektionsfläche patriotischer Abgrenzungen. Jacques Offenbach verglich in einem Brief etwa zeitgleich England und Frankreich und schien ‚französisch‘ mit all dem, was sonst als ‚weiblich‘ verstanden wurde, gleichzusetzen: „Hier ist alles großartig und – kalt. Dort unten dagegen ist alles graziös, niedlich und – warm.“[129]

Bilder wie die *Marianne der Französischen Republik*[130], die *Liberté* von Delacroix[131] oder auch die Freiheitsstatue der Vereinigten Staaten von Amerika werden als Frauenbilder zu Trägerinnen politischer Symbolik.[132] Cristiani wird in ihrer Konzertinszenierung durch das Singen von „Mort aux Anglais“ zu solch einer Symbolfigur eines neuen Patriotismus. Auch später auf ihrer Reise zum Amurdelta wird sie regelrecht zu einer Galionsfigur für die russische Kolonialexpedition. Der Patriotismus, der aus zahlreichen zeitgenössischen Quellen und auch aus Äußerungen von Künstlerinnen und Künstlern herauszulesen ist, war geradezu in Mode. Über das Jahr 1840 und die überall präsenten kolonialistischen Entwicklungen schrieb Siegfried Kracauer:

> „Die Orientpolitik Englands versetzte Paris in einen Taumel patriotischer Begeisterung, in den sich viele ungesättigte Energien entluden, und die Gefahr eines europäischen Krieges war nahegerückt.“[133]

In der Abgrenzung gegen England kann sich das deutsche Publikum mit der französischen Cellistin identifizieren, der deutsche und der französische Patriotismus haben in England den gleichen Gegner. Es ist möglich, dass Cristiani aus solchen Überlegungen heraus dieses Lied als Programmpunkt wählte. Patriotismus und insbesondere der deutsche kommt aber noch in anderer Form in den Reaktionen auf die Cellistin Cristiani zur Sprache. „Man muss von einer franzö-

---

128 AMZ 1846, Nr. 17, Sp. 291.

129 Aus einem Brief von Jacques Offenbach, zitiert nach Kracauer 1976, S. 94f.

130 Fraisse, Geneviève/Perrot, Michelle: Einleitung. Ordnungen und Freiheiten, in: Fraisse/Perrot 1994, S. 11–24, hier S. 15.

131 Delacroix, Eugène: „La Liberté guidant le peuple“, 1830, Musée du Louvre, Paris.

132 Vgl. „Proclamation of the Republic of Portugal“, 1910, Camâra Municipal, Estremoz, Portugal.

133 Kracauer 1976, S. 74.

sischen Dame freilich nicht deutsches Männerspiel erwarten"[134] – so zitiert der Verfasser der Rezension in der *Allgemeinen musikalischen Zeitung* einen „Musikfreund", der die Künstlerin „als eine geschmackvolle, sentimentale Romanzensängerin"[135] bezeichnet. In diesem Zusammenhang ist Cristiani nicht mehr Symbolfigur eines allgemein geteilten Patriotismus, sondern sie wird als Französin zur Projektionsfläche deutsch-patriotischer Abgrenzung gegen Frankreich. Gerade das Adjektiv ‚sentimental' führt zu zwei Diskursen: einmal eine Abwertung des von deutscher Seite als sentimental und häufig noch dazu oberflächlich abqualifizierten französischen Cellospiels. Noch deutlicher wird dies im vorhergehenden Satz, der die „französische Dame" davon entlastet, „deutsches Männerspiel" liefern zu müssen. Hier werden die Abwertung des Spiels einer Frau und die der französischen Spielweise direkt miteinander verbunden.

Zu Beginn des 19. Jahrhunderts bildeten sich die Besonderheiten französischer und deutscher Celloschulen heraus und lösten damit die italienische Schule ab.[136] Die französische Schule orientierte sich an Technik und Interpretation der Violinisten, prägend war u.a. der Geiger Giovanni Battista Viotti.[137] Cellisten wie Norblin und Franchomme hätten mit „leichtem Bogen" gespielt, Stricharten wie Staccato und Spiccato in den Vordergrund gestellt, so Margaret Campbell. Der französische Stil habe sich an der „grace and elegance appropriate to the courts of Louis XV and XVI"[138] orientiert. Dagegen hätten die Cellisten der deutschen Schule eine Weiterentwicklung der Technik der linken Hand in den Vordergrund gestellt sowie besonderen Wert auf „serious expression" und „powerful tone" gelegt.[139] Über Lise Cristiani ist bekannt, dass sie die höheren Tonlagen ihres Instrumentes den tiefen vorzog:

> „Die Benutzung der beiden tiefsten Saiten vermeidet die Virtuosin fast gänzlich. Im Gegentheil, sie spielt fast immer nur auf den beiden höchsten Saiten, und wendet hier die Flageolettöne so oft an, dass der Charakter des Instruments fast ganz verwischt wird."[140]

Dies tat sie sicherlich vor allem, um im Sinne eines affirmativen Verhaltens die männliche Stimmlage des Cellos nicht in den Vordergrund zu stellen. Mit der A- und D-Saite bewegte sie sich im Tenor- und Alt-Stimmumfang, in den hohen Daumenlagen, wie sie in den Stücken Offenbachs, insbesondere im *Boléro* häufig vorkommen, sogar im Sopranbereich. Dies war ein Zugeständnis an das

134 AMZ 1846, Nr. 17, Sp. 290.

135 Ebd.

136 Vgl. Campbell 2004, S. 15.

137 Giovanni Battista Viotti (1755–1824).

138 Campbell 2004, S. 15.

139 Ebd.

140 BMZ 1845, 2. Jg., Nr. 49, 6. Dezember 1845, o. S., zitiert nach Hoffmann 2007/2010.

Bild des Cellos als männliches Instrument, beinhaltete jedoch einen „subversiven“ Kompromiss, um mit Butler zu sprechen, der zum einen Imitation der Weiblichkeitsbilder der Zeit, zum anderen eine „Maskerade“[141] bedeutete: Cristiani spielte ein Instrument, dessen Tonumfang bis in die Regionen von tiefen Bass-Männerstimmen reicht, aber sie ‚maskierte‘ es als Frauenstimme. Da sie zudem noch sehr leise und zart spielte, muss diese Inszenierung eine den Kastratenstimmen des 18. Jahrhunderts vergleichbare Wirkung gehabt haben: eine Frauenstimme im Männerkörper oder eine Falsettstimme; ein Mann, der in einer ‚unnatürlichen‘ Lage singt und damit die klare Geschlechterkonzeption „in Verwirrung“[142] bringt. Während die Kastratenstimme zunächst im 18. Jahrhundert als engelsgleich und wie ein Wunder betrachtet wurde – gerade durch die entstandene Geschlechterverwirrung – änderte sich dies mit dem Natürlichkeitsideal, das um 1800 entstand. In diesem Zusammenhang kann die Inszenierung Cristianis irritierend gewirkt haben.

In Joan Rivières Konzept von der „Weiblichkeit als Maskerade“[143] wird weibliches Verhalten von Frauen eingesetzt, um „die eigene Männlichkeit zu verbergen als auch vor möglichen Folgen zu schützen“[144]. Männlichkeit wäre in Cristianis Fall gleichbedeutend mit der Freiheit als Künstlerin, ein ‚männliches‘ Instrument wie das Cello ohne geschlechtsspezifische Einschränkungen spielen zu können. Männlichkeit kann aber auch als Freiheit zur künstlerischen Expansion verstanden werden. Rousseau sah in „Verstellung und Maskerade die natürlichen Ausdrucksmöglichkeiten der Frau“[145] – eine Paradoxie, die in Lise Cristianis Selbstinszenierung auf der Bühne und den Reaktionen des Publikums auf sie deutlich wird. Aus dekonstruktivistischer Perspektive beweist die Cellistin durch ihre Inszenierung ‚natürlicher‘ Weiblichkeit deren Unnatürlichkeit und bietet so Anlass zu Dekonstruktion und Transformation dieser Weiblichkeitsbilder.

Cristianis Spielweise war aber auch in einer französischen Tradition begründet. Französische Cellisten vermieden generell eher die G- und C-Saite,[146] stellt Valerie Walden in ihrer Studie über das Cellospiel zwischen 1740 und 1840 fest. Jacques Offenbach inszenierte sein Cellospiel fast ausschließlich als „Maskerade“, was Siegfried Kracauer wie folgt umschreibt:

141 Vgl. Butler 1991; vgl. Rivière 1929.
142 Butler 1991.
143 Rivière 1929.
144 Bork 2009a, S. 262.
145 Ebd.
146 Vgl. Walden 1998.

> „Die Brillanz Offenbachs war von besonderer Art. Sie kam nicht allein durch die makellose Ausführung von Arpeggien, Doppelgriffen, Flageolett-Tönen und der anderen geläufigen Kunststücke zustande, bewährte sich vielmehr hauptsächlich in blendenden Imitationen. Dieser Offenbach, formulierte einmal eine musikliebende Dame, spielt alle erdenklichen Instrumente, nur nicht das seine. Den Boulevardiers gleich, die sich der Natur gegenüber spröd zeigten, liebte er es in der Tat, die natürlichen Möglichkeiten des Cellos zu verleugnen […].“[147]

Offenbach stilisierte sich als Schauspieler auf dem Cello. Seine extreme Interpretation ist nicht repräsentativ für das französische Cellospiel der Zeit, basierte aber auf spezifischen Charakteristika der französischen Schule, wie dem Spiel in hohen Lagen, Virtuosität in der Bogentechnik, eleganter und eher feiner Klanggebung. Bei Cristianis Spielweise in den höheren Lagen des Cellos handelte es sich also nicht ausschließlich um eine spezifisch weibliche Spielweise, wie einige Presseartikel unterstellten, oder eine Maskerade ausschließlich im Dienste der Darstellung von Weiblichkeitsbildern. Zum einen handelte es sich tatsächlich um eine wahrscheinlich bewusst von der Künstlerin kalkulierte Spielweise, die dem Publikum beweisen sollte, wie ‚weiblich‘ das Cello klingen könne, zum anderen aber auch um eine französische Tradition. Außerdem spiegelte sich darin ein Diskurs um die Aspekte von Maskerade im Instrumentalspiel. Diese Option der Maskerade stellt auf der einen Seite eine Möglichkeit zur Transformation dar: Die Cellistin überzeugte das Publikum durch ihre spezifische Inszenierung davon, dass auch Frauen mit diesem Instrument den Ansprüchen der bürgerlichen Weiblichkeitsbilder gerecht werden könnten. Auf der anderen Seite widersprach sie mit ihrer Inszenierung einem grundlegenden Paradigma der Geschlechterkonzeptionen des 19. Jahrhunderts: der Natürlichkeit.

> „Virtuosität als Selbstinszenierung und Maskerade tritt im 19. Jahrhundert in eine unauflösbare Spannung zum weiblichen Musizieren. Im Kontext des neuzeitlichen Tugendbegriffes, der die Frau zur Keuschheit und Wahrheit verpflichtet, erscheint die Maskerade der Virtuosin zwangsläufig als anrüchig.“[148]

Somit gerät Cristiani in einen unlösbaren Konflikt. Zum einen bestätigt sie affirmativ die im 19. Jahrhundert gültigen Weiblichkeitsbilder durch das Spiel in einem Tonumfang, der dem der weiblichen Stimme nahekommt, sowie durch zarte, elegante Interpretation und Phrasierung. Zum anderen gerät ihre Inszenierung ebenso wie die Offenbachs – aber für ihn als männlichen, jüdischen Künstler hatte dies andere Folgen – in die Kritik der Unnatürlichkeit. Durch

147 Kracauer 1976, S. 86.
148 Bork 2009b, S. 511.

ihre Form der Maskerade entlarvte sie die Unnatürlichkeit[149] der an sie herangetragenen Bilder. Dies wiederum konnte zu einer Veränderung der vorherrschenden Bilder führen, zunächst aber auch auf Ablehnung stoßen. Diese Ablehnung wurde nun nicht nur in Bezug auf das Cellospiel einer Frau formuliert, sondern auch in der Ablehnung einer französischen Spielweise, die als stellvertretend für eine deutsch-patriotische Haltung gelesen werden kann.

Man kann in den Diskursen des 19. Jahrhunderts häufig die Gegenüberstellung von deutscher Interpretation, mit dem Anspruch ernsthaft zu sein, und französischer, effektvoller Virtuosität[150] finden; Fronten, die noch verhärtet wurden mit der Gegenüberstellung von romanisch versus deutsch, Virtuosenkult versus Interpretation bzw. Kammermusik. Dabei wird das ‚Romanische' nicht nur als oberflächlich abgewertet, sondern auch feminisiert. Repräsentativ für diese Polarisierung sind Diskurse um Pablo de Sarasate und Joseph Joachim.[151] Innerhalb der deutsch-patriotisch gefärbten Denkweise wird das ‚Französische' oder ‚Romanische' dem ‚Weiblichen' gleichgesetzt, was als Abwertung zu verstehen ist, das ‚Deutsche' hingegen wird als gleichbedeutend mit ‚männlich' und allgemeingültig angesehen: „Virtuose – subjektiv – romanisch – weiblich – gesanglich – national versus Interpret bzw. Musiker – objektiv – deutsch – männlich – instrumental – universell"[152], so pointiert Beatrix Borchard diesen Diskurs. Ähnlichkeiten fallen hier zu den antisemitischen Äußerungen Wagners auf – er stilisiert jüdische Komponisten, die er abwerten möchte, ebenfalls als oberflächlich und unnatürlich.[153]

„Den Franzosen ging es hauptsächlich um die Erlangung höchstmöglicher Virtuosität, während man in Deutschland mehr auf ein verinnerlichtes Musizieren hielt, ohne den Wert der technischen Leistung zu unterschätzen"[154], schreibt Julius Bächi noch 1973 in seinem Buch *Berühmte Cellisten* über die Unterschiede französischer und deutscher Celloschulen in der ersten Hälfte des 19. Jahrhunderts. Auch aus seiner Formulierung geht eine klare Wertung zugunsten der deutschen Spielweise hervor.

Für Lise Cristiani bedeutete dies, sich gleich zwei Vorurteilen stellen zu müssen: Sie spielte nicht als Frau ein ‚männliches' Instrument und dies auf ‚weibliche' Art, sondern sie war auch Französin und damit repräsentativ für die von deutscher Seite abgelehnte ‚französische' Spielweise. Gegenüber der jungen

149 Vgl. Butler 1991, S. 18.
150 Vgl. Borchard 2004, S.69.
151 Ebd.
152 Ebd.
153 Vgl. Wagner 1850, S. 23.
154 Bächi 2003, S. 66.

Künstlerin wohlwollender, jedoch den „französischen Geschmack" genauso ablehnend, positioniert sich folgende Kritik:

> „Möge die junge Künstlerin uns ob unserer Freimüthigkeit nicht zürnen, wir glauben in ihrem eigenen Interesse und in dem der Hörer zu sprechen, wenn wir ihr anempfehlen, weniger dem französischen Geschmack zu huldigen."[155]

Die *Wiener Musikzeitung* nimmt in einer Kritik von 1845 Abstand von der Weiblichkeitsthematik und konzentriert sich darauf, zu erklären, dass Cristiani keine „hervorragende" Violoncellistin sein könne, nicht zuletzt weil sie eine französische Cellistin sei:

> „Dlle. Christiani erwies sich als gute Violoncellspielerin, deren Spiel jenen Grad von Zartheit und Eleganz besitzt, der dem Gehörsinne des Zuhörers schmeichelt und wenn sich auch von Gefühlstiefe und glühender Innigkeit nichts zeigt, so entbehrt es doch nicht aller Wärme [...]; sie hat eine hübsche Bogenführung, viele mechanische Fertigkeit, worin besonders ein schönes Flageolet sich auszeichnet, mit welchem daher auch weidlich kokettirt wird; wenn ihr Adagiogesang weniger abgebrochen, ihr Passagen- und Bravourvortrag ein sicherer, ihr weicher, angenehmer Ton ein vollerer und noch edlerer sein, kurz wenn das ganze Wesen ihres Spieles mehr takthaltende Kraft und nicht die frivole Leichtigkeit einer Französin charakterisiren möchte, so würde man Dlle. Christiani einen ehrenvolleren Platz unter den hervorragenden Violoncellkünstlern anweisen können."[156]

3.2.6 Retrospektive[157]

Fast ein halbes Jahrhundert nach Cristianis Tod werden in Wilhelm Joseph von Wasielewskis Cellisten-Kompendium die gleichen stereotypen Diskurse reproduziert wie zu Lebzeiten der Cellistin. Diese werden auch in die von Wasielewski überarbeiteten Neuauflagen von 1911 und 1925 übernommen:

> „Auch eine Violoncellvirtuosin von Ruf besaß Frankreich um die Mitte unseres Jahrhunderts in Lisa B. Cristiani [...]. Sie trug bei kleiner Tongebung allerhand niedliche Stücklein ebenso gefällig als graziös vor [...]. Der reichliche Beifall, den man ihr überall spendete, galt wesentlich mit [sic] ihrer schönen, imposanten Erscheinung. Dennoch fand Felix Mendelssohn es der Mühe werth, ihre Vorträge in ihrem Leipziger Konzert am Klavier zu begleiten und für sie ein ‚Lied ohne Worte' zu komponiren [...]."[158]

---

155 *Signale*, 3. Jg., Nr. 43, Oktober 1845, S. 337f., hier S. 337.

156 AWZ 1845, S. 376, Art. „Bericht aus Linz", zitiert nach Hoffmann 1991, S. 406f.

157 Erste Auflage 1889, zweite Auflage herausgegeben und ergänzt von Wasielewski 1911, 3. Auflage 1925.

158 Wasielewski 1925, S. 196. Erste Auflage 1889, zweite Auflage herausgegeben und ergänzt von Wasielewski 1911, 3. Auflage 1925.

Wasielewski bezog sich auf Äußerungen aus der Presse zu Lebzeiten Cristianis, in der diese Formulierungen gehäuft zu finden waren. Was er versäumte, war eine kritische Kontextualisierung dieser Stereotype. Formelhafte Berichterstattungen über Lise Cristiani wurden einfach in eine spätere Zeit versetzt und weitergetragen, ohne den Kontext zu reflektieren, aus dem sie stammten. Zu Lebzeiten waren die Attribute „graziös" und „niedlich" zwar auch schon ambivalent gewesen. Sie beinhalteten eine Abwertung ihres Spiels im Hinblick auf den Anspruch einer geschlechtsneutralen, gelungenen Interpretation, wie in diesem Kapitel gezeigt wurde. Zugleich aber waren die spezifisch weiblichen Qualitäten tatsächlich als Anerkennung zu verstehen und wiesen somit ein transformatorisches Potential auf. Lise Cristiani hätte um 1845 als Frau nicht so spielen können, wie es einer Cellistin um 1925 möglich war. Aufgrund der polarisierten Vorstellungen von den Geschlechtscharakteren und der deswegen unterschiedlichen Handlungsspielräume für Frauen und Männer gab es für die Cellistin keine andere Option. Dies implizierte dann aber auch keine direkte Kritik an ihrem Können. Nur selten war Cristianis Spiel entwertet worden, und wenn doch, dann auf der Grundlage des Dilemmas der ‚weiblichen' Spielweise. Viele zeitgenössische Kritiken spiegeln die Anerkennung, die sich Cristiani erspielte, im Rahmen dessen, was für sie möglich war – als erste Frau, die mit dem Männerinstrument Cello eine Konzertkarriere machte. Noch Jahre nach ihrem Tod berichtete die Presse über die Künstlerin. Felix Mendelssohn – und das musste auch Wasielewski zugeben – hätte sich sicherlich nicht die Mühe gemacht, für eine inkompetente, aber schöne Künstlerin zwei Stücke zu schreiben. Man denke auch an den Abschnitt voller Anerkennung bei Markevitch, der einen Zeitgenossen Cristianis, seinen eigenen Großvater, sprechen lässt: Cristiani und Servais werden als berühmte, gleichwertige Künstler gegenübergestellt, beide werden für unterschiedliche Spielweisen anerkannt, es wird aber keine Abstufung vorgenommen. Retrospektiv aus dem Jahr 1925, in einer Zeit, in der Guilhermina Suggia das Dvořák-Konzert spielte, ein alles andere als ‚niedliches Stück', für ihren „männlichen"[159] Klang gelobt wurde und für sich selbst beanspruchte, als ebenbürtig unter Cellisten ersten Ranges gemessen zu werden; in einer Zeit, in der sich der musikalische Geschmack in Bezug auf Repertoire und Interpretation stark verändert hatte, konnten die Beschreibungen Wasielewskis nur noch den Eindruck hinterlassen, es habe sich bei Lise Cristiani tatsächlich um eine Musikerin gehandelt, die nicht mit Können überzeugt hatte. Die Macht zu dieser Bedeutungsverschiebung entsteht retrospektiv und wertet Cristianis Erfolge zu Lebzeiten ab. Dadurch erscheint die Künstlerin als weniger „geschichtsmächtig

159 Baldock 1994, S. 84.

und des Erinnerns wert"[160], was zu ihrem Verschwinden aus der Musikgeschichte beigetragen hat.

Außerdem wird eine negative deutsche Sichtweise auf eine französische Künstlerin transportiert, denn die Attribute sind dieselben, mit denen sich die deutsche Celloschule gegen die französische abzugrenzen versuchte. Es ist möglich, dass 1925 ein versteckter antifranzösischer Diskurs nach Deutschlands Niederlage im Ersten Weltkrieg die Entwertung von Lise Cristianis Bedeutung als Cellistin in der deutschen Rezeption verstärkte. Eventuell wird hier auch eine deutsch-patriotistische Haltung sichtbar, die sich gegen das ‚Französische', ‚Jüdische' und ‚Weibliche' abgrenzt, ohne zu differenzieren. Wagner hatte 1850, neben seinen Angriffen auf Felix Mendelssohn Bartholdy, die französischen und jüdischen Komponisten Offenbach und Meyerbeer zur Zielscheibe seiner antisemitischen Äußerung gemacht. Weininger spricht 1903 in *Geschlecht und Charakter* von der „Verweiblichung des jüdischen Körpers"[161]; Otto Hauser, auf den sich später die Nationalsozialisten beziehen sollten, schreibt 1921 in seinen antisemitischen Schriften über männliche Jüdinnen und weibliche Juden und thematisiert an der Verwischung und Aufhebung der Sexualdifferenz die jüdisch-deutsche Assimilation, um diese als Schreckensbild zu zeichnen.[162] Frauen und Juden hatten zu Beginn des 20. Jahrhunderts, so Christina von Braun, gegen eine biologistische Auffassung, für die kulturelle Definition vom Körper zu kämpfen.[163]

Es wurde gezeigt, wie eine bedeutende Künstlerin durch eine diskursunkritische Musikgeschichtsschreibung in den Schatten des Vergessens geraten konnte. Die Macht der Worte ist groß. Foucault schreibt im Vorwort zu *Sexualität und Wahrheit*:

> „Es ist das Problem, das fast alle meine Bücher bestimmt: wie ist in den abendländischen Gesellschaften die Produktion von Diskursen, die (zumindest für eine bestimmte Zeit) mit einem Wahrheitswert geladen sind, an die unterschiedlichen Machtmechanismen und -institutionen gebunden?"[164]

Am ausgewählten Zitat von Wasielewski wird eine solche diskursive Macht sichtbar: Die Musikgeschichtsschreibung kann als institutionalisierte Ordnung verstanden werden, die durch bestimmte Mechanismen Macht ausübt – Macht darüber, was erinnert und was vergessen wird, aber auch darüber, was in einem bestimmten Kontext als qualitativ hochwertig und was als minderwertig verstanden wird. Während die Äußerungen der zeitgenössischen Presse noch „für eine

160 Kreutziger-Herr/Losleben 2009, S. 24.
161 Weininger 1903; vgl. Braun 2006, S. 35.
162 Hauser 1921.
163 Vgl. Braun 2006, S. 36.
164 Foucault 1977, S. 8.

bestimmte Zeit […] mit einem Wahrheitswert geladen sind“[165], nämlich Bilder bedienen, die aus dem zeitgenössischen Kontext heraus verstanden werden können, so wird die Wiederholung und Neukontextualisierung dieser Äußerungen im Jahr 1925 zu einer sich für die Rezeption der Cellistin negativ auswirkenden „Verschiebung“[166].

3.2.7 *Geschlechterbilder auf der Bühne: Sexualisierung, Erotisierung und Idealisierung*

Weiblichkeitsbilder bewegten sich im 19. Jahrhundert zwischen den Extremen: Heilige und Muse, beschützenswerte femme fragile, „angel in the house“[167], und die Verführerin in Gestalt der femme fatale, die auf den Bühnen insbesondere durch den Typus der Operndiva und der Varietéschauspielerin repräsentiert wurde.[168] Eine vollständig sexualisierte Sichtweise auf die Frau und ihren Körper, die auf der Auffassung beruht, die Frau sei wegen ihres weiblichen Körpers ganz Sexualität, steht dem Bild von der tugendhaften, reinen Frau ohne sexuelle Gefühle entgegen[169] – und doch bedingen sich beide als komplementäre Pole gegenseitig und gehen aus der gleichen Quelle hervor: der Furcht vor einer befreiten weiblichen Sexualität als Quelle von Macht. In seinen 1897 veröffentlichten Lebenserinnerungen schreibt Wilhelm Joseph von Wasielewski[170] über Lise Cristiani:

> „Indessen die Vertreterinnen des schönen Geschlechtes, falls sie wirkliche Schönheiten sind, können sich schon manches in Betreff des Exterieurs erlauben, und so durfte denn auch Lisa Christiani bei ihrer in jeder Hinsicht brillanten persönlichen Erscheinung sich mit dem Brummbasse einlassen, ohne von ihrem Eindruck auf die Männerwelt etwas einzubüßen.“[171]

Diese Sichtweise Wasielewskis irritiert, zumindest auf den zweiten Blick. Es geht also um den „Eindruck auf die Männerwelt“? Ging es nicht zuvor immer um die Frage, wie ‚Schicklichkeit‘ und ‚Anstand‘ gewahrt werden könnten, trotz des ‚unschicklichen‘ Instruments?

---

165 Ebd.

166 Butler 1991, S. 203; dies. 2001, S. 95; dies. 1993, S. 220; vgl. Lummerding 2008, S. 177.

167 Horlacher 2009, S. 62.

168 Unseld 2009b, S. 518f. Siehe Kap. 2.1 und 2.1.

169 Vgl. Laqueur, Thomas: Orgasm, Generation, and the Politics of Reproductive Biology, in: Gallagher/Laqueur 1987, S. 1–41, hier S. 2.

170 Wasielewski 1897, S. 93f.

171 Ebd., S. 94.

Im Gegensatz zu künstlerischen Räumen wie dem Boulevardtheater, dem Schauspiel und auch der Oper hatte „[d]as öffentliche Konzert dagegen, als historisch neue Institution und eigene Kulturschöpfung des Bürgertums [...] nicht den Charakter eines Alternativraums“[172]. Eine sexualisierte Sicht auf eine Instrumentalistin stellte eine als unanständig empfundene Situation her: „Wo sich der Bürger bei erotischen Empfindungen ertappt, wird er strafend und reglementierend tätig“[173], so Freia Hoffmann, es sei denn es gelang der Instrumentalistin zu beweisen, dass diese Perspektive zu Unrecht eingenommen worden war. Dieser Prozess wird in der zu Beginn abgedruckten Kritik ersichtlich, in der Cristiani das Publikum überzeugt, dass sie „eine Dame sei“[174], nicht etwa eine verführerische Diva, eine femme fatale, eine Figur aus der Welt der Oper oder gar des Boulevardtheaters. Hinter dem Bild der Dame und noch mehr dem der Heiligen scheinen demnach als Opposition immer die Gegenbilder hervor. In den Bemühungen Cristianis, all das, was das Bild der heiligen Cäcilie ausmachte – das Elegante, das Damenhafte, das Unschuldige und Anständige – in ihrem Auftreten zu vereinen, wird deutlich, wie sehr sie als Cellistin von der bürgerlichen Kultur am Rande der Schicklichkeit und in der Nähe zu einer moralisch zweifelhaften und zwielichtigen Halbwelt wahrgenommen wurde. Die sexualisierte Sicht auf die Künstlerin beinhaltet die Abwertung ihrer Leistung als Künstlerin und ihrer Person im Rahmen bürgerlicher Moralvorstellung. Dabei kann auch der Begriff der ‚Dame‘ je nach Kontext changieren:

> „Die interessante Dame leistet ganz dasselbe, was wir schon oft im verflossenen Jahre von ihr hörten, nämlich: erotische Melodieen mit schwebenden Tönen, Spielereien [...].“[175]

Wie zuvor der Vergleich mit dem „hübschen, kleinen weissen Kätzchen“[176] sind dies problematische Formulierungen, die Assoziationen zu verführerischen Gesten und gespielten Zärtlichkeiten nahelegen:

> „Sie selbst scheint ihrem Instrumente, während ihr Haupt sich freundlich an dasselbe lehnt, die Töne mehr zu entlocken und abzuschmeicheln, als mit fester Hand herauszubilden. [...] Ihr Reiz ist der der Weiblichkeit, und wo sich diese geltend machen konnte, [...] da hat ihr auch ein stürmischer Beifall nicht gefehlt.“[177]

---

172 Ebd., S. 57.

173 Ebd., S. 58.

174 AMZ 1846, Nr. 17, S. 290.

175 *Monatsschrift für Dramatik*, Dezember 1846, S. 53, zitiert nach Hoffmann 1991, S. 411.

176 RGM 1845, S. 61, zitiert nach Hoffmann 2007/2010, Übersetzung von Freia Hoffmann. Franz. Original „une jolie petite chatte blanche“.

177 *Magazin für die Literatur des Auslandes* 1845, S. 380, zitiert nach Hoffmann 2007/2010.

Der „Reiz der Weiblichkeit“ ist letztendlich wieder das Schlüsselwort, das die Situation mehr oder weniger zugunsten Cristianis rettet. Im Gegensatz zu dem „Zauber reiner Weiblichkeit“, den Gaillard als „Talisman“[178] beschwor, herrschen im obigen Zitat Assoziationen über Verführung und zugleich machtlose Passivität vor. Diese Konstellation möchte ich ‚Sexualisierung‘ nennen im Gegensatz zu der im Folgenden beschriebenen ‚Erotisierung‘. Der Unterschied liegt im Falle der ‚Erotisierung‘ in der Ermöglichung einer Transformation. Während die Cellistin durch die sexualisierende Sichtweise zum Objekt gemacht wird, was mit einer Entwertung einhergeht, kann sie in der ‚erotisierten‘ Situation als Subjekt agieren. Folgender Satz wäre demnach in diese Richtung zu interpretieren: „So saß sie da, und Aller Herzen pochten.“[179] Die Herzen pochen vor Neugier, Spannung, Aufregung, Erregung. Das Konzert und das Auftreten der Cellistin werden zu einer erotisierten bzw. erotischen Situation. Aber diese ‚pochenden Herzen‘ sind nicht zwangsläufig besitzergreifend und mächtig, sondern lassen sich ‚erregen‘. Der Künstlerin wird hier eine Macht über ihr Publikum zugestanden, mit der sie in den Zuschauern Gefühle oder „Leidenschaften“ hervorruft. Sie ist nicht Objekt der Leidenschaft, die Erregung entsteht nicht einfach durch ihre Schönheit oder weibliche Anziehungskraft auf ihr männliches Gegenüber, sondern sie ist Subjekt dieser Leidenschaften und darf diese nicht nur fühlen und darstellen, sondern löst sie im Publikum durch ihr Spiel aus:

> „mit ihrer hohen Gestalt, mit ihrem goldnen Kranz im Haar, mit ihren wohlgeformten Lilienarmen, wie eine sitzende Melpomene, die tiefe, ernste Trauertöne den Saiten entlockt, mit starker Hand den Sturm der Leidenschaften aufregt, oder sie in süße Klagetöne auflöst.“[180]

Der Hörer gerät in dieser Rezension ganz nah an den Körper der Cellistin, nicht um diesen zu besitzen, sondern um sich von ihr führen zu lassen. Nicht umsonst wird hier wieder eine mythische Figur herbeizitiert. Die Melpomene als Muse der tragischen, trauernden Seite der Dichtung und des Dramas ist nicht nur eine ernste Figur, sondern auch eine starke: Ihr wird Stärkung und Tröstung durch den Gesang zugesprochen.

Mythologische Frauenfiguren waren beliebte Metaphern: Neben der Melpomene und „Apollos Priesterin“[181] bekam Lise Cristiani vor allem den Beinamen „heilige Cäcilie“[182].

---

178 Gaillard 1846.

179 Ohne Verfasser, „An Lise Cristiani“, in: *Signale* 1845, 3. Jg., Nr. 52, Dezember 1845, S. 413.

180 *Königlich Preußische Staats- Kriegs- und Friedenszeitung* [Königsberg] vom 1. Februar 1847, Art. von Ferdinand Rabe, zitiert nach Hoffmann 1991, S. 411f.

181 Ohne Verfasser, „An Lise Cristiani“, in: *Signale* 1845, 3. Jg., Nr. 52, Dezember 1845, S. 413.

182 „La sainte Cécile de France“ (Lanoye 1863, S. 385); siehe auch Barbier, A. 1860, Teil 1, o. S.; *Le Ménestrel* 1846, 13. Jg., Nr. 43, 27. September 1846, S. 260.

Die Assoziation mit mythologischen Figuren kann als Ausweg aus dem sexualisierten „Objektstatus“[183], in den Künstlerinnen immer wieder gedrängt wurden, interpretiert werden. Als „heilige Cäcilie“ ist Lise Cristiani dem sexualisierten Blick entkommen. Es kommt zu einer diskursiven Entsexualisierung, die in Reaktion auf das schaulustige Publikum als Rehabilitierung der Cellistin als ernsthafte Künstlerin und Dame „voll Würde und Anmuth“ zu deuten ist:

„[L]ieß sich dann auf einem erhöheten [sic] Sitze nieder und bot, als sie zu spielen begann, ein Bild voll Würde und Anmuth dar, etwa den Gemälden der heil. Cäcilie vergleichbar.“[184]

Außerdem bietet die mythologische Figur Projektionsfläche für Idealisierung. Die Künstlerin wird damit aus dem Fokus der Beurteilung im Rahmen allgemeingültiger Verhaltensnormen herausgehoben. Dies ermöglicht unausgesprochen, ihr Verhaltensweisen zuzubilligen, die einer normalen Frau, einem menschlichen Wesen als Teil einer Gesellschaft und insbesondere mit einer Konsequenzen beinhaltenden Geschlechtszugehörigkeit, nicht möglich gewesen wären.

„Mlle Lise B. Christiani, la nouvelle sainte Cécile du violoncelle, qui a produit tant de sensation il y a deux ans à Paris et tout récemment encore en Allemagne.“[185]

Diese Ankündigung erscheint zunächst ganz selbstverständlich. Das Adjektiv „nouvelle“ deutet darauf hin, dass die Erscheinung dieser „sainte Cécile du violoncelle“ nicht so selbstverständlich, sondern etwas Neues ist, die Sensation führt uns wieder zum Beginn dieses Kapitels: Lise Cristiani darf als Cellistin auftreten, wenn sie es ‚weiblich‘ und wie eine Heilige tut, aber es bleibt eine Sensation, auch noch fast zwei Jahre später. Die Assoziation mit der heiligen Cäcilie als Patronin der Musik ist besonders naheliegend, da diese auf zahlreichen Gemälden mit einer Bassgambe oder einem dem Violoncello ähnlichen Instrument abgebildet wurde.[186] Im Laufe ihrer Karriere wurde Lise Cristiani von manchen Rezensenten regelrecht zur Reinkarnation dieser Heiligen stilisiert.[187] Auch andere mythologische Figuren dienen zur Verteidigung der Cellistin:

---

183 Hoffmann 1991, S. 64.

184 *Hannöversche Landesblätter*, 6. März 1846, S. 112, zitiert nach Hoffmann 1991, S. 410.

185 *Le Ménestrel* 1846, 13. Jg., Nr. 43, 27. September 1846, „Nouvelles Diverses“, S. 260.

186 Carlo Saraceni, um 1610, Galleria Nazionale d’Arte Antica, Rom; Domenico Zampieri, genannt Domenichino (1581–1641): „Die Heilige Cäcilie und der Engel/Saint Cecilia with an Angle Holding a Musical Score“, ca. 1617–1618, Collection Louis XIV, erworben 1662, Musée du Louvre, Paris.

187 Vgl. Deserno 2016, S. 94.

> „[S]o fremdartig uns eine Violoncellistin erscheinen mußte, so dürfte der Gebrauch des Cello's in Damenhänden nicht gar so neu sein, als man etwa zu glauben versucht wäre, da, wenn wir nicht irren, die heilige Philomena ein Cello spielend, abgebildet wird, und Engelsbilder (weibliche Figuren) mit derlei Instrumenten oft und genug zu sehen sind, was zu beweisen scheint, daß diese einmal von dem schönen Geschlechte gehandhabt wurden. Daß das Instrument nicht so unweibisch ist, als es wohl den Anschein hat, beweist schon die äußere Erscheinung unserer Virtuosin, welche sich, ihr Instrument spielend, malerisch ausnimmt."[188]

In Bildern von Heiligen, Musen und Engeln werden Frauen und insbesondere Künstlerinnen als „lebende Poesie"[189] stilisiert und ihre Wahrnehmung als ästhetische Inszenierung, die Kunst, Geist und Körper einbezieht und ansprechen soll, gespiegelt. Dazu gehört die Kunst ebenso wie die Inszenierung. Zur Inszenierung gehören Haltung, Bewegung, Kleidung und der Begriff von ‚Schönheit', in dem sich diese Aspekte bündeln.

3.2.8 Affirmation und Subversion

In den Inszenierungen Lise Cristianis eröffnen sich Transformationen durch Affirmation, d.h. durch Imitation, Bestätigung und Wiederholung von bestehenden Bildern und Verhaltensnormen, sowie durch Subversion, um Judith Butlers Begriff zu verwenden, durch Überschreitung, Umgehung und Modifikation. Beide Prozesse bedingen sich gegenseitig, das affirmative Verhalten beinhaltet, wie bereits in Kapitel 1.4.4 beschrieben, ein Moment der Verschiebung. Es bildet demnach die Grundlage für die Subversion. So steht zunächst das Bild einer Cello spielenden Frau im Widerspruch mit den Weiblichkeitsbildern des 19. Jahrhunderts: „[D]ie Meisten glaubten, es müsse etwas frivol aussehen."[190] Lise Cristiani jedoch bestätigt – affirmativ – in ihrem Verhalten, ihrer Kleidung und Performance dieselben Weiblichkeitsbilder, die zu ihrem Cellospiel in Widerspruch zu stehen scheinen. Die zuvor geäußerte Befürchtung wird als Irrtum entlarvt:

> „[I]ndem sie ganz und gar vergessen hatten, dass Dem. Cristiani eine Dame sei und für ihren speziellen Zweck ein weithinwallendes Kleid trägt, wodurch alle Contouren des Körpers verschleiert werden[191]."

---

188 AWZ 1845, S. 234f., zitiert nach Hoffmann/Timmermann 2013, S. 155f.
189 Heinrich von Treitschke, zitiert nach Frevert 1995, S. 154.
190 AMZ 1846, Nr. 17, Sp. 290.
191 Ebd.

Schlüsselwort für die Transformation ist das „weithinwallende Kleid"[192]. Durch die Zugeständnisse, welche die Cellistin an die von ihr erwarteten Normen weiblichen Verhaltens macht, setzt sie – subversiv – ihre ursprüngliche Absicht durch: als Frau mit dem Cello erfolgreich zu konzertieren. Sie erschafft ein neues Bild von einer Cello spielenden Frau, das nicht mehr im Widerspruch zu den Weiblichkeitsbildern zu stehen scheint. So vertritt der Rezensent schließlich sogar die Auffassung, „dass es daher nothwendig weit hübscher und graziöser aussehen muss, wenn eine Dame, als wenn ein Mann das Violoncell zärtlich umknieet"[193]. Auch aus der folgenden Kritik von 1845 ist ebenfalls, trotz ironischem Unterton, die beschriebene Transformation zugunsten der neuen Erscheinung einer Konzertcellistin herauszulesen: „Wenn Frl. Christiani Herr Christiani hieße, so würde sie, trotz ihres großen Talents nicht so hübsche Concerte machen. [...] – Beifall über Beifall."[194]

Drei weitere Schlüsselwörter führen zu Diskursen, die Transformationsprozesse ermöglichten: Schönheit, Genialität und Emanzipation.

> „Schönheit – im umfassenden Sinn – galt als der vollkommenste Ausdruck des Aristokratischen, als ein sich selbst genügendes, keinerlei Nützlichkeitsinteressen gehorchendes Persönlichkeitsmerkmal. Sie war ein Geschenk der Natur, freigebig [sic] gewährt und nicht durch eigene Leistung erworben."[195]

Schönheit ist im Rahmen der polarisierten Geschlechterordnung ein Privileg der Frauen, aber auch Teil eines Beschränkungsdiskurses. Frauen können für Schönheit anerkannt werden, sie kann auch der Schlüssel zum Erfolg sein. So eröffnet dieser Begriff von Schönheit auch Lise Cristiani Handlungsspielräume, wie der Herausgeber der *Berliner musikalischen Zeitung*, Carl Gaillard, ausführt:

> „Ich konnte mich nie mit dem Gedanken ‚ein Violoncello in oder unter den Händen einer Dame' befreunden, aber Frl. Christiani mit ihrem Violoncello macht, um mich eines Gallicismus zu bedienen, eine sehr schöne, ja eine sehr anmuthige Figur."[196]

Zugleich impliziert die Fokussierung auf weibliche Schönheit das Bild von der Frau als passivem Wesen. Sie hat ihre Schönheit nicht durch Leistung erworben, also wird sie für etwas anerkannt, was nicht ihre Leistung war, und so verbleibt sie in der gewünschten Passivität. Dies schließt die Anerkennung für eine aktive

---

192 Vgl. Kap. 2.3.2.

193 Ebd.

194 *Signale* 1845, 3. Jg., Nr. 50, Dezember 1845, S. 397. Zum Repertoire ein weiteres Zitat aus dieser Kritik: „Die Concertgeberin trug Prière et Bolero von Offenbach, beiläufig gesagt eine schauerliche Composition, Trio aus Tell (mit den Herren Griebel R. Ganz) la Musette, und una furtiva lagrima vor."

195 Frevert 1995, S. 155.

196 Gaillard, Carl: „Auch ein kleiner Reise-Brief", in: BMZ 1845, 2. Jg., Nr. 43, 25. Oktober 1845.

Leistung aus. Frauen sollen „lebende Poesie"[197] sein, aber keine Poesie – im weitesten Sinne des Wortes – kreativ erschaffen. Dies stellt für eine Bühnenkünstlerin einen unlösbaren Konflikt dar, wie in folgendem Zitat deutlich wird:

> „Es erschien *Lise Christiani*, die edle schöne Gestalt mit dem goldenen Lorbeerdiadem, dessen Symbolik ihr leider weder bei uns noch in Petersburg zur Wahrheit wurde. Sie ist eine der anziehendsten Erscheinungen, wenn auch ihre musikalische Leistung nur die kleinere Hälfte des Interesses bildet."[198]

Während Äußerungen, welche die Schönheit der Cellistin fokussieren, eine Transformation nur bedingt und durch Affirmation der Weiblichkeitsbilder ermöglichen, gehen andere Rezensenten einen Schritt weiter und gestehen der Cellistin Eigenschaften zu, die vorwiegend Männern vorbehalten waren: Genialität, Geist und Künstlertum.

So sprechen einige Kritiker von dem „geistreichen Mädchen"[199], bezeichnen sie als „eine Virtuosin hohen Ranges"[200] und sogar als „geniale Künstlerin"[201]. Vehement verteidigt sie folgender Autor gegen Stimmen, die wie Wasielewski den Erfolg der Cellistin allein ihrer Schönheit oder „dem Reiz der Neuheit"[202] zuschreiben wollen:

> „Nicht die Seltenheit und das Neue der Erscheinung, noch die persönliche Anmuth der Künstlerinn, sondern lediglich die Meisterschaft, welche derselben in Behandlung eines so schwierigen Instrumentes, des Cello, eigen ist, haben der jungen Virtuosin in Paris, Berlin, Leipzig und anderen Orten ungetheilten Beifall verschafft."[203]

Ein weiterer Rezensent setzt sich mit existierenden Vorurteilen auseinander und widerlegt diese:

> „Hier tritt ein stattliches Fräulein auf und spielt das ernste, wie man wähnt, nur für männliche Hand bestimmte Cello, wie ein Virtuos des besten Orchesters."[204]

197 Heinrich von Treitschke, zitiert nach Frevert 1995, S. 154.

198 „NACHRICHTEN. Musikzustände in Riga", in: AMZ 1847, Nr. 31, Sp. 537.

199 *Signale* 1856, 14. Jg., Nr. 53, Mai 1856, S. 277.

200 *Königlich Preußische Staats- Kriegs- und Friedenszeitung* [Königsberg], 1. Februar 1847, Art. von Ferdinand Rabe, zitiert nach Hoffmann 1991, S. 412.

201 *Signale* 1845, 3. Jg., Nr. 42, Oktober 1845, S. 331. In dieser Kritik wird die Cellistin sowohl für ihr Können als auch für ihre äußerliche Erscheinung anerkannt: „Frl. Lisa Christiani, diese geniale Künstlerin, der es gelungen ist, durch ihr ausgezeichnetes Violoncellspiel wie durch ihre reizende Erscheinung im zweiten Gewandhaus-Concert, unsere musikalische Welt sehr lebhaft zu interessiren [...]."

202 BMZ 1845, 2. Jg., Nr. 50, 13. Dezember 1845, Artikel: „Berliner Opern und Musikaufführungen" und „Zweites Concert der Fräul. Lise Cristiani im Saale der Singakademie", o. S.

203 *Hannöversche Landesblätter*, 4. März 1846, S. 108, zitiert nach Hoffmann 1991, S. 410.

204 *Königlich Preußische Staats- Kriegs- und Friedenszeitung* [Königsberg], 1. Februar 1847, Art. von Ferdinand Rabe, zitiert nach Hoffmann 1991, S. 411.

Symbolisch für die Aneignung einer männlichen Sphäre kann in folgendem Zitat das Bild der „Löwin" verstanden werden:

> „Sie ist die Löwin des Tages geworden. Der Beifall war wieder stürmisch und das kann auch nicht anders sein."[205]

Hinter dem Bild der Löwin scheinen auch all die Eigenschaften hervor, die mit dem männlichen Löwen, dem König der Tiere, dem Jäger, dem majestätischen und stolzen starken Tier assoziiert werden können. Zugleich wird durch diese Formulierung ein Kompromiss gemacht, die weibliche Form „Löwin" beinhaltet auch die Assoziation von der Löwin, die um ihre Jungen kämpft. Außerdem klingt wieder die Bedeutung von Sensation an, da sich die Formulierung auf die englische Redensart ‚lion of the day', die im Sinne von ‚zur Attraktion des Tages werden' verwendet wurde, zu beziehen scheint.[206]

Cristiani veränderte die Chancen von Frauen in der Musikwelt, insbesondere von Cellistinnen, entscheidend. Mit ihr begann der Transformationsprozess, in dem das Cello von einem reinen Männerinstrument zu einem in gleichberechtigter Weise von beiden Geschlechtern erfolgreich gespielten Instrument wurde. Bisher scheint ihre Funktion innerhalb dieses Emanzipationsprozesses immer nur unausgesprochen zu wirken. Die Veränderungen, welche sie auslöste, geschehen dialektisch in Fort- und Rückschritten. Neue Bilder werden wieder von alten verdeckt und setzen sich an anderer Stelle, vielleicht in veränderter Form, fort. Eine breite Öffentlichkeit nimmt Bühnenkünstlerinnen wahr und diese werden so zur Projektionsfläche, aber auch zu Protagonistinnen gesellschaftlicher Diskurse. Sie spiegeln die vorherrschenden Bilder und spielen mit ihnen. An ihren Inszenierungen thematisiert das Publikum die Bilder und Diskurse der jeweiligen Zeit. Und diese Künstlerinnen sind die ersten, denen verändertes Verhalten zugestanden wird – auch wenn der Widerstand dagegen häufig heftig war. Als Cellistin ist Lise Cristiani also Protagonistin in einem Prozess, der die Emanzipation von Musikerinnen, vielleicht sogar von Frauen im Allgemeinen betrifft. Sie ist Symbolfigur für eine Transformation von Weiblichkeitsbildern, die Frauen in ihrem kreativen Potential einschränkten und verhinderten. Im Unterschied zu den Frauen, die sich aktiv in den Frauenbewegungen engagierten, ist ihr Verhalten allerdings nicht offensiv politisch, sondern zunächst nur eine individuelle Perfor-

---

205 BMZ 1845, 2. Jg., Nr. 50, 13. Dezember 1845, o.S.: Artikel „Berliner Opern und Musikaufführungen" und „Zweites Concert der Fräul. Lise Cristiani im Saale der Singakademie".

206 „Der Löwe des Tages sein" bedeutet so viel wie „im Mittelpunkt des Tagesinteresses stehen". Die Redensart kam gegen 1830 auf und ist dem Englischen nachgebildet. „Lion of the day" ist zu der genannten Bedeutung dadurch gekommen, dass im Londoner Tower in früherer Zeit Löwen gehalten wurden, zu denen man Besucher als zu einer besonderen Sehenswürdigkeit führte; vgl. http://idiome.deacademic.com/1740/L%C3%B6we, letzter Zugang am 6. November 2013.

mance oder Inszenierung. Dass das Thema der „Frauen-Emancipation“[207] aber kein persönliches, ihrer Zeit vorgreifendes Anliegen Lise Cristianis war, wird deutlich, wenn man sich bewusst macht, dass der Beginn ihrer Karriere in die Zeit des deutschen Vormärz fällt, in der im Zuge der (vor)revolutionären Bewegungen in Europa auch Forderungen nach Frauenrechten laut wurden und Frauen sich politisch zu organisieren begannen. Insbesondere in Wien und in Berlin brachten 1844 Zeitungskritiker das Erscheinen einer Cellistin direkt in Verbindung mit den neueren emanzipatorischen Entwicklungen[208]:

> „Eine Violoncellistin!!! soll sich in einem Pariser Salon producieren mit Namen Christiani-Barbier [sic] und zwar mit großem Beifall.– Das sind die Früchte der Frauen-Emancipation!“[209]

Die Tatsache, dass eine Cellistin überhaupt auftrat, scheint für diesen Rezensenten schon mit den durch die Frauenbewegungen entstandenen Veränderungen zu tun zu haben. Merkwürdig abgeschlossen wirkt in diesem Satz die „Frauen-Emancipation“, wie ein beklagenswerter neuer Zustand, aus dem nun solch eine seltsame und Verärgerung auslösende Erscheinung wie eine Cellistin hervorgeht. Ein anderer Autor unterstellt Cristiani sogar bewusste politische Aktivität:

> „Frl. Christiane [sic] Barbier, eine Violoncellistin, welche in Paris und Brüssel Concerte gegeben, ist nebenbei ein Apostel der Frauenemancipation, treibt also zwei Geschäfte von denen das eine das andere unterstützt.“[210]

Eine Cellistin ist in dieser Zeit ein Symbol der Frauenemanzipation. Diese wiederum ermöglichte das Auftreten einer Cellistin. Zwei Jahre später wirken Kommentare, die sich mit diesem Thema befassen, schon viel milder: „Nun sage man noch, daß sich die Frauen nicht emanzipiren.“[211] Folgende Kritik von 1847 liest sich, als sei die Ungleichheit zwischen den Geschlechtern kaum mehr Thema. Auch die Vereinigung ‚weiblicher‘ und ‚männlicher‘ Stärken in einer gelungenen künstlerischen Darbietung hebt der Rezensent hervor:

> „Ja, was den Ausdruck der Empfindung betrifft – man weiß, dies ist der Frauen Sache – möchte es einem Mann schwer werden, sie zu überbieten; gewiß wird sie ihm die Waage halten. […] Die Energie ihrer Hand ist wirklich bewundernswerth. Die volle Gewalt der tiefen Töne, ihr rauschend-harmonischer Zusammenklang kommt auf eine wunderbare Weise zum Vorschein. Dabei ist es nicht blos eine äußere Gewalt; nein es erscheint als

207 AWZ 1844, S. 276, zitiert nach Hoffmann 1991, S. 196.
208 Vgl. Deserno 2008, S. 38.
209 AWZ 1844, S. 276, zitiert nach Hoffmann 1991, S. 196.
210 BMZ 1844, 1. Jg., Nr. 34, o. S., zitiert nach Hoffmann 1991, S. 196.
211 *Königlich Preußische Staats- Kriegs- und Friedenszeitung* [Königsberg] vom 1. Februar 1847, Art. von Ferdinand Rabe, zitiert nach Hoffmann 1991, S. 411.

der Ausdruck einer energischen Seele, der jedoch das Weibliche nicht fehlt [...]. Genug, Frl. Cristiani ist eine Virtuosin hohen Ranges."[212]

Ein weiterer Rezensent, der ebenfalls davon überzeugt ist, dass bereits eine neue Zeit in Bezug auf die Gleichberechtigung angebrochen sei, attestiert Cristiani „Meisterschaft". Eine solche Kritik zeugt von den gesellschaftspolitischen Veränderungen und von Lise Cristianis entscheidender Rolle als Protagonistin des beschriebenen Transformationsprozesses:

„Wenn es des Beweises noch bedürfte, daß die, seit Jahrhunderten usurpirte Suprematie des männlichen Geschlechts in der Kunst zu Ende gehe, so könnte das Auftreten einer liebenswürdigen jungen Dame, als Cellospielerinn, einen neuen Beleg abgeben. [...] Nicht die Seltenheit und das Neue der Erscheinung, noch die persönliche Anmuth der Künstlerinn, sondern lediglich die Meisterschaft, welche derselben in Behandlung eines so schwierigen Instrumentes, des Cello, eigen ist, haben der jungen Virtuosin in Paris, Berlin, Leipzig und anderen Orten ungetheilten Beifall verschafft."[213]

Zum Schluss dieses Kapitels soll ein Gedicht stehen, das 1845 in den *Signalen für die Musikalische Welt* abgedruckt wurde. Es verwendet viele in diesem Kapitel angesprochene Wortspiele und Metaphern und dokumentiert die starke Wirkung, welche Lise Cristiani auslöste: als Musikerin, aber auch als Protagonistin eines gesellschaftlichen Wandlungsprozesses zugunsten einer Emanzipation von Weiblichkeitsbildern der bürgerlichen Kultur, welche das Wirken von Instrumentalistinnen einschränkten.

„An Lise Cristiani.
Voll Ernst und Hoheit gleich der Druidin
Das Rabenhaar mit Epheulaub durchflochten,
Voll Anmuth gleich Apollos Priesterin,
So saß sie da, und Aller Herzen pochten.

Und als nun unter ihrer zarten Hand
In Tönen ihre Seele sich ergossen,
Da hielt ein lieblich', mächtig Zauberband
Die Sängerin und ihren Hof umschlossen.

Was sagt ihr Lied? ‚Daß überall erliegt
Die stolze Kraft der holden Macht der Frauen,

212 Ebd.
213 *Hannöversche Landesblätter* vom 4. März 1846, S. 108, zitiert nach Hoffmann 1991, S. 409f.

Und daß des Weibes heilig Recht gesiegt
Wo Kunst und Geist dem Schönen Tempel bauen."[214]

3.3 Lise Cristiani. Ein biographisches Porträt zwischen Spurensuche und Diskursanalyse

Im folgenden Kapitel soll der Lebensweg Lise Cristianis nachgezeichnet und dokumentiert werden. Daten und Informationen zu ihrer Biographie setzen sich aus einem bunten Quellenkorpus zusammen, der viele Fragen offenlässt. Reiseberichte, Handschriften aus dem Barbier-Nachlass der BNF, Presserezensionen und insbesondere ein biographischer Artikel über die Cellistin in der *Berliner musikalischen Zeitschrift* von Carl Gaillard, der eine norwegische Zeitung zu einer karikaturistischen Illustration anregte[215], sowie Freia Hoffmanns Veröffentlichungen über die Cellistin bildeten eine Grundlage für dieses biographische Porträt.[216] Dokumente aus dem privaten Nachlass der Familie Barbier[217], aus der privaten Sammlung von Lonaïs Jaillais[218], der Austausch mit der Nachfahrin Marianne de Meyenbourg sowie mit Lonaïs Jaillais und René de Vries, dessen Buch über Lise Cristiani 2014 erschienen ist[219], lieferten ergänzende Informationen und Lesarten. Die Spurensuche nach dem Leben und Wirken der Cellistin wird durch Einblicke in die historischen Ereignisse und in das europäische Kulturleben dieser Zeit kontextualisiert. Über den Blick auf die Biographien von Zeitgenossinnen und Zeitgenossen können Informationen über die Kontexte, in denen Cristiani lebte und künstlerisch tätig war, gewonnen werden. Diese wiederum füllen Lücken, die in Bezug auf die Dokumentation des Lebens dieser Cellistin existieren. So fordert der Blick auf die individuelle Biographie auch den Blick auf typische Lebensläufe und diskursive Konstruktionen, auf Sprachmuster in Quellen, die wiederum die Dokumentation eines individuellen Lebensweges prägen, in dem sich Spezifisches und Allgemeines sowie Individuelles und Typisches realisieren.

214 Ohne Verfasser: „An Lise Cristiani", in: *Signale* 1845, 3. Jg., Nr. 52, Dezember 1845, S. 413.

215 Siehe Abb. 5.

216 Hoffmann 1991; dies. 2007/2010; Hoffmann/Timmermann 2013.

217 Sammlung Barbier / de Meyenbourg.

218 Sammlung Jaillais.

219 De Vries 2014.

3.3.1 Historischer Kontext

Es sind bewegte Zeiten für Europa: Napoleon weitet zu Beginn des 19. Jahrhunderts seine Herrschaft in Europa aus, führt 1805 Krieg gegen Russland, Österreich, England, 1806/07 gegen Preußen. Mit der Kontinentalsperre versucht Napoleon weitere Macht über England zu erlangen. 1812 beginnt seine Niederlage mit dem Russlandfeldzug, nach den Befreiungskriegen von 1813 bis 1815, der Völkerschlacht von Leipzig und dem endgültigen Sieg über Napoleon 1815 in der Schlacht bei Waterloo refiguriert sich Europa mit dem Wiener Kongress unter Leitung von Metternich neu. Die Enttäuschung über die reaktionäre und restriktive Politik[220] führt zu neuen revolutionären Bewegungen in Europa. 1825 findet der Aufstand der Dekabristen in Russland statt,[221] gleichzeitig dehnt Russland seine Herrschaft über den südlichen Kaukasus im russisch-türkischen Krieg 1828/29 aus. Die Julirevolution 1830 in Paris gegen König Karl X. geht zugunsten der Julimonarchie mit dem ‚Bürgerkönig' Louis-Philippe aus. 1830, 1846 und 1848 finden in Polen Freiheitskämpfe gegen Russland statt, die aber scheitern. Am Hambacher Schloss wird u.a. gegen die Karlsbader Beschlüsse demonstriert, in England folgt durch die Wahlrechtsreform eine Liberalisierung, es entstehen erste Gewerkschaften,[222] 1834 verfasst Georg Büchner den *Hessischen Landboten*. Während in Preußen der Typus des „Biedermeiers" eine der Antworten auf die Restriktionen von 1815 darstellt, bildet sich in Paris mit dem juste milieu eine Haltung und Bürgerschicht heraus, die Monarchie und Revolution durch wirtschaftlichen Aufschwung zu verbinden versucht. Durch die ersten Eisenbahnen werden die Möglichkeiten des Reisens grundlegend verändert, Gasbeleuchtung und Daguerreotypie sind bahnbrechende Erfindungen. Siegfried Kracauer spricht vom „Durchbruch der modernen Gesellschaft"[223].

1824 findet die Uraufführung der Neunten Sinfonie von Beethoven statt; 1827 komponiert Schubert die *Winterreise* und stirbt ein Jahr später einunddreißigjährig in Wien. 1829 führt Felix Mendelssohn Bartholdy die ‚wiederentdeckte' *Matthäuspassion* von Johann Sebastian Bach in Berlin auf.[224] 1832 wird Paris von einer Cholera-Epidemie geschüttelt. Jacques Offenbach (1819–1880) wird 1833 Student am Pariser Konservatorium und etabliert sich in den folgenden Jahren als Virtuose in Paris, wie es Lise Cristiani einige Jahre später tun wird. 1834 debütiert der Cellist Adrien-François Servais mit großem Erfolg in

220 Vgl. u.a. die Karlsbader Beschlüsse 1819 und die sogenannten preußischen Reformen.

221 Geiss 2006, S. 347.

222 Ebd.

223 Ebd., S. 69.

224 Klessmann 1990, S. 92.

Paris.[225] Lise Cristiani wird ihn in Kiew kennenlernen und mit ihm musizieren. Die Cellisten Alexander Batta (1816–1902) und François de Munck (1815–1854), wie Servais Schüler von Nicolas Joseph Platel, teilen sich den Grand Prix des Konservatoriums in Brüssel. Batta geht nach Paris und avanciert bald zum Liebling der Salons; sein Spiel sei inspiriert gewesen von der Gesanglichkeit des beliebten Tenors Rubini, so Margaret Campbell.[226] Gesangliches und emotionales Spiel wird bewundert und zugleich kritisiert: im Falle von Batta als zu weiblich, im Falle Cristianis als genau angemessen weiblich.[227]

Die Denker des Vormärz fordern soziale und politische Veränderungen und sehen in der liberalistischen französischen Politik einen Rückschritt. Die Reaktion ist auch im Kulturwesen spürbar. 1836 verändert die Zeitungsreform von Émile de Girardin das Pressewesen in Frankreich durch teurere Inserate, niedrigeren Abonnementpreis und den Feuilletonroman. Schriftsteller wie George Sand und Honoré de Balzac schreiben für die *Presse* oder den *Siècle*[228]; auch im *Journal des Débats*, in dem 1860 Lise Cristianis Reiseberichte veröffentlicht werden, erscheinen Fortsetzungsromane. Dadurch entsteht insbesondere in Paris eine neue Plattform für Künstler und Virtuosen, welche die Presse für Werbezwecke nutzen.[229]

Servais kehrt mit noch größerem Erfolg 1836 nach Paris zurück[230] und wird der „Paganini des Cellos“[231] genannt. Vielleicht hat ihn Lise Cristiani als Kind spielen gehört? 1839 unternimmt er die erste seiner zahlreichen Russlandreisen, die laut Fétis Lise Cristiani zu ihrer eigenen Reise dorthin inspiriert haben sollen.[232] 1849 wird Servais Nachfolger von Platel am Conservatoire de Bruxelles.[233] Russland ist das Ziel vieler Virtuosinnen und Virtuosen: So unternimmt auch die Pianistin Marie Pleyel 1838 eine Konzertreise nach St. Petersburg, trifft dort Sigismund Thalberg (1812–1871) und Adolf Henselt (1814–1889)[234]; am 26. Oktober desselben Jahres spielt sie in Leipzig das Klavierkonzert Nr. 1 in g-Moll op. 25 von Felix Mendelssohn Bartholdy, der 1845 Lise Cristiani in Leipzig kennenlernen wird und ihr später zwei Kompositionen widmet.[235]

---

225 Campbell 2004, S. 40.

226 Ebd., S. 44.

227 Vgl. Hoffmann 1991, S. 206.

228 Kracauer 1976, S. 72.

229 Vgl. ebd.

230 Pape/Boettcher 2005, S. 149.

231 *Didaskalia. Blätter für Geist, Gemüth und Publizität*, 15. Januar 1844 (Nr. 15), NP [mit Verweis auf die *Berliner Zeitung*]; vgl. Campbell 2004, S. 40.

232 Fétis 1883, S. 295f.; vgl. Hoffmann 1991, S. 204.

233 Ebd., S. 41.

234 Kip 2010.

235 Ebd., S. 19.

1839/40 reist Fanny Hensel nach Italien,[236] verbringt dort eine künstlerisch sehr produktive Zeit in der Villa Medici, während der eine freundschaftliche Verbindung zu dem jungen französischen Komponisten Charles Gounod entsteht. Wenige Jahre später wird Lise Cristianis Bruder[237] Jules-Paul Barbier mit Charles Gounod, Giacomo Meyerbeer und Jacques Offenbach zusammenarbeiten.[238] Offenbach spielt als Cellist sein erstes öffentliches Konzert in der Musikalienhandlung Pape in Paris zusammen mit seinem Bruder Jules und präsentiert eigene Kompositionen, 1840 erscheint bei Schlesinger der Erstdruck von seiner Komposition *Prière et Boléro*[239], die Lise Cristiani in ihre Konzertprogramme aufnehmen wird. Richard Wagner lebt in den Jahren 1840/41 in Paris und wird von Giacomo Meyerbeer unterstützt, was ihn nicht hindert, 1850 eine Hetzschrift über *Das Judenthum in der Musik* zu schreiben.[240] 1842 wird die Komponistin und Pianistin Louise Farrenc als eine der ersten Frauen Professorin für Klavier am Pariser Conservatoire, bereits 1822 und 1825 wurden einige ihrer Kompositionen verlegt.[241] 1843 publiziert die Kölner Komponistin Sophie Seibt drei Romanzen für Violoncello oder Violine, die in der *Neuen Zeitschrift für Musik* 1844 lobend besprochen werden.[242] Im Vorfeld der Revolutionen um 1848 werden Forderungen der Frauenbewegung artikuliert, die sich auch auf das Selbstbewusstsein von Künstlerinnen auswirken.

3.3.2 Eine Künstlerfamilie

Lise Cristiani wurde in Paris geboren, im Jahr 1825 oder 1827. Sie wächst nicht bei ihren leiblichen Eltern, sondern in der Familie ihrer Großmutter Agathe Marie Richard auf.[243] Agathe Richard[244] war Schauspielerin und heiratete am

236 Vgl. Weissweiler 1990, S. 159f., Schleuning 2009, S. 306.

237 Im Folgenden werde ich von Jules-Paul Barbier als Lise Cristianis Bruder sprechen, auch wenn er genau genommen sowohl ihr Stiefbruder als auch ihr Onkel ist, die Kinder aber wie Bruder und Schwester aufwuchsen.

238 Vgl. Weissweiler 1990, S. 159f.

239 Offenbach, Jacques: *Introduction, Prière et Boléro*, hg. von Jürgen Wolf, Robert Lienau Verlag, Frankfurt a. M. 2002, Originalfassung als Teil der *Grande scène espagnole* für Cello und Streichsextett oder Streichorchester.

240 Wagner 1850.

241 Heitmann 2012.

242 Seibt, Sophie: Drei Romanzen op. 1, kommentiert von Freia Hoffmann, Lilienthal bei Bremen, Edition Eres.

243 Agathe trug den Spitznamen „(Grand-)maman Galop", so wird sie auch in den Gedichthandschriften von Jules-Paul Barbier genannt (Nachlass Barbier/BNF); vgl. Sammlung Barbier / de Meyenbourg.

244 Agathe Marie Richard (1785–1875).

27. Juni 1818[245] Nicolas-Alexandre Barbier.[246] Dieser war Maler und während des Rückzugs der französischen Armee aus Russland in der militärischen Verwaltung tätig gewesen, bevor er Zeichenlehrer der Kinder von Louis-Philippe sowie Maler im Dienste des Duc d'Aumale[247] wurde. Er ist Lise Cristianis[248] Stiefgroßvater und übernimmt die Rolle eines Vaters. Agathe war vier Jahre älter als Nicolas-Alexandre, den sie heiratete, als sie 34 Jahre alt war. Sie brachte zwei Töchter mit in die Ehe: Victoire und Lisberthe. Mit Nicolas-Alexandre bekam sie eine Tochter, Jenny, und einen Sohn, Jules-Paul.[249] Als dieser geboren wurde, war Agathe bereits 40 Jahre alt. Victoire wurde 1808 in Straßburg geboren, aus ihren Erinnerungen geht hervor, dass Agathe Richard mit ihren Töchtern eine Zeit lang in Holland gelebt hat, als Victoire fünf Jahre alt war.[250] Die Kinder dieses ungewöhnlichen und unkonventionellen Künstlerehepaares wurden wiederum Künstlerinnen und Künstler: Victoire Barbier[251] wurde Malerin und Schriftstellerin und präsentierte 1831 ihre Landschaftsgemälde in einer Ausstellung, des Weiteren arbeitete sie als Zeichenlehrerin. Aus einem biographischen Artikel über Nicolas-Alexandre Barbier im *Dictionnaire de Biographie Française*[252] geht hervor, dass Nicolas-Alexandre mit seiner angenommenen Tochter Victoire 1861 ein Buch publizierte: *Le maître d'aquarelle*, ein Handbuch für Maler. In fortgeschrittenem Alter veröffentlichte Victoire Barbier spirituelle und lebensphilosophische Schriften.[253] Aus ihrem Text *Causeries du soir*[254] kann man die Information entnehmen, dass Lise Cristiani Victoires Nichte, die Tochter ihrer älteren Schwester Lisberthe war. Beide Mädchen, Victoire und Lisberthe,

245 Sammlung Barbier / de Meyenbourg.

246 Nicolas-Alexandre Barbier (1789 Paris – 1864 Sceaux).

247 Henri-Eugène-Philippe-Emmanuel d'Orléans, duc d'Aumale (1822–1897), französischer General, Historiker, Kunstsammler (Woerth, Eric: *Le duc d'Aumale. L'étonnant destin d'un prince collectionneur*, Paris 2006).

248 In dieser Arbeit wird vorwiegend der ganze Name der Künstlerin bzw. ihr Nachname verwendet. Nur in den Kapiteln, in denen es um enge Familienkonstellationen und um das Kind Lise/Lisa geht, habe ich mich entschieden, ihren und die Vornamen ihrer Verwandten zu verwenden.

249 In der Geburtsurkunde steht Paul Jules Barbier, sein Name wird in verschiedenen Variationen verwendet, hier im Folgenden: Jules-Paul Barbier.

250 Barbier, V. 1878, o. S.

251 Victoire Barbier (1808–1906). „Victoire est inhumée à Sceaux. Sur la tombe de Sceaux est indiquée une date de naissance erronée 25 / 12 / 1806. Son acte de naissance est à Strasbourg"; Marianne von Meyenbourg, unveröffentlichtes Dokument, Sammlung Barbier / de Meyenbourg.

252 d'Amat/Prevost 1951, S. 315f.

253 Auswahl der Werke von Victoire Barbier: Le livre d'enfance. Récits de la grand-tante sur la prière et l'histoire sainte, 1874; Entretiens spirituels, 1876; Voyage sentimental autour d'une vieille femme, 1878; Les merveilles du bon Dieu, 1879; Causeries du soir par Mlle V. Barbier, 1880; Éloges de la vieillesse, 1886 u. a.; vgl. d'Amat/Prevost 1951, S. 315f.

254 Barbier, V. 1880, S. 37.

wurden von Nicolas-Alexandre Barbier als Töchter angenommen, wer ihre leiblichen Väter waren, ist ungeklärt. Insbesondere Lisberthes und auch Jennys Schicksale liegen im Dunkeln, keine Lebensdaten, keine Informationen sind erhalten, auch nicht im Familiennachlass Barbier.[255] Jules-Paul zeichnete seine Schwester Jenny auf ihrem Sterbebett, eine handschriftliche Notiz unter der Zeichnung lautet: „Portrait par mon père Paul-Jules Barbier de sa pauvre sœur Jenny"[256] und lässt schlussfolgern, dass Jenny jung starb. Einer erhaltenen Heiratsurkunde zufolge heiratete Lisberthe Barbier im Jahr 1827 Étienne Paul Chrétien. Dieser ist in der Geburtsurkunde von Jules-Paul Barbier als „témoin" eingetragen, wahrscheinlich in der Funktion eines Paten. Er war Privatier[257] und ein Freund der Familie Barbier; 1825, als Jules-Paul geboren wurde, war er 45 Jahre alt. Die Heiratsurkunde von Lisberthe und Étienne Paul Chrétien ist datiert auf den 18. Januar 1827, das Jahr, welches als Lises Geburtsjahr angegeben wurde. Lise hieß zunächst Chrétien, später Barbier, nachdem sie bei Agathe und Nicolas-Alexandre Barbier aufwuchs. Ihr Künstlername Cristiani ist eine italianisierte Form des Namens Chrétien. Häufig werden sie und später auch Rezensenten den Doppelnamen Cristiani Barbier[258] verwenden. Ob ihr Geburtsname Lise, Lisa oder Elise war, ist aufgrund der fehlenden Geburtsurkunde nicht mehr festzustellen, alle drei Namen werden in Presseartikeln und anderen Quellen verwendet.[259]

Lise Cristiani wuchs mit dem fast gleichaltrigen Jules-Paul Barbier wie mit einem Bruder auf. Auch Jenny und Victoire Barbier sind zugleich ihre Tanten und Stiefgeschwister. Es entsteht eine Generationenverschiebung durch die zwei Töchter Lisberthe und Victoire, die Agathe mit in die Ehe brachte. Jules-Paul Barbier ist also zugleich Onkel und Stiefbruder; seine Mutter Agathe ist Lises Großmutter. Als konzertierende Cellistin war Lise Cristiani zu Lebzeiten die erfolgreichste Künstlerin aus dieser Familie. Aus heutiger Perspektive ist vor allem Jules-Paul Barbier der Nachwelt durch seine Libretti in Erinnerung, die er für zahlreiche Opern und Operetten von Giacomo Meyerbeer, Ambroise Tho-

255 „On ignore tout de Jenny et de Lisberthe", Marianne von Meyenbourg, unveröffentlichtes Dokument, Sammlung Barbier / de Meyenbourg.

256 Es sind Ähnlichkeiten zwischen Lise und Jenny zu sehen, wenn man die Zeichnung mit dem einzigen überlieferten Porträt Lises vergleicht, siehe Abb. 1, Abb. 4.1 und Abb. 4.3

257 Frz. „rentier".

258 Auch in verschiedenen Variationen: Barbier Cristiani, B. Cristiani, Cristiani-Barbier.

259 Einmal wird sie als Christiane Barbier angekündigt. BMZ 1844, 1. Jg., Nr. 34; vgl. Hoffmann 1991, S. 196. Cristiani selbst hat einen von zwei vorliegenden handschriftlichen Briefen mit „Lise Cristiani" unterschrieben, so dass man vermuten kann, dass sie als erwachsene Künstlerin den Vornamen „Lise" verwendete. Auf einem Albumblatt aus dem Jahr 1846, auf das sie die ersten Zeilen der *Musette* von Offenbach notierte, unterschrieb sie mit „Lise Barbier Cristiani"; Straeten 1915, S. 532. Im Kindertheaterstück (siehe Kap. 3.3.3) wird der Name Lisa verwendet, siehe Dok. 4.3.

mas, Victor Massé, Jacques Offenbach und Charles Gounod schrieb.[260] Er verfasste zahlreiche Theaterstücke, sogenannte Vaudevilles und arbeitete eng mit Michael Carré an der Opéra Comique Paris zusammen. Außerdem publizierte er Lyrik: *Le Franctireur* (1871), *La Gerbe* (1882), *La fleur blessé* (1890).[261] In *La Gerbe* findet man ein Gedicht an Lise Cristiani. Jules-Paul Barbier[262] wird im *Dictionnaire de biographie française* als „Original"[263] bezeichnet, als eine Persönlichkeit „aus der Theaterwelt, die sich mit dem realen Leben schwertat"[264]. „Il a accolé son nom à celui des musicien les plus illustres du XIXe s., mais n'a pas comme eux connu la gloire"[265], kann man in dem biographischen Artikel über ihn lesen.

3.3.3 Einblick in den Alltag der Familie Barbier 1832

Im Archiv der BNF findet man eine Sammlung von unedierten Textfragmenten aus dem Nachlass Jules-Paul Barbiers.[266] Darunter ist die Handschrift eines Theaterstücks, geschrieben 1832: „Composé et dedié à Madame Barbier par Monsieur et Mademoiselle Barbier", mit den Hauptrollen „Jules und Lisa". Das erste Mal aufgeführt am 6. Februar, „le jour de sa fête".[267] Andere Familienmitglieder sind ebenfalls namentlich vertreten: Jenny, Victoire, Agathe.[268] Mme Barbier ist wahrscheinlich die (Groß-)Mutter Agathe. Lisa sagt gleich zu Beginn, „c'est demain la fête de maman". Es ist möglich, dass es sich um den Ge-

260 U. a. *Le roman de la rose* (1854, Pascal); *Dinorah ou Le Pardon de Ploërmel* (1859, Giacomo Meyerbeer); *Philémon et Baucis* (1860, Charles François Gounod), *Faust* (ders., 1859), *Roméo et Juliette* (ders., 1867), *La reine de Saba* (ders., 1862), *La Colombe* (ders., 1860), *Hamlet* (ders., 1868) und *Psyche* (1857); *Mignon* (Musik von Ambroise Thomas); *Les noces de Jeannette* (Victor Massé); *La fille d'Égypte* (Jules Beer); *Les Contes d'Hoffmann* (Hoffmanns Erzählungen), Musik von Jacques Offenbach; *Jeanne d'Arc* (Gounod [1818–1893]); vgl. Hoffmann 2007/2010.

261 D'Amat/Prevost 1951, S. 332.

262 9. März 1825 – 17. Januar 1901.

263 d'Amat/Prévost 1951, S. 332.

264 Ebd.: „Vivant dans une atmosphère de thèatre, il avait peine à se plier à la vie réelle […]."

265 Ebd., S. 331.

266 Unedierte Fragmente/Fragments inédits, Ms 137-139, Nachlass Jules-Paul Barbier, BNF, Abteilung Opéra.

267 Ebd. *La veille d'une fête ou il ne faut pas tant de beurre pour faire un quarteron.* Composé et dédié à Madame Barbier par Monsieur et Madmoiselle Barbier, 1832, siehe Dok. 4.3.

268 Mademoiselle Barbier könnte sowohl Lise als auch Victoire oder Jenny sein. Im Februar 1832 war Jules-Paul Barbier (1825–1901) sechs Jahre alt, Lise Cristiani war vier, nach dem in der BMZ angegebenen Geburtsdatum. Es ist möglich, dass sie und Jules-Paul etwa gleichaltrig waren, da zu vermuten ist, dass sie 1825 geboren wurde und das häufig angegebene Geburtsdatum 1827 falsch ist.

burtstag von Lises Mutter Lisberthe handelt, zumal auch das Datum zum Geburtstag am „6. Februar 1832“ nicht mit dem Geburtsdatum Agathes übereinstimmt.[269] Oder es wird Agathes Namenstag gefeiert.[270]

Lisa und Jules werden an erster Stelle aufgelistet, außerdem scheinen die Rollen von Victoire und Jenny weniger exponiert und auch ein bisschen undankbar zu sein, was für eine Gemeinschaftsproduktion von Jules-Paul und Lise spricht – oder für eine ironische Distanz der älteren Schwestern. Interessant ist die Verwendung des Namens Lisa, den man später häufig gerade in Kombination mit dem italienisierten Künstlernamen findet, sowie die Charakterisierung der Rolle der kleinen Lisa: „ein junges, hübsches Ding, ein bisschen geziert, sich anmuthig gebend“[271]. Es scheint wie eine Vorausdeutung: „[S]ich anmuthig gebend“ wird eine Eigenschaft Lise Cristianis sein, die ihr die Karriere als Cellistin ermöglicht, eine Eigenschaft, die sowohl in Bezug auf ihr Spiel als auch auf ihre Persönlichkeit immer wieder hervorgehoben werden wird. Der ironische Zusatz „ein bisschen geziert“ stammt sicher nicht von dem Mädchen selber, auch die Charakterisierungen der anderen Personen haben etwas so Komödiantisch-Ironisches, dass man hier wieder geneigt ist zu vermuten, Victoire habe eventuell als Ältere das Stück verfasst, zumindest aber, die älteren Geschwister oder der Vater hätten den Kleineren dabei geholfen. Die Beschreibung der drei weiteren Rollen sieht folgendermaßen aus: Jules als „ein junger Mann, mit einem lebendigen und aufbrausenden Charakter“[272], Jenny als „eine junge Person, mehr als naiv“[273] und Victoire „ad libitum“.

In der *Geschichte des privaten Lebens*[274] wird die Gestaltung von bürgerlichen Soireen, die im Laufe des 19. Jahrhunderts beliebt wurden, beschrieben:

> „Abendgesellschaften gaben Gelegenheit, Musik und Theaterspiel zu pflegen. […] Auch das Laientheater hatte einen festen Platz im privaten Leben. Scharaden waren im 19. Jahrhunderts ein bevorzugtes Vergnügen. […] Um 1830 waren ‚lebende Bilder‘ in Mode

269 Agathe Marie Richard wurde am 30. Juni 1785 geboren. Hier entstehen viele Fragen: Warum ist das Theaterstück Mme Barbier gewidmet, wenn es für Lisberthe geschrieben wurde? War sie von Chrétien getrennt? Verwendete die Familie intern einfach den Namen Barbier für alle, weil sie sowieso als große Familie alle zusammengehörten? War Chrétien vielleicht schon gestorben und Lisberthe mit Lise in die Familie zurückgekehrt, so dass sie alle zusammen lebten? Die genannten Textausschnitte sprechen jedenfalls dafür, dass Lises Mutter zu dem Zeitpunkt (1832) noch lebte. Später bei Gaillard wird auch nur erwähnt, der Vater sei früh gestorben, was mit der Mutter geschah, erfährt man nirgendwo.

270 Hinweis von Marianne de Meyenbourg. Der Namenstag der heiligen Agathe ist der 5. Februar.

271 Frz. Orig.: „jeune coquette, un peu minaudière, et se donnant des graces“, Übersetzung von Katharina Deserno.

272 Frz. Orig.: „jeune homme, d’un caractère vif et emporté“, Übersetzung von Katharina Deserno.

273 Frz. Orig.: „jeune personne; plus que naive“, Übersetzung von Katharina Deserno.

274 Perrot 1992.

> [...][.] Gesellschaftskomödien [...][,] Kinder ahmten häufig die Geselligkeitsformen der Erwachsenen nach, und so spielten auch sie Theater, allerdings nachmittags."[275]

Das kleine Kinder-Kunstwerk schildert in anrührender Weise einen Tag im Leben einer Familie im Jahr 1830. Kinder, die sich auf den Geburtstag und das Essen freuen, Verstecken spielen, Spazierengehen wollen, streiten. Zugleich teilt sich etwas über den Erziehungsstil der Familie Barbier mit, der kreative Aktivitäten der Kinder wie Schreiben, Theaterspielen, Malen, Komponieren und Musizieren wichtig gewesen sein müssen. Damit steht diese Familie zum einen in der Tradition der Künstlerfamilien, die künstlerische Fähigkeiten an ihre Kinder weitergaben und diese auf einem professionellen Weg als Künstlerinnen und Künstler förderten, zum anderen entspricht diese vielseitige Förderung auch einem neuen Modell, das die bürgerlichen Familien vertraten, in denen musische Bildung als wichtiger Bestandteil der Erziehung von Kindern angesehen wurde.

3.3.4 Die Frage nach dem Geburtsdatum

In der *Berliner musikalischen Zeitung*[276] wird der 24. Dezember 1827 als Geburtstag Lise Cristianis angegeben. Im Reisebericht, der 1861 im *Journal des Débats* von Nicolas-Alexandre Barbier veröffentlicht wurde, finden sich zwei Altersangaben, die Zweifel an diesem Datum aufkommen lassen. Während der Reise in den Kaukasus 1852 schreibt Lise Cristiani: „[I]ch erreichte dort mein 27. Lebensjahr [...] Man gab mir zu Ehren ein Kosaken-Fest."[277] Zuvor wird im *Journal des Débats*, datiert auf den Sommer 1848, davon gesprochen, sie habe ihr 23. Lebensjahr vollendet, was ebenfalls bedeuten würde, dass sie 1825 oder sogar, wenn das Geburtsdatum 24. Dezember stimmt, 1824 geboren wäre.

Das Alter nach unten zu korrigieren, war eine Praxis, die gerade in Bezug auf jugendliche Musiker und Wunderkinder nicht unüblich war.[278] Es gibt mehrere Gründe, die vermuten lassen, dass die Altersangabe in der *Berliner musikalischen Zeitung* falsch ist, so dass Lise zwei Jahre jünger erschien als sie eigentlich war. Der Artikel von Carl Gaillard ist das bisher einzige Dokument, das Zeugnis von Lise Cristianis Kindheit gibt – und er ist alles andere als eine zuverlässige Quelle, vielmehr ist er ein Kunstprodukt, eine konstruierte Geschichte über eine junge

275 Martin-Fugier, Anne: Riten der Bürgerlichkeit, in: Perrot 1992, S. 201–266, hier S. 221.

276 Gaillard 1846.

277 Frz. Orig.: „j'atteignis là ma vingt-septième année. On m'y donna une fête cosaque", zitiert nach Barbier, A. 1860, Teil 2, o. S.

278 Vgl. Timmermann 2011, S. 33.

Musikerin zu Beginn ihrer Karriere. Gaillard wollte mit dem Artikel „eine Menge alberner Gerüchte und kleiner Geschichten beseitigen", die sich um die Person Lise Cristianis verbreitet hätten, zudem „denen, die sie liebgewonnen, das Eigenthümliche ihrer Erscheinung erklären"[279]. Er beteuert, er wolle sich keinesfalls „dazu hergeben, für junge Künstler Biographien zu erfinden, wie eine gewisse Klasse von Heraldikern Stammbäume für neue Adlige", und betont, dass die Informationen, die er veröffentlicht, von „durchaus glaubwürdigen Personen"[280] stammten. Künstlerbiographien, und insbesondere die von ausübenden Musikern, werden schon zu Lebzeiten bewusst erzählt und gestaltet, das ist bis heute nicht nur üblich, sondern wird geradezu erwartet. Jedes Curriculum Vitae auf einer Website, jedes Interview ist ein solches Kunstprodukt. Dabei geht es nicht um das bewusste Verfälschen von Biographien, sondern um eine für die Öffentlichkeit gedachte Präsentation einer Lebens- und Wirkungsgeschichte. Mit der Verbreitung des Virtuosentums wurde in der ersten Hälfte des 19. Jahrhunderts auch eine neue Art von Marketing beliebt, die das Erzählen von Geschichten über die Virtuosen als Mittel zur Werbung einsetzte. Schon in der ersten Hälfte des 19. Jahrhunderts gab es so viele Virtuosen, dass Kracauer von einer „Übersättigung des Markts"[281] spricht. Dies produzierte einen „Konkurrenzkampf, der zu den ausschweifendsten Reklamen nötigte"[282]. So wurden in der *Gazette Musicale* und anderen Presseorganen alle möglichen Anekdoten erzählt, die werbewirksam erschienen, sei es über soziales Engagement, über die „herzbezwingende Blässe [...], die [...] von einer Krankheit zurückgeblieben sei"[283] oder über eine unbeschwerte Jugend auf dem Lande, wie im Fall Lise Cristianis. Besonders verbreitet war auch das Heruntersetzen von Altersangaben, was bei der Vermarktung von musikalischen Wunderkindern und jugendlichen Musikerinnen und Musikern die Attraktion steigern sollte.[284] Werbestrategie wäre also ein Grund, warum Lise Cristianis Geburtsdatum mit 1827 angegeben wurde. 1825 geboren wäre sie bei ihrem Debüt schon 20 Jahre alt gewesen, eine junge Erwachsene, mit 17 dagegen hatte sie noch den Vorteil der Jugendlichen, sowohl in Bezug auf ihr Spiel als auch auf ihre Rolle als junge Frau. Sie debütierte in einem Alter, in dem andere Musikerinnen schon berühmt und etabliert waren, wie Clara Schumann, Theresa Milanollo oder Marie Pleyel, und die auf der Grundlage ihrer Erfolge als Wunderkinder eine Fortführung

279 Gaillard 1846.
280 Ebd.
281 Kracauer 1976, S. 67.
282 Ebd.
283 Ebd. Über das Auftreten des Pianisten Döhler in Marseille und eine Besprechung in der *Gazette Musicale.*
284 Vgl. Timmermann 2011.

ihrer Karriere beanspruchten. Für andere dagegen, wie z.B. Nannerl Mozart und Fanny Mendelssohn, war in diesem Alter die Entscheidung gegen eine professionelle Laufbahn, trotz erfolgreicher Wunderkindkarriere, bereits getroffen worden.[285]

Nicolas-Alexandre Barbier äußert sich im *Journal des Débats* ungenau über Lise Cristianis Alter zu Beginn ihrer Karriere:

> „Währenddessen hatte sich in den Salons von Paris das Renommee eines schönen jungen Mädchens aus einer Familie von Dichtern und Künstlern herumgesprochen, eine Virtuosin, kaum 17 oder 18 Jahre alt."[286]

Es entsteht der Eindruck, die Familie Barbier habe eher auf eine umfassende künstlerische Bildung ihrer Kinder in Musik, Zeichnen und Schreiben gesetzt als auf eine frühe Spezialisierung. Cristiani war kein Wunderkind mehr, sondern eine junge Frau, als sie an die Öffentlichkeit des Konzertlebens trat.

Eine weitere Vermutung bezüglich des veränderten Geburtsdatums hat mit Lise Cristianis Mutter zu tun. 1825 wäre Lise unehelich zur Welt gekommen, so wie ihre Mutter Lisberthe und ihre Tante Victoire. Die gesellschaftliche Rolle einer Frau, die ein uneheliches Kind bekam, war mehr als prekär:

> „Doch zwischen 1750 und 1850 [...] nahm die Zahl der unehelichen Geburten überall zu [...] Vom Gesetz kaum geschützt[,] sah sich das einmal ‚gefallene' Mädchen auf dem Lande ebenso wie in der Stadt häufig als Freiwild behandelt. Die öffentliche Meinung ließ sogar Vergewaltigung zu. [...] Eine Frau, die schwanger geworden war, ohne verheiratet zu sein oder heiraten zu können, blieb bis auf ganz wenige Ausnahmen ganz auf sich allein gestellt."[287]

Auch wenn in der Familie Barbier ein eher unkonventioneller Umgang mit außerehelichen Geburten geherrscht haben mag, war eine solche Information für das bürgerliche Publikum, dem diese Familiengeschichte doch recht skandalös vorkommen musste, sicher nicht geeignet. Die Familie Barbier scheint bemüht gewesen zu sein, einen Kompromiss zwischen freiem, unkonventionellem Künstlertum und bürgerlicher Familienkultur zu leben. Nicolas-Alexandre Barbier zählte sich als Zeichenlehrer am Hofe sicher nicht zur Bohème. Auch Agathe Barbier hatte die Zeit, in der sie wahrscheinlich als Schauspielerin viel gereist war, in Straßburg und Amsterdam gelebt und kein bürgerliches Leben geführt hatte, mit der Heirat hinter sich gelassen – und dies vielleicht nicht ungern. Über

285 Abraham Mendelssohn schreibt an seine fünfzehnjährige Tochter Fanny, dass „die Musik [...] für Dich stets nur Zierde, niemals Grundbass deines Seins und Thuns werden kann und soll", zitiert nach Schleuning 2007, S. 63.

286 Barbier, A. 1860, Teil 1, o.S.

287 Knibiehler 1994, S. 398.

das Leben von Schauspielerinnen in der Vergangenheit ist vergleichsweise wenig übermittelt. Michelle Perrot fragt nach der Lebenswelt der Schauspielerinnen im 19. Jahrhundert in der *Geschichte des privaten Lebens*:

> „Hat es ein weibliches Pendant zum Dandytum, eine frei gewählte und freizügig gelebte Ehelosigkeit gegeben? In der Welt der Schauspielerinnen, über deren Privatsphäre wir fast keine Informationen haben, fände man wohl Beispiele dafür."[288]

Freia Hoffmann beschreibt die Sonderrolle der Opernsängerinnen und deren Wahrnehmung durch das bürgerliche Publikum:

> „Die Oper, die das Bürgertum als Institution vom Adel übernommen hatte, galt [...] als ein Ort, wo Sinnlichkeit erwünscht und erotische Aktivität und Kontaktaufnahme von beiden Seiten erlaubt waren. Mit der Wahrnehmung der Primadonnen genoß das Publikum auch deren sexuelle Ausstrahlung. Das Privatleben der Sängerinnen, ihre wahren oder frei erfundenen Liebesaffären nehmen in der Berichterstattung der Musikzeitschriften einen breiten Raum ein [...]."[289]

So waren die Sängerinnen, besonders im 17. und 18. Jahrhundert in reisenden Opernkompanien,[290] ihrem Status nach den Schauspielerinnen vergleichbar, obwohl Letztere ein geringeres Ansehen hatten und ihre finanzielle Situation meist noch prekärer war. „Möglicherweise wird jedoch die soziale Rolle der Kurtisane von der sozialen Rolle der Schauspielerin in der Öffentlichkeit abgelöst"[291], vermutet Ruth B. Emde in ihrem Buch über Schauspielerinnen des 18. Jahrhunderts. Schauspielerinnen wurden bis ins 20. Jahrhundert häufig an der Grenze zur Prostitution wahrgenommen: „„Betrachtet man die lange Reihe der großen Schauspielerinnen [...] so schreitet man sozusagen durch eine Porträtgalerie von Liebeskünstlerinnen [...] Die Schauspielerin ward als künstlerisch-schaffende Frau immer dem Eros untertan",[292] kann man 1905 in einer Veröffentlichung über *Die Frau als Schauspielerin* lesen. Noch 1927 erschien ein Text mit dem Titel *Komödiantin-Dirne?*[293].

Eventuell hatte auch Lisberthe Barbier, ihrer Mutter Agathe nachfolgend, einen so unbürgerlichen Beruf wie die Schauspielerei ergriffen. Es ist möglich, dass Lise Cristiani ein Kind aus einer vorehelichen Beziehung ihrer Mutter Lisberthe war und dass ihr offizielles Geburtsdatum 1827 bewusst auf das Jahr der Hochzeit von Étienne Paul Chrétien und Lisberthe verändert wurde. Vielleicht

288 Perrot, Michelle: Außenseiter: Ledige und Alleinstehende, in: dies. 1992, S. 293–310 hier S. 306.
289 Hoffmann 1991, S. 56f.
290 Vedder 2009.
291 Emde 1997, S. 64.
292 Stümke 1905, S. 94ff., zitiert nach Emde 1997, S. 32.
293 Bauer 1927; vgl. Emde 1997, S. 32.

war Chrétien gar nicht der leibliche Vater, sondern er nahm Lise als Tochter an. Er war um einiges älter als Lisberthe Barbier, eventuell handelte es sich bei der Eheschließung um eine Art Arrangement.[294]

Wenn Lise Cristiani 1825 geboren wurde und Lisberthe Barbier 1827 Étienne Paul Chrétien zur Legitimation geheiratet haben sollte, dann entfällt die Version des Todes im Kindbett und es bleibt ungeklärt, ob Lise ihre Mutter gekannt hat.

3.3.5 Auf dem Weg zur Cellistin

1846 erschien in der *Berliner musikalischen Zeitung* ein Artikel von Carl Gaillard, der die Biographie Cristianis erzählt. Darin wird ihr Werdegang als „freudenreich" geschildert, und es heißt weiterhin:

> „Sie wuchs auf dem Lande auf, war wild, reizbar und sinnig, tummelte sich in diesem mit den Knaben herum und verliess sie in dem nächstfolgenden, um nach dem Felde und der Wiese zu eilen, um sich dort mit Blumen zu schmücken. Neben ihren kindlichen Spielen entwickelte sich ihr musikalisches Talent ohne alle Pflege. In ihrem achten Jahre componirte sie am Piano einige kleine Handstücke."[295]

Dieser Pressebericht konstruiert die Biographie einer Musikerin retrospektiv, wie das zeitgenössische, deutsche Publikum sie gerne sehen wollte: begabt, künstlerisch und ungewöhnlich. Zugleich wird sie aber nicht als exzeptionell genial dargestellt. Ein ‚genialisch-teuflischer' Diskurs, wie er um den Violin-Virtuosen Paganini entstand, kann als gegensätzliches Bild zu der Vorstellung von einem jungen Mädchen als Künstlerin im Rahmen der bürgerlichen Kultur, wie es bei Gaillard konstruiert wird, genannt werden. Und doch wird in dieser Skizze der Kindheit einer Musikerin schon das Überschreiten von bürgerlichen Konventionen angedeutet. Ein Rousseau'sches Erziehungs- und Bildungsideal klingt an, das natürliche und und naturverbundene Aufwachsen steht im Vordergrund, ein aufklärerisch-modernes und anscheinend für Mädchen wie Jungen

294 Vgl. Perrot, Michelle: Konflikte und Tragödien, in: Perrot 1992, S. 267–292, S. 273. „Der Vater starb früh", heißt es in der *Berliner musikalischen Zeitung*, über die Umstände seines Todes sowie auch über das Leben der Mutter Lisberthes sind keinerlei Informationen überliefert. Es ist möglich, dass Lisberthe ihr Kind zu den Großeltern gegeben hat, denn in dem Kindertheaterstück, dass Lisa und Jules-Paul zum Geburtstag von Agathe 1832 schrieben, sagt Lisa „elle ne pourrait plus rapporter à maman!". Möglich ist aber auch, dass Lise hier von Agathe Barbier spricht und dass Lisberthe bereits verstorben war. Man gewinnt aus diesem handschriftlichen Dokument den Eindruck, dass Lise als eines der vier Geschwister der Familie Barbier aufwächst.

295 Gaillard 1846.

gleichermaßen geltendes Prinzip.[296] Dies kann auch als Projektion des Autors davon, wie man sich ‚französische' Erziehung vorstellte, verstanden werden, denn Rousseau hatte bei aller Modernität seiner Schriften die unterschiedliche Erziehung von Mädchen und Jungen gefordert und es für wichtig erachtet, dass Kinder auf ihre geschlechtsspezifische Rolle im Erwachsenenleben vorbereitet würden. Somit spiegeln sich in der als freiheitlich geschilderten Jugend Cristianis auf dem Lande zum einen Diskurse um eine humanistische Erziehung, zum anderen eine deutsche Vorstellung von französischer, von Rousseau inspirierter Erziehung sowie die Annahme, dass es in Künstlerfamilien anders als in bürgerlichen Familien zugehe.

Aus der Geburtsurkunde von Jules-Paul Barbier ist zu entnehmen, dass die Familie 1825 in der Rue Bellefond, im heutigen 9ème Arrondissement in Paris wohnte. Die Kindheit auf dem Lande ist also aller Wahrscheinlichkeit nach eine frei erfundene Geschichte, eine Konstruktion zur Begründung der ungewöhnlichen Entwicklung Lise Cristianis zur Cello-Virtuosin.

Warum sie sich ausgerechnet das Cello ausgesucht hat?[297]

Für eine Künstlerfamilie wie die Familie Barbier war es nicht ungewöhnlich, dass die Kinder wiederum Künstler wurden. Kinder aus Musikerfamilien wurden häufig wiederum Musikerinnen und Musiker, man denke an Clara Wieck, Wilma Neruda, Maria Malibran, Wolfgang Amadeus Mozart, Ludwig van Beethoven und viele andere. Viele Instrumentalistinnen „stammten aus Musikerfamilien und gehörten daher weder ihrer sozialen Zugehörigkeit noch ihrem Selbstverständnis nach dem Bürgertum an",[298] so Cornelia Bartsch. Lise Cristiani stammte nicht aus einer Musikerfamilie, aber aus einer Künstlerfamilie, was vielleicht die Entscheidung, auch den Töchtern eine künstlerische, unkonventionelle Laufbahn zu ermöglichen, beförderte, zum anderen aber auch eine frühzeitige Wunderkindkarriere verhinderte. Es gab auch Künstler, die aus (groß-)bürgerlichen oder adligen Familien stammten. Man kann aber beobachten, dass in diesem Umfeld eine professionelle Karriere der Frauen seltener gefördert wurde und die Musikausbildung eher als „Zierde"[299] gesehen wurde – wie bei-

296 Eventuell zeigt sich hier auch der Einfluss deutscher Konzepte zu Bildung und Erziehung, wie bspw. von Wilhelm von Humboldt.

297 Vgl. folgende Kritik über die Cellistin Eliza de Try: „[O]n a peine à comprendre comment elle a été conduite à choisir un instrument jusqu'ici exclusivement réservé au sexe fort, qui, dans ses mains, à la vérité, devient très-gracieux" („Man hat Mühe zu verstehen, was sie bewogen hat, ein Instrument zu wählen, das bisher ausschließlich dem starken Geschlecht vorbehalten war, das in ihren Händen aber tatsächlich sehr anmutig wirkt"), in: *Le Ménestrel* 1865, 32. Jg., Nr. 43, 26.02.1865, S. 103, zitiert nach Hoffmann 2010c.

298 Bartsch 2007, S. 104; vgl. Hoffmann 1991, S. 83.

299 Brief von Abraham Mendelssohn an seine Tochter Fanny, zitiert nach Unseld 2009a, S. 92.

spielsweise bei Fanny Mendelssohn. Der Vater von Amalie Joachim (geb. Schneeweiss) war Beamter und soll explizit den Wunsch gehabt haben, dass seine Tochter Sängerin werde. Im Fall von Amalie vermischen sich aber die Motivationen, denn nach dem Tod des Vaters war deren Gesang die einzige Einnahmequelle der Familie und somit gleichbedeutend mit einer Chance, sich sozial und ökonomisch wieder zu stabilisieren.[300] Am Lebensweg von Clara Wieck ist abzulesen, wie sehr der Vater als Pianist und Klavierlehrer die Karriere seiner Tochter plante. Gleichzeitig hatte seine Frau, ebenfalls eine hochbegabte Pianistin, nach der Eheschließung mit dem Konzertieren aufhören sollen.[301] Das bürgerliche Ideal des weiblichen Wirkungskreises im häuslichen Bereich war in der ersten Hälfte des 19. Jahrhunderts, verstärkt durch restaurative und reaktionäre Politik, zwar präsent, wurde jedoch ständig durchbrochen. Die Möglichkeit für eine Frau aus einer Musikerfamilie, durch Heirat in einen anderen sozialen Kontext wie z.B. in das Großbürgertum oder den Adel aufzusteigen, war gegeben, aber kein selbstverständliches Ziel. Die Pianistin Marie Pleyel, die nicht aus einer Musikerfamilie stammte, heiratete auf Wunsch ihrer Mutter den wohlhabenden und einflussreichen Klavierfabrikanten Pleyel, obwohl sie sich zuvor mit Hector Berlioz verlobt hatte.[302]

Wie bei Louise Farrenc bedeutete die Eheschließung in diesem Fall keinen Abbruch der Karriere, beide Künstlerinnen erhielten Unterstützung durch ihre Ehemänner.

Dass aus dem Mädchen Lise Barbier nun auch eine Künstlerin werden sollte, erscheint also im Familienkontext ganz selbstverständlich. Im Gegensatz zu Victoire, die sich die Malerei aussuchte, oder Jules-Paul, der sich auf das Schreiben spezialisierte, muss Lise als besonders musikalisch begabt aufgefallen sein. Alle Kinder scheinen einen umfassenden künstlerischen Unterricht erhalten zu haben, aus Jules-Pauls Gedichten geht hervor, dass auch er Klavier spielen konnte, seine Zeichnung von Jenny zeigt sein Können auf diesem Gebiet.[303] Nicolas-Alexandre Barbier förderte Victoire, indem er mit ihr gemeinsam ein Buch schrieb[304], und scheint sie auch im Malen von Landschaftsgemälden angeleitet zu haben.

Warum soll Lise nun aber Cellistin werden, eine Form des Künstlertums ausüben, die keine Frau vorher vorgelebt hatte? Ein Instrument, das explizit als ‚männlich' galt?

300 Borchard 2011, S. 208.

301 Vgl. Weissweiler 1990.

302 Kip 2010, S. 12f.

303 Abb. 4.3.

304 Barbier, A./Barbier, V. 1850.

Vielleicht war gerade das einer der Beweggründe: Aus Lise sollte etwas Besonderes werden. Nicolas-Alexandre Barbier schreibt im *Journal des Débats* über seine Enkelin Lise Cristiani und die Motivation, mit dem Cellospiel etwas Ungewöhnliches zu leisten:

> „[E]ine Virtuosin, [...] welche – bereits beschrittene Wege fliehend und das Klavier und die Vokalisen verlassend – die mehr als originelle Idee gehabt hatte, mit ihren tapferen Händen den Bogen des Basses zu ergreifen [...]."[305]

In Barbiers Formulierung wird die Lesart nahegelegt, dass neben den strategischen Überlegungen, auf dem Virtuosenmarkt etwas Besonderes zu bieten, in der Familie Barbier der freiheitliche Umgang mit den Interessen und Begabungen der Kinder im Vordergrund gestanden haben muss. Vielleicht hatte Lise sich wirklich dieses große Instrument ausgesucht, weil sie durch eine unkonventionelle Erziehung möglicherweise freier von Vorurteilen war.

Im Artikel von Gaillard wird die Wahl des Cellos explizit dem Großvater Barbier zugeschrieben, Lise soll sich sogar geziert haben, obwohl sie eine Vorliebe für das große Instrument gehabt habe, so Gaillard. Die autodidaktische, ungezwungene Erziehung und eine allgemeine musikalische Ausbildung in Tonsatz, Harmonielehre und Klavierspiel, aber auch die Ausbildung im Gesang standen im Vordergrund. Aus diesem Bericht und aus der zeitgenössischen französischen Presse geht hervor, dass sie Klavierunterricht von Auguste Wolff bekam.[306] „Das Instrument war ihr nicht gesangreich genug und ihre Hand zu klein und zart für das moderne Clavierspiel"[307], so Gaillard, deswegen habe Lise mit dem Klavierspiel wieder aufgehört und stattdessen verstärkt Theorie gelernt sowie Gesangsunterricht genommen. So wusste auch die AMZ 1846 in einer Rezension zu einem Konzert in Berlin zu berichten, dass Lise Cristiani zunächst Sängerin gewesen sei.[308] Durch zu viel „Solfeygiren"[309] sei ihr die Stimme verloren gegangen, schlussfolgert Gaillard. Dies ist einer der Punkte, die ein wenig unglaubwürdig wirken bzw. einen unprofessionellen Umgang mit der musikalischen Ausbildung von Seiten der Familie oder der Lehrer unterstellen. Auszuschließen ist dies allerdings nicht, denn körperfeindliche Übemethoden waren in Mode, in der Klavierpädagogik kursierten „Handleitern", „Handkorsette" und „Sehnenspanner", die nicht selten, wie im Fall von Robert Schumann, Pianistenkarrieren verhinderten, statt sie voranzutreiben.[310] Die Idealisierung von Tech-

305 Barbier, A. 1860, Teil 1, o. S.

306 Vgl. Hoffmann 1991 und dies. 2007/2010; Auguste Wolff war Pianist und Klavierfabrikant.

307 Gaillard 1846.

308 AMZ 1846, Nr. 17, Sp. 289ff.

309 Gaillard 1846.

310 Busch 2008, S. 146f.

nik, ein Aufkommen mechanistischen Denkens, das durch die Industrialisierung beeinflusst war und das die Auffassung über den Körper, aber auch über Lernprozesse prägte, war auch in der musikalischen Ausbildung vorzufinden.[311] Zugleich war das Wissen über physiologische Vorgänge noch sehr unvollständig und oft falsch; Instrumental- und Gesangstechnik sowie insbesondere die Form des Unterrichts standen in starkem Gegensatz zu den geforderten musikalischen Höchstleistungen. Unter diesen Umständen ist es durchaus denkbar, dass ein ehrgeiziger, aber unwissender Gesangslehrer innerhalb kürzester Zeit eine Stimme ruinierte.

Großvater Barbier wird nun von Gaillard auch explizit als derjenige dargestellt, der die Karriere seiner Enkelin bewusst initiiert und wünscht:

> „Aber du sollst Künstlerin werden, Du musst Künstlerin werden! Was sollen wir aus Dir machen? Höre! ich war heute im Museum, habe mir die niederländische Schule angesehen, sehr schöne Sachen, unter andern eine Violoncellistin."[312]

So stellt sich Gaillard das Gespräch am Familientisch Barbier vor und lässt „Lieschen" antworten: „Eine Dame mit einem Violoncello, das ist eine sehr drollige Geschichte" – aber der Großvater verteidigt seinen Einfall vehement: „Wenn es mit Geschick geschieht, durchaus nicht [...]. Die heilige Cecilie spielte auch den Bass. Eine Idee, eine Idee!"[313] So wird das junge Mädchen Lise davon entlastet, selbst auf die ungewöhnliche Idee gekommen zu sein, Cellistin zu werden. Dass sie das Cello aber schon immer „sehr lieb gehabt" habe, wird hinzugefügt, um die junge Musikerin nicht gar zu fremdgelenkt und unmotiviert darzustellen. Warum sie das Cello lieb hatte? Gaillard argumentiert im Namen Cristianis „aus dem merkwürdigen Grunde[,] weil es grösser als die Violine und kleiner als der Contrabass ist" – und politisiert diese Aussage satirisch:

> „Wegen dieser Vorliebe für das juste milieu hat sie sicher Ansprüche auf eine Berücksichtigung Louis Philipp's und des Vaters der Doctrinairc, Guizot's."[314]

Guizot[315] und die Partei der „doctrinaires" vertraten als liberale Royalisten die Ideologie einer Fusion von Monarchie und Revolution.[316] Das „juste milieu" stand für eine Haltung sowie gesellschaftliche Position, die charakteristisch für die Politik Louis-Philippes war und aus der das Großbürgertum hervorging. Von den Denkern des Vormärz wurde der Begriff in kritischer Weise in Bezug auf eine

311 Vgl. Hoffmann 1991, S. 46.
312 Gaillard 1846.
313 Ebd.
314 Ebd.
315 François Pierre Guillaume Guizot (1787–1874).
316 Guizot 1816.

konservative und vorteilsorientierte Haltung von Finanziers, Rentiers, Royalisten, Dandys[317] und neuen Großbürgerlichen verwendet. „Das Guizotsche Frankreich [...] ist ein schlummerndes, gähnendes, erschöpftes Frankreich“[318], schrieb Gutzkow 1842.

Die von Gaillard entworfene Familienszene wird von ihm selber kommentiert:

> „Wer kennt nicht ähnliche Scenen, die im Kreise von Verwandten und Bekannten vorgefallen sind. Und doch liegt etwas ungemein Rührendes in den oft doch nur phantastischen Gebilden, die sich Eltern als End- und Ruhepunkte der Laufbahn ihrer talentvollen Kinder schaffen. Bei den Franzosen ist dieser stets verzeihliche und oft edle Ehrgeiz lebendiger als bei den Deutschen.“[319]

Hier klingt zum einen ein Diskurs über die Förderung des begabten Nachwuchses an, der im Kontext des sich etablierenden Virtuosentums zu verorten ist und durchaus eine ironische Komponente hat, zum anderen ein nationaler Diskurs, der mit der Abgrenzung zwischen französischer und deutscher Identität befasst ist und das Thema der Kindererziehung und Förderung als Projektionsfläche für diese Abgrenzung verwendet.

Ebenfalls 1846 erschien im dänischen Satiremagazin *Corsaren* ein illustrierter Bericht über Lise Cristiani. In elf Karikaturen wird fast dieselbe Geschichte erzählt wie bei Gaillard. Das Resümee: Aus einem wilden kleinen Mädchen, das nach einer Familienkonferenz zunächst ungelenk und unelegant am Cello sitzt, wird letztendlich eine Dame, die sich vor Bewunderern kaum retten kann.[320]

Lise Cristianis Cellolehrer war Bernard Bénazet, ein Schüler Bernhard Rombergs[321], Cellist am Théâtre Italien in Paris und laut *Le Ménestrel* „l'un des nos meilleurs professeurs“[322]. Gaillard spricht von einer „Meinungsverschiedenheit“ zwischen Lise Cristiani und Bernard Bénazet, wegen der sie bereits nach einem Jahr den Unterricht abgebrochen und selbstständig weitergeübt habe. In der französischen Presse und dem Artikel von Nicolas-Alexandre Barbier ist davon nichts zu finden. Dagegen wird in *Le Ménestrel* berichtet, Bénazet habe sich vor seinem Tod ganz der Förderung seiner „Lieblingsschülerin“ verschrieben und Lise Cristiani sei bei der Nachricht von Bénazets Tod sofort mit der Eisenbahn angereist, um an der Trauerfeier teilzunehmen:

---

317 Kracauer 1976, S. 60.

318 Gutzkow, Karl: Briefe aus Paris, 2 Bde., Bd. 2, Leipzig 1842, S. 204.

319 Gaillard 1846.

320 *Corsaren* 1846, Vol. 288, S. 106ff., Abb. 5.

321 Hoffmann 2007/2010.

322 *Le Ménestrel* 1846, 13. Jg., Nr. 43, 27. September 1846, Nouvelles Diverses, o. S.

„M. Bénazet, [...] avait consacré dans ses dernières années tous ses soins à développer le talent de son élève de prédilection, Mlle Lise B. Christiani, la nouvelle sainte Cécile du violoncelle, qui a produit tant de sensation il y a deux ans à Paris et tout récemment en Allemagne. Lors de la fatale nouvelle, Mlle Christiani [...] prit en toute hâte le chemin de fer et se fit un devoir d'accompagner le convoi de son professeur, qu'elle pleurait comme le meilleur des amis.“[323]

Von ihm habe sie die Fähigkeit erlernt, dem Cello Töne zu entlocken, die der menschlichen Stimme glichen[324], eine Fähigkeit, die ihr immer wieder als besonderes Merkmal ihrer spezifischen Spielweise zugesprochen wurde.

3.3.6 Beginn der Karriere

1839 unternimmt Clara Schumann eine Konzertreise nach Paris,[325] Bernhard Cossmann (1822–1910) wird 1840 Solocellist am Pariser Théâtre Italien.[326] Alfredo Piatti (1822–1900) konzertiert mit Liszt in München sowie in den folgenden Jahren u.a. auch in den großen Musikzentren Paris und St. Petersburg und lehnt eine Stelle am Mailänder Konservatorium zugunsten seiner Virtuosenkarriere ab; Jacques Offenbach spielt 1843 ein Konzert im Salle Herz mit ausschließlich eigenen Kompositionen,[327] er komponiert *Danse Bohémienne* sowie *Musette*, ein Stück, das Lise Cristiani häufig spielen wird und dessen Anfangstakte sie in Weimar auf ein Albumblatt notiert.[328] Am 14. Februar 1845 soll im Salle Herz Lise Cristianis Debütkonzert stattgefunden haben;[329] Freia Hoffmann geht aber davon aus, dass dieses Konzert nicht ihr erstes war, da in der *Berliner musikalischen Zeitung* von 1844 bereits Auftritte in Paris und Brüssel erwähnt wurden.[330] Auch in *Le Ménestrel* wird 1844 berichtet, sie sei für Alexander Batta eingesprungen.[331] Das erste Cello soll laut Gaillard und *Corsaren* nur 26 bzw. 28 Francs gekostet haben. Im Jahr der ersten Erfolge berichtet *Le Mé-*

---

323 Ebd.

324 Vgl. Barbier, A. 1860, Teil 1, o.S.; vgl. Lanoye 1863, S. 386.

325 Brief von Clara Schumann vom 28. Februar 1939, zitiert nach Hoffmann 1991, S. 298.

326 Campbell 2004, S. 34.

327 Kracauer 1976, S. 88.

328 Straeten 1915, S. 532; vgl. Kracauer 1976, S. 96.

329 Gaillard 1846, o.S.

330 Hoffmann 1991, S. 199.

331 „Un violoniste encore enfant, M. Boveri et une demoiselle Christiani Barbier, jouant du violoncelle à l'instar de Batta, complétaient, avec les instrumentistes anglais, le programme de M. Chaudesaigues“, *Le Ménestrel* 1844, 11. Jg., Nr. 526, 11. Februar 1844, o.S., BNF; Charles-Barthélémy Chaudesaigues (1799–1858), Komponist und Sänger.

nestrel, Lise Cristiani habe sich ein Guarneri-Cello für 7000 Francs gekauft und werde bald in Brüssel konzertieren.[332] In diesem Jahr 1845 spielte sie auch laut Gaillard in Paris und Rouen, letzteres Konzert sei „so einträglich, dass sie mit der Einnahme ein schönes Cello von Straduari [sic] anschaffen konnte“[333]. Hier bleibt offen, ob Cristiani tatsächlich zwei Celli in so kurzer Zeit kaufte oder ob es sich um Fehler handelt und in beiden Fällen das Stradivari gemeint ist. Dieses ist heute unter dem Namen Ex-Cristiani-Stauffer bekannt und wird in Cremona aufbewahrt.[334] Es stammte von einem Musikliebhaber, der Cristiani das Cello zu einem erschwinglichen Preis überließ, nachdem er sie spielen gehört hatte, so ist es dem *Journal des Débats* zu entnehmen.[335]

Einige Konzertangebote aus „Provinzialstädten“ habe Lise Cristiani ausgeschlagen, um in Wien zu spielen, so Gaillard weiter. Er spricht

> „von dem lebhaften Eindruck, den ihre Persönlichkeit und ihr Spiel auf die Zuhörer hervorrufen. Beides lässt sich bei ihr schwer trennen, und gleichviel ob sie eine begeisterte Künstlerin dem Violoncello zarte und seelenvolle Töne entlockt, oder ob sie als ein junges muthwilliges Mädchen sich im häuslichen Kreise bewegt, es ist der Zauber reiner Weiblichkeit, welcher der Künstlerin wie dem Mädchen einen Talisman zum Begleiter gegeben hat.“[336]

An dieser Stelle wird deutlich, dass es Gaillard auch und vor allem darum geht, das Phänomen einer Frau am Cello zu erklären und einzuordnen. Die Idealisierung einer „reinen Weiblichkeit“ wird hier nicht als Argument zur Einschränkung einer jungen Frau verwendet, sondern geradezu als Freibrief für weitere Expansion herbeizitiert, sowohl als Künstlerin als auch als Mädchen sei diese Eigenschaft für sie ein Glücksbringer, der es ihr erlaube, „muthwillig“ und eine „begeisterte Künstlerin“ zu sein und als Cellistin mit Erfolg zu konzertieren. Wie als Vorausdeutung beschreibt Gaillard hier genau das Konzept, das Lise Cristiani zu ihrer persönlichen Inszenierung machen wird oder schon gemacht hat – sie wird ‚unweibliche‘ Wege auf ‚weibliche‘ Art und Weise beschreiten und damit wird es ihr gelingen, als erste Konzertcellistin der Musikgeschichte ein ungewöhnliches und unkonventionelles Künstlerinnenleben zu führen.

---

332 „Mlle Lise B. Christiani, qui vient de faire l'acquisition d'un violoncelle-Guarnérius de 7,000 fr., se dirigera sur Bruxelles dans la quinzaine“, *Le Ménestrel* 1845, 12. Jg., Nr. 580, 30. März 1845, No.18, Nouvelles Diverses (3), o. S., BNF.

333 Gaillard 1846: gemeint ist natürlich Stradivari.

334 Vgl. Barbier, A. 1860, Teil 1, o. S.; vgl. Blot 2009; vgl. Hoffmann 2007/2010; vgl. Deserno 2008.

335 Barbier, A. 1860, Teil 1, o. S.

336 Gaillard 1846, o. S.

Im Mai 1845 tritt Lise Cristiani im „Saal des Musikvereins und im k. k. kleinen Redoutensaal" auf, die Konzerte sind ein großer Erfolg und werden überregional von der Presse besprochen.[337]

Was spielte die Cellistin Lise Cristiani? In Konzertbesprechungen sowie im Bericht von Nicolas-Alexandre Barbier werden häufig folgende Stücke genannt: das *Ave Maria* von Schubert, *Musette* sowie *Prière und Boléro* von Offenbach, Melodien aus *L'Elisir d'amore*, *Lucia di Lammermoor*, *Norma* und *Tancrède*.[338] Des Weiteren werden mehrfach „Fantasien von Batta" erwähnt. Es ist möglich, dass es sich auch bei den Opernmelodien um die Transkriptionen von Batta handelt. Dieser muss, ähnlich wie Lise Cristiani, eine Vorliebe für die gesangliche und romantische Seite des Cellos gehabt haben. Margaret Campbell schreibt, er habe sein Spiel dem Gesangsstil der Zeit angepasst und dadurch „verdorben"[339]; man kann sich vorstellen, dass er mit Vorliebe *glissandi* und *rubati* verwendete. „Wir haben alle Musikstücke, die Herr *Batta* ausführte, schon voriges Jahr von Fräul. *Cristiani* gehört", schreibt der Korrespondent der AMZ 1848 über ein Konzert in Petersburg und wirft Batta das „Vermeiden von Virtuosität" vor, wogegen bei Cristiani diese Programmauswahl als „normale Aeusserung weiblicher Natur und Empfindungsweise" anerkannt wird.[340] Tatsächlich waren beim Publikum Bearbeitungen besonders beliebt. Das Genre der Opernfantasie oder Opernparaphrase wurde von zahlreichen Instrumentalisten für die jeweiligen Instrumente komponiert. Diese Stücke hatten den Vorteil, dass sie Melodien verarbeiteten, die einem breiten Publikum bekannt waren – wie etwa zahlreiche Fantasien und Divertissements über die populären Opernmelodien von Giacomo Meyerbeer.[341] Neben Bearbeitungen der Themen von Schubert, Donizetti und Ernst sowie Kompositionen der Cellisten Batta, Franchomme und Offenbach spielte Cristiani auch „Kammermusik (Hummel, Rossini, Beethoven, Mayseder), die sie mit ortsansässigen Musikern aufführte"[342], so Freia Hoffmann. Der Frankfurter Cellist Emil Bockmühl[343], für den Schumann sein Cellokonzert a-Moll schrieb, der

337 Hoffmann 2007/2010.

338 „Un furtiva lacrima, Romance de L'Elisire d'Amore de Donizetti, Fantaisie sur Lucia di Lammermoor" (Barbier, A. 1860, Teil 1, o. S.).

339 Campbell 2004, S. 44.

340 AMZ 1848, Nr. 28, Sp. 454.

341 Chopin, Frédéric (1833): Grand duo concertant sur des thèmes de *Robert le diable*, B.70, M. Schlesinger, Paris; Kummer, Friedrich August (1850): 2 Divertissements sur des thèmes de l'opéra „Le prophete" op. 94, Breitkopf & Härtel, Leipzig.

342 Hoffmann 2007/2010.

343 Robert Emil Bockmühl (1820–1881) war Cellist und Komponist und veröffentlichte zahlreiche „‚Fantasien', Variationen, Divertissements" sowie ein Studienwerk „‚Etudes pour le développement du mécanisme du violoncelle; adoptées pour l'étude élémentaire de cet instrument au Conservatoire

aber den 3. Satz reklamierte, weil er zu unmelodiös und „unpracktikabel“ sei[344], widmete Lise Cristiani vier kurze – und ausgesprochen melodiöse – Charakterstücke.[345] Im *Musikalisch-literarischen Jahresbericht* des Verlags Hofmeister wurden 1846 diese *Vier Melodien* angekündigt. Arnaud Dancla komponierte für die Cellistin *Le signal du pâtre* op. 4 für Violoncello und Klavier.[346] Ob sie diese und vor allem auch die später bekannt gewordene *Romance sans paroles* D-Dur von Felix Mendelssohn in ihr Repertoire aufnahm, ist aus den erhaltenen Presseberichten und Konzertprogrammen nicht zu ersehen.

3.3.7 Konzertreisen durch Europa (1845–1847)

Das Virtuosentum, wie es sich im 19. Jahrhundert darstellt, war eine Neuheit, die das Konzertleben prägte und veränderte. Öffentliche Konzerte gewannen an Bedeutung, jedoch war und blieb der Salon zunächst die Eintrittspforte zu einer erfolgreichen Karriere. Neben dem aufkommenden kommerziellen Konzertwesen existierte also weiterhin das Modell, sich wie im 17. und 18. Jahrhundert als reisende Musiker bei einflussreichen Personen des Adels und Großbürgertums zu präsentieren. Dort gewannen Musiker bei erfolgreicher Vorstellung ein einflussreiches und zahlendes Publikum, das in die öffentlichen Konzerte kam. Für französische Virtuosen war das Auftreten in den Salons in Paris laut Kracauer ein wichtiger Schritt:

> „[E]rst einmal Zutritt zu einer der musikalischen Soireen erlangt, die fast in jeder bemittelten oder gar reichen Familie stattfanden, so wurden sie durch den Salonbetrieb hindurchfiltriert und kamen am andern Ende als öffentliche Virtuosen auf dem Konzertpodium heraus.“[347]

---

royal de musique de Bruxelles, et au Conservatoire de musique de Bavière à Munich‘, op. 17, fünf Hefte“ (Wasielewski 1889, S. 185).

344 Robert Emil Bockmühl an Robert Schumann, 26. Oktober 1851, 25. April 1852 u. 31. Oktober 1852, zitiert nach Loesch 1995, S. 16; der Briefwechsel zwischen Schumann und Bockmühl ist zu finden unter: http://sbd.schumann-portal.de/Person.html?ID=205, letzter Zugang am 25. September 2013.

345 Bockmühl, Robert Emil (1846): 4 Mélodies charactéristiques p. Vclle av. Acc. De Pfte. op. 38 (Mdlle Lise Christiani), in: Hofmeisters musikalisch-literarischer Monatsbericht 1846, Nr. 1 Chant romantique, siehe Dokumentenanhang Dok. 6.

346 Hoffmann 2007/2010. Arnaud Philippe Dancla (1819–1862), Cellist und Autor von Etüden, Duetten, der Celloschule *Le violoncelliste moderne u.a.* (Wasielewski 1911, S. 194).

347 Kracauer 1976, S. 57.

Der Pianist Wilhelm von Flotow, der seinen Freund und Kollegen Jacques Offenbach in die Pariser Salons einführte, beschreibt in seinen Lebenserinnerungen das System, nach dem eine gelingende Konzertkarriere ablief:

> „Man produziert sich […] einige Male im Laufe des Winters, gibt beim Beginne der Fasten ein Konzert und sendet jeder Familie, in deren Salon man sich hören ließ, ein Dutzend Billette zu hohem Preise, gewöhnlich zehn Franken, so ist es Brauch, und fast niemals werden dieselben ganz oder auch nur teilweise zurückgewiesen. Oft sogar, wenn der betreffende Künstler sehr beliebt ist, verlangt die eine oder andere Familie von ihm die doppelte oder dreifache Anzahl der ihr zugesandten Billete. […] Auf diese angenehme und wenig zeitraubende Weise kann ein strebsamer Künstler sich in Paris leicht erhalten.“[348]

Die Mitwirkung bei den Konzerten anderer Konzertgeber war gerade für jüngere Musiker sehr üblich, häufig auch ohne Honorar, vor allem mit dem Ziel, sich einen Namen zu erwerben.

> „Paris war der Sammelplatz zahlloser Virtuosen, die sich hier alle einen Namen machen wollten, und infolge der Übersättigung des Markts, herrschte ein Konkurrenzkampf, der zu den ausschweifendsten Reklamen nötigte. […] Wenn die Künstler nicht ihre eigenen Manager waren, fand sich gewöhnlich irgendein Verwandter, der ihre Verherrlichung in den Zeitungen besorgte. Nicht selten der leibliche Vater.“[349]

Auch für die Virtuosen auf Reisen bildeten Einladungen zu privaten Konzerten bei einflussreichen Familien die Voraussetzung für erfolgreiche öffentliche Konzerte.[350] Diese Kontaktaufnahme musste vor der Ankunft in der jeweiligen Stadt postalisch organisiert werden.

> „In Residenzstädten war es üblich, sich zuerst bei Hof hören zu lassen, oft in verschiedenen Zirkeln und selbstverständlich ohne Entgelt (im günstigsten Fall hatten sie Aussicht auf Erinnerungsgeschenke oder Verleihung eines Titels).“[351]

Als Lise Cristiani 1847 aufgrund von Staatstrauern in St. Petersburg keine öffentlichen Konzerte veranstalten kann, wie es bei Barbier zu lesen ist, wird sie dennoch von der Zarin empfangen, um in deren Salon „für einen intimen Kreis“ aufzutreten. „Das war eine schöne Sache für die Ehre, aber wenig für das Vermögen“[352], kommentiert Nicolas-Alexandre Barbier.

---

348 Wilhelm von Flotow, zitiert nach ebd.

349 Ebd., S. 68.

350 Hoffmann 1991, S. 294.

351 Ebd., S. 293f.

352 Barbier, A. 1860, Teil 1, o. S. „C'était beaucoup pour l'honneur; mais peu pour la fortune.“

Welche Bühne bot das Europa dieser Zeit für die zahlreichen Virtuosinnen und Virtuosen?

Dialektische und widersprüchliche Entwicklungen sind in verschiedensten Bereichen der Gesellschaft zu beobachten: Die Industrialisierung bringt Fortschritt und soziales Elend zugleich, emanzipatorische Forderungen stehen reaktionären Positionen entgegen, so wird beispielsweise 1842 die Ehegesetzgebung verschärft,[353] gleichzeitig werden im Vorfeld der 1848er Revolution auch Forderungen nach mehr Rechten für Frauen laut. Kracauer spricht von einer neuen „Zeitungs- und Liebesindustrie“[354], die sich trotz oder auch wegen neuer Pressezensur entfalte, und die Symbolfigur der Frauenemanzipation George Sand[355] veröffentlichte *Consuelo*[356]. Im Jahr 1842 reiste Ida Pfeiffer allein in den Nahen Osten,[357] Robert Schumann vertont 1840 *Frauenliebe und Leben*, nach Gedichten von Chamisso[358], im Jahr seiner Eheschließung mit der erfolgreichen Konzertpianistin Clara Wieck.[359] Das Frauenbild, welches in diesem Zyklus inszeniert wird, könnte nicht stärker im Widerspruch zu den Lebenswegen von Frauen wie Clara Wieck, Lise Cristiani oder Ida Pfeiffer stehen.

Während Lise Cristianis Karriere in den Pariser Salons begann, konzertierten in Europa ihre Cellisten-Kollegen Georg Friedrich Goltermann (1824–1898), Friedrich Wilhelm Grützmacher (1832–1903), Bernhard Cossmann (1822–1919), Sebastian Lee (1805–1887), Justus Johann Friedrich Dotzauer (1783–1860), Adrien-François Servais (1807–1866), Auguste Franchomme (1808–1884), Alexander Batta (1816–1902), Alfredo Piatti (1822–1901) und Jacques Offenbach (1819–1880) – letzterer, bevor er zu dem berühmten Operettenkomponisten wurde, als der er später in die Musikgeschichte eingegangen ist.[360] Während die Pianistinnen Marie Pleyel (1811–1875) und Clara Schumann als erfolgreiche, international bekannte Virtuosinnen gefeiert wurden, gab es vor Lise Cristiani keine Frau in der langen Liste der Cellisten.[361]

Um sich als Musikerin oder Musiker einen Namen zu machen, waren ausgedehnte und häufig strapaziöse Konzertreisen ein Muss, in der Mitte des 19. Jahr-

353 Weissweiler 1985, S. 158.

354 Kracauer 1976, S. 85.

355 George Sand (1804–1876).

356 Sand 1843.

357 Pfeiffer 1845; vgl. Freia Hoffmann, Einleitung, in: Hoffmann 2011, S. 7-15, hier S. 7; vgl. Habinger 2006.

358 Schumann, Robert (1840): *Frauenliebe und Leben* op. 42; Liederzyklus für hohe Stimme und Klavier nach Gedichten von Adelbert von Chamisso (1830).

359 Vgl. Deserno 2010d.

360 Kracauer 1976.

361 Deserno 2010d.

hunderts reisten Virtuosinnen und Virtuosen sowie Komponisten durch ganz Europa und auch nach Amerika.[362]

In Berichten über Lise Cristianis Konzerte werden verschiedene Musiker erwähnt, mit denen sie musizierte oder in gemeinsamen Konzerten auftrat. Das Auftreten mehrerer Solisten in einem Konzert sowie gemischte Programme aus Solo-, Orchester- und Kammermusikbeiträgen waren verbreitete Praxis, Rezitalprogramme von nur einem Künstler oder Ensemble waren selten. Selbst wenn ein Künstler als „Konzertgeber" genannt wurde und im Mittelpunkt stand, so traten in diesen Konzerten doch meistens noch andere Musiker auf.[363] So fallen in Zusammenhang mit Lise Cristiani die Namen des Hornisten Vivier, des Geigers Léonard und des Pianisten Littolff.[364] Ebenso werden die Sängerinnen Felicja Tuczek, Pauline Viardot-Garcia[365] und Anna Bockholtz[366] erwähnt, der Sänger Julius Pfister[367] sowie Edgar Mannsfeld[368]. 1845 spielte Cristiani in einem Konzert ein Trio mit den Cellisten Ganz und Griebel aus Berlin,[369] in einem Hofkonzert am 10. Januar 1846 in Berlin[370] konzertierte sie mit Jenny Lind[371], Marietta Alboni[372], Cecilie Thomas sowie wieder mit Hubert Léonard[373] und Eugène Vivier[374].

Wien war ein entscheidender Durchbruch für Lise Cristianis Erfolg in Europa gewesen, es schlossen sich 1845 Konzerte in Linz, Regensburg, Nürnberg

362 Thalberg (Sigismond Fortune François 1812–1871), Liszt (1811–1886), Paganini (1782–1840), Nicolai (1835–1881) und Anton Rubinstein (1829–1894), um nur einige Namen zu nennen; Wilma Neruda, als eine der ersten Geigensolistinnen nach den Schwestern Teresa (1827–1904) und Maria Milanollo (1832–1848), die als Violinwunderkinder und Geigerinnen-Pionierinnen durch Europa reisten: 1837/38 nach England, ab 1840 in Frankreich und Belgien, ab 1842 in Deutschland, 1843 in Wien, nach Deutschland, Frankreich, in die Schweiz, Niederlande, nach Belgien und England. 1843/44 unternahm Vieuxtemps bereits Konzertreisen nach Amerika. Berlioz (1803–1869) reiste 1847 zeitgleich mit Lise Cristiani nach St. Petersburg; vgl. Heise 2011, S. 45; vgl. dies. 2013; vgl. Timmermann 2011, S. 24.

363 Vgl. Hoffmann 1991; vgl. Kracauer 1976.

364 BMZ 1846, 3. Jg., Nr. 1, 3. Januar 1846, o. S.; Henry Charles Litolff (1818–1891), Komponist und Pianist.

365 Pauline Viardot-Garcia (1821-1910).

366 Anna Bockholtz (1815-1879).

367 Julius Pfister (geb. 1817–?).

368 Edgar Mannsfeld (1815–1873), bekannt auch unter den Namen Henry Hugo oder Hugh Pierson, Komponist.

369 BMZ 1845, 2. Jg., Nr. 49, 6. Dezember 1845, S. 6ff.; Moritz Ganz (1802–1868), Cellist der Königlichen Kapelle Berlin; Julius Griebel (1809–1865), ab 1825 Cellist der Königlichen Kapelle.

370 BMZ 1846, 3. Jg., Nr. 3, 3. Januar 1846, o. S. ?

371 Jenny Lind (1820-1887), Sängerin.

372 Marietta Alboni (1826–1894), Sängerin.

373 Hubert Léonard (1819–1890), Violinist und Komponist.

374 Eugène Vivier (Leon) (1817–1900), Hornist.

und Leipzig an.[375] Am 12. Oktober 1845 trat Cristiani in einem Gewandhauskonzert in Leipzig auf; sechs Tage später gab sie ein eigenes Konzert im selben Saal.[376] Die Konzerttätigkeit durchlief also verschiedene Stationen: Auftritte in Salons bei einflussreichen Familien und Persönlichkeiten, Mitwirkung bei den öffentlichen Konzerten anderer Musiker oder auch öffentliche Konzerte in untypischen, einfacheren Räumlichkeiten wie einer Musikalienhandlung, dann eigene öffentliche Konzerte als „Concertgeberin"[377]. Auch ökonomisch war das sinnvoll, denn für die Konzerte in Salons musste man nichts bezahlen, bekam aber auch kein Honorar, bei der Mitwirkung war es ähnlich, dort zahlte der Konzertgeber manchmal Honorare an mitwirkende Musiker, je nach deren Status, während er zugleich die gesamte organisatorische und finanzielle Verantwortung für die Veranstaltung trug. Wenn die Einnahmen, die Besucherzahlen und die Reaktionen des Publikums nicht erfolgreich waren, dann machte der Konzertgeber Verluste und musste im schlimmsten Fall sogar zuzahlen – so erging es Lise Cristiani in St. Petersburg.[378]

Im Jahr 1845 unternahm Fanny Hensel die zweite Italienreise von Januar bis August, Felix Mendelssohn zog mit seiner Familie nach Leipzig, wo er Lise Cristiani im Kontext ihres zweiten Gewandhauskonzertes begegnete, in dem neben Felix Mendelssohn auch Joseph Joachim, Ferdinand David, Niels Gade und Carl Reinecke mitwirkten, so Freia Hoffmann.[379] Ob Felix Mendelssohn sie tatsächlich am Klavier begleitet hat, wie es bei Wasielewski zu lesen ist, oder ob er in anderer Form an der Konzertveranstaltung teilnahm, ist unklar.[380] Mendelssohn schrieb für Cristiani daraufhin zwei Stücke: *Romance sans paroles*[381] in D-Dur für Violoncello und Klavier sowie *Andante pastorale* in C-Dur für Klavier.[382]

1846 reiste Cristiani nach den erfolgreichen Konzerten in Berlin weiter nach Stettin, Kiel, Freiberg, Frankfurt/Oder, Dresden, Magdeburg, Berlin, Braunschweig, Hannover, Hamburg. Im März spielte sie in Kopenhagen, im Mai in Stockholm und Uppsala.[383] In Kopenhagen erhielt sie den Titel des dänischen Königs „Erste Cellistin des Königs"[384], im *L'Album de Sainte-Cécile* heisst es: „[L]e roi de Danemarck a nommé Mme Lisa Christiani, célèbre violoncelliste,

375 Vgl. Hoffmann 1991; dies. 2007/2010.

376 Hoffmann 1991, S. 201.

377 *Signale* 1845, 3. Jg., Nr. 50, Dezember 1845, S. 397.

378 *Signale* 1847, 5. Jg., Nr. 19, April 1847, S. 148: „Dur und Moll".

379 Hoffmann 2007/2010.

380 Wasielewski 1889, S. 192.

381 Felix Mendelssohn Bartholdy: *Lied ohne Worte/Romance sans paroles* D-Dur op. 109, posthum für Violoncello und Klavier.

382 Hoffmann 2007/2010.

383 Barbier, A. 1860, Teil 1, o. S.

384 Lanoye 1863, S. 385, „le titre et le brevet de premier violoncelliste du roi de Danemark".

virtuosa da camera.“[385] Einem Bericht in der *Berliner musikalischen Zeitung* von 1846 über ein Konzert in Hamburg ist der weitere Reiseplan zu entnehmen:

> „Frl. Lise Cristiani beabsichtigt im Herbste nach Berlin zu kommen, um, wie sie versprochen, für die Armen zu spielen. Sie wird von hier mit der Sängerin Frl. Cecilie Thomas nach Petersburg und Moskau gehen und von dort über London nach Paris.“[386]

Zeitgleich entschließt sich Fanny Hensel in Berlin zur Publikation ihrer Kompositionen[387] und erhält dazu im Frühling Angebote von den Verlagen Schlesinger sowie Bote und Bock. Clara und Robert Schumann befinden sich ebenfalls in Berlin, wo Lise Cristiani auch den Winter über bleibt. Merkwürdig ist, dass nach bisherigem Forschungsstand weder Fanny Hensel, die in ihren Briefen häufig das zeitgenössische Konzertleben kommentierte[388], noch Clara Schumann Lise Cristiani erwähnen. Hätten sie sich in diesem Winter nicht sogar in Berlin begegnen können?

1846 wird Lise Cristiani eingeladen, in Weimar „in einem Hofconcerte mitzuwirken“[389], aus dieser Zeit ist ein Albumblatt in Form einer Autogrammkarte mit ihrer Handschrift erhalten.[390] Es folgten Konzerte zunächst wieder in Berlin, die Kartenverkäufe waren etwas weniger erfolgreich, die Konzerte nicht mehr so ertragreich. Sind dies Anzeichen der sich anbahnenden allgemeinen Wirtschaftskrise?[391] Die Konzertreise geht weiter nach Breslau, Posen und Danzig. Zunächst gibt Lise Cristiani Konzerte in Königsberg und Riga, bevor sie in St. Petersburg ankommt.[392] Lise Cristiani ist nicht die Einzige, die Russland in ihre Pläne einbezieht. Das Land war schon im frühen 19. Jahrhundert ein wichtiges Ziel für konzertierende Musikerinnen und Musiker gewesen, insbesondere St. Petersburg war besonders beliebt und galt als guter Ort, um besonders ertragreiche Konzerte zu veranstalten. Hector Berlioz war im Frühjahr 1847 ebenfalls auf Konzertreise in St. Petersburg, Lise Cristiani wird in seinen Memoiren allerdings nicht erwähnt.[393] Auch Servais reiste bereits 1841 durch Russland, Polen und Skandinavien. „Das Zarenreich war damals für manchen Musiker ein golde-

385 L'ALBUM DE SAINTE-CÉCILE. Journal de musique paraissant tous les dix jours 1846, 2. Jg., Nr. 30, 20. Oktober 1846, S. 7.

386 BMZ 1846, 3. Jg., Nr. 38, 19. September 1846, o. S.

387 Vgl. Schleuning 2009, S. 307.

388 Vgl. ebd., S. 306: „eine reichhaltige Quelle […] für die Musikkultur der Zeit […]“.

389 *Signale* 1846, 4. Jg., Nr. 43, Oktober 1846, S. 343: „Die schöne Violoncellistin Lisa Cristiani ist nach Weimar eingeladen, um am 22. Oct. in einem Hofconcerte mitzuwirken.“

390 Straeten 1915, S. 532.

391 Geiss 2006, S. 350.

392 Hoffmann 2007/2010; dies. 1991.

393 Berlioz 1914, S. 470f.

ner Boden“, so Julius Bächi. Er zitiert Heinrich Grünfeld, einen Berliner Cellisten:

„In Russland schreien und toben die Leute [...] Es ist unglaublich, wieviel Musik die Russen ertragen können. [...] Es gehörte nicht nur zum guten Ton, die Künstler einzuladen, sondern auch sie reicher zu beschenken, als sie gestern und vorgestern beschenkt worden waren.“[394]

Honoré de Balzac soll seinem Freund Berlioz zur Russlandreise geraten haben:

„Sie werden mit hundertfünfzigtausend Franken zurückkommen; ich kenne das Land; Sie können nicht weniger mitbringen.“[395]

Berlioz schätzte Balzacs Prophezeiung allerdings als übertrieben ein:

„Bald wird man sehen, daß, wenn auch meine Konzerte zu Petersburg und Moskau mehr eintrugen, als ich gehofft, ich dennoch aus Rußland viel weniger mitbringen konnte, als die von Balzac prophezeiten hundertfünfzigtausend Franken.“[396]

Allerdings schien diese Mode auch ein Problem zu werden, so kann man in der AMZ von 1847 lesen:

„In keinem Jahre ist der Völkerwanderungszug der Virtuosen nach Russland so gross gewesen, als im vergangenen Winter, es war daher natürlich, dass mehrere französische Rückzüge machen mussten.“[397]

Hier schwingt wieder eine Art politisierte Satire mit: Die Formulierung „französische Rückzüge“ als Anspielung auf Napoleons Niederlage in Russland wird als bissiger Seitenhieb gegen die Virtuosen im Allgemeinen verwendet, vielleicht auch gegen französische Musiker insbesondere. In diesem Artikel über die „Musikzustände in Riga“ wird weiter berichtet: „Alle Genannten fanden mehr oder weniger Beifall, hatten indessen höchst bescheidene Einnahmen.“[398] Genannt werden Cristiani, Möser[399], der Trompeter Friedrich Sachse[400], der Kontrabassist Müller[401] und Oskar Pfeiffer[402]. Nach Liszt habe wirklichen Erfolg nur der Mu-

394 Bächi 2003, S. 62.

395 Berlioz 1914, S. 452.

396 Ebd., S. 453.

397 „NACHRICHTEN. Musikzustände in Riga“, in: AMZ 1847, Nr. 31, Sp. 537.

398 Ebd.

399 Eventuell ist der Geiger August Möser gemeint, der Sohn und auch Schüler des Kapellmeisters und Geigers Carl Möser (1774–1851).

400 Friedrich Sachse (1809–1893), Trompeter.

401 August Müller (1808–1867), Kontrabassist der Darmstädter Hofkapelle und Kontrabassvirtuose.

402 Oscar Pfeiffer (1824–1906), Pianist und Komponist.

siker Ernst gehabt, „der mit wahrer Poesie die grösste bisher gehörte Virtuosität zu beseelen wusste“[403]. Lise Cristiani scheint mitten in diese Virtuosenkrise hinein zu reisen. Zu der heftigen Konkurrenz der zahlreichen konzertierenden Musiker kommt der erschwerende Umstand hinzu, dass sich das Konzertleben in Petersburg auf die Fastenzeit beschränkte, dann aber in einem Übermaß stattfand, so kommentiert die *Allgemeine Wiener Musik-Zeitung* am 8. März 1847: „Es sind nämlich hier außer der Fastenzeit keine Konzerte, dafür aber in der Fastenzeit alle Tage zwei bis drei.“[404] Die Einkünfte, die Cristiani und viele andere Künstler bei ihren Konzerten erzielten, müssen mäßig gewesen sein, auch wenn das Publikum begeistert war, doch Lise Cristiani scheint zum ersten Mal tatsächlich auch Misserfolge zu ernten. So kann man in den *Petersburger Börsennachrichten* lesen:

> „Berlioz hat mit seinem ersten Concert in Petersburg ein gutes Geldgeschäft gemacht, zum 10. April war das zweite angesetzt. Ernst's Concerte waren anfangs wenig besucht, die letzteren dagegen äußerst brillant. – Die Violoncellistin Lise Cristiani gab zwei Concerte im großen Theater und mußte zuzahlen; sie geht nach Moskau.“[405]

Mit der Krise scheint auch das Interesse an der Musik weniger zu werden; so schreibt die *Allgemeine Wiener Musik-Zeitung* über ein Konzert von Hector Berlioz am 3. März 1847, in der ebenfalls das Musikerehepaar Blaes[406] erwähnt wird, auch sie „konnten in 3 Konzerten nur von der Abnahme des Musiksinnes der Petersburger erzählen“[407].

Nicht nur die Krise ist da, sondern auch die europäische Revolution: In Paris findet am 24. Februar 1847 die sogenannte Februarrevolution statt, die zur Gründung der zweiten französischen Republik führt. Es ist eine unruhige und in Veränderung begriffene Zeit, geprägt von revolutionären Ereignissen in ganz Europa.[408] Kolonialismus und Imperialismus werden bestimmend für das neue Nationalbewusstein der europäischen Länder, Frankreich hat bereits Kolonien in

403 „NACHRICHTEN. Musikzustände in Riga“, in: AMZ 1847, Nr. 31, Sp. 537.

404 AWZ 1847, S. 166.

405 *Signale* 1847, 5. Jg., Nr. 19, April 1847, S. 148: „Dur und Moll“. Heinrich Wilhelm Ernst (1814–1865).

406 Arnold Joseph Blaes (1814–1892), Klarinettist und Hornist; Elisa Blaes (1817–1878), Sopranistin.

407 Hall, Rudolph: „St. Petersburger Konzertsaison“, in: AWZ 1847, S. 195.

408 So bspw. die Revolutionen in Berlin und Wien, die Nationalversammlung in Frankfurt, die Publikation des Manifests der Kommunistischen Partei von Marx und Engels, im Oktober 1848 Gegenrevolutionen in Wien und Berlin, Hinrichtung des revolutionären Abgeordneten Robert Blum in Wien, Niederschlag der Revolution, im November gewaltsame Auflösung der Nationalversammlung durch den preußischen König in Berlin, 1849 Ablehnung der von der Frankfurter Nationalversammlung angebotenen Kaiserkrone durch Wilhelm IV., endgültiges Scheitern der deutschen Revolution, 1848 französische Republik, Juni-Aufstand, 1848 und 1849 Niederschlagung der Revolutionen in der Walachei, Ungarn und im Moldau-Gebiet durch Russland; vgl. Geiss 2006, S. 360.

Nordafrika, Russland ist beständig bemüht, sein Einflussgebiet auszuweiten. 1847 wird Kasachstan russisch, Nikolai Murawjew[409], der General, mit dem Lise Cristiani nach Sibirien reisen wird, ist eine der entscheidenden Personen, die den russischen Kolonialismus in Sibirien vorantreiben. 1847 wird er zum Generalgouverneur von Ostsibirien ernannt. „Wer immer die Amurmündung unter Kontrolle hat, wird Sibirien beherrschen, wenigstens bis zum Baikalsee"[410], soll er nach Petersburg geschrieben haben.[411]

Lise Cristiani bleibt fast ein Jahr in St. Petersburg, spielt Konzerte u.a. am 8. März im Bolschoi-Theater[412], dann reist sie in die Umgebung, im September spielt sie in Pawlowsk, im Oktober wirkt sie in einem Konzert von Henri Vieuxtemps mit, das in der *Berliner musikalischen Zeitung* erwähnt wird, der Pianist Frankmann begleitet sie am Klavier.[413] Vielleicht ist Herr Frankmann, über dessen künstlerische Aktivitäten keinerlei Informationen mehr vorliegen, der „betagte deutsche Pianist"[414], der Lise Cristiani auch in Sibirien begleiten wird?

In den Reiseberichten von *Journal des Débats* sowie in *Le Tour du Monde* werden die Misserfolge Lise Cristianis in St. Petersburg auf Todesfälle am Hofe des Zaren zurückgeführt, die zu einer Staatstrauer führten. Die Situation, in der sich Lise Cristiani befand, wird von Barbier äußerst dramatisch geschildert. Folgendes Zitat erklärt, warum sie an diesem Punkt nicht nach Westeuropa zurückreisen konnte:

> „Bald musste man sich traurig davonmachen und einige enttäuschte Hoffnungen hinter sich lassen. Die Zeit der einfachen Triumphe war vorbei, die der Prüfungen sollte beginnen. Man begann ein recht abenteuerliches Leben, in der Mitte eines Landes – zur Hälfte ganz und gar unzivilisiert und barbarisch – heimgesucht von drei Seuchen, der Cholera und dem Hunger für alle und den Staatstrauern für die Künstler. [...] eine Reise durch alle russischen Länder, vom Orient zum Okzident, vom Süden zum Norden, von Stadt zu Stadt, von Ortschaft zu Ortschaft. Eine überwältigende Reise, die nicht weniger als ein Jahr dauern sollte, und die am Fuße des Urals enden würde und in die entlegensten Ecken Europas und Asiens führen sollte. [...] Man war am Ende mit den Kräften und

409 Nikolai Murawjew (1809–1881) / Nikolaj Nikolaevič Murav'ëv-Amurskij.

410 Murawjew, zitiert nach Ziegler 2005, S. 177.

411 Gudrun Ziegler nennt Murawjew einen „kompromisslosen, ehrlichen" Mann. Er habe sich „den Ruf eines sehr fairen, liberalen Verwalters" erworben. Ziegler 2005, S. 177.

412 Nachforschung von René de Vries ergaben, dass Cristiani am 9. März im Salle des Nobles, am 7. April im Salle Miatlew auftrat.

413 BMZ 1847, 4. Jg., Nr. 38, 18. September 1847, S. 349. Es werden drei weitere Musiker erwähnt, das Ehepaar Frau Stückrad und Herr Becker. Laut René de Vries spielte Cristiani am 19. Dezember 1847 im Salon des Grafen Kushelev-Bezborodko.

414 Lanoye 1863, S. 385f., „un vieux pianiste allemand". Übersetzung von Freia Hoffmann, in Hoffmann 2011a, S. 155.

den Vorräten. In Ufa kamen sie zu Beginn des Sommers 1848 an, die Werbekampagne war verpasst. Man musste nur noch einige Verst weiter, um die Baschkiren um Gastfreundschaft zu bitten, die unglücklicherweise kaum den Ruf haben, feine Musikkenner zu sein. Was sollte man an dieser Endstation bloß anfangen? Das Problem, das sich stellte, war schwierig zu lösen für ein junges Mädchen, das mehr mit Geist und Talent ausgestattet war als mit Erfahrung [...]. So kam dem jungen Mädchen eine ebenso außergewöhnliche wie gewagte Idee in den Sinn. Sie hatte gerade ihr 23. Lebensjahr erreicht, das ist das Alter der Verwegenheiten. Sie entschied mutig, sich dem weiten Sibirien zuzuwenden, mit ihrem treuen Stradivarius, einer dicken russischen Kammerzofe und einem alten deutschen Pianisten, der ihr gegenüber die doppelte Funktion des Begleiters und *chaperon* erfüllte. [...] [I]m Dezember 1848 [...] brachen sie auf und befanden sich bald mitten in der Steppe, auf dem Weg nach Ekaterinenburg, einer Stadt, die Zentrum aller Minen und Goldwäschereien des Urals ist. Dort machte man Station, putzte sich heraus und organisierte zwei Konzerte, die wie erhofft reüssierten. Man brach wieder auf, ein wenig ermuntert und das Herz etwas leichter."[415]

3.3.8 Die Sibirienreise (1848–1850)

Im Februar und April 1848 gibt Lise Cristiani Konzerte in Kasan[416], im Sommer 1848 reist sie nach Ufa[417], wie aus Barbiers Bericht zu entnehmen ist. Die Situation scheint problematisch gewesen zu sein: Wenn die „Werbekampagne" verpasst wurde, bedeutete dies, dass die Konzerte ohne große Einnahmen bleiben würden. Außerdem scheint Cristiani in einer Gegend angekommen zu sein, in der kaum Interesse für ihre Musik vorhanden war. In Ufa trifft sie die mutige Entscheidung, nach Sibirien zu reisen und den Plan, über London nach Paris zurückzukehren, vorerst aufzugeben. Im Bericht von Barbier wird diese Entscheidung für den abenteuerlichen Fortgang ihrer Reise in Relation zu ihrem jugendlichen Alter gesetzt.[418] Weitere Überlegungen mögen sie dazu bewogen haben: Die wenig erfolgreichen Konzerte in Petersburg waren keine Motivation, dorthin zurückzukehren, und sprachen gegen eine Rückkehr nach Westeuropa mit einem künstlerischen und finanziellen Misserfolg im Gepäck. Vielleicht hatte sie auch schlichtweg kein Geld mehr, um die Rückreise zu finanzieren, und konnte auch nicht auf lukrative Konzerte rechnen, da sie die Städte, die auf dem Weg Richtung Westen lagen, gerade schon mit nur mäßi-

415 Barbier, A. 1860, Teil 1, o. S.
416 de Vries 2014, S. 59f.
417 Heute Hauptstadt der Republik Baschkortostan in Russland.
418 Barbier, A. 1860, Teil 1, o. S.

gem Erfolg besucht hatte. Vielleicht war ein wenig Angst dabei, nach Paris oder an sonstige Orte, in denen sie bereits erfolgreich aufgetreten war, zurückzukehren und dort keinen angemessenen Platz mehr zu finden. Auch die Sorge, die Virtuosenkarriere könne nach den Misserfolgen in Russland vorbei sein, mag eine Rolle gespielt haben, oder aber die Befürchtung, dass nach dem Interesse an der Sensation, die sie als Cellistin gewesen war, ihr nun wieder moralische Vorhaltungen gemacht und womöglich gar Desinteresse entgegengebracht werden könnten. Welche Wege hätten ihr dann noch offengestanden? Musiklehrerin zu werden, zu heiraten? Vielleicht spielten auch familiäre Hintergründe eine Rolle; Jenny war vielleicht schon gestorben, Jules-Paul war mit seiner eigenen Karriere beschäftigt, vielleicht gab es unausgesprochen die Vereinbarung innerhalb der Familie Barbier, dass Lise Cristiani für sich allein verantwortlich sei und niemand sie unterstützen könne, wenn sie nicht als gefeierte Virtuosin nach Paris zurückkehrte? Möglicherweise gab es noch andere biographische Ereignisse,[419] von denen nichts bekannt ist, die ihr aber den Zugang zu bestimmten Musikerkreisen verwehrten – ein Liebesverhältnis oder eine Auseinandersetzung im familiären oder beruflichen Umfeld –, die sie dazu bewogen, sich nach neuen, weit entfernten Kontexten umzusehen. Die einzige Quelle, die an ein Zerwürfnis und ein Abreisen im Unfrieden denken lässt, ist das Brieffragment, in dem sie schreibt:

> „Eine Million von Entschuldigungen dafür, dass ich die Equipage so spät zurückschicke. Ich komme gerade aus einem Haus, wo man mich gern hat gehen lassen. Kommen Sie doch an einem dieser Tage vorbei, um mir zu sagen, dass Sie mir nicht böse sind."[420]

Neben all diesen Überlegungen scheint Lise Cristiani den im Laufe ihres Lebens immer abenteuerlicher werdenden Reisen nicht abgeneigt gewesen zu sein. „Ich ließ mich an Orten hören, wo niemals ein Künstler hingekommen war"[421], wird sie später schreiben. Sie wollte etwas Besonderes leisten und erleben und vielleicht war es auch ein Gefühl von Freiheit, Mut und Ungewöhnlichkeit, das ihr zusagte und sie in dieser Weise entscheiden ließ. Ihr Renommee half ihr in-

419 Vgl. Hoffmann 2011a, S. 179.

420 Brief-Fragment von Lise Cristiani an Unbekannt, Universitätsbibliothek Bonn, ohne Datum. „Un million de pardons de vous renvoyer l'équipage si tard. J'arrive d'une maison dont on a bien voulu me laisser sortir. Venez un de ces jours me dire que vous ne m'en voulez pas." Transkription und Übersetzung von Katharina Deserno; siehe Dokumentenanhang, Dok. 2.

421 Lanoye 1863, S. 399: „où jamais artiste n'était encore parvenu." Hier und im Folgenden wird diese Quelle in der deutschen Übersetzung von Katharina Deserno zitiert. Aus Platzgründen wurde auf die Angabe des französischen Originals in den Fußnoten bis auf ausgewählte Ausnahmen verzichtet, es ist in der Datenbank gallica einzusehen: http://gallica.bnf.fr/ark:/12148/bpt6k34382j/f388.image.r=Cristiani, letzter Zugang 9.9.2016.

sofern, als dass sie in den Städten Sibiriens, wo es eine gebildete Oberschicht gab, als Berühmtheit aus dem Westen gerne empfangen wurde. Am 17. Dezember 1848 beginnt also die Reise nach Ekaterinenburg – man musste die Schlittensaison abwarten, um reisen zu können, so Barbier –, wo zwei sehr erfolgreiche Konzerte stattfinden. Während sie von Petersburg noch nur mit „einer dicken russischen Kammerzofe und einem alten deutschen Pianisten"[422] und ihrem Stradivari aufbricht, bei den Baskiren um Gastfreundschaft bitten muss, die sich gar nicht für die Cellistin zu interessieren scheinen, so sind die Erfolge in Ekaterinenburg eine große Erleichterung und ermöglichen eine bequemere und zuversichtliche Fortführung der Reise. In Tobolsk ist sie dann wieder die gefeierte Künstlerin:

> „Um den 15. Januar verließ man Tobolsk mit großem Prunk, mit einer Eskorte von 25 oder 30 Kosaken und zahlreichen Hundeschlitten, beladen mit allem, was es vom Feinsten in der Stadt gab."[423]

In *Le Tour du Monde* wird der Herausgeber de Lanoye eine Zusammenfassung abdrucken lassen, die – selbst wenn sie nicht original von Cristiani stammen sollte[424] – Aufschluss über die weiten Entfernungen und abenteuerlichen Reisebedingungen gibt:

> „[I]ch habe mehr als 400 Flüsse überquert, kleinere, mittlere und große, darunter den Ural, den Irtysch, den Jenissej, die Lena, den Aldan, den Amur und seine Mündungen […] Diesen ganzen Weg habe ich in der brishka, im Schlitten, im Karren, in der Kutsche gemacht, manchmal von Pferden gezogen, mal von Rentieren, mal von Hunden; manchmal mussten wir zu Fuß weiter, und meistens zu Pferde […]. Ich bin auch mehrere hundert Meilen per Schiff gereist auf den Flüssen, und mehr als 50 Tage auf dem pazifischen Ozean. Ich wurde empfangen von den Kalmuken, den Kirgisen, den Kosaken, den Ostjaken, den Chinesen, den Tungusen, den Leuten aus Jakutsk, den Burjaten, den Leuten von der Insel Kamtschatka, den Wilden aus Sachalin etc. etc."[425]

---

422 Barbier, A. 1860, Teil 1, o. S.: „une grosse femme de chambre russe et un vieux pianiste allemand".

423 Ebd. „On quitta Tobolsk vers le 15 janvrier en grand apparat, avec une escorte militaire de 25 ou 30 Cosaques et un nombreux cortege de traineaux occupés par tout ce qu'il y avait de plus distingué dans la ville."
Im Folgenden wurde aus Platzgründen auf die Angabe des französichen Originals in den Fußnoten bis auf ausgewählte Ausnahmen verzichtet, es ist in der Datenbank gallica einzusehen: Barbier, A. 1860. Teil 1: http://gallica.bnf.fr/ark:/12148/bpt6k452472z.r=Lise%20Cristiani%20Journal%20des%20debats?rk=21459;2;
Teil 2: http://gallica.bnf.fr/ark:/12148/bpt6k452473b/f1.image.r=Journal%20des%20Debats%20Lise%20Cristiani?rk=64378;0, letzter Zugang 24.8.2016. Deutsche Übersetzung von Katharina Deserno im Dokumentenanhang Dok. 9.

424 Vgl. Hoffmann 2011a, S. 152f.

425 Lanoye 1863, S. 399.

Man könnte meinen, dieses Zitat stamme aus Berichten von Abenteuer- oder Entdeckerreisenden wie Johann Georg Gmelin, Vitus Jonassen Bering oder Alexander von Humboldt, der 1829 ein halbes Jahr durch Sibirien reiste.

In den Jahren 1849 bis 1853 entfernt sich Lise Cristiani immer weiter von Westeuropa. Die politischen Ereignisse in Russland, insbesondere dessen imperialistische Herrschaftsansprüche auf Gebiete in Sibirien und im Kaukasus und die daraus resultierenden Militäraktionen, werden die Reise der jungen Cellistin nicht nur im Hintergrund begleiten, sondern sich mit ihrem Lebens- und Reiseweg verknüpfen.

1849 wird Dostojewski am 22. Dezember zum Tode verurteilt, dann begnadigt, aber in Ketten nach Sibirien verschickt,[426] da er an einem Gesprächskreis um den Regierungsbeamten Michail Butaschewitsch-Petraschewsky – der Kreis nannte sich nach ihm „petraschewzy" – teilgenommen hatte. Die Teilnehmer wurden wegen Verschwörung verdächtigt, alle Beteiligten wurden verurteilt und in ein Zuchthaus gebracht.[427] Im gleichen Jahr bricht General Murawjew von der Halbinsel Kamtschatka aus auf, um die Gewässer des Amurdeltas auszumessen,[428] Lise Cristiani nimmt an dieser Expedition teil.

Und in Paris? Lise Cristianis Bruder schreibt an einem Theaterstück *Graziella*. Chopin stirbt am 17. Oktober, Napoleon III. wird zum Präsidenten gewählt. Die französische Pianistin Marie Pleyel erhält 1848 die Position einer Professorin für Klavier am Konservatorium in Brüssel.[429]

De Lanoye vermittelt in *Le Tour du Monde* das Gefühl, wie sehr Lise Cristiani vom Publikum der sibirischen Städte willkommen geheißen worden sein muss, und setzt ein „berauschendes" Glücksgefühl quasi als Motto an den Beginn des Reiseberichts:

> „Die vertrauensvolle Kühnheit der jungen Virtuosin wurde belohnt mit noch stärkeren Sympathien in allen sibirischen Städten. Empfangen in der offiziellen Gesellschaft und von Gruppen Exilierter wie ein Singvogel, wie ein harmonisches Echo sonnengeliebter Erde, so konnte Lisa Cristiani während ihrer rasanten Reise die Worte des Dichters wiederholen: ‚Das flüchtige Leben ist eine berauschende Angelegenheit.'"[430]

---

426 Ziegler 2005, S. 205.

427 Ebd.; Dostojewski 1992.

428 Ziegler 2005, S. 177. Das Kommando über das Schiff hatte Kapitänleutnant Gennadi Newelskoi.

429 Vgl. Kip 2010.

430 Lanoye 1863, S. 386, Übersetzung von Katharina Deserno; vgl. Hoffmann 2011a, S. 155: „Ein unstetes Leben ist eine berauschende Angelegenheit" („Vie errante est chose enivrante") – Zitat aus dem Lied „Les Bohémiens" von Pierre Jean de Béranger (1780–1857). „Errante" bedeutet flüchtig und unstet – in Bezug auf Lise Cristianis Leben ist gerade die Mehrdeutigkeit des französischen Begriffs interessant.

Auch bei Barbier wird die Begeisterung insbesondere des Publikums in Tobolsk, das zum Großteil aus exilierten Russen und Polen besteht, geschildert. Das Motiv des „Singvogels" und der Erinnerung an das weit entfernte Vaterland wird in *La Sibérie* vom selben Autor, de Lanoye, wieder aufgegriffen, diesmal in Bezug auf die polnischen Exilanten. Für ihre Konzerte erntet Lise Cristiani erneut und vielleicht noch mehr als zuvor Erfolg, Bewunderung und Dankbarkeit. Insbesondere für die meist aus politischen Gründen nach Sibirien Verbannten scheint sie eine willkommene Erinnerung an das für sie verlorene Europa gewesen zu sein. Und als Französin vielleicht auch ein Symbol für die Freiheit von Russland?

Als Cellistin begibt sie sich nun an Orte, wo es um existentiellere Dinge geht als um die Frage einer „schicklichen" Haltung, einer deutschen oder französischen, weiblichen oder männlichen Interpretation oder ob man ein interessantes und passendes Programm ausgewählt hat. Sie spielt für Menschen, die mit dem Schicksal der Verbannung zurechtkommen müssen, auch für Menschen, die wenig oder noch nie klassische Musik gehört haben, für Musikliebhaber, die lange keine Konzerte gehört haben und erst recht nicht auf diesem Niveau, das Cristiani mit ihrem wertvollen Instrument und ihrer französischen, eleganten Spielweise sowie ihrem Ruf als berühmte Cellistin repräsentiert. Vielleicht war ihre Entscheidung sehr wohl überdacht und beinhaltete den Plan, mit einer solchen Reiseerfahrung, die noch dazu ein künstlerischer Erfolg in dem eben geschilderten Sinne war, irgendwann nach Europa zurückzukehren und dort einen angemessenen Platz zu finden. Eine andere Lesart legt nahe, dass Cristiani als Musikerin, die seit 1845 allein auf Konzertreise unterwegs war,[431] schon so entwurzelt oder – positiv formuliert – befreit von Zugehörigkeitsgefühlen jeder Art war, dass sie tatsächlich bereit war, das Reisen als ihr Lebensmodell zu verstehen, ohne das Ziel, irgendwo anzukommen.

Es ist davon auszugehen, dass Lise Cristiani all die Arbeit, welche die Organisation und Planung von Konzerten bedeutete, vom Kontakte-Knüpfen über die notwendige Korrespondenz, vom Organisieren der Säle und Engagieren anderer Musiker bis zum Kartenverkauf, allein zu bewältigen hatte. An einigen Stellen wird diese Facette der Konzertreise im Bericht von Barbier angedeutet: „[D]ie einzige Schwierigkeit war es, irgendwie Instrumente und Musiker zu beschaffen."[432] In Bezug auf die Kartenverkäufe spricht Barbier von „Gold-Suchern, die ihre Karten mit Pailletten bezahlten"[433].

Auf einem Großteil der Reisen befand sich Lise Cristiani in Begleitung von Militär, wie aus der oben zitierten Episode hervorgeht. Es ist wahrscheinlich,

431 Vgl. Hoffmann 1991, S. 293.
432 Barbier, A. 1860, Teil 2, o. S.
433 Ebd.

dass sie sich mit ihrem Pianisten und einer Kammerzofe anderen Reisegruppen, die unter militärischem Schutz standen, anschloss bzw. dass ihr nach erfolgreichen Konzerten dieser militärische Schutz von einflussreichen Personen der jeweiligen Städte zur Verfügung gestellt wurde.

Wegen des Tauwetters und der unberechenbaren Natur Sibiriens wurde die Reise über Omsk, Tomsk, Barnaul, Krasnojarsk und schließlich nach Irkutsk immer beschwerlicher. Anfang 1849 war Cristiani dann in Irkutsk angekommen und dort zu Gast bei Familie Murawjew. General Murawjew plante als Gouverneur eine Reise nach Kamtschatka und in die ihm unterstellten Provinzen. Seine Familie sollte ihn begleiten und Cristiani entschied sich, ebenfalls mitzureisen, so Barbier, da in Irkutsk die Sommersaison begann, alle wie in Paris aufs Land zogen und sich so die Konzerte nicht mehr lohnten. Sie soll General Murawjew vorgeschlagen haben, „um die Langweile des Reisens zu verkürzen, ihr liebliches Stradivari […] mitzunehmen"[434]. Wieder verbinden sich pragmatische Begründungen mit idealistischen und abenteuerlustigen. So liest man in einem in *Le Tour du Monde* zitierten Brief vom 15. Mai 1849:

> „Jetzt habe ich mich wieder einmal auf eine verrückte Unternehmung eingelassen. Ich gebe zu, dass ich mit Vergnügen diese Reise beginne, welche die Originalität meines Künstlerdaseins komplettieren wird […]."[435]

Eine ganz bewusste Entscheidung für eine Abenteuerreise?

Am 25. Mai 1849 beginnt die Reise über den Fluss Lena. Die Beschreibung der Ausstattung, mit der Lise Cristiani diese Reise begann, und die, so Barbier, als Originalzitat aus ihren Briefen abgedruckt wurde, verdeutlicht, dass es sich von jetzt an um eine Abenteuerreise handeln wird:

> „Große Reiterstiefel mit Sporen; die Hose aus englischem Strickzeug bis zu den Füßen, eine Weste aus englischem Flanell, schwarz-weiß kariert, ein Taschen-Paletot aus schwarzer Watte, hochgeschlossene Wäsche, Kravatten-Halstuch, […] einen Hut aus grauem Filz, Militärhandschuhe, die Knute am Handgelenk, einen Mantel aus Kautschuk am Sattel befestigt, große, hochgeschlossene Stiefel, um Flüsse zu durchqueren, die an den Flanken des Pferdes hingen, ein Moskitonetz, welches meinen Hut umgab; das Aussehen eines Kavaliers, das Gesicht gebräunt, ein wildes Reittier, immer im Galopp, […] und da habt ihr Lise in ihrem ganzen Glanze. – Was den Herrn Stradivarius angeht, meinen edlen Gatten, von dem ich mich nicht trennen wollte, dieses war seine Reise-

434 Ebd.

435 Lanoye 1863, S. 392, französisches Original: „Me voici donc embarquée encore une fois pour une folle entreprise. J'avoue que je commence avec plaisir un voyage qui va compléter l'originalité de ma vie d'artiste: cependant ce n'est pas sans un sentiment pénible que je songe aux deux mille lieues que je vais ajouter encore aux trois mille qui me séparent de la patrie." Übersetzung von Katharina Deserno.

> bekleidung: Ein schmiedeeiserner Kasten, mit Blei verlötet, warm wattiert und gepolstert im Innern; ein Paletot aus Wolfsfell, den Pelz darunter verschnürt, sachgemäß und sicher befestigt an den Flanken eines erschöpften Bukephalos[436][,] welches das Instrument mit Bedeutsamkeit durchrüttelte, während ich, es mit einem ängstlichen und eifersüchtigen Blick bemutternd, ihm triumphal auf einem Kosakensattel sitzend folgte, den Mantel bis zum Hals geschlossen, das Moskitonetz heruntergeklappt, den Regen auf dem Rücken und den Fluss unter den Füßen. Nie befand sich ein Violoncello von so nobler Abstammung in einem vergleichbaren Abenteuer."[437]

Laut *Le Tour du Monde* erfährt Cristiani auf dieser Reise mehr über die politischen Hintergründe; sie zitiert den General:

> „Man geht los um die Mündungen des Amur zu erobern, und dafür wäre es ziemlich originell, daran eine junge Französin beteiligt zu sehen, die Cello spielt, besonders wenn die Gewehre abgefeuert werden."[438]

Historisch war tatsächlich Murawjew als Generalgouverneur von Ostsibirien vom Zaren beauftragt, die Mündungen des Amurs zu besetzen, diese Militäraktion sollte auch über die Gebiete „Russisch-Amerika" in Alaska entscheiden.[439] Nach 18 Tagen auf dem Schiff, einer Strecke von über 700 Meilen,[440] kommt die Reisegruppe in der Umgebung von Jakutsk an, aber für „solche Grobiane war es unmöglich auch nur daran zu denken, Stradivarius auszupacken"[441], so Lise Cristiani. Nach acht Tagen Pause in Jakutsk, in denen Cristiani, immer noch in Begleitung der Familie Murawjew, vom Chef der amerikanischen Kompanie empfangen wird,[442] folgen 70 Meilen „im Karren, über kaputte Wege"[443], 70 Meilen in einem offenen, kleinen Schiff und 260 Meilen zu Pferd, so ist es bei Barbier zu lesen, ähnlich der oben aus *Le Tour du Monde* zitierten Textstelle. In Ochotsk geht man aufs Schiff, das sie 350 Meilen über das Meer nach Petropawlowsk bringt. Zwei besondere Ereignisse werden in den Reiseberichten hervorgehoben: Ein Wal droht das Schiff, indem er daruntertaucht, zu versenken. Lise Cristiani schildert diese Stelle in den Briefen, die sowohl bei Barbier als auch bei de Lanoye fast wortgleich zitiert werden, mit Humor: Sie habe am

436 Bucéphale/Bukephalus ist der Name des Pferds Alexander des Großen.
437 Barbier, A. 1860, Teil 1, o. S.
438 Lanoye 1863, S. 392.
439 Ziegler 2005, S. 176ff.
440 Lanoye 1863, S. 392.
441 Barbier, A. 1860, Teil 1, o. S.
442 Lanoye 1863, S. 393.
443 „[E]n charrette par des chemins défoncés", Barbier, A. 1860, Teil 1, o. S.

Abend zuvor auf ihrem Stradivari geübt, diese „ungewohnten Klänge“[444] müssten die Wale bezaubert haben, so dass man ihnen einen richtigen Sinn für Musik zugestehen müsse. Nur bei Barbier wird über die Begegnung mit einem französischen Schiff berichtet. Diese Erinnerung an das entfernte „Vaterland“, die französische Fahne als Symbol für die entfernte Familie und verlorenen Freunde hätten Lise Cristiani zutiefst bewegt:

> „[D]ie Tränen kamen ihr in die Augen und einige Momente lang war sie davon ganz verwirrt, sie lachte, sang, sprang, tanzte, alles im selben Moment.“[445]

Am 10. oder 11. August 1849 erreichte Cristiani laut Reiseberichten[446] Petropawlowsk, Hafen- und Hauptstadt der Halbinsel Kamtschatka. Dort, wo es noch nie ein Konzert gegeben habe, spielte Cristiani ohne Begleitung, weil es wahrscheinlich kein Klavier oder niemanden, der sie hätte begleiten können, gab; sie erntete „enthusiastischen Erfolg“[447]. In *Le Tour du Monde* findet sich eine Beschreibung der besonders üppigen und außergewöhnlichen kulinarischen Verpflegung, die sie dort genossen hätten und die Lise Cristiani mit dem Wort „Schlaraffenleben“ zusammenfasst.[448]

Die deutsche Presse berichtete 1851, dass Lise Cristiani im „Hause des Gouverneurs der Halbinsel dem kamtschadalischen Publicum ein Gratis-Concert“[449] gegeben habe. Dies ist eine der letzten Meldungen über die Konzertaktivitäten der Cellistin. Sie erscheint zwei Jahre später und lässt schlussfolgern, dass Briefe und Informationen aus Sibirien erst mit großer Zeitverzögerung in Frankreich und Deutschland ankamen, zeigt aber auch, dass dort 1851 noch Interesse an der Cellistin bestand.

Anschließend folgt eine Reise zur Insel Sachalin, auf die bis ins 20. Jahrhundert politische Gefangene sowie verurteilte Verbrecher in die Verbannung geschickt wurden. Anton Čechov besuchte Sachalin 1893 und schrieb anschließend über das Elend und Unrecht in den Gefängnissen.[450] Cristiani reist auf einem Kriegsschiff über den Pazifischen Ozean, wie aus *Le Tour du Monde* hervorgeht. Der Abstecher zur Insel Sachalin wird nur dort erwähnt. Vielleicht

---

444 Lanoye 1863, S. 394.

445 Barbier, A. 1860, Teil 2, o.S.

446 Ebd.

447 Ebd.

448 Lanoye 1863, S. 395.

449 *Signale* 1851, 9. Jg., Nr. 3, Januar 1851, S. 30. Des Weiteren heißt es in diesem Pressebericht: „Lisa Cristiani, die bekannte Violoncellistin, ist in Kamtschatka. […] Vor ihr haben sich europäische Virtuosen wohl nach Irkutsk und Krasnojarsk verirrt […]; bis nach Kamtschatka hatte sich aber noch keiner gewagt“, zitiert nach Hoffmann 2007/2010.

450 Čechov 1895.

stimmt es nicht, dass Cristiani dort war, sondern es handelt sich bei de Lanoye wieder einmal um eine Ergänzung mit dem Ziel, den Reisebericht möglichst spannend und umfassend zu gestalten. In diesem Sinne durfte in einem Bericht über Sibirien auch die Insel Sachalin nicht fehlen. Auf der anderen Seite ist es durchaus möglich, dass Murawjew als Generalgouverneur auch diesen Teil des ihm unterstellten Landes und insbesondere die Gefängnisse besuchte.

Bei Barbier, der im Unterschied zu de Lanoye die musikalischen Ereignisse dieser ungeheuerlichen Reise in den Vordergrund stellt, folgt nun eine schöne Begegnung: Nach 28 Tagen Schifffahrt in Ajan angekommen, ergibt sich die Möglichkeit, Kammermusik zu spielen, „echte Musik mit echten Musikern zu machen“[451]. Auf der Weiterreise gibt sie in Ochotsk kein Konzert, weil das Cello in schlechtem Zustand gewesen sei[452] – was bei den Reisebedingungen und klimatischen Extremsituationen kaum verwunderlich ist. In Jakutsk folgt ein Monat Aufenthalt, ohne Begeisterung: „Man musste wohl oder übel Halt machen und auf den Schlitten warten.“[453] Konzerte finden statt, allerdings unter ungewöhnlichen Bedingungen, die Lise Cristiani witzig und ironisch beschreibt. Die Instrumente ihrer Mitmusiker, die sie dort sah, müssen außerordentlich schlecht und merkwürdig gewesen sein.[454] De Lanoyes Bericht bricht hier ab und springt direkt nach Kasan, die in Barbiers Bericht folgende Reise nach Irkutsk steht bei de Lanoye direkt zu Beginn des Reiseberichtes und wurde mit dem Text des Grafen de Aldegonde vermischt. Es lässt sich vermuten, dass die Reise nach Kjachta, zum Baikalsee und nach Mai-Ma-Tschin stattfand, aber 1849 auf der Rückreise aus Sibirien, und nicht, wie es in de Lanoyes Bericht erscheint, zu Beginn. Vermutlich gab Lise Cristiani dort keine Konzerte, sondern machte diese Reise tatsächlich nur, um Kjachta und Mai-Ma-Tschin kennenzulernen[455] – „aus reiner Neugier“[456]. Wenn man das folgende Zitat ernst nimmt, muss die Cellistin in dieser Zeit voller Abenteuerlust und Reisemut gewesen sein, zumindest wird sie in beiden Berichten so präsentiert. Gerne hätte sie auch noch Peking besucht, das 60 Meilen von Kjachta entfernt ist:

451 Barbier, A. 1860, Teil 2, o. S.

452 Ebd.

453 Ebd.

454 Ebd.

455 Ebd. „Stadt in der chines. Mongolei, an der russ. Grenze, Kiachta gegenüber, zum Gebiete des Chutuktu-Chans in Urga gehörig; seit 1727 für den Grenzverkehr bestimmt.“ (*Brockhaus' Kleines Konversations-Lexikon*, fünfte Auflage, Band 2. Leipzig 1911, S. 111).

456 Lanoye 1863, S. 388.

„[D]iese Entfernung hätte sicherlich eine Reisende, die bereits 4000 Meilen seit Moskau hinter sich gelassen hatte, nicht abgeschreckt, die Hauptstadt dieses berühmten Großreiches zu besuchen, wenn die Herren Chinesen es gestattet hätten."[457]

Die Vertauschung der Reihenfolge in *Le Tour du Monde* führt zu einem künstlich hergestellten Höhepunkt, der die Reiseberichte mit der Beschreibung eines gefährlichen Ritts enden lassen. Es ist zu vermuten, dass Lise Cristiani die Abenteuerreise trotz aller Strapazen gut und mit einem Gefühl von Stolz überstanden hat, so liest sich die Anordnung der Ereignisse bei Barbier. Dadurch, dass sie sich der militärischen Abordnung und der Familie des Generals Murawjew angeschlossen hatte, reiste sie trotz widriger Bedingungen in einer ökonomisch und sozial abgesicherten Umgebung, da die Reise als Kolonialexpedition durchgeplant war, sie als Künstlerin unter militärischem Schutz stand und die Familie des Generalgouverneurs sich für sie verantwortlich fühlte. An manchen Stellen in *Le Tour du Monde* entstehen Zweifel daran, ob diese Verantwortung für die Sicherheit der Cellistin während der gesamten Reise übernommen wurde; dies soll ausführlicher in Kapitel 4.4 thematisiert werden.

Nach dieser letzten Expedition an die Grenze zu China führte die Reise zurück nach Irkutsk, wo ihre Freunde alles für ein „Abschieds-Konzert"[458] vorbereitet hatten. Dieses Konzert sei einfach „magnifique"[459] gewesen, so Barbier. Da die Familie Murawjew wieder zu Hause angekommen war, ist zu vermuten, dass Lise Cristiani ihre Reise nun selbstständig fortsetzte und nach der Abenteuerreise wieder das Leben einer reisenden Musikerin aufnahm.

Die Reise begann wieder im Schlitten, begleitet von einer Kammerzofe und zwei Kosaken, „Melodien und Konzerte auf dem Wege ausstreuend, wo immer man auch nur den Schatten eines Publikums finden konnte"[460]. In dieser poetischen Formulierung deutet Barbier an, dass Lise Cristiani dauernd Konzerte gab bzw. vor Publikum spielte, wann immer sich die Gelegenheit bot. Diese Gelegenheiten außerhalb der größeren Städte hatten mit Sicherheit nicht die Form klassischer Konzerte, sondern fanden vermutlich in Privathäusern, vielleicht in Restaurants, Kirchen, Schulen oder im Freien statt. Bis auf einige wenige Konzerte, bei denen sie wie in Westeuropa gefeiert wurde, muss sie das abenteuerliche Leben einer reisenden Musikerin geführt haben, die nun nicht mehr wegen des ‚unweiblichen' Instrumentes die Zuschauer zum Staunen brachte, sondern

---

457 Ebd.

458 Barbier, A. 1860, Teil 2, o. S.

459 Ebd.

460 Ebd., „semant les concerts et les mélodies sur la route aussi souvent qu'on rencontrait une ombre de public".

wegen der Ungewöhnlichkeit, überhaupt in dieser Gegend als klassische Musikerin aufzutreten.

In Krasnojarsk habe das Konzert enthusiastische Reaktionen „bis zum Delirium“[461] hervorgerufen. Es geht weiter nach Barnaul und Tomsk, wo Lise Cristiani glücklich über ein „exzellentes Orchester, sehr zahlreich, das sogar sauber spielte“[462], berichtet. Am 10. Januar 1850 kommt sie in Tobolsk an, wo sie im Januar und Februar mehrere Konzerte gibt.[463] Bis hierhin sprechen die positiven Berichte davon, dass das Konzept ihrer Konzertreise und ihre Reiseorganisation zu funktionieren scheinen. In Tobolsk hatte sie schon bei ihrem ersten Besuch großen Eindruck hinterlassen und Erfolg geerntet. Dort machte Cristiani die Bekanntschaft von Petr Svistunov, einem Amateurcellisten, der nach dem Dekabristenaufstand von 1825 als junger Fähnrich verhaftet und zu Zwangsarbeit nach Sibirien verbannt worden war.

> „Svistunov war Sohn eines Petersburger Kammerherrn, Jesuitenschüler und hatte sich als Vertreter der Geheimorganisation des Südbunds in St. Petersburg engagiert. Herkunft, Ausbildung und politisches Engagement zeigen ihn als typisches Beispiel für einen ‚Dekabristen‘ im gesellschaftshistorischen Sinn. Eine Teilnahme am Aufstand lehnte Svistunov jedoch ab, weil er das Vorhaben für aussichtslos hielt. Verhaftet und verurteilt wurde er als Mitglied einer Geheimorganisation trotzdem.“[464]

Svistunov mußte nach Abbüßung seiner Strafe an den ihm jeweils zugewiesenen Wohnsitzen in kleineren sibirischen Siedlungen bleiben. Ab 1841 konnte er bis zur Amnestierung der Dekabristen unter Zar Alexander II. im Jahr 1856 im Staatsdienst in der sibirischen Stadt Tobolsk arbeiten. Erst danach durfte er Sibirien verlassen, um sich wieder in Moskau niederzulassen.[465] Die Dekabristen prägten das kulturelle Stadtbild vieler sibirischer Städte, insbesondere von Irkutsk, sie waren ein wichtiger Teil der gebildeten Oberschicht in Sibirien, die sich für Cristianis Konzerte begeisterte und die Musikerin mit Freude empfingen. Svistunovs Schicksal war das zahlreicher aus politischen Gründen Verbannter, die Lise Cristiani auf ihren Reisen durch Sibirien kennenlernte.

In der russischen Version des Buches von Lev Ginsburg[466] wird ausführlicher über Petr Svistunov und seine Begegnung mit Lise Cristiani berichtet sowie aus

---

461 Ebd.

462 Ebd., „un excellent orchestre, très nombreux et qui *joue juste*“.

463 Vgl. Markevitch 1984, S. 88; vgl. de Vries 2014, S. 111f.

464 Specht 2012.

465 Andree 1867. Ich danke Dr. Benjamin Specht für hilfreiche Hinweise bei der Recherche nach Petr Svistunov.

466 Ginsburg 1950.

der russischen Presse zitiert. Diese Episode wurde in der englischen Version[467] ausgelassen. Laut Ginsburg war Petr Svistunov in St. Petersburg aufgewachsen und hatte eine intensive Musikausbildung in Cello, Klavier, Gesang, Chordirigieren sowie Komposition erhalten. In Tobolsk wurde sein Haus zum Zentrum von Hausmusiktreffen. Er engagierte sich für das Konzertleben der Stadt, indem er Konzerte und Tourneen für junge Musiker organisierte, Geld sammelte, um ihnen Honorare zahlen zu können, oder auch Unterkünfte organisierte.[468] Svistunov veranstaltete jede Woche musikalische Abende, insbesondere Quartettabende, besonders willkommen waren Musiker von außerhalb.[469] Lise Cristiani muss Svistunov tief beeindruckt haben. In Briefen an seine Schwester Alexandra Nicolaewna Malvirad schreibt Svistunov über Cristiani, die er zweimal in Tobolsk spielen hörte, einmal vor ihrer Sibirienreise, einmal auf der Rückreise.[470] In einem der Konzerte in Tobolsk spielten die beiden zusammen, wahrscheinlich Celloduette.[471] Sie wurde angekündigt als „berühmte französische Cellistin Louisa Cristiani, die mit großem Erfolg in Rußland konzertierte, u.a. in Kasan, Petersburg, Kiev, Charkov, Voronjesch, Stavropol, Odessa, Tiflis u.a. sowie 1849–1851 eine der schwierigsten Reisen nach Sibirien, Kamtschatka und Dalnivastock unternahm“[472].

An seine zweite Schwester Glafira Nicolaewna Balmen[473] schreibt Svistunov, sie hätten zu wenig Noten in Tobolsk, es sei sehr langweilig und er suche insbesondere Noten vom *Lied ohne Worte* für Cello von Felix Mendelssohn.[474] Es ist zu vermuten, dass er dieses Stück von Lise Cristiani gehört hatte, da das Stück in Deutschland erst posthum 1868 nach Mendelssohns Tod veröffentlicht wurde.[475] Ginsburg kommentiert, Svistunov habe durch Cristiani neue Stücke kennengelernt. Am 7. Februar 1850 schreibt Svistunov an seine Schwester Glafira voller Begeisterung: „Cristiani ist aus Kamtschatka zurück, sie, die so wunderbar

467 Ders. 1983.

468 Ders. 1950, S. 331.

469 Ebd., S. 342 (Ginsburg zitiert einen Brief vom Mai 1888 von M. D. Franzewa, S. 407).

470 Svistunovs Briefe an die Schwester werden laut Ginsburg in der Moskauer Staatsbibliothek in der Handschriftenabteilung aufbewahrt.

471 Ginsburg 1950, S. 342f.

472 Ebd., S. 342, Übersetzung von Liudmila Firagina; Dalnivastock ist die Region Russlands, die ans Meer grenzt.

473 Diese Briefe befinden sich laut Ginsburg ebenfalls in der Staatsbibliothek Moskau, Handschriftenabteilung. Ginsburg 1950.

474 Ginsburg 1950, S. 343, Übersetzung von Liudmila Firagina.

475 Felix Mendelssohn Bartholdy: Variationen op. 17 und andere Stücke für Klavier und Violoncello, Elvers, Rudolf/Heinemann, Ernst-Günter (Hg.), Urtext-Ausgabe, Vorwort der Herausgeber, München 2002.

spielt, kommt zurück!“[476] Eigentlich habe er keine Konzerte mehr organisieren wollen, weil viele Musiker ihn enttäuscht hatten, aber für Cristiani machte er eine Ausnahme und organisierte ein großes Konzert. Sie sei „aus Paris, so humorvoll, charmant, intelligent, warmherzig ohne jeden Hochmut, so unprätenziös“. Des Weiteren schreibt er:

> „Ich und alle anderen, die das Konzert organisierten, haben alles getan, was wir konnten, aber leider waren die Einnahmen nicht gut, aber für Tobolsk war es das beste Konzert, das man gehört hat, seit wir hier leben. Seit Cristiani fort ist hat der erbärmliche Alltag wieder begonnen […].“[477]

Auch für Cristiani begann der Alltag: wieder auf Reisen. Im Februar reiste sie weiter Richtung Westen, vielleicht mit der Hoffnung, nach Europa, nach Paris zurückzukehren? Eine sehr schwierige Reise mit kaum Möglichkeiten, Konzerte zu geben, lag vor der mutigen jungen Musikerin – „3000 Verst Reise in einem Atemzug“[478] durch die verschneiten Steppen. Die Kirgisensteppen Kasachstans erscheinen ihr als „ewige[s] Leichentuch aus Schnee […], nichts, nichts als Schnee, gefallener Schnee, Schnee, der fällt, Schnee, der fallen wird! Steppen ohne Ende, wo man sich verliert, wo man sich selbst zu Grabe trägt!“[479]

Der Tonfall ihrer Briefe ist anders als zuvor: Gefahr, Angst und die lebensbedrohliche Unberechenbarkeit der Natur, der sie schutzloser als zuvor ausgesetzt zu sein schien, sind aus den Zeilen herauszulesen.

3.3.9 Zwei düstere Jahre in Moskau und in der Ukraine (1850–1852)

Während Lise Cristiani im nicht enden wollenden Schnee Kasachstans eine Todesstimmung und Melancholie, die an Schuberts *Winterreise* erinnert, am eigenen Leib erlebt, schreibt ihr Bruder in Paris ein Theaterstück nach dem anderen, so 1850 *Jenny l'ouvrière* und *L'amour mouillé*. 1851 schreibt er *Les derniers adieux* und heiratet Marie-Louise Renart (1827–1897). An sie ist eine der bisher unveröffentlichten Gedichthandschriften aus dem Barbier-Nachlass in der BNF adressiert: „À Marie“. 1850 wird Offenbach Theaterkapellmeister an der Comédie-Française.[480] In Weimar wird Wagners *Lohengrin* uraufgeführt, Liszt dirigiert, Cossmann spielt im Orchester.[481] Grützmacher wird Solocellist der Gewand-

---

476 Ginsburg 1950, S. 343, Übersetzung von Liudmila Firagina.

477 Ebd.

478 Barbier 1860, Teil 2, o. S.

479 Lanoye 1863, S. 399; Barbier, A. 1860, Teil 2, o. S.

480 Kracauer 1976, S. 121.

481 Campbell 2004, S. 34.

hauskonzerte in Leipzig als Nachfolger von Cossmann sowie gleichzeitig Solocellist im Theaterorchester und Professor am Konservatorium. Viele von Lise Cristianis Zeitgenossen haben sich etabliert, einen Namen gemacht, finanzielle Notsituationen überwunden, geheiratet, sich an Orte und Aufgaben gebunden.

Bekam Jules-Paul Barbier in Paris diese Briefe, in denen seine Schwester ihre Angst vor dem Tod anspricht? Las er sie gemeinsam mit Victoire, Agathe und Nicolas-Alexandre? Oder stammt dieser Rückblick aus einem Reisetagebuch, das Lise Cristiani laut Nicolas-Alexandre Barbier führte?

In diesem Jahr 1850 nimmt Frankreich Kolonien in Guinea in Besitz, auch Russland verstärkt seine Kolonialpolitik weiter: General Newelskoi kehrte an die Amurmündungen zurück, dorthin, wo Cristiani zuvor mit General Murawjew gewesen war, hisste eine russische Fahne und erklärte das Gebiet zum Eigentum des russischen Zaren.[482] Im März 1850 kam Lise Cristiani in Moskau an. Sie hatte die beschwerliche Reise durch die verschneiten Steppen überlebt, trotz der düsteren Gedanken und Todesahnungen, die in ihren Briefen zu finden waren. Im März und April spielte sie in Moskau Konzerte, über die Barbier nichts berichtet; die Problematik wird vergleichbar mit der Situation in Petersburg 1847 gewesen sein. Wie ihre Verfassung war, wissen wir nicht, aber es ist zu vermuten, dass sie nicht mit der gleichen Unbeschwertheit von der großen Reise zurückkam und dass sie nach den Strapazen, aber auch den Erfolgen in Sibirien das mangelnde Interesse des russischen Publikums umso härter getroffen haben muss. Sie unternahm eine zweite Konzerttour durch Russland, wieder mit wenig Erfolg. Gravierende und länger andauernde finanzielle Probleme scheinen die Folge gewesen zu sein. An dieser Stelle schreibt Barbier ganz offen über ihren entmutigten Zustand und ihre Überlegungen, das kostbare Cello zu verkaufen, er zitiert Lise Cristiani:

> „[W]enn ich dafür nur einen guten Preis bekommen könnte, ich würde nach Paris zurückkehren, natürlich nicht ohne fürchterliche Schmerzen, die mir diese traurige Trennung bereiten würden, ich liebe meinen treuen Kompagnon über alles! […] Aber was soll es, wenn ich mich trennen muss, dann werde ich mich fügen, was sind einige Tränen mehr oder weniger […].“[483]

Die Rückreise hing also keineswegs nur noch davon ab, ob sie in Frankreich noch eine Karriere oder Zukunft als Musikerin erwartete, sondern schien in diesem Moment nicht mehr finanzierbar.[484] War die Reise nach Sibirien noch eine bewusste Entscheidung für das Abenteuer gewesen, so scheint die 1852

482 Ziegler 2005, S. 177.

483 Barbier, A. 1860, Teil 2, o. S.

484 Vgl. die Rückreise der Harfenistin Therese aus dem Winckel von Paris nach Deutschland. Schweitzer 2011, S. 19.

folgende Reise in den Kaukasus eine zwingende und bedrohliche Konsequenz gewesen zu sein, eine Notlösung, keineswegs ein gewolltes Abenteuer, um der bürgerlichen Kultur zu entfliehen oder die „Originalität des Künstlerdaseins zu komplettieren“[485]. Zwischen dem Frühjahr 1850 und Januar 1852 entsteht eine dunkle Lücke in der Biographie Lise Cristianis, die in allen Reiseberichten übergangen wird. Vielleicht hat Cristiani, wie in Barbiers Bericht zu lesen ist, Konzertreisen in die russischen Städte in der Umgebung Moskaus gemacht, vielleicht hat sie in Moskau gelebt.[486] Welche persönlichen Ereignisse im Leben Cristianis können in diesen Zeitraum gefallen sein? Nach bisherigem Forschungsstand bleibt es Schriftstellern und Filmemacherinnen überlassen, aus Hypothesen für diesen Zeitraum eine Geschichte zu erfinden. In Kapitel 3.4.2 soll es um mögliche Lesarten für diesen Zeitraum im Leben der Cellistin und seine Aussparung in den vorliegenden Dokumenten gehen.

In Paris wird Napoleon III. nach dem Staatsstreich 1851 zum Kaiser Frankreichs. Jules-Paul Barbier produziert weiterhin Libretti und Vaudevilles: *Les marionettes du docteur* oder *Voyage autour d'une jolie femme,* und er wird Vater; seine und Maries Tochter Jeanne wird 1852 geboren, im gleichen Jahr findet die Uraufführung von Gounods Oper *Sapho* statt, 1854 wird Jules-Paul Barbiers Sohn Pierre geboren.[487]

Ab Januar 1852 muss Lise Cristiani wieder zu reisen begonnen haben, zunächst in die heutige Ukraine, damals Teil des Russischen Reiches. Sie konzertiert in Charkow[488], heute die zweitgrößte Stadt der Ukraine, gab am 17. und 19. Februar Konzerte in Tschernigow[489], am 8. März in Kiew[490]. Im März oder April 1852 traf sie den Cellisten Adrien-François Servais im Hause des Amateurpianisten und Historikers Nicolai Markevitch und spielte mit beiden Kammermusik.[491] Markevitchs Enkel schreibt später in seinem Buch *Cello Story*[492] über dieses Treffen. In der Erinnerung Markevitchs ist Cristiani als berühmte Cellistin in seinem Hause

485 Lanoye 1863, S. 392.

486 5. März 1851: Konzert in Voronesh im Hause von Monsieur Pribytkov nach Information von René de Vries.

487 „Marie Barbier fut inhumée au cimetière de Passy à son décès en 1897, puis au décès de sa fille Jeanne son cercueil fut transporté à Châtenay-malabry, avec celui de Jules qui avait aussi été inhumé à Passy. Sur la tombe de Passy est gravé: A 1827–1897/Benedicta tu in mulieribus/Les Contes blancs.“ Jeanne Barbier (1852–1926); Pierre Barbier (1854–1918). Marianne von Meyenbourg, unveröffentlichtes Dokument, Sammlung Barbier / de Meyenbourg.

488 de Vries 2014, S. 118f.

489 Ebd.

490 Ebd.

491 Markevitch 1984, S. 87f.

492 Ebd.

zu Gast[493], von der verzweifelten Notsituation, die zuvor angedeutet wird, ist nichts zu spüren. Am 12. April gab sie ein Konzert in Vilnius[494]; am 17. Juli und im August in Odessa,[495] so die Rechercheergebnisse von René de Vries.

3.3.10 Die Kaukasusreise (1852–1853)

Ende des Jahres 1852 entschloss sich Lise Cristiani zu einer Reise in den Kaukasus. Über Stavropol[496] reiste sie nach Grosny, der heutigen Hauptstadt Tschetscheniens. Ihren 27. Geburtstag feierte sie, so der Bericht von Barbier, im Hause eines Obersts der Artillerie auf dem Weg nach Grosny, wo ihr zu Ehren ein „Kosakenfest" gefeiert wurde.[497] Barbier schildert die Gefahren, die zu dieser Zeit eine Reise durch den Kaukasus bedeuteten: „[E]in Reiseweg, der [...] sich durch eine undefinierte Zahl an Entführungen, Plünderungen und Morden hervortat", und beschreibt den Zustand, in dem Lise Cristiani diese Reise angetreten haben soll, wobei die Symptome auf Tuberkulose,[498] aber auch auf Verzweiflung hindeuten:

> „[D]as war alles noch nicht genug für unsere zwei wagemutigen Reisenden: Lise Cristiani, die bereits unter einer Art Fieber und Auszehrung litt, fühlte sich verpflichtet, gegen das Böse zu kämpfen, indem sie sich den Zufällen eines ganz und gar abenteuerlichen Lebens in die Arme warf."[499]

Während man in Sibirien mit der Natur, flutartigen Regenfällen, extremen Temperaturen und dem Gefühl, in eine unberechenbare Wildnis versetzt zu sein, kämpfen musste, so herrschte im Kaukasus Bürgerkriegszustand: „wo man nicht eine Viertelmeile hinter sich legen konnte, ohne sich von Angesicht zu Angesicht einem Pistolenlauf gegenüber zu sehen"[500], so Barbier. Die Rebellen der muslimischen Bergbevölkerung der Gebiete des heutigen Dagestan und Tschetschenien kämpften unter ihrem religiösen und politischen Anführer, dem Imam Schamil (1797–1871), seit 1834 gegen die Eroberung des Nordkaukasus durch die Russen. 1845 vernichtete Schamil das russische Heer des Kaukasus-Statthalters Michail Woronzow fast gänzlich; diese Nachrichten gelangten bis nach Westeuropa. Eine wichtige Rolle im russischen Kampf gegen die Aufständischen spielte Fürst Ale-

---

493 Ebd.

494 de Vries 2014, S. 118.

495 Im Salle de la Bourse, Information von René de Vries.

496 Am 4. Dezember, Information von René de Vries.

497 Barbier, A. 1860, Teil 2, o. S. Nach dieser Rechnung müsste sie im Winter 1825 geboren sein.

498 Vgl. de Vries 2014.

499 Ebd.

500 Barbier, A. 1860, Teil 2, o. S.

xander Iwanowitsch Bariatinski (1814–1879). Dieser war wegen eines Liebesverhältnisses mit einer Großfürstin in den Kaukasus versetzt worden und wurde 1852, nachdem er bereits in den zwei vorhergehenden Jahren 1850/51 erfolgreich gegen Schamil vorgegangen war, zum Generalleutnant ernannt. 1857 startete er erneut eine große Kampagne gegen den Rebellenführer, gemeinsam mit dem General N. I. Jewdokimow, die zur Festnahme Schamils 1859 und zur Unterwerfung des Kaukasus unter die russische Herrschaft führte.[501] Cristiani hatte, so Barbier, nicht nur von Bariatinskis vergangenen kriegerischen Erfolgen gehört, sondern auch davon, dass er erneut eine Militäraktion gegen Schamil plante. Er muss einer der politisch bedeutsamsten Männer des Kaukasus und der russischen Kolonialpolitik Mitte des 19. Jahrhunderts gewesen sein. Also schrieb ihm Lise Cristiani, wie sie es seit Beginn ihrer Karriere mit den einflussreichen Familien, Adligen und Generälen in Paris, Berlin, Petersburg und Sibirien gehalten hatte, und wurde von ihm eingeladen. Wieder geriet die Cellistin in kolonialistische Militärkontexte. Ihre Ansprechpartner waren immer zunächst die Adligen und Reichen, die Europäer im Ausland, sprich die Russen, die in Sibirien und im Kaukasus ihre Macht ausdehnten. In Irkutsk waren es die Exilierten, die polnischen und russischen politischen Verbannten gewesen. Sie war als Künstlerin abhängig vom Interesse der Mächtigen an ihrer Kunst und reiste an der Seite der Kolonialherren durch Sibirien und den Kaukasus. Aus dieser Perspektive richtete sie ihren Blick auf die ursprüngliche Bevölkerung und die Widerstandskämpfer. Trotzdem hat sie sich als Musikerin nicht auf eine politische Haltung festlegen lassen, wie u. a. ihre Bekanntschaft mit Svistunov zeigt.

Im Januar 1853 verbrachte sie, laut Reisebericht im *Journal des Débats*, etwa drei Wochen bei Prinz Bariatinski und dessen Gefolge, spielte für ihn und seine Gäste, seine Offiziere und Soldaten. Die erste Begegnung mit Bariatinski ist eine Überraschung für die Cellistin, sie habe bei einem so erfolgreichen Generalleutnant einen älteren Herrn erwartet – „einen alten, eher unintelligenten Kopf mürrischen Aussehens“[502], ist in den zitierten Briefen zu lesen, nicht aber einen „schönen, jungen […] Mann“[503].

Er habe seine 16.000 leibeigene Bauern seinem älteren Bruder vermacht, denn er selbst habe keine Familie und würde auch niemals eine haben, so lässt Cristiani Bariatinski mit Verweis auf seine Zugehörigkeit zum Malteserorden sprechen. „Ein Beweis guter alter Zeiten“ in seiner so ganz „ritterlichen Erscheinung“ sei Bariatinski gewesen und habe sich damit stark von seiner Umgebung abgehoben,[504]

501 Vgl. Baddely 1999.

502 Barbier, A. 1860, Teil 2, o. S.

503 Ebd.

504 Ebd.

die sich „aus Menschen mit Herz zusammensetzte, die aber gänzlich unvertraut mit jeder Art von Benehmen von Welt waren; sie brüsteten sich nicht gerade damit, sich der Anmut zu opfern.“[505] Trotzdem habe sie ihre Kunst und ihre Lieder mit vollen Händen[506] diesen Menschen geschenkt, so Cristiani. In der Zeit bei Bariatinski entwickelt sie eine starke Identifizierung mit den „Kosaken“, den Soldaten, spricht von ihrem Mitleid für die in den Krieg ziehenden Männer und davon, dass sie nachts von den Geistern der Gefallenen heimgesucht wird:

> „Wie viele von ihnen, denen ich am Abend noch eine Romanze, die ihnen besonders lieb gewesen war, versprochen hatte, sah ich nie wieder, nur als nächtliche Gespenster.“[507]

Nie habe sie mehr Freude gehabt zu spielen und zu singen, ihre schönsten Kleider habe sie getragen, um den „arme[n] Teufel[n], die von einem zum anderen Moment einer tschetschenischen Kugel zum Opfer fallen konnten“[508], das Leben ein wenig zu verschönern. Es entsteht der Eindruck einer emotionalen Bindung an diese neue Umgebung, der beim Lesen die Hoffnung auslöst, sie möge irgendwo ankommen, gleichzeitig aber hervorhebt, wie sehr sie wieder in eine Ausnahmesituation geraten ist – ähnlich wie an den Amurmündungen. Die schöne Cellistin aus Paris mit „reiner Weiblichkeit“[509] als Talisman, wie Gaillard es ausgedrückt hatte, ist nun wieder einmal der Glücksbringer für die in den Krieg ziehenden und die Kolonialpolitik vorantreibenden Männer. Nach einem großen Neujahrsfest endet diese Episode – Lise Cristiani, „unser schöner Traum“, wie die Soldaten sie genannt haben sollen, reist wieder weiter.

Eine zeitliche Lücke entsteht im Text, bis zum 5. September, sieben Monate, bis ein Brief mit einer fatalen Rückschau folgt:

> „Ich habe den Tod in meiner Seele […][,] meine Schmerzen steigen, meine Kräfte schwinden; was soll nun werden? Ich habe alles versucht; sogar in diesem verdammten Land, wo hinter jedem Busch ein Gewehr lauert, aber ich habe kein Glück, anstelle der Kugel, die ich suchte, habe ich nichts als Bonbons bekommen, die Schamil in irgendeinem Handgemenge entrissen wurden. Ist das nicht ein großes Pech?“[510]

Der physische und psychische Zustand der jungen Frau muss katastrophal gewesen sein, eindeutig liest sich aus diesem Zitat die Verzweiflung und sogar der

505 Ebd.

506 Ebd.

507 Ebd.

508 Ebd.

509 Gaillard 1846.

510 Lanoye 1863, S. 400. Dieses Zitat ist auf die Kaukasusreise bezogen und findet sich im gleichen Wortlaut bei Barbier, A. 1860, Teil 2, o.S.

Wunsch zu sterben. Sie selbst entlarvt ihre Reise in den Kaukasus als selbstmörderisches Unternehmen.

In der russischen Presse werden Konzerte erwähnt, am 21. März in Tiflis[511] und am 18. Juli in Pjatigorsk, bei letzterem soll Leo Tolstoi anwesend gewesen sein.[512] Angesichts der Entfernung zwischen den beiden Städten ist davon auszugehen, dass Cristiani in der Zeit von März bis Juli auf der Strecke Richtung Nordwesten noch weitere Konzerte gab. In *Le Tour du Monde* wird, datiert auf den 3. September 1853, ein Brief aus Vlady-Kaaftat[513] abgedruckt, in dem Lise Cristiani ihre Reise durch Sibirien von 1848 bis 1850 Revue passieren lässt:

> „Aufgebrochen bin ich im Dezember 1848 und zurückgekommen nach Kasan Anfang Januar 1850, so hat meine Reise ein Jahr und etwa 25 Tage gedauert. Ich habe mich mehr als 5000 Meilen von Frankreich entfernt [...] ich habe 15 sibirische Städte besucht, um nur einige wichtige zu nennen: Ekaterinenburg, Tobolsk, Omsk, Tomsk, Irkutsk, Kjachta [...][.] Ich habe mich an Orten hören lassen, wo nie zuvor ein Künstler gewesen war. Ungefähr 40 öffentliche Konzerte habe ich gegeben – ohne die kleineren Soireen und Gelegenheiten zu denen ich [...] spielte mitzuzählen.“[514]

Knapp einen Monat später, Ende September, soll die Cellistin in Nowotscherkassk angekommen sein. Dort wütete die Cholera, man spricht von der dritten großen Cholera-Pandemie, die sich zwischen 1840 und 1860 ausbreitete und Europa bereits 1847 erreichte.[515] Lise Cristiani erkrankt an der Seuche und stirbt nach wenigen Tagen am 24. Oktober 1853.[516]

Im gleichen Jahr bricht der Krimkrieg aus. Die politischen Aktionen am Amur werden in Auseinandersetzungen des russischen Militärs mit den Englän-

511 Vgl. Barbier, A. 1860, Teil 2, o. S.; Datum von René de Vries.

512 Information von René de Vries; vgl. de Vries 2014; vgl. Hoffmann 2007/2010.

513 Lanoye 1863, S. 399: „eine kleine befestigte Siedlung“, möglicherweise existiert dieser Ort heute nicht mehr.

514 Ebd., S. 399f.; vgl. Hoffmann 2011a, vgl. Deserno 2013. Freia Hoffmann vermutet, dass es sich bei dieser Textstelle um eine abgewandelte Kopie des 1837 publizierten Reiseberichts des Grafen Charles-Camille de Sainte Aldegonde handelt (siehe Kap. 3.4). Möglicherweise hat der Herausgeber hier wie an den anderen, wie von Hoffmann nachgewiesen, direkt plagiierten Stellen den Text von Aldegonde verwendet und auf die Cellistin zugeschnitten; ebenso ist es möglich, dass Cristiani diesen Text oder vergleichbare Reiseberichte kannte und sich an deren stilisierter Dramaturgie orientierte, denn diese Textstelle stimmt nur im Duktus, nicht im Inhalt überein.

515 http://www.gapinfo.de/gesundheitsamt/alle/seuche/infekt/bakt/chol/sg.htm, letzter Zugang am 1. April 2014.

516 Barbier, A. 1860, Teil 2, o. S.; 1854 stirbt die Musikerin Fanny Hünerwadel auf einer Italienreise in Rom an Typhus; vgl. Gärtner, Markus: Fanny Hünerwadel in Italien, in: Hoffmann 2011, S. 181–195, hier S. 182.

dern und Franzosen fortgesetzt, es finden weitere Expeditionen zu den Amurmündungen statt:

> „Als die Schiffe von der Mündung der Schilka, einem Nebenfluss des Amur aufbrachen, spielte eine Militärkapelle ‚Gott erhalte den Zaren'. Die Soldaten jubelten. Murawjew füllte einen Becher mit Wasser aus dem Amur […]."[517]

Eventuell wurde diese historische Szene als Vorbild für den Bericht in *Le Tour du Monde* verwendet, obwohl sie drei Jahre später stattfand. É. Thouvenel, französischer Botschafter in Konstantinopel, sorgte dafür, dass das Stradivari-Cello im Dezember 1857 zurück nach Paris gebracht wurde.[518] Der Bruder Jules-Paul Barbier verfasste Gedichte in Erinnerung an die verlorene Schwester, aus denen Schmerz, Trauer und ein gewisses Grauen über den Tod auf dieser großen Reise, vielleicht auch ein Schuldgefühl, dass er sie nicht beschützen konnte, herauszulesen ist.[519] Ein Jahr später steht das Cello zum Verkauf beim Geigenbauer Montel, über seine Rückkehr wird 1858 im *Ménestrel* berichtet:

> „Le fameux violoncelle de Stradivarius, que possédait la sainte Cécile moderne, Mlle Christiani, est revenu en France."[520]

1861 veröffentlicht Nicolas-Alexandre Barbier im *Journal des Débats* seinen Bericht über die unglaubliche Reise einer Stieftochter oder Enkelin Lise Cristiani, 1863 folgen die „Extraits de la correspondance d'une Artiste. Mlle Lise Cristiani" in *Le Tour du Monde.* 1864 stirbt Nicolas-Alexandre Barbier in Sceaux. In den Jahren 1870 und 1871 wütet der Deutsch-Französische Krieg, die gesamte Korrespondenz von Lise Cristiani verbrennt in Sceaux im Haus von Victoire Barbier. Ihre Handschriften bleiben bis auf die zwei kurzen, in dieser Arbeit erstmals veröffentlichten Briefe verloren.

3.4 Die reisende Cellistin. Reisen als Lebensmodell

3.4.1 Forschungsdokumentation

Sieben Jahre nach Lise Cristianis Tod erschien am 26. und 27. September 1860 im *Journal des Débats politique et littéraire* jeweils auf dem Titelblatt ein ausführlicher Bericht über die Reisen der Cellistin zwischen 1848 und 1853. Der Bericht wurde

517 Ziegler 2005, S. 178.

518 Barbier, A. 1860, Teil 2, o. S.; vgl. Hoffmann 2007/2010.

519 Siehe Kap. 3.5.

520 *Le Ménestrel* 1858, 21. Jg., Nr. 3, 18. Dezember 1858, S. 4.

unter dem Titel: „Voyage d'un Stradivarius à travers la Sibérie, le Kamtchatka et le Caucase (1848 à 1853)"[521] veröffentlicht. Verfasser des Textes war Nicolas-Alexandre Barbier, Cristianis Großvater, Grundlage des Berichts waren Briefe, die Lise Cristiani von ihren Reisen geschrieben haben muss[522], die aber nicht erhalten sind, sowie auch eventuell ein ebenfalls nicht erhaltenes Reisetagebuch. Drei Jahre später, 1863, erschien ein weiterer Reisebericht, nun in einer Zeitschrift, die sich auf dieses Genre spezialisiert hatte: *Le Tour du Monde*.[523] Zum Teil sind als Zitate angegebene Stellen im ersten Bericht im *Journal des Débats* identisch mit dem späteren Bericht in *Le Tour du Monde*; dort wurden ausschließlich Reiseberichte veröffentlicht. Zielgruppe solcher Zeitschriften waren u.a. auch Frauen, die ihrer weiblichen Rolle und den bürgerlichen Moralvorstellungen entsprechend nicht auf Reisen gingen[524], durch solche Reise-Journale aber die Möglichkeit hatten, als Leserinnen etwas „von fremden Ländern und Menschen"[525] zu erfahren. „Ohne jemals ihre Heimat zu verlassen, nahmen sie an den Erfahrungen der Original-Reisenden teil [...]."[526] Reiseberichte und insbesondere -briefe gehörten im 19. Jahrhundert zu den „beliebtesten und einträglichsten Literaturgattungen"[527].

Das *Journal des Débats politique et littéraire* war eine bedeutende Pariser Tageszeitung, die während der Französischen Revolution ins Leben gerufen wurde und während der sogenannten Julimonarchie zur meistgelesenen französischen Zeitung wurde.[528]

Der dort publizierte Reisebericht behandelt Daten konsequenter und logischer als der spätere Bericht in *Le Tour du Monde*, was darauf zurückzuführen ist, dass der Autor des Textes, Nicolas-Alexandre Barbier, Lise Cristiani und den Originalbriefen nähergestanden hatte als der Herausgeber des zweiten Berichts, Ferdinand de Lanoye. Der Fokus liegt im *Journal des Débats* auf Lise Cristiani als

521 Barbier, A. 1860. Im Folgenden wurde aus Platzgründen auf die Angabe des französischen Originals in den Fußnoten bis auf ausgewählte Ausnahmen verzichtet. Es kann in der Datenbank Gallica der BNF eingesehen werden: Teil 1: http://gallica.bnf.fr/ark:/12148/bpt6k452472z.r=Lise%20Cristiani%20Journal%20des%20debats?rk=21459;2; letzter Zugang am 17.9.2016. Teil 2: http://gallica.bnf.fr/ark:/12148/bpt6k452473b/f1.image.r=Journal%20des%20Debats%20Lise%20Cristiani?rk=64378;0, letzter Zugang am 24.8.2016. Deutsche Übersetzung von Katharina Deserno im Dokumentenanhang Dok. 9.

522 In einem Nachruf auf Lise Cristiani werden diese Briefe und der Plan, sie in der Zukunft zu publizieren, erwähnt; *Le Ménestrel* 1858, 25. Jg., Nr. 7, 17. Januar 1858, S. 3.

523 „Die Reise um die Welt"; Lanoye 1863.

524 Vgl. Habinger 2006, S. 61.

525 Robert Schumann: *Kinderszenen* op. 15, Nr. 1.

526 Boerner 1983, S. 75; vgl. Deserno 2010d, dies. 2013.

527 Hoffmann 2011a, S. 150.

528 Vgl. Encyclopaedia Britannica: http://www.britannica.com/EBchecked/topic/306675/Le-Journal-des-Débats, letzter Zugang am 16. Februar 2014.

Cellistin und sogar auf der Geschichte ihres Instrumentes, wie bereits aus dem Titel ersichtlich wird. Die Reise ist nach wie vor eine „Kunstreise“[529], eine Konzertreise, die sich ausgesprochen abenteuerlich und gefährlich gestaltet, aber sie ist keine Abenteuerreise an sich. Über Konzerte und andere Gelegenheiten, zu denen Lise Cristiani auftrat und Cello spielte, wird ausführlich und chronologisch berichtet, die Reaktionen des Publikums, die Umstände, unter denen Konzerte stattfanden, Details wie Kartenverkäufe und Zustand des Instruments sind ebenfalls Thema. In *Le Tour du Monde* und im *Journal des Débats* werden unterschiedliche Briefstellen zitiert, aber auch identische, so dass davon auszugehen ist, dass beide Verfasser die gleichen Originale kannten, Nicolas-Alexandre Barbier aber damit anders umging als Ferdinand de Lanoye. Victoire Barbier zitiert in *Causerie du soir*[530] eine Textstelle,[531] die in beiden Reiseberichten wortgleich vorkommt, was ebenfalls dafür spricht, dass die Vorlage für beide Publikationen die Originalbriefe Cristianis waren, welche von Victoire Barbier aufbewahrt wurden und in deren Haus 1871 verbrannten.

Freia Hoffmann zeigte, dass ganze Abschnitte des Reiseberichts von Lise Cristiani aus den 1837 publizierten Briefen des Grafen Charles-Camille de Sainte Aldegonde stammen. Diese wurden in die Texte von Lise Cristiani eingefügt,[532] vermutlich mit dem Ziel, den Bericht für die Leserschaft von *Le Tour du Monde* ausführlicher zu gestalten. Hier wurden die Briefe einer jungen Frau nicht nach den vermeintlichen Normen ‚weiblichen‘ Verhaltens geschönt, sondern um die Berichte eines männlichen Reisenden um einige abenteuerliche Geschichten mehr ergänzt.[533] Es ist möglich, dass auch an weiteren Stellen großzügig ausgeschmückt und weggelassen wurde: Konzerte werden in *Le Tour du Monde* kaum erwähnt, Beschreibungen über landschaftliche, geographische und politische Details dagegen nehmen, dem Format des Reisejournals entsprechend, viel Raum ein.[534]

Vielleicht hatte Cristiani selbst an die Veröffentlichung dieser Reisebriefe gedacht, wie Freia Hoffmann vermutet. Es ist in jedem Fall davon auszugehen, dass die Briefe an die gesamte Familie adressiert und zum Weiterreichen auch an Freunde gedacht waren. Fanny Hensel schrieb von ihrer Italienreise an beide Brüder Paul und Felix; aus diesen und weiteren Briefen der Familie Mendelssohn geht hervor, wie üblich es war, gerade Briefe von Reisen an alle anderen Familienmit-

529 *Signale* 1856, 14. Jg., Nr. 53, Mai 1856, S. 277.

530 Barbier, V. 1880, S. 37.

531 „Un éternel linceul de neige m'environne et finit par me donner le frisson au cœur. Je viens de parcourir près de cent lieues d'une seule haleine. Rien, rien que la neige. La neige tombée, la neige qui tombe, la neige à tomber.“ (Barbier, V. 1880, S. 37, Abschrift aus der Sammlung Barbier / de Meyenbourg)

532 Siehe Hoffmann 2011a, S. 152f.

533 Vgl. Deserno 2013, S. 221f.

534 Vgl. ebd., S. 175.

glieder weiterzugeben oder sich gegenseitig vorzulesen.[535] Freia Hoffmann hält es sogar für unwahrscheinlich, dass es sich bei den in *Le Tour du Monde* veröffentlichten Texten überhaupt um persönliche Briefe gehandelt hat.[536] Sie geht von einer geplanten Veröffentlichung aus, für die gerade die Briefform ein gängiger und gerne verwendeter Kunstgriff war, um Authentizität und Originalität zu suggerieren.[537] Unter diesem Aspekt und unter Berücksichtigung der großen Entfernungen, welche Briefe aus Sibirien und Kamtschatka bis nach Paris zu überwinden hatten, ist es denkbar, dass Cristiani ein Reisetagebuch geführt hat, welches erst nach ihrem Tod in die Hände der Familie gelangte. Dies könnte auch den Zeitpunkt der ersten Veröffentlichung – sieben Jahre nach dem Tod der Cellistin – erklären. Gegen diese Version spricht die explizite Erwähnung des „Briefwechsels/correspondance" von Lise Cristiani bei Victoire Barbier:[538]

> „Ah! quel charme et quelle tristesse me pénètrent en même temps lorsque je parcours ta chère correspondance! [...] que de détails piquants et spirituels! que de pittoresques descriptions sortaient de ta plume!" [539]

An anderer Stelle spricht Victoire Barbier allerdings von „les écrits [...] de ma chère nièce L. Cristiani!"[540], so dass unklar bleibt, ob es sich tatsächlich um einen Briefwechsel zwischen der Familie und Lise Cristiani gehandelt hat oder ob gerade die Berichte von der Sibirienreise in Form eines Manuskripts für einen Reisebericht oder als Reisetagebuch vorlagen. Es stellt sich auch die Frage, inwieweit die Familie wusste, wo sich Cristiani zu welchem Zeitpunkt aufhielt. 1851 wurde in der deutschen Presse über ein Konzert Cristianis in Petropawlowsk berichtet, das im Sommer 1850 stattgefunden hatte.[541] Zu dieser Zeit war Lise Cristiani schon wieder in Russland. Es ist davon auszugehen, dass private Briefe keinen schnelleren Weg nahmen.

In *Le Tour du Monde* wurde die Abfolge der Ereignisse im Vergleich zu dem früheren Bericht im *Journal des Débats* verändert, im Vordergrund scheint ein spannender Reisebericht gestanden zu haben, der die Reise durch Sibirien zum Thema hat, nicht generell die Reisen der Cellistin Cristiani. Authentizität,

535 Vgl. Weissweiler 1985, S. 183: „[D]a ihr die löbliche Angewohnheit angenommen habt, Euch unsere Briefe gegenseitig mittzutheilen, so werdet Ihr wol so freundlich seyn, es auch mit diesem zu thun, damit ich die Geschichte unseres bisherigen römischen Aufenthaltes nicht zweimal zu schreiben brauche."

536 Vgl. Hoffmann 2011a, S. 150.

537 Vgl. Habinger 2006, S. 193; Hoffmann 2011a, S. 150.

538 Barbier, V. 1880, S. 37, Abschrift aus der Sammlung Barbier / de Meyenbourg.

539 Ebd.

540 Barbier, V. 1878, S. 22, Abschrift aus der Sammlung Barbier / de Meyenbourg.

541 *Illustrirte Zeitung* [Leipzig] 1851 I, Bd. 16, Nr. 394, S. 43, siehe Hoffmann 2011a, S. 176; *Signale* 1851, Jg. 9, Nr. 3, Januar 1851, S. 30.

Texttreue oder auch die Person Lise Cristianis waren zweitrangig. „Voyage d'un Stradivarius" ist eher ein emotional gefärbter, biographischer Bericht, während im Artikel in *Le Tour du Monde* Fiktion, Zitate von Dichtern, Metaphern, ausführliche Landschaftsbeschreibungen und Informationen über die bereisten Gebiete eine wichtige Rolle spielen.

Besonders irritierend sind in *Le Tour du Monde* zum Teil nicht übereinstimmende Zeitangaben. Völlig im Dunkeln gelassen wird in diesem Bericht die Zeit zwischen Januar 1850 und dem 24. Oktober 1853, an dem Cristiani starb. Nur der Bericht von Nicolas-Alexandre Barbier im *Journal des Débats* berichtet von Cristianis Reisen nach ihrer Rückkehr aus Sibirien. Keiner der späteren Berichte wird die Zeit zwischen 1850 und 1853 behandeln.[542]

Es existieren einige weitere Quellen, in welchen über die Sibirienreise Lise Cristianis berichtet wird. Ferdinand de Lanoye[543] schrieb 1865 einen weiteren Artikel, in dem er Lise Cristiani erwähnte: „La Sibérie d'après les voyageurs les plus récents".[544] In diesem Artikel geht es um polnische Verbannte in Sibirien, die Qualen der Verbannung, ihr Heimweh, ihre Unterdrückung durch die Russen. De Lanoye war 1863 für die Auswahl der Auszüge aus den Briefen Cristianis verantwortlich gewesen. Er schrieb vor allem Reiseliteratur, aber auch Lyrik. Es ist möglich, dass er Jules-Paul Barbier kannte. Der Abschnitt, in dem es um die Cellistin geht, soll hier zitiert werden:

> „Une des nos compatriotes, Mlle Lise Christiani, nous fait également connaître plusieurs grands seigneurs aussi distingués [...]. Mais elle n'a dû voir que la beau côté de la société russe. Comment n'aurait-on pas fait accueil à ce doux oiseau, égaré au milieu des frimas du nord, et qui pava de la vie son aventureuse expédition. On sait que cette jeune et belle artiste, poussée par le désir de voir et l'humeur inquiète, quitta les applaudissements du public parisien, et, armée de son violoncelle, pénétra jusqu'aux limites extrêmes de la Sibérie. C'est plaisir de l'entendre raconter les impressions de son voyage qui, bien que fait en compagnie du général Mourawieff et de sa femme, n'en fut pas moins fort rude. Mais la jeune fille ne fait que rire d'une foule d'accidents qui auraient abattu plus d'un voyageur appartenant au sexe fort. Son inépuisable gaieté et ses vives reparties aident ses compagnons à supporter les ennuis de la route [...] Dans toutes les villes, la jeune fille s'empressait d'organiser des concerts [...]. Partout, Lise Christiani recevait l'accueil le plus enthousiaste; une nombreuse colonie d'exilés polonais voyait en elle comme un reflet de la patrie perdue. Elle faisait luire un rayon de soleil dans leur triste existence. Ils oubliaient en

542 Siehe Kap. 3.4.2.

543 Lanoye 1865, S. 164. Ferdinand Tugnot de Lanoye (1810–1870) war ein französischer Schriftsteller und Herausgeber.

544 Ebd., S. 164f.

l'écoutant l'énorme distance qui les séparait de la civilisation européenne, et cette suave musique ranimait l'espoir dans leurs cœurs."[545]

Im Rahmen des mehrbändigen Reisekompendiums *Malerische Feierstunden. Das Buch der Reisen und Entdeckungen. Neue illustrirte Bibliothek der Länder- und Völkerkunde zur Erweiterung der Kenntniß der Fremde* wird im Teil III über „Das Amurgebiet und seine Bedeutungen"[546] berichtet. Höhepunkt des Kapitels ist eine deutsche Übersetzung der Reiseberichte von Lise Cristiani aus *Le Tour du Monde*. Zu Beginn steht eine Äußerung Cristianis in einer Übersetzung, die das Abenteuerliche unterstreicht: „Da habe ich mich schon wieder in ein tolles Unternehmen gestürzt."[547] In diesem Bericht wird der von Aldegonde stammende Teil ausgelassen. Im Folgenden wird zwar sehr dicht am Text übersetzt, aber auch an einigen Stellen gekürzt. Hier passiert ein spektakulärer Fehler; aus: „Je me suis fait entendre en des lieux où jamais artiste n'était encore parvenu [...] quarante concerts publics [...]".[548] wird in der deutschen Übersetzung: „Seltsame Orte für eine Künstlerin, und doch habe ich etwa 400 Konzerte gegeben!"[549] Interessant ist auch folgende freie Übersetzung ins Deutsche im Rahmen der Zusammenfassung der Sibirienreise: „[...] quelquefois à pied, et plus souvent à cheval, surtout dans le trajet d'Iakoutsk à Okhotsk"[550] – „[I]ch habe weite Strecken zu Fuß zurückgelegt, oder bin wie ein Mann geritten."[551] Andree vergleicht Lise Cristiani mit Ida Pfeiffer:

> „Eine zweite Ida Pfeiffer, ist sie unerschrocken und kühn unter mißlichen Verhältnissen in die schrecklichsten Einöden vorgedrungen, nur begleitet von ihrem treuen Instrument."[552]

Aus diesem Text erfährt man, ähnlich wie bei de Lanoye, wie die Gesellschaftsstruktur der sibirischen Städte, welche Lise Cristiani besuchte, beschaffen war. Der Kolonialismus spielte dabei eine wichtige Rolle:

> „Was aber die Gesellschaft in Sibirien besonders hebt und in den höheren Klassen den guten Ton aufrechterhält, das sind die sogenannten Dezembristen, welche [...] hierher verbannt wurden. Unter ihnen findet man Leute aus dem höchsten Adel."[553]

---

545 Ebd.

546 Andree 1867.

547 Ebd., S. 75; vgl. Kap. 3.4.3; siehe auch Lanoye 1863, S. 392: „Me voici donc embarquée dans une folle entreprise", „Jetzt habe ich mich wieder einmal auf eine verrückte Unternehmung eingelassen", Übersetzung von Katharina Deserno.

548 Lanoye 1863, S. 400.

549 Andree 1867, S. 80.

550 Lanoye 1863, S. 399.

551 Andree 1867, S. 80.

552 Ebd., S. 75.

553 Ebd., S. 73.

„Auch die nach Sibirien verbannten Polen, welche größtentheils den gebildeten Ständen angehören, und unter denen sich viele Edelleute, Professoren, Geistliche und Studenten befinden, tragen zur Hebung der Gesellschaft bei. [...] Rußlands Streben ist auf eine Kolonisation Sibiriens gerichtet, und je mehr Menschen es dorthin schicken kann, desto lieber ist es ihm.“[554]

Die adlige Gesellschaft, die Cristiani empfing und in deren Salons sie mit Sicherheit neben den öffentlichen Konzerten, die sie veranstaltete, auftrat, bestand aus russischen Regierungsbeamten und hohen Offizieren, die nach Sibirien abgeordnet wurden, um dort ihren Staatsdienst abzuleisten, und für diese Versetzung nach Osten oft erhebliche finanzielle Vorteile oder Verkürzungen ihrer Dienstzeit zugesprochen bekamen,[555] sowie aus verbannten Dekabristen/Dezembristen, darunter zahlreiche Intellektuelle. Das kulturelle Leben in den sibirischen Städten wurde von dieser Gesellschaftsschicht geprägt und aufgebaut. Es ist nachvollziehbar, dass sich diese Kreise, die vor ihrer Verbannung Konzerte und ein reiches kulturelles Angebot genossen hatten, nach Kultur, nach Musik und Abwechslung sehnten, so geht es auch aus den Berichten des Dekabristen und Cellisten Petr Svistunov hervor, dessen Bekanntschaft Cristiani in Tobolsk machte.[556] Es wird immer wieder betont, dass Cristiani in diesen Kreisen mit Freude und Begeisterung empfangen wurde – „wie ein Sonnenstrahl“[557] oder „ein Widerschein der verlorenen Heimat“[558]. Vermutlich wurde die Künstlerin vor allem bei diesen privaten Soireen reich beschenkt und honoriert, so dass sie ihre Reisen finanzieren und in erfolgreichen Zeiten sicherlich sogar Gewinn machen konnte.

Marie Dronsart schrieb Ende des 19. Jahrhunderts einen Essay über reisende Frauen: „Les Grandes Voyageuses“.[559] Ihre Informationen über Lise Cristiani, der sie ein Kapitel widmet, beruhen zum Großteil auf dem Reisebericht aus *Le Tour du Monde*, allerdings überliefert sie wieder andere und teilweise falsche Daten. In späteren Publikationen ist Dronsart häufig zitiert worden. Am 7. Mai 1894 hielt der Geograph Joseph-Victor Barbier[560] eine „Séance Publique“[561] über reisende Frauen: „Livre d'or de la femme – Les Grandes Voyageuses“.[562] Er

554 Ebd., S. 74.

555 Vgl. ebd., S. 73; vgl. Ziegler 2005, S. 201ff.

556 Vgl. Ginsburg 1950, S. 343, Übersetzung von Liudmila Firagina.

557 Lanoye 1865, S. 164f.

558 Ebd. „comme un reflet de la patrie perdue“.

559 Dronsart 1904.

560 Joseph-Victor Barbier, Geograph (1840–1898). Nach Aussagen der Nachfahren Barbiers ist J.-V. Barbier kein oder ein nur sehr entfernter Verwandter der Familie Barbier, aus der Lise Cristiani stammte.

561 Ebd., S. XVIII.

562 Barbier, M. J. V. 1893.

erwähnt u. a. Lise Cristiani, Lady Montague, Lady Stanhope, Jeanne Barret. Barbier gibt als Quelle bereits Dronsarts Buch an, das in einer ersten Auflage schon erschienen war, bevor es 1904 erneut aufgelegt wurde.

3.4.2 Auslassungen und „Zitier-Fähigkeit“[563]

> „Spuren sind in diesem Sinne Doppelzeichen, daß sie Erinnern unauflösbar an das Vergessen knüpfen.“[564]
>
> Aleida Assmann

Auf den Spuren von Lise Cristiani ist man ständig mit dem Vergessen in Form von offenen Fragen und Auslassungen, von unvollständiger und zugleich begradigter Geschichtsschreibung und biographischer Erinnerung konfrontiert. Judith Butler betont mit ihrem Konzept von „citationality“ die performative Kraft von Sprache, von Wiederholung in Zitatform.[565] Im Sinne Hayden Whites muss Geschichte als Erzählung und somit auch erzählte Lebensgeschichte als Konstruktion gesehen werden.[566] Wieder-Erzählen bedeutet Zitieren und bedeutet performativ sprechen. Was überliefert, weitererzählt und erinnert wird, ist das Ergebnis von Ausleseprozessen,[567] die selbst zunächst unsichtbar erscheinen. Durch die Auswahl, was von einer Lebensgeschichte weitererzählt, archiviert, aufgeschrieben, was gegebenenfalls übertrieben, ausgeschmückt, begradigt[568] und letztendlich wieder zitiert wird, entsteht eine neue Erzählung dieser Geschichte. Andrea Gutenberg und Ralph J. Poole sprechen von einer Doppeldeutigkeit des Begriffs „Zitier-Fähigkeit“, der sich zwischen „Macht, Autorität und Autorschaft innerhalb eines Systems kultureller Institutionen“ sowie als Auslesemechanismus von „wertenden Zuschreibungen und dem Kanon einer Gesellschaft und Kultur zu einem bestimmten historischen Zeitpunkt“[569] bewege. Dieser Begriff der „Zitier-Fähigkeit“ soll hier auf die Historiographiewürdigkeit von erzählten oder geschriebenen Lebensgeschichten übertragen werden. Lise Cristiani dokumentierte und erzählte einen Teil ihres Lebens in Reisebriefen. Diese Briefe, die als autobiographische Erzählung gelten können, wurden in den verschiedenen Reiseberichten zitiert, waren also ‚zitierfähig‘. Diese „Zitier-Fähigkeit“ ermöglichte eine Dokumentation für die Nachwelt. Die Zitate aber sind

---

563 Gutenberg/Poole 2001.

564 Assmann 2009, S. 208.

565 Butler 1997a; vgl. Gutenberg/Poole 2001, S. 15.

566 White 1994.

567 Vgl. Assmann 2009, S. 344ff.

568 Vgl. LMG, Kreutziger-Herr/Unseld 2010, Vorwort Stichwort „Rheinbegradigung“.

569 Gutenberg/Poole 2001, S. 15.

eine Auswahl, die nur durch Auslassung möglich wird. Es gibt Aspekte in Cristianis Berichten bzw. Briefen, die zitierfähig und von Interesse für die Publikationen waren, sowie andere, die nicht zitiert, die verschwiegen und ausgelassen wurden. Gerade die Auslassungen aber können, wie in diesem Kapitel zu zeigen sein wird, zu einer veränderten Sichtweise auf das zitierte und dokumentierte Material führen.

Aus der folgenden Szene, welche Victoire Barbier aus den Briefen Cristianis zitiert, wurde für den Reisebericht in *Le Tour du Monde* ganz im Stil kolonialer Reiseliteratur nur die Beschreibung der Ureinwohner ausgewählt. Die Konstellation, dass Lise Cristiani dort Cello spielte, und zwar u.a. eine Melodie von Schubert, war für den Reisebericht entweder nicht von Interesse oder wurde vielleicht in der Gegenüberstellung extremer Kontraste – „sauvage/brutale – déliceuse mélodies“ – als zu grotesk, provokant und irritierend empfunden und deswegen ausgelassen:

> „Imagine-toi m'écrit-elle, de grosses têtes difformes, de larges épaules, de longs cheveux incultes et flottants en tous sens et pour vêtements quelques haillons; puis sous des corps robustes, on voit des jambes grêles comme celles du singe et terminées par d'énormes pieds. Eh bien! devant ce peuple sauvage, à l'aspect repoussant, j'ai joué les délicieuses mélodies de Shubert et le beau chant de la Luccia. Non, ajoute-t-elle, rien ne peut peindre l'expression de leur physionomie brutale, mais enivrée d'enthousiasme. Surpris et furieux de sentir une larme au bord de leurs paupières, ils profitèrent d'un moment d'absence pour s'approcher en tremblant de mon violoncelle. Leur idée était qu'un Dieu ou un diable y était caché. Il était temps que je revinsse, car ces misérables, honteux et confus de leur attendrissement, se disposaient à briser mon pauvre instrument.“[570]

In *Le Tour du Monde* entsteht durch solche Auslassungen der Eindruck, Lise Cristiani habe auf der Reise kaum Cello gespielt. Dies ist ein Beispiel für eine Auslassung und eine Nicht-Zitierfähigkeit einer Textstelle in einem bestimmten Kontext und die daraus resultierende Umschreibung einer (Lebens-)Geschichte.

Von größerer Bedeutung, aber dem gleichen Auslesemechanismus folgend, ist eine weitere Auslassung in Bezug auf Lise Cristianis Lebens- und Reiseberichte. Die Kaukasusreise ist nicht gleichermaßen zitierfähig wie die nach Sibirien und wird nur von Barbier erwähnt, während sie in den späteren Berichten ganz ausgelassen wird. Der Zeitraum zwischen 1850 und 1852 scheint noch weniger bzw. gar nicht mehr zitierfähig gewesen zu sein. Es ist davon auszugehen, dass dieser durch eben die „wertenden Zuschreibungen“ sowie den „Kanon einer Gesell-

570 Barbier, V. 1878, Abschrift aus der Sammlung Barbier / de Meyenbourg, S. 37.

schaft und Kultur zu einem bestimmten historischen Zeitpunkt“[571], wie es Gutenberg und Poole ausdrücken, aussortiert, durch Auslassung, durch Nicht-Zitieren, durch Verschweigen unsichtbar und in den Schatten historiographischen Vergessens gerückt wird. Selbst bei Barbier wird dieser Zeitraum in Cristianis Leben im Dunkeln gelassen.

Es stellt sich die Frage, warum die zwei letzten Lebensjahre Cristianis nicht oder weniger „zitierfähig“ waren und so im Dunkeln liegen. Warum wurde die Reise in den Kaukasus, die Cristiani 1852 und 1853 unternahm, in *Le Tour du Monde* und in den späteren, kürzeren Reiseberichten von Dronsart und Andree nicht einmal erwähnt?

Es ist möglich, dass der Verfasser de Lanoye den älteren Bericht von Barbier nicht kannte und seine eigene Auswahl aus den Briefen, die ihm vorlagen, traf oder dass ihm nicht alle Briefe vorlagen, die dem Bericht von Barbier zugrunde gelegen hatten. Es ist auch möglich, dass Lise Cristiani nur diese Auswahl an Briefen für eine Veröffentlichung geplant und dies ihrer Familie mitgeteilt hatte. In *Le Tour du Monde* wird ein Brief vom 3. September 1853 zitiert, verfasst in Vlady-Kaaftat, eine „kleine befestigte Stadt im Kaukasus“[572], in dem Cristiani ihre Reise durch Sibirien noch einmal Revue passieren lässt und resümiert:

> „Aufgebrochen bin ich im Dezember 1848 und zurückgekommen nach Kasan Anfang Januar 1850, so hat meine Reise ein Jahr und etwa 25 Tage gedauert.“[573]

Kasan ist heute die Hauptstadt der Republik Tartastan und liegt an der Wolga. Cristiani resümiert in dem Brief ihre Sibirienreise dreieinhalb Jahre nach ihrer eigentlichen Rückkehr aus dieser Region und sie tut dies nicht in Kasan, sondern auf der Rückreise aus dem Kaukasus.[574] Es ist möglich, dass Lise Cristiani sich schon sehr krank und geschwächt fühlte und mit ihrem Tod rechnete. Am 5. September 1853 formuliert sie ihre Todesahnungen: „Ich habe den Tod in meiner Seele“[575]. Dieses Zitat ist sowohl bei Barbier, in *Le Tour du Monde* als auch bei Victoire Barbier[576] zu finden. Es ist möglich, dass Cristiani an Tuberkulose litt. Einige Formulierungen wie „Fieber und Auszehrung“[577] deuten auf Symptome dieser Krankheit hin, die nicht selten bei jungen Menschen unter großen Belastungen auftrat und besonders häufig bei jungen Frauen. 1848 war die Geigerin Maria Milanollo sechzehnjährig auf Reisen an Tuberkulose gestor-

---

571 Gutenberg/Poole 2001, S. 15.

572 Lanoye 1863, S. 399.

573 Ebd.

574 Vgl. Hoffmann 2011a, S. 150.

575 Lanoye 1863, S. 400; Barbier, A. 1860, Teil 2, o. S.

576 Vgl. Barbier, V. 1880, S. 37f.

577 Barbier, A. 1860, Teil 2, o. S. „en proie à la fièvre et à une sorte de comsomption qui la minait“.

ben.[578] Bereits im 19. Jahrhundert wurde die sogenannte Schwindsucht von Ärzten in psychosomatischen Zusammenhängen wie „Kummer, Enttäuschung und Seelenschmerz"[579] gesehen. Eventuell gelang es Lise Cristiani aufgrund ihrer Erkrankung nicht mehr, die für die Veröffentlichung geplanten Briefe oder Berichte fertigzustellen. Es bleibt ungeklärt und vor allem unerwähnt, wie und wo Cristiani in der Zeit von Januar 1850 bis Ende des Jahres 1852 lebte.[580] Wären ihre Konzerte in Moskau und Russland im März 1850 finanziell ertragreich gewesen, so wäre sie vielleicht nach Paris zurückgekehrt, anstatt sich in das nächste Abenteuer zu stürzen, so kann man es zwischen den Zeilen bei Barbier lesen. In einem Pressebericht von 1847 kann man die Information finden, dass Cristianis Konzerte „[u]ngeachtet des ihr gezollten enthusiastischen Beifalls aber [...] nur spärlich besucht"[581] waren. Die Cellistin werde bis „zum nächsten Winter"[582] in St. Petersburg bleiben, wird in dem Artikel angekündigt, in *Signale* von 1847 heißt es, „sie mußte zuzahlen; sie geht nach Moskau"[583]. In *Le Tour du Monde* entsteht der Eindruck, Cristiani sei direkt im Anschluss an die lange Sibirienreise gestorben, in Folge der Erschöpfung.[584] Diese Verkürzung wird in *Causeries du soir* ebenfalls wiedergegeben.[585] Es ist möglich, dass Cristianis Gesundheit bereits bei der Rückkehr aus Kamtschatka ruiniert gewesen war, wie es bei vielen Sibirienreisenden der Fall war, und dass sie schon länger an Tuberkulose litt. Allerdings starb sie nicht an dieser Krankheit, sondern sehr plötzlich als Opfer einer aggressiven Seuche, der Cholera.

---

578 Timmermann 2011, S. 24.

579 Yvonne Knibiehler spricht von einer sich verstärkenden Mädchensterblichkeit zwischen 1840 und 1860, bei der u.a. in Belgien 40 Prozent der jungen Frauen zwischen dem 15. und dem 20. Lebensjahr an Tuberkulose starben (Knibiehler 1994, S. 383).

580 Vgl. Kap. 3.3.9.

581 AMZ 1847, 49. Jg., Nr. 25, 23. Juni 1847, Sp. 434.

582 Ebd.

583 *Signale* 1847, 5. Jg., Nr. 19, April 1847, S. 148.

584 Lanoye 1863, S. 399f.

585 Barbier, V. 1880, S. 37, Abschrift aus der Sammlung Barbier / de Meyenbourg: „Il faut lire le récit qu'elle fait de ses courses vertigineuses à travers les marais impraticables de ces contrées sibériennes, où par une nuit obscure, elle s'abandonne à son cheval aussi harassé qu'elle. Il faut la plaindre, lorsqu'à son retour à Irkoutsk, elle m'écrit: ‚Un éternel linceul de neige m'environne et finit par me donner le frisson au cœur. Je viens de parcourir près de cent lieues d'une seule haleine. Rien, rien que la neige. La neige tombée, la neige qui tombe, la neige à tomber. Ce sont des steppes sans limites où l'on se perd, où l'on s'enterre. Mon âme a fini par se laisser envelopper dans ce drap de mort, et il me semble qu'elle repose glacée devant mon corps qui la regarde, sans avoir la force de la réchauffer.' Brisée par la fatigue de l'esprit et du corps, elle arrive au chef-lieu de la province des Cosaques du Don où dévissait alors le choléra. C'était une victime dévouée d'avance au fléau. Elle y succomba en quelques heures, le 24 octobre 1853."

Dass sowohl im *Journal des Débats* als auch noch konsequenter in *Le Tour du Monde* die letzten Lebensjahre Cristianis und die Reise in den Kaukasus im Unklaren gelassen wurden, gibt Anlass zu mehreren Vermutungen: Entweder wusste die Familie nicht, was in dieser Zeit passierte, der Kontakt war abgebrochen oder es gab eine Unstimmigkeit, vielleicht sogar ein Zerwürfnis. Es ist möglich, dass die Familie sich im Nachhinein Vorwürfe machte, sich so wenig um Lise Cristianis Schicksal gekümmert zu haben oder dass sie nicht einverstanden waren, wie Cristiani in dieser Zeit gelebt hatte. Immerhin deutet Nicolas-Alexandre Barbier an, dass die junge Frau „sich den Zufällen eines ganz und gar abenteuerlichen Lebens in die Arme warf“[586]. Möglicherweise ist es an dieser Stelle sinnvoll, eine Parallele zu den Lebensschicksalen der anderen Frauen aus der Familie Barbier zu ziehen. Vielleicht kann dadurch die Rätselhaftigkeit, die im teilweisen Verschweigen und in der fragmentarischen Form liegt, in der die Lebensgeschichte Cristianis dokumentiert wurde, verständlicher werden. Ein Blick auf die „wertenden Zuschreibungen“ der Zeit und Gesellschaft, in der die Familie Barbier lebte, könnte aufschlussreich sein. Es sind nicht zuletzt wieder einmal Moralvorstellungen der bürgerlichen Kultur, denen sich auch Künstlerfamilien nicht gänzlich entziehen konnten. Es ist auffällig, dass die Töchter von Agathe Richard sogar in der Familien-Genealogie kaum Beachtung finden. Lise Cristiani war ohne Zweifel die berühmteste unter den Frauen der Familie Barbier. Auch wenn über Victoire Barbiers Lebensweg wenig bekannt ist, so ist sie doch der Nachwelt durch ihre Publikationen in Erinnerung geblieben. Von Jenny Barbier gibt es ein Bild von ihrem Sterbebett aus dem Familiennachlass, von Lisberthe Barbier ist nach bisherigem Forschungsstand bis auf die Heiratsurkunde nichts überliefert. Diese Situation spiegelt zum einen ein bekanntes historiographisches Problem: Die Lebensgeschichten von Frauen sind in der Vergangenheit ungleich schneller im Schatten des Vergessens versunken als die ihrer Väter, Männer und Brüder.[587] Es bedurfte besonderer Konstellationen, damit den Biographien von Frauen historiographisch Beachtung geschenkt wurde. Bei Lise Cristiani gelang dies bis zu einem gewissen Grad aufgrund ihrer Sonderrolle als erfolgreiche Instrumentalistin. Nicolas-Alexandre Barbier hat zum Erhalt der Erinnerung an Cristiani und zur Dokumentation ihres Lebens durch den Bericht im *Journal des Débats* beigetragen, Victoire Barbier durch das Zitieren der Briefe Cristianis in ihren eigenen Lebenserinnerungen. Die Rätsel der Reise der Cellistin, die mit dem Tod endet, thematisiert auch Jules-Paul Barbier in seinen an Lise Cristiani gerichteten Gedichten, die er bis auf eines allerdings nicht veröffentlichte.[588]

---

586 Barbier, A. 1860, Teil 2, o.S.

587 Vgl. Stephan 2006, S. 79.

588 Siehe Kap. 3.5, siehe Dokumentenanhang, Dok. 4.

Neben diesem generellen Auslesemechanismus, der weibliche Biographien als weniger „zitierfähig“[589] häufig aus der Geschichtsschreibung ausschloss, ist es möglich, bei den Frauen aus der Familie Barbier einen speziellen Auslesemechanismus wahrzunehmen. Der Schatten der unehelichen Geburt scheint über ihnen zu lasten und ihre Lebensgeschichten weniger „zitierfähig“[590] zu machen, trotz aller unkonventionellen Freiheit, die sich die Familie Barbier als Künstlerfamilie nahm. Lisberthe wurde unehelich geboren und von Nicolas-Alexandre Barbier später als Tochter angenommen, es gibt, wie bereits dargestellt wurde,[591] Anhaltspunkte, die vermuten lassen, dass auch Lise Cristiani vor der Eheschließung ihrer Mutter mit Étienne Paul Chrétien zur Welt kam. Es ist denkbar, dass Lise Cristiani in Russland ein Kind bekam, allerdings ist dies nach bisherigem Forschungsstand nicht zu belegen.[592] „Eine sexuelle Verfehlung oder ein uneheliches Kind wurde härter verurteilt als ein Bankrott, obwohl auch ein Bankrott weniger toleriert wurde als heutzutage“[593], so kann man in der *Geschichte des privaten Lebens*[594] über das 19. Jahrhundert lesen:

> „Ein uneheliches Kind zu haben, war eine nicht zu tilgende Schande, das Kind war mit einem unauslöschlichen Makel behaftet. […] Eine illegitime Geburt lastete so schwer auf der Person, daß manche Autobiographie anscheinend nur geschrieben wurde, um diese Tatsache zu kaschieren.“[595]

Vor diesem Hintergrund wiegt die Tatsache, als uneheliche Tochter geboren zu sein bzw. als Frau ein uneheliches Kind zur Welt zu bringen, schwer. Diese Situation traf auf Agathe, Jenny, Lisberthe und wahrscheinlich auf Lise Cristiani zu. Trotz ihrer Unkonventionalität scheint auch die Familie Barbier den Druck der bürgerlichen Moralvorstellungen gespürt zu haben und ihre Konsequenzen daraus gezogen zu haben. Es ist möglich, dass die historiographisch komplett überschatteten Lebenswege von Agathe, Jenny und Lisberthe sowie die bewusst im Schatten gelassenen Zeitspannen im Leben Lise Cristianis Ergebnis der ‚Begradigung‘ einer Familiengeschichte sind, die zum Ziel hatte, diese durch Verschweigen den herrschenden Moralvorstellungen anzupassen.

---

589 Gutenberg/Poole 2001.

590 Ebd.

591 Siehe Kap. 3.3, insbesondere 3.3.4.

592 René de Vries und Lonaïs Jaillais sind auf den Spuren von Lise Cristiani gereist, sie haben den Friedhof in Nowotscherkassk besucht. Ihnen wurde dort gesagt, es hätte noch eine dritte Person nach dem Grab Cristianis gesucht, und angegeben, er/sie sei ein Nachfahre.

593 Perrot, Michelle: Konflikte und Tragödien, in: Perrot 1992, S. 271–292, hier S. 271.

594 Ebd.

595 Ebd., S. 273.

3.4.3 Autobiographisches: Zitate, Lesarten und Reiseberichte von Frauen

Es wird im Folgenden davon ausgegangen, dass die vorliegenden Reiseberichte Konstruktionen der Reise sind, die ein autobiographisches Format erfüllen, deswegen aber nicht als authentisches autobiographisches Material betrachtet werden sollen oder können. Authentizität soll für die Interpretationen in dieser Untersuchung nur insofern eine Rolle spielen, als dass sie als Teil eines Diskurses gesehen, als Teil einer Präsentationsform betrachtet und interpretiert wird. Das Format des Reiseberichtes in *Le Tour du Monde* ist so gestaltet, dass der Verfasser überwiegend Lise Cristiani in der ersten Person erzählen lässt, meist ohne diese Ausschnitte aus den Reisebriefen als Zitate zu kennzeichnen, wie es im *Journal des Débats* gemacht wurde. Der Herausgeber gibt an, der Text sei „wörtlich entnommen aus der Korrespondenz" Lise Cristianis mit ihrer Familie, die die Briefe der Zeitschrift freundlicherweise anvertraut habe.[596] De Lanoye gibt also vor, aus den Originalbriefen zu zitieren. Nicolas-Alexandre Barbier beginnt seinen Bericht im *Journal des Débats* zunächst als Erzähler, um dann als solche gekennzeichnete Zitate Lise Cristianis einzuflechten:

> „Wir zitieren hier einige Worte aus den Briefen Lise Cristianis. Ihr Reisetagebuch und ihre Korrespondenz lieferten uns außerdem die interessantesten Details für den Fortgang dieses Berichts."[597]

Theodor Schulze unterteilt den „Fortgang der Produktion eines autobiographischen Textes"[598] in fünf Schichten:[599] Die Schicht der „Eindrücke und Ereignisse", der „Erlebnisse", der „Erinnerungen", der Erzählungen" und der „Verschriftlichung".[600] Im Falle der Reiseberichte in *Le Tour du Monde* sowie im *Journal des Débats* kommen eine sechste und siebte Schicht hinzu, die für beide Texte ausschlaggebend sind: die Schicht der Auswahl der Briefe durch den Herausgeber sowie die der Re- oder Paraphrasierung und Anordnung der Originalzitate zu einem neuen literarischen Produkt durch den Herausgeber in der Form eines publizierten Reiseberichts. Dies ist von Bedeutung für die Gestaltung der Berichte, für den Stil und das Verständnis dieser Dokumente. Es werden in dieser Konstellation andere Formulierungen und Berichte über spezifische Aspekte der Reise möglich bzw. vermieden. Weil die Berichte nicht von Cristiani selber,

---

596 Lanoye 1863, S. 386.

597 „Nous citons les propres termes d'une lettre de Lise Cristiani. Son journal de voyage et sa correspondance nous fourniront désormais les plus intéressans [sic] détails de la suite de ce récit.", Barbier, A. 1860, Teil 1, o.S.

598 Schulze 2010, S. 420ff.

599 Ebd.

600 Ebd.

sondern nach ihrem Tod von Herausgebern publiziert wurden, fällt ein Rechtfertigungsdiskurs über das Problem weiblicher Autorschaft und das Reisen von Frauen, der häufig die Reiseberichte von Frauen mitgestaltete, weg. Cristiani kann und muss sich nicht mehr im Sinne eines „weiblichen Bescheidenheitsdiskurses"[601] dafür rechtfertigen, dass die Briefe publiziert werden; Nicolas-Alexandre Barbier, die Familie, welche die Briefe weitergab, und die Herausgeber übernehmen die Verantwortung für den Schritt der Veröffentlichung. Zugleich wird damit auch die Frage nach der Glaubhaftigkeit und Authentizität der Reiseberichte teilweise auf die Herausgeber verschoben, welche als Männer gesellschaftlich eine andere Position haben, Texte als ‚authentisch' einzustufen und im Sinne von „Zitier-Fähigkeit"[602] zu reproduzieren. Das Misstrauen, welches insbesondere Reiseberichten von Frauen entgegengebracht wurde, da „gemäß gängiger geschlechtsspezifischer Charakterzuweisungen Frauen im Allgemeinen und ihre Sprache im Besonderen mit Falschheit und Lügenhaftigkeit assoziiert wurden",[603] wird so umgangen. Zugleich entfällt aber auch teilweise, insbesondere in *Le Tour du Monde*, ein Schutzmechanismus, mit dem viele Reiseschriftstellerinnen bewusst „in ihren Berichten ihre Konformität mit anderen Aspekten des Weiblichkeitsideals"[604] betonten. Reisende Frauen, die sich zur Publikation ihrer Reiseberichte entschlossen, nahmen häufig eine „ambivalente Haltung" ein, so Gabriele Habinger. Sie exponierten sich auf der einen Seite durch ihre Reisen und die damit verbundenen Grenzüberschreitungen als nicht mit den gängigen Weiblichkeitsbildern übereinstimmend, nahmen aber zugleich mit eben diesen Bildern konforme Diskurse in ihre Texte, Schreibweise und Selbstpräsentation auf.[605] Dieses Verhalten ist vergleichbar mit dem Kompromiss, den Lise Cristiani bei ihrer spezifischen, ‚weiblichen' Spielweise auf dem als unweiblich verstandenen Instrument Cello machte.

Bereits die Wahl des Genres Reisebrief oder Reisetagebuch beinhaltet einen solchen Kompromiss, da diese Literaturgattungen im Rahmen der polarisierten Geschlechterkonzeptionen aus der privaten, häuslichen, den Frauen zugeordneten Sphäre stammten. Neben der Inszenierung einer als weiblich verstandenen Tätigkeit, des Brief- oder Tagebuchschreibens, diente die Briefform dazu, die Reiseberichte als authentische autobiographische Dokumente in Abgrenzung zur Fiktion zu positionieren.[606]

601 Habinger 2006, S. 191.

602 Gutenberg/Poole 2001.

603 Habinger 2006, S. 187; vgl. Mills 1991, S. 112.

604 Ebd., S. 168.

605 Ebd.

606 Vgl. ebd., S. 193f.

3.4.4 Reisen als Grenzüberschreitung[607]

1848, in dem Jahr, in dem Lise Cristianis große Reise beginnt, kann man im Artikel „Geschlechtseigentümlichkeiten" aus *Meyer's Conversations-Lexicon für die gebildeten Stände* lesen:

> „Soviel ist gewiß, daß der Mann nicht nur mehr Kraft besitzt, für das Aeußere zu wirken, sondern daß er auch seiner Natur gemäß ununterbrochen seine Wirksamkeit äußern kann, während das Weib durch Menstrualfluß, Schwangerschaft, Wochenbett, Säugegeschäft, auf längere Zeit an wirklichen, ernsthaft geistigen oder sehr angreifenden körperlichen Beschäftigungen verhindert wird. [...] Entfernt sich aber das weibliche Geschlecht von seiner eigentlichen Bestimmung, so hat es durch Schwächlichkeit und Kränklichkeit dafür zu büßen."[608]

Sollte Lise Cristiani vergleichbare Texte gekannt haben, so scheint sie sich nicht mit ihnen identifiziert zu haben: Nachdem sie Konzertreisen durch Europa unternommen hatte, reiste sie nach Russland, Sibirien, bis nach Kamtschatka, in den Kaukasus; „so hat meine Reise ein Jahr und etwa 25 Tage gedauert", resümiert sie 1853 ihre Sibirienreise:

> „Ich habe einen Weg von mehr als 18000 Werst [...] zurückgelegt [...] ich habe 15 sibirische Städte besucht [...] ich habe mehr als 400 Flüsse überquert [...] darunter den Ural, den Irtysch, den Jenissej, die Lena, den Aldan, die Amur-Mündungen [...] Diesen ganzen Weg habe ich in der Britschka, im Schlitten, im Karren, in der Kutsche gemacht, manchmal von Pferden gezogen, mal von Rentieren, mal von Hunden; manchmal mussten wir zu Fuß weiter, und meistens zu Pferde [...] Ich bin auch mehrere hundert Meilen per Schiff gereist auf den Flüssen [...] und mehr als 50 Tage auf dem pazifischen Ozean. Ich wurde empfangen von den Kalmücken, den Kirgisen, den Kosaken, den Ostjaken, den Chinesen, den Tungusen, den Leuten aus Jakutsk, den Burjaten, den Leuten von der Insel Kamtschatka, den Wilden aus Sachalin etc. etc. Ich habe mich an Orten hören lassen, wo nie zuvor ein Künstler gewesen war. Ungefähr 40 öffentliche Konzerte habe ich gegeben – ohne die kleineren Soireen und Gelegenheiten[,] zu denen ich [...] spielte[,] mitzuzählen."[609]

Lise Cristiani reiste nach Sibirien als Musikerin, als Cellistin, als Frau, als Französin und als Teilnehmerin an einer kolonialistischen Kriegsexpedition. Außerordentlich und ungewöhnlich ist diese Reise in jedem Fall, aus jeder Perspektive

607 Einige Thesen zum Thema Grenzüberschreitung und Transformation, wie sie in diesem Kapitel entfaltet werden, finden sich auch bei Deserno 2013.

608 Meyer 1848, S. 749f.

609 Lanoye 1863, S. 399, Übersetzung von Katharina Deserno; vgl. Hoffmann 2011a, S. 152ff.

betrachtet: sei es die Reise der Musikerin, die der Frau oder die Reise an sich. Kaum andere Musiker waren so weit nach Osten gelangt. Auch für Forschungsreisende und Entdecker wie z.B. Krusenstern, Bering oder Atkinson bedeutete Sibirien ein große und oft lebensbedrohliche Herausforderung.[610]

Cristianis sozialer Status als Musikerin ist sicherlich ein Aspekt, der das Reisen nicht nur ermöglichte, sondern es auch als Bestandteil einer Karriere vorsah – allerdings nicht im gleichen Maße für Frauen wie für Männer. Instrumentalistinnen wie Lise Cristiani „stammten aus Musikerfamilien und gehörten daher weder ihrer sozialen Zugehörigkeit noch ihrem Selbstverständnis nach dem Bürgertum an"[611], so Cornelia Bartsch. Dadurch konnten sie bis zu einem gewissen Grad ein Leben führen, das sie aus den engen bürgerlichen Konventionen befreite, wenn es ihnen ermöglicht wurde, sich eher als Künstlerinnen denn als Frauen zu identifizieren.[612] Für Musiker und auch für Musikerinnen war „das Reisen ein selbstverständliches Erfordernis ihrer Berufstätigkeit, das auch dann, wenn seine Begleitumstände bürgerlichen Verhaltensnormen zuwider liefen, nicht in Frage gestellt wurde."[613] Reisen diente also einer Erwerbstätigkeit oder aber wurde beispielsweise bei Künstlern wie Felix Mendelssohn als Bildungsreise[614] oder „Kunstreise"[615], wie es auch zu Cristianis Russlandreise in der Zeitschrift *Signale* für die musikalische Welt heißt, geplant. Diese Freiheit im Namen des Künstlertums konnte aber zugleich auch, und dies insbesondere für Frauen, zu einem endgültigen Ausschluss vom sicheren, gesellschaftlich akzeptierten bürgerlichen Lebensentwurf werden, wie sich am Beispiel der Reisen Cristianis zeigen lässt. Für junge Männer aus dem Bürgertum kam die Bildungsreise in Mode[616], man kann von einer initiatorischen „Rolle der großen ‚Orient'-Reise für den gebildeten jungen Mann"[617] sprechen, zu der es für die bürgerlichen Frauen kein vergleichbares Pendant gab. So kann eine „Revolution des Reisens"[618] in der ersten Hälfte des 19. Jahrhunderts beobachtet werden:

---

610 Vgl. Ziegler 2005, S. 153f., 167f.; vgl. Lanoye 1863, S. 399; vgl. Deserno 2010d, dies. 2013; vgl. Bednarz 2003; vgl. Collins 2002.

611 Bartsch 2007, S. 104; vgl. Hoffmann 1991, S. 83.

612 Vgl. Kap. 3.3.2. Der Großvater Cristianis soll zu seiner Enkelin gesagt haben: „Aber Du sollst Künstlerin werden, Du musst Künstlerin werden!" (Gaillard 1846, o.S.; vgl. Hoffmann 1991, S. 198).

613 Hoffmann, Freia: Einleitung, in: Hoffmann 2011, S. 7–15, hier S. 8.

614 Ebd., S. 9.

615 *Signale* 1856, 14. Jg., Nr. 23, Mai 1856, S. 277, Anekdote über Lise Cristianis „Kunstreise in Rußland" unter der Rubrik „Nipptisch".

616 Habinger 2006, S. 44.

617 Corbin, Alain: Wege und Irrwege der Seele, in: Perrot 1992, S. 475–484, hier S. 476.

618 Ebd., S. 475.

> „Ziel des Reisens war es nunmehr, das Lebensgefühl zu steigern und außerhalb des gewohnten Rahmens bereichernde, neue Erfahrungen mit fremden Räumen und Menschen zu machen. Man liebte die grandiose Szenerie, die ‚unfrisierte' Landschaft. Der Reisende kletterte auf Bergspitzen, lagerte sich an Abgründen und kampierte an Berghängen – halbwegs zwischen Himmel und Erde […]. Vorbereitende Lektüre ermutigte ihn, sich mit den edlen Wilden in diesen abgeschiedenen Regionen zu vergleichen."[619]

Dieser Ausweitung der Perspektive auf eine zu entdeckende Welt zum Trotz wird mit der verstärkten „Polarisierung der ‚Geschlechtscharaktere'"[620] den Frauen weiterhin Immobilität zugeschrieben und Reisen deutlich als männliche Domäne konzipiert. 1711 schrieb Dietrich Hermann Kemmerich:

> „Das Reisen gehöret eigentlich nur vor die manns-personen […][.] Von gereiseten Frauenzimmer hält man nicht viel."[621]

Mehr als hundert Jahre später, 1822, hatte sich daran kaum etwas geändert, wie dem *Brockhaus* zu entnehmen ist:

> „Im Allgemeinen unternehme nur der reifere, mit dem Geiste der alten und neuen Classiker vertraute, in der Mathematik und Gewerbskunde, in der Staatswissenschaft, in Geschichte, Statistik oder Geographie wohl unterrichtete und einer oder mehrer [sic] Sprachen ganz kundige Jüngling eine größere Reise; […] zu einer freiern, lebendigern Ansicht der Welt […]."[622]

Musikerinnen verstießen im Rahmen einer professionellen Ausübung ihres Berufes gegen das bürgerliche Immobilitätskonzept: Martha Remmert (1853–1941), eine Liszt-Schülerin, reiste 1886/87 nach Russland und berichtet darüber in ihren *Erinnerungen*.[623] Die Harfenistin Therese aus dem Winckel unternahm 1806 eine Studienreise nach Paris, in Begleitung der Mutter, die Rückreise musste „durch Konzerte finanziert"[624] werden. Die Geigerin Hortensia Zirges (1829–1904) konzertierte zwischen 1842 und 1851 in Deutschland, Frankreich und den Niederlanden, meist in Begleitung ihres Vaters.[625] Clara Schumann un-

619 Ebd.

620 Hausen 1976.

621 Kemmerich, Dietrich Hermann, Neu-eröffnete Academie der Wissenschaften […], Leipzig 1711, S. 529.

622 [Brockhaus], Allgemeine deutsche Real-Encyclopädie für die gebildeten Stände (Conversations-Lexicon), 10 Bde., Bd. 8, 5. Auflage, Leipzig 1822, S. 153.

623 Nolden, Dieter: Martha Remmert in Russland, in: Hoffmann 2011, S. 281–296, hier S. 282.

624 Schweitzer, Claudia: Therese aus dem Winckel in Paris, in: Hoffmann 2011, S. 17–35, hier S. 17.

625 Timmermann, Volker: Hortensia Zirges in Süddeutschland, Straßburg und Paris, in: Hoffmann 2011, S. 123–147, hier S. 142.

ternahm 1839 eine Konzertreise nach Paris, erstmalig ohne ihren Vater. Sie schreibt in ihren Briefen:

> „Die Leute schlagen die Hände über den Kopf zusammen, daß ich, wenn auch nicht den Vater, so doch wenigstens Mutter oder Tante bei mir hab […].“[626]

Insbesondere das Alleinreisen war für Frauen „mit einem Verlust an Sozialprestige verbunden, den sich eine Musikerin im Hinblick auf Konzertorganisation und künstlerisches Ansehen kaum leisten konnte“[627]. In Presseberichten wurde häufig darüber berichtet, in welcher Begleitung eine Musikerin auf ihren Reisen unterwegs war, jedoch nicht im Fall von Lise Cristiani, so Freia Hoffmann. Häufig waren es die Eltern, Ehemänner, aber auch Geschwister oder Freunde, nicht selten – wenn genügend Vermögen vorhanden war – reisten Bedienstete mit, in einigen Fällen organisierten Musikerinnen und Musiker ihre Reisen auch in einer Gruppe.[628] Tatsächlich wird in den deutschen und französischen Presseartikeln nichts über die Reisebegleitung Lise Cristianis erwähnt. In den Reiseberichten dann jedoch wird dies zum Thema und es werden unterschiedlichste personelle Konstellationen geschildert: Cristiani reiste „mit ihrem treuen Stradivarius, einer dicken russischen Kammerzofe und einem alten deutschen Pianisten“ – wobei der Pianist „ihr gegenüber die doppelte Funktion des Begleiters und eines *chaperon* erfüllte“[629] –, später die Familie Murawjew und deren Gefolge, dann die „Kosaken“, die verschiedenen militärischen Begleitkomitees, die ihr wahrscheinlich von den Gastgebern zur Verfügung gestellt wurden oder die sie eventuell sogar selber organisieren musste.[630] Einer Anekdote aus den *Signalen* 1856 über Lise Cristianis Aufenthalt in St. Petersburg ist zu entnehmen: „Die Cristiani hat aber keinen Diener.“[631] Seltsamerweise wurde im Falle Cristianis das Reisen ohne Begleitung selten thematisiert oder problematisiert. Es ist davon auszugehen, dass sie schon die Konzertreisen nach Deutschland ohne familiäre Begleitung unternommen hatte.

Lise Cristiani überschritt bereits dadurch die Grenzen weiblichen bürgerlichen Verhaltens, dass sie als Cellistin auftrat. Durch ihre Art des Auftretens und

626 Brief von Clara Schumann, 28. Februar 1839, zitiert nach Litzmann, Berthold, Clara Schumann. Ein Künstlerleben. Nach Tagebüchern und Briefen, 3 Bde., Bd. 1: Mädchenjahre, 1819–1840, Leipzig 1902, S. 292.

627 Hoffmann 1991, S. 290.

628 Ebd., S. 292.

629 Barbier, A. 1860, Teil 1, o. S.; „la double fonction d'accompagnateur et de *chaperon*.“ Auf Deutsch gibt es keine adäquate Übersetzung für die männliche Form chaperon, außer das umgangssprachliche ‚Anstands-Wauwau'.

630 Barbier, A. 1860, Teil 1 und 2; vgl. Lanoye 1863.

631 *Signale* 1856, 14. Jg., Nr. 53, Mai 1856, S. 277.

der Performance gelang es ihr, Publikum und Kritik zu überzeugen und zum ersten Mal in der Musikgeschichte das Bild einer Konzertcellistin hervorzubringen und somit auf ihrem Gebiet, der Instrumentalkunst, die Handlungsspielräume für Frauen zu erweitern. Ihre Grenzüberschreitung bildete also die Grundlage für eine Transformation. Betrachtet man Lise Cristianis abenteuerliche Reise, so wird deutlich, dass sie es bei der symbolischen Grenzüberschreitung nicht bewenden ließ, sondern ihr Leben als Künstlerin in das einer tatsächlich Grenzen überschreitenden Abenteuerin transformierte.[632] Am 15. Mai 1849 kündigte sie ihre Sibirienreise folgendermaßen an:

> „Jetzt habe ich mich wieder einmal auf eine verrückte Unternehmung eingelassen. Ich gebe zu, dass ich mit Vergnügen diese Reise beginne, welche die Originalität meines Künstlerdaseins komplettieren wird: dies allerdings nicht ohne ein bedrückendes Gefühl, wenn ich an die 2000 Meilen denke, die ich noch zu den bereits 3000 Meilen hinzufüge, die mich vom Vaterland trennen."[633]

In der Formulierung der „verrückten Unternehmung" bündeln sich all die angesprochenen Diskurse über die Grenzüberschreitung, welche Reisen für Frauen im 19. Jahrhundert bedeutete. Die junge Cellistin hat sich zwar auf diese Unternehmung „eingelassen", lässt anklingen, dass sie um die Besonderheit, ja die Gewagtheit dieses Reiseplans weiß, beginnt die Reise aber trotzdem „mit Vergnügen", positioniert sich also ganz selbstbewusst als unkonventionelle Grenzüberschreiterin.[634] Die „Originalität des Künstlerdaseins", genauso wie die Identifizierung mit dem republikanischen „Vaterland", in dem idealerweise gleiche Rechte und Chancen für alle hätten gelten sollen, repräsentieren Cristianis Appell an die Überwindung der erlebten Ungleichheit zwischen den Geschlechtern. Sie präsentiert sich und handelt als Künstlerin, nicht als Frau, die sich an Grenzen zu halten hätte. Das Künstlerdasein bedeutet immer eine Ausnahme und es führte auch im 19. Jahrhundert aus der Enge des bürgerlichen Lebensentwurfs heraus, was bis zu einem gewissen Grad auch für Künstlerinnen galt. Aber auch künstlerisch erfolgreich tätige junge Mädchen hatten sich ab der Pubertät und spätestens mit einer Heirat auf den ‚weiblichen Lebensraum' zu beschränken. Im obigen Zitat wird durch die 5000 Meilen „Entfernung" und durch das „bedrückende Gefühl" symbolisiert, wie weit sich Lise Cristiani von diesem

632 Siehe Deserno 2013, S. 219.

633 Lanoye 1863, S. 392, französisches Original: „Me voici donc embarquée encore une fois pour une folle entreprise. J'avoue que je commence avec plaisir un voyage qui va compléter l'originalité de ma vie d'artiste: cependant ce n'est pas sans un sentiment pénible que je songe aux deux mille lieues que je vais ajouter encore aux trois mille qui me séparent de la patrie." Übersetzung von Katharina Deserno.

634 Vgl. Deserno 2013, S. 220ff.

Lebensraum entfernt und dass es keine Option des Zurückkehrens zu geben scheint. Die „Entfernung vom Vaterland“ steht für all das, was Cristiani durch ihre mutige Entscheidung für diese „verrückte Unternehmung“ hinter sich lässt.[635] Ihre Grenzüberschreitung ist irreversibel und kann bzw. muss damit zum Beginn und sogar zur Bedingung eines persönlichen sowie gesellschaftlichen Transformationsprozesses werden. Das Überschreiten von geographischen Grenzen ist symbolisch und in der Realität gleichbedeutend mit dem Überschreiten von eingegrenzten Handlungsmöglichkeiten und ermöglicht so die „Entstehung eines Neuen“[636]. Es geht um einen Transformationsprozess, der über die Denk- und Handlungsweise sowie das Leben der Protagonistin hinausgeht: [637]

> „Da sie aber als Cellistin und Autorin der Reiseberichte eine gesellschaftliche Öffentlichkeit an ihrem Lebensweg teilhaben ließ, kann dieser ebenfalls zum Anstoß für eine gesellschaftliche Veränderung, ein Umdenken, zum Beginn eines Transformationsprozesses werden, der wiederum eine weitreichende gesellschaftliche Relevanz entwickelt.“[638]

Kann die bürgerliche Kultur als komplementärer Hintergrund für die Inszenierungen der ersten Konzertcellistinnen verstanden werden? Es liegt nahe, die Reise nach Sibirien als eine Art Flucht vor der bürgerlichen Kultur zu verstehen, die Cristiani als Cellistin und als Frau immer wieder mit Grenzen, Entwertungsmechanismen und Einschränkungen konfrontierte.[639] Es wäre aber auch möglich, eben diese bürgerliche Kultur als paradoxes Hintergrundbild für die Inszenierung dieser ersten Konzertcellistin zu sehen – verhindernd und hervorbringend zugleich. Hat Cristiani in gewissem Sinne sogar von den Bildern der bürgerlichen Kultur profitiert, die sie zugleich beschränkte und einengte, die sie als Engel, als Heilige, als Kuriosität, als Neuheit und letztlich als Abenteuerin betrachtete? Kann diese bürgerliche Kultur, die als Beschränkung der künstlerischen Aktivität für Frauen auftrat, eine Art komplementärer Hintergrund zu den Inszenierungen dieser ersten Cellistin gewesen sein? Nicht nur komplementär im Sinne von ‚gegensätzlich‘, sondern auch von ‚hervorbringend‘, so dass, gedacht mit Foucault und Derrida, hinter Tabus, Zensur und Verboten das Tabuisierte, Zensierte und Verbotene, hinter dem Verschweigen das Verschwiegene und Unausgesprochene sozusagen direkt aufleuchtet, als solches deutlich profiliert und gegenwärtig? Kann Lise Cristianis Inszenierung von Weiblichkeit so-

---

635 Für eine weiterführende Analyse dieses Zitates aus *Le Tour du Monde* 1863 vgl. Deserno 2013, S. 219ff.

636 King 2002a.

637 Vgl. Deserno 2013, S. 225f.

638 Ebd., S. 226.

639 Vgl. Hoffmann 2011a, S. 179.

wie von der Überschreitung dieser Weiblichkeit somit als ein Produkt, als eine Konstruktion, die von der bürgerlichen Kultur geradezu hervorgebracht wurde, gesehen werden? Produziert eine Gesellschaft nicht genau die Bilder, die sie diskursiv zu verbieten versucht? Und andersherum, im Sinne Butlers, funktionieren die gültigen Bilder einer solchen Kultur nicht nur durch die Bilder von dem, was nicht sein soll? Bestätigt Lise Cristiani in ihrer Lebensinszenierung nicht all das, was Frauen sein sollten und nicht sein sollten? Vereint sie somit das Erlaubte und Verbotene, das Bürgerliche und Unbürgerliche, das Weibliche und Unweibliche, in einer für ein Individuum kaum zu leistenden Fusion der Gegensätze?

3.4.5 Der koloniale Blick

1849 brach General Murawjew zu einer militärischen Expedition zum Amurdelta auf, Lise Cristiani reiste mit. Auf der Rückkehr nach Irkutsk Ende Oktober 1848 weiht Murawjew Lisa Cristiani in das militärische Ziel der Reise ein:

> „Auf dem Weg erfuhr ich etwas über das tatsächliche Ziel dieser Reise. ‚Wissen Sie was wir da unten machen werden?‘[,] fragte mich eines Tages der General. ‚Wir gehen auf Expedition an den Nebenflüssen des Amur[,] um davon Besitz zu ergreifen im Namen der russischen Regierung. Die Engländer beanspruchen das Gebiet, aber ich habe den Befehl, hartnäckig zu verteidigen, dass wenigstens eins der Ufer uns gehört. Michel N… wurde vorausgeschickt[,] um unsere Absichten dort anzukündigen und die Ankunft eines Kriegsschiffes, das gerade von einer Reise um die Welt kommt, das wird uns Schützenhilfe leisten, man transportiert wahrscheinlich das Pulver nach Ajan, und ich exerziere die Truppen der Regierung. Wir haben ganz zweckdienliche Geschenke geladen, um uns die Wilden dieser Seite gut zu stimmen. Die Chinesen zögern nicht, uns ein Ufer zu lassen, als man ihnen verständlich gemacht hat, dass dies sie vor den Engländern schützt. – Also gut! Man geht los um die Mündungen des Amur zu erobern, und dafür wäre es ziemlich originell, daran eine junge Französin beteiligt zu sehen, die Cello spielt, besonders wenn man die Gewehre abfeuert.‘“[640]

Historisch war Murawjew als Generalgouverneur von Ostsibirien tatsächlich vom Zaren beauftragt, die Mündungen des Amurs zu besetzen, dies sollte auch über die Gebiete „Russisch-Amerika“ in Alaska entscheiden.[641] In diesem Zusammenhang spielte der Kapitänleutnant Gennadi Newelskoi eine wichtige Rolle. Er kommandierte das Militärschiff, auf welchem Murawjew 1849 an die

640 Lanoye 1863, S. 392, Übersetzung von Katharina Deserno.
641 Ziegler 2005, S. 176ff.

Amurmündungen reiste. Newelskoi hatte den Auftrag, das Amurdelta zu vermessen. 1850 reiste er erneut an die Mündungen und besetzte dort das Gebiet im Namen des „Zaren, Gottes und Russlands", indem er eine russische Fahne aufstellte und den Grundstein für Fort Nikolajewsk legte. Er blieb zwei Jahre dort unten und erweiterte das nun zu Russland gehörende Gebiet flussaufwärts des Amurs und Richtung Süden an der Küste.[642]

In diesem Kontext wird die Cellistin Lise Cristiani zu einer Art Galionsfigur für den westeuropäischen Kolonialismus. Sie selbst ist keine handelnde Akteurin, aber sie wird für die politischen Interessen vereinnahmt und teilt in gewisser Weise auch den kolonialisierenden Blick. Trotzdem ist ihre Rolle auf dieser Reise zu unterscheiden von der anderer reisender Frauen im 19. Jahrhundert, die nicht als Künstlerinnen, sondern um des Reisens willen reisten. Für diese Frauen galt insbesondere, dass sie als Europäerinnen im nichteuropäischen Ausland, insbesondere in den Kolonien, als „Repräsentantinnen westlicher Macht"[643] angesehen wurden. Nicht selten wurden sie als Männer angesprochen und wie solche behandelt.[644] Sie profitierten von einer „genderless white power"[645], die ihre Zugehörigkeit zu den Kolonisierenden in Überlegenheit gegenüber den Kolonisierten über ihre Zugehörigkeit zum weiblichen Geschlecht stellte. Dadurch ergaben sich für reisende Frauen Freiräume, die in Westeuropa nicht denkbar gewesen wären. Für Lise Cristiani galt dieses Phänomen ebenfalls, aber in einer Sonderkonstellation, welche durch ihre Rolle als Instrumentalkünstlerin bedingt ist. Auch für sie muss die Reise die Erfahrung einer Grenzüberschreitung und eines Ausbrechens aus polarisiert weiblich gedachten Verhaltensspielräumen gewesen sein, noch in ganz anderem Ausmaß, als es ihre Konzerttätigkeit als Cellistin in Europa bereits gewesen war. Die Überschreitung geographischer Grenzen, die Cristiani bis ins Extrem erlebte, bedeutete zumindest teilweise eine Aufhebung der ständigen Grenzüberschreitungen von weiblichen Verhaltensmustern, die für sie als Cellistin von Anfang an Teil ihres Lebenskonzepts gewesen waren. Dieses in Westeuropa als Provokation empfundene Verhalten relativierte sich durch den abenteuerlichen und kolonialistischen Kontext der Reise. Solch eine Erfahrung von Freiheit in der Fremde zeigt sich in einer Szene, in welcher die Reisegruppe in Jurten, den traditionellen Zelten der Nomaden, übernachtet.[646] Diese empfindet Cristiani als so sauber und erfreulich, dass „sie

642 Eventuell handelt es sich bei Michel N., den Cristiani erwähnt, um Gennadi Newelskoi unter der Verwendung eines französisierten Vornamens; Lanoye 1863, S. 392.

643 Habinger 2006, S. 101.

644 Ebd.; vgl. die Berichte von Mary Kingsley, May French-Sheldon, Gertrude Bell.

645 Birkett, Dea, Spinsters abroad. Victorian Lady Explorers, Oxford/New York 1989, S. 118, zitiert nach Habinger 2006, S. 101.

646 Lanoye 1863, S. 393.

Freude ins Herz und über die Lippen bringen". „[S]üße Freiheit, die Abwesenheit jedes Standesdünkels"[647], schwärmt Cristiani. Die Freiheitserfahrung in Bezug auf die eigene Geschlechtszugehörigkeit vermischt sich hier mit der Idealisierung eines einfachen, natürlichen Lebens, außerhalb einer Gesellschaft, die Verhaltensnormen und Hierarchien vorgibt. Dass diese Freiheit aber nicht zwangsläufig für die Frauen der fremden Kulturen gilt, denen Lise Cristiani und andere Europäerinnen auf ihren Reisen begegnen, wurde in vielen Reiseberichten thematisiert. Der Blick auf die Frauen der fremden Kulturen ließ die reisenden Europäerinnen wiederum ihre Rolle als Frau reflektieren. So schreibt Alma Karlin 1930: „[W]enn ich schon Weib sein mußte, Gott sei Dank, daß ich ein weißes war."[648] In Bezug auf die Buriaten bemerkt Lise Cristiani:

> „Die Frau gilt bei den weniger entwickelten Stämmen als ein unreines Wesen, sie ist sozusagen ohne Seele. Glücklicherweise werden die Anhänger dieses primitiven Kults immer weniger."[649]

Sie drückt ihre Verachtung gegenüber einer Kultur aus, die sie als primitiv empfindet, weil sie Frauen keine Achtung entgegenbringt. Es ist zu spüren, dass sie sich für die Rolle der Frauen in anderen Kulturen interessiert und für Unrechtserfahrungen und kulturell festgeschriebene Abwertungsdiskurse sensibilisiert ist. Im Vergleich zu dieser „primitiven" Kultur erscheint die eigene, europäische, die bürgerliche Kultur auch trotz polarisierter und einengender Geschlechternormen als überlegen und freiheitlich. Lise Cristiani bewegt sich in ihren Äußerungen zwischen mehreren Perspektiven, es fällt auf, dass sie zum einen gendersensibel auf die Begegnung mit fremden Kulturen reagiert, zum anderen eine kolonialistische Perspektive und deren Wortwahl übernimmt. Dazu gehört auch der Topos der Hässlichkeit, der in vielen Reiseberichten zur Abwertung der Menschen anderer Hautfarbe und Kultur verwendet wurde; Ida Pfeiffer berichtet von „den häßlichen, schmal geschlitzten, kleinen Augen"[650] der Chinesen und findet „die Indianer noch häßlicher als die Neger"[651].

Schönheit als Topos war eine der Inszenierungsstrategien, die Frauen innerhalb der bürgerlichen Kultur zum einen eine gewisse Macht einräumten, sie zum

---

647 Ebd., Übersetzung von Katharina Deserno, franz. Original: „toute etiquette laissée dehors", Freia Hoffmann übersetzt diese Stelle mit „Verzicht auf alle Förmlichkeiten", Hoffmann 2011a, S. 162.

648 Karlin, Alma Maximiliane, Im Banne der Südsee: Die Tragödie einer Frau, Minden in Westfalen/Berlin/Leipzig 1930, S. 273, zitiert nach Habinger 2006, S. 100.

649 Lanoye 1863, S. 390, Übersetzung von Freia Hoffmann, in: Hoffmann 2011a, S. 156, siehe ebd., S. 176.

650 Pfeiffer, Ida Laura, Eine Frauenfahrt um die Welt. Reise von Wien nach Brasilien, Chili, Otahaiti, China, Ost-Indien, Persien und Kleinasien, 3 Bde., Bd. 2, Wien 1850, S. 1.

651 Ebd., Bd. 1, S. 101.

anderen in eine Art Objektstatus verwiesen.[652] Lise Cristiani hatte die Inszenierung von Schönheit am Instrument für ihre Karriere und Akzeptanz als Cellistin nutzen können. Dagegen wird jetzt im kolonialen Kontext ein Diskurs um die Hässlichkeit zu einem auschlaggebenden Kriterium der Abwertung gegenüber der ursprünglichen Bevölkerung. An den Amurmündungen berichtet Lise Cristiani von einer Szenerie, die sämtliche aus kolonialistischer Literatur bekannten Bilder und Topoi aufgreift und letztendlich in der Abwertung der „Wilden" aufgrund von Hässlichkeit mündet. Wieder sind es die Frauen, die noch schlechter dastehen als die Männer, sie treten nämlich gar nicht erst in Erscheinung:

> „[W]ieder an Land, sahen wir uns wirklichen Wilden gegenüber, ganz gutartigen Leuten, die keineswegs so aussahen als ob sie uns fressen wollten. Wir haben mit ihnen einigen Tauschhandel gemacht. Sie wollten statt Geld lieber Uniformknöpfe, etwas Tabak, Glasperlen, alte Kleider, sie hatten für uns viel rohen Fisch und haben uns einige Kleinigkeiten nehmen lassen, ich z.B. habe ein ganz lustiges Etui bekommen. Überhaupt, unter dieser kleinen Gruppe von Menschen, die von der Gnade Gottes lebt, konnten wir kein einziges weibliches Lebewesen entdecken. Diese Damen, verschreckt durch unsere Ankunft, waren komplett verschwunden, aber wenn man über sie nach ihren Männern urteilen würde, dann müsste die schönere Hälfte des menschlichen Geschlechtes sehr schmutzig und hässlich sein, und wahrscheinlich ist uns so nicht allzu viel entgangen."[653]

3.4.6 Die Cellistin als Abenteuerin

Eine Textstelle in *Le Tour du Monde* steht für einen Wendepunkt in der autobiographischen Darstellung der Reisen der Cellistin und zugleich für eine Verwandlung von deren Rolle auf diesen Reisen. Die ausgewählte Textstelle inszeniert die Aufgabe aller weiblichen Verhaltensweisen und den Wechsel in eine männliche Rolle. Dies führt allerdings nicht zu einer Transformation im Sinne von Spielraumerweiterung, denn Cristiani geht aus diesem Rollenwechsel nicht unbedingt als Überwinderin der polarisierten Geschlechterbilder hervor. Vielmehr wird diese letzte und übersteigerte Darstellung der Geschlechtsrollenüberschreitung als Anfang vom Ende inszeniert. Mit dem Verlust ihrer weiblichen Rolle scheint Lise Cristiani, so legen es Text und Erzählverlauf nahe, auch ihren „Talisman", wie es Gaillard ausgedrückt hatte[654], verloren zu haben. Im Anschluss an diese Überschreitung, die wie eine inszenierte Kumulation aller vorangegangenen Geschlechtsrollenüberschreitungen wirkt, wird Lise Cristianis

---

652 Siehe Kap. 3.2.
653 Lanoye 1863, S. 398.
654 Gaillard 1846.

Schicksal einen tragischen Weg nehmen, auf dem sie ständig an den Verlust der weiblichen Rolle und zugleich die Unmöglichkeit eines Ausbrechens aus derselben gemahnt werden wird.

Im Oktober 1849 gestaltet sich die Rückreise nach Jakutsk strapaziös und gefährlich, so kann man es aus *Le Tour du Monde* entnehmen. Mit dem Schneeeinbruch ist auch der fröhliche und gelassene, häufig humorvolle Tonfall aus Cristianis Zeilen verschwunden, etwas Unheimliches deutet sich an:

> „Der erste Tag war schön, aber am zweiten hatte der bösartige Schnee schon mit seinem weißen Totentuch die Gipfel der Berge bedeckt, die unseren Horizont einschlossen, und wir hatten nun in Aussicht zu Fuß einen der höchsten Berge zu erklimmen: – aber wen kümmert das – ‚Vorwärts!' war das Kommando des Generals."[655]

Die Situation hat sich verwandelt: Lise Cristiani scheint nicht mehr als gefeierte Künstlerin, sondern als wagemutige Reisende wahrgenommen und behandelt zu werden, die sich freiwillig die Gefahr und die Strapaze solch einer Reise zumutet. Den General scheint es auch nicht mehr zu interessieren, dass sie Teil der Reisegruppe ist, dass sie eine Frau und berühmte Cellistin ist oder ob ihr vielleicht etwas zustoßen könnte. Ähnliche Situationen kann man in den Berichten über die Reisen anderer Frauen finden, die Krankenschwester Kate Marsden (1859–1931) beschreibt unerträgliche und lebensgefährliche Umstände auf ihrer Sibirienreise zu den Leprakranken, Alexandrine Tinné (1835–1869) wird auf ihrer Reise zu den Tuareg ermordet.[656] In der ambivalenten und zugleich kompromisshaften Verflechtung von weiblichen und männlichen Rollen, welche die Situation von reisenden Frauen charakterisiert, entstehen mehrere Stufen der Auflösung oder Transformation von Weiblichkeit zugunsten einer „fiktiven Männlichkeit"[657], wie Gabriele Habinger es ausdrückt. Im kolonialen Beziehungsgeflecht konnte diese als neuerworbene Machtposition von den reisenden Frauen genutzt werden. In anderen Situationen, so soll an der folgenden Textstelle gezeigt werden, kann die Tatsache, dass das Umfeld die reisende Frau nicht mehr als Frau, sondern nur noch als Abenteuerin wahrnimmt, zu Situationen führen, in denen sich diese Frauen plötzlich und unerwartet immensen Gefahren gegenübersahen. Diesen Gefahren sind die Frauen dann doppelt ausgeliefert, da sie nach wie vor Frauen sind, als solche nun nicht mehr geschützt werden, zugleich aber auch nicht in die Machtposition männlicher Reisender gelangen können.

---

655 Lanoye 1863, S. 396.

656 Polk/Tiegreen 2004, S. 73.

657 Habinger 2006, S. 100.

„[D]ie Nacht kommt, die gefährlichen Stellen vervielfachen sich unter unseren Schritten, die völlig erschöpften Pferde geben an jedem Stein auf, an jeder Wurzel, mein schrecklicher Führer bleibt bei seiner Höllengeschwindigkeit; ich bitte um einen Moment der Gnade, die Dunkelheit verhindert dass ich den Weg erkenne, ‚Unmöglich!‘ wird mir von weit geantwortet, ‚im Dienst des Generals!‘ und ich sehe ihn in der Dunkelheit verschwinden, ‚Ist gut‘, schreie ich zurück, ‚Gott mit uns!‘ Ich festige mich in meinen Steigbügeln, wickle mir die Zügel zweimal um die Hand, stoße einen wilden Schrei aus, gebe meinem bemitleidenswerten Pferd die Sporen, lasse einen Schlägehagel meiner Reitpeitsche auf seinen Rücken niedersausen, das alles machte, dass ich mich davon tragen ließ, oder dass es Gott gefiel, mich zu führen und mein Pferd dazu zu bringen, mich weiter zu tragen. Allerdings konnte ein klein wenig Mitleid dann auch noch in das Herz des hartherzigen Boten eindringen, Mitleid mit mir oder mit den Pferden, ich weiß es nicht, denn der Zustand der armen Tiere gab zu denken, dass er sie bald auf dem Weg zurücklassen müsste. Er verlangsamte das Tempo, das nahm ich wahr, und indem ich meinem Pferd einen letzten Rippenstoß gab, kam ich vorwärts und warf mich völlig verzweifelt allem, was sich mir durch Zufall oder durch den Teufel in den Weg stellte, entgegen. So habe ich in dieser Nacht 10 Verst in einer Stunde zurückgelegt [...] eine Unmöglichkeit, wenn ich klar gesehen hätte! Dank dem Himmel, dass wir noch heil am Ziel angekommen sind!“[658]

Gerade diese Textstelle könnte dem Verdacht der Übertreibung oder gar Fälschung ausgesetzt sein. Die Erzählung ist sehr spannend und abenteuerlich gestaltet und ließe sich ohne Probleme auf eine andere Person oder auch ebenso gut auf einen Mann, der an einer militärischen Expedition teilnimmt, übertragen. Es sind keinerlei Hinweise mehr darauf zu finden, dass wir es mit einer Cellistin zu tun haben, die ein Cello transportiert haben muss. Die Strapazen der morastigen Wege, des Schnees, der Mückenschwärme und der Regenfluten werden auch im *Journal des Débats* geschildert, dieser Ritt allerdings nicht. Das Cello hat die Reise letztendlich unbeschadet überstanden, in Fell und in eine stabile Kiste verpackt, wie im *Journal des Débats* zu lesen ist.[659] Ob dies bei einem wie oben geschilderten Ritt möglich gewesen wäre, ist zu bezweifeln.[660] Dieselbe Stelle ist bei Victoire Barbier in einer kürzeren Zusammenfassung zu finden, wodurch der Verdacht, es könne sich um nachträgliche Fiktion oder Übertreibung zugunsten einer spannenden Reisestory handeln, entkräftet wird.[661] Nach

658 Lanoye 1863, S. 399; Verst: alte russische Maßeinheit (werst). 1 Verst entspricht 3500 Fuß, ca. 1,0668 Kilometer, 10 Verst sind demnach etwas mehr als 10 Kilometer.

659 Barbier, A. 1860, Teil 1, o. S.

660 Vgl. Hoffmann 2001.

661 „Il faut lire le récit qu'elle fait de ses courses vertigineuses à travers les marais impraticables de ces contrées sibériennes, où par une nuit obscure, elle s'abandonne à son cheval aussi harassé qu'elle.“ Barbier, V. 1880, Abschrift aus der Sammlung Barbier / de Meyenbourg, S. 37. Natürlich ist auch

diesem Zitat bricht der autobiographische Bericht in *Le Tour du Monde* ab, der Herausgeber schaltet sich mit einer Art Nachwort ein:

> „Bei solchen Strapazen, welche weibliche Konstitution aus unserem Okzident hätte so etwas ungestraft überstanden?“[662]

Die Cellistin wird hier als Abenteuerin inszeniert, so sehr sogar, dass das Cello schon bildlich gar keinen Platz mehr hat. Die Frage stellt sich, ob Cristiani als solche an sich vielleicht ein akzeptableres Bild war als die reisende, ja ausgesprochen abenteuerlich reisende Cellistin? Der Abschnitt kann auch abschreckende Wirkung gehabt haben. Es wird ein Sonderstatus der Protagonistin inszeniert, denn diesen Ritt zu überleben wäre sicher für niemanden, gleich ob Mann oder Frau, selbstverständlich gewesen. Zugleich erfüllt diese Szene die Funktion einer Klimax in der literarischen Form ‚Reisebericht‘, an die sich direkt ein tragisches Ende anschließt.

Sogar der Forscher Atkinson, so der Herausgeber, der mit „einer eisernen Konstitution“[663] ausgestattet gewesen sei, starb am Abschluss seiner langen Sibirienreisen, kurz nach der Rückkehr nach England. Auch der Cellist Servais, der mehrfach Russland bereiste, starb nach der Heimkehr von seiner Sibirienreise 1866 aufgrund von Überanstrengung, so Campbell.[664] Servais war mehrfach nach Russland gereist – ob und wo er tatsächlich in Sibirien war, ist bisher nicht abschließend erforscht.[665] Der Cellist Alfredo Piatti war 1837 auf einer großen Europatournee in Budapest so krank geworden, dass er sein Cello verkaufen musste, um für seinen Unterhalt und seine Verpflegung zahlen zu können[666] – eine Parallele zu der verzweifelten Episode im *Journal des Débats*, als Lise Cristiani überlegt, ihr Stradivari zu verkaufen, um nach Paris zurückzukehren. Auch Kate Marsden kehrte mit ruinierter Gesundheit aus Sibirien zurück. Diese Beispiele zeigen, wie extrem die Belastungen der Reise waren, die Cristiani sich zumutete.

Besonders der nicht enden wollende Schnee und die Strapazen auf der Rückreise in Richtung Westen schienen Lise Cristianis Kräfte schwinden zu lassen. Im vorherigen Kapitel wurde gezeigt, dass aber kein direkter Zusammenhang zwischen ihrem Tod und den sich im obigen Zitat kumulierenden Reisestrapa-

---

der Text von Victoire Barbier Literatur, jedoch der zweifache Bezug auf die verbrannten Originalbriefe Lise Cristianis bestätigt, dass diese Literatur von den Texten der Cellistin selbst inspiriert war.

662 Lanoye 1863, S. 399.

663 Ebd.

664 Campbell 2004, S. 42.

665 Information von Peter François, Servais Society: http://www.servais-vzw.org/index.php?de, letzter Zugang am 27. März 2014.

666 Campbell 2004, S. 68f.

zen besteht, wie der Herausgeber von *Le Tour du Monde* es darzustellen versucht. Hier versteckt sich letztendlich ein moralischer Appell an die Leserinnen: Lise Cristiani wird zunächst als mutiges und bewundernswertes, dann als abschreckendes Beispiel inszeniert. Sie erhält eine Art Stellvertreterinnenfunktion für die Leserinnen, welche die geschilderten Gefahren der Reise aus der Sicherheit des bürgerlichen Interieurs heraus miterleben. Zugleich wird Cristianis Schicksal auch als abschreckendes, warnendes Beispiel zu moralischer Distanzierung bei mancher Leserin geführt haben.

Lise Cristianis Leben und Reisen gingen weiter, wie wir im *Journal des Débats* erfahren. Aber auch aus der Perspektive Nicolas-Alexandre Barbiers auf die Briefe seiner Enkelin hat sich etwas verändert: „Wir sind noch nicht am Ende der Prüfungen angelangt", schreibt er am Schluss des ersten Teils seines Artikels:

> „In diesem Moment schien Mlle Cristiani, zu sehr geprüft von den vorangegangenen Strapazen und der unerbittlichen Härte des Klimas, eine Art moralische Erschütterung zu erleiden, die sie uns weniger energisch als in der Vergangenheit zeigt."[667]

3.4.7 *Melancholie und Ausweglosigkeit*

Schon vor der Reisetortur zu Pferde hatte Cristiani das Bild vom „Leichentuch aus Schnee" verwendet. Es erscheint wie ein wiederkehrendes Motiv zum einen als eine Vorausdeutung des Todes, zum anderen als ein Symbol für eine große Melancholie[668], eine Traurigkeit, einen Zustand, den man heute wahrscheinlich als Depression bezeichnen würde und der die junge Frau keinen Ausweg mehr sehen ließ.

> „Dieses ewige Leichentuch aus Schnee, das mich umgibt, lässt allmählich mein Herz erschauern. Gerade liegen hinter mir 3000 Verst Reise in einem Atemzug, nichts, nichts als Schnee, gefallener Schnee, Schnee, der fällt, Schnee, der fallen wird! Steppen ohne Ende, wo man sich verliert, wo man sich selbst zu Grabe trägt! Meine Seele lässt sich allmählich in dieses Totentuch einwickeln, und es scheint mir, als ob sie gefroren vor meinem Körper verweilt, der sie anschaut, ohne die Kraft zu haben, sie zu wärmen."[669]

Es geht hier um die Seele, um die psychische Verfassung der jungen Künstlerin, die angesichts der Strapazen, der Einsamkeit, der Zumutungen der Reise, des

667 Barbier, A. 1860, Teil 2, o.S. Es geht um die Zeit Anfang des Jahres 1850. „A ce moment, Mlle Cristiani, trop éprouvée par les fatigues antérieures et l'inflexible rigueur du climat, sembla recevoir une commotion morale qui nous la montre moins énergique que par le passé."

668 Clair 2005.

669 Lanoye 1863, S. 397.

Heimwehs, der Trennung von der Familie, von Frankreich, von allem, was ein Zuhause hätte sein können, aber auch in Folge von Misserfolgen und bedrohlichen Situationen ihren Lebensmut verliert:

> „Ich habe alles versucht, sogar in diesem verdammten Land, wo hinter jedem Busch ein Gewehr lauert, aber ich habe kein Glück, anstelle der Kugel, die ich suchte, bekam ich nur Bonbons, die Schamil in irgendeinem Handgemenge entrissen wurden.“[670]

Dieser Abschnitt ist ohne Berücksichtigung des Berichtes von Nicolas-Alexandre Barbier und das Hintergrundwissen um die politisch-historische Situation im Kaukasus schwer verständlich. Das auf den Freiheitskämpfer Schamil und den Bürgerkrieg bezogene Wortspiel zeigt, dass der Brief im Anschluss an die Kaukasusreise geschrieben wurde, wie auch aus dem Bericht von Barbier hervorgeht, nicht aber im Anschluss an die Sibirienreise, wie es in *Le Tour du Monde* suggeriert wird. Es erklärt vielleicht auch die Auslassung der Kaukasusreise in allen Berichten bis auf die erste Erwähnung durch Barbier. Immerhin stand diese Reise nachträglich unter dem Stern der Todessehnsucht, geprägt von Selbstgefährdung und Selbstaufgabe. Eine andere Sichtweise legt nahe, dass Lise Cristiani nur auf der Sibirienreise solche ausführlichen Reisebeschreibungen verfasst hatte, wie sie sich die Herausgeber von *Le Tour du Monde* für einen Reisebericht vorstellten. Außerdem ist es möglich, dass man sich in einem solchen Bericht immer jeweils auf eine Region hatte konzentrieren wollen. Trotzdem hat die Auslassung der folgenden Reisen, insbesondere der in den Kaukasus, etwas performativ Eingreifendes, weil dadurch Cristianis Lebensgeschichte anders dargestellt, verändert und begradigt[671] wurde und Leserinnen und Leser zu anderen und vielleicht falschen Schlussfolgerungen verleitet.

Die Rückkehr aus Sibirien ist in beiden Berichten geprägt von Erschöpfung, welche in dem Brief aus den verschneiten Steppen ihren traurigen Höhepunkt findet. Bei Barbier findet man ganz eindeutig den Hinweis auf ein großes Enttäuschungserlebnis und auf eine finanzielle Notsituation.[672] Entmutigt habe sie sogar an den Verkauf ihres Cellos gedacht. Dazu kommt es nicht, aber für den Zeitraum von März 1850 bis Ende des Jahres 1852 ist unbekannt, was mit der Cellistin passierte – Barbier lässt diese Monate aus, verschweigt sie. Der Bericht bricht zu dem Zeitpunkt ab, als Cristiani nach Moskau zurückgekehrt ist. Vielleicht wusste er selber nicht, was in dieser Zeit passiert war. In diesen Zeitraum aber müssen Ereignisse gefallen sein, die zum einen so prekär waren, dass sie von

---

670 Ebd., die gleiche Textstelle findet sich bei Barbier, A. 1860, Teil 2, o.S.

671 Vgl. LMG, Kreutziger-Herr/Unseld 2010, Vorwort „‚Rectifizierung‘ von Musikgeschichte“, S. 9.

672 Barbier, A. 1860, Teil 2, o.S.: „Mais les espérances qu'elle avait fondées sur cette dernière course artistique ne se réalisèrent pas.“

Cristiani selber oder von ihrer Familie verschwiegen wurden. Zum anderen werden diese Erlebnisse den Wunsch zu sterben forciert haben, den Cristiani am Ende ihrer Kaukasusreise rückblickend als Begründung, warum sie sich mitten in einen Bürgerkrieg begeben hatte, formuliert.

Es gibt mehrere Lesarten, welche Ereignisse zu der großen, verzweifelten Melancholie geführt haben könnten, die in der Äußerung, sie habe alles versucht, um zu sterben, mündete. Zum einen stehen die finanzielle Notsituation, der fehlende Erfolg und die ausbleibenden Konzerte im Raum; all dies beinhaltete keine Möglichkeit mehr für sie als Cellistin, in Würde nach Paris zurückzugehen. Konnte oder wollte sie nach diesen Reisen einen musikliebenden Mann heiraten, wie es die Cellistinnen Eliza de Try und Rosa Szuk wenige Jahre später tun würden? Hätte sie zur eigenen Familie zurückkehren können? Konnte sie überhaupt zurückkehren oder verhinderten Krankheit und Armut, dass sie reiste? War sie durch die Zumutungen des Reisens, der Entfernung von allen ihr nahestehenden Menschen in Frankreich, aber auch durch die ständigen Trennungen von den Menschen, die auf der Reise zu Bezugspersonen wurden, so destabilisiert und entwurzelt, dass sie nicht mehr leben wollte, weil sie sich nirgendwo mehr zugehörig fühlte? War sie gesundheitlich so geschwächt, dass sie nicht mehr gut spielen konnte? Stürzte eine eventuell bereits fortgeschrittene Tuberkulose sie in Armut und soziales Abseits und machte auch eine Heirat unmöglich? Wurde sie in dem Moment, in dem ihr Erfolg nachließ, mit anderen Augen gesehen? Mit den mehr denn je moralisierenden Augen einer dogmatischen bürgerlichen Kultur, die alles an ihrem Lebensweg nun umso mehr als unweiblich, unschicklich und gescheitert betrachten und verurteilen konnte? Geriet sie in das soziale Abseits einer fahrenden Musikerin, vergleichbar den Schauspielerinnen, in die Nähe von Halbwelt und Prostitution? Waren in die zwei Jahre Schwangerschaft und Geburt und vielleicht sogar der frühe Tod eines Kindes gefallen?[673]

Man fragt sich, wer der Adressat des Briefes war, in dem sie voller Bitterkeit ihre suizidalen Gedanken äußert. „Ich habe alles versucht“, um zu sterben, so wird es aus den folgenden Formulierungen deutlich. Wer diese Sätze gelesen hat, muss betroffen gewesen sein; Victoire, Agathe, Nicolas-Alexandre und Jules-Paul Barbier, Freunde und Familie müssen entsetzt gewesen sein. Cristiani wusste beim Schreiben dieser Zeilen noch nicht, dass sie bald sterben würde, aber sie schrieb auf, dass sie nicht mehr leben wollte. Sie sah keinen Ausweg mehr, keinen Rückweg und keinen Kompromiss. Und dann stirbt sie wenig später an der Cholera. Klaus Mann inszenierte in seinem Tschaikovsky-Roman den Tod des Komponisten als Selbstmord durch Trinken eines verseuchten Glas

673 Siehe Kap. 3.3.8 und Kap. 3.4.2.

Wassers, aufgrund eines vergleichbar verzweifelten seelischen Zustandes.[674] Sich auf diese Art und Weise ums Leben zu bringen war in Zeiten einer Cholera-Epidemie einfach und nicht als Selbstmord identifizierbar. Zugleich aber war das Sterben an dieser Krankheit mit extremem Leiden und grausamen Zuständen verbunden.[675] Ob Lise Cristiani sich wirklich selber in diesen schrecklichen Tod stürzte oder ob sie ohne eigenes Zutun Opfer dieser Seuche wurde, wie so viele Menschen in diesen Jahren der Cholera-Epidemien, ist nicht zu klären. Im Raum bleibt aber eine große Betroffenheit über das Ende dieser Künstlerin, die zeit ihres Lebens so stark und grenzüberschreitend mutig ihren außergewöhnlichen Weg gegangen ist. Auf der letzten Seite des Berichts in *Le Tour du Monde* ist ein Kupferstich von Cristianis Grabmal,[676] das in Nowotscherkassk errichtet wurde, abgedruckt. Dieses ist bedeckt von schmiedeeisernen Instrumenten – einem Cello, umwickelt von einem Lorbeerkranz, und einer Leier –, zudem komplettiert ein gekreuzigter Jesus, unter dessen Füßen ein Totenkopf abgebildet ist, das poetische und zugleich morbide Arrangement. In einer aufgeschlagenen Partitur sind Noten sowie der Name „Lise Barbier Cristiani" zu lesen. Aus Nowotscherkassk soll eine Zeichnung an Cristianis Familie geschickt worden sein, nach dieser Zeichnung habe der Maler Thérond[677] die Vorlage für den vorhandenen Kupferstich gezeichnet.[678] Möglich ist, dass dieses Bild nur Fiktion ist, eine letzte Inszenierung – noch einmal ein Bild ohne Original.[679]

3.4.8 Ein schöner Traum oder die Cellistin als Soldatenmuse

Nicolas-Alexandre Barbier ließ zwar den Zeitraum zwischen 1850 und 1852 aus, berichtete aber über Lise Cristianis Kaukasusreise. Vielleicht ermöglicht ein Blick auf die Berichte aus dieser Zeit, auf Cristianis Worte und die Kommentare des Großvaters noch einige weitere Lesarten, warum und unter welchen Um-

674 Mann 1935.

675 „Krankheitsbild und Krankheitsverlauf standen in großem Gegensatz zu den bürgerlichen Vorstellungen von einem Leiden und Sterben in Würde. Unkontrollierbare Entleerungen und Muskelkrämpfe quälten den Patienten und seine Pfleger. Seine Haut verfärbte sich unnatürlich bleigrau, wurde faltig und naßkalt, die Augen sanken ein", Website des Gesundheitsamts Dachau, Seuchengeschichte: http://www.gapinfo.de/gesundheitsamt/alle/seuche/infekt/bakt/chol/sg.htm, letzter Zugang am 18. Februar 2014.

676 Lanoye 1863, S. 398; siehe Abb. 4.3.

677 Émile Théodore Thérond (1821–?).

678 Lanoye 1863, S. 398, siehe Abb. 4.2.

679 René de Vries und Lonaïs Jaillais haben den Friedhof in Nowotscherkassk besucht, jedoch das Grab nicht gefunden.

ständen Lise Cristiani in einen solchen verzweifelten, ausweglosen Zustand, in eine so große, lebensgefährliche Melancholie geriet?

Grund für ihre Reise in den Kaukasus, so gibt Barbier an, sei die Berühmtheit des Prinzen Bariatinski gewesen, der in den Jahren 1850 und 1851 Erfolge im Kampf mit der gegen die russischen Besatzer rebellierenden Bergbevölkerung des heutigen Dagestan und Tschetschenien errungen hatte. Eigentlich berichtet Barbier ausschließlich über die drei Wochen, welche Lise Cristiani am Hofe des Prinzen Bariatinski verbracht haben muss. Die erste Begegnung schildert die Musikerin selbst wie folgt:

> „[I]ch fand mich einem großen, schönen, jungen, einfach gekleideten Mann gegenüber, von einer aufrichtigen und offenen Erscheinung, mit Manieren, geprägt von höchster Vornehmheit. Ich gebe zu, dass ich einen Moment lang verwirrt war: ein General-Leutnant von 37 Jahren, aus einer der wichtigsten Familien Russlands, reich, mit 800.000 fr. Rente; von einem militärischen Erfolg, der einem den Kopf verdreht, solche Dinge hätte man wirklich nicht vorhersehen können! ... […] [E]r sagte, er habe keine Familie und werde nie eine haben. Und dann zeigte er mir das Malteserkreuz, das an seiner Brust leuchtete. Ich war ganz sicher hier an ein Zeugnis der guten alten Zeit geraten."[680]

Bariatinski erscheint als Symbol eines idealisierten und zugleich unerreichbaren Mannes. Die Beschreibung seiner Person und Erscheinung, die Verwirrung, die Cristiani einen Moment lang ergreift, lassen an Verliebtheit denken. Durch seine Zugehörigkeit zum Malteserorden wird der Gedanke zerschlagen, er sei der ideale Mann für die reisende Cellistin, die Sehnsucht verspürt, anzukommen. Dass es trotzdem möglich war, dass sie seine Geliebte wurde, ist denkbar, in der Erzählung aber nicht angelegt. Eher scheint der Verweis auf den Malteserorden und Bariatinskis ritterliche Manieren darauf hinzudeuten, dass Cristiani eine moralisch einwandfreie Situation beschreiben möchte. Das Gefolge des Generalleutnants, die ihn umgebenden Soldaten und Feldherren stünden im Gegensatz zu dessen ganz und gar „ritterlicher Erscheinung", doch Cristiani gewinnt sie für sich:

> „[E]xtra für diese derben Soldaten habe ich russische Lieder gelernt; ich habe für sie meine schönsten Garderoben getragen."[681]

Obwohl die Kosaken keine Musikkenner seien, begeistern sie sich für Cristiani und ihre Musik. Nach ihrem Cello werden zwei Schlachtrösser „Stradi" und „Varius" genannt, das Stradivari wird wie ein Fetisch verehrt und ein persischer Soldat verfasst Cristiani zu Ehren Gedichte und Kalligraphien. Die Cellistin

680 Barbier, A. 1860, Teil 2, o. S.
681 Ebd.

wird verehrt und bewundert, sie verschenkt Freude und Glück und ist, so scheint sie zu sagen, nach langer Zeit wieder selbst glücklich. Der Prinz lässt ausgiebige Feste und Militäraufzüge veranstalten, die Soldaten wollen ‚ihre' Cellistin am liebsten mit auf jeden Feldzug nehmen. Die Nachricht der Feste und der Anwesenheit Cristianis sei bis zu Schamil vorgedrungen, kommentiert Barbier, und habe bei diesem folgenden Eindruck hervorgerufen:

> „Es ist aus dem Westen zu ihnen eine Frau gekommen, die sie alle verrückt macht. Sie amüsieren sich, sie überlassen sich dem Vergnügen; es scheint, als ob sie sich ihrer Sache zu sicher wären?"[682]

Dieser Irrtum aber führte, so Barbier, wiederum zu einem Vorteil auf der Seite der Russen. 1859 war Bariatinski am endgültigen Sieg über Schamil und die Rebellen beteiligt. Der kaukasische Konflikt setzte sich bis in die jüngste Geschichte in den Tschetschenien-Kriegen fort.

> „Nun aber inmitten dieser Menge von alten Schnurrbärten und wackeren Männern, die sich um mich bemühten [...][,] denen meine Lieder und meine Tugenden einer jungen Frau die ernsten Gesichter erhellten wie ein Lichtstrahl, dort gab es keine zuvorkommende Aufmerksamkeit, die man nicht für mich bereit gehabt hätte; ich habe mich wohler gefühlt als in den Salons von St. Petersburg: Die ausgewählte Höflichkeit in perfektem Maße, die all diese Begegnungen prägte, hätte mich glauben lassen, ich befände mich in der Zeit der Ritter!"[683]

Nach drei Wochen geht dieses „romanhafte Leben" zu Ende, so Barbier.

> „Lise Cristiani verließ Grosny ebenso triumphal, wie sie dort angekommen war, eskortiert von Kanonen, Hunderten von Kosaken und mehreren Infanterie-Kompanien."[684]

Prinz Bariatinski habe sie wie eine Kaiserin reisen lassen, und sein Schutz habe sie nicht verlassen, bis sie sich außerhalb der Bedrohung durch Schamils Kämpfer befand, so zitiert Barbier noch einmal Lise Cristiani:

682 Ebd.: „Il leur est venu de l'Occident, disait-il, une femme qui les rend tous fous; il faut donc qu'ils soient bien sûrs de leur fait?"

683 Ebd.: „Or au milieu de cette cohue de vieilles moustaches et de vaillans [sic] hommes qui s'empressaient autour de moi, dit-elle encore quelque part, et dont mes chants et mes saillies de jeune femme éclairaient d'un rayon les sévères visages, il n'y a pas d'égards et d'attentions délicates qu'on n'ait eus pour moi; j'étais plus à l'aise que dans les salons de Saint-Pétersbourg: à l'exquise politesse, à la parfaite mesure qui présidaient à tous ces rapports, j'aurais pu me croire au temps de la chevalerie."

684 Ebd.

> „Alle meine alten *lézards* kamen in Mengen, um mir das Geleit zu geben [...] und mit Tränen in den Augen donnerten sie ihre Salven, um ihrem *bon rêve*, wie sie mich nannten, Glück und Freude zu wünschen ...“[685]

Anhand mehrerer Schlüsselformulierungen sollen hier weitere Lesarten entwickelt werden. Diese führen zu Weiblichkeits- und Geschlechterbildern und ermöglichen einen Blick auf die Funktion, welche die Inszenierung dieser Bilder in diesen letzten autobiographischen Äußerungen Lise Cristianis gehabt haben mag. Dazu gehören die Formulierungen „einen Beweis der guten alten Zeit“, „meine Lieder und meine Tugenden einer jungen Frau“, „eine Frau [...][,] die sie alle verrückt macht“, „Zeit der Ritter“, „Anmut“ und nicht zuletzt von besonderer Bedeutung: „schöner Traum“[686].

Cristiani inszeniert eine Rückkehr zu einem idealisierten Bild von Weiblichkeit, das sie dem Minnekonzept des Mittelalters entlehnt. Zugleich ist sie aber die Musikerin, die am Hofe spielt, also eher in der Rolle der Minnesängerin oder Tobariz, sie ist nicht die Herrin der Kosaken und wird doch wie eine solche behandelt. Als Künstlerin gerät sie wieder einmal in eine ambivalente und vielschichtige Rolle: Sie ist die fahrende Musikerin und die Soldatenmuse, die einzige Frau an der Front unter lauter Kriegern. In dieser Konstellation ist es nicht abwegig zu assoziieren, dass Cristiani auch Objekt und Adressatin sexuellen Begehrens wurde. Die Ritterlichkeit, die sie diesen Männern und insbesondere Prinz Bariatinski als deren Oberhaupt zuschreibt, entschärft den Verdacht, sie habe sich in eine Halbweltexistenz drängen lassen, welche gegebenenfalls sexuelle Kontakte mit den Männern einschließen würde, wie es von fahrenden Schauspielerinnen und Sängerinnen berichtet wurde, besonders aber für die mittelalterlichen Spielfrauen galt.[687] Zugleich verleiten aber Formulierungen wie „Tugenden einer jungen Frau“ oder „[E]xtra für diese derben Soldaten habe ich russische Lieder gelernt; ich habe für sie meine schönsten Garderoben getragen“ sowie insbesondere der Schamil in den Mund gelegte Satz „eine Frau [...][,] die sie alle verrückt macht“ zu solchen Spekulationen.

Lise Cristiani und mit ihren Worten Nicolas-Alexandre Barbier als Verfasser des Textes inszenieren hier Weiblichkeit vor einem Spiegel aus Männerblicken. Wichtiger als ihre musikalische Leistung ist die Verzauberung der Männer, die sie wie eine „Kaiserin“, wie „[i]hre[n] schöne[n] Traum“ verehren. Die Ritterlichkeit steht für eine asexuelle Form der Verehrung im Sinne der Minne, in der

685 Ebd.: „Tous mes vieux *lézards* [zuvor wird erklärt, dass der Prinz seine Soldaten ‚lézards‘/Eidechsen nannte, Anm. K. D.] en masse vinrent me faire la conduite [...] et, la larme à l'œil [...] en souhaitant bonheur et joie à leur *bon rêve!* comme ils m'appelaient ...“

686 Barbier 1860, Teil 2, o. S.

687 Vgl. Salmen 2000, S. 1, S. 12ff.

eine Frau umworben, aber nicht sexuell verführt wird. Zugleich drückt diese Ritterlichkeit sowie die „gute alte Zeit" eine idealisierte und real unmögliche Rückkehr zu einer klaren Geschlechterrollenverteilung aus, die dabei nicht diejenige der bürgerlichen Kultur ist, sondern eine, in der Weiblichkeit und Männlichkeit zwar polarisiert, aber auf eine gewisse Weise gleichberechtigt gedacht werden. In der hier inszenierten Geschlechterkonzeption positioniert sich Cristiani eindeutig als Frau, die den Kriegern Freude gibt, ihnen das Leben verschönt, als Muse, als Wesen aus einer besseren Welt der Kunst. Sie lässt all die männlichen Rollen hinter sich, die sie zuvor, als Abenteuerin während der Sibirienreise, als alleinreisende Cellistin, als Musikerin mit dem ‚männlichen' Instrument eingenommen hatte. Die moralischen Vorbehalte der bürgerlichen Kultur gegenüber der Frau am Cello, denen Lise Cristiani so häufig ausgesetzt gewesen war, sind in diesem kriegerischen Kontext noch einmal, wie in der unberechenbaren Natur Sibiriens, irrelevant geworden. Der Bezugsrahmen ist nicht mehr die Welt der klassischen Instrumentalmusik und die Situation ist wie schon oft in Cristianis Leben so außerordentlich, dass Normen und Wertungsstrukturen destabilisiert und in Frage gestellt werden.

Die Cellistin ist der „schöne Traum" all dieser Männer, die sich im Bürgerkrieg befinden. Indem sie diese Funktion für ein ganzes Heer von Männern übernimmt, wird sie wieder zu einer Art Galionsfigur idealer Weiblichkeit, zu einer patriotischen Frauengestalt, die wie die Liberté für den Sieg steht.[688] Die Frage ist aber, welchen Weg diese Liberté der Person Lise Cristiani weisen kann, die in dieser Zeit des „romanhaften Lebens" noch einmal träumt, es gebe auch für sie einen Platz, an dem sie Cellistin, Reisende, Abenteuerin und anmutige Frau, frei und geschützt zugleich sein, wo sie Grenzen überschreiten und zurückkehren, aufbrechen und ankommen könne.

Der Abschied von Prinz Bariatinski und seinem Gefolge steht für den Abschied von Lise Cristianis Träumen, diesen Platz zu finden. Danach schweigt die fröhliche und mutige Stimme im Reisebericht, Barbier kommentiert: „Ach! Ihr schöner Traum sollte ebenfalls zu Ende sein!"[689] Was bleibt, ist Verzweiflung, Resignation, Krankheit und Todesahnung: „Ich habe den Tod in meiner Seele."[690]

Ist Cristiani an ihrem Versuch, eine neue, transformierte Inszenierung von Weiblichkeitsbildern zu erschaffen, einen Lebensweg als weibliche Künstlerin in Freiheit und mit dem Anspruch auf gleiche Entfaltungsmöglichkeiten wie die von männlichen Künstlern zu leben, gescheitert und zugrunde gegangen?

688 Eugène Delacroix: „La Liberté guidant le peuple", 1830.

689 Barbier, A. 1860, Teil 2, o.S.

690 Ebd.; vgl. ebenso Lanoye 1863, S. 400.

Die letzten Zitate der Reiseberichte legen nahe, dass diese Anstrengungen der Subversion, des ‚an-mutigen' und zugleich mutigen Protestes sowie der Transformation, die Cristiani auf sich nahm, für ein menschliches Individuum zu viel Schmerz, Abschied, Trauer und Belastung bedeutete.

Lise Cristiani ist vielleicht an der Melancholie gestorben, die aus den unlösbaren Konflikten entstand, die sich ihrem Freiheitswillen entgegenstellten. Ihre Transformationsleistung aber ist nicht gescheitert. Mit ihr beginnt eine neue Geschichte, die ohne ihr persönliches Schicksal und ihre Leistung nicht denkbar gewesen wäre – oder aber anders und vielleicht später begonnen hätte: eine „Geschichte der Cellistinnen"[691].

3.5 Die Geschwisterbeziehung als Utopie von der Überwindung der Geschlechtergrenzen[692]

„Non, tu ne meurs pas! – je veux croire
À ton éternelle claret;
Je veux croire à l'éternité
De ta vie et ta mémoire."[693]

Jules-Paul Barbier

3.5.1 Poesie in Erinnerung an Lise Cristiani

Lise Cristiani inspirierte viele Journalisten zu poetischen, lyrischen Äußerungen. Jules-Paul Barbier schrieb mehrere Gedichte in Erinnerung an sie, eines ist im Gedichtband *La Gerbe* 1884 unter dem Titel „L'absence"[694] veröffentlicht worden. Weitere Gedichte und Fragmente sowie Vorfassungen zu denselben konnten in der BNF gefunden und sollen in dieser Arbeit erstmals zugänglich gemacht werden.[695] Auch in den Gedichten Barbiers finden sich Weiblichkeitsbilder und diskursiv reproduzierte Stereotypen der damaligen Zeit. Hinzu kommt die persönliche Perspektive eines Bruders, der eine Schwester verloren hat und der diesen Schmerz sowie die Erinnerung an sie in poetische Form zu fassen versucht. Diese Perspektive öffnet den Blick auf den Menschen Lise Cristiani im Kontext ihrer Familie. Die Quellen, in denen sich die Familie äußert,

---

691 Deserno 2008.

692 Dieses Kapitel ist meinem Bruder, Dr. Lorenz Deserno gewidmet.

693 Barbier, J.-P 1857: „À notre bien aimée Lise", *Fragments inédits* aus dem Nachlass Jules-Paul Barbier in der BNF, Abteilung Opéra, Microfiche Ms 137–139.

694 „Die Abwesenheit", in: Barbier, J. 1884, S. 13ff., deutsche Übersetzung von Katharina Deserno.

695 *Fragments inédits* aus dem Nachlass Jules-Paul Barbier in der BNF, Abteilung Opéra, Microfiche Ms 137–139, siehe Dokumentenanhang Dok. 4.

wurden alle in einer Form produziert, die für eine Öffentlichkeit gedacht war (Reiseberichte, Gedichte, Kindertheaterstück). Es gibt also immer Überschneidungen von öffentlicher und familiärer bzw. privater Perspektive.

Victoire Barbier publizierte 1880 *Causeries du soir* und darin eine Erinnerungs-Hommage an Lise Cristiani. Darin findet sich auch die Bestätigung des Verwandtschaftsverhältnisses.[696]

> „Sie, die wir so sehr liebten, ist von uns gegangen!
> Glücklich sind die, die sich nicht unbeweglich glauben auf dieser Erde, die sich im Weltall dreht, die ihre toten Kinder im Schoß birgt!
> Glücklich die, denen die Hoffnung, sich in einer besseren Welt wiederzufinden, zur Gewissheit geworden ist!
> Liebe Lise! Liebe Tochter meiner älteren Schwester! Wer hätte jemals geglaubt, dass du uns so jung entrissen würdest! Du, die Du unser schöner Stern und die Seele der Familie warst! …
> Nein, Du kannst nicht verloren sein in diesem großen Universum. Schon außerordentlich in dieser Welt als Du lebtest, in welch viel höheren Sphären musst Du jetzt leben! Armes Kind! Ich brauche die Unsterblichkeit Deiner Seele; ich muss am Himmel sehen, wo Genie und Martyrium Deinen Platz kennzeichnen. Ach, spricht der Dichter,
> Man muss kaum erblühte Blumen mit den Füßen in den Staub treten
> man muss viel weinen, es gilt so viele Abschiede zu erleiden.“[697]

3.5.2 Gedichtfragmente aus dem Nachlass von Jules-Paul Barbier 1857 und 1860. Forschungsdokumentation

In der BNF liegt der über 800 Briefe umfassende Nachlass von Jules-Paul Barbier, aber kein einziges Schreiben ist an Lise Cristiani adressiert. Jules-Paul hat möglicherweise keine Briefe an Lise geschrieben, da diese ab 1845, als ihre ers-

696 Lise ist die Tochter von Victoires älterer Schwester, Lisberthe Barbier, verheiratete Chrétien, vgl. Kap. 3.3.

697 Barbier, V. 1880, *Causeries du soir par Mlle V. Barbier*, Paris, Librairie académique Didier et Co. Libraires-éditeurs, S. 37, Abschrift aus der Sammlung Barbier / de Meyenbourg, Übersetzung von Katharina Deserno; frz. Original: „Elle est partie celle que nous aimions tant! Heureux sont ceux qui ne se croient pas immobiles sur cette terre qui roule dans l'espace, emportant ses enfants morts dans ses entrailles! Heureux ceux chez qui l'espérance de se retrouver dans un monde meilleur est devenu une certitude! Chère Lise! chère fille de ma sœur aînée! qui eût dit que si jeune tu nous serais ravie! Toi qui étais notre jolie étoile et l'âme de la famille! … Non, tu ne peux pas être perdue dans ce grand univers. Déjà supérieure à ce monde où tu vivais, combien plus dois-tu habiter de hautes régions! Pauvre enfant! il me faut l'immortalité de ton âme; il me faut te voir au ciel où le génie et le martyre ont marqué ta place. Hélas! dit le poète, Il faut fouler aux pieds des fleurs à peine écloses; Il faut beaucoup pleurer, dire beaucoup d'adieux.“

ten großen Konzerte sie zu einer Berühmtheit machten, nur noch auf Reisen war. Es existieren die Handschriften von unedierten und meist unvollständigen, von Barbier nicht verschickten Brief- und Gedichtfragmenten, vergleichbar mit Tagebucheintragungen. Darunter waren zwei Gedichte, welche die Widmungen „à Lise“ und „à notre bien aimée Lise“ tragen. Es handelt sich um Skizzen, aus denen Barbier ein Gedicht entwickelt hat. Die erste Skizze wird in dieser Form von Barbier nicht weiterverarbeitet und es ist unklar, ob er das Gedicht überhaupt vollendet hat, da die letzten zwei Zeilen mit Streichungen versehen sind.[698] Wenige Seiten später wurden Teile aus den vorangegangenen Skizzen zusammengesetzt und ins Reine übertragen, ohne Widmung, aber klar erkenntlich: Aus den Vorformen, die noch die Widmung „à Lise“ trugen, wurde ein Gedicht mit einer in sich geschlossenen Form, datiert auf den 24. August 1857, unterschrieben von Barbier. Der Schmerz des Verlustes, der aus den Zeilen spricht, ist immens, auch gleichzeitig das Bemühen des Autors, diesen zu objektivieren, Kunst daraus zu machen. Barbier ist im Allgemeinen für seine Lyrik nicht anerkannt worden. Ganz im Gegensatz zu den Libretti, mit denen er großen Erfolg hatte, wurden seine Theaterstücke und Gedichte kritisiert.[699]

Wenige Seiten später in der gleichen Handschriftensammlung folgt ein langes, vierseitiges Gedicht, überschrieben mit „Copie pour Maman Galop – À Marie“.[700] Dabei handelt es sich um Agathe Richard, Lise Cristianis Großmutter, deren Spitzname „(Grand) Maman Galop“ war.[701] An Marie sind zahlreiche Gedichtfragmente adressiert, es handelt sich um Barbiers Frau Marie-Louise Renart (1827–1897), die er 1851 heiratete. In diesem Gedicht, datiert auf den 12. Juli 1860, wird eine imaginäre Szene entworfen, opernhaft-dramatisch, gespenstisch, in der die verstorbene Schwester die Familie des Bruders[702] besucht, mit dessen Frau spricht und diese darum bittet, ihr ein wenig Platz in der Erinnerung zu lassen, einen Platz bei ihnen, ein wenig Teilhabe am Glück der Lebenden.[703]

---

698 Siehe Dok. 4.1; siehe Kap. 3.5.4.

699 Vgl. d'Amat/Prévost 1951, S. 332.

700 Übersetzung Dokumentenanhang Dok. 4.2.

701 Sammlung Barbier / de Meyenbourg.

702 Im Gedicht spricht Barbier von Bruder und Schwester. Im Folgenden werde ich Jules-Paul nicht mehr als Stiefbruder oder Onkel, sondern auch als Bruder bezeichnen. Siehe Kap. 3.3.2. Jules-Paul Barbier und Lise Cristiani wuchsen wie Geschwister miteinander auf, beinahe gleich alt, erhielten eine Erziehung wie Geschwister, die biologischen Großeltern wurden für Lise Cristiani zu Eltern, siehe Kap. 3.3.2. Auch Familienzugehörigkeit und (Wahl-)Verwandtschaft (vgl. Goethe 1809) kann als performativer Akt verstanden werden, siehe Kap. 3.5.9.

703 Kopien der Original-Autographen aus dem Nachlass Barbier sowie die deutschen Übersetzungen werden zum ersten Mal in dieser Arbeit veröffentlicht. Autograph, Transkription und Übersetzung von Katharina Deserno im Dokumentenanhang Dok. 4.

„Nein, Du stirbst nicht! Ich will an dein ewiges Strahlen, an die Ewigkeit deines Lebens und der Erinnerung an Dich glauben", schreibt Jules-Paul 1857 in sein Tagebuch, ein schmerzvolles Aufbegehren gegen den Verlust der Schwester, die vier Jahre zuvor in Russland an der Cholera starb. 1857 ist das Jahr, in dem das Stradivari-Cello der Cellistin wieder nach Paris zurückgelangte. Über Cristianis Tod waren der Bruder und die anderen Familienmitglieder schon früher informiert worden. Aber die Rückkehr des Instruments löste sicherlich wieder eine neue Welle der Trauer aus. Auch die Worte von Victoire Barbier, Cristianis Tante und zugleich älterer großer Schwester, drücken ähnliche Gefühle aus:

> „Nein, Du kannst nicht verloren sein in diesem großen Universum. Schon außerordentlich in dieser Welt als Du lebtest, in welch viel höheren Sphären musst Du jetzt leben! Armes Kind! Ich brauche die Unsterblichkeit Deiner Seele; ich muss am Himmel sehen, wo Genie und Martyrium Deinen Platz kennzeichnen."[704]

Sie kann nicht einfach nur tot, verloren, begraben sein, Lise Cristiani, die besondere, die berühmte und mutige Schwester wird zumindest in der Erinnerung weiterleben. Der „Himmel" und die „Unsterblichkeit der Seele", wie es Victoire ausdrückt, oder die Ewigkeit „des Lebens und der Erinnerung", wie Jules-Paul es formuliert, symbolisieren Trost und Hoffnung auf ein Leben nach dem Tod sowie auf ein Weiterleben in Erinnerung der Nachwelt an die Künstlerin. In diesen Worten der Geschwister ist Lise Cristiani unsterblich. Sie hat das „Martyrium" überwunden, den Tod und auch die polarisierten Geschlechtergrenzen, die ihr Leben und Wirken als Cellistin stark beeinflusst und erschwert hatten. Diese Überwindung der polarisierenden Geschlechtergrenzen wird symbolisiert durch das Schlüsselwort „Genie".

3.5.3 Methode: Irritationen und Bilder

Der Zugang zur Interpretation der Gedichte soll im Folgenden erläutert werden, indem die Methode der psychoanalytisch-tiefenhermeutischen Literaturinterpretation oder Literaturkritik[705] von Alfred Lorenzer skizziert wird, deren Ziel eine „Suche nach dem *latenten Sinn* in literarischen Kunstprodukten wie Gedichten durch Anwendung des psychoanalytischen Verfahrens"[706] ist. „Irritation"[707]

704 Barbier, V. 1880, S. 37, frz. Original siehe S. 280.
705 Vgl. Lorenzer 1978.
706 Ebd., S. 178.
707 Ebd., S. 183.

oder „Irritabilität"[708] des Lesers / der Leserin wird als Weg zum „latenten, […] verborgen-unbewußten Sinn des Textes"[709] verstanden. Dabei spielen Assoziationen und insbesondere Bilder eine wichtige Rolle. Sigmund Freud betonte in der *Traumdeutung* die Bedeutung von Bildern im Traum als Schlüssel zum Unbewussten. Diese Bilder seien nicht immer sofort erkennbar, sondern verschlüsselt, dabei bezieht er sich auf Aristoteles:

> „Aristoteles hat sich dahingehend geäußert, der beste Traumdeuter sei der, welcher Ähnlichkeiten am besten auffasse: denn die Traumbilder seien, wie die Bilder im Wasser, durch die Bewegung *verzerrt*, und *der* treffe am besten, der in den verzerrten Bild das Wahre zu erkennen *vermöge.*"[710]

Bilder können also zur Interpretation führen. In diesen Bildern sind andere gespiegelt, verzerrt, als Oppositionen – im Sinne Derridas – enthalten. Im Gegensatz zur „biographistisch ausgerichteten psychoanalytischen Literaturinterpretation"[711] geht es bei der psychoanalytisch-tiefenhermeutischen Literaturinterpretation[712] um „die Untersuchung der Wirkung des Textes auf den Leser/Interpreten"[713]. Es stellt sich die Frage: „Was macht der Text offenkundigerweise und verschwiegenermaßen mit dem Leser?"[714]

Wie auch in der Psychoanalyse unzensierte und unsortierte, freie Assoziationen als Schlüssel zum Unbewussten verstanden werden, ist es in diesem Ansatz erlaubt und gewollt, ein künstlerisches Produkt wie ein Gedicht oder einen (auto)biographischen Text mit einer solchen Offenheit den eigenen Assoziationen gegenüber zu betrachten. Wie auch Traumbilder oft durch „Verzerrungen" in die Irre leiten können, letztendlich aber gerade durch diese Umwege, die sie die Gedanken machen lassen, neue, unvoreingenommene Deutungsspielräume ermöglichen, so gilt dies nach diesem Interpretationskonzept auch in Bezug auf einen literarischen Text. Die Interaktion zwischen Text und Interpret/-in ist eine diskursive Interaktion. Bilder und Assoziationen wiederum sind sowohl auf der manifesten als auch auf der latenten, unbewussten Ebene der Wahrnehmung und des Verstehens als diskursiv erzeugte Bedeutungszusammenhänge zu verste-

---

708 Ebd., S. 187f.

709 Ebd., S. 184.

710 Freud 1900, S. 102 Anm. 1; vgl. Lorenzer 1978, S. 187.

711 Lorenzer 1978, S. 174.

712 Ebd.

713 Ebd.

714 Ebd., S. 175f. Autobiographische Bezüge vermeidet Lorenzer dabei bewusst, um eine unbelastete Haltung einzunehmen. Dieser Ansatz soll für dieses Kapitel nicht strikt übernommen werden, da die Gedicht-Fragmente hier als Mischform zwischen Kunstprodukt und autobiographischer Tagebucheintragung verstanden werden, bei der die Bezüge zur Biographie durchaus eine Rolle spielen.

hen. An den produktiven ‚Umweg' über die persönlichen Assoziationen der Leserin / des Lesers kann sich eine diskursanalytische Betrachtung der Bilder und Metaphern anschließen, da diese nicht nur als persönliche Ausdrucksmittel eines Dichters, sondern als gebündelte diskursive Formationen[715] aus der jeweiligen Zeit verstanden werden müssen.

Lise Cristiani erscheint in den Gedichten in verschiedenen (Wort-)Bildern mit metaphorischem Charakter: als Vogel, der das Nest verlässt oder als einer, „der die Flügel schließen muss", als „begrabener Engel"[716], „Flammenstrahl"[717], „gleich den Strahlen der Sonne"[718], als „bleiches Geisterbild"[719], als „Blume, die durch falschen Ehrgeiz in den Staub geworfen wurde"[720], als „Vereinsamte mit gefrorenem Herzen", als „armes Mädchen", das sein Grab verlässt, um sich an der „Sonne der Lebenden zu wärmen".[721] In dieser metaphorischen Sprache spiegeln sich verschiedene Lesarten und Sichtweisen auf die Cellistin, auf ihr Leben und ihren Tod sowie auf ihre Beziehung zu dem Bruder, der sich als Dichter in seinen Versen an die Schwester erinnert. Es spiegeln sich aber auch Bilder von Weiblichkeit und überschrittenen Weiblichkeitsgrenzen, sozusagen von „verfehlter"[722] Weiblichkeit wider – die in Cristianis Fall in den Tod führt. Manche Bilder lassen ein transformatorisch-subversives Potential im Hinblick auf die einschränkenden Weiblichkeitsbilder des 19. Jahrhunderts erkennen, andere manifestieren die Unmöglichkeit einer Überschreitung, scheinen in der Verfehlung keine Subversion, sondern nur das Scheitern zu sehen. Dies wird insbesondere deutlich im Bild von der „Blume", die durch „falschen Ehrgeiz" „in den Staub" geworfen wurde"[723]. Hier wird die Karriere zum falschen Weg, der in den Tod führt. Dagegen klingt im Bild des Vogels, „der sein Nest verlässt", eine positive Sichtweise an. Die Reise, das Verlassen des Nestes, die Expansion, symbolisiert durch das Fliegen dieses Vogels, wird zur natürlichen Bestimmung, nicht zur Verfehlung. Dass dieser Vogel die „Flügel schließen"[724] muss, erscheint aus dieser Perspektive als ungerechtes Schicksal und nicht als notwendige Konsequenz aus einem „falschen Ehrgeiz".[725]

715 Vgl. Foucault 1966.

716 Barbier, J.-P. o. D.: „À Lise" (Fragment), siehe Dok 4.1.

717 Barbier, J.-P 1857: „À notre bien aimée Lise", *Fragments inédits* aus dem Nachlass Jules-Paul Barbier in der BNF, Abteilung Opéra, Microfiche Ms 137–139.

718 Ebd.

719 Barbier, J.-P. o. D.: „À Lise" (Fragment), siehe Dok 4.1.

720 Barbier, J.-P 1860: „À Marie", siehe Dok. 4.2. Frz. Original: „jette la fleur sur le gazon" – „warf die Blume auf den Rasen", hier frei übersetzt.

721 Barbier, J.-P 1860: „À Marie", siehe Dok. 4.2.

722 Vgl. Butler 1991.

723 Barbier, J.-P 1860: „À Marie", siehe Dok. 4.2.

724 Barbier, J.-P 1857: „À notre bien aimée Lise".

725 Barbier, J.-P 1860: „À Marie", siehe Dok. 4.2.

3.5.4 Ein Fragment und das Thema des Vergessens

à Lise[726]

hélas! De notre seuil	ach! Von unserer Schwelle
Le bonheur se retire	zieht sich das Glück zurück
Elle en était l'orgueil	Denn sie war der Stolz all dessen
Et la maison en deuil	Und das Haus in Trauer
a perdu son sourire.	hat ihr Lächeln verloren
Cher ange enseveli	Lieber begrabener Engel
Dans la terre glacée	In der gefrorenen Erde
[Unleserlich] [Ne] craint-on de l'oubli	Man fürchtet das Vergessen
Ton fantôme pâli	Aber dein bleiches Geisterbild
Est dans notre pensée[Streichungen]	Ist in unseren Gedanken

Dieses Gedicht blieb in Barbiers Tagebüchern unvollendet – so legt es die hastige, schlecht leserliche Schreibweise, die Kürze, das Fehlen der Unterschrift sowie einer Reinschrift nahe. Im Vers „ton fantôme pâli" gibt es Streichungen, die aber auch als sehr hastig gesetzte und ausladende t-Striche gelesen werden können, die in Barbiers Schnellschrift häufig die anderen Buchstaben eines Wortes kreuzen. In der vorhergehenden Zeile ist nicht zu entziffern, ob es „craint" oder „crains" heißt, wodurch eine interessante, wenn auch wahrscheinlich ungewollte Doppeldeutigkeit entsteht: Fürchtet die angesprochene Verstorbene, der „liebe begrabene Engel", vergessen zu werden? Oder fürchtet „man" generell das Vergessen im Sinne eines endgültigen Todes? Oder fürchten diejenigen, die den Verlust der geliebten Person erlitten haben, im Sinne eines kollektiven „wir", das die Familie symbolisieren mag,[727] das Vergessen generell oder vor allem, die geliebte Person könne von der Nachwelt vergessen werden? Oder impliziert die unklare Formulierung bereits einen Vorwurf oder ein Schuldempfinden wegen des „Vergessens" zu Lebzeiten, wegen eines Versäumnisses? Ist es eine Aufforderung, ein Trost, im Sinne von: „Lieber begrabener Engel, in der gefrorenen Erde, fürchte Du nicht, dass wir Dich vergessen, dein bleiches Geisterbild ist in unseren Gedanken"?

Durch das Entzifferungsproblem liegt es nahe, die interpretierenden Überlegungen zu diesem Gedichtfragment direkt an der Stelle dieser größten „Irritation" zu beginnen. Das Gedicht hat durch den fragmentarischen Charakter und

---

726 Barbier, J.-P. o.D.: „À Lise" (Fragment), Transkription und Übersetzung von Katharina Deserno, siehe Dok 4.1.

727 Das französische ‚on' kann mit ‚wir' oder ‚man' übersetzt werden.

dadurch, dass in der deutschen Übersetzung die Reime wegfallen, eine Sprödigkeit, die das Unheimliche der Umstände, unter denen Lise Cristiani starb, ohne dies anzusprechen, in den Vordergrund holt. „Man fürchtet das Vergessen / Aber dein bleiches Geisterbild / Ist in unseren Gedanken." Das Vergessen war ein Thema, das Barbier beschäftigte, er fürchtete als Künstler und Mensch vergessen zu werden und prophezeite dies in einem Vers:

> „Wie eine Welle / diesen Vers aus Sand hinfort schwemmen wird / so wird dein Name / aus dem Gedächtnis der Menschen verschwinden."[728]

Diese Zeilen schrieb er kurz vor seinem Tod, das Gedicht an seine Schwester hingegen als junger Mann. Durch den Tod von Lise und Jenny, der älteren Schwester, sowie der Halbschwester Lisberthe, war er früh und häufig mit dem Tod konfrontiert worden. In Bezug auf Lise war der Verlust besonders schwer zu begreifen oder zu ertragen. Dies wird durch die Formulierung „Geisterbild" deutlich. Ihr „Geist" scheint den Bruder und die Familie gequält zu haben. Dies hat mit den Umständen ihres Todes zu tun, mit der ungeheuerlichen Reise, mit der Entfernung und mit der Besonderheit von Lise Cristianis Lebensweg als erfolgreiche, berühmte Cellistin. Das Motiv des Geistes, der zurückkehrt, weil mit den Lebenden noch etwas zu klären bleibt, ist in Opern häufig vertont worden – man denke an die eindrückliche Szene aus *Don Giovanni*, in welcher der ermordete Vater Donna Annas wiederkehrt, um Don Giovanni mit in den Tod zu nehmen, oder an die Szene aus *Hamlet*[729], in welcher der Geist des verstorbenen Königs zurückkehrt und die Wahrheit über seinen Tod – den Mord – berichtet. Zu der gleichnamigen Oper von Ambroise Thomas schrieb Jules-Paul Barbier zusammen mit Michael Carré das Libretto. Häufig sind die Toten in diesen Szenarien die Unschuldigen und die Lebenden diejenigen, die sich schuldig fühlen. Und doch geht von den zurückkehrenden Toten ein Grauen aus, weil sie einen Zwischenstatus zwischen Tod und Leben, zwischen Engel und heimsuchendem Geist symbolisieren. Der liebe „begrabene Engel" in der gefrorenen Erde steht aus dem Grabe auf und sucht die Hinterbliebenen heim, zunächst als „Geisterbild" in Gedanken. Das Geisterhafte ist vielleicht auch erklärlich aus dem Umstand, dass Lise Cristiani so weit entfernt von der Familie starb und begraben wurde, so dass die Familie keinen Ort der Trauer hat. Wenn man in Barbiers handschriftlichen Aufzeichnungen weiterblättert, so folgt die Verarbeitung dieses Themas. Im dritten Gedicht „À Marie" inszeniert Barbier in Ge-

728 „Ces vers du sable où nous sommes / Ainsi ton nom passera / De la mémoire des hommes." D'AMAT/PRÉVOST 1951, S. 331.

729 *Hamlet*, Oper in fünf Akten von Ambroise Thomas, Libretto von Michel Carré und Jules-Paul Barbier nach William Shakespeare.

dichtform die Rückkehr der toten Schwester in einer Szene, in der sich Marie, seine Frau und Lise begegnen.

3.5.5 Die Rückkehr der Schwester

Im Gedicht „À Marie“[730] wird die besondere Bedeutung der Geschwisterbeziehung zwischen Jules-Paul und Lise deutlich. Das Gedicht scheint eine Erklärung für seine Frau Marie zu sein, vielleicht für Jules-Pauls Traurigkeit, vielleicht für Momente, in denen er so sehr an die verstorbene Schwester dachte, dass er sich Marie fern fühlte. Das Gedicht erscheint wie eine Entschuldigung oder eine Bitte, seine Trauer nachzuvollziehen und nicht als Zurückweisung zu verstehen. Zunächst spricht der Verfasser in der dritten Person und gibt noch einmal einen Überblick über das Geschehene: Für eine große Reise verließ die Schwester[731] die Familie. Der Erzählverlauf des Gedichts wird anhand der Geschichte eines leeren Buches entwickelt, das Lise und Jules-Paul für gemeinsame Verse vorgesehen hatten (Vers 3). In einer Vermischung von Erzählung und Prophezeiung deutet Barbier „die Zeichen“ oder „die Schatten des Todes“, die „über diesem jungen Wesen schweben“, an und nimmt damit Lises späteren Tod vorweg (Vers 4). Ein Gefühl von Schuld oder Vorwurf ist darin: „[S]o warf falscher Ehrgeiz die Blume auf den Rasen“ und das „Buch blieb leer“. Das Buch kann als Symbol für das gemeinsame Leben von Jules-Paul und Lise, aber auch für Lises Leben verstanden werden, das ab dem Reisebeginn, spätestens 1948 nach Sibirien, nicht mehr Teil von Jules-Pauls Lebenswelt ist: unerreichbar, unverständlich, unkontrollierbar. Es mag auch Symbol für das Leben vor der Reise sein sowie für alle denkbaren anderen Wege, die nicht beschritten wurden, für die „vergoldeten Träume“. Ebenfalls steht es für Barbiers Beruf als Schriftsteller und zugleich verbindet es Bruder und Schwester als Künstler. Damit Marie versteht, welchen Schmerz Jules-Paul erleidet, lässt er in den folgenden Versen die verstorbene Schwester selber sprechen. Er inszeniert damit eine Szene, in der sich die beiden Frauen treffen, obwohl sie sich im realen Leben nie begegnet sind. Marie und Lise treten als Protagonistinnen entgegengesetzter weiblicher Lebensentwürfe auf, als Gegenpole, dies wird zugespitzt in der Gegenüberstellung der Toten und der Lebenden. Marie, die Sängerin, lebt das Frauenleben, als Ehefrau und Mutter, auf das Lise verzichtete – Lise lebt das Leben einer weltläufigen reisenden Musikerin, auf das Marie verzichtete. Und doch scheinen beide Frauenfiguren in

730 Barbier, J.-P 1860: „À Marie“, siehe Dok. 4.2.

731 Das wird aus indirekten Formulierungen wie „auf einer brüderlichen Seite hatten sich schon einige Verse angeschmiegt“ ersichtlich.

der Stimme des Dichters auszudrücken, dass da eine Sehnsucht ist, diese beiden komplementären Lebensentwürfe mögen sich in einer Person vereinen lassen und könnten für ein Frauenleben – vielleicht im gemäßigten Kompromiss – denkbar sein. Nicht nur für die Frauen scheint diese Sehnsucht zu existieren, sondern auch für Barbier, der als Mann, als Bruder, als Dichter spricht: Seine Liebe gilt beiden Frauen, sein Schmerz gilt dem realen Verlust der Schwester, aber im übertragenen Sinne auch dem Verlust der Unerreichbarkeit dieser idealen Frauenfigur, die beide polarisierten Entwürfe in sich vereinen könnte.

Lise redet Marie mit „meine Schwester" an, eine Formulierung, die aus dem französischen „belle-sœur" (Schwägerin) abzuleiten ist, aber auch das Verständnis dieser Beziehung zwischen Schwester und Gattin als neues ‚geschwisterliches' Verwandtschaftsverhältnis betont. Marie wird zur Schwester Lises, und Marie wird zur Stellvertreterin Lises – „lies die Verse, die ich nicht gelesen habe!", lässt der Dichter Barbier Lise sagen und Marie das symbolträchtige Buch überreichen. Gleichzeitig aber auch bittet Lise Marie, die nun als Gattin an der Seite des geliebten Bruders steht, um Verständnis – und in ihren Worten ist es natürlich der Bruder und Ehemann Jules-Paul, der um Verständnis bittet: „Lebende, erlaube der Toten, dass ihr Name neben dem Deinen bleibe!" (Vers 14). Die Erinnerung an die geliebte, tote Schwester soll nicht zwischen dem Ehepaar stehen. Jules-Paul Barbier scheint dies nur möglich, indem Marie Lise als Schwester anerkennt, annimmt und kennenlernt – was im realen Leben nicht möglich war. Auch hier steht das Buch für eine Verbindung, diesmal zwischen Jules-Paul und Marie. Es kommt aus der Zeit, in der Lise noch Teil seines Lebens war, das aber Marie nicht mit ihm teilen kann. Marie gehört in sein Leben ohne Lise. Das Buch, das die Tote überreicht, schließt die Brücke, versucht die Fremdheit zu überwinden, die durch diese ‚zwei Leben' zwischen Marie und Jules-Paul entstanden sein mag. Es versucht auch die Trennung zwischen Lebenden und Toten aufzuheben.

3.5.6 Bruder und Schwester und die polarisierten Geschlechtscharaktere[732]

Über Jules-Paul und Lises Beziehung ist nach bisherigem Forschungsstand kaum etwas bekannt, keine Briefe, keine Tagebücher erzählen von dieser Geschwisterbeziehung, nur die drei Gedichtfragmente sowie das Kindertheaterstück, welche in dieser Arbeit erstmals publiziert werden,[733] lassen fragmentarisch einen Blick auf Jules-Paul Erinnerung an seine Schwester zu. Die

732 Vgl. Hausen 1976.

733 Siehe Dokumentenanhang Dok. 4.1, 4.2, 4.3.

Biographie von Jules-Paul Barbier ist allerdings auch nicht umfassend erforscht worden, so dass möglicherweise weitere Dokumente existieren. Trotz des spärlichen Quellenmaterials entsteht aus diesen vier vorhandenen Quellen der Eindruck einer sehr engen, liebevollen Bruder-Schwester-Beziehung. Es liegt immer wieder nah, Parallelen zu Fanny und Felix Mendelssohn zu ziehen, deren Leben und deren Geschwisterbeziehung ganz anders dokumentiert und umfassend beforscht wurde. In Lise Cristianis Biographie erscheint rätselhaft, warum sie sich von ihrer Familie, auch von diesem fast gleichaltrigen, wahrscheinlich sehr geliebten Bruder Jules-Paul so weit entfernte, aber auch, warum diese Familie das zuließ. Etwas von diesem Rätsel ist in den Gedichtfragmenten Barbiers zu spüren. Das Unheimliche der Formulierungen vom „begrabenen Engel", der in der „gefrorenen Erde" „schläft", um dann als Geist wiederzukehren, spiegelt dieses große Rätsel, das auch Barbier bewegt und vielleicht gequält haben mag.

Gerade in der Romantik wird die Beziehung zwischen den Geschwistern, insbesondere zwischen Bruder und Schwester, häufig zum Ort der Verklärung und Idealisierung einer besonderen Form der Liebe und seelischen Verbundenheit. So ist laut Ariès und Duby insbesondere in der Romantik eine Tendenz zur „Verklärung der Geschwisterbeziehung, in welcher das Wunder zweier Wesen, die füreinander geschaffen sind, neben den Mythos vom androgynen Menschen"[734] trete, besonders ausgeprägt gewesen.

Am Tag ihrer Hochzeit, an dem Felix Mendelssohn krank ist und nicht anwesend sein kann, schreibt Fanny Hensel an den Bruder: „Du findest statt drei Geschwistern, die Dich lieben, vier, und das ist am Ende der ganze Unterschied."[735] Über Wilhelm Hensel, ihren Mann, merkt sie an: „Er liebt Dich, Felix, sonst könnte er mich, u. ich ihn nicht lieben."[736] Sie beschwichtigt den Bruder, nichts ändere sich, trotz Heirat. Die Grundvoraussetzung für diese Ehe ist, dass Wilhelm Hensel Felix liebt. Die Liebe zur Schwester oder zum Bruder steht also zunächst weit über der Liebe zum neuen Partner und damit steht sie auch zwischen den zwei neuen Partnern. Und die Liebe des Bruders scheint für Fanny von existentieller Bedeutung für ihr Selbstbewusstsein gewesen zu sein:

> „Und daß Du mich so liebst, das hat mir einen großen innern Werth gegeben, und ich werde nie aufhören, sehr viel auf mich zu halten, so lange Du mich so liebst."[737]

734 Corbin, Alain: Die intime Beichte und Bande des Vertrauens, in: Perrot 1992, S. 515–531, hier S. 529f.

735 Fanny Hensel an Felix Mendelssohn in London, Berlin, 9. Oktober 1829, in: Weissweiler 1985, S. 98.

736 Ebd., S. 99.

737 Fanny Hensel an Felix Mendelssohn in London, Berlin, 3. Oktober 1829, in: ebd., S. 95.

Für welches Frauenbild steht hier die Schwester? Sie kann zur Symbolfigur für ein idealisiertes Bild werden. Die Liebe zu ihr ist eine Liebe zwischen Gleichberechtigten – nicht wie die zwischen Eltern und Kind, keine Liebe, die auch auf Abhängigkeit basiert. Sie wird einerseits als asexuelle, reine Liebe verklärt und ist doch andererseits die zu einer Person anderen Geschlechts. Durch das heterosexuelle Inzestverbot und -tabu bleibt die Liebe zur Schwester asexuell, zugleich ist es dieses Tabu, so Butler, „das die heterosexuelle Identität stiftet“[738]. Die Geschwisterliebe ist also Urform und Erprobungsraum für die spätere Liebe zu einer Partnerin / einem Partner. Sie ist gewissermaßen darüber erhaben, weil sie die heterosexuelle Qualität der Beziehung nicht umsetzt. Sie zehrt im Erwachsenenalter, ohne weitere gesellschaftliche Funktion, von der Verbundenheit aus der Kindheit, die sich in eine seelische Verbundenheit transformieren kann. Nietzsche beschwört in einem Vers an seine Schwester Elisabeth Förster-Nietzsche die ersehnte und zugleich unmögliche Ewigkeit der Verbindung zwischen Bruder und Schwester:

> „Wenn sich zwei Seelen lieben, / So trennt die Fern' sie nicht / Kein Unglück, keine Leiden / Vermögen uns zu scheiden!“[739]

Geschlechtsspezifische Ungleichbehandlung und Weichenstellungen setzen besonders stark in der Pubertät ein. Die idealisierte Schwester kann auch zur Gefahr für den Bruder werden. Zum einen als Konkurrenz, da sie als gleichberechtigtes Wesen erlebt wurde und somit von ihr auch gleichwertige Fähigkeiten und Leistungen zu erwarten sind. Im 19. Jahrhundert werden dann die polarisierten Geschlechterbilder ein Vehikel, um diese idealisierte, gleichberechtigte Form der Beziehung zwischen Mann und Frau hinter sich zu lassen und die Geschlechterdichotomie zu bedienen, wie es über den Lebensweg von Felix und Fanny Mendelssohn bekannt ist. Die Idealisierung der Geschwisterbeziehung darf auf lange Sicht nicht die heterosexuelle Partnerschaft des Bruders zu seiner zukünftigen Ehefrau stören, war doch die Gattenbeziehung als Beziehung zwischen zwei ungleichen, „polarisierten“, nicht gleichberechtigten Partnern konzipiert. „Wärst Du ein Mann oder nicht meine Schwester, ich würde stolz sein, das Schicksal meines ganzen Lebens an das Deinige zu knüpfen“[740], schrieb Heinrich von Kleist an seine Schwester Ulrike. Dies ist aber, so der implizite Sinn der Formulierung, unmöglich, denn die Schwester ist eine Frau. So muss das gemeinsame

738 Butler 1991, S. 109.

739 Pusch 1985, S. 363.

740 Heinrich von Kleist, zitiert nach ebd., S. 237. Sembner, Helmut (Hg.), Heinrich von Kleist. Sämtliche Werke und Briefe, Bd. 2, München 1977, S. 488.

Schicksal in den Bereich des Unerreichbaren, des Utopischen verwiesen werden. Was bleibt, ist eine Idee der romantischen Liebe: die unerfüllbare Sehnsucht.

3.5.7 Die Reise der Schwester und der unausweichliche Tod

Heinrich von Kleist nimmt von dieser angedeuteten Sehnsucht nach dem gemeinsamen Schicksal geradezu brüsk Abstand, indem er sich und seine Schwester mit der gesellschaftlichen Realität und deren Vorstellungen vom weiblichen Lebensentwurf konfrontiert. So schrieb er an seine Schwester Ulrike von Kleist 1799:

> „[W]enn Dir der, nicht scherzhafte, nur allzu ernstliche Wunsch entschlüpft, Du möchtest die Welt bereisen? Ist es auf Reisen, daß man Geliebte suchet und findet? Ist es dort[,] wo man die Pflichten der Gattin und Mutter am zweckmäßigsten erfüllt? Oder willst Du endlich[,] wenn Dir auch das Reisen überdrüssig ist, zurückkehren, wenn nun die Blüte Deiner Jahre dahingewelkt ist, und erwarten, ob ein Mann philosophisch genug denke, Dich dennoch zu heiraten? Soll er Weiblichkeit von einem Weibe erwarten, deren Geschäft es während ihrer Reise war, sie zu unterdrücken?“[741]

Hier übernimmt der Bruder den Part desjenigen, der die Schwester an ihre Rolle als Frau erinnert und mahnt. Ähnlich verhielt sich Felix Mendelssohn gegenüber seiner geliebten Schwester Fanny Hensel: Erst ein Jahr vor ihrem Tod gab er seinen „Handwerkssegen“ zur Publikation ihrer Werke – während Fannys Mann, Wilhelm Hensel, sie längst dazu ermutigt hatte.[742]

Die dyadische Verbindung zwischen Bruder und Schwester scheitert an folgender Situation: Bruder und Schwester können im Rahmen einer Gesellschaft, die Männer und Frauen als polarisiert denkt, wie es in der bürgerlichen Gesellschaft des 19. Jahrhunderts der Fall war und bis in die 70er Jahre des 20. Jahrhunderts in Westeuropa fortdauerte, nicht als gleichberechtigte, sich gleichende Wesen in Verbundenheit weiterleben, sie müssen sich voneinander trennen. Sie haben sich zu verabschieden von der die Geschlechtergrenzen überschreitenden Vorstellung der „füreinander bestimmten Wesen“[743], indem sie sich mit den Bildern und normativen gesellschaftlichen Anforderungen an das dichotom, in Ergänzung zum jeweils anderen gedachte, eigene Geschlecht identifizieren. Der „androgyne Mensch“ kehrt als Idealwesen in Gestalt von Engeln, Kindern und

---

741 Heinrich von Kleist an seine Schwester Ulrike, 1799, zitiert nach: Pusch 1985, S. 249. Sembner, Helmut (Hg.), Heinrich von Kleist. Sämtliche Werke und Briefe, Bd. 2, München 1977, S. 492.

742 Brief von Felix Mendelssohn an Fanny Hensel vom 12.8.1846.

743 Corbin, Alain: Die intime Beichte und Bande des Vertrauens, in: Perrot 1992, S. 515–531, hier S. 529f.

mythologischen Wesen in Sprachbildern wieder. Allerdings wird in der gesellschaftlichen Praxis ein Abschied von dieser Idee gefordert, einer Idee nämlich, welche die Integration von Männlichkeit und Weiblichkeit in jedem Geschlecht[744] sowie die bürgerlichen Rechte auf Freiheit und Gleichheit für beide Geschlechter postuliert.

Die Forderung nach geschlechtsspezifischer Identifikation wird im Begründungszusammenhang der bürgerlichen Geschlechterbilder auf die menschliche Natur bezogen. Diese fordere von Menschen ein Verhalten, das durch ihre Körper determiniert sei, so wird im Kontext der aufkommenden stark biologistisch orientierten Diskurse argumentiert, die das 19. Jahrhundert prägen. Und mit dieser gedanklichen Wendung wird die vorübergehende, utopische und transformatorische Idee und Kraft der Geschwisterbindung, wie sie oben am Beispiel von Mendelssohn, Nietzsche und Kleist angedeutet wurde, gebannt und in Schranken verwiesen. Deswegen übernehmen Brüder wie Felix Mendelssohn und Heinrich von Kleist die Rolle desjenigen, der die Schwester besonders heftig an ihre weibliche Rolle gemahnt und ihre Expansionen einzuschränken versucht. Die Schwester als idealisiertes Wesen wird als Ergänzung, als Opposition und Zwilling zugleich erlebt.[745] Das Zwillingsmodell lässt sich im Rahmen der polarisierten Geschlechterkonzeptionen nicht fortführen, das Oppositionsmodell hingegen schon. Deswegen müssen Verhaltensweisen, mit denen Brüder ihre Schwestern im 19. Jahrhundert besonders stark dazu anhielten, sich mit der ‚weiblichen' Rolle zu identifizieren, als ambivalente Handlung gelesen werden: Zum einen, um sich von der starken, idealisierten Liebe zur Schwester zu befreien. Dazu muss die Schwester eine ‚normale' – oder normierte – Frau werden und sich den dazugehörigen Geschlechternormen fügen. Zum anderen, um die Liebe zur Schwester zu erhalten und in eine gesellschaftlich akzeptierte Form zu transformieren. Des Weiteren können diese Verhaltensweisen aber auch als Versuch, die Schwester zu schützen, interpretiert werden. Die Vision vom gleichberechtigten Wesen, von zwei Lebenswegen, im Rahmen derer sich Bruder und Schwester gleichermaßen frei entfalten können, war auf der Grundlage der Geschlechterbilder des 19. Jahrhunderts nicht zugelassen, obschon denkbar, und stellte für Frauen eine Gefahr dar. In Identifizierung mit der biologischen Prädestination der Frauen zur Rolle der Mutter und Ehefrau, des Mannes zum gesellschaftlichen, in der Öffentlichkeit bestehenden Akteur, vielleicht zum Künstler, bedeutet ein ‚unweiblicher' Lebensweg für eine Frau, dass sie keine Frau mehr ist. Da ihr Körper sie aber zur Frau bestimmt – so die Annahme –, ist der

744 Vgl. Schlegel 1799.

745 Vgl. Corbin, Alain: Die intime Beichte und Bande des Vertrauens, in: Perrot 1992, S. 515–531, hier S. 529.

Verlust dieser Geschlechtsidentität gleichbedeutend mit Tod. Davon ausgehend, dass die Biologie und der Körper das Wesen des Menschen bestimmen, wird abweichendes Verhalten zum direkten Widerspruch mit dem, was als naturgegeben angenommen wird. Dieses abweichende Verhalten bringt also die Natürlichkeit und vor allem die „Geschlechter-Binarität in Verwirrung“[746]. Die Rolle des Bruders wird destabilisiert und bringt die Schwester sozusagen in „Lebensgefahr“, da sie durch einen ‚unweiblichen‘ Lebensweg zu einem Wesen würde, für dessen Existenz kein Konzept, kein Bild vorliegt, sondern nur eine Negation, nur Bilder davon, was eine Frau nicht ist oder sein soll. Sie wäre demnach die real gewordene dichotomische Abgrenzung, durch die sich die Weiblichkeitsideale konfigurieren. Auch für den Bruder, als Mann, dem sie ebenbürtig, gleichberechtigt bliebe, ginge die dichotomische Abgrenzung zur Schwester als Frau verloren. Männlichkeits- und Weiblichkeitsbilder würden destabilisiert. Deswegen muss der Versuch, die Geschlechterdichotomie als Grenze zu überschreiten, für die Frauen den Tod zur Folge haben. Während Lise Cristiani tatsächlich ihre realen und symbolischen Grenzüberschreitungen mit dem Leben bezahlte, entsteht ab der zweiten Hälfte des 19. Jahrhunderts, als „Reflex auf den Emanzipationsversuch, den Frauen nachhaltig zu formulieren beginnen“[747], eine besondere Ästhetisierung des Todes von Frauen in Kunst und Literatur.[748] Inge Stephan spricht von einer „ästhetischen Kopplung von Weiblichkeit und Tod“[749]. Melanie Unseld stellt fest, dass exponierte weibliche Figuren in Oper und Literatur häufig in Verbindung mit Tod dargestellt werden, vermehrt um 1900[750], einer Zeit, in der u.a. das Weiblichkeitsbild und die Bühneninszenierung der Diva, mit Protagonistinnen wie Sarah Bernhardt, Hochkonjunktur erfuhr. Elisabeth Bronfen pointiert, die Diva erfahre im Tod „ihre Apotheose“[751].

> „Die Diva darf die moralischen Grenzen überschreiten, an die wir uns halten müssen, an unserer Stelle Abenteuer bestehen und selbst den Tod auf sich nehmen.“[752]

Für ein Publikum kann eine Diva eine solche symbolische Funktion übernehmen, die Brüder der Frauen geraten als reale Personen jedoch in ein Dilemma: Unterstützen sie die Schwester in einem von den normierten Bildern abweichenden Lebensentwurf, sind sie mitschuldig, vielleicht wie bei Lise Cristiani sogar an dem realen Tod. Mahnen sie die Schwester, sich in den Grenzen der

746 Butler 1991, S. 218.
747 Unseld 2009b, S. 518.
748 Vgl. Berger/Stephan 1987.
749 Stephan 2006, S. 83.
750 Unseld 2001; vgl. Heesch/Losleben 2012, S. 131.
751 Bronfen 2002, S. 101.
752 Bronfen 2002a, S. 47.

Weiblichkeit zu bewegen, trifft sie ebenfalls eine Schuld an dem Tod des ebenbürtigen Wesens, das diese Schwester symbolisierte und hätte sein können. In der psychischen Realität der Brüder, so wie sie sich in den Briefen der Mendelssohns, Kleists und Nietzsches darstellt, bedeutet der Verlust der Idee einer ebenbürtigen Schwester den Tod dieses Schwesternbildes. Die Schwestern starben real zudem oft den Tod im Kindbett oder den Tod im übertragenen Sinne, eben durch Unterdrückung ihrer kreativen Potentiale und Entfaltungsmöglichkeiten. Judith Shakespeare, als unübliches Pendant zu dem berühmten Autor imaginiert von Virginia Woolf, entfaltet als literarische Figur genau diese Dramatik der Bruder-Schwester-Beziehung: Gleich begabt, in Liebe verbunden, wird der Bruder einer der größten Dichter der Geschichte, während die Schwester im Elend stirbt.[753]

Jules-Paul Barbier scheint seine Schwester nicht an der Expansion, nicht am Reisen, nicht an der Entfaltung ihrer künstlerischen Potentiale gehindert zu haben. Aus seinen Gedichten sind neben Trauer und Erinnerung auch Rätsel und Zweifel herauszulesen: War es richtig, die Schwester so frei zu lassen? Hätte er sie beschützen sollen oder können? War es „falscher Ehrgeiz", der Lise Cristiani in den Tod trieb, der die „Blume in den Staub warf"? Oder war es der notwendige Preis für die Befreiung vom vorgegebenen weiblichen Lebensentwurf, war der reale Tod auf der Reise eine Art Entsprechung zum unausweichlichen Tod der Künstlerin, der Cellistin, den diese gestorben wäre, hätte sie sich auf ein konventionell gefordertes, weibliches Lebensmodell eingelassen? Man bedenke, dass im Rahmen eines konventionellen Lebensweges auch der reale Tod im Kindbett kein seltenes Frauenschicksal war.[754]

Viele Cellistinnen der zweiten Generation, Rosa Szuk, Hélène de Katow und Eliza de Try heirateten nach erfolgreichen Karrieren, stellten das öffentliche Konzertieren weitgehend ein, fanden aber – soweit dies nach bisherigem Forschungsstand zu beurteilen ist – einen Kompromiss, mit dem sie zwar im Rahmen eines weiblichen Lebensentwurfs auf gesellschaftlich privilegiertem Niveau doch weiterhin als Künstlerinnen wahrgenommen und anerkannt wurden. So stiftete Eliza de Trys Ehemann „einen jährlich zu vergebenden Preis für die höhere Violoncello-Klasse, zur Erinnerung an Mme. Doutrelon geb. Eliza de Try, Violoncellistin, die eine brillante Schülerin des großen Servais war"[755]. Rosa Szuk führte einen Salon, in dem bedeutende Persönlichkeiten der Musikwelt zu Gast waren. Für Lise Cristiani schien ein solcher Kompromiss noch nicht denkbar oder möglich gewesen zu sein.

753 Woolf 2005, S. 48f.; vgl. Pusch 1985, S. 417.
754 Vgl. Deserno 2013, S. 225.
755 *Les Spectacles*, 28. November 1924, S. 5; zitiert nach Hoffmann 2010c.

3.5.8 Die verstorbene Schwester

> „Abends und morgens sehe ich Dich; ein Strahl vergoldet Dich [...]
> Die Tage sind weniger mild und es ist kalt ohne Dich
> Schönes Kind, das ich liebe! [...] keine Blumen mehr und kein Sommer!
> Du hast all ihre Jugend mit Dir von dannen genommen!“[756]
>
> Jules-Paul Barbier an Lise Cristiani

Diese Zeilen stammen aus dem einzigen Cristiani gewidmeten Gedicht Barbiers, das veröffentlicht wurde. Es erschien in einem 1884 publizierten Gedichtband Barbiers unter dem Titel „L'Absence“[757] und thematisiert vor allem Trauer und Erinnerung.[758] Durch den Tod wird die Schwester zum überhöhten Wesen, zum Engel. Die Kindheitsliebe des Bruders lebt in seinen Briefen fort. Lise bleibt ‚Kind‘ und wird zugleich ‚Engel‘. Der Tod ermöglicht ein Fortbestehen der idealen Liebe zu dieser Schwester. Bei den Geschwistern Mendelssohn manifestierte sich diese Wiedervereinigung im Tod tatsächlich in deren Schicksal. Als ob sie wirklich zwei symbiotische Zwillinge gewesen wären: Felix starb nur wenig später an einer Erkrankung, die der Fannys sehr ähnlich war.[759]

Luise Büchner verfasste in Erinnerung an ihren Bruder Georg Büchner nach dessen Tod folgendes Gedicht:

> „Zu früh mir hingeschwunden
> Warst du mein Lebensstern,
> [...]
>
> Und daß in ew'ger Treue
> Ihm stets gefolgt mein Herz,
> Daß hier ich steh' ohn' Reue
> Dies sänftigt meinen Schmerz;
> Daß tief mir im Gemüthe
> Dasselbe Feuer wacht,
> Das deine Brust durchglühte
> Mit seltner Liebesmacht.
>
> So fühl ich mit Entzücken,
> Stünd'st eben du vor mir,
> Als Geistesschwester drücken
> Würd'st du an's Herz mich dir!

---

756 Barbier, J. 1884, S. 13ff., Übersetzung von Katharina Deserno.
757 Ebd.
758 Ebd.
759 Vgl. Hensel 1903, S. 381; vgl. Klessmann 1990, S. 172.

[…]

Daß du so in mir lebest
Für alle Ewigkeit,
zum Höchsten mich erhebest –
Dies ist Unsterblichkeit!“[760]

In dieser umgekehrten Konstellation liegt die Wiedervereinigung mit dem Bruder nach dessen Tod für die Schwester in der Kunst, die sie mit ihm verband, die für den Bruder als Mann zu Lebzeiten aber ein selbstverständlicherer Lebensweg war als für die Schwester als Frau. Luise Büchner verarbeitet den Tod des Bruders, indem sie sich ganz mit ihm identifiziert und sich als seine Nachfolgerin berechtigt fühlt, seinen Weg fortzusetzen. In diesem Fall ist die Liebe zum Bruder – und der Tod des Bruders, der diese Liebe in ihrer utopisch-idealen Form erst wieder ermöglicht – ein Möglichkeitsraum[761] für die Schwester, sich mit einem männlichen Lebensmodell zu identifizieren.

Luise Büchner sieht sich als Nachfolgerin, als „Geistesschwester“, welche die Gedanken des Bruders weiterträgt. Die „seltene Liebesmacht“ beschwört die Besonderheit der Beziehung zwischen Bruder und Schwester, wird aber auch zur Zauberformel, mit der die Ungleichheit zwischen den Geschlechtern zumindest in der idealisierten Beziehung von Bruder und Schwester als aufgehoben erlebt wird.

3.5.9 Verwandtschaft und Performanz

Jules-Paul Barbier widmet das Gedicht „L’Absence“[762] Lise Cristiani und spricht sie hier als Nichte, nicht als Schwester an.[763] Die Verwandtschaftsverhältnisse in der Familie Barbier können immer wieder verwirrend sein, vor allem durch ihre Möglichkeit der Umdeutung durch die Generationenverschiebung und die Doppelrollen, die den einzelnen Personen zukommen. In Kapitel 3.3 wurde ein Einblick in die Verwandtschaftsverhältnisse innerhalb Cristianis Herkunftsfamilie gegeben. Nicht nur die Ebene der tatsächlichen biologischen Verwandtschaft spielt hier eine Rolle, sondern auch die der gelebten Verwandtschaft, die performativ hergestellt wird. Im Verständnis letzterer ist ein Adoptivkind genauso Kind, genauso Geschwister wie die biologischen Kinder eines Elternpaa-

760 Büchner, Luise: „Am Grabe des Dichters“ (Auswahl), in: Büchner 1862, zitiert nach Pusch 1985, S. 303f.

761 Vgl. King 2002, S. 128ff.

762 Barbier, J. 1884, S. 13ff.

763 Ebd.: „à ma nièce, Lise Cristiani“.

res. Die Adoption ist ein juristisch legalisierter performativer Akt der Bestätigung einer solchen Verwandtschaft, die aus einer Entscheidung und aus der Lebenssituation, nicht aus der biologischen Blutsverwandtschaft resultiert. Das Adoptivkind wird aber erst wirklich zum Kind dieser Eltern und zum Geschwister der anderen Kinder durch das Verhalten aller Beteiligten als Eltern, Kind oder Geschwister, durch die alltägliche performative Wiederholung[764] und Bestätigung der Verwandtschaftsverhältnisse. Die Performanztheorie Butlers kann somit auf die Unterscheidung zwischen biologischer und, wenn man so möchte, sozialer, performativ gelebter Verwandtschaft übertragen werden. Dazu gehören „Wahlverwandtschaften" ebenso wie andere schicksalhaft hergestellte – etwa durch Tod, Trennung, neue Lebenspartner – nichtbiologische Familienzusammenhänge. In dieser Arbeit wurden bis jetzt, aufbauend auf dem dargestellten Verständnis von Verwandtschaft als Performanz, Lise Cristiani und Jules-Paul Barbier als Bruder und Schwester verstanden, wuchsen sie doch wie Geschwister fast gleichaltrig bei den gleichen Eltern mit gemeinsamen weiteren Kindern auf. Biologisch betrachtet ist Lise Cristiani Jules-Paul Barbiers Nichte, sie ist die Tochter seiner Halbschwester Lisberthe. Zugleich ist Lise auch Jules-Pauls Stief- oder Adoptivschwester, da sie von seinen Eltern in die Familie aufgenommen wurde. Der performative Verwandtschaftsgrad ist sehr nah, der biologische weniger. Die Familie Barbier ist mit ihrer Patchwork-Familienkonstruktion, wie der Begriff heute lautet, mehr als modern gewesen. Vielleicht lohnt es sich, zu überlegen, auch wenn dies Spekulation bleiben muss, inwiefern diese changierende Definition der Bruder-Schwester-Beziehung ihre spezifische Auswirkung hatte bzw. ob davon etwas aus den Gedichten herauszulesen ist.

Im Gedicht an Marie wird die Rolle Lises als Schwester und dadurch als Schwägerin betont, in „L'Absence" ist sie die Nichte. Der biologische Verwandtschaftsgrad zwischen Jules-Paul und Lise war weit genug entfernt, dass eine Verbindung als Mann und Frau zwischen den beiden möglich gewesen wäre und formal wahrscheinlich nicht als Inzest gegolten hätte. Bis heute kann das deutsche Bürgerliche Gesetzbuch so ausgelegt werden, dass Ehen zwischen Stiefgeschwistern, die nicht miteinander verwandt sind, sowie Ehen zwischen Cousins, Cousinen, Onkeln, Nichten, Tanten und Neffen dritten Grades möglich sind.[765] Beide Fälle treffen auf Lise Cristianis Rolle in der Familie Barbier zu. Jules-Paul Barbier heiratet 1851 Marie-Louise Renart, in dem Jahr, als der Kontakt zu Lise, die Informationen über sie abreißen. Er schreibt das Theaterstück *Les derniers*

764 Vgl. Butler 1991, S. 60; dies. 1997b, S. 321.

765 § 1307 des BGB: „Eine Ehe darf nicht geschlossen werden zwischen Verwandten in gerader Linie sowie zwischen vollbürtigen und halbbürtigen Geschwistern. Dies gilt auch, wenn das Verwandtschaftsverhältnis durch Annahme als Kind erloschen ist." Quelle: https://www.gesetze-im-internet.de/bgb/__1307.html, letzter Zugang am 15. September 2016.

adieux. Laut Nicolas-Alexandre Barbier überlegte Lise Cristiani 1850, nach Frankreich zurückzukehren.

Lise und Jules-Paul, das ideale Paar, verbunden wie Bruder und Schwester, beide Künstler – gleichberechtigt. War diese Fantasie vielleicht doch zu inzestuös und mit Schuldgefühlen beladen, wenn es sie gegeben haben sollte? Oder war sie gerade nicht inzestuös und führte deswegen zu Trauer und Schuldgefühlen, weil diese ideale Beziehung keine Erfüllung finden konnte? Gab diese Beziehung zum geliebten Bruder, der nicht ihr Bruder war, Anlass für Lise, Europa zu verlassen? Oder hatte sie insgeheim auf ihren Reisen den Trost gehabt, irgendwann zu Jules-Paul, ihrem Bruder und doch nicht Bruder, ihrem Seelenverwandten zurückzukehren, der sie nicht nur liebte, sondern auch frei sein ließ? Verlobte er sich mit Marie, als er nichts mehr von Lise hörte? Und veranlasste sie diese Nachricht, die sie vielleicht doch erhielt, dazu, sich in das Abenteuer der Kaukasusreise zu stürzen? Gab es ein Zerwürfnis, einen unausgesprochenen, bösen letzten Abschied, etwas in Lises Lebensumständen, vielleicht ihr Status als alleinreisende Musikerin, vielleicht Beziehungen zu Männern, die Jules-Paul dazu brachten, sich von ihr als Schwester und als entfernter, idealisierter Geliebten abzuwenden? Oder musste sie so weit weggehen, um die Fantasie von der idealen Verbindung nicht zu zerstören, gerade weil sie theoretisch denkbar und formal nicht so inzestuös gewesen wäre, wie es auf den ersten Blick scheint?

All dies kann und soll an dieser Stelle nicht rekonstruiert werden. Es bleibt Spekulation. Aber diese eröffnet vielfältige Perspektiven des denkbaren subjektiven Erlebens der historischen Akteurinnen und Akteure; Perspektiven und Erlebnisweisen, die in den transformativen Handlungsweisen und Lebensentwürfen, um die es hier geht, eine motivierende Rolle in die eine oder andere Richtung gespielt haben mögen. Sie führen im Sinne Lorenzers auf die Spur latenter Bedeutungen. Zwischen dem Gedicht „L'Absence" und „À Marie" sind Veränderungen in der Perspektive des Verfassers auf Lise Cristiani festzustellen. In „L'Absence" dominieren die liebevollen Formulierungen, die vom Schmerz eines liebenden Menschen sprechen. In „À Marie" dominiert das Unheimliche, Ungeklärte. Lise sucht Jules-Paul vielleicht nicht nur als Geist heim, weil er sich an ihrem Tod mitschuldig fühlt, weil er sie nicht vor ihrem Schicksal bewahren konnte und weil ihr Schicksal etwas Heimsuchendes hat. Vielleicht sucht sie ihn auch heim, weil sie weder seine richtige Schwester noch seine Frau sein konnte.

Der Zwischenstatus zwischen Tod und Leben, als Geisterbild, in dem Barbier Lise in seinem Gedicht auftreten lässt, kann zum Ausgangspunkt für folgende Überlegung werden: Lise Cristiani ist Protagonistin für einen Transformationsprozess von Weiblichkeitsbildern. Dies wurde anhand der zeitgenössischen Pressereaktionen in dieser Untersuchung herausgearbeitet. Sie befand sich als Cellistin, aber auch als Frau ständig zwischen den ‚Formen' und zwischen den ‚Bildern'.

Ihre Rolle ist die des Rollenwechsels. Sie vereint in ihrem Lebensweg entgegengesetzte und polarisierte Verhaltensweisen und Eigenschaften: ‚weibliche‘ Spielweise auf einem ‚unweiblichen‘ Instrument, ‚damenhaftes‘ Verhalten und zugleich der Mut zu abenteuerlichen Reisen; sie ist „der Stolz der Familie“ und zugleich vielleicht auch ein enttäuschter Stolz, wobei über das, weswegen die Familie enttäuscht hätte sein können, nicht gesprochen wird, wie auch über Lises Mutter Lisberthe nicht gesprochen wird.

Lise ist Engel und Geist zugleich, heilige Cäcilie und eine Provokation für das bürgerliche Schicklichkeitsgefühl. Sie wächst in einer bunten, großen Künstlerfamilie auf und ist doch ein Waisenkind, über dessen Eltern nichts bekannt ist, und sie stirbt einsam in Sibirien. Sie schreibt Reiseberichte und Briefe, aber es sind keine Antworten auffindbar. Sie ist der „Flammenstrahl“[766] und wird in „gefrorener Erde“[767] begraben, sie ist das „Echo sonnengeliebter Erde“[768], aber sie selbst kehrt nicht wieder nach Hause zurück.

Weil sie sich immer zwischen den Formen, im Bereich des fließenden Übergangs, des Changierens von einer noch-nicht-geschehenen Veränderung zu einer gerade-geschehenden befindet, kann sie nicht ankommen, kann sie nicht zurückkehren, kann sie sich nur weiter entfernen. Sie vermag auch nicht im Tod anzukommen, sie kehrt als Geist zurück, um zur Schwester zu werden, und wird zum Engel, um idealisierte Geliebte sein zu können. Ihr Lebensmodell ist die im Prozess begriffene *Trans-Formation* selbst.

3.6 Cellistinnen des 19. Jahrhunderts

Lise Cristiani ist die erste Frau, die eine professionelle Virtuosenkarriere machte, wie sie im 19. Jahrhundert für Instrumentalisten üblich und möglich wurde.[769] Dazu gehörte, dass sie selbstständig nur von den Einnahmen ihrer Konzerte lebte und große Konzertreisen unternahm. Es fällt auf, dass viele der Cellistinnen, die man in der Nachfolge Cristianis noch als Pionierinnen bezeichnen kann, sich nach einer erfolgreichen Karriere von der Bühne zurückzogen, meist nach einer Eheschließung, so im Fall von Rosa Szuk-Matlekovits, Hélène de Katow-Zegowitz, Eliza de Try, Margarethe Quidde, Lucy Campbell. Marie Geist-Erd und Luise Wandersleb-Patzig waren trotz Ehe und Kindern weiterhin im Konzertleben aktiv. Cécile Clauss starb bereits als Dreizehnjährige unter

766 Barbier, J.-P 1857: „À notre bien aimée Lise“, *Fragments inédits* aus dem Nachlass Jules-Paul Barbier in der BNF, Abteilung Opéra, Microfiche Ms 137–139.

767 Barbier, J.-P. o.D.: „À Lise“ (Fragment), siehe Dok 4.1.

768 Lanoye 1863, S. 386, Übersetzung von Katharina Deserno; vgl. Hoffmann 2011a, S. 155.

769 Vgl. Russel 1987, S. 350.

tragischen Umständen, Gabrielle Platteau wurde nicht viel älter als 20 Jahre. Über die französischen Cellistinnen Marie Galatzin, Herminie Gatineau und Marguérite Baude ist nach bisherigem Forschungsstand nicht bekannt, wie ihr Leben verlief. Informationen über die Konzerttätigkeit liegen bei Gatineau bis zum Alter von ca. 23 Jahren vor, bei Baude und Galatzin bis zum Alter von 30 Jahren, was darauf hindeutet, dass sie bis zu diesem Zeitpunkt eine professionelle Laufbahn verfolgten.[770] Die folgenden Ausführungen über Cellistinnen des 19. Jahrhunderts geben einen Einblick, erheben jedoch keinen Anspruch auf Vollständigkeit.

Dem Beispiel Lise Cristianis folgend erscheint bereits in den 50er Jahren des 19. Jahrhunderts eine zweite Cellistin auf den Konzertpodien: Die Schweizerin Anna Kull (1841–1923) spielte bereits als Zwölfjährige – im Jahr von Cristianis Tod – in London und erhielt den Titel Kammervirtuosin der Königin von England. Sie konzertierte außerdem in Paris, Baden-Baden und Frankfurt, so u.a. 1855 unter der Leitung von Josef Rheinberger. Ihre Karriere war spektakulär und von kurzer Dauer, bereits mit etwa 19 Jahren stellte sie das öffentliche Konzertieren fast gänzlich ein, wahrscheinlich auf Wunsch ihrer Eltern, so vermutet Volker Timmermann, die sich, nachdem Annas Schwester sehr jung gestorben war, Sorgen um die Gesundheit der Cellistin gemacht haben sollen.[771] Anna Kulls Vater war Kapellmeister, die Mutter stammte aus dem Hochadel. Nach ihrem Rückzug von der Bühne lebte sie auf einem Schloss in Kärnten.[772]

Rosa Szuk[773] (1844–1921) wurde in Budapest als Tochter von Leopold Szuk geboren, der Celloprofessor am Nationalkonservatorium Budapest und Solocellist im Budapester Orchester war. Von 1858 bis 1866 führte Rosa Szuk ein Tagebuch, welches in Budapest[774] aufbewahrt wird. 1934 veröffentlichte Lajos Koch eine Abhandlung über dieses Dokument, der er ein deutsches Resümee anfügte:

> „Rosa Szuk war eine der grössten und gefeiertesten Cello-Künstlerinnen der Welt, die durch ihr klassisches und kristallreines Spiel sich zu einem allgemeinen Rufe emporgeschwungen hatte [...][.] [D]ie grössten Kritiker Wiens [...] stellten einstimmig fest, dass ihr Spiel mit dem der größten Cello-Künstler, eines Piattis und Servais', gleichwertig sei."[775]

770 Vgl. Hoffmann 2013a; dies. 2010a; Hoffmann/Wichmann 2010.

771 Timmermann 2008.

772 Ebd.

773 Abb. 9.

774 Koch 1934.

775 Ebd., S. 29.

Allein in Budapest gab sie, laut Koch, 24 Konzerte. Sie spielte in Ungarn, Österreich, Kroatien, Serbien, Frankreich, Holland, war mit Liszt, Berlioz, Volkmann und zahlreichen anderen Musikern befreundet. 1868 heiratete sie den Nationalökonomen und Staatssekretär Alexander von Matlekovits und zog sich von der Bühne zurück. In ihrem Hause jedoch leitete sie einen musikalischen Salon, in dem sich alle wichtigen Musikerpersönlichkeiten der Zeit trafen.[776]

1858 trat sie als Vierzehnjährige in Pest auf und gab ein Jahr später ihr Debüt im Musikvereinssaal in Wien.[777] Neben zahlreichen Bravourstücken ihres Vaters und Kompositionen der Cellisten Franchomme, Offenbach, Servais und Piatti spielte sie u.a. die Sonate D-Dur op. 58 von Felix Mendelssohn Bartholdy.[778] Hanslick schrieb über die Cellistin in einem Zeitungsartikel:

> „Fräulein Rosa Suck, aus Pest, entwickelte als Violoncell-Spielerin einen schönen, kräftigen Ton, und erhebliche, wenngleich noch nicht ganz reine Geläufigkeit. Die junge Künstlerin behandelt ihr schwieriges Instrument mit entschiedenem Beruf, und nebenbei mit einem ungesuchten, gefälligen Anstand, der auf das Befremdende eines ungewohnten Anblicks vergessen läßt."[779]

Volker Timmermann stellt fest, dass in der ungarischen Presse die Reaktionen auf die Cellistin durchweg sehr positiv ausfallen, während Rezensenten aus dem Ausland vorwiegend ihre Rolle als Frau am Cello thematisieren. Dazu eine Pressereaktion aus der Wiener Zeitung 1859:

> „Aber ein Mädchen, sei es auch noch so anmuthig, welches die kleine Baßgeige streicht? Das ist offenbar eine andere Frage. Man kann sagen: ja die Geige, das ist ein ungeberdiges Kind, welches, in Mädchenarme genommen, zutraulich wird und die süßesten Laute von sich gibt; das Violoncell aber, dieser halbgewachsene Mann, der fast auf eigenen Füßen steht, diesen bändigen zwei Mädchenhände nicht, der will eine männliche Faust fühlen."[780]

Timmermann interpretiert dieses Zitat als Zeichen dafür, dass die Violine schon weitgehend als Fraueninstrument akzeptiert wurde, u.a. unter dem Eindruck der Karrieren der Schwestern Milanollo, während das Cello noch eindeutig als Männerinstrument gesehen wurde.[781] In der Inszenierung, welche in der zitierten Kritik die Violine zum Kind, das Cello hingegen zum Mann macht, wird das Instrument vermenschlicht und die Interaktion zwischen Spielerin und Instru-

776 Ebd., S. 30.
777 Timmermann 2010.
778 Timmermann 2009.
779 *Presse*, 1. November 1859, zitiert nach Timmermann 2009.
780 *Wiener Zeitung*, Abendblatt, 26. November 1859, S. 1083; vgl. Timmermann 2010, S. 113.
781 Vgl. Timmermann 2010.

ment der zweier Personen gleichgesetzt. So heftig die Argumentation – „dieser halbgewachsene Mann [...], diesen bändigen zwei Mädchenhände nicht“ – vorgebracht wird, so humoristisch erscheint die Wendung gegen Ende des Artikels, zugunsten von Rosa Szuk:

> „[W]o ist der männliche Unband, der unter dem Zauber weiblicher Hände nicht zahm geworden? Das neueste Beispiel haben wir an Frl. Suck aus Pesth erlebt [...].“[782]

In den 1840er und 1850er Jahren wurden drei weitere Cellistinnen geboren, die in der zweiten Hälfte des 19. Jahrhunderts erfolgreich an die Konzertöffentlichkeit Europas und sogar Nordamerikas traten: Gabrielle Platteau (ca. 1853–1875), Eliza de Try (1846 – ca. 1924)[783] und Hélène de Katow (ca. 1840 – nach 1877).[784] Alle drei gelten als Schülerinnen der belgischen Celloschule, die auf den Cellisten Adrien-François Servais (1807–1866) zurückgeht.[785] Rosa Szuk und Anna Kull sollen ebenfalls bei Servais Unterricht genommen haben.[786]

Gabrielle Platteau wurde in Belgien geboren. 1873 konzertierte sie mit großem Erfolg im Crystal Palace in London.[787] Sie starb nur zwei Jahre später, gerade etwas älter als 20 Jahre.[788] Der Musikwissenschaftler van der Straeten hörte sie in einem Konzert im Kölner Gürzenich-Saal u.a. mit einem Werk von Servais, dem *Souvenir de Spa*. Van der Straeten berichtet über Platteaus „facile and brilliant technique“. Des Weiteren schreibt er über die Cellistin:

> „Her tone was always beautiful but not very powerful, which could only be expected from a young lady scarce out of her teens. She was of prepossessing appearance and had before her a brilliant career which was unfortunately cut short by her untimely death [...].“[789]

Platteau starb am 9. März 1875 in Ixelles, in der Nähe von Brüssel. Bei van der Straeten[790] wird sie als Schülerin von Servais genannt, während aus anderen Quellen hervorgeht, dass sie bei dessen Nachfolger Gustave Libotton[791] studiert habe, in diesem Sinne aber auch von der Servais-Schule geprägt wurde.

782 *Wiener Zeitung*, Abendblatt, 26. November 1859, S. 1083, zitiert nach ebd., S. 113; vgl. Timmermann 2009; vgl. Koch 1934.

783 Hoffmann 2010c; als Geburtsdatum wird auch angegeben: 1846, 1847 oder 1848.

784 Wichmann 2011.

785 Vgl. Deserno 2016.

786 Kennaway 2009, S. 288; diese Information wird bei Kennaway nicht weiter belegt.

787 Straeten 1915, S. 559; vgl. Campbell 2004, S. 131.

788 Gregoir 1885, S. 195.

789 Straeten 1915, S. 559.

790 Ebd.

791 Kennaway 2009, S. 289; vgl. unveröffentlichte Information von Peter François, Servais Society, http://www.servais-vzw.org/index.php?de, letzter Zugang am 21. Oktober 2013.

Eliza de Try studierte von 1863 bis 1864 bei Adrien-François Servais am Conservatoire Royal de Musique in Brüssel.[792] Zuvor hatte sie Unterricht von ihrem Vater erhalten, der selber Cellist war und ebenfalls am Brüsseler Konservatorium studiert hatte. Zusätzlich nahm sie Unterricht bei Auguste Franchomme in Paris.[793] Konzerte als Solistin und Kammermusikerin führten sie durch Frankreich, nach Spanien, die Niederlande, nach Portugal und 1871 sogar nach New York.[794] 1873 lassen sich letzte öffentliche Konzerte belegen, bevor die Cellistin wahrscheinlich aufgrund ihrer Eheschließung mit Oscar Doutrelon, einem Industriellen, der als Mäzen und Förderer belgischer Künstler aktiv gewesen sein soll, das Konzertieren aufgab. Doutrelon stiftete „einen jährlich zu vergebenden Preis für die höhere Violoncello-Klasse, zur Erinnerung an Mme. Doutrelon geb. Eliza de Try, Violoncellistin“[795].

Hélène de Katow[796] wurde 1840 in Riga geboren und studierte ab 1860 am Brüsseler Konservatorium bei Servais. 1862 schloss sie ihr Studium mit einem 1. Preis ab, u.a. spielte sie eine Komposition ihres Lehrers: *Le Désir* von Servais. Die Herzogin von Brabant verlieh ihr die „Golden Medal of King Leopold“[797]. Des Weiteren erhielt sie den Titel „virtuoso to King Frederick William“[798]. Zwischen 1864 und 1877 unternahm sie als Solistin und Cellistin verschiedener Kammermusikensembles[799] Konzertreisen nach Frankreich, Belgien, Kanada und in die USA. 1874 heiratete sie „einen nicht weiter bekannten Herrn Zegowitz“[800] und reduzierte – nach bisherigen Forschungsergebnissen – das Konzertieren stark, nach 1877 liegen keine Belege über Konzerte mehr vor.[801] Alle drei Cellistinnen der sogenannten belgischen Celloschule waren als Solistinnen erfolgreich. In zeitgenössischen Rezensionen wird das hohe technische und musikalische Niveau ihres Spiels hervorgehoben.[802]

Auch in Frankreich waren einige Cellistinnen in der zweiten Hälfte des 19. Jahrhunderts erfolgreich. Cécile Clauss (ca. 1848–1861)[803] trat mit ihren

792 Wenzel 2013e. Hier wird für de Trys Studium der Zeitraum von 1863 bis 1864 angegeben.

793 Hoffmann 2010b.

794 Ebd.

795 *Les Spectacles*, 28. November 1924, S. 5, zitiert nach Hoffmann 2010b: „un prix annuel pour la classe supériore de violoncelle, en souvenir de Mme Doutrelon, née Eliza de Try, violoncelliste“.

796 Siehe Abb. 8.

797 *Dwight's Journal of Music*, 1865, S. 8, zitiert nach Hoffmann 2010b.

798 Ebd.

799 U. a. mit den Geigerinnen Clara Marelli, Julienne André, Catarina Lebouys, Jenny Clauss und der Pianistin Marie-Louise Mongin (Wichmann 2011).

800 Ebd.

801 Ebd.

802 Siehe weiterführende Informationen in Deserno 2016.

803 Wenzel 2011b.

Schwestern Fanny, Jenny und Marie als ‚Wunderkinder'-Quartett auf. Sie studierte bei Pierre Alexandre François Chevillard am Conservatoire de Musique in Paris. Die Schwestern bildeten das erste nur aus Mädchen bestehende Quartett, Fanny Clauss sollte später im Quatuor Ste. Cécile spielen. Die Cellistin wurde trotz anfänglicher skeptischer und negativer Reaktionen von Kritikern auf die vier Mädchen und ihren ehrgeizigen Vater als besonders begabt erwähnt:

> „Die Violoncellspielerin scheint von den vieren das meiste Talent zu besitzen, allein dasselbe ist bei ihr ebenso uncultivirt, als bei ihren drei Collegen und dem Papa."[804]

Bis 1861 sind Konzerte des Mädchen-Quartetts in Frankreich und in der Schweiz belegt, 1861 werden dann in einer Kritik nur noch drei Schwestern – Fanny, Jenny und Cécile – erwähnt. Im gleichen Jahr kommt Cécile mit nur 13 Jahren bei einem „drame intime"[805], wie die Zeitschrift *Le Ménestrel* berichtet, ums Leben:

> „[Z]wei junge Mädchen, die gerade noch einmal auf wunderbare Weise einer schrecklichen Katastrophe entkommen sind. Eine dritte Schwester, die Violoncello spielte, kam dabei ums Leben, erschlagen von der Hand eines Vaters, der Gerechtigkeit herstellte, indem er sich selbst erschlug."[806]

In Paris bildete Franchomme, der 1846 Professor am Conservatoire in Paris wurde,[807] mehrere Cellistinnen aus: Herminie Gatineau (1857–1884), Marie/Mathilde Galatzin[808] (geboren um 1850); und auch die Servais-Schülerin Eliza de Try nahm zusätzlich Unterricht bei Franchomme. Über Gatineau ist bekannt, dass sie 1877 am Pariser Conservatoire National mit dem 1. Preis abschloss.[809] Marie Galatzin erhielt ebenfalls Unterricht von Alexander Batta, was im Hinblick auf dessen von der Kritik häufig als weiblich bezeichnete Spielweise nicht uninteressant ist. In der *Allgemeinen musikalischen Zeitung* vom 3. September 1879 wird Galatzin erwähnt:

> „Diese jugendliche Erscheinung, eine Schülerin von Batta und Franchomme, trug mehrere Solosachen von Servais und Mendelssohn mit Bravour, Sicherheit und Geschmack vor."[810]

---

804 *Neue Zeitschrift für Musik* 1857, 27. Jg., Nr. II, S. 21.

805 *Le Ménestrel*, 19. Januar 1862, S. 63, zitiert nach Wenzel 2011b.

806 RGM, 3. August 1862, S. 251, zitiert nach Wenzel 2011b.

807 Bei Franchomme studierte auch L. Hegyesi, der Vater der Cellistin Lotte Hegyesi (Bächi 2003, S. 68).

808 In Petersburg spielte Servais Duos mit Nicolai Galitsin – eventuell ist dieser ein Verwandter.

809 Hoffmann/Wichmann 2010.

810 AMZ 1879, Nr. 36, Sp. 572.

Marguerite Baude (ca. 1870 – nach 1906) war Schülerin von Jules Delsart, dem Nachfolger Franchommes am Pariser Konservatorium. Sie habe als erste Frau gegen sieben männliche Mitbewerber einen Preis errungen, so die *Neue Zeitschrift für Musik* 1889.[811]

Die Engländerin Kate Ould (1872–1950) studierte bei William Edward Whitehouse (1859–1935) an der Royal Academy of Music London.[812] Sie wirkte vorwiegend als Kammermusikerin, trat aber auch als Solistin auf und unterrichtete.[813] Margaret Campbell bezeichnet sie in einer Aufzählung der Schüler Whitehouses als eine unter den „best-known names at the beginning of the twentieth century“[814].

Beatrice Eveline (1877–?) gewann mit neun Jahren als einziges Mädchen gegen neun männliche Bewerber einen nationalen Wettbewerb, debütierte 1908 in der Queen's Hall in London und begann anschließend, als Konzertcellistin durch Europa zu reisen.[815] Laut den Archiven der „Proms“-Konzerte des BBC spielte Eveline am 27. September 1913 Léon Boëllmanns *Variations symphoniques* op. 23 mit dem Queen's Hall Orchestra unter der Leitung von Henry Wood sowie am 19. Oktober 1915 ein Stück von Paul Juon, *Episodes concertantes* op. 45.[816] An dem letztgenannten Konzert waren Auriol Jones am Klavier, Marjorie Hayward an der Violine sowie das New Queen's Hall Orchestra unter Henry Wood beteiligt. Außerdem soll Eveline an den ersten Radioaufnahmen in Großbritannien mitgewirkt haben.[817]

Am 13. März 1879 wurde in der AMZ von einem „exclusiven Damenconcert“ gesprochen, in welchem „Fräulein Geist das gerade nicht sehr weibliche Cello“ spielte. Die Kritik bezeichnet die Interpretation der Künstlerinnen als „exact“ und „ausdrucksstark“, fügt aber hinzu, „dass das Violoncell den beiden anderen Instrumenten gegenüber zu wenig hörbar wurde“[818].

811 *Neue Zeitschrift für Musik* 1889, 56 Jg., Nr. 32, S. 380.

812 Campbell 2004, S. 77.

813 Hoffmann 2013d.

814 Campbell 2004, S. 77.

815 Ebd.

816 http://www.bbc.co.uk/proms/archive/search/performers/beatrice-eveline/1, letzter Zugang am 4. November 2013.

817 Hennessy 2005, S. 110.

818 AMZ 1879, Nr. 19, Sp. 29. In der Ausgabe der AMZ vom 8. Januar 1879 ist zu lesen: „Es sei gleich mit erwähnt, dass Frau Elisabeth von Herzogenberg mit Herrn Julius Klengel Bach's Ddur-Sonate für Viola da Gamba, und Sarabande und Gavotte aus der sechsten Cellosonate in erquicklicher Sauberkeit und Frische zu Gehör brachte.“ Über Elisabeth von Herzogenberg (1847–1892) ist bekannt, dass sie Klavier spielte und komponierte. Eventuell hat sie Klengel auf dem Klavier begleitet. „Sauberkeit“ scheint sich allerdings eher auf Violoncellospiel zu beziehen, so dass es durchaus auch möglich ist, dass sie in diesem Konzert auf dem Cello und/oder der Gambe spielte.

Es handelt sich um Marie Geist-Erd (1859–1914)[819], über deren Doppelbegabung sich ein weiterer Kritiker begeistert äußerte:

> „Miss Marie Geist hatte eine Menge zu leisten und zudem etwas, das für einen Künstler nicht gerade angenehm ist – zwischen Klavier und Violoncello zu wechseln. Ihr Cello-Solo ‚Stradella' gab sie mit Klarheit und Entschlossenheit im Ton und mit einer solchen Brillanz in der Ausführung, dass es einen lang anhaltenden Applaus auslöste. Wenn Miss Geist schon auf dem Cello derart herausragend ist, was kann man dann von ihrem überragenden Klavierspiel sagen?"[820]

Während in der ersten Rezension noch thematisiert wird, das Cello sei „nicht gerade weiblich", so scheint vier Jahre später davon in der amerikanischen Presse nicht mehr die Rede zu sein. Marie Geist studierte in München Violoncello und Klavier. Nach ihrem Studium emigrierte sie in die USA und gründete 1883 in St. Paul/Minnesota ein Konservatorium, an dem vor allem Musikerinnen beschäftigt waren.[821] Auch nach ihrer Hochzeit konzertierte sie als Solistin und Kammermusikerin, u.a. im Arensky-Klaviertrio. Ihre Tochter Senta Erd schrieb eine Biographie über ihre Mutter.[822]

In den Reaktionen der Presse auf die Cellistin Luise Wandersleb-Patzig (1846–1901) werden ‚weibliche' Aspekte ähnlich hervorgehoben, wie es in Bezug auf Cristiani der Fall gewesen war:

> „Frl. Wandersleb, die Cellistin, ließ […] die Weihe des ‚Ewig-Weiblichen' durch ihr Spiel hindurch fühlen, wie ihre Kollegin auf dem Klavier. Nicht durch prunkvolle Zurschautragung einer schweißaustreibenden Technik, mit welcher heute die meisten Virtuosen dieses Instrument behandeln zu müssen glauben, sondern durch ein wahrhaft seelenvolles, tiefsinniges Spiel, das den wunderbar ergreifenden Gesangston des Cello zur vollsten Geltung brachte, suchte die Künstlerin zu brilliren. ‚Das Larghetto von Mozart von Frl. Wandersleb hören und dann sterben', würde ein Enthusiast sagen."[823]

Auch Vorurteile gegenüber Cellistinnen wurden noch 1880 artikuliert, die allerdings in Bezug auf Luise Wandersleb von den jeweiligen Kritikern meist widerlegt wurden:

> „Man ist gewohnt, Damen, welche Violoncello spielen, ein nicht geringes Mißtrauen entgegenzubringen, das allerdings aus der Natur des Instrumentes entsprungen sein muß,

819 Geboren in Würzburg und nach 1914 gestorben, vermutlich St. Paul (MN); Wenzel 2013c.

820 *The St. Paul Sunday Globe*, 17. Juni 1883, S. 3, zitiert nach Wenzel 2013c.

821 Vgl. *St. Pauls Sunday Globe*, 12. Oktober 1884, S. 1, zitiert nach Wenzel 2013c.

822 Wenzel 2013c. Die handschriftliche Biographie wird in der Minnesota Historical Society Library in St. Paul aufbewahrt.

823 *Intelligenzblatt für die Stadt Bern*, 24. März 1876, zitiert nach Bergmann/Timmermann 2009.

vielleicht auch in den an Cello spielenden Damen gemachten Erfahrungen, begründet erscheint. Vermochten doch in der Tat nur ganz wenige der bisher aufgetauchten Cellistinnen, sich zu einer künstlerisch bedeutenden Höhe emporzuschwingen. Eine dieser Musizierenden [...] ist die in jüngster Zeit öfter genannte Violoncellistin Frau Wandersleb-Patzig."[824]

Im Gegensatz zu der Fokussierung auf die ‚weibliche' Spielweise in der oben zitierten Kritik wurde die Cellistin ebenso für eine geschlechtsneutral gelungene Interpretation und das hohe Niveau ihres Spiels gelobt:

„Das Spiel der Frau Wandersleb-Patzig charakterisiert sich durch großen, vollen und kräftigen Ton bei eleganter Bogenführung, eine ungewöhnliche technische Fertigkeit, welche von der Künstlerin nie als Selbstzweck benützt wird, vielmehr nur der Lösung der Aufgaben gewidmet scheint."[825]

Luise Wandersleb wuchs in einer Musikerfamilie auf und heiratete den Pianisten Alfred Patzig (1850–1927), mit dem sie gemeinsam konzertierte und sechs Kinder bekam. Von diesen wurden wiederum vier zu Berufsmusikern.[826]

Aus Königsberg, dem heutigen Kaliningrad, stammte Margarethe Quidde (geb. Jacobson, 1858–1940). Sie studierte Violoncello bei Robert Hausmann und bei Alfredo Piatti sowie zusätzlich Klavier und Komposition. Nachdem sie den Historiker und Politiker Ludwig Quidde, der 1927 den Friedensnobelpreis erhielt, geheiratet hatte, stellte sie das öffentliche Konzertieren ein, wohl auf Wunsch ihres Mannes, so vermutet Silke Wenzel. Als Schriftstellerin, Herausgeberin, Musikkritikerin und Übersetzerin war sie jedoch weiterhin beruflich tätig und engagierte sich gemeinsam mit ihrem Mann in der politischen Arbeit und Friedensbewegung. Sie fand einen persönlichen Kompromiss, künstlerisch tätig zu sein, der sich aber gegen ihre Konzerttätigkeit auswirkte. Als „Halbjüdin" wurde Margarethe Quidde von den Nazionalsozialisten verfolgt und auch ihr Mann musste als politischer Gegner der Nationalsozialisten ins Exil gehen.[827]

Lucy Campbell (1873–1944), die letzte der Cellistinnen, die in diesem Kapitel Erwähnung finden soll, stammte aus den USA, lebte aber seit ihrer Kindheit in Berlin. Sie studierte wie Margarethe Quidde bei Robert Hausmann und erhielt 1888 und 1890 das Felix-Mendelssohn Bartholdy-Staatsstipendium. Seit 1889 wurde sie von der einflussreichen Konzertagentur Hermann Wolff in Ber-

824 *Wiener Signale*, 1. Juli 1880, zitiert nach Bergmann/Timmermann 2009.
825 Ebd.
826 Bergmann/Timmermann 2009.
827 Wenzel 2008c; vgl. Holl 2007; vgl. Franz 2014; siehe Abb. 10.

lin vertreten. Als Cellistin eines Quartetts mit der Geigerin Marie Soldat konzertierte sie in England, Frankreich, Belgien und Italien.[828] Ähnlich wie Quidde beendete Lucy Campbell kurz nach ihrer Hochzeit ihre Konzerttätigkeit. Ihre Nachfolgerin im Quartett wurde Leontine Gärtner.[829] Gerhart Hauptmann schrieb ein Gedicht an die Cellistin, das zwar ein wenig an das erinnert, das fast 100 Jahre zuvor an Lise Cristiani adressiert wurde, aber doch auf eine gewichtige Veränderung verweist: Auch hier wird die Kunst als idealer Ort – „im Tönereich, wo alle sich versöhnen" – gedacht, die Cellistin ist Vermittlerin dieses idealen Zustandes, sie und ihr Instrument geraten in den Bereich des „Göttlichen", „weiten den Erdenraum", überschreiten Grenzen. Campbells Rolle als Frau wird dagegen nicht thematisiert, in Hauptmanns Konzept scheint Kunst bereits über die Geschlechtergrenzen erhaben zu sein. Diese idealere, bessere Welt, welche in der Kunst gesucht wird, ist im Jahr 1942 angesichts von Faschismus und Krieg eine nur allzu verständliche Utopie.

„An Lucy Campbell
Im göttlichsten Quartett hast Du gesessen;
ich habe dich gehört und deine Saiten
in stiller klarer Kraft und Reinheit weiten
den Erdenraum, sonor: oh, unvergessen!
Dein Cello sang mit eines Cherubs Tönen,
bestimmt und doch von Jugend ganz erfüllet.
Du hast des Meisters Wünschen ganz gestillet
im Tönereich, wo alle sich versöhnen.
2. März 1942"[830]

Im *Lexikon Europäische Instrumentalistinnen des 18. und 19. Jahrhunderts* des Sophie Drinker Instituts / Bremen sind Artikel über weitere Cellistinnen zu finden: Valborg Lagervall (1851–1940)[831], Josefine Donat (1867 – nach 1912)[832]; Ethel/Isabel Beningfield[833] (1870/73–1967), Anna/Anita Ballio (1879–1962)[834], Rosa Brackenhammer (um 1870 – nach 1897)[835] sowie Agga Fritsche (1875–?),

828 Wenzel 2009a.

829 Ebd.

830 Gerhart Hauptmann, Tagebuchnotiz vom 2. März 1942, in: Hauptmann, Gerhart 1942: Das gesammelte Werk. Erste Abteilung, Bd. 16, Berlin, S. 204, zitiert nach Wenzel 2009a.

831 Timmermann 2012.

832 Violoncellistin und Violoncellolehrerin; Hoffmann 2013c.

833 3. Mai 1870 (1873?) in Nazeing – 10. November 1967 in Sussex, Mandolinespielerin und -lehrerin, Violoncellistin, Gitarristin und Komponistin; Wichmann 2012; Wenzel 2011a.

834 1879 in Mailand – 1962 in Heidelberg, Violoncellistin und Musiklehrerin; Hoffmann 2012.

835 Wenzel 2013a.

die als erste öffentlich konzertierende dänische Violoncellistin gilt.[836] Valborg Lagervall[837] war eine der ersten Frauen, die als Cellistinnen in einem professionellen Orchester, „außerhalb von Frauenorchestern"[838], angestellt wurden – 1884 wurde die Cellistin in das Orchester des Kungliga Teatern Stockholm aufgenommen; Kato van der Hoeven (1879 – nach 1916)[839] spielte von 1897 bis 1917 im Concertgebouw Orchester.[840] Des Weiteren präsentiert das *Lexikon Musik und Gender im Internet*[841] der Hochschule für Musik Hamburg weitere Forschungsergebnisse u.a. zu den Cellistinnen Eliza de Try,[842] Ida Dorrenboom (1881–?)[843], Maud Fletcher (Anfang der 1870er Jahre –?)[844] oder zu Amy Jane Grimson (1872–1935).[845]

---

836 1875 in Kopenhagen – ?, Violoncellistin; Babbe 2013d.

837 18. August 1851 in Österhaninge bei Stockholm – 3. Dezember 1940 in Stockholm, Violoncellistin und Pianistin; Timmermann 2012.

838 Ebd.

839 20. September 1879 in Amsterdam – ? (nach 1916), Violoncellistin; Hoffmann 2013a.

840 Ebd.

841 MUGI: http://mugi.hfmt-hamburg.de/, letzter Zugang am 6. November 2013.

842 Wenzel 2013e.

843 Dies. 2009b.

844 Maud Fletcher wurde im Jahr 1890 als Studentin am Royal College of Music in London erwähnt; dies. 2012a.

845 11. September 1872 in London – 23. Januar 1935 in Middlesex; Grimson war ebenfalls Studentin am Royal College of Music; dies. 2012b.

Tafeln

Abb. 4 Reisebericht über Lise Cristianis Reise nach Sibirien in den Jahren 1849–1853, erschienen 1863 in der Zeitschrift *Le Tour du Monde*

LE TOUR DU MONDE. 385

Mlle Lise Cristiani. — Dessin de Mettais d'après une peinture de M. Couture.

VOYAGE DANS LA SIBÉRIE ORIENTALE,

NOTES EXTRAITES DE LA CORRESPONDANCE D'UNE ARTISTE (MLLE LISE CRISTIANI)

1849-1853. — TEXTE ET DESSINS INÉDITS.

Dans leur long itinéraire à travers la Sibérie, M. et Mme Atkinson rencontrèrent à plusieurs reprises, à Irkoutsk, à Barnaoul et ailleurs, une jeune Française qu'une destinée d'artiste avait poussée dans ce nord de l'extrême Orient. Possédant au plus haut degré le sentiment de l'expression et de l'harmonie, sachant tirer de l'un des instruments les plus difficiles, le violoncelle, des sons semblables à ceux de la poitrine humaine, Lise Cristiani avait su se faire, avant vingt ans, la plus belle réputation musicale. Après avoir conquis, à Copenhague, le titre et le brevet de premier violoncelliste du roi de Danemark, et mérité de l'enthousiasme des Suédois le surnom de la *sainte Cécile de France*, elle était venue tenter la fortune à Saint-Pétersbourg. Mais à cette époque un deuil de cour enveloppait de son silence la ville et l'empire, et la belle jeune virtuose, déçue pour la première fois, s'était lancée résolûment en pleine Sibérie, avec son fidèle Stradivarius, une grosse femme de chambre russe et un

VII. — 181e LIV. 1863 25

Abb. 4.1 Lise Cristiani auf der Titelseite des Reiseberichts

Tombeau de Mlle Cristiani. — Dessin de Thérond d'après un dessin envoyé de Novo-Tcherkask à sa famille.

Abb. 4.2 Zeichnung des Grabes von Lise Cristiani

Abb. 4.3 Jenny Barbier, Lise Cristianis Stiefschwester und Tante, auf dem Sterbebett, Zeichnung von Jules Barbier

Abb. 5 Karikaturen

Abb. 5.1–5.11 Karikaturen über Lise Cristianis Werdegang zur Cellistin, erschienen 1846 in der dänischen Zeitschrift *Corsaren*

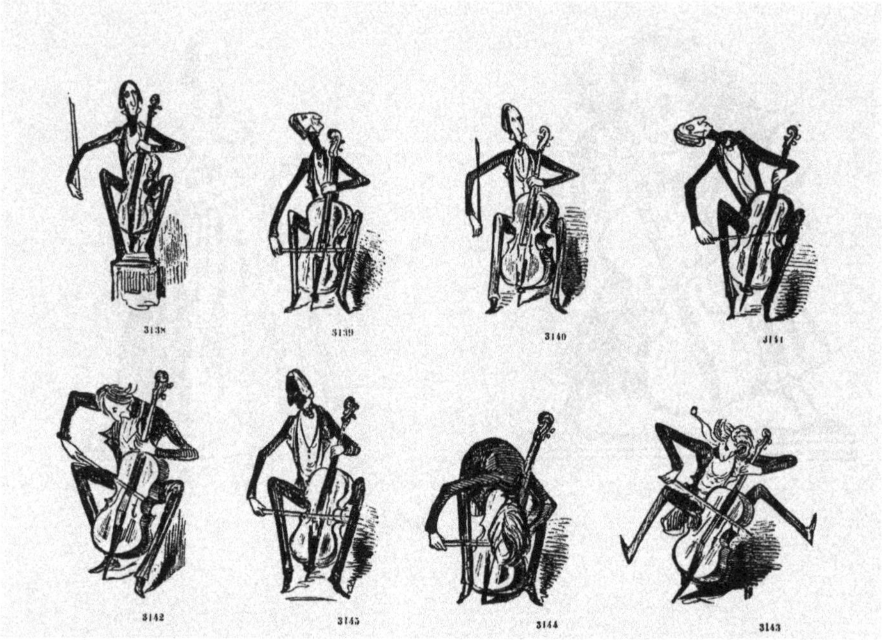

Abb. 5.12 Karikatur über das Cellospiel Jacques Offenbachs „Über den Einfluss und die Verbreitung des Violoncellospiels am Beispiel von Monsieur Offenbach“, 1856

Abb. 6 Darstellung der üblichen Cellohaltung in der Violoncello-Schule von Bernhard Romberg, 1840

Abb. 7 Benjamin Hallet, ein Junge, der Mitte des 18. Jahrhunderts als Mädchen verkleidet in einem Kabarett Cello spielte

Abb. 8 Hélène de Katow, Fotografie um 1864

Abb. 9 Rosa Szuk, Zeichnung mit dem Titel „Rosa Szuk, ungarische Cellistin, gerade in Paris angekommen“

Abb. 10 Margarethe Quidde in Fotopose, bei der das rechte Bein hinter dem linken Bein und dem Cello versteckt wird und die an den ‚Damensitz' erinnert

Abb. 11 Fotografien Guilhermina Suggia

Abb. 11.1 Guilhermina Suggia, signierte Autogrammkarte vom 4.9.1924

Abb. 11.2 Guilhermina Suggia als Kind, mit Kindercello und Schwester Virgínia Suggia, um 1892

Abb. 11.3 Guilhermina Suggia und Pablo Casals, um 1912

Abb. 12 May Mukle, signierte Fotografie, zwischen 1902 und 1909

Abb. 13 Beatrice Harrison und Edward Elgar, Fotografie von 1919

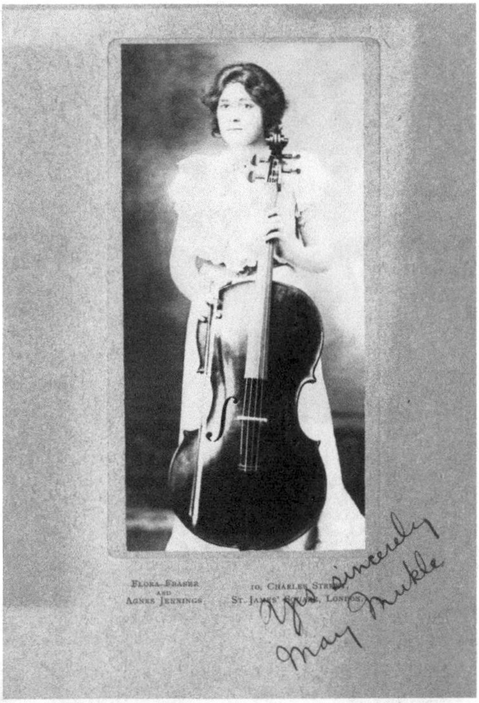

Abb. 14 Fotografien Jacqueline du Pré

Abb. 14.1 Jacqueline du Pré, Coverfoto

Abb. 14.2 Jacqueline du Pré als Kind mit großem Cello, um 1950

Abb. 14.3 Jacqueline du Pré mit Daniel Barenboim in einer Probe, um 1970

Abb. 15 Maria Kliegel, signierte Fotografie von 1990

4. Guilhermina Suggia

4.1 Forschungsdokumentation

„Very famous during her lifetime, Suggia faded into relative obscurity after her death in 1950“[1], schreibt Anita Mercier und spiegelt damit den Stand der Rezeption dieser Künstlerin im 21. Jahrhundert. Im Vergleich zu ihren Zeitgenossinnen May Mukle oder Marguérite Caponsacchi ist über Suggias Leben und Wirken viel überliefert, auch wenn Suggia selbst kaum persönliche Dokumente aufbewahrte. Es sind wenige Briefe und Postkarten, aber keine Tagebücher erhalten. Im Stadtarchiv Matosinhos[2] werden zahlreiche Zeitungsartikel, Fotos und einige Briefe aufbewahrt. Zahlreiche Fotos und weitere Dokumente finden sich in der privaten Sammlung von Virgílio Marques in Lissabon.[3]

In Kapitel 4.2, in welchem die Rezeption der Cellistin im Kontext der sich verändernden Weiblichkeitsbilder behandelt wird, werden verschiedene englische und französische Zeitungsartikel aus dem Zeitraum von 1908 bis 1949 ausgewertet[4], darunter zahlreiche, die aus dem British Newspaper Archive (BNA) stammen.[5] Hinzugezogen werden zusätzlich Zitate aus Sekundärliteratur, Lexika und populärwissenschaftlichen Werken. Aus den Jahren zwischen 1920 und 1940 findet man über 200 Kritiken im BNA, welche die Blütezeit von Suggias Karriere dokumentieren. Ab 1903 unternahm sie Konzertreisen durch Europa, zahlreiche Konzerte gab sie u. a. in Deutschland, Polen, Russland, Frankreich, England. Über diese frühe Phase ihrer Karriere nach ihrem Debüt ist ein interessantes Zeugnis erhalten: eine Sammlung von Postkarten, die Suggia von diesen Konzertreisen an den Familienfreund und ihren Förderer António Lamas nach Portugal schrieb. Diese Karten stammen aus einer privaten Sammlung von Elisa Lamas, der Enkelin des Adressaten António Lamas. In der Sammlung befinden sich 81 Postkarten.[6]

---

1 Mercier 2008, Preface, S. X.

2 Camara Municipal de Matosinhos Biblioteca Florbela Espanca (CMM), http://bmfe.cm-matosinhos.pt, letzter Zugang am 29. Dezember 2013.

3 Mein Dank gilt Anita Mercier und Virgílio Marques für ihre Hilfe bei der Recherche.

4 Diese werden primär und sekundär zitiert, wobei der Schwerpunkt wie in den vorangehenden Kapiteln auf einer dekonstruktivistischen und diskurskritischen Quellenanalyse liegt, nicht auf einer biographischen Rekonstruktion.

5 BNA: http://www.britishnewspaperarchive.co.uk/, letzter Zugang am 27. Dezember 2013.

6 Sammlung Lamas, Lissabon, siehe Abb. 3.1–3.5.

2008 publizierte Anita Mercier eine ausführliche Forschungsarbeit über die Cellistin Guilhermina Suggia[7] sowie zuvor einige Artikel.[8] Die portugiesische Philosophin Fátima Pombo schrieb zwei Bücher: *Guilhermina Suggia or The Luxuriant Violoncello* und *Sonata da Sempre*;[9] der Schriftsteller Mário Cláudio[10] einen Roman, 2015 erschien *La Suggia, l'autre violoncelliste* von Henri Gourdin.[11] In der Biographie über Pablo Casals von Robert Baldock ist dessen Beziehung mit Suggia ein Kapitel gewidmet. Auch in Kirks[12] 1974 erschienener Casals-Biographie wird sie als dessen Studentin erwähnt,[13] was keine ganz zutreffende Information ist. Kirk gibt weitere falsche Informationen über Suggia wieder, wie Anita Mercier zeigen konnte.[14] 2010 erschien im Lexikon *Musik und Gender* von der Autorin dieser Arbeit ein Lexikonartikel über Suggia sowie 2008 ein Artikel mit dem Titel „Ein Blick auf die Geschichte der Cellistinnen",[15] der sich mit Aspekten von Suggias Biographie und Rezeption befasst.[16] Verschiedene Musiklexika und Sammelbände über Cellisten porträtieren die Cellistin. So widmen sich ihr in neuerer Zeit Autoren wie Margaret Campbell, Harald Eggebrecht sowie, als Autoren älterer Nachschlagewerke, Wasielewski, van der Straeten oder Ginsburg.[17]

Suggia publizierte selbst mehrere Texte, so u.a. über das Cellospiel: „Cello Playing" und „The Violoncello".[18] Diese Artikel sind insofern für diese Arbeit besonders interessant, weil sie die wahrscheinlich ersten instrumentalwissenschaftlichen Texte einer Konzertcellistin sind. Suggia hat auch als eine der ersten Cellistinnen unterrichtet, allerdings nicht an einer Hochschule oder einem Konservatorium. Sie veröffentlichte zudem einen Artikel, in welchem sie über die Entstehung des berühmt gewordenen Porträts „Madame Suggia" von Augustus John berichtet.[19] Dieses Porträt, das in der Tate Gallery London zu sehen ist, gilt

7 Mercier 2008.

8 Dies. 2002a; dies. 2002b; dies. 2004; dies. 2005.

9 Pombo 1993; dies. 1996.

10 Cláudio 1986.

11 Gourdin 2015.

12 Kirk 1974.

13 Suggia nahm als Mädchen einige Male Unterricht bei Casals. In Paris lebten beide als Künstlerpaar zusammen, sie hatte sich längst als Cellistin auf den Konzertpodien etabliert, so dass es unzutreffend ist, von ihr als einer Studentin zu sprechen, auch wenn Casals sicherlich einen wichtigen künstlerischen Einfluss auf Suggia hatte. Siehe Kap. 4.5.

14 Mercier 2008, S. 19.

15 Deserno 2008.

16 Ebd.

17 Straeten 1915; Ginsburg 1983; Markevitch 1984; Campbell 2004; Eggebrecht 2007.

18 Suggia 1920; dies. 1921b; dies. 1921a; dies. 1923; siehe Kap. 4.4.

19 Suggia 1923.

als das vielleicht bedeutendste Gemälde von Augustus John und prägte die nachträgliche Wahrnehmung der Cellistin stark.

In England wird an hochbegabte junge Cellistinnen und Cellisten, die sich auf eine Solistenlaufbahn vorbereiten, die Auszeichnung „Guilhermina Suggia Gift“[20] verliehen, in Porto wird ein Suggia Competition zur Vergabe des European Suggia Prize abgehalten,[21] der u.a. die Leihgabe ihres Montagnana-Cellos beinhaltet. Ebenfalls in Porto wurden der Konzertsaal Sala Suggia der Casa da Musica[22] nach der Cellistin benannt, aber auch ein Flugzeug der portugiesischen Fluglinie TAP Air Portugal.[23] Auf Facebook gibt es mittlerweile eine Guilhermina Suggia gewidmete Seite, die von Virgílio Marques ins Leben gerufen wurde und gepflegt wird.[24]

4.2 Veränderungen der Weiblichkeitsbilder. Schlüsselbegriffe in der Rezeption der Cellistin Guilhermina Suggia

4.2.1 Kraft, Schönheit, Haltung

Gerald Moore berichtet in seinen Memoiren über eine Begegnung Guilhermina Suggias mit Emanuel Feuermann,[25] einem berühmten Zeitgenossen. Feuermann soll Suggia das Cello aus der Hand genommen haben, um ihr zu beweisen, dass er doppelt so laut spielen könne wie sie.

> „Feuermann held the opinion that the cello was a man's instrument in that it requires physical strength to produce a big tone …“[26]

Feuermann bezeichnete Suggia, die ihr Leben lang in großen Konzertsälen und mit erstklassigen Orchestern aufgetreten ist, nach der oben geschilderten Begegnung, so Moore, als „drawing-room player“.[27] Damit reproduzieren Moore und Feuermann das schon aus dem 19. Jahrhundert bekannte Stereotyp der männlichen Kraft, die Frauen fehle, um als Cellistinnen wirklich erstklassige Leistun-

20 http://www.helpmusicians.org.uk/help_you/young_artists/awards/guilhermina_suggia_gift/, letzter Zugang am 29. Dezember 2013.

21 Ebd.

22 http://calhaumusical.blogs.sapo.pt/4220.html, letzter Zugang am 29. Dezember 2013.

23 http://www.helpmusicians.org.uk/includes/documents/2010/s/suggia_history_sheet.pdf, letzter Zugang am 29. Dezember 2013.

24 https://www.facebook.com/groups/44874991539/?fref=ts, letzter Zugang am 27. Dezember 2013.

25 Moore 1962, S. 97; vgl. Mercier 2008, S. 59.

26 Moore 1962, S. 97, zitiert nach Mercier 2008, S. 59.

27 Dt. Übersetzung: „Salon-Spielerin“.

gen zu erzielen. Das Bild der im Salon musizierenden bürgerlichen Frau, die von Professionalität und Öffentlichkeit ausgeschlossen ist, wird hier auf eine unter bereits veränderten historischen Bedingungen mit internationalem Erfolg konzertierende Cellistin übertragen, symbolisiert durch den „drawing-room". Obwohl die meisten Presserezensionen in Bezug auf Suggia fast nie den Mangel an Kraft thematisierten, sondern vielmehr hervorhoben, dass die Cellistin einen besonders kraftvollen Klang gehabt habe, bleibt die Auffassung, Cellistinnen könnten nicht den gleichen Klang produzieren wie Cellisten, präsent. So zitierte der Casals-Biograph Robert Baldock einen Kritiker, der über Suggia schrieb:

> „[I]hr Klang war von einer männlichen Kraft, wie man ihn nur selten von einer Cellistin zu hören bekommt."[28]

Auch van der Straeten kommentiert Suggias Spiel in diesem Sinne als etwas Neues und Herausragendes:

> „[N]ot only was her technique remarkable, but her tone was of a masculine power seldom heard from a lady violoncellist."[29]

Diese Zitate implizieren zum einen, dass kraftvolles Cellospiel immer noch eine besondere Eigenschaft männlicher Cellisten sei und bei Cellistinnen ein Ausnahmephänomen darstelle. Zum anderen zeigt sich im Unterschied zum 19. Jahrhundert eine Veränderung, die darin besteht, dass der Künstlerin Suggia kraftvolles Spiel nicht nur zugestanden wurde, sondern man es auch wahrnahm und würdigte. Beides war in Bezug auf Lise Cristiani undenkbar gewesen.

Um zu erläutern, wie diese Veränderung möglich wurde, sei auf biographische und historische Informationen verwiesen. Suggia wurde von ihrem Vater unterrichtet, so dass Identifikationen mit dessen Spiel gegeben waren. Später lernte sie von Julius Klengel die sogenannte deutsche Technik,[30] die sich im Hinblick auf Klangproduktion so definierte, dass sie einen kräftigen Klang bevorzugte.[31] Zudem hatte sich die Situation für Musikerinnen insofern gewandelt, als auf Cellistinnen nicht mehr mit Abwehr reagiert wurde, denn das 19. Jahrhundert hatte schon zu viele erfolgreiche Cellistinnen nach Cristiani hervorgebracht, man denke an Eliza de Try, Hélène de Katow, Rosa Szuk u.a.

Wie im letzten Kapitel gezeigt wurde, waren die Kompromisse, welche diese Cellistinnen der zweiten Generation nach Lise Cristiani in Bezug auf kraftvolles Spiel eingingen, bereits schwächer als der Kompromiss, den Cristiani gemacht

28 Baldock 1996, S. 84; die Äußerung findet sich fast wortgleich bei van der Straeten, der sich auf denselben zeitgenössischen Bericht zu beziehen scheint (Straeten 1915, S. 599).

29 Straeten 1915, S. 599.

30 Vgl. Mercier 2008, S. 8.

31 Vgl. Campbell 2004, S. 15; vgl. Kap. 4.

hatte: zugunsten einer weiblichen, zarten und leisen Spielweise ganz auf kraftvolles Spiel zu verzichten. Mit den bisherigen Ausführungen sollte gezeigt werden, dass beide Reaktionen, die anerkennende wie auch die entwertende, in Bezug auf Suggias Spiel gleichzeitig auftreten, aber bereits eine Veränderung signalisieren. Es wird noch Jahrzehnte dauern, bis sich neben dem Anspruch, der geschlechtsneutral kraftvolles Spiel von Männern und Frauen erwartet, auch die Anerkennung kraftvollen Spiels von Cellistinnen durchsetzen wird.

Parallel zu einer deutlichen Erweiterung der Ausdrucksmöglichkeiten für Cellistinnen ist der aus dem 19. Jahrhundert stammende Diskurs um das graziöse und elegante Aussehen und das daraus resultierende weibliche Spiel weiterhin präsent und scheint es insbesondere in der Retrospektive zu sein. Suggia sei eine „der wenigen Frauen weltweit, die graziös aussieht, wenn sie das Violoncello spielt“[32], so Landon Ronald. Noch 1949 bemerkte ein Rezensent, ihr Spiel sei „very subtle and feminine, illusive but never indistinct“.[33] Auch Milly Stanfield scheint es 1950 noch wichtig zu sein, dass Suggia bewiesen habe „that the cello could look elegant for women“[34]. Nicht zuletzt bewies Suggia ihre Eleganz und Grazie, indem sie aus Lise Cristianis Performance etwas Entscheidendes übernahm: das „weithinwallende Kleid“[35]. Suggia äußerte sich 1925 in der *Musical Times* über die ihrer Auffassung nach angemessene Abendmode für Cellistinnen:

> „A woman should look a figure of grace and beauty when handling the 'cello [...] She should wear a dress with a wide skirt, which will fall in elegant folds. I have seen women trying to play the 'cello while wearing a short, tight skirt. They looked like monkeys. So ugly.“[36]

Wiederum wird das Kleid, also die Option einer Verkleidung zum Vehikel einer akzeptierten Geschlechtsidentität. Die geforderte weibliche Identität resultiert keineswegs aus der Natur, sondern wird im Sinne Butlers performativ durch das Tragen eines als angemessen empfundenen Kleides hergestellt. Das Konzertkleid kann als Teil einer Inszenierungsstrategie verstanden werden, die man mit Butler und Rivière unter dem Begriff der „Maskerade“[37] fassen könnte. Das Konzertkleid steht für die herausgehobene Inszenierung von Weiblichkeit auf der Bühne, einem Kontext, der im 19. Jahrhundert für Frauen noch überwiegend eine Grenzüberschreitung bedeutete. Das Konzertieren im öffentlichen Raum

32 Sir Landon Ronald, Dirigent, Komponist, Musikpädagoge (1873–1938), zitiert nach Eggebrecht 2007, S. 96.

33 *Scottish Daily Mail*, 25. August 1949.

34 Stanfield, Milly, Obituary: Guilhermina Suggia, in: *The Strad Magazine* 1950, zitiert nach Mercier 2008, S. 152.

35 AMZ 1846, Nr. 17, Sp. 290.

36 *Musical Times* 1925, Nr. 66, S. 249, zitiert nach Mercier 2008, S. 58.

37 Butler 1991; Rivière 1929.

bedeutete eine Aneignung einer Männerdomäne. Dies war Guilhermina Suggia bereits erfolgreich und mit weit weniger Hindernissen als Lise Cristiani gelungen. Trotzdem scheint das Kleid als „Maskerade" im Sinne Rivières[38] notwendig, um die Bedeutung dieses Aktes der Aneignung einer männlichen Sphäre durch die Inszenierung betonter Weiblichkeit abzumildern.

Während bei Cristiani noch vor allem das scheinbar Unschickliche der Haltung am Cello problematisiert wurde, bleibt bis in die zweite Hälfte des 20. Jahrhunderts vor allem die Furcht vor dem Unschönen – und dazu die Schönheit als Gegenbegriff – ein Thema. Auf dem Porträt von Augustus John wird das wortwörtlich „weithinwallende" Kleid mit seiner auffälligen, rubinroten Farbe fast zum Hauptmotiv des Bildes. Die aufrechte Haltung ist ebenfalls Teil von Suggias Konzept der „figure of grace and beauty", welche eine Cellistin abgeben soll – deutlich entlehnt der Diskussion, die schon Junker über die gebeugte und unelegante Haltung beim Cellospiel von Frauen geführt hatte und die im 19. Jahrhundert oft genug karikiert worden war.[39] Suggia spielte mit relativ langem Stachel, was gerade zu Beginn des 20. Jahrhunderts noch eher selten war. Heute spielen viele Cellistinnen und Cellisten mit langem Stachel, insbesondere unter dem Einfluss der russischen Schule. Es ist davon auszugehen, dass Suggia diese Haltung wählte, bei der das Cello flacher gehalten wird, um besonders aufrecht am Cello sitzen zu können und um die Wirkung der Schwerkraft optimal für den Krafteinsatz im Bogen nutzen zu können. Sie nutzte eine leicht veränderte Haltung ganz pragmatisch, um zwei Anforderungen zu erfüllen, die an sie als Frau am Cello besonders gestellt wurden: eine kräftige Tonproduktion und eine aufrechte Haltung. Somit bot diese Haltung für Suggia technische Verbesserungen, aber auch ästhetische Vorteile im Sinne der beschriebenen Vorstellung vom schönen Anblick und wäre sicher ganz im Sinne Junkers gewesen, der bei Cellistinnen vor allem die gebeugte Haltung moniert hatte.

Beim Vergleichen der Kommentare über Suggia entsteht der Eindruck, als ob die Rede von der möglichen Unschicklichkeit aufgrund der Haltung beim Cellospiel, von Schönheit und Eleganz der Künstlerin ab den 1940er Jahren wieder zunimmt, sich sozusagen auf die Diskurse aus dem 19. Jahrhundert rückbezieht, während diese Thematik in den 1920er Jahren tendenziell verschwand. Während in den 1920er Jahren demokratische und rechtliche Reformen eine Veränderung in den Geschlechterbildern bewirken, sind gerade die 1950er Jahre unter dem Einfluss von Faschismus, Krieg und Wiederaufbau geprägt von einem Rückgriff

38 Rivière 1929.

39 Vgl. Junker 1784; vgl. Französische Karikatur von Forest über das Cellospiel von Frauen 1847, abgedruckt in: Seibt, Sophie: Drei Romanzen op. 1, kommentiert von Freia Hoffmann, Lilienthal bei Bremen, Edition Eres.

auf ein Frauenbild, welches der Frau die Funktionen von Haus- und Sorgearbeit und dem Mann die der politischen, beruflichen und öffentlichen Sphäre überträgt. In einer Szene aus *The Living Daylights* verarbeitet der Autor Ian Fleming – Halbbruder der Cellistin Amaryllis Fleming – alle aus der Rezeption Lise Cristianis bekannten Diskurse in Bezug auf Haltung, Eleganz und Unschicklichkeit. Diese Kurzgeschichte wurde 1966 publiziert. Hier beobachtet James Bond in West-Berlin die Musikerinnen eines Damenorchesters. Es tauchen sowohl Suggia als auch Amaryllis Fleming in dieser Geschichte auf. Beim Anblick einer Cellistin mit „long, straight hair, falling to her shoulders [...] like molten gold" ist James Bond irritiert:

> „[There] was something almost indecent in the idea of that bulbous, ungainly instrument between her splayed thighs. Of course Suggia had managed to look elegant, and so did that girl Amaryllis somebody. But they should invent a way for women to play the damned thing side-saddle."[40]

Das „girl Amaryllis somebody" ist Amaryllis Fleming. Obwohl Ian Fleming sie zusammen mit Suggia als die einzigen zwei Cellistinnen würdigt, denen es gelungen sei, elegant auszusehen, verbirgt sich in seiner Formulierung doch eine latente Abwertung, da er Amaryllis nicht einmal ihren Nachnamen zugesteht und den Protagonisten sich an sie als „Mädchen" erinnern lässt. 1966 war Amaryllis Fleming bereits 31 Jahre alt und eine erfolgreiche Künstlerin, also keineswegs irgendein Mädchen am Cello. Dieses Zitat erstaunt, zumal gerade ein Jahr zuvor Jacqueline du Pré ihren spektakulären Erfolg mit dem Elgar-Konzert feierte. Die Cellistin, die Fleming in dieser Szene auftreten lässt, ist an Jacqueline du Prés Physiognomie angelehnt, die mit langen, blonden Haaren auftrat. Fleming entwirft das Bild einer Cellistin mit den stereotypen Attributen des 19. Jahrhunderts und bewirkt damit, dass der Erfolg der neuen Cellistinnen destabilisiert wird, die diese Grenzen überschritten haben und dabei sind, die hinderlichen Diskurse hinfällig werden zu lassen.

Auch du Pré wurde als „Mädchen" wahrgenommen und war es tatsächlich auch einen großen Teil ihrer Karriere, die sie mit Ende 20 beenden musste. Ihre Körperinszenierung war selbstbewusst und befreit, die langen Haare und kurzen Röcke, in denen sie auf Probenfotos häufig zu sehen ist, zeigen sie als junge Frau der 1960er Jahre. Zugleich wurde aber in Bezug auf sie das Bild des „Engels" wirksam, der Natürlichkeit, der Unschuld; Bilder, von denen auch in der Vergangenheit vor allem weibliche Wunderkinder profitiert hatten, weil diese sie der sexualisierenden Sichtweise entzogen, die für erwachsene Frauen auf der Bühne galt. Amaryllis Fleming wird in diesem Zitat unter den „Mädchen" subsumiert,

---

40 Fleming, Ian, Octopussy and The Living Daylights, London 2004, zitiert nach Mercier 2008, S. 5.

was für sie den Verlust ihres Namens und damit einer wirklichen Künstlerinnenidentität nach sich zieht, sie aber vielleicht dem darauffolgenden Blick auf die „gespreizten Beine" der Cellistin entziehen soll. Denn bei der imaginierten Cellistin reicht Eleganz nicht mehr aus. Die Unschicklichkeit oder Unanständigkeit kommt wieder ins Spiel, die nur durch eine andere, frauenspezifische Haltung gelöst werden könne, so Bond bzw. Fleming.[41]

Tatsächlich war diese Haltung des Damensitzes für viele der Cello-Pionierinnen ein wichtiger Schritt zur Akzeptanz gewesen. Zugleich liegt in der Erwähnung des Damensitzes aber auch eine Zurücknahme der 1966 bereits erreichten Möglichkeiten für Cellistinnen. Der Damensitz bedeutet eine Unmöglichkeit der Überwindung geschlechtsspezifischer Bewertungsstrukturen in Bezug auf das Cellospiel von Frauen und Männern, nicht zuletzt weil er ein für Frauen gravierendes Dilemma manifestiert: In dieser Haltung ist es nämlich nicht möglich, auf technisch und interpretatorisch höchstem Niveau zu spielen. Der Damensitz pointiert das Dilemma, welches Erfolgsbiographien von Komponistinnen und Interpretinnen im 19. Jahrhundert in zahlreichen Fällen verhinderte: eine Erfüllung der Anforderungen von Seiten der Künstlerinnen an angemessenes, ‚weibliches' Verhalten – sei es die Haltung am Instrument, die Spielweise und Interpretation oder die Beschränkung auf bestimmte Genres wie Romanzen, Lieder und Salonmusik – verschloss Frauen von vornherein die Tür zu Leistungen, die mit denen von männlichen Künstlern hätten vergleichbar und ebenbürtig sein können.

4.2.2 Ein Frauen- oder ein Männerinstrument?

Eine solche Ebenbürtigkeit der Leistung wurde bereits dadurch verhindert, dass das Cello bis Anfang des 20. Jahrhunderts noch als Männerinstrument galt. Häufig wurde Suggia in der englischen Presse als „lady 'cellist" angekündigt, so z. B. in dieser Ankündigung eines Queen's Hall Orchestra Symphony Concert am 30. Januar 1915:

> „First appearance at these concerts of the Portuguese lady 'cellist, Madame Guilhermina Suggia, who will co-operate with Mr. Maurice Sons in the Brahms' Concerto for violin, 'cello and orchestra."[42]

Dies ist zum einen darauf zurückzuführen, dass im Englischen keine weibliche Form existiert, deutet aber auch darauf hin, dass es sich bei einer Frau am Cello

41 Vgl. ebd.

42 *Gloucester Citizen*, 27. Januar 1915, S. 8.

nach Ansicht der Rezensenten doch immer noch um etwas Besonderes handelt. „'Cello-Players of the highest rank and particularly lady 'cello-players, are scarcer than pianists"[43] kann man auch in einer Rezension von 1926 lesen.

1930 veröffentlichte der Sexualforscher Havelock Ellis[44] ein autobiographisches Buch[45], in welchem ein Abschnitt mit dem Titel „The 'cello a woman's instrument" dem Violoncellospiel von Frauen und Männern gewidmet ist. Suggia wird hier als Beispiel genannt, warum nach Ansicht des Autors, entgegen den üblichen Erwartungen, gerade das Cello ein Fraueninstrument sei. Dieses Zitat ist voller Anspielungen und Bilder:

> „[T]he spectacle of a woman with a violin needs some explanation, and conversely, also, [...] the spectacle of a man with a violoncello causes a corresponding dissatisfaction. It seems the reverse of what one would expect. The smaller instrument, one would unthinkingly say, must be the woman's, the larger one the man's, and when one reaches a monstrosity like the double-bass, so it may be. [...] the 'cellist sits in the attitude of apparent repose which suits a woman. A man usually looks a little akward with a 'cello between his knees, like a man nursing a baby. It appears to demand no exorbitant muscular effort; but to respond to it emotionally is what a man can with difficulty do in the 'cellist's attitude without looking a little ridiculous, although he can triumphantly do so in the violinist's. So it is that most of the famous women who play the violin cultivate a coldly professional air, but not the men; and so also most of the famous men who play the 'cello, but not the women. I realise it afresh this evening as I watch Guilhermina Suggia playing Schumann's rather mysteriously beautiful violoncello concerto. Leaving aside the question of technical achievement, the emotional response to her instrument is more sensitive than a man's can well be. The instrument seems to become part of herself. Her movements are larger and freer, with all the charm of skill combined with instinct; her enraptured Oriental face is lighted with a joyous smile. The vision answers to the music."[46]

Die Sichtweise von Ellis ist charakteristisch für die Wandlungsfähigkeit der Interpretationsmöglichkeiten von Geschlechterbildern. Das Bild von der Cellistin, nicht die Leistung oder die tatsächliche Handlung auf der Bühne, gibt Anlass zu den Assoziationen über geschlechtsspezifische Verhaltensweisen. Das Bild steht im Vordergrund und prägt die Wahrnehmung der erklingenden Musik, auch wenn es im Zitat so dargestellt wird, als ob sich das Bild der Musik angliche: „The vision answers to the music." Insbesondere die „attitude of apparent repose which suits a woman", die Ellis in der Haltung am Cello sieht, erstaunt – hat sie

---

43 *Aberdeen Journal*, 26. Oktober 1926, S. 6.

44 Havelock Ellis (1859–1939).

45 Ellis 1930.

46 Ebd., S. 326f.

doch mit dem tatsächlichen Kraftaufwand und der Anstrengung beim Cellospielen wenig zu tun. Die „Haltung der Ruhe“ erinnert an Aussagen vom Ende des 18. Jahrhunderts wie der von Carl Ludwig Junker: „[D]er Stand des Weibes ist Ruhe“[47]. In dem Zitat von Ellis zeigt sich nun darüber hinaus eine neue und verblüffende Lesart, warum sich das Cello für Frauen eigne. Ellis assoziiert die sitzende Position beim Cellospielen mit dem Bild von Mutter und Kind und findet es deswegen unpassend, einen Mann mit dem Cello zwischen den Knien zu sehen, genauso unpassend oder merkwürdig, wie ihm ein Mann erscheint, der ein Kind im Arm hält oder gar stillt.

Die in diesem Zitat artikulierten Geschlechterstereotypen stimmen mit den polarisierten Geschlechterbildern des 19. Jahrhunderts überein. Die Transformation zugunsten einer Cellistin erfolgt in der Verschiebung der Perspektive auf einen neuen Aspekt, der nämlich mit den Eigenschaften, die mit Weiblichkeit assoziiert werden, verträglich erscheint: die Szene von der Mutter mit Kind. Zu diesen Eigenschaften von Weiblichkeit gehört auch der Ausdruck von Gefühlen, den Ellis in Suggias Interpretation und Performance sieht, man denke an die Kategorie der empfindsamen Frau.[48] Des Weiteren ist im Sinne des Transformationsgedankens eine neue Bewertung der Körperbewegungen im obigen Zitat bemerkenswert. Die „größeren und freieren Bewegungen“ werden hervorgehoben und stehen im Kontrast zu der zuvor beschriebenen Haltung der Ruhe sowie auch zu der bewegungsökonomischen Spielweise, die im 19. Jahrhundert besonders von Frauen erwartet wurde. Hier wird ein neues Körperbewusstsein artikuliert, welches in die Reformbewegungen seit der Jahrhundertwende einzuordnen ist und sich von den körper- und bewegungsfeindlichen Diskursen des 19. Jahrhunderts absetzt.

4.2.3 Muse, Königin, Göttin und Diva

In einem Artikel in *Country Life* wird das Cello ebenfalls am Beispiel Suggias zum Fraueninstrument stilisiert, der Autor beruft sich dazu auf Ellis:

> „HAVELOCK ELLIS says somewhere, if I remember aright that the violoncello is a woman's instrument.“[49]

---

47 Junker 1784, S. 92; vgl. Kap. 1 sowie 2.1 und 3.2.

48 Siehe Kap. 2.

49 Wortham, H. E.: The Suggia Concerts, in: *Country Life*, 26. November 1927, S. 768.

Im Folgenden geht der Autor dazu über, vor allem Suggias außerordentliche Leistung hervorzuheben, die es seiner Ansicht nach ermögliche, dass das Cello als Fraueninstrument wahrgenommen werde:

> „The fact is that the 'cello reveals its nature to very few, either men or women, and that if Suggia, by the force of her personality, is able to convince us that the 'cello takes kindly to the regimen of women, it is only that she works one miracle more. Her recent recitals at the Wigmore Hall have proved, that her mastery is as great as ever. There are few artists to whom technique becomes the transcendental thing that it does to Suggia."[50]

Suggia allein, so der Rezensent, sei in der Lage, das Publikum zu überzeugen, dass das „Cello sanft in das Regiment der Frauen übergehe", und das ist nicht weniger als ein Wunder. Sie wird zu einer Art Zauberin mit überirdischen, transzendentalen Kräften und dadurch kann das Cello zu einem ‚Fraueninstrument' werden. Dagegen wirkt der halbherzige Bezug auf Ellis' Argumentation wenig überzeugend, mit der eine veränderte Sichtweise auf die Rollenverteilung zwischen Männern und Frauen angedeutet wird. Letztendlich ist es aus der Sicht dieses Autors allein Suggia als Ausnahmegestalt mit quasi übermenschlichen Kräften, die hier eine Transformation erreicht.

Auch andere Rezensenten verwenden das Bild von der Cellistin mit übermenschlichen Kräften, so heißt es in einer Kritik: „the alchemy of her bow and fingers".[51] Hier spielt zum einen das Bild der „übermenschlichen Frau", der göttlichen Diva[52], aber auch der Zauberin oder Hexe mit herein, welches impliziert, dass außergewöhnlich kreative oder geniale Frauen keine normalen menschlichen Wesen sein könnten. Zugleich wird auch die Vorstellung vom Interpreten als Magier oder Zauberer wirksam, der durch seine Virtuosität und Technik, die dem Laien wie ein Wunder erscheinen muss, das Publikum verzaubert.

Während Sängerinnen diese Rolle im 19. Jahrhundert bereits zugesprochen wurde, war sie in Bezug auf die Instrumentalmusik tatsächlich eher männlichen Bühnenkünstlern vorbehalten, wie z. B. Paganini oder Liszt. Von Instrumentalistinnen wurde vielmehr Natürlichkeit, Reinheit, Zartheit – Tribute an die bürgerlichen Weiblichkeitsbilder – gefordert, wie in dieser Untersuchung in Bezug auf die Cellistin Lise Cristiani herausgearbeitet wurde. Die Rolle des Interpreten, der das Publikum verzaubert, beinhaltet ein Zugeständnis von Macht an die Person auf der Bühne, die mit der Vorstellung von weiblicher Passivität und Sanftmut nicht besonders verträglich war. Da Passivität und aktive Kunstausübung auf der Bühne sich aber ausschließen, machte Cristiani Kompromisse in

---

50 Ebd.

51 Ebd.

52 Vgl. Grotjahn/Schmidt/Seedorf 2011; vgl. Bronfen/Straumann 2002.

Bezug auf ihre Selbstinszenierung, indem sie sich stets als sanfte, gefühlvolle und elegante Dame präsentierte. Sie wurde mit musizierenden Engelsbildern und Musen assoziiert, die übermenschliche Wesen sind, nicht aber zu aktivem oder gar machtvollem Handeln befähigt. Insbesondere die Muse hat als Pendant zum Bild vom männlichen Künstler als Heroen oder Genie eine passiv-inspirierende Rolle inne, die sich nicht mit aktiver Kreativität verträgt.[53] In einer „différance"-orientierten Lesart bringt das Bild vom männlichen Genie oder Helden die weibliche Muse sozusagen als Opposition oder als polarisierten, komplementären Gegenbegriff hervor. Die Bilder von der heiligen Cäcilie und beispielsweise „Apollos Priesterin"[54] eröffneten für Cristiani schon einen größeren Transformationsspielraum. Suggia hingegen kann sich bereits dem Bild der Muse entziehen. Sie ist stets aktive Hauptperson des Geschehens, was auch mit der neuen Konzertform – den Solokonzerten mit großem Sinfonieorchester – zu tun haben mag. Häufig wurde Suggia als Cello-Königin bezeichnet, so auch in einer Kritik von 1949, ein Jahr vor ihrem Tod:

> „Suggia, queen of 'cellists, gave the outstanding personal recital of the Festival at the Freemasons' Hall last evening."[55]

Die Königin ist eine Mischung aus den zuvor angesprochenen Bildern. Dieses Bild impliziert Einzigartigkeit und bereits gelungene Erfolgsbiographie, es markiert ihre Überlegenheit und integriert ihre Rolle als Frau, allerdings als herausragende Ausnahme unter allen anderen Frauen. Es ist ein weibliches Heldenbild, eine Anerkennung und Separation in eine spezifisch weibliche Erfolgsbiographie zugleich, wenn man davon ausgeht, dass neben der Königin stets auch ein König mächtig ist. In der Zeit, in der Suggia zur Königin des Cellospiels gekrönt wurde, am Ende ihres Lebens und ihrer Karriere, hatte sich in den 1950er Jahren für die Mehrheit der Frauen die Orientierung an der Mutter- und Hausfrauenrolle durchgesetzt. Auch im deutschen Nationalsozialismus und im Faschismus anderer europäischer Länder wurden Frauen vor allem als Mütter gesehen. Zugleich aber gab es in den faschistischen und diktatorischen Systemen und während des Zweiten Weltkrieges immer wieder einige wenige Ausnahmefrauen, um die ein regelrechter Starkult betrieben wurde. Sie wurden als Sondererscheinungen und nicht etwa als Vorbild für eine allgemein erreichbare Frauenrolle von der Öffentlichkeit bewundert und zu Heldinnen oder Stars gemacht, wie beispielsweise Marlene Dietrich (1901–1992) oder Leni Riefenstahl (1902–2003).

53 Vgl. Unseld 2010, S. 92.

54 Ohne Verfasser: An Lise Cristiani, in: *Signale* 1845, 3. Jg., Nr. 52, Dezember 1845, S. 413, siehe Kap. 3.2.

55 *Scottish Daily Mail*, 25. August 1949.

Anita Mercier bemerkte während ihrer Forschung über Suggia einen interessanten Widerspruch zwischen einer Wahrnehmung der Cellistin als extravaganter Diva, wie sie vor allem retrospektiv festzustellen ist, und einem anderen, persönlicheren und differenzierten Bild von Guilhermina Suggia als Person und Künstlerin:

> „In poring over Suggia's letters and other writings, I have often been struck by the distance between the exotic diva of legend and the woman before me. The voice I heard was intelligent, warm, and generous; it portrayed an enormously dedicated, knowledgeable and self-disciplined artist. I was also struck by the deep respect and affection for Suggia expressed by nearly everyone who knew her."[56]

Mercier geht davon aus, dass das berühmte Porträt von Augustus John eine Art „zweischneidiges Schwert" für die Rezeption der Cellistin gewesen sei:

> „[T]he portrait is partially responsible for Suggia's reputation as a flamboyant diva."[57]

Bei der genaueren Betrachtung des Weiblichkeitsbildes der Diva rückt die historische Bedeutung der Sängerinnen für die Konstruktion von Weiblichkeitsbildern, welche für Instrumentalistinnen gültig werden, in den Blick. Sängerinnen sind in der Musikgeschichte die ersten Diven, die ersten Frauen, denen eine aktive und erfolgreiche künstlerische Berufstätigkeit zugestanden wurde. Grotjahn, Schmidt und Seedorf schreiben in ihrer Untersuchung über das Phänomen „Diva"[58] über eine der Diven-Rezeption inhärente ambivalente Bewertungsstruktur herausragender künstlerischer Leistung von Frauen:

> „Die gleichzeitige Vergöttlichung und Verachtung der Sängerin führt den bereits seit dem Mittelalter nachweisbaren literarischen Topos von der unkontrollierbaren erotischen Macht ‚der' Frau weiter, der sich mit der schon in der Antike beobachteten Gepflogenheit verbindet, Eigenschaften der Kurtisane beziehungsweise Hure auf die Bühnenkünstlerin zu übertragen. [...] Im Kontext des Geschlechterdiskurses des 19. Jahrhunderts bekommen diese Motive eine neue Funktion: Die vergötterte und zugleich verachtete ‚Diva' spiegelt die Ambivalenz des bürgerlichen Frauenideals, das durch in der Öffentlichkeit agierende ‚starke' und sowohl erotisch als auch ökonomisch selbstständige Bühnenkünstlerinnen konterkariert wurde."[59]

Der Diven-Begriff beziehe sich „auf einen bestimmten Künstlerinnentypus [...], der sich durch Exzentrik und durch die Neigung zur fortwährenden Selbstinsze-

---

56 Mercier 2008, Preface, o. S.

57 Ebd., S. 58.

58 Grotjahn/Schmidt/Seedorf 2011.

59 Grotjahn/Schmidt/Seedorf: Einleitung, in: Grotjahn/Schmidt/Seedorf 2011, S. 7–18, hier S. 12f.

nierung auszeichnet und bei dem Grenzen zwischen Theater und Privatleben kaum zu ziehen sind“[60]. Grotjahn, Schmidt und Seedorf sehen „die Diva als ebenso exzentrische wie überempfindliche Person“[61] sowie als „Phänomen der populären Kultur“[62], die sich im 19. Jahrhundert herausbildet. Die Bezeichnung ‚Diva‘ ist weniger die Beschreibung einer Künstlerinnenpersönlichkeit als ein Begriff für eine (Selbst-)Inszenierung, für ein performativ-diskursiv hergestelltes Weiblichkeitsbild. Hans-Otto Hügel nennt mehrere Aspekte, die er als charakteristisch für Selbstpräsentation und Rezeption sogenannter Diven ansieht und die er anhand der Biographie Sarah Bernhardts herausarbeitet. Davon sollen hier vier Stichwörter herausgegriffen werden: „Leidenschaft“, „Wille“, „Unberührbarkeit und Objektivität im Künstlerischen“ und „Selbsthelfer“.[63] Guilhermina Suggia erfüllt viele dieser Aspekte: Sie ist selbstständig, unabhängig, sie spielt leidenschaftlich und emotional, gilt als temperamentvoll und wird für ihre objektive künstlerische Leistung anerkannt. Diese Leistung ist Ergebnis von Wille, Disziplin und Arbeit an der Musik, im Dienste der Musik, ohne „Abkürzung“[64], um Suggias Formulierung aus einem ihrer Artikel zu verwenden:

> „There is no short road to the making of a great artist. It can only be attained by great patience, real hard work and love for the instrument […].“[65]

Dieser Rekurs auf die harte Arbeit widerspricht dem Bild von der übermenschlichen Diva und ist ihm doch zugleich inhärent, „angesprochen ist hier das Einmalige, Unverwechselbare, Unnachahmliche“[66]. Dieses „Unnachahmliche“ erreicht die Diva durch eine disziplinierte Vervollkommnung ihrer Fähigkeiten, auf der Grundlage eines überragenden Talentes, einmalig wird es durch die Persönlichkeit, die Inszenierung ihrer Person und ihres Körpers. Dabei wird dieser Körper der ‚Instrumentalistin-als-Diva‘ zum Spiegel für in der Gesellschaft und der jeweiligen Zeit präsente Weiblichkeitsbilder und ihre Gegenbegriffe. So kann die Betonung der Leistung zu einem Bild von einer Künstlerin als Wesen mit übermenschlichen Fähigkeiten beitragen. Wird Leistung im Sinne von Disziplin und harter Arbeit polarisiert zu der Vorstellung von ‚wahrem Genie‘ oder Talent verstanden, dann beinhaltet diese Argumentation eine Entwertung der

60 Ebd., S. 9.

61 Ebd., S. 7.

62 Ebd.

63 Hügel 2011, S. 41ff.

64 Suggia 1921b, S. 133.

65 Ebd.

66 Risi 2011, S. 200.

künstlerischen Leistungen erfolgreicher Frauen. So schrieb Čechov 1881 über Sarah Bernhardt:

> „Ihr gesamtes Spiel ist nicht durchdrungen von Talent, sondern von einer gigantischen, mächtigen Arbeit. [...] Nicht die geringste Kleinigkeit, [...] die nicht hundertmal das Fegefeuer dieser Arbeit durchlaufen hätte.“[67]

Die Integration der außergewöhnlichen Leistung in das Konzept von der bewunderten Diva kann auch eine sehr machtvolle Position konfigurieren. Diese wiederum überschreitet Geschlechtergrenzen: Wille, Stärke, Leidenschaft und Einzigartigkeit lassen die Diva zu einer weiblichen Heldin werden, deren Person und deren Leistung nicht mehr innerhalb der normativ festgelegten Geschlechtergrenzen der jeweiligen Zeit zu fassen ist. Ähnlich wie bei den Kastratenstimmen führt eine Destabilisierung der Geschlechterbilder, eine gewisse Androgynität in der Performance zu einem der Realität enthobenen Bild. Im Falle der Diva der 1920er Jahre, die unter dem Einfluss der Bilder von der sogenannten neuen und der modernen Frau steht, gelingt es, Androgynität und Erotik miteinander zu verbinden. Das Androgyne wird erotisch, das Erotische machtvoll und zu einer möglichen Subjektposition. So kann ein Kritiker 1927 bemerken:

> „One would call Guilhermina Suggia a master rather than a mistress of her instrument. When she plays, the spirit of her violoncello renders tribute – does obeisance.“[68]

Aber nicht nur der männliche, machtvolle Part wird der Instrumentalistin hier zugestanden, sondern auch ein ausgleichender, ergänzender Anteil. Dieser wird hier nicht mit Weiblichkeit, sondern mit Künstlertum assoziiert:

> „But she is too much of an artist to use her power for tyranny. She knows when to yield to its persuasive tone of voice, and when to take charge of its intractability. The result is a very happy and productive alliance of two uneasy temperaments.“[69]

In der Integration dieser ungleichen „Temperamente“ wird die Cellistin als Diva zum androgynen, übermenschlichen Wesen. Die Inszenierung zur Diva enthält also eine Überwindung polarisierter Geschlechterbilder. Dies kann allerdings als Bedrohung für normativ gesetzte Rollenverteilungen zwischen den Geschlechtern empfunden werden, denn gerade die „Polarisierung der ‚Geschlechtscharaktere‘“[70] dient der Strukturierung, Orientierung und Stabilisierung in Pha-

---

67 Čechov 2004, S. 21, hier zitiert nach Blank, Claudia: Meisterinnen der Selbstinszenierung. Beispiele weiblicher Tanz- und Schauspielstars im 19. und frühen 20. Jahrhundert, in: Grotjahn/Schmidt/Seedorf 2011, S. 58–73, hier S. 63.

68 *Morning Post*, 4. November 1927, zitiert nach Mercier 2007.

69 Ebd.

70 Hausen 1976.

sen gesellschaftlicher Verunsicherung. Für Instrumentalkünstlerinnen wie Guilhermina Suggia birgt das an sie herangetragene und auch selbstinszenierte Bild der Diva eine Gefahr. Diese Gefahr besteht in der retrospektiven Betonung der Diven-Inszenierung, die kein Bild über die individuelle Künstlerin abgibt, vielmehr dazu dient, die Leistung der Künstlerin zu diskreditieren. So wird vom Casals-Biographen Baldock vor allem die Exzentrik der Diva hervorgehoben, um Suggia und Casals polarisiert als zwei gegensätzliche Charaktere darzustellen:

> „Man hätte sich keine gegensätzlicheren Persönlichkeiten vorstellen können. Die Suggia war ein Vulkan, launenhaft und leichtlebig. Casals war ordnungsliebend, diszipliniert und ernsthaft."[71]

Dabei fällt Suggia nur der exzentrische Part zu, während Casals der Aspekt der professionellen Arbeit zugeschrieben wird. Das, was die Diva in ihrem Selbstkonzept zu vereinen suchte, wird hier aufgeteilt in komplementäre Charaktere, in eine Künstlerin und einen Künstler. Suggia werden Eigenschaften zugeschrieben, mit denen allein sich keine ernstzunehmende Kunst produzieren ließe. Sie wird als Frau auf mehr oder weniger negative Persönlichkeitsmerkmale und einen Lebensstil reduziert, während Casals Wesenszüge attestiert werden, die von einem Künstler erwartet werden und notwendig sind, um eine hervorragende künstlerische Leistung hervorzubringen.

Der Pianist Gerald Moore, der häufig mit Suggia konzertierte, erwähnt sie in seinen 1962 erschienenen Memoiren[72]:

> „Ihre auffallende Erscheinung machte einen kühnen, romantischen, farbenfrohen Eindruck. Ihr Spiel wirkte überzeugend tief und leidenschaftlich, aber das Gegenteil war der Fall: Es war berechnet, korrekt, klassisch und – ihrem Charakter entsprechend – undifferenziert. Sie war weit entfernt davon, die feurige Primadonna zu sein, als die sie auftrat."[73]

Moore behauptet, Suggias Leidenschaftlichkeit sei nur Attitüde und somit unecht. Er entwertet nicht nur ihre Fähigkeit, diszipliniert zu arbeiten, als „berechnet, korrekt, klassisch", sondern disqualifiziert ihr Spiel als „undifferenziert", mit der Begründung, dies entspringe ihrem Charakter. Der Aspekt der disziplinierten Arbeit, die für ein Musizieren auf höchstem Niveau notwendig ist und der als ausschlaggebendes Merkmal der Einzigartigkeit einer Künstlerin anhand des Diven-Konzeptes herausgearbeitet wurde, wird hier nur noch als Entwertung

71 Baldock 1994, S. 87.
72 Moore 1962.
73 Ebd., S. 112; vgl. Eggebrecht 2007, S. 96.

verwendet. Baldock hebt an Casals dessen „Diszipliniertheit" als positiven Charakterzug hervor, der „ernsthaftes" Musizieren ermögliche. Damit entsteht eine Bewertung des künstlerischen Potentials dieses Künstlerpaares, die eindeutig zu Ungunsten Suggias ausfällt. Suggia kann aus der Entwertungsstruktur dieser Argumentationen nur als Verliererin hervorgehen. Für sie als Künstlerin scheint es keinen Weg zu geben, dieser Entwertung durch stereotype Wiederholung von aus der Vergangenheit nur zu bekannten Weiblichkeitsbildern zu entkommen. Sie wird zur „launenhaften" Diva und „leidenschaftlichen" Primadonna stilisiert, das entscheidende Merkmale der anerkannten Künstlerin fehlen: Diszipliniertheit und Ernsthaftigkeit. Während Casals als männlichem Künstler zugestanden wird, dass künstlerische Höchstleistung und der als echt empfundene Ausdruck von Gefühlen in der Musik gerade durch Diszipliniertheit und „Berechnung", durch Reflexion des Instrumentalspiels erzeugt wird, scheint das für Suggia als Künstlerin nicht zu gelten: Ihr wird ein Mangel an „Echtheit" vorgeworfen. Und zugleich sei ihre Inszenierung, obwohl „berechnet", letztendlich nicht von einer Perfektion anstrebenden, disziplinierten Kontrolliertheit bestimmt. Die Mangelhaftigkeit ihres Spiels wird aus der Mangelhaftigkeit ihres Charakters abgeleitet. Die Verwendung des Diven-Bildes zielt hier auf eine Entwertung, welche die Randposition, die Suggia von dieser Form der Musikgeschichtsschreibung zugeschrieben wird, zugleich begründet und manifestiert.

4.2.4 Interpretation

1908 hebt ein Rezensent explizit Suggias expressive Interpretation und ihre Virtuosität hervor:

> „Mme Casals-Suggia finished the concert with the Dvořák Concerto. Her expressive interpretation and prodigious virtuosity aroused the enthusiasm of the entire hall."[74]

Erinnert man sich an Lise Cristiani, so wird deutlich, dass in dieser Rezension über Suggia, etwa 60 Jahre später, genau zwei Aspekte des Cellospiels hervorgehoben werden, die für Cristiani einen Konflikt mit den Weiblichkeitsbildern der bürgerlichen Kultur bedeutet hatten: Expressivität und Virtuosität. Zwar wurde Cristiani gefühlvolles Spiel zugestanden, allzu leidenschaftliches Spiel war jedoch für eine Frau als unangebracht empfunden worden. Deswegen hatte Cristiani sich in ihrer Repertoireauswahl vorwiegend auf melodiöse Stücke in gemäßigtem Tempo beschränkt.

74 *Le Monde Musical*, 15. März 1908 (CMM), zitiert nach Mercier 2008, S. 21.

Im Begriff der Expressivität liegt zum einen eine Fortführung der Empfindsamkeit, zum anderen eine Überschreitung der Grenzen, in denen sich die Ausdrucksmöglichkeiten dieser Empfindsamkeit zu bewegen hatten. Die Steigerung, welche die Expressivität im Vergleich zur Empfindsamkeit erfährt, liegt im Moment der Leidenschaft. Die Selbstinszenierung der Diva integriert Leidenschaft, sowohl im Sinne von musikalisch-künstlerischem Ausdruck als auch im Sinne von Temperament, in einem befreiten, exaltierten Lebensstil sowie in Dramatik in der Interaktion, auf der Bühne und abseits der Bühne. Diese Leidenschaft generiert sich aus dem Topos des Leides und kumuliert zugleich darin: So erfahre „die Diva im Leid ihre Apotheose“[75], argumentieren Bronfen und Straumann. Die Leidenschaft wird zum Ursprungsmoment für eine Inszenierung, die an die Grenzen gehen soll. Während es für die zeitgenössische Presse noch „die zarteren Gefühle“[76] waren, denen die Cellistin Lise Cristiani Ausdruck verleihen konnte, so beinhaltet das expressive Spiel, das Guilhermina Suggia zugeschrieben wird, bereits eine viel größere Bandbreite an in Musik ausgedrückten Gefühlen. Ganz verschwunden ist das Ideal von der kontrollierten Empfindsamkeit aber noch nicht, wie es in dem Vorwurf, Suggia spiele manchmal sogar zu emotional, deutlich wird.[77]

Anita Mercier stellte fest, dass insbesondere der jungen Guilhermina Suggia von Rezensenten eine gewisse Überschwänglichkeit, ein Hang zu sehr emotionalem Spiel manchmal auf Kosten von instrumentaltechnischer Beherrschung sowie ein theatralischer, übertriebener Ausdruckswille nachgesagt wurde, dass solche Äußerungen aber im Laufe der 1920er Jahre weniger wurden und schließlich ganz verschwanden.[78] Dies kann zum einen mit einer Veränderung von Suggias Spiel zu tun haben. Es ist nicht ungewöhnlich, dass sehr junge Interpretinnen und Interpreten zu Beginn ihrer Musikerlaufbahn an die interpretatorischen Grenzen des Ausdrucks gehen wollen. Dies kann als eine in die Adoleszenz passende Phase des Experimentierens mit starken Gefühlen und als die Möglichkeit, diese Emotionen auf dem Instrument auszudrücken, interpretiert werden. Zum anderen ist es möglich, dass ab den 1920er Jahren dieses vormals als zu emotional empfundene Spiel, insbesondere von einer Frau, nun korrespondierend mit dem in der Gesellschaft präsenten Bild von der ‚neuen‘ und ‚befreiten‘ Frau als genau angemessen ausdrucksvoll empfunden wurde. Ein Rezensent widmet sich diesem Thema des „zu emotionalen“ Spiels ausführlich und legt

75 Bronfen 2002a, S. 47.

76 BMZ 1845, 2. Jg., Nr. 50, zitiert nach Hoffmann/Timmermann 2013, S. 164.

77 St. John, Christopher: Madame Suggia and Others, in: *Time and Tide*, 5. November 1920, S. 529 (CMM); vgl. Mercier 2008, S. 38.

78 Mercier 2008, S. 38.

eine Vorstellung von gelungener Interpretation dar, in der genau diese Emotionalität Platz hat:

> „I believe that it is urged against this beautiful artist as a fault that she is ‚too emotional'. Certainly if your ideal of interpretation of music is one in which the personality of the interpreter is not obtrusive Suggia does not fulfill it. She does not leave you to judge whether she has hit on the right expression of a phrase, but tells you that she *knows* she has, with her face and gesture. As I always feel she is right I do not rebel against this arrogance. [...] It is characteristic of Suggia to take risks. She never plays for safety, [...] she will sometimes go further than even her splendid technique can follow. There were moments in the Brahms's Sonata when a note was not perfectly in tune. Those were moments when Suggia was being most recklessly generous in her outpouring of spiritual energy. [...] [T]he motive which led to the slight imperfection was in itself a great thing."[79]

Die Cellistin trete nicht hinter dem Werk zurück, so der Rezensent, und damit steht sie wieder in der Tradition der Diven:

> „wenn sie Repertoire-Stücke spielen, treten sie gerade nicht dienend hinter das Werk zurück, wie es als Ideal der Interpretation durchaus auch gefordert wird"[80].

Die Diven sind also eher Selbstdarstellerinnen als Interpretinnen, damit wiederum verbunden mit dem Bild vom Virtuosen im 19. Jahrhundert, der als Persönlichkeit im Vordergrund stand, unabhängig davon, ob er seine eigenen Kompositionen oder Repertoirewerke präsentierte. Auch von einer neuen Selbstbestimmtheit erzählt der zitierte Presseausschnitt, die Suggia in ihren interpretatorischen Entscheidungen zeigte und die zum Selbstverständnis der ‚neuen Frauen' gehörte. Drei Aspekte lassen sich aus dieser Beschreibung als Charakteristika einer neuen, sehr selbstbewussten Performance der Cellistin Guilhermina Suggia herauslesen:

1. Leidenschaftliches und emotionales Spiel, das zum Ziel hat, zu bewegen, zu berühren und zu begeistern. Dieses Spiel nimmt Risiko in Kauf und bewegt sich aus einer sicheren Zone der emotionalen und technischen Kontrolle heraus. Dies bedeutet eine Erweiterung der Grenzen von instrumentalen und musikalischen Ausdrucksmöglichkeiten.

---

79 St. John, Christopher: Madame Suggia and Others, in: *Time and Tide*, 5. November 1920, S. 529 (CMM), zitiert nach Mercier 2008, S. 38.

80 Grotjahn/Schmidt/Seedorf: Einleitung, in: Grotjahn/Schmidt/Seedorf 2011, S. 7–18, hier S. 13f.

2. Suggias Spielweise und Bühnenpräsenz war geprägt von ihrer Persönlichkeit, nicht von dem Ziel, Musik als objektivierte, abstrakte und von der Person der Interpretin abzulösende Kunst darzustellen. Dies haben Kritiker immer wieder anerkennend als gelungen hervorgehoben.
3. Suggias Spielweise basierte auf der Annahme, dass Körper und Instrument im Zusammenspiel Musik erzeugen und dass Kommunikation zwischen Künstlerin und Publikum sich nicht nur durch das Werk oder den Klang des Instrumentes allein, sondern durch die körperliche Präsenz der Interpretin, durch eine sich jedes Mal wieder neu formierende Körper-Performance herstellen lässt. Diese stark körperliche Ausrichtung der Spielweise und der Bühnenperformance löst sich von der Idealisierung des unbewegten Körpers, insbesondere des Frauenkörpers, wie sie im 19. Jahrhundert vorherrschte. Suggia selbst soll gesagt haben, auf der Bühne gehe es darum, mit dem ganzen Körper zu kommunizieren, nicht nur mit dem Cello.[81]

4.2.5 Repertoire

> „But in all sobriety of judgment, one does gain a new sense of the sheer beauty of musical sound by listening to Suggia playing an unaccompanied suite of Bach's."[82]
>
> H. E. Wortham

Guilhermina Suggias Repertoire weist keinerlei Kompromisse in Bezug auf eine geschlechtsspezifische Auswahl der Stücke auf, wie es noch bei Lise Cristiani der Fall gewesen war. Auch gibt es kein Genre, auf das sie sich besonders spezialisiert hätte, sie spielte ein relativ breites Solistenrepertoire, bestehend aus den Konzerten von Dvořák, Elgar, Lalo, Haydn, Schumann, Saint-Saëns, d'Albert und anderen. Virtuose Barocksonaten von Valentini, Boccherini, Locatelli und Sammartini waren häufig Teil ihrer Rezital-Programme sowie zahlreiche kürzere (Virtuosen-)Stücke, aber ebenso alle Sonaten von Beethoven und Brahms sowie weitere Sonaten von Franck, Mendelssohn, Rachmaninow, Debussy; außerdem waren die Solosuiten von Bach Teil ihres Repertoires.[83] Uraufführungen und zeitgenössische Musik spielten für Suggia eine weniger wichtige Rolle als beispielsweise für ihre Kollegin Beatrice Harrison, die zahlreiche Uraufführungen spielte.

---

81 Vgl. Mercier 2007.

82 Wortham, H. E.: The Suggia Concerts, in: *Country Life*, 26. November 1927, S. 768.

83 Insbesondere die Suiten 1, 3 und 4, vgl. Mercier 2008, S. 101.

Suggia sei hin und wieder für die Auswahl von „light repertoire“ kritisiert worden, allerdings hätten die Rezensenten zugleich immer die Technik der Cellistin voller Anerkennung und Bewunderung hervorgehoben,[84] schreibt Anita Mercier. Unter „light repertoire“ lassen sich vor allem kürzere Stücke, Bearbeitungen, virtuose Barocksonaten und eingängigere Musik subsumieren, es handelt sich weniger um technisch anspruchslose Stücke als um solche, die beim Publikum für Bravour sorgten. Es ist denkbar, dass Suggia als Künstlerin, die vor der Jahrhundertwende geboren wurde, hin und wieder Programme in Anlehnung an die Mode des ausgehenden 19. Jahrhunderts gestaltete, auch wenn sie bereits eindeutig den neuen Solistentypus des 20. Jahrhunderts repräsentierte. Hier vermischen sich mehrere Phänomene: zum einen die Erweiterungen des Cellorepertoires durch zahlreiche neue Kompositionen aus der zweiten Hälfte des 19. Jahrhunderts und durch die Wiederentdeckung von Bachs Musik, zunächst durch Mendelssohn, dann in Bezug auf die *Suiten* für Violoncello solo durch Casals; des Weiteren ein sich verändernder Publikumsgeschmack, der die zahlreichen Virtuosen- und Salonkompositionen des 19. Jahrhunderts in den Hintergrund treten ließ. Nicht zuletzt löst sich auch die Vorstellung von einem spezifischen Frauenrepertoire auf, welches den Weiblichkeitsbildern und Lebensentwürfen von Frauen des 19. Jahrhunderts insofern Tribut gezollt hatte, als es sich auf Romanzen und Lieder, auf kleinere, leichtere, anspruchslosere und unterhaltsame Stücke hatte beschränken sollen. Möglich ist aber, dass sowohl in Suggias vermeintlich „leichtem Repertoire“ sowie in dieser Kritik der Rezensenten an der Werkauswahl einer Frau ein Rest dieses Diskurses um ein frauenspezifisches Repertoire anklingt.

Die *Sechs Suiten für Violoncello solo* von J. S. Bach nehmen eine Sonderstellung im Repertoire von Cellistinnen und Cellisten ein. Nach Bachs Tod wurden sie nahezu vergessen, im 19. Jahrhundert wurden sie, wenn überhaupt, zu Studienzwecken verwendet. Erst durch Pablo Casals wurden sie zu Beginn des 20. Jahrhunderts wiederentdeckt und in das Cello-Repertoire integriert. Casals berichtet in seiner Autobiographie über die Erfahrung, die er mit diesen Stücken machte:

> „Ich war damals dreizehn Jahre alt, aber die folgenden achtzig Jahre hat sich mein Staunen über diese Entdeckung nur noch vergrößert. Die Suiten eröffneten mir eine ganz neue Welt [...] sie wurden meine Lieblingsstücke [...] Sie sind die Quintessenz von Bachs Schaffen, und Bach selbst ist die Quintessenz aller Musik.“[85]

Heute zählen die Suiten zum Kanon der Cello-Literatur. Für die Ausbildung und das Selbstverständnis von Cellistinnen und Cellisten sind sie zentral, dürfen

84 Ebd., S. 102.
85 Casals/Kahn 1971, S. 37.

in keinem Prüfungs- und Wettbewerbsprogramm fehlen. Sie gelten als hochanspruchsvoll, musikalisch wie technisch, und bieten für jede neue Cello-Generation wieder neue Herausforderungen, fordern Auseinandersetzung mit dem Urtext, mit den erhaltenen Handschriften[86], mit einer historisch-informierten Spielweise und Interpretation. Für die Musikwelt des 19. Jahrhunderts erschienen diese Stücke, trotz der spektakulären Wiederentdeckung von Bachs Musik durch Mendelssohn, als Rätsel. Robert Schumann komponierte für die 3. Suite in C-Dur eine Klavierbegleitung. Bearbeitungen von Werken Bachs sind im frühen 20. Jahrhundert von Komponisten wie Webern, Busoni, Schönberg und Kodály angefertigt worden. Schumanns Satz für Cello und Klavier kann als eine romantische Bach-Bearbeitung, aber auch als harmonische Lehrkomposition verstanden werden. In der Klavierbegleitung wird die von Bach häufig einstimmig gesetzte, nur angedeutet polyphone Musik auskomponiert, gewissermaßen erklärt. Dies zeigt wiederum, wie wenig selbstverständlich diese vielfach als abstrakt wahrgenommene Musik für die Hörgewohnheiten des 19. und frühen 20. Jahrhunderts war. Es ist demnach geradezu als revolutionär und keineswegs selbstverständlich anzusehen, dass Casals und Suggia die Suiten in ihre Konzertprogramme aufnahmen. Suggia teilte Casals' Begeisterung für diese neuen, besonderen Stücke und konnte diese Begeisterung an das Publikum weitergeben:

> „It was Casals who first showed that an audience could be fired with enthusiasm by unaccompanied 'cello playing, by that of the Bach suites in particular, and Suggia scores her greatest success exactly where Casals won his."[87]

Vor dem zuvor skizzierten Hintergrund der Geschichte der Bach-Suiten erhält die Anerkennung, welche Suggia für ihre Interpretation dieser Suiten in der Presse erfuhr, besonderes Gewicht. Heute haben Interpretinnen und Interpreten zu beweisen, dass sie diesen hochgeschätzten Stücken gerecht werden, Suggia und Casals dagegen mussten Publikum und Kritik vermitteln, dass diese Stücke es wert waren, überhaupt gespielt zu werden. Die Skepsis den Stücken gegenüber bleibt in folgender Bemerkung bestehen, vorherrschend ist aber die Bewunderung von Suggias Leistung:

> „But perhaps Bach is not for all, even when transmuted by the alchemy of her bow and fingers."[88]

---

86 Bachs Handschrift der Suiten ging verloren. Die älteste Abschrift ist die seiner Frau Anna Magdalena Bach; vgl. Urtext und Faksimile-Ausgabe des Bärenreiter-Verlages: *Bach, Johann Sebastian: 6 Suites a Violoncello Solo senza Basso* BWV 1007–1012. Quellenkritische Ausgabe für die Praxis, BA 5215; vgl. Pape/Boettcher 2005, S. 171ff.; vgl. Grützbach 1993, S. 11.

87 *Derby Daily Telegraph*, 3. November 1923, S. 7.

88 Wortham, H. E.: The Suggia Concerts, in: *Country Life*, 26. November 1927, S. 768.

In der obigen Kritik werden Suggia und Casals als gleichwertige Wegbereiter für die neuentdeckte Cello-Solomusik besprochen. Ein anderer Rezensent beschreibt Suggias Interpretation als so vollkommen, dass es ihm erscheint, als ob Bach die Suiten einzig für diese Künstlerin geschrieben habe. Damit räumt er Suggia einen so herausragenden Platz in der Geschichte der Cellistinnen und Cellisten ein, wie er kaum mehr zu überbieten ist:

> „I write nothing in detraction of others, when I affirm that her interpretation of these suites (often labelled dry-as-dust) is unique in his vigour, its joy, its grace and tenderness. [...] [W]e shall learn that John Sebastian, a seer if ever there was one, really wrote them for Mme. Guilhermina Suggia."[89]

4.2.6 Anerkennung und Missachtung[90]

„[...] one of the world's great artists."[91]
Evening News 1946

In seiner Arbeit über die Struktur sozialer Anerkennungsverhältnisse stellt der Sozialphilosoph Axel Honneth Anerkennungs- und Missachtungsverhältnisse gegenüber.[92] Ob Missachtung oder Wertschätzung zu unterschiedlichen Zeiten in Rezensionen, Literatur oder biographischen Äußerungen vorherrschen oder in den Hintergrund treten, wird durch die jeweiligen Kontexte bedingt. Gleichwohl muss in dieser Arbeit eine Beschränkung auf die Konfrontation positiver und negativer Bewertungsäußerungen und ihre Dekonstruktion in diskursanalytischer Perspektive vorgenommen werden. Eine Untersuchung der gesellschaftlichen und kulturellen Machtverhältnisse, innerhalb derer sich die Bewertungen zu einem dominanten Diskurs herausbilden, würde den Rahmen dieser Untersuchung sprengen und müsste an anderer Stelle vorgenommen werden.

Suggia wurde zu Lebzeiten als eine der Größten anerkannt. Diese Einschätzung zieht sich durch unzählige Presseartikel und Rezensionen, aber auch durch Kommentare von anderen Musikern aus der Zeit, und ist nicht als vereinzelte, subjektive Wahrnehmung einzelner Autoren zu sehen. Die Cellistin bewegte sich an der Weltspitze der klassischen Musik. Inwiefern diese Anerkennung durch retrospektive Entwertungs- bzw. Missachtungsdiskurse wieder beein-

89 Ebd.

90 Vgl. Honneth 1994, S. 211.

91 *Evening News*, 4. Oktober 1946 (CMM), zitiert nach Mercier 2008, S. 112.

92 Honneth 1994.

trächtigt und sogar zurückgenommen wurde, soll im Folgenden diskutiert werden. Bereits 1920 bezeichnet ein Kritiker Suggia als

> „greatest of all 'cellists. [...] There seems no doubt that Mme. Guilhermina Suggia's preeminent position as a 'cellist is responsible for the great demand for seats for her recital with Mr. Adolph Mann at the Pump Room, on Nov. 20th, at 3 o'clock. As Christopher St. John, a well known writer, said last week in the new journal Time and Tide: ‚Suggia seems to me the greatest of all 'cellists.'"[93]

In einer Rezension von 1923 werden Suggia und Casals als die zwei bedeutendsten Cellisten der Welt genannt:

> „Guilhermina Suggia who shares with Pablo Casals the distinction of being the world's greatest 'cellist."[94]

In einer Kritik von 1930 bestätigt sich die Einschätzung der Cellistin als „unvergleichlich":

> „Suggia was an enormous success. The very first note she played on Saturday arrested her audience, and held every listener in thrall throughout Lalo's violoncello concerto. Mme. Suggia is a musician first and a virtuoso whenever she feels disposed, the former characteristic being happily in the ascendant on Saturday. It is when she deals with the romantic emotion contained in phrases like those of the second theme of Lalo's (whose innate poetry escapes almost every cellist) that she is incomparable."[95]

Unter der Überschrift „One of the few" macht ein Rezensent in der *Western Daily Press* 1931 deutlich, dass Suggia sich weiterhin – und das nun schon zehn Jahre lang – an der Weltspitze bewege:

> „Madame Suggia is without doubt among the greatest of her kind. It has often been remarked that outstanding executants of the violoncello are few, and, unfortunately, there is rather a paucity of good music for this instrument. The coming of Madame Suggia to Bristol is, therefore an opportunity as rare as the quality of her music, of hearing the 'cello played in the grand manner of the supreme artiste. She combines grace and beauty of style with the highest polish in technique, pure tone, and a native warmth of feeling."[96]

Auch in den Widmungen, die bedeutende Musiker wie David Popper, Arthur Nikisch und Hugo Becker der am Beginn ihrer Karriere stehenden Guilhermina

93 *Kent & Sussex Courier*, 12. November 1920, S. 7.

94 *Derby Daily Telegraph*, 3. November 1923, S. 7. Rezension zu den Derby Chamber Concerts am 9. November 1923 in der Central Hall.

95 *Hastings and St. Leonards Observer*, 6. Dezember 1930, S. 4.

96 *Western Daily Press*, 23. Januar 1931, S. 7.

Suggia in ihr Autogrammbuch schrieben, zeigt sich, welch große Anerkennung der Cellistin entgegenschlug und zeit ihres Lebens zuteilwerden sollte.

So schrieb der Dirigent Arthur Nikisch am 1. November 1904:

> „Der genialen Violoncello-Meisterin/Fräulein Guilhermina Suggia/in aufrichtiger Hochschätzung."[97]

Der Cellist Hugo Becker notierte in das Autogrammbuch:

> „Meiner hochbegabten Collegin, Guilhermina Suggia/zur Erinnerung an ihren frankfurter Aufenthalt."[98]

Und David Popper schrieb ihr im Juli 1905 in Karlsbad folgende Widmung:

> „Der größten lebenden Violoncellistin, Guilhermina Suggia von ihrem ältesten Collegen."[99]

Retrospektiv allerdings scheint in Bezug auf die Cellistin Guilhermina Suggia ein starker Entwertungsdiskurs laut zu werden, der dazu führt, dass ihre Bedeutung als Musikerin in der Musikgeschichtsschreibung bis heute nicht angemessen abgebildet wird. Eine Vermutung ist, dass die Verdrängung Suggias aus der Musikgeschichte mit ihrer Beziehung zu Casals zu tun hat und mit dessen Weigerung, über seine ehemalige Partnerin und ihre gemeinsame Zeit zu sprechen. Eine weitere Annahme ist, dass die Entwertung der Künstlerin in den 1950er Jahren beginnt und mit einer gesellschaftspolitisch rückläufigen Situation in Bezug auf den Status von Frauen, ihre Rechte und Expansionsmöglichkeiten zusammenfällt. Darauf aufbauend schließt sich die dritte Annahme an: Zum einen hatte Suggias Karriere Weltklasseniveau. Zum anderen ist diese Karriere als entscheidender Schritt in dem Transformationsprozess, den das Cello als vormaliges Männerinstrument durchlief, zu sehen. Trotz der Expansion und der Karriere, die Suggia gelang, ist es offenbar noch nicht möglich, dass diese weibliche Erfolgsbiographie Modellcharakter für andere Cellistinnen erhält. Es ist bemerkenswert, dass in Bezug auf diese gelungene Erfolgskarriere, die durch objektive Fakten einen Modellcharakter für andere Künstlerinnen darstellen müsste und es teilweise auch tat, ein Entwertungsdiskurs einsetzt. Dieser nimmt nachträglich zwar nicht mehr die Option zurück, dass grundsätzlich Frauen mit dem Cello erfolgreich werden könnten. Aber die Leistung der Cellistin Suggia wird verleugnet, verzerrt wiedergegeben und diskreditiert. Gerade in Biographien über andere Musikerinnen und Musiker entsteht ein Bild von Suggia, das ihr

97 Autograph von Nikisch, abgedruckt in und zitiert nach Pombo 1993, S. 263.

98 Autograph von Becker, zitiert nach ebd., S. 271.

99 Autograph von Popper, zitiert nach ebd., S. 273.

nicht gerecht wird und trotzdem die Sichtweise auf diese Künstlerin beeinflusst hat. Baldock widmet der Beziehung zwischen Casals und Suggia immerhin ein Kapitel, während Kirk es bei der ungenauen und unzutreffenden Information, Suggia sei Casals' Schülerin gewesen, belässt. In folgendem Zitat wird sie sogar zur unfolgsamen Elevin mit schlechtem Geschmack stilisiert, deren Schönheit selbst keine wirkliche sei, sondern nur aus erotischer Attraktivität und ungebändigtem Überschwang bestehe:

> „Exuberant and attractive, although not beautiful, she had an independent mind and spirit as well as bohemian tastes her teacher did not approve of."[100]

Beide Biographien vermitteln, Casals habe unter Suggia gelitten. Diesen Eindruck scheint Casals durch seine Weigerung, über die gemeinsame Zeit zu sprechen, und durch die Äußerung, diese sei „das schrecklichste Unglück"[101] in seinem Leben gewesen, hervorgerufen zu haben. Gerald Moore hatte als Duopartner Suggias eigentlich keinen Grund, die Cellistin zu entwerten, jedoch schließt er sich einem Bild von der Künstlerin an, welches die nachträgliche Rezeption weitgehend bestimmen sollte und ihre künstlerische Kompetenz entwertet. So bezeichnet er sie als „auffallende Erscheinung", die als „feurige Primadonna" auftrat, eigentlich aber eine „undifferenzierte" Interpretation, entsprechend ihrem, so Moore, ebenfalls „undifferenzierten Charakter"[102] geliefert habe – nicht gerade das, was man sich unter der Beschreibung einer Weltklassemusikerin vorstellt. Hilary du Prés Äußerung bedient latent denselben Entwertungsdiskurs:

> „Guilhermina Suggia war die Geliebte Casals gewesen, eine Künstlerin mit großer Ausstrahlung und eine der wenigen berühmten Cellistinnen der ersten Hälfte des 20. Jahrhunderts."[103]

Hier klingt zumindest eine Anerkennung der Sonderrolle Suggias als „eine der wenigen berühmten Cellistinnen der ersten Hälfte des 20. Jahrhunderts" an, die Reduktion der Cellistin auf die Geliebte Casals' liefert aber gleichzeitig ein so verzerrtes Bild, dass die Anerkennung dahinter zurücktritt. In der Biographie über Amaryllis Fleming, die bei Suggia Unterricht hatte, kann man lesen:

> „[T]he truth was that Suggia was a better performer than musician […]." „Although little known outside Britain and Portugal, Suggia was idolized by British audiences for her exotism."[104]

---

100 Kirk 1974, S. 199.
101 Baldock 1994, S. 85.
102 Gerald Moore, zitiert nach Eggebrecht 2007, S. 96.
103 Du Pré 1999, S. 80.
104 Fleming 1993, S. 84.

Zu Lebzeiten hatten einige Rezensenten die Schönheit der Cellistin aus der Perspektive eines exotisierenden, tendenziell rassistischen Blicks kommentiert: „She is a Portuguese and a very handsome woman."[105] Als Portugiesin wurde sie zur exotischen Südländerin stilisiert, über deren Herkunft spekuliert wurde:

> „Although born on Opporto, Madame Suggia is of Italian descent, and she is possessed of the power of touching emotional heights and depths that is so often the gift of members of her race."[106]

Havelock Ellis hatte voller Begeisterung „ihr verzücktes orientalisches Gesicht"[107] beschrieben, ein weiterer Rezensent kommentierte:

> „Mme Suggia is not only a fine artist but an exceedingly beautiful woman of the Italian type."[108]

Italienische oder portugiesische Herkunft sowie orientalisches Aussehen in Verbindung mit Leidenschaftlichkeit und Emotionalität werden klischeehaft zu einem Bild von der exotischen, fremdartig schönen, erotischen Frau zusammengesetzt. Dieses Bild hat wenig mit der Künstlerin zu tun, sondern spiegelt ein Phänomen, das in den Postcolonial-Studies häufig beschrieben wurde. „Sexismus ist eine, wenn nicht *die* Strategie rassistischer Macht"[109], so Franziska Schößler. Die fremde, orientalische, exotische Frau wird zum Sinnbild für überbordende Erotik und ist als Opposition zu den bürgerlichen Weiblichkeitsbildern zu sehen. Ihre Andersartigkeit löst Faszination, aber zugleich Abwehr aus, was die Grundlage für eine sich daran anschließende Entwertung bietet.[110] Während sich in den zeitgenössischen Rezensionen tendenziell rassistische Äußerungen mit einer erotisierenden Sichtweise auf die erfolgreiche Cellistin verbinden, kommt es in der Retrospektive zu einer zugespitzten Entwertung, welche die Leistung und den Erfolg der Cellistin auf ihre „Exotik" reduziert.

Ob die Anekdote der Begegnung zwischen Suggia und Feuermann, wie sie bei Moore wiedergegeben wird, als machistische Haltung oder auch als Konkurrenzproblem zwischen einem jungen Musiker und einer älteren Musikerin gedeutet werden kann, wäre zu diskutieren. Obwohl Suggia den Kontakt zu Feuermann aufnahm und es weder eine Konkurrenz noch eine Lehrerin-Schüler-Situation zwischen den beiden gab, fällt Feuermanns Urteil irreversibel abschätzig aus: Er bezeichnet sie als „drawing room player". Dass Moore diese Anekdote weitergibt,

---

105 *The Aberdeen Daily Journal*, 13. März 1919.

106 *Western Daily Press*, 23. Januar 1931, S. 7.

107 „her enraptured Oriental face", in: Ellis 1930, S. 326f.

108 *The Daily Mail*, 13. März 1919, S. 4.

109 Schössler 2008, S. 122.

110 Vgl. ebd., S. 120ff.

ist allerdings vielleicht noch entscheidender für eine Manifestierung dieser negativen Perspektive auf die Cellistin. Der Einfluss, den das Gemälde von Augustus John auf die Rezeption Suggias, insbesondere für die retrospektive Rezeption und Erinnerung hat, entpuppt sich, wie Mercier es formuliert, tatsächlich als „zweischneidiges Schwert"[111]. Zum einen bediente das Bild von Augustus John werbewirksame Weiblichkeitsbilder der 1920er Jahre: die Künstlerin als exotische, stolze Diva, als femme fatale, als neue oder moderne, selbstbewusste Frau und Künstlerin. Suggia auf der Bühne oder John, indem er die Cellistin portätiert, inszenieren positive, moderne Frauenbilder, eine neue Freiheit und Stärke. Ab den 1940er Jahren erfahren diese Bilder im Zuge von Faschismus und Krieg Umdeutungen und Entwertungen, wie es in Bezug auf die Diva, die femme fatale oder die exotische Frau gezeigt werden konnte. Die Cellistin und ihre Leistung, die sich hinter dieser Inszenierung tatsächlich verbirgt, werden in den Hintergrund gedrängt.[112] Von der Ebenbürtigkeit zu Casals und anderen Musikern an der Weltspitze, die Suggia zu Lebzeiten attestiert wurde, bleibt in der retrospektiven Rezeption nur eine vage Ahnung.

Der Transformationsprozess, der sich seit Cristiani so gestaltete, dass das Cello nicht mehr als Männerinstrument wahrgenommen wurde, machte insofern Fortschritte, als eine Karriere wie die von Suggia möglich wurde. Die nachträgliche Rezeption scheint aber nicht davor gefeit zu sein, in ältere, vorgängige Diskurse und Bilder zurückzufallen, diese in neue Kontexte zu „verschieben"[113], so dass sie dazu führen, dass der Erfolg der Cellistin wieder zurückgenommen wird und damit auch der Transformationsprozess einen Schritt in Richtung ungleicher Chancen der Geschlechter zurückgeht.[114] Anita Mercier spricht von Suggia als „singular *virtuosa* at work during a period of rapid transformation in women's musical history"[115]. In der Analyse der Dokumente und der Rezeptionsgeschichte zeigt sich ein „Kampf um Anerkennung"[116]. Äußerungen der Anerkennung und der Missachtung formen die Rezeption und das Bild dieser Cellistin. Dieses Ringen um die Würdigung findet einen emphatischen Ausdruck in dem Nachruf von Milly Stanfield von 1950. Stanfield war selbst Cellistin und Musikpädagogin. Aus der Sicht der jüngeren Generation beschreibt sie, wie wenig selbstverständlich es für Cellistinnen gewesen sein muss, eine professionelle Musikerinnenlaufbahn oder gar eine Karriere, wie Suggia sie machte, überhaupt

111 Mercier 2008, S. 58.

112 Siehe Kap. 4.2.6. Vergleichbar ist dieser Vorgang mit der Entwertung von Lise Cristiani in Wasielewskis Äußerungen (Wasielewski 1889/ders. 1925).

113 Butler 1991.

114 Vgl. Deserno 2008.

115 Mercier 2007.

116 Honneth 1994.

anzustreben. Sie betont, dass Guilhermina Suggia für die nachfolgende Generation von Cellistinnen eine wichtige Orientierung dargestellt und die Funktion eines Vorbildes der Emanzipation übernommen habe. Die emphatischen Worte Milly Stanfields markieren das Ringen, „den Kampf um Anerkennung" sowohl der Künstlerin Suggia als auch der jungen, nachfolgenden Cellistinnen. Diese Hommage kennzeichnet aber deswegen noch keineswegs ein in der Gesellschaft bestehendes Bewusstsein der unbestrittenen Möglichkeit weiblicher Erfolgsbiographien.

> „Somehow, whenever we heard Mme. Suggia play, it made us feel that we were right in trying to live up to [...][our] hopes that we might do our mite to belong to the world of professional 'cellists [...]. She proved, [...] that the cello could look elegant for women as well as for men and sound as strong and virile [...]. When pausing to pay tribute to a great musical figure, we should think over these things, carefully and with deep appreciation. In so doing, let us also consider the changes that have come about in the status of women cellists since Mme. Suggia first began to plan her career. [...] What she has given to our generation can be passed on to the next."[117]

4.3 Die Konzertreise einer Cellistin zu Beginn des 20. Jahrhunderts. Postkarten als Dokumentation

In den Jahren zwischen 1903 und 1911 schrieb Suggia zahlreiche Postkarten an den Freund und Förderer António Lamas, der sich z.B. dafür einsetzte, dass Suggia ein Stipendium erhielt und in Leipzig studieren konnte. In der privaten Sammlung von Elisa und João Lamas / Lissabon befinden sich 81 solcher Karten.[118] Eine Auswahl ist in dieser Arbeit abgebildet.[119] In diesem Kapitel sollen die Postkarten in Orientierung an eine diskursanalytisch-dekonstruktivistische und tiefenhermeneutisch-biographische Perspektive gelesen werden. Dabei lassen sich drei zentrale Aussagen erkennen, die anhand von sich wiederholenden Schlüsselbegriffen und charakteristischen Formulierungen hervortreten und im Folgenden näher betrachtet werden sollen: Botschaften des Erfolgs, der Sehnsucht und über den Beziehungsstatus. Zwei sich besonders häufig wiederholende Botschaften sind Erfolgsmeldungen sowie Äußerungen der Dankbarkeit. Diese

117 Stanfield, Milly: Obituary: Guilhermina Suggia, in: *The Strad Magazine* 1950, zitiert nach Mercier 2008, S. 152.

118 Postkartensammlung Guilhermina Suggia 1904–1911, Postkarten von Suggia an António Lamas. Sammlung Lamas, Lissabon. Ich danke Virgílio Marques für seine großartige Hilfe bei der Recherche; vgl. Mercier 2008, S. 6, 16.

119 Siehe Abb. 3.

sollen an erster Stelle und mit ihrer Aussage als zentral betrachtet werden. Erfolgs- und Dankbarkeitsäußerungen werden in der Regel an Personen gerichtet, denen eine fördernde Bedeutung für eine künstlerische Entwicklung zugeschrieben wird. Lamas ist als Adressat der Postkarten in diesem Sinne eine zentrale Figur. Suggia drückt sich professionell sowie mit Verbundenheit aus, zugleich aber auch kurz und bündig, was dem Umfang des Postkartenformats geschuldet ist. Die Aussagen sind auf wenige, entscheidende Informationen reduziert: die Konzerte, die Reaktionen auf ihr Spiel, ihre weiteren Pläne, manchmal einige persönliche Worte zu ihrem Befinden, ihrer Sehnsucht nach Portugal oder auch über die Erschöpfung auf den großen Reisen. Äußerungen der Sehnsucht nach der Familie, den Freunden und dem Zuhause, Berichte über die Anstrengungen, welche die Begleiterscheinungen der erfolgreichen Konzerttätigkeit einer Solistin sind, sowie Befürchtungen stehen im Fokus von zahlreichen Nachrichten, die in diesem Kapitel an zweiter Stelle betrachtet werden sollen. An dritter Stelle wird eine Gruppe von Nachrichten untersucht, deren zentrale Aussage Suggias Beziehung zu Pablo Casals betrifft.

Die Postkarten geben einen Einblick in den großartigen Erfolg, den die junge Frau fast überall erreichte, sowie von der begeisterten Aufbruchsstimmung, in der sie sich befand. Die Karten an Lamas schließen meist mit einer Formulierung, in der Suggia Verbundenheit und Dankbarkeit ausdrückt: „Ihre sehr dankbare Freundin."[120] Dieser Dank gilt zum einen Lamas als Unterstützer, zum anderen ist er als Ausdruck eines generalisierten Dankbarkeitsgefühls zu interpretieren, welches die Reaktion der jungen Frau auf Erfolg und Anerkennung ist, die sie als Cellistin erhält. „Ich hatte großartigen Erfolg hier in Heidelberg, Begeisterung bis zum Delirium"[121], schreibt sie. Einen vergleichbar enthusiastischen Bericht gibt sie am 13. Dezember 1904 aus Bremen:

> „Hier in Bremen unvergleichbarer Erfolg. Ich gab Maestro Panzer ein Zeichen, damit das Orchester zu spielen begann, weil das Publikum mich nicht gehen lassen wollte, und das hier, wo man sagt, das Publikum sei reserviert! Ich fand es warmherziger und begeisterter als anderswo."[122]

120 Postkarte von Guilhermina Suggia an António Lamas, Sammlung Lamas, Lissabon, siehe Abb. 3. Für alle Postkarten: Transkriptionen Virgílio Marques, Übersetzungen aus dem Portugiesischen von Katharina Deserno mit der Hilfe von V. Marques. Französische Formulierungen wurden im Original belassen.

121 Postkarte aus Heidelberg, 24. Oktober 1904, hier verwendet sie die Formulierung „sehr dankbare Freundin und mana": Das portugiesische Wort „mana" bedeutet „Schwester" im übertragenen Sinne und ist eine sehr herzliche Form, einen Brief zu unterschreiben, eine Wendung, die familiäre Verbundenheit und Herzlichkeit ausdrückt.

122 Postkarte aus Bremen, 13. Dezember 1904.

Die Postkarten vom Beginn des Jahres 1905 schildern Konzert- und Probenerlebnisse, geben trotz der sparsamen Postkartenform etwas von der Stimmung wieder, in der sich die junge Cellistin befand, die geradezu auf einer Erfolgswelle schwamm. Ihr Tonfall wirkt glücklich, neugierig, begeistert und voller Emphase über das neue Lebensgefühl:

„Dortmund, 17.1.1905
Wir sind in Dortmund – Ich habe schon Dvořák geprobt. Der Dirigent und das Orchester sind begeistert. Das Konzert findet hier statt.
Als ich spazieren ging – passierte etwas Interessantes: ein bemerkenswerter Fotograf sprach mich an, weil er mich fotografieren wollte und zwar so wie ich war, in den Kleidern vom Spaziergang, aber immerhin mit anderen Künstlern zusammen
Grüße, Ihre Freundin
Guilhermina“[123]

In der Episode mit dem Fotografen deutet sich an, dass Suggia bewusst wird, dass sie gerade zu einer Berühmtheit, einem Rising Star wird, sie wird auch in Straßenkleidern in Gegenwart anderer Künstler erkannt und fotografiert. Aus Den Haag ist der Bericht noch triumphaler:

„Den Haag, 18.1.1905
Hier war der Erfolg noch größer als in Dortmund. Das Publikum war verrückt vor Begeisterung. Die Königin kam nicht, weil ein Verwandter gestorben war. Der Präsident des Komitees (Haag) versicherte, dass er noch nie eine solche Begeisterung wie heute erlebt hätte.
Ihre
Guilh. Suggia“[124]

Es ist davon auszugehen, dass Konzerte, Proben und Reisen in dieser Zeit Suggias Leben ganz ausfüllten und dass diese neue Lebensform sie zunächst, trotz Reisestrapazen, nicht belastete, sondern sie im Gegenteil glücklich machte. Der Erfolg, den sie bei all diesen Konzerten erntete, war eine große Bestätigung, auf dem richtigen Weg zu sein. In einer Postkarte aus Coburg, ebenfalls noch im Januar 1905, wird dieses Glücksgefühl ganz deutlich:

„Coburg, 30.1.1905
In Bayreuth und hier, in Coburg, war ich so glücklich. Es ist nicht sicher ob wir nach Polen fahren, wegen des Krieges. Alle sind begeistert vom schönen Klang meines Instruments.
Ich vermisse Sie und Ihre liebe Familie,
Ihre mana, die sehr dankbar ist

123 Postkarte aus Dortmund, 17. Januar 1905.
124 Postkarte aus Den Haag, 18. Januar 1905.

G. Suggia
Parsifal wird sehr schön sein, leider habe ich [sic] nicht gehört"[125]

Dresden und die Kunstgalerie ist ihr eine Würdigung wert, trotz des Postkartenformats und ihrer knapp bemessenen Zeit. Sie dokumentiert ihr Interesse an Kunst und Kultur der Städte, die sie als Solistin bereist:

„Dresden, 28.12.1905
Dresden ist eine entzückende Stadt und die Kunstgalerie ist die prächtigste in ganz Deutschland
Bald sende ich ein paar Programme. Viele Grüße
Ihre sehr dankbare Freundin
Guilhermina Suggia"[126]

1905 spielte Suggia in Bayreuth, Coburg und Karlsbad, wo sie auch David Popper kennenlernte, bei dem sie Unterricht erhielt.

„Karlsbad, 9.7.1905
Ich bin in Karlsbad bei einer sehr feinen Familie zu Gast und zur gleichen Zeit nehme ich Unterricht bei David Popper, (dem großen Meister). Dieser Maestro (Martin Spörr) dirigiert mein Konzert in Wien. Grüße.
G.S."[127]

Der Dirigent Martin Spöhr ist auf der Postkarte abgebildet. David Popper gilt als einer der bedeutendsten Cellisten seiner Generation. Es war für Suggia ein wichtiger Schritt, zum einen ihre Ausbildung bei ihm zu komplettieren, zum anderen die Wertschätzung und Anerkennung dieses wichtigen Cellisten zu erhalten. Suggia wurde zu Empfängen in der adligen Gesellschaft eingeladen, baute professionelle Kontakte zu anderen Instrumentalisten, Komponisten und Dirigenten auf, unterschrieb Konzertverträge: Guilhermina Suggia war eine selbstständige Musikerin, eine etablierte Solistin geworden, gerade 20 Jahre alt. Aus zwei Postkarten von 1906 geht hervor, dass sie weiterhin immer erfolgreicher wurde, mit bedeutenden Musikern verkehrte und viele Konzert-Engagements hatte:

„Strassburg 2.7.1906
Viele Grüße sende ich Ihnen aus Straßburg. Morgen werde ich mit Fauré und Saint-Saëns dinieren, etc.

---

125 Postkarte aus Coburg, 30. Januar 1905, diesen letzten Satz schreibt Suggia auf Deutsch, er wurde aus dem Original übernommen.

126 Postkarte aus Dresden, 28. Dezember 1905, 16/XII/905 [sic].

127 Postkarte aus Karlsbad, 9. Juli 1905.

Ihre Freundin
G. Suggia"[128]

„Paris, 2.8.1906
Mein guter Freund, in einer Woche fahre ich weiter nach Holland wo ich in Scheveningen spielen werden, begleitet von Nikis[c]h. Für die nächste Saison habe ich schon immens viele Engagements. Grüße an Sie und ihre liebe Familie, Guilher. Suggia"[129]

Die Erfolgsmeldungen werden begleitet von Empfindungen des Verlusts und der Anstrengung, möglicherweise auch Befürchtungen wegen der Kriegsgefahr in Polen, gemeint sind damit die Auswirkungen der von 1905 bis 1907 andauernden russischen Revolution und der Aufstände in Polen. Ihre Befürchtungen richten sich vor allem auf die Nachteile für die Karriere, falls die Russlandreise wegen der Revolution ausfiele.

„Karlsbad, 2.2.1905
Mein lieber Freund und Bruder,
Karlsbad ist sehr schön. Ich habe mit dem Orchester geprobt. Das Orchester ist sehr gut. Das Dvořák Konzert hat in allen Konzerten große Begeisterung hervorgerufen. Vielleicht geht's nicht nach Russland wegen des Krieges, aber das wäre wirklich schade, und würde für mich ein großer Nachteil sein.
Sie können mir nach Straßburg schreiben"[130]

Hier deutet sich ein verstärktes Bedürfnis nach dem Kontakt mit Freunden und Familie an, was sich auch in weiteren Postkarten bestätigt.

„Lassen Sie mich wissen, ob Sie die Postkarten bekommen haben, die ich aus allen Städten an Sie geschrieben habe. Von Straßburg werde ich Programme schicken."[131]

Ein Jahr später wird die polnische Revolution noch einmal erwähnt, zusammen mit einer großartigen Erfolgsmeldung.

„Warschau 21.2.1906
Kolossaler Erfolg in Warschau. Ich habe 12 Zugaben gespielt. Hier ist immer noch Revolution. Es ist gefährlich, auf die Straße zu gehen. Morgen geht es weiter nach Frankfurt und Berlin, Viele Grüße,
G. Suggia"[132]

128 Postkarte aus Straßburg, 2. Juli 1906.
129 Postkarte aus Paris, 2. August 1906, Abkürzung im Original.
130 Postkarte aus Karlsbad, 2. Februar 1905.
131 Ebd.
132 Postkarte aus Warschau, 21. Februar 1906.

Anita Mercier vermutet, dass Suggia ab der zweiten Hälfte des Jahres 1904 häufiger ohne familiäre Begleitung unterwegs war.[133] Dies bestätigt sich in der folgenden Postkarte, aus der ebenfalls hervorgeht, wie viele Anforderungen auf die junge Cellistin zukamen. Auch hier äußert sie, dass sie sich über Post freue.

> „Sie können sich nicht vorstellen, was für einen Erfolg ich hier zum zweiten Mal hatte. Ich habe extrem viel geübt und bin ständig auf Reisen. Wenn mein Vater oder meine Mutter hier wären, hätte ich längst einige Zeitungen geschickt mit wunderbaren Rezensionen und Programmen darin, aber Sie können sich nicht vorstellen, ich muss mich um 1000 Dinge gleichzeitig kümmern und deswegen entschuldige ich mich, dass ich meiner Aufgabe noch nicht nachgekommen bin.
> Tausend gute Wünsche für das Neue Jahr und auch an Ihre ganze wundervolle Familie, Wenn Sie mir von Zeit zu Zeit schreiben freue ich mich sehr darüber, immer nach Leipzig. Gottschedstr. 24.
> Beste Grüße
> Ihre Freundin
> G. Suggia“[134]

Die Eisenbahn war zu Beginn des Jahrhunderts eine große Verbesserung der Reisemöglichkeiten für Musikerinnen und Musiker. Auch die Korrespondenz ließ sich dank des Schienentransports gut organisieren, so geht es auch aus folgender Postkarte hervor.

> „Von Kissingen nach Frankfurt, 1.7.1906
> Mein lieber Freund, Ich bin zurück aus Kissingen wo ich bemerkenswerten Erfolg erntete. Ich komme nach Straßburg zurück und dann geht's nach Paris. Ich schreibe Ihnen aus dem Zug, Viele Grüße,
> Ihre
> Freundin
> G. Suggia
> 45, Rue de Paradis Paris“[135]

Jugendlich und unbeschwert klingt Suggias Tonfall in der folgenden Postkarte, humorvoll die Entschuldigung wegen der verwackelten Schrift:

> „Von Coburg nach Karlsbad, 31.1.1905
> Ich schreibe aus dem Zug. Wir sind auf dem Weg nach Karlsbad. Sie können mir immer nach Straßburg schreiben, weil sie mir von dort alle Briefe nachsenden. Hier (Coburg)

---

133 Mercier 2008, S. 16f.

134 Postkarte aus Dresden ohne Datum. Am Poststempel ist zu erkennen, dass die Karte wahrscheinlich im Januar 1906 verschickt wurde.

135 Postkarte auf dem Weg von Kissingen nach Frankfurt, 29. Juni 1906.

gab es eine unbeschreiblich enthusiastische Begeisterung. Ich wurde eingeladen nächsten Winter im Palast des Prinzen in Hof zu spielen. Tut mir leid wegen der Schrift, aber der Tisch ist nicht stabil“[136]

Anfang Februar zeigen sich erste Erschöpfungserscheinungen, die Erfolgswelle hält jedoch an. Es scheint, als ob Suggia auf der einen Seite froh ist, nach Portugal über solch positive Ergebnisse berichten zu können, aber auch, als ob eine gewisse Verpflichtung bestanden habe, Lamas persönlich über den Fortgang ihrer Karriere zu informieren. Zum einen war sie ihm zu Dank verpflichtet, weil er sie bei dem Schritt ins Ausland unterstützt hatte. Zum anderen bedeutete der Kontakt zu diesem Förderer neben einer persönlichen Verbundenheit auch eine professionelle Verbindung nach Portugal, die während der Konzertreisen im Ausland gehalten werden musste, um eine Rückkehr und ein Anknüpfen an die dortigen Kontakte zur Musikwelt zu garantieren. Suggia soll gegenüber Lamas im Jahr 1906 Enttäuschung darüber geäußert haben, dass man sich in Portugal nun weniger als im gesamten europäischen Ausland für ihr Spiel interessiere.[137]

Aus dem Text einer Postkarte aus Lamberg wird deutlich, wie anstrengend und fordernd der Konzertplan der jungen Cellistin ist.

„Lamberg 11.2.1905
Hier war der Erfolg unbeschreiblich. Ich würde Ihnen gerne einen Brief schreiben aber ich bin so müde, das können Sie sich nicht vorstellen. Die Kritiken sind außerordentlich gut. Man könnte nichts Besseres sagen. Ich schicke morgen die Zeitung für Herrn Lambertini. Ich habe hier zwei Einladungen, im Hause eines Grafen und eines Prinzen zu spielen, aber ich weiß noch nicht ob ich Zeit haben werde. Viele Grüße
G. Suggia“[138]

Ab 1905 artikuliert Suggia häufiger Wünsche und Pläne, nach Portugal zu reisen, auch die Formulierung des Vermissens spricht von einem Gefühl von Sehnsucht und Heimweh, der Entwurzelung, welches sich bei der andauernden Reisetätigkeit einstellt.

„Hamburg 13.3.1905
Ist das nicht ein schöner Ort?
Ich denke darüber nach vielleicht Ende April nach Lissabon zu kommen. Es ist sehr schade, dass der König schon fort ist, es war eine gute Gelegenheit, von ihm gehört zu werden.

136 Postkarte auf dem Weg von Coburg nach Karlsbad, 31. Januar 1905.
137 Mercier 2008, S. 18.
138 Postkarte aus Lamberg, 11. Februar 1905.

Ich vermisse Sie
Grüße G. Suggia"[139]

Glücklich ist sie in Leipzig, als sie ihren ehemaligen Lehrer Julius Klengel sowie Arthur Nikisch, der ihr Gewandhaus-Debüt dirigiert hatte, wiedertrifft. Die Begegnung mit diesen beiden wichtigen Bezugspersonen scheint ihr viel zu bedeuten und das Gefühl der Entwurzelung zu verringern. Auch in Polen sei sie sehr glücklich gewesen, schreibt Suggia, was darauf schließen lässt, dass die Phasen des Glücksgefühls aufgrund der erfolgreichen Konzerte unterbrochen wurden von weniger euphorischen Phasen, in denen sie sich belastet und einsam fühlte.

„Leipzig, 15.11.1905
Mein guter Freund,
Sie können sich nicht vorstellen, wie glücklich ich bin, in Leipzig zu sein. Morgen werde ich mit Klengel und Nikisch sprechen. Während meiner Konzerte in Polen war ich sehr glücklich. Die Rezensionen sind ausgezeichnet. Grüße von
Ihrer sehr dankbarer Freundin
G. Suggia.
Sie können mir immer nach Frankfurt schreiben /chez Mme Dr. Bottermund. Leerbachstr. 4II.
Liebe Grüße auch an Ihre verehrte Familie. Vielleicht finde ich ja auf dem Rückweg in Frankfurt Post von Ihnen."[140]

Auch aus Frankfurt äußert sie sich über ihre Pläne, nach Portugal zu reisen. Zugleich klingt hier in Bezug auf ihre Mutter Elisa Suggia eine Beunruhigung an:

„Frankfurt, 22. 8.1905
Vielen Dank für Ihren Brief und dafür, dass Sie meine Mutter besucht haben. Sie sagt, dass sie jetzt viel beruhigter ist.
Was für eine Idee, dass sie denken musste, der (Schutz)Engel sei Ihr Abbild. Ich hoffe Ende Februar nach Portugal reisen zu können. Am 20. fahre ich nach Brüssel über Ostende.
Ihre Mana in Freundschaft
G.S."[141]

Zum einen kann hier die Beunruhigung der Mutter, die sich um ihre Tochter sorgt, weil diese auf Konzertreise allein ist, herausgelesen werden. Zum anderen

139 Postkarte aus Hamburg, 13. März 1905.
140 Postkarte aus Leipzig, 15. November 1905.
141 Postkarte aus Frankfurt, 22. August 1905.

klingt eine Sorge Guilhermina Suggias über das Befinden der Mutter an, die fern von ihr ist; Lamas scheint sie durch seinen Besuch beruhigt zu haben. Was die genaue Ursache der Beunruhigung auf beiden Seiten ist, muss Lamas gewusst haben, geht aus der Postkarte aber nicht hervor. Die Erwähnung des Schutzengels erzeugt das Gefühl einer nicht ausgesprochenen Sorge, erscheint wie eine Metapher für Schutzbedürftigkeit, Sehnsucht nach Geborgenheit, Sicherheit.

Die Sehnsucht nach der Familie und den Freunden wird in jeder der folgenden Meldungen stärker artikuliert und führt zu einem sich konkretisierenden Plan, nach Portugal zu reisen und dort u.a. mit der Schwester zusammen Konzerte zu spielen. Die Erfolgsmeldungen dauern an und sprechen davon, dass Suggia sich als Künstlerin etabliert und dass sie sehr wichtige Herausforderungen – eine Russlandtournee, Konzerte in so bedeutenden Sälen wie der Berliner Philharmonie – mit Bravour meistert. Wie im Kapitel über Lise Cristiani gezeigt werden konnte, diente die Formulierung von der ‚Sehnsucht nach dem Vaterland' in Briefen oder Reiseberichten im 19. Jahrhundert als Metapher für all das, was auf großen Reisen – seien es Konzert- oder Abenteuerreisen – vermisst wird und zu Verlustgefühlen führen kann. Die Rede vom Vaterland ist eine standardisierte Möglichkeit, Heimat- und Zugehörigkeitsgefühle sowie Sehnsucht nach Familie, Freunden, kontinuierlichen Beziehungen, die durch Einsamkeit in fremder Umgebung verstärkt wird, zu artikulieren. In dieser Formulierung liegt eine Nachricht über die Sehnsucht, die aber in professionell-distanzierter Form ausgedrückt wird. Diese ist keine Sehnsucht, die vom Adressaten im persönlichen (Brief-)Kontakt gemildert werden könnte, sondern die Beschreibung eines unveränderlichen Zustands des Entferntseins auf Reisen.

„Berlin 23.2.1906
Ich bin zurück aus Russland. Heute geht es weiter nach Frankfurt. Ich habe schon große Sehnsucht nach meinem Vaterland.
Grüße
G. Suggia"[142]

„Berlin, 5.3.1906
Mein guter Freund,
gestern habe ich in Berlin gespielt (Philharmonie), heute in Anklam und morgen nochmal in Berlin; immer großer Erfolg. Morgen erwartet man die königliche Familie im Konzert. Es ist sicher, dass ich im April (Ende April) nach Portugal kommen werde, vielleicht ist meine Schwester um diese Zeit schon dort.

142 Postkarte aus Berlin, 23. Februar 1906.

Grüße
G. Suggia"[143]

„Berlin, 20.3.1906
Mein guter Freund,
ich danke Ihnen sehr für Ihren Brief, es ist immer noch sicher dass ich Ende April nach Lissabon kommen werde. Ich würde sehr gerne ein oder zwei Konzerte geben, wenn die Saison dann noch nicht zu weit fortgeschritten ist.
Meine Schwester wird zu diesem Anlass auch da sein, aber ich weiß noch nicht, ob sie einverstanden ist oder ob sie lieber ein Konzert alleine geben würde. Mein größter Wunsch ist es, für einen Monat in mein Land zurückzukehren, meine Freunde und Verwandten zu sehen,
mit herzlichen Grüßen,
G.S."[144]

Ende des Jahres 1906 äußert sich Suggia – neben weiter andauernden Erfolgsbotschaften –, sie sei krank gewesen. In folgenden Karten schreibt sie „ich hoffe, Sie sind gesund und es geht Ihnen gut"[145], woraus man schlussfolgern kann, dass sie eine gute Gesundheit nicht mehr als selbstverständlich wahrnimmt. Sie wirkt in diesen Nachrichten professionell, ernst und ein wenig angestrengt:

„Frankfurt, 3.12.1906
Gestern spielte ich hier mit großartigem Erfolg. Ich fahre heute weiter nach Neuchatel (in der Schweiz). Ich kam von Russland zurück wo es mir gesundheitlich nicht sehr gut ging. Ich hoffe Ihnen und Ihrer ganzen Familie geht es gut, Ihre Freundin, G. Suggia"[146]

„Dresden, 20.2.1907
Mein lieber Freund, ich sende Ihnen viele Grüße aus Dresden. In der letzten Zeit war ich ununterbrochen auf Reisen. Fast jeden Abend habe ich Konzerte gegeben, Morgen fahre ich nach Italien. Ich werde in Rom spielen am 25. (Sozietät Heilige Cäcilie) und am 1. und 3. März werde ich mit meiner Schwester in Mailand spielen. Dann werde ich Ihnen die Programme dieser Saison senden, ich hoffe Sie sind gesund und es geht Ihnen gut
Grüße, Ihre Freundin, G. Suggia"[147]

In den Postkarten an Lamas finden auch die Veränderungen von Guilhermina Suggias Beziehung zu Pablo Casals Niederschlag. 1908 scheint sie noch in der von ihr aus den vorherigen Postkarten bekannten Art vor allem über Professio-

143 Postkarte aus Berlin, 5. März 1906, Anklam liegt in Vorpommern bei Greifswald.
144 Postkarte aus Berlin, 20. März 1906.
145 Postkarte aus Dresden, 20. Februar 1907.
146 Postkarte aus Frankfurt, 3. Dezember 1906.
147 Postkarte aus Dresden, 20. Februar 1907.

nelles zu sprechen. Casals erscheint als Kollege, ihr Tonfall gegenüber Lamas ist herzlich und vertraulich:

„St. Petersburg, 26.1.1908
Mein guter Freund,
gestern kam ich in Petersburg an. Eine großartige Reise, Wetter und Stadt wunderbar und großer Erfolg in unseren Konzerten Siloti. Ich fahre weiter am 31. nach Moskau. Ich habe mich von meiner Operation schon wieder ganz erholt. Am 17. spiele ich mit dem Orchester Lamoureux.[148] Ich danke Ihnen sehr für Ihre Briefe. Ich konnte nicht direkt antworten weil ich in diesem Moment gerade nach Russland aufgebrochen bin. In Brüssel spielen wir, ich und Casals, das Doppelkonzert von Moór[149] mit Isaÿe[150], eine große Freude: großer Erfolg. Isaÿe ist wunderbar. Wenn ich in Paris ankomme werde ich Ihnen genauere Details über all dies schreiben.
Grüße, Guilhermina“[151]

Aus der Korrespondenz zwischen Casals mit Julius Röntgen geht ebenfalls hervor, dass Suggia sich im Dezember 1907 einer Operation unterziehen musste.[152] Anita Mercier hält es für möglich, dass Suggia einen Schwangerschaftsabbruch hatte durchführen lassen. Suggia war eine vielgefragte Solistin und ein Kind hätte zu diesem Zeitpunkt sicherlich ihre Karriere – zumindest vorerst, vielleicht auch endgültig – beendet. Suggia und Casals hatten sich 1906 kennengelernt und lebten seit 1907 zusammen in Paris, soweit die Nachforschungen von Anita Mercier dies zeigen konnten.[153] Im April 1908, nach der Meldung über die Operation also, schreibt Suggia an Lamas aus Madrid dann auf Französisch, obwohl sie bisher immer auf Portugiesisch geschrieben hatte. Sie erwähnt Casals bereits als ihren Ehemann und unterschreibt mit Doppelnamen. Das ist bemerkenswert und hat eine klare Aussage, denn Französisch ist nicht ihre Muttersprache und nicht die des Empfängers Lamas, sondern die Sprache, in der sie sich mit Casals verständigt. In dieser und folgenden Karten richtet Suggia Grüße von ihrem Mann aus. „Wir sind bereits offiziell verheiratet“[154], so berichtet sie weiter, obwohl davon auszugehen ist, dass Suggia und Casals nie wirklich geheiratet ha-

148 Website des Orchestre Lamoureux: http://www.orchestrelamoureux.com, letzter Zugang am 14. November 2013.

149 Emánuel Moór (1863–1931).

150 1858–1931.

151 Postkarte aus St. Petersburg, 26. Januar 1908. Alexander Iljitsch Siloti (1863–1945), Pianist, Komponist und Dirigent, organisierte und leitete 1908 eine Sinfonie- und Kammermusikkonzertreihe in St. Petersburg.

152 Casals an Röntgen, 21. Dezember 1907, Nederlaands Musiek Instituut Den Haag, Korrespondenz Julius Röntgen; vgl. Mercier 2008, S. 20.

153 Mercier 2008, S. 19f.

154 Postkarte aus Madrid, 25. April 1908. Franz. Original: „Nous sommes déjà mariés officiellement.“

ben, wie Anita Mercier nachweisen konnte.[155] Das Cellistenpaar wurde auf zahlreichen Programmen als Eheleute angekündigt. Der Casals-Biograph Kirk erwähnt, Casals habe Suggia heiraten wollen, doch diese habe abgelehnt.[156] Es existieren weder eine Heiratsurkunde noch Dokumente über eine Scheidung.[157] Gerade in der Zeit, in der Suggias Beziehung zu Pablo Casals beginnt, sind die Botschaften der Postkarten an Lamas so formuliert, dass sie von anderen Personen gelesen werden könnten – noch mehr als in den Briefen von Reisen, die ebenfalls an Familienangehörige und Freunde weitergegeben wurde, wie in Bezug auf Lise Cristiani gezeigt werden konnte. In den vorangegangenen Nachrichten, in denen Erfolg und Sehnsucht im Vordergrund standen, vermittelte Suggia innerhalb dieses halböffentlichen Postkartenformats durchaus auch persönliche Botschaften über ihr Befinden und ihre Wünsche, nie aber in so vertraulicher Form, dass nicht Dritte die Karten hätten lesen können. Dies verstärkt sich bei den Botschaften, die ihren Beziehungsstatus betreffen. Dieser wird in offiziellen Formulierungen, manchmal beiläufig, manchmal explizit mitgeteilt, nicht aber in persönlichen Erzählungen, die den Charakter eines Sich-Anvertrauens hätten.

> „Madrid, 25.4.1908
> Je fais une superbe excursion en Espagne avec mon mari. Je vous ecrirais [sic] bientôt une lettre.
> Nous sommes déjà mariés officiellement. Merci pour vos lettres carte. Si je ne vous écris plus, ne soyez pas fâché.
> Je vous envoi mon meilleur souvenir et aussi de mon mari.
> G. Casals-Suggia“[158]

Die Bemerkung, sie seien bereits offiziell verheiratet, kann so gelesen werden, dass sie Spekulationen, die ihrem Ruf hätten schaden können – vielleicht nicht zuletzt im katholisch geprägten Portugal –, vorbeugen sollten. Sie entschuldigt sich im Voraus, falls sie nicht mehr schreiben würde, solle Lamas ihr nicht böse sein. Mit diesem Satz drückt Suggia eine Abgrenzung in verbindlicher, freundschaftlicher Form aus. Sie teilt mit, dass nicht nur ihr Beziehungsstatus, sondern damit auch ihre Rolle sich verändert hat. Sie präsentiert sich zum einen als eigenständige, zum anderen als verheiratete Frau, die es nicht mehr für angemes-

155 Mercier 2008, S. 21.

156 Ebd.; Kirk 1974.

157 Mercier 2008, S. 21.

158 „Ich mache eine tolle Reise nach Spanien mit meinem Mann. Ich schreibe Ihnen bald einen Brief. Wir sind schon offiziell verheiratet. Haben Sie Dank für ihre Briefe. Wenn ich nicht mehr schreibe, seien Sie mir nicht böse. Ich schicke Ihnen meine besten Grüße und ebenso die meines Mannes. G. Casals-Suggia“; Postkarte aus Madrid, 25. April 1908.

sen hält, dem väterlichen Freund Lamas alles mitzuteilen. Die Ankündigung, sie sei bereits offiziell verheiratet, kommt im Kontext dieser Korrespondenz mit Lamas einem performativen Akt nahe. Indem sie diesen Satz schreibt, verändert sich ihre Rolle gegenüber Lamas, gegenüber Freunden und Familie sowie deren Erwartungen und Beurteilungen. Sie inszeniert mit diesem Satz und damit, dass sie von nun an häufig mit Casals' Namen unterschreiben wird, ihren Status als verheiratete Frau.

„Paris, 29.12.1908
Tous mês vœux de bonheur pour 1909.
Mon mari se joint à moi pour envoyer nos meilleurs souvenirs
Guilhermina Casals“[159]

Im Oktober des gleichen Jahres schreibt Suggia an Lamas aus Tarragona, diesmal nicht von einer Konzertreise, sondern aus den Ferien. Es ist wahrscheinlich der erste Urlaub, den sie seit Beginn ihres Studiums in Leipzig 1901 und ihrer darauffolgenden expandierenden Karriere macht. Beide, Suggia und Casals, nehmen eine Auszeit von einem „bewegten Leben mit Reisen und Konzerten“, so geht aus dem Text hervor. Sie teilt Lamas erneut mit, dass sie mit Casals verheiratet sei und zugleich, dass sie ihre Karriere als Cellistin wie selbstverständlich weiterverfolge, und dies, so kann man es dem kurzen Postkartentext entnehmen, in einem anscheinend gelungenen und gleichberechtigten Beziehungsmodell mit Pablo Casals.

„Tarragona, [unleserlich].10.1909
Cher ami,
Nous venons de passer un été magnifique au bord de la mer. J'espère que vous tous avez eu de bonne vaccances [sic].
Demain nous partons pour Paris ou nous recommençons notre vie mouvementée de voyage et concerts.
Mon mari et moi vous envoyons notre meilleur souvenir.
Guilhermina Casals“[160]

Die Meldungen über den Beziehungsstatus durchlaufen drei Stationen: Die Mitteilung, dass sie und Casals verheiratet seien, ist zunächst zentral, vermittelt wird vor allem die neue Situation und die Tatsache, dass Suggia sich mit ihrem

159 „Meine besten Wünsche für 1909. Mein Mann schließt sich mir an, wir schicken Ihnen unsere besten Grüße, Guilhermina Casals“; Postkarte aus Paris, 29. Dezember 1908.

160 „Lieber Freund, wir haben gerade einen fantastischen Sommer an der See verbracht. Ich hoffe, dass Sie alle auch gute Ferien hatten. Morgen brechen wir auf nach Paris, von wo aus wir wieder unser bewegtes Leben mit Reisen und Konzerten beginnen. Mein Mann und ich grüßen Sie ganz herzlich, Guilhermina Casals“; Postkarte aus Tarragona, Oktober 1909.

Mann zusammen als Paar versteht. Dazu gehört auch, dass sie ihn auf seinen Konzertreisen begleitet, wie es aus folgender Karte herauszulesen ist:

„Wien, 5 Dec.1910
Je reçois votre carte postale en route pour l'Autriche.
Excusez de ne pas vous avoir ecrit [sic] en reponse à votre lettre carte. J'étais tout le temps en voyage avec mon mari.
Je rentre à Paris à present [sic] et je vais vous écrire une lettre pour vous raconter aussi plusieurs choses de nos voyages.
Meilleurs souvenirs
Guilhermina Casals"[161]

Auf den Postkarten aus dieser Phase verwendet sie fast durchgehend die erste Person Plural, spricht von sich und ihrem Mann Pablo Casals. Während aus der letzten zitierten Karte keine beruflichen Meldungen mehr hervorgehen, so ist aus der folgenden eine zweite zentrale Botschaft herauszulesen: Sie und Casals sind nicht nur ein verheiratetes Paar, nicht nur zwei eigenständig erfolgreiche Künstler, sondern ein Künstlerpaar, das gemeinsam konzertiert:

„Scheveningen, 29 Juin 1910
Merci, cher ami, pour vos félicitations et pour votre bonne amitié – Nous sommes en Hollande depuis deux jours.
Ce soir nous jouons le double concert de Moór.
Mon mari et moi nous vous envoyons nos meilleurs souvenirs.
Guilhermina Casals"[162]

Die dritte Station kann als angedeutete Rücknahme des vorher schriftlich-performativ hergestellten Beziehungsstatus als verheiratete Frau interpretiert werden. Ab 1911 wechselt Suggia wieder die Sprache und schreibt an Lamas wie früher auf Portugiesisch. Sie unterschreibt mit Doppelnamen, Casals-Suggia, verwendet die erste Person Singular und fügt wieder, ähnlich wie in den frühen

161 „Ich habe Ihre Postkarte auf dem Weg nach Österreich erhalten. Entschuldigen Sie, dass ich nicht geschrieben und auf Ihren Brief geantwortet habe. Ich war die ganze Zeit unterwegs auf Reisen mit meinem Mann. Ich komme jetzt nach Paris zurück und werde Ihnen einen Brief schreiben, um Ihnen mehrere Dinge von unseren Reisen zu erzählen.
Beste Grüße
Guilhermina Casals"; Postkarte aus Wien, 5. Dezember 1910.

162 „Danke, lieber Freund, für Ihre Glückwünsche und für Ihre gute Freundschaft – wir sind in Holland seit zwei Tagen. Heute Abend spielen wir das Doppelkonzert von Moor.
Mein Mann und ich grüßen Sie ganz herzlich,
Guilhermina Casals"; Postkarte aus Scheveningen, 29. Juni 1910.

Postkarten, eine sehr herzliche Grußformel – „Ihre aufrichtige Freundin" – hinzu, auf die sie in den Karten zuvor verzichtet hatte:

> „Paris, 8 Janv. 1911
> Ich danke Ihnen sehr für Ihre Postkarte – ich wünsche Ihnen und Ihrer ganzen Familie ebenfalls alles Gute für das neu begonnene Jahr. Mein Mann fährt nach London aber schickt Ihnen ebenfalls *ses meilleurs voeux*. Ihre aufrichtige Freundin, Guilhermina Casals-Suggia"[163]

Die Bemerkung, ihr Mann fahre nach London, vermittelt die Botschaft, dass sie ihn nicht als seine Gattin begleitet, wie sie es zuvor getan hatte. Der Wechsel der Sprache, die Verwendung ihres Mädchennamens, die Formulierungen der Verbundenheit und das Schreiben in der ersten Person sowie die Mitteilung, Casals sei allein auf Reisen, markieren eine Veränderung im Beziehungsstatus, ohne dies explizit auszusprechen. Suggia demonstriert zum einen Distanzierung von ihrer Rolle als verheiratete Frau sowie eine neue oder zumindest neu angestrebte Unabhängigkeit, zu der auch gehört, dass sie den Kontakt zu einer langjährigen Bezugsperson, wie Lamas es für sie noch aus der Zeit vor der Verbindung mit Casals war, wieder intensiviert.

Bemerkenswert ist aus diskurskritischer Perspektive die auf schriftlicher Ebene inszenierte und anschließend wieder zurückgenommene Ehe. Anita Mercier konnte zeigen, dass Suggia und Casals nicht wirklich offiziell geheiratet, sondern sich darauf geeinigt hatten, als Ehepaar aufzutreten, aber keinen Ehevertrag zu unterschreiben, was im Kapitel zu Suggias Biographie ausführlicher besprochen werden soll. Vor diesem Hintergrund erhalten die knappen Mitteilungen der Postkarten viel Gewicht. Denn dort spiegeln und manifestieren sich die Veränderung dieser Beziehung und ihre Konsequenzen für die Künstlerin Suggia in rein sprachlicher Form. Das diskursive Gewicht geschriebener Worte hat hier die Macht eines performativen Aktes und wird als solcher von Suggia verwendet: Im Sinne Judith Butlers sind gerade Suggias Mitteilungen über den Beziehungsstatus performativ im Sinne von Performativität und von Performanz[164] zugleich: Zum einen reproduziert Suggia normative Verhaltensweisen und Erwartungshaltungen in Bezug auf ihren Status als verheiratete bzw. unverheiratete Frau. Zum anderen inszeniert sie ganz bewusst ihren Beziehungsstatus in einer von ihr gewählten Form. Diese kann als Maskerade und vielleicht sogar als Parodie betrachtet werden, denn das, was als zentraler Bestandteil der Ehe als performativer Akt gilt, die Eheschließung vor dem Gesetz, wird von Suggia und

---

163 Postkarte aus Paris, 8. Januar 1911.

164 Butler 1997b, S. 321.

Casals ausgelassen. Die Ehe wird aber „performed“[165], gespielt, erzählt und gelebt. So erhält sie eine neue subversive Komponente, wird zu einer gleichberechtigteren Form der Beziehung, in der Suggia nicht die Nachteile, die für Frauen bis weit ins 20. Jahrhundert mit Eheschließung verbunden waren, in Kauf nahm. Dies gelingt zumindest für eine Weile. Auch dass eine Trennung möglich ist, kann bereits als Teil dieses modifizierten Ehemodells verstanden werden, welches das traditionelle Modell imitiert und zugleich stark verändert. Diese Inszenierung beinhaltet, um mit Butler zu sprechen, eine Transformation des Bildes von der verheirateten Frau durch Verschiebung, durch Maskerade und durch Subversion.[166] Auf den Postkarten werden die Ehe, der Beziehungsstatus als verheiratete sowie später wieder als unverheiratete Frau und die daraus resultierenden Konsequenzen für das Leben von Suggia performativ hergestellt.

4.4 Guilhermina Suggias Publikationen in *Music & Letters* 1920/21

Im Folgenden sollen Texte von Guilhermina Suggia in inhaltsanalytischem Vorgehen diskutiert und für die Transformationsthese dieser Arbeit genutzt werden. In den Jahren 1920 und 1921 publizierte die Cellistin drei Artikel in der Zeitschrift *Music & Letters*. Diese Veröffentlichungen dokumentieren neben ihrer erfolgreichen Konzerttätigkeit, dass Suggia zu einer bedeutenden und anerkannten Künstlerin geworden war, deren Ansichten und Theorien über das Cellospiel, Interpretation sowie die Geschichte des Instrumentes gefragt waren. Auch wenn man meinen möchte, dass für eine Konzertsolistin schriftliche Publikationen weniger bedeutsam sind, so ist doch davon auszugehen, dass die Tatsache, vom Herausgeber dieser bis heute nicht unbedeutenden Zeitschrift angefragt zu werden, über das Cello und das Cellospiel zu schreiben, etwas über die Anerkennung, die ihr zuteil wurde, aussagt. Sie ist mit diesen Texten auch eine der ersten Künstlerinnen und nach bisherigem Forschungsstand die erste Cellistin, die instrumentalwissenschaftliche Texte aus der Perspektive einer Solistin publizierte. Celloschulen, Methoden oder Studienkompositionen hatte bisher keine Cellistin hinterlassen. Suggia hatte sich nicht nur als Solistin etabliert, sondern wurde auch als Autorin anerkannt und zu einer Autorität, die in der Musik und über Musik etwas zu sagen hatte.

165 Dies. 2002, S. 315; vgl. Hoff 2009, S. 189.
166 Butler 1991.

4.4.1 „*The Violoncello*" (*1920*)[167]

Die Bescheidenheit, mit der Suggia den ersten Artikel beginnt – „I feel shy and embarrassed to write for your journal, as you can see I am not a writer"[168] –, fällt auf. Zum einen entschuldigt sie sich für ihre „amateurhafte" Art, ihre Ideen nicht nur auf Englisch auszudrücken, einer fremden Sprache – die sie ausgesprochen gut beherrscht –, sondern auch dafür, dies aus der Perspektive einer ausübenden Musikerin zu tun. Zum anderen legt der bescheidene Tonfall nahe, wie sehr sie sich der Besonderheit bewusst war, dass sie als Cellistin und als Frau nun in der Position war, elementare Aussagen über das Cellospiel zu treffen. Damit nimmt sie eine bedeutsame öffentliche Rolle in einer Zeit ein, in der es noch kaum Professorinnen an Hochschulen, geschweige denn für das Fach Cello gab. Außerdem ist Autorschaft, auch innerhalb der Musikwissenschaft, bis weit ins 20. Jahrhundert eine männliche Domäne gewesen, wie sich nicht zuletzt an den Diskursen über Komponistinnen ablesen lässt. Das Schreiben von Frauen hatte sich, wie auch ihr Leben, im 19. Jahrhundert auf den privaten Bereich beschränkt. Briefe, Tagebücher, Romane und Reiseberichte wurden sogar häufig unter männlichen Pseudonymen veröffentlicht. Durch diese Beschränkung auf den privaten Bereich war das Schreiben, Komponieren und Musizieren von Frauen in der Nähe zum Dilettantismus angesiedelt. In der Entschuldigung, sie schreibe „amateur-like"[169], klingt diese Privatisierung weiblicher Autorschaft an. Zum anderen kann ihre Bescheidenheit zu Beginn als rhetorischer Schachzug verstanden werden, mit dem sie sich ‚weiblich' verhält – vergleichbar der ‚weiblichen' Spielweise Lise Cristianis – und sich zugleich eine Plattform erschafft, auf der sie frei ist, offen zu sprechen, zu beurteilen, ihre Sichtweisen darzulegen und auf diese Weise Einfluss zu nehmen. Denn in der Art und Weise, wie sie im Folgenden schreibt, zeigt sie sich nicht als besonders bescheiden, sondern als selbstbewusst und anspruchsvoll. In ihrer Kritik am Cellospiel von Zeitgenossen und Cellisten aus der Vergangenheit schlägt sie bisweilen einen geradezu sarkastischen Tonfall an.

Die Vorstellung der Verbindung von Technik und Musik, die Suggia in diesem Artikel darlegt, gehört zu dem Typus des Interpreten, der es sich seit der zweiten Hälfte des 19. Jahrhunderts zur Aufgabe macht, seine Technik in den Dienst der Komposition zustellen, nicht aber als Virtuose zu beeindrucken. Dieser Typus wurde beispielsweise mit Persönlichkeiten wie Joseph Joachim und

167 Suggia 1920.
168 Ebd., S. 104.
169 Ebd.

Clara Schumann assoziiert.[170] Suggia spricht über Technik im Dienste der Interpretation in einer Form, die bis heute gültig ist und die für die damalige Zeit als ausgesprochen modern und avanciert gelten musste.

Sie betont, wie wichtig es sei, nach einem „schönen Klang“ zu suchen: „A noise is not music.“[171] Selbstbewusst bemerkt sie, es sei erstaunlich, wie wenig Cellisten es gebe, die spielen könnten, „ohne Geräusche zu machen“.[172]

> „How long will it be before cellists will realise that if the cello does not hold its place with the piano or violin in a concert room or as a solo instrument, the fault does not lie in the cello nor in its literature but only in the player!“[173]

Hier wird deutlich, was in Bezug auf Casals von der Musikhistoriographie häufig betont wurde: In dieser Generation gibt es eine enorme Steigerung des cellistischen Niveaus, das sich in den folgenden Generationen fortsetzt und vor allem durch Casals und seine Erneuerungen der Cellotechnik befördert wurde. In den 1920er Jahren befand sich dieser Veränderungsprozess in seinen Anfängen. Die Cellotechnik unterschied sich immer mehr von der Violintechnik, so dass heute das Cello der Geige und dem Klavier als Soloinstrument ebenbürtig ist. Des Weiteren äußert sich Suggia in dem erwähnten sarkastischen Tonfall über das, so lautet ihre Darstellung, allgemein geduldete und meist miserable Niveau des Cellospiels:

> „The cello in the past, and to a great extent in the present also, seems to be the one instrument in which audiences and critics […] will bear bad intonation, scraping, harsh sounds, and almost everything which is anti-musical.“[174]

Es folgt eine ausführliche, ins Groteske gesteigerte Beschreibung einer schlechten Konzertdarbietung eines Cellisten, in der Suggia alle Marotten, derer Cellisten fähig sein können, versammelt. Aber weder Publikum noch Kritiker würden protestieren – wie solle sich so das Niveau des Cellospiels verbessern, kommentiert die Cellistin. Ihr Aufruf ist eindeutig: Das Cello ist eines der außerordentlichsten Instrumente und zu fast unendlichen Möglichkeiten des Spiels befähigt – nur weder Literatur noch Spieler befänden sich gegenwärtig in der Lage, es angemessen zum Klingen zu bringen.[175]

Die Sichtweise, dass die Cellisten des 19. und 18. Jahrhunderts weniger gut gespielt hätten als heute, ist verbreitet, aber musikhistoriographisch nicht ganz

170 Vgl. Borchard 2004.
171 Suggia 1920, S. 105.
172 Ebd.
173 Ebd.
174 Ebd.
175 Ebd., S. 104f.

unproblematisch. Die Literatur aus der genannten Zeit, die technisch oft extrem anspruchsvoll ist – man denke an die Konzerte von Romberg, die Etüden von Grützmacher, die Bravourstücke von Servais und Popper –, spricht für eine andere Sichtweise, die in den Blick rückt, wie in der jeweiligen Zeit über die aktuelle Spielweise und die der Vergangenheit gesprochen wurde. Es ist nicht davon auszugehen, dass all diese virtuosen Werke jahrzehntelang unsauber und kratzend dargeboten wurden, zumal in Kritiken über die Größen der jeweiligen Zeit (Romberg, Servais, Popper u.a.) häufig erwähnt wird, wie sauber und klangschön sie gespielt hätten. Gerade aber die Äußerungen in Presserezensionen sind nicht geeignet, um daraus faktische Informationen über die Spielweise und das Niveau des Cellospiels aus der Vergangenheit abzulesen.[176] Boettcher und Pape sprechen in diesem Zusammenhang von „sprachlichen Klischees, zu denen im 19. Jahrhundert die Schönheit, edle Schönheit, seltene Schönheit [...] [und] der entzückende Ton zählen“[177].

Die Äußerungen von Musikkritikern und Musikern, so auch die von Suggia, repräsentieren Diskurse über Geschmack, Stil und Kulturbegriffe, die historisch eingeordnet werden müssen. Sicherlich wurde im 18. Jahrhundert und auch noch in der ersten Hälfte des 19. Jahrhunderts anders gespielt. Der Stil sowie auch das Instrument und das Repertoire veränderten sich. Auch der Vergleich alter Aufnahmen mit denen aus der heutigen Zeit ist problematisch, da die Aufnahmebedingungen und auch das Endprodukt nicht mit der Produktion einer CD im 21. Jahrhundert verglichen werden können. Man kann aber davon ausgehen, dass Suggia aus ihrer Perspektive 1920 über ein Spiel spricht, an das bereits veränderte Ansprüche gestellt wurden. Man denke an die größeren Konzertsäle, neue Celloliteratur wie die Konzerte von Dvořák, Lalo, Saint-Saëns, sowie neue Techniken im Hinblick auf das Material wie zum Beispiel die Erfindung der Stahlsaiten. Was auf einer Darmsaite nur ein Geräuschanteil des Tons gewesen war, wurde auf der Stahlsaite zu „noise“. Schnelle Figuren und *Arpeggios* und der leichtgängige Gebrauch hoher Lagen, wie man ihn insbesondere in den Salon- und Virtuosenstücken Offenbachs finden kann, hatten von der Darmsaitentechnik profitiert, die weniger Druck im Bogen als auch in der linken Hand erforderte. Einige dieser Stücke wurden nun mit Stahlsaiten und dem Anspruch, große Säle zu füllen, deutlich schwieriger, während neues Repertoire, wie z.B. das Dvořák-Konzert, auf einem Cello ohne Stachel und mit Darmsaiten kaum

176 Vgl. Pape/Boettcher 2005, S. 156.
177 Ebd., S. 156.

spielbar gewesen wäre. Zu Beginn des 20. Jahrhunderts war die Verwendung von Stahlsaiten noch keine Selbstverständlichkeit.[178]

Suggia und die Cellisten ihrer Generation kritisierten im Hinblick auf das vom 19. Jahrhundert geprägte Cellospiel folgende Punkte: ein zu geringes Tonvolumen, bedingt durch Darmsaiten bzw. eine Spieltechnik, die noch nicht optimal auf die Verwendung von Stahlsaiten eingestellt war; außerdem eine sich auf Unterarm und Handbewegungen konzentrierende Bogentechnik sowie die „Konvention, relativ viele Noten auf einen Bogen zu nehmen“[179]. Darüber hinaus galt die Kritik der stärkeren Geräuschproduktion. Diese lässt sich erklären mit der Beschaffenheit von Darmsaiten in Verbindung mit einer neuen Spielweise, die an Cantilene und solistischer Virtuosität orientiert war. Des Weiteren erforderten größere Konzertsäle und neues Repertoire eine höhere Lautstärke, die zum Spiel mit „größerem Bogendruck“[180] verleiten kann, was bei Darmsaiten ebenfalls schneller zu „Nebengeräuschen“[181] führt. Schließlich bezog sich Suggias Kritik auf häufige *glissandi* und *portamenti* sowie auf die Intonation, deren Schwäche durch an der Violintechnik orientierte Fingersätze hervorgerufen wurde.

May Mukle muss zeitgleich mit Suggia noch mit einer Technik gespielt haben, die aus der Ära vor den cellotechnischen Reformen von Casals stammte. Sie verfolgte bis in die 1960er Jahre eine erfolgreiche Karriere.[182] Ihr sei es gelungen, „die altmodischen Fingersätze mit den vielen Rutschern zu überspielen“[183], so zitiert Harald Eggebrecht die Cellistin Elisabeth Cowling, die Mukle 1959 in North Carolina spielen hörte. Hört man heute Aufnahmen aus der ersten Hälfte des 20. Jahrhunderts, beispielsweise von Max Bruchs *Kol Nidrei*, aufgenommen sowohl von Casals als auch von Suggia[184], so fällt auf, wie häufig *portamenti* (eben solche „Rutscher“) eingesetzt werden – möglicherweise ist dies als Übernahme eines vokalen *Portamento*-Stils, der für die zweite Hälfte des 19. Jahrhunderts durchaus typisch war, zu deuten. Casals und Suggia spielten bereits mit der neuen Technik und galten als die besten Solisten ihrer Generation. Jedoch war

178 Noch 1932 spricht Franz Thomastik von einer „Verwirklichung kultureller Notwendigkeiten“ in Bezug auf den „Übergang von der Darmbesaitung zum Stahl“ und erwähnt, dass es ein „verhältnismäßig enger Kreis von Menschen“, darunter aber „prominenteste Spieler“ sei, der sich für die Verwendung der Darmsaiten entschieden habe (Thomastik 1932, Vorwort).

179 Ebd., S. 157.

180 Ebd.

181 Ebd.

182 Eggebrecht 2007, S. 92.

183 Ebd.

184 Vgl. Mercier 2008, S. 158. Aufnahme von Suggia aus der Queen's Small Hall, 17. Juni 1927, Dirigent Lawrence Collingwood, HMV DB 10. Remaster auf CD: Suggia Plays Haydn, Bruch, Lalo, Dutton 2004. BP 9748.

der Geschmack dieser Zeit noch von den Generationen davor geprägt und sicher auch von den technischen und musikalischen Gepflogenheiten, so dass dieses Spiel, das damals revolutionär und neu war und die Grundlage für die moderne Cellotechnik bildet, sich aus heutiger Perspektive durchaus auch ‚altmodisch' anhören kann. Vom Cellospiel des 19. Jahrhunderts haben wir keine Aufnahmen, so dass es nur möglich ist, zu spekulieren, wie es geklungen haben mag.

Interessant für die Fragestellung dieser Untersuchung ist vor allem, dass Suggia aus der Position der erfolgreichen Solistin spricht. Sie beansprucht zu Recht, die Fehler und Schwächen, die sie an ihren Kollegen kritisiert, bereits überwunden zu haben. Indem sie für eine neue Qualität des Cellospiels plädiert, für die Strenge des Publikums gegenüber mittelmäßigem Spiel, positioniert sie sich selbstbewusst in der vordersten Reihe der Künstler, der Avantgarde des Cellospiels. Und sie tut dies, ohne zwischen Cellistinnen und Cellisten zu unterscheiden, was im 19. Jahrhundert undenkbar gewesen war. Indem sie keinerlei genderspezifische Themen anspricht, drückt sie implizit aus, dass diese für sie keine diskussionswürdigen Überlegungen und Sichtweisen mehr darstellen. Sie ist in diesem Kontext und in ihrer Zeit eine der wenigen, die auf solch hohem Niveau Cello spielen. Damit steht sie als erfolgreiche Solistin dafür, eine geschlechtsspezifische Deutung des Instrumentalspiels überwunden zu haben.

Der genannte Artikel von Suggia thematisiert noch eine weitere Formverwandlung instrumentalkünstlerischen Schaffens und beinhaltet eine Hommage an Casals. Eingeleitet wiederum durch einen ironisch-bissigen Abschnitt über schlechten Unterricht – sie vergleicht einen schlechten Lehrer mit einem schlechten Arzt, der den Patienten durch eine falsche Diagnose tötet[185] –, folgt eine Darstellung ihres Konzeptes: Niveauvolles Cellospiel beruhe u.a. auf dem perfektionistischen Üben von Tonleitern. In dieser Auffassung bezieht sie sich auf Casals:

> „He laid the greatest stress on the common scale, and was convinced that if a cellist could play a scale perfectly he could play anything."[186]

Nach einer Auflistung einiger bedeutender Cellisten aus der Vergangenheit schreibt sie:

> „[T]he end of the 19th and the beginning of the 20th century has in Pablo Casals the greatest of all, the one that carried to a much higher degree the cello technique; and it will be due to him that the cello will take rank, not only by the side of the violin, but as the first bow instrument there is. […] It is the essence of music that emanates from his performances, and he becomes an intermediary between the composer and the public, one

185 Suggia 1920, S. 106.
186 Ebd., S. 107.

> with a perfect technique, which is the equivalent of words expressing thoughts, and this is the ultimate aim of the musician. Only such a musician deserves the crowning name of artist."[187]

Casals wird in Suggias Würdigung zum Idealbild des Interpreten, der virtuos spielt, aber nicht Virtuose, sondern ganz Musiker und Künstler ist. Casals erhält bis heute die Zuschreibung, eine Art „Vater" des Cellospiels zu sein.[188] Pape und Boettcher sprechen von einer „mit Casals einsetzenden Vervollkommnungsphase cellistischer Spielkunst"[189]. Tatsächlich formuliert Suggia also eine Sicht auf die Bedeutsamkeit von Pablo Casals für die Geschichte des Cellospiels, die bis heute gültig ist. Es handelt sich keineswegs um eine persönliche Idealisierung, sondern um eine frühzeitige, zutreffende Einschätzung von Casals.

Hat Suggia, entgegen manifester emanzipativer Selbstpräsentation als Solistin und Autorin, sich in ihrem Einfluss selbst zurückgenommen, indem sie diese Würdigung ausspricht? Warum scheint der Gedanke, für Suggia eine vergleichbare Bedeutung in der Geschichte des Cellos zu beanspruchen – wie es Rezensenten und Zeitgenossen getan hatten –, für die Cellistin selbst, aber auch für die Nachwelt nahezu undenkbar?

Wie sehr diese beiden Instrumentalkünstler, Casals und Suggia, nur eine Etappe im Transformationsprozess künstlerischer Lebensentwürfe und Performanzen darstellen und nicht bereits die Überwindung geschlechterpolarisierender Bilder künstlerischen Schaffens, soll nochmals durch ein biographisches Detail des Paares erhellt werden. Suggia schreibt ihre wertschätzenden Worte über Casals 1920, etwa sieben Jahre nach der Trennung. Im Gegensatz dazu hat Casals der Nachwelt keinerlei Äußerungen über Suggia hinterlassen – in Briefen sprach er über sie nur vom „schrecklichsten Unglück"[190] in seinem Leben. Sie kommt in keiner seiner autobiographischen Aussagen vor.[191] Die Trennung muss ihn zutiefst verletzt haben, vielleicht gerade deswegen, weil zu vermuten ist, dass es Suggia gewesen war, die sich gegen eine weitere Beziehung mit diesem von ihr so sehr geschätzten Cellisten entschied.

Bemerkenswert ist, welch hohen Stellenwert Suggia dem Instrumentalunterricht beimisst und zugleich reflektiert, wie wenig darüber nachgedacht werde.[192] Auch argumentiert sie: „A fine soloist is not always a great teacher, neither is a

---

187 Ebd., S. 108.

188 Z. B. Eggebrecht 2007, S. 26ff.: Kapitel über Casals mit dem Titel „Der Vater – oder Wahrhaftigkeit des Ausdrucks. Pablo Casals".

189 Pape/Boettcher 2005, S. 162.

190 Brief von Casals an Fortas vom 24. September 1961, zitiert nach Baldock 1994, S. 85.

191 Ebd.

192 Suggia 1920, S. 106.

great teacher necessarily a fine soloist“[193] – eine Sichtweise, die bereits anklingen lässt, dass sie an eine Pädagogik denkt, die nicht nur aus Imitation und „Meisterlehre“[194] besteht. Auch diesen Abschnitt kommentiert sie ironisch und selbstbewusst: Der durchschnittliche Lehrer allerdings sei weder ein Theoretiker noch ein Praktiker, und das Nachsehen habe der Schüler.[195]

Gerade weil es um den bemerkenswerten Widerspruch geht, dass Suggia einerseits in ihren Artikeln eine geradezu ausgefeilte aufführungstheoretische, instrumentalpädagogische und musiktheoretische Position bezieht und zugleich mit ihrer Hommage an Casals dazu beiträgt, diesen als Ikone zu etablieren und sich selbst in den Schatten zu rücken, sollen noch einige weitere Äußerungen Suggias besprochen werden. Sie trägt mit ihren Veröffentlichungen zu einem sich wandelnden Verständnis von instrumentalkünstlerischem Können bei. Außerdem leistet sie einen entscheidenden Beitrag zur Professionalisierung des Instrumentalkünstlers und der Instrumentallehre durch detaillierte Beschreibung der notwendigen Kompetenzen und Fähigkeiten in Werkinterpretation und Aufführungspraxis.

So spricht Suggia die verschiedenen Wirkungsfelder von Cellistinnen und Cellisten an und formuliert die dafür jeweils angemessenen musikalischen Haltungen und Schwerpunkte. „It is the *work* which matters“[196] betont sie, insbesondere im Ensemblespiel und in der Kammermusik, zu der sie auch die Sonaten für Violoncello und Klavier[197] zählt. Sie fordert auch hier eine Haltung der Interpreten, sich als Medium zwischen Komposition und Publikum zu verstehen, nicht sich selbst oder technische Details in den Vordergrund zu rücken. Wieder kritisiert sie, und dies zieht sich wie ein roter Faden durch ihren Artikel, die ihrer Auffassung nach falsche, selbstdarstellerische und den Werken nicht angemessene Einstellung vieler Interpretinnen und Interpreten. Gerade die Sonaten seien häufig kein Erfolg, weil das Wissen über die komplizierte Balance zwischen Cello und Klavier meistens fehle – ein Thema, das bei diesen Stücken immer aktuell bleibt. Zum Schluss würdigt sie mit großem Respekt auch den Cellisten im Orchester: „I wonder how many people give him a thought!“[198] und thematisiert die Problematik von Höchstleistung und fehlender Anerkennung, der Orchestermusiker ausgesetzt sein können. Aus der Perspektive der Solistin

193 Ebd.

194 Röbke 2000, S. 84.

195 Suggia 1920, S. 106.

196 Ebd., S. 108.

197 Bzw. für Klavier und Violoncello wie bei Brahms, Beethoven u.a.

198 Suggia 1920, S. 109.

sieht sie diesen Beruf sogar als den „most nervous and exhausting of the three branches of our beautiful instrument“[199].

4.4.2 *„Violoncello Playing“ (1921)*[200]

Im April 1921 erscheint ein zweiter Artikel von Guilhermina Suggia in *Music & Letters*. Dies muss auf Nachfrage geschehen sein, wie man im einleitenden Satz lesen kann:

> „Since I wrote on the violoncello for Music and Letters [...] I have been asked from several quarters to say something more about it [...].“[201]

Insbesondere habe man sie gebeten, über „Tonqualität“ zu sprechen. Dieser Artikel beginnt direkt mit dem Thema ohne einleitende Erklärungen oder gar Entschuldigungen.

„A big technique on the violoncello without a good tone is not pleasant“ – Tonqualität sei vom Spieler, nicht vom Instrument oder gar Instrumentenbauer abhängig. Wieder fällt auf, wie selbstbewusst Suggia kritisiert und parodiert, seien es Laien, die teure Instrumente besitzen, aber „wenn sie darauf spielen, möchte man meinen, sie spielten auf einem Fabrik-Instrument“[202], oder professionelle Cellisten:

> „The world is unanimous in declaring that the violoncello is the most glorious instrument the gods ever made, yet how few violoncellists have made it worthy of its godliness!“[203]

Weiter geht ihr kritischer Blick noch einmal zu den Cellisten in der Vergangenheit:

> „To many of the past generation of violoncellists we owe much good, but also a great deal of harm. [...] [I]f it were possible to hear those great virtuosi of the past generation we would be surprised to find that we no longer could enjoy their playing as our predecessors did.“[204]

Diese These hatte Suggia schon im Artikel von 1920 anklingen lassen, hier führt sie weiter aus, das Cello sei kein populäres Instrument gewesen und sie erinnere sich, dass es in ihrer Jugend unmöglich gewesen sei, als Cellistin oder Cellist die

---

199 Ebd., S. 110.
200 Dies. 1921b.
201 Ebd., S. 130.
202 Ebd., Übersetzung von Katharina Deserno.
203 Ebd.
204 Ebd.

gleichen Honorare zu verlangen wie es Geiger oder Pianisten taten. Außerdem erinnert sie sich „how a particular lady violoncellist was accepted to play in Munich only on account of her looks“[205]. Diese Äußerung ist die erste und einzige, die Gender-Aspekte anspricht, dies allerdings eher beiläufig. Ob die erwähnte Cellistin damit entwertet wird oder die Cellisten der Vergangenheit im Allgemeinen, bleibt verschwommen. Wer mag die Cellistin gewesen sein? Vielleicht Anna Kull, die in München konzertierte. Warum das Cello als Soloinstrument besonders in Deutschland unbeliebt gewesen sein soll[206], wie Suggia es formuliert, erscheint ebenfalls etwas unklar, zumal sich im Laufe des 19. Jahrhunderts mit ihrem Lehrer Julius Klengel (1859–1933), mit Hugo Becker (1864–1941), Georg Friedrich Goltermann (1824–1898), Friedrich Wilhelm Grützmacher (1832–1903), Bernhard Cossmann (1822–1919) und Sebastian Lee (1805–1887) eine starke deutsche Celloschule herausbildete, die bereits auf Vorbilder wie Bernhard Romberg (1767–1841) oder Justus Johann Friedrich Dotzauer (1783–1860) zurückblickte.[207]

Vielleicht spricht Suggia hier implizit über ihre Erfahrungen als Cellistin, als Frau, der mit diesem Instrument möglicherweise gerade in Deutschland Vorbehalte entgegengebracht wurden? Ihre Konzerte in Deutschland, die sie zu Beginn des 20. Jahrhunderts gab, scheinen allesamt große Erfolge gewesen zu sein, so geht es aus ihren Postkarten und den Briefen ihres Vaters[208] nach Portugal an Freunde oder Familie hervor. Dass eine Cellistin nur wegen ihres Aussehens in München hätte auftreten können, wirkt aus diesem Kontext heraus unvermittelt, und es erstaunt, dass Suggia keine weiteren Worte über Frauen am Cello verliert. Die Thematisierung des Aussehens trifft durchaus die Situation ihrer Vorgängerinnen Lise Cristiani oder auch Anna Kull, die wegen ihres schönen und ‚weiblichen‘ Aussehens und Auftretens akzeptiert wurden, reproduziert aber eine stereotype Sichtweise auf Frauen als Instrumentalkünstlerinnen, vergleichbar der Einschätzung Cristianis durch Wasielewski, dessen Cellisten-Kompendium 1925 wiederaufgelegt wurde.[209] Suggia vertieft den angedeuteten Genderaspekt nicht weiter, sondern konzentriert sich in ihrer Argumentation darauf zu erklären, dass das Cellospiel in Vergangenheit und Gegenwart unvollkommen gewesen sei, weil es auf falschen technischen und musikalischen Grundsätzen basiert habe:

> „The study of the violoncello […] has been approached from a wrong point of view, and we are still today suffering from the results.“[210]

205 Ebd.

206 Ebd.

207 Vgl. Bächi 2003.

208 Vgl. Mercier 2008, S. 13; vgl. Pombo 1993, S. 124ff.

209 Wasielewski 1889, S. 192.

210 Suggia 1921b, S. 131.

Suggia unterscheidet – ähnlich wie im vorigen Artikel in Bezug auf die Lehrer – zwei Typen von Musikern, die sie beide für „imperfect" hält:

> „The virtuoso without musicality and the good musician without technique."[211]

Indem sie letzteren zum „less harmful of the two" erklärt, stützt sie ihre Argumentation, die wir bereits kennen: Technik muss der Musik dienen bzw. Technik und Musik sind eins, das Üben von Technik muss musikalisches Üben sein und andersherum:

> „The day has arrived when it is realised that the study of technique and tone are one with the study of music."[212]

Dies ist eine anspruchsvolle Forderung, die man auch in modernen didaktischen Konzepten wiederfinden kann. Die Cellistin Maria Kliegel veröffentlichte 2006 ihr Buch *Mit Technik und Fantasie zum künstlerischen Ausdruck*[213], in dem sie eine vergleichbare Sichtweise auf das Cello-Spielen, Üben und Lehren entfaltet. Während Kliegel ein ganzes Buch mit DVD über die technischen Mittel wie Vibrato, Lagenwechsel, Bogentechnik etc., die eine souveräne Beherrschung des Instrumentes im Dienste der Musik und eine fantasievolle Interpretation ermöglichen, publiziert, spricht Suggia in ihrem kurzen Artikel – dem Format entsprechend – nur einige Punkte an. Insbesondere erwähnt sie das Vibrato, seine Variationsmöglichkeiten und die Einsetzbarkeit der verschiedenen Vibrato-Arten. Es ist interessant, dass sie kaum etwas zur Bogentechnik sagt, obwohl sie zu Beginn des Artikels die „Tonqualität"[214] ins Zentrum rückt. Tonqualität oder Klangschönheit scheint ihr besonders wichtig zu sein. Dass dies ein zentraler, vielleicht tatsächlich der wichtigste Aspekt beim Streichinstrumentenspiel ist, steht außer Frage. Interessant ist an dieser Stelle ein Rückblick ins 19. Jahrhundert zu Lise Cristiani: In allen Rezensionen war sie insbesondere für ihren schönen Klang gelobt worden, ihr wurde die Fähigkeit zugeschrieben, aus dem Cello solche Töne hervorzulocken, „wie sie eine menschliche Stimme hervorbringt"[215]. Suggia bezieht sich nicht auf andere Cellistinnen oder frauenspezifischeThemen. In ihren Ausführungen über die Klangschönheit stellt Suggia das Vibrato, ein am Gesang orientiertes Gestaltungsmittel, in den Vordergrund, nicht etwa Kraft oder eine besonders präzise Technik der linken oder rechten Hand. Darin kann man eine Fortführung des aus dem 19. Jahrhundert

211 Ebd.

212 Ebd.

213 Kliegel 2006.

214 Suggia 1921b, S. 130.

215 Barbier, A. 1860, Teil 1, o. S.; Lanoye 1863, S. 385: „des sons semblables à ceux de la poitrine humaine".

stammenden Diskurses über das gesangliche, als weiblich empfundene Cellospiel erkennen. Suggia nähert sich dem Phänomen der Klangschönheit aber aus einer anderen Position heraus, als es Cristiani getan hatte. Klangschönheit war eines der wenigen Charakteristika von Cristianis Spielweise, die zwar als spezifisch weiblich herausgestellt worden waren, aber auch bereits zu den geschlechtsneutralen Erwartungen an niveauvolles Cellospiel zählten. Der Parameter Klangschönheit beinhaltete für Cristiani keine paradoxe Anerkennungs- und Abwertungsstruktur, wie es bei der Anerkennung für ihr zartes, elegisches und an der Melodie orientiertes Spiel der Fall war. Vielleicht konnte Suggia gerade deswegen besonders gut an diesen Aspekt anknüpfen, ohne dies explizit zu thematisieren. In ihren Texten zeigt sich eine Transformation des Diskurses über den Zusammenhang von Weiblichkeit und Klangschönheit. Beide Begriffe sind nun entkoppelt. Suggia kann als erfolgreiche Frau bereits auf einen ursprünglich als besonders weiblich verstandenen Aspekt des Cellospiels zurückgreifen und diesen in einem weiteren Schritt der Transformation als Grundpfeiler des Cellospiels an sich ohne geschlechtsspezifische Unterscheidungen etablieren.

Ähnlich wie auch heute breite Teile der an Gleichstellung orientierten Debatten über Frauen und Berufserfolg von Frauen selbst so geführt werden, dass nicht Quotierung, sondern geschlechtsunabhängig Leistung und Kompetenz ins Zentrum der Argumentation rücken, so war vor knapp 100 Jahren Suggia in der musik- und kulturtheoretischen Diskussion daran interessiert, das künstlerisch Gelungene als Ergebnis geschlechtsneutraler Aspekte, des Zusammenspiels von versierter Technik und musikalischem Ausdrucksvermögen in den Mittelpunkt zu stellen. Sie entfaltet auf diese Weise eine Art Theorie der Professionalisierung des Instrumentalspiels, indem sie basale Kompetenzen herausarbeitet, die für eine gelingende Werkinterpretation nötig sind. Solche Kompetenzen treten an die Stelle mystifizierender Beschreibungen vom Klang und seiner Entstehung, wie dem vermeintlichen weiblichen Empfinden, seiner Zartheit und Eleganz, die sich in einer genderspezifischen Natur begründeten. Damit stellt sie den performativen und jedes Mal wieder herzustellenden Charakter von Instrumentalkunst in den Vordergrund. Diese Performativität von Qualität ist in Suggias Argumentation als geschlechtsunabhängig zu verstehen. Damit markiert sie eine Haltung, in der Geschlecht eine Interpretation prägen kann, weil es Teil der jeweils individuellen performativen Inszenierung sein kann, aber nicht muss. Wenn es einer Cellistin ebenso wie einem Cellisten möglich ist, eine gelungene Interpretation zu liefern, so wird die Frage nach der Determiniertheit von weiblichem Können, welche die Sichtweise auf die Instrumentalistinnen des 19. Jahrhunderts massiv geprägt hatte, hinfällig. In der Performance auf der Bühne, die eine Überwindung geschlechtsspezifischer Bilder zu ermöglichen scheint, zeigt sich so auch die Performativität von Geschlecht.

Nachdem Suggia einige technische Details des Vibratos im Kontext ihrer interpretatorischen Einsetzbarkeit besprochen hat, leitet sie über zu einer weiteren, sehr existentiellen Grundthese: Das Zuhören sei die Basis jedes guten Spiels. Ohne ein gutes Ohr könne kein gutes Vibrato und keine gute Intonation erzeugt werden. Ihre Forderungen an Interpretinnen und Interpreten sind klar und umfassend und werden als lebenslange Aufgabe beschrieben:

> „There is no short road to the making of a great artist. It can only be attained by great patience, real hard work and love for the instrument [...].“[216]

Auch betont sie, dass Spieler, die nie mit Problemen gekämpft hätten, niemals gute Lehrer sein könnten. Sie verurteilt sowohl konsequentes Üben „ohne Zuhören“[217] als auch das Spiel mit einer „facility for playing without practice“[218]. Sie erwartet ein ernsthaftes forschendes Arbeiten und Üben am Instrument[219], damit eine Kombination aus Technik und musikalischer Interpretation die „Schönheit eines Werkes“ hervorbringen und in den Vordergrund jeder Aufführung stellen könne.[220]

Des Weiteren äußert Suggia sich ausführlich über die Rolle der Pianisten, die Instrumentalsolisten begleiten, ähnlich wertschätzend wie in Bezug auf die Orchestermusiker und mit Sensibilität für Status und Psychologie dieser Rolle. Von „accompanists“ werde das gleiche technische Niveau erwartet wie vom Solisten, nur habe er noch dazu die Aufgabe, sich unterzuordnen und anzupassen, um den Solisten zu unterstützen – denn ohne einen guten Begleiter wäre keine gute solistische Darbietung denkbar.[221] Sie schließt den Artikel mit einem Kommentar über die soziale Ungerechtigkeit der Musikwelt:

> „[A]rtistically a great accompanist may be quite as high an artist as the greatest soloists in the world; the only difference in their actual material position is an unfortunate one – it is a commercial difference.“[222]

Es ist bemerkenswert, wie in diesem kurzen Artikel, aber auch zuvor in „The Violoncello“ Ungerechtigkeiten thematisiert werden und wie sehr sich die Cellistin, die sich als Solistin und Kammermusikerin auf der Höhe ihres Erfolgs befindet, in die Rolle anderer, weniger privilegierter Musiker hineinfühlen kann. Als Frau positioniert sie sich wie selbstverständlich zwischen den anderen Welt-

216 Suggia 1921b, S. 133.
217 Ebd., S. 132.
218 Ebd., S. 133.
219 Ebd.: „research work on their instrument“.
220 Ebd.: „so that the beauty of the work itself shall stand out as the first thing“.
221 Ebd., S. 133f.
222 Ebd., S. 134.

klassekünstlern ihrer Zeit, auf eine Thematisierung ihrer Sonderrolle als Cellistin, in einer Geschichte des Cellos als männlichen Instruments, lässt sie sich nicht ein. Es ist möglich, dass sie sich zu dem Zeitpunkt darüber keine Gedanken machte. Wahrscheinlicher ist es, dass es für sie problematisch gewesen wäre, frauenspezifische Themen anzusprechen. Sicherlich hätte es dafür offene Ohren gegeben, denn gerade in England organisierten sich Künstlerinnen wie May Mukle oder Rebecca Clarke z.B. in der Society of Women Artists. Ethel Smyth bekannte sich als Komponistin zu der Suffragetten-Bewegung, die vehement für das Wahlrecht und die Gleichstellung der Frauen eintrat.[223] Es ist zu vermuten, dass Suggia durch ihre Erfahrung in der Beziehung zu Casals, ihren Widerstand gegen eine Ehe und die Trennung, sich durchaus mit ihren Rechten und Chancen als Frau auskannte und befasst hatte. Nach der schwierigen Trennung von einem Mann, der nicht nur einer der bedeutendsten Künstler der Musikgeschichte wurde, sondern auch ihr Lehrer und Konzertpartner gewesen war, durch den sie viele professionelle Kontakte gewonnen und anschließend auch wieder verloren hatte, hatte sie es geschafft, sich unabhängig als Solistin und bedeutende Künstlerinnenpersönlichkeit zu etablieren. In dieser Zeit ihrer Karriere in England muss es für Suggia sehr wichtig gewesen sein, sich als autonom erfolgreiche Künstlerin zu beweisen. Sich mit der Frauenbewegung zu assoziieren und frauenspezifische Themen zu artikulieren, war für sie vielleicht mit der Befürchtung verbunden gewesen, diesem Erfolg zu schaden und hätte ihr möglicherweise das Gefühl gegeben, etwas von den hart erarbeiteten Erfolgen – ohne „short road"[224] – zu gefährden. Ihre Selbstpositionierung in diesen Artikeln verweist auf eine erlebte oder zumindest mit allen Mitteln angestrebte und auch in Teilen gelungene Überwindung der Geschlechtergrenzen, in der sie als Künstlerin an die Weltspitze gelangte.

4.4.3 „A Violoncello Lesson: Casals' ‚Obiter Dicta'"[225]

Diese Veröffentlichung ist eine Zusammenstellung von Ergebnissen, Bemerkungen, Essenzen aus dem Unterricht von Pablo Casals, die Suggia für die Zeitschrift *Music & Letters* verfasste. Durch Notenbeispiele und kommentierte Originalzitate von Casals wird ein Einblick in Casals' Unterricht und seine Theorien über Cellospiel, Cellotechnik und Musik gegeben. Eine erneute Hommage an Casals und eine nützliche Veröffentlichung für Cellistinnen und Cellisten in

223 Vgl. Housego/Storey 2012.
224 Ebd.
225 Suggia 1921a.

England, die keine Gelegenheit hatten, Meisterkurse bei Casals zu besuchen, um dessen Unterricht, Interpretationsansätze und sein Spiel kennenzulernen.

Diran Alexanian (1881–1954), der 1919 Casals' Assistent an der neu gegründeten École Normale de Musique in Paris wurde und in den Jahren von 1921 bis 1937 Casals' Celloklasse übernahm[226], veröffentlichte 1922 einen *Traité théorique et pratique du violoncelle*[227]. Darin fasste er „seine Konzeption und die Ideen von Casals zu einem veritablen Lehrgebäude zusammen"[228], so Eggebrecht. Suggia hatte mit ihrer Veröffentlichung bereits ein Jahr zuvor einen ähnlichen Ansatz verfolgt. Im Bewusstsein der Wichtigkeit der Neuerungen, die Casals' Lehre für das ‚moderne' Cellospiel bedeuteten, dokumentierte sie ihr besonders aussagekräftig erscheinende Zitate aus Casals' Lehre. Mit der Zusammenstellung der „Obiter Dicta" versammelte sie unter dem Motto des ‚beiläufig Gesagten' Kernsätze aus Casals' Unterricht. Sie selbst verschwindet dabei ganz im Hintergrund: „The following notes of Casals's public lessons delivered in Paris this summer to various pupils have been supplied by Madame Suggia." Bis auf diese einleitenden Worte spielt Suggia in ihrer Rolle als Herausgeberin in dem Text dann keine Rolle mehr, obwohl davon auszugehen ist, dass alle Kommentare von ihr stammen. Während Alexanian ein Jahr später ein ganzes Lehrwerk veröffentlichte, das Casals' Schule und zugleich Alexanians Theorien und damit ihn als Lehrer präsentierte, beließ es Suggia bei ihren drei kurzen Veröffentlichungen.

Alexanians Werk ist insofern von Bedeutung, als es tatsächlich eine neue Schule repräsentiert. In seiner Klasse studierten später namhafte Cellistinnen und Cellisten wie Bernhard Greenhouse, Raya Garbousova und für kurze Zeit auch Emanuel Feuermann.[229] Suggia war mit ihren Texten also sehr avantgardistisch gewesen, insbesondere als Frau. Hätte sie ein Lehrwerk geschrieben, so wäre sie vielleicht heute im musikgeschichtlichen Gedächtnis präsenter. Jedoch muss gefragt werden, ob sie als Frau in der Position gewesen wäre, ein solches Lehrwerk zu schreiben. Es liegt nahe zu argumentieren, dass sie zwar bereits einen neuen Künstlerinnentypus repräsentierte, der Unabhängigkeit, Erfolg und Autorschaft für sich beanspruchte und nicht mehr mit den einschränkenden Weiblichkeitsbildern zu kämpfen hatte, die das 19. Jahrhundert geprägt hatten. Jedoch lassen sich auch an ihrer Biographie geschlechtsspezifische Weichenstellungen ablesen, die zum einen Weiblichkeitsbilder der Vergangenheit hinter sich ließen, zum anderen von diesen noch beeinflusst waren. Dazu gehört u.a. auch das Vermeiden eines zu selbstbewussten Auftretens als Autorin von instrumen-

226 Eggebrecht 2007, S. 84f.
227 Alexanian 1922.
228 Eggebrecht 2007, S. 85.
229 Ebd., S. 85.

talwissenschaftlichen Texten sowie die Tatsache, keine kontinuierliche und institutionalisierte Unterrichtstätigkeit auszuüben, wie es Alexanian getan hatte, der deswegen zum Autor eines von Cellisten breit rezipierten Lehrwerks werden konnte.

Gerade in der Weitergabe und der theoretischen Reflexion über das Cellospiel scheint sich das Bild vom ‚Meister', zu dem es nicht das Pendant der ‚Meisterin' gibt, bis weit ins 20. Jahrhundert zu halten. Persönlichkeiten wie Zara Nelsova, Natalia Gutman und Maria Kliegel, letztere nicht zuletzt durch ihr Buch, haben im Laufe des 20. Jahrhunderts dazu beigetragen, dass sich dieses Bild veränderte. Kliegel erwähnte in einem Interview, sie habe in ihrer Karriere eigentlich keine geschlechtsspezifischen Benachteiligungen erfahren, außer im Bereich der Hochschullehre.[230] Für Solistinnen scheint der Transformationsprozess weg vom ‚männlichen' Instrument im 21. Jahrhundert tatsächlich abgeschlossen zu sein: Preisträgerinnen des Rostropovitsch-Wettbewerbs, eines der wichtigsten Cello-Preise, waren 1981 Maria Kliegel, 1990 Wendy Warner, 1994 Han-Na Chang, 2001 Tatjana Vassilieva, 2005 Marie Elisabeth Hecker. Der Grandprix wurde in 40 Jahren an fünf Frauen und drei Männer vergeben. Ob dies für renommierte Hochschulpositionen auch gelten wird, bleibt noch abzuwarten. Dass in Wettbewerbsjurys oder beim renommierten Kronberg-Festival immer noch selten eine Frau Teil der Riege berühmter Cello-Professoren ist, kann als Zeichen dafür gesehen werden, dass die Lehre auf hohem Niveau, die Ausbildung von Solisten immer noch vom Bild des „Meisters"[231], der traditionell ein Mann war, geprägt ist.

4.5 Guilhermina Suggia: Biographisches Porträt

4.5.1 Kindheit und Jugend in Portugal (1885–1901)

Am 21. Juni 1885 wurde Guilhermina Suggia in Porto geboren. Ihr Vater Augusto Jorge de Menim Suggia[232] war Cellist und unterrichtete an den Konservatorien von Lissabon und Porto. Von ihm erhielt sie ihren ersten Cellounterricht. Über die Mutter, Elisa Suggia[233], ist nicht bekannt, ob auch sie eine Musikausbildung erhalten hatte. Die ältere Schwester Virgínia[234] war als Pianistin ebenfalls eine musikalische Hochbegabung, und so traten die Schwestern

230 Kliegel 2008; vgl. Deserno 2009a.
231 Vgl. Röbke 2000, S. 84.
232 Augusto Jorge de Menim Suggia (11. März 1851–29. März 1932).
233 Elisa Augusta Xavier (26. November 1850–29. Oktober 1932).
234 Virgínia Suggia (1882–1949), Information von Virgílio Marques.

1892 zum ersten Mal gemeinsam in Matosinhos auf. Guilhermina war sieben Jahre alt, Virgínia zehn.[235] In den folgenden Jahren spielten sie zusammen in den Salons der Aristokratie sowie in zahlreichen Konzerten und feierten große Erfolge, so u.a. 1895 im Teatro Príncipe Real und in Porto im Palácio de Cristal am 22. Mai 1896. Dort hörte sie der Geiger und Dirigent Bernardo Velentim Moreira de Sá (1853–1924).[236] Dieser hatte 1882 das Orpheon Portuense, eine Gesellschaft zur Veranstaltung von Konzerten gegründet, die in den folgenden Jahrzehnten Konzerte mit bedeutenden Künstlerinnen und Künstlern wie u.a. Ferruccio Busoni, Alfred Cortot, Jacques Thibaud und Eugène Ysaÿe veranstaltete.[237] Moreira de Sá und das Orpheon Portuense sollten eine wichtige Rolle für die junge Cellistin spielen: Guilhermina wurde im Alter von etwa 13 Jahren erste Cellistin des Orpheon Orchestras und trat als Solistin und Kammermusikerin in verschiedensten Formationen in den Konzertreihen auf.[238] 1898 begegnete Suggia zum ersten Mal dem Cellisten Pablo Casals, der sich auf Konzertreise in Portugal befand. Augusto Suggia organisierte, dass seine dreizehnjährige Tochter bei dem damals einundzwanzigjährigen Casals Unterricht bekam. Mit 16 Jahren sei sie bereits „near to the top of her profession in her native country“[239] gewesen, so Anita Mercier. Guilhermina Suggia spielte in allen wichtigen Konzerten, konnte Podiumserfahrung und große Erfolge als Solistin, als Kammermusikerin, im Duo mit ihrer Schwester und im Orchester vorweisen. Freunde der Familie wie Michel'Angelo Lambertini[240] und António Lamas sowie Moreira de Sá ermutigten die Familie, an einen Studienaufenthalt im Ausland zu denken, und setzten sich dafür ein, dass Guilhermina Suggia ein Stipendium erhielt. Nach einem Konzert im Palácio de Necessidades in Lissabon schickte die portugiesische Königin Amélie den zwei Schwestern nicht nur goldene Armreifen mit einem Schreiben, in dem sie ihre Bewunderung ausdrückte, sondern Guilhermina Suggia erhielt auch wenig später ein Stipendium der portugiesischen Regierung für einen Studienaufenthalt in Leipzig bei Julius Klengel.[241]

235 Vgl. Mercier 2008, S. 3f.; Abb. 11.1.

236 Ebd., S. 5f.

237 Pombo 1993, S. 116; Mercier 2008, S. 5. Website des Orpheon: http://www. casadamusica.com/, letzter Zugang am 4. Mai 2014. Dort wird als Gründungsjahr 1881 angegeben, bei Mercier 1882; Mercier 2008, S. 5.

238 Vgl. ebd., S. 5.

239 Ebd., S. 6.

240 Pombo 1993, S. 117, Lambertini war Direktor der Musikzeitschrift *Arte Musical*.

241 Julius Klengel (1859–1933); Mercier 2008, S. 6; laut Pombo soll Guilhermina Suggia auf eine Frage der Königin den Wunsch, im Ausland zu studieren, geäußert haben, woraufhin die Königin Guilhermina das Stipendium zugesichert habe (Pombo 1993, S. 116).

Das Engagement der Familie, die frühe Ausbildung und Präsentation in Konzerten und Salons in Portugal ähneln auf der einen Seite den aus dem 19. Jahrhundert bekannten Wunderkindkarrieren. Auf der anderen Seite ist jedoch ein entscheidender Unterschied festzustellen: Im Vordergrund steht die Entwicklung des Talents des Mädchens Guilhermina und keine möglichst frühzeitige, finanziell lukrative Vermarktung. Sicherlich werden sich die Konzerte, die Guilhermina Suggia bereits als Kind und Jugendliche in Portugal gab, auch finanziell rentiert haben. Jedoch werden keine europaweiten Konzertreisen im Kindesalter angestrebt, wie dies im 19. Jahrhundert, so z.B. bei den Schwestern Milanollo, bei Clara Wieck, bei den Geschwistern Neruda und Clauss der Fall gewesen war. Der Schritt ins Ausland geschieht über einen Studienaufenthalt. Zu diesem Zeitpunkt ist Guilhermina Suggia 16 Jahre alt. Es ist ein Alter, in dem in der Vergangenheit für weibliche Wunderkinder sich meist die entscheidende Frage stellte: Sollte sich eine professionelle Karriere als erwachsene Musikerin anschließen oder würde sich ein Abbruch zugunsten eines bürgerlichen weiblichen Lebensentwurfs abzeichnen?

4.5.2 Studienaufenthalt in Leipzig (1901–1903)

> „On the 15th march 1900 Sarah Bernhardt creates *L'Aiglon* by Edmond Rostand and it is a triumph, at the ‚Opéra' the splendour of Cléo de Mérode is admired, the songs of Yvette Guilbert are a success ... Women are reality and legend made triumphant by the theatre, literature, painting and the press."[242]
>
> Fátima Pombo

Mit dieser Schilderung beginnt Fátima Pombos Buch über Suggia, ein auf fundierter Recherche basierendes und zugleich romanhaft gestaltetes Porträt der Cellistin. In diesem Zitat wird die Atmosphäre um die Jahrhundertwende lebendig und Pombo drückt aus, dass hier vor allem auch Veränderungen in der Wahrnehmung und im Selbstverständnis von Künstlerinnen im Spiel sind. Eine Solistenkarriere als Lebensziel einer jungen Frau, noch dazu mit dem bis dahin vorwiegend als Männerinstrument verstandenen Cello, ist vor diesem Hintergrund zwar immer noch außergewöhnlich, aber durchaus vorstellbar und realisierbar.

1901 begann Guilhermina Suggias Studienaufenthalt in Leipzig, wohin der Vater Augusto Suggia sie begleitete. Pombo zitiert zahlreiche Briefe aus Leipzig,

242 Pombo 1993, S. 103.

in denen er über die Fortschritte seiner Tochter berichtet.[243] Sein Engagement für die Tochter Guilhermina war groß, sowohl ehrgeizig als auch fürsorglich. Dass frühzeitige Europareisen vermieden wurden, kann darauf hindeuten, dass die Eltern ihre Töchter nicht zu früh den Strapazen des Reisens aussetzen wollten. Zum anderen war Augusto Suggia als Cellist selbst aktiv. Es ist möglich, dass er seine sichere Position im Orchester und als Dozent am Konservatorium nicht aufs Spiel hatte setzen wollen, bevor es nicht eindeutige Hinweise darauf gab, dass Guilherminas oder Virgínias Karriere von Dauer sein könnte.

Mit 16 Jahren muss Guilhermina Suggia an einem Punkt gewesen sein, an dem eine steile Karriere geradezu prognostizierbar erschien. Augusto Suggia entschloss sich, für die Zeit, in der er seine Tochter nach Leipzig und auf die sich anschließenden Konzertreisen begleiten würde, seinen eigenen Beruf zurückzustellen. Er setzte seine Tochter nicht allein den Anforderungen eines Auslandsaufenthaltes aus. Lise Cristiani unternahm ihre ersten großen Konzertreisen, nur wenig älter, ohne familiäre Begleitung.[244] Es ist irritierend, wie sehr dieses Engagement für Guilhermina zu Ungunsten der ebenfalls hochbegabten Schwester Virgínia ausfiel: Virgínia blieb in Portugal und musste nun das fehlende Einkommen des Vaters ersetzen, indem sie mit Klavierstunden den Unterhalt für die ganze Familie verdiente: „All of the family's resources were dedicated to Guilhermina."[245] Virgínia heiratete später einen französischen Buchhändler und zog sich von der Bühne und Berufstätigkeit als Pianistin zurück.[246] Ihre Entscheidung wird vor dem zuvor geschilderten Hintergrund nachvollziehbar, war ihre Berufstätigkeit doch statt Selbstverwirklichung schon seit dem Jugendalter vor allem Arbeit im Dienste anderer gewesen.[247] Die finanzielle Situation der Familie muss während Guilherminas Aufenthalt in Leipzig sehr schwierig gewesen sein, der Druck, der auf den Schwestern lastete, immens.[248] Für die junge Cellistin und ihre Familie war das Debütkonzert, das ihr Studium abschließen, sie der Öffentlichkeit präsentieren und das Tor zu einer Karriere sein sollte, ein entscheidendes Ziel.

Julius Klengel unterrichtete Guilhermina Suggia privat, nicht am Konservatorium.[249] Er setzte sich sehr für sie ein und muss von ihrem herausragenden Talent überzeugt gewesen sein. Auch die Unterrichtsbeziehung zwischen der jungen Cellistin und ihrem Lehrer scheint produktiv und inspirierend gewesen

243 Ebd., S. 117ff.
244 Siehe Kap. 3.
245 Mercier 2008, S. 7.
246 Ebd., S. 22.
247 Vgl. Deserno 2008.
248 Vgl. ebd., S. 11f.
249 Mercier 2008, S. 7; siehe Kap. 4.5.1.

zu sein, so berichtet Augusto Suggia in Briefen.[250] Klengel widmete Suggia ein hochvirtuoses Solostück, eine „Caprice in Form einer Chaconne unter freier Benutzung eines Themas von Robert Schumann“[251]. Es ist überschrieben mit der Widmung: „Guilhermina Suggia freundschaftlichst zugeeignet.“[252] Er unterstützte sie auch darin, früher als geplant das Debütkonzert zu geben, und stellte sie dem Dirigenten Arthur Nikisch vor. Unter dessen Leitung spielte Guilhermina Suggia am 26. Februar 1903 das Cellokonzert von Robert Volkmann als Solistin mit dem Gewandhausorchester. In einem weiteren Konzert trat sie solistisch und kammermusikalisch auf, u.a. auch im Duo mit Klengel.[253]

4.5.3 Der Beginn einer Solistinnenkarriere und die Beziehung zu Pablo Casals

Guilhermina Suggia war 18 Jahre alt und ihr Debütkonzert ein Erfolg, der ihr eine Karriere als Solistin eröffnete. In den folgenden Jahren unternahm sie Konzertreisen in zahlreiche europäische Länder, trat als Solistin mit großen Orchestern sowie mit Rezital-Programmen auf.[254] Die zahlreichen Postkarten, die Guilhermina Suggia von ihren Konzertreisen an den Freund und Förderer António Lamas schrieb, geben einen Überblick über die Stationen dieses vollen Konzertplans einer jungen, durchstartenden Musikerin.[255]

1906 erwähnt Suggia zum ersten Mal Pablo Casals in einer Postkarte an Lamas: Sie berichtet, dass sie mit ihm Duos des Komponisten Emánuel Moór spielen wird.[256] Kirk schildert die Bekanntschaft zwischen Suggia und Casals als eine zwischen Lehrer und Schülerin.[257] Mercier argumentiert, dass es wahrscheinlicher ist, dass sich die beiden auf ihren Konzertreisen kennenlernten, als gleichberechtigte Künstler von Weltklasse.[258] Sie verglich die Konzertpläne und stellte gemeinsame Stationen fest: 1905 hatten beide Engagements in England sowie im Dezember in der Schweiz, im Oktober 1906 in den Niederlanden und

250 So in einem Brief an Michel'Angelo Lambertini, 28. November 1901 (CMM), zitiert nach Mercier 2008, S. 11.

251 Klengel, Julius (1859–1933): Caprice in Form einer Chaconne unter freier Benutzung eines Themas von Robert Schumann, op. 43. Breitkopf & Härtel, Wiesbaden, Leipzig, Paris, siehe Dok. 8.

252 Ebd., S. 3.

253 Mercier 2008, S. 12.

254 Ebd.; vgl. S. 16.

255 Vgl. ebd. 2008, S. 17f.; siehe Kap. 4.3; Sammlung Lamas / Lissabon.

256 Postkarte aus Paris, 9. November 1906, in: Mercier 2008, S. 18, Emánuel Moór (1863–1931).

257 Kirk 1974, S. 199.

258 Mercier 2008, S. 20.

im Juni desselben Jahres in Paris.[259] 1907 konzertierte Suggia in Dresden, Düsseldorf, Rom, Mailand, Lissabon und Amsterdam. Konzerte in Wien, Lemberg (Lviv), Warschau, München, Straßburg, Stuttgart, Prag, Berlin, Hamburg und Frankfurt schlossen sich an, häufig spielte sie das Dvořák-Konzert.[260]

Pablo Casals' Haus in Paris, die Villa Molitor, wurde zum Treffpunkt von Musikern und anderen Künstlern wie Alfred Cortot, Jacques Thibaud, George Enescu, Fritz Kreisler, Mieczysław Horszowski, Harold Bauer, Ferruccio Busoni und Eugène Ysaÿe.[261] Mercier und Baldock gehen davon aus, dass Suggia ab 1907 mit Casals zusammen in Paris lebte und beide von dort aus ihre ausgedehnten Konzertreisen unternahmen sowie dass Suggia Casals zusätzlich auch auf einigen seiner Konzertreisen begleitete.[262] Dies geht auch aus den Postkarten, die Suggia an Lamas schrieb, hervor, wie im vorigen Kapitel dieser Arbeit gezeigt werden konnte.[263]

Von Julius Röntgen und anderen Freunden Casals' ist das Leben in der Villa Molitor als sehr glücklich und inspirierend geschildert worden. Häufig waren andere Musiker zu Besuch, es wurde Kammermusik gespielt, neue Musik von befreundeten Komponisten ausprobiert, aber man saß auch im Garten, trank Wein, ging in Paris aus.[264] Auch Maler und Schriftsteller wie Edgar Degas, der Philosoph Henri Bergson, der Schriftsteller und Nobelpreisträger Romain Rolland oder Komponisten wie Vincent d'Indy und Arnold Schönberg waren Gäste dieses außergewöhnlichen Paares Guilhermina Suggia und Pablo Casals.[265] Und Suggia war meistens die einzige Frau unter all diesen Weltklassekünstlern, selbst berühmt und erfolgreich.

In einigen Musiklexika kann man die Information finden, Suggia habe sich während ihrer Beziehung zu Casals von der Bühne zurückgezogen:

> „[Suggia] toured Europe extensively. She married Pablo Casals in 1906, gave up concert work for a time, but resumed it in 1912. She has excelled in style, phrasing and intonation."[266]

259 Ebd., S. 19.

260 Ebd., S. 17.

261 Casals/Kahn 1971, S. 124; Mercier 2008, S. 16f.; vgl. Baldock 1994, S. 88.

262 Mercier 2008, S. 23f.; Baldock 1994, S. 87f.

263 Siehe Kap. 4.3.

264 Mercier 2008, S. 22f. Julius Röntgen an Amorie Röntgen, Juni 1908, in: Kirk 1974, S. 201f.; vgl. Pombo 1993, S. 104ff.

265 Pombo 1993, S. 104.

266 Wier, Albert E. (Hg.), *The Macmillan Encyclopedia of Music and Musicians*, 2 Bde., Bd. 2, New York 1938, S. 1817.

Auch im *Biographical Dictionary of Musicians* von 1940 ist zu lesen, Suggia habe sich sechs Jahre lang vom Konzertleben zurückgezogen, während sie mit Casals verheiratet gewesen sei.[267] Tatsächlich sind aus dieser Zeit nach bisherigem Forschungsstand am wenigsten Informationen über Suggias Konzerttätigkeit aufzufinden. Dass sie gar nicht spielte, ist aber nicht zutreffend. Es ist davon auszugehen, dass Casals sie ermutigte, ihre Karriere weiterzuverfolgen, sich aber auch ein Beziehungsmodell wünschte, das irgendwann auf eine Familiengründung hinauslaufen würde und in dem seine Konzerttätigkeit erste Priorität hatte. Dass Suggia und Casals immer wieder zusammen auftraten, spricht dafür, wie gut sie sich auf künstlerischer Ebene verständigen konnten und dass Casals seine Lebensgefährtin als ernstzunehmende, gleichwertige Partnerin ansah. Im Jahr 1909 wird mehrfach das Doppelkonzert von Emánuel Moór erwähnt. So ist im *Bulletin français de la Société internationale de musique* zu lesen:

> „M. P. Casals et sa jeune femme, Mme Guilhermina Casals-Suggia, exécutèrent un *Concerto pour deux violoncelles.*"[268]

Sowie im gleichen Jahr in der *Revue musicale*:

> „le célèbre violoncelliste Pablo Casals qui nous a fait entendre dernièrement, avec sa femme Mme Guilhermina Suggia, un Concerto pour deux violoncelles et orchestre fort intéressant et original d'Emmanuel Moór."[269]

Moór hatte 1905 sein erstes Cellokonzert Marguérite Caponsacchi gewidmet, die als Solistin zeitgleich ab 1904 sehr erfolgreich wurde. Es ist nicht belegt, ob Suggia und Caponsacchi sich begegnet sind, es wäre aber denkbar, da sie zur gleichen Zeit in Paris lebten. Caponsacchi heiratete 1906 den Komponisten und Organisten Daniel Jeisler[270] und konzertierte auch mit ihm gemeinsam. Suggia spricht ab 1908 davon, dass sie und Casals verheiratet seien. Das Modell einer gleichberechtigten Künstlerehe scheint für diese Generation von Musikerinnen und Musikern durchaus ein Ideal gewesen zu sein. Es ist möglich, dass spätere Lexikoneinträge wie die oben zitierten aus den 1940er Jahren rückwirkend auf die Beziehung zwischen Suggia und Casals ein neokonservatives Bild projizierten, in welchem diese Vorstellung von einer Verbindung zwischen Mann und Frau als gleichberechtigten Künstlern nicht enthalten war. Casals' Weigerung, über seine Beziehung zu Suggia zu sprechen bzw. die Forderung an seine Bio-

267 Baker/Slonimsky 1940, S. 1071.

268 *Bulletin français de la S.I.M.* (Société internationale de musique, Section de Paris) 1909, S. 353.

269 *Revue musicale S.I.M.* (Paris), 1909, *Bulletin français de la S.I.M.* (Société internationale de musique, Section de Paris), 1909, S. 476.

270 (Karl Vilhelm) Daniel Jeisler (1877–1959); Wenzel 2013b.

graphen, Suggia in den Biographien nicht zu erwähnen[271], mag eine negative Sichtweise auf diese Beziehung verstärkt haben, die dem Bemühen des Paares, einen individuellen Weg zu finden, nicht gerecht wird.

Suggia hatte gute Gründe, nicht zu heiraten. Bis 1938 war in Frankreich Artikel 213 des französischen Code Napoléon gültig, nach dem ein junges Mädchen von der Vormundschaft des Vaters bzw. anderer männlicher Verwandter – die das Züchtigungsrecht hatten – in die Obhut ihres Ehemannes *überging*; dieser hatte von da an uneingeschränktes Verfügungsrecht über ihre Person und ihr Vermögen.[272] Eine Heirat, die für Casals vielleicht seinen Wunsch nach einer Familie ausdrückte, hätte für Suggia, eine zweiundzwanzigjährige europaweit konzertierende Cellistin, das Gegenteil von all dem bedeutet, was ihre expandierende Karriere unterstützt hätte: finanzielle und rechtliche Abhängigkeit sowie eventuell Mutterschaft, die nicht mit Konzerttätigkeit vereinbar gewesen wäre. So war für Suggia der Kompromiss, als verheiratetes Paar aufzutreten, dies aber vor dem Gesetz nicht zu sein, von Vorteil. Dass sie mit Casals zusammen einen solchen Kompromiss fand, spricht für die Unkonventionalität der Beziehung der beiden Künstler, für Casals' Offenheit und insbesondere für Suggias Entschlossenheit, in Bezug auf ihre Selbstverwirklichung keine Kompromisse zu machen, sowie für eine sehr klare und pragmatische Sicht auf die Situation. Casals hat sich zeit seines Lebens für Freiheit und Demokratie eingesetzt, hat politische Inkonsequenz hart verurteilt, wie beispielsweise gegenüber seinem Schüler Gaspar Cassadó[273], weil dieser in Franco-Spanien und dem nationalsozialistischen Deutschland konzertierte, während Casals ins Exil ging.[274] Casals hatte einen starken Gerechtigkeitssinn und Visionen über die gesellschaftspolitische Kraft von Musik und die damit einhergehende Verantwortung von Künstlern.[275] Sicher hat auch er kein Beziehungsmodell angestrebt, in dem er sich seiner Frau als patriarchalischer Gatte übergeordnet hätte. Auch er war sicherlich fasziniert von seiner erfolgreichen Frau und von der gleichberechtigten Künstlerbeziehung, die Suggia und er immerhin fast sieben Jahre lang führten. Zugleich bedeutete diese Beziehung für ihn als Mann und als den Älteren aber auch den Verzicht auf all das, was eine Ehe mit Kindern bedeutet hätte, und dies in einer Zeit, wo es noch nahezu selbstverständlich war, dass Künstlerinnen, wenn sie Künstler heirateten, von ihren Karrieren zurücktraten. Es war also für Männer durchaus möglich, eine inspirierende Beziehung zu einer Künstlerin zu haben, die dann aber zugunsten eines traditionelleren Modells – mehr oder weniger –

271 Baldock 1994, S. 85; in Casals Autobiographie wird Suggia gar nicht erwähnt. Casals/Kahn 1971.
272 Vgl. Horlacher 2009, S. 60f.; siehe Kap. 2.1.
273 Gaspar Cassadó (1897–1966).
274 Vgl. Eggebrecht 2007, S. 94.
275 Vgl. Casals/Kahn 1971, S. 80, 106.

ihre Selbstverwirklichung zugunsten der Familie und der Karriere des Mannes zurückstellte.

Das Doppelkonzert von Moór zieht sich wie ein Leitmotiv durch die Jahre dieser Beziehung: 1908 spielten Suggia und Casals es in St. Petersburg. Die künstlerische Zusammenarbeit der beiden war etwas Besonderes und Casals muss Suggia nicht nur unterstützt, sondern auch als Musikerin hoch geschätzt haben: So berichtet *Le Monde Musical* 1908, „Mme Casals-Suggia" habe das Dvořák-Konzert gespielt und mit ihrer „expressiven Intonation" und ihrer „wundervollen Virtuosität" begeistert – Casals dirigierte.[276] Im März 1913 spielten Suggia und Casals noch einmal gemeinsam das Doppelkonzert von Moór in Paris.[277] Im Juli 1913 verließ Casals die Villa Molitor, an M. et Mme. Casals adressierte Briefe sind nicht mehr zu finden, in einem Brief an Horszowski deutet Suggia die Trennung an.[278] Casals heiratete knapp ein Jahr später, 1914, die Sängerin Susan Metcalfe.[279] Gegenüber Julius Röntgen soll er sich über die Trennung von Suggia als „die grausamste und unglücklichste Episode seines Lebens"[280] geäußert haben. Im Unterschied zu Casals, der der Nachwelt kein anerkennendes Wort über seine Partnerin hinterlassen hat, würdigte sie ihn mit den Worten:

> „[T]he end of the 19th and the beginning of the 20th century has in Pablo Casals the greatest of all, the one that carried to a much higher degree the cello technique; and it will be due to him that the cello will take rank, not only by the side of the violin [...]."[281]

Als Suggia kurz vor ihrem Tod an Casals versöhnlich und mit fast demütigem Respekt schrieb, antwortete dieser nicht – so lange Zeit die offizielle Version, auch noch zu finden in Eggebrechts Buch von 2007.[282] Suggia hatte um Karten für das Festival in Prades gebeten, sie wollte Casals wiedersehen und ihn spielen hören.

> „Cher Ami, [...] Ich schreibe Dir in der Hoffnung, dass Du mich nicht zurückweisen wirst und mit starken Gefühlen [...] aber ich will nicht sterben, ohne Dich zu hören, cher maître, und ohne Dich noch einmal wiederzusehen. [...] [E]rinnere Dich immer meiner

276 *Le Monde Musical*, 15. März 1908.

277 Mercier 2008, S. 27.

278 Guilhermina Suggia an Mieczysław Horszowski, 7. Oktober 1912 (CMM), vgl. Mercier 2008, S. 26.

279 Mercier 2008, S. 27.

280 Casals an Röntgen, 15. Dezember 1913, Nederlands Muziek Instituut, Röntgen, Briefwechsel, zitiert nach Mercier 2008, S. 27.

281 Suggia 1920, S. 108.

282 Eggebrecht 2007, S. 99.

als Deine ergebene Bewunderin – oder hast du das kleine, 11jährige Mädchen vergessen, das nach Espinho kam, um bei Dir Unterricht zu nehmen? Au revoir – ich hoffe […].“[283]

Anita Mercier konnte im Zuge ihrer Recherchen zeigen, dass Casals zwar nicht persönlich geantwortet hat, aber durch seinen Freund Dr. René Puig Suggia übermitteln ließ, dass ihr Brief ihn sehr berührt habe und Tickets sowie Hotelzimmer für sie reserviert seien.[284] Dass Casals nicht persönlich geantwortet hat, kann mit dazu beigetragen haben, dass Suggia, die bereits an Krebs erkrankt war, die weite Reise nicht machte.

4.5.4 Guilhermina Suggia in England

Der Erste Weltkrieg unterbrach die Konzerttätigkeit vieler Musikerinnen und Musiker. Suggia arbeitet im Jahr 1914 als Krankenschwester für das Rote Kreuz in Frankreich.[285] Sie hielt sich mit ihrer Mutter und Schwester in Frankreich auf, plante aber bereits, nach England zu gehen, das einzige Land, so schrieb sie 1923 in einem Artikel im *Diário de Noticias*, in dem Musik trotz Kriegslärm hörbar gewesen sei.[286] Bereits 1915 war sie als Solistin in England zu hören gewesen, so u.a. mit dem Dvořák-Konzert unter der Leitung von Henry Wood und dem Queen's Hall Orchestra am 2. Mai 1915[287], wofür sie eine positive Resonanz erhielt:

„Mme. Guilhermina Suggia played the solo part of Dvorak's 'cello concerto very satisfactorily. The first of the concerts of British music organized by Mr. Isidor de Lara took place Thursday of last week before a huge audience in the Queen's Hall.“[288]

Am 1. Dezember 1917 spielte Suggia erneut mit dem Queen's Hall Orchestra.[289] Diese Konzerte stellten wichtige Schritte für die Künstlerin dar, um sich in England eine Position und einen Ruf aufzubauen. Zum einen war ihre Karriere durch den Krieg unterbrochen worden, zum anderen hatte sich ihr Leben nach

283 Suggia, Brief an Casals, 10. Mai 1950, Villa Casals Museu Pau Casals, San Salvador, Pablo Casals Archives, zitiert nach Mercier 2007, S. 10, Übersetzung von Katharina Deserno; vgl. Eggebrecht 2007, S. 99; Mercier 2008, S. 115.

284 Mercier 2008, S. 115.

285 Dies berichtet Guilhermina Suggia in einem Brief an Felicidade Moreira de Sá, 12. September 1914, Private Sammlung Madalena Sá Costa, zitiert nach ebd., S. 29.

286 *Diario de Noticias*, 3. Juni 1923 (CMM), zitiert nach ebd., S. 27.

287 *Manchester Courier and Lancashire General Advertiser*, 3. Mai 1915, S. 4.

288 *The Violinist*, Bd. 18–19, Okt. 1914–Dez. 1915, S. 33.

289 *Gloucester Citizen*, 24. November 1917.

der Trennung von Casals grundlegend verändert. Ab 1919 sind Briefe, die Suggia von ihrer Londoner Adresse aus schrieb, erhalten.[290] Die Übersiedlung nach London bedeutete einen Neuanfang in doppeltem Sinne. „Within the first few years in England, the danger of being submerged in the identity of Casals's ‚wife' was averted, and Suggia gained the artistic independence that she wanted "[291], so beschreibt Anita Mercier diese Phase im Leben der Cellistin. Eine wichtige Rolle spielte dabei der Kontakt zu anderen Musikerinnen in England, die sich in Organisationen wie der Society of Women Musicians zusammenschlossen. In diesem Kontext lernte Suggia u.a. Myra Hess Jely, Adila d'Aranyi, Fanny Davies und Rebecca Clarke kennen und musizierte mit ihnen gemeinsam. 1921 widmete Rebecca Clarke Suggia eine Komposition für Violoncello und Klavier: *Epilogue*.[292] Wahrscheinlich hat Suggia dieses Stück nicht gespielt, es liegen zumindest bis jetzt keine Belege dafür vor. So hilfreich der Kontakt und die Zusammenarbeit mit den anderen Musikerinnen gewesen sein mag, Suggia ging wieder einmal einen sehr individuellen Weg. Sie arbeitete daran, ihre Karriere als Solistin weiter und wieder aufzubauen, Kammermusik war für sie nur ein Baustein, ebenso wie sie zwar Uraufführungen spielte, dies aber in viel geringerem Ausmaß, als es beispielsweise die etwas jüngere Cellistin Beatrice Harrison tat. Ab 1920 wurde sie durch die Konzertagentur Ibbs and Tillet vertreten.[293]

In den 1920er Jahre begannen neue Weiblichkeitsbilder[294] das Selbstverständnis von Frauen im Allgemeinen, aber auch von Künstlerinnen zu verändern und neue Handlungsspielräume in Richtung von selbstbestimmten Lebensplänen zu ermöglichen. Dieser Kontext war für Suggias Karriere bzw. deren Neubeginn, den sie zum einen nach der Trennung von Casals und zum anderen nach dem Ersten Weltkrieg wagen musste, förderlich.

Suggia muss das Leben einer sogenannten modernen oder neuen Frau der 1920er Jahre geführt haben, so geht es aus ihren Briefwechseln mit dem Schriftsteller Lytton Strachey sowie dem Pianisten Georges Reeves hervor, wie Anita Mercier zeigen konnte.[295] Sie lebte in der Großstadt, war selbstständig und erfolgreich, ging tanzen und führte unkonventionelle Beziehungen.[296] Sie bestimmte unabhängig über ihren Lebensstil und ihr Einkommen, organisierte und

290 Die Adresse lautete 17 Edith Grove; Mercier 2008, S. 31.

291 Ebd., S. 38.

292 Siehe Kap. 4.1.

293 Vgl. Fifield 2005; vgl. Mercier 2008.

294 Siehe Kap. 1 und 2.

295 Vgl. Mercier 2008, S. 44; vgl. Strachey 2006. Briefe zwischen Reeves und Strachey sowie Suggia und Strachey werden in der Sammlung Strachey Correspondence in der British Library aufbewahrt (Mercier 2008, S. 48).

296 Mercier 2008, S. 50.

plante ihre Karriere und nahm die neuen rechtlichen und gesellschaftlichen Errungenschaften in Anspruch, die freie Beziehungen, Abtreibung, Reisen und Großstadtleben möglich zu machen begannen bzw. für alle Frauen gefordert wurden. Als Künstlerin profitierte Suggia von diesen neuen Bildern. Es liegt nahe zu vermuten, dass gerade der Status der Künstlerin es ihr erlaubte, die neuen freiheitlichen Veränderungen für ihr Leben zu nutzen. Durch diese Sonderrolle als Künstlerin bedeutete ein Lebensstil im Sinne der neuen Weiblichkeitskonzeptionen weniger eine Provokation und ein Ausbrechen, als es für eine junge Frau aus dem bürgerlichen Milieu der Fall gewesen wäre. Während Victor Marguerittes Garçonne als Prototyp der neuen, befreiten, unkonventionellen Frau noch in der deutschen Übersetzung mit „Aussteigerin" übersetzt wird, so waren für Suggia als Künstlerin Bilder von der neuen Frau und beispielsweise der „Flapper"[297] kombinierbar mit dem Divenbild und dem Sonderstatus von Künstlern.

Interessant dafür ist ein Blick auf die Beziehung zu dem vermögenden Geschäftsmann und Begründer der Zeitschrift *Country Life*,[298] Edward Hudson. 1919 kündigten verschiedene Zeitungen die Verlobung von Hudson und Suggia an. Die Eheschließung hat nie stattgefunden.[299] Während ihrer Beziehung zu Hudson bewohnte Suggia eine Wohnung in London und hielt sich häufig in Lindisfarne Castle auf,[300] einer um 1548 erbauten Festung auf der Insel Holy Island/Northumberland, die Hudson 1901/02 gekauft hatte. Hudson unterstützte Suggia, indem er ihr ein Stradivari-Cello schenkte, mehrfach über sie Artikel in *Country Life* schreiben und ihr Bild auf der Titelseite abdrucken ließ.[301] Außerdem gab er bei Augustus John das berühmte Porträt „Madame Suggia" in Auftrag.[302] Auch nach der Trennung sollen Suggia und Hudson freundschaftlich verbunden geblieben sein. Laut Anita Mercier verbrachte auch Guilhermina Suggias Mutter Elisa längere Zeit bei ihrer Tochter in England, auch in Lindisfarne Castle.[303] Beide Frauen scheinen sich gegenseitig unterstützt zu haben: Für die Mutter mag das Zusammensein mit der berühmten Tochter eine Form der Emanzipation aus ihrer Ehe gewesen sein.[304] Gleichzeitig kann

297 Siehe Kap. 2.

298 Die Zeitschrift existiert bis heute unter diesem Namen; vgl. http://www.countrylife.co.uk.

299 Mercier 2008, S. 49.

300 Ebd., S. 41; vgl. http://www.nationaltrust.org.uk/lindisfarne-castle/history, letzter Zugang am 10. Februar 2014.

301 Mercier 2008, S. 43.

302 John, Augustus: „Mme Suggia", 1920–1923, Tate Gallery London, Augustus John ist der Vater der Cellistin Amaryllis Fleming, die 1925 geboren wurde. Sie ging aus der außerehelichen Affäre zwischen John und Eve Fleming hervor, Mercier 2008, S. 54; vgl. Fleming 1993, S. 1f.

303 Mercier 2008, S. 63f.

304 Es gibt Anhaltspunkte, dass Augusto Suggia eine Tochter aus einem Verhältnis mit einer anderen Frau hatte, die seine Celloschülerin wurde, ebd., S. 63.

man darin auch Zeichen der Loyalität und Unterstützung gegenüber ihrer Tochter sehen, die als Künstlerin viel unterwegs war und oft auf ihre Familie hatte verzichten müssen, wie es auch aus ihren Postkarten hervorgeht.[305]

Die 1920er Jahre waren entscheidend für die Festigung von Suggias Ruf als Cellistin von Weltrang. Eine enge künstlerische und persönliche Beziehung verband sie mit dem Pianisten und Komponisten Vianna da Motta (1868–1948).[306] In diese Zeit fallen auch die Publikationen, die sie u.a. in *Music & Letters* veröffentlichte[307], sowie zahlreiche Radio- und Schallplattenaufnahmen.[308]

4.5.5 Rückkehr nach Portugal

„I have such longing, [...] such deep longing for the places of my childhood"[309], äußerte Suggia 1923 in einem Zeitungsinterview. 1924 entschied sie sich, nach Portugal zurückzukehren, obwohl ihre künstlerische Tätigkeit sich weiterhin vor allem auf England konzentrieren sollte. Sie kaufte ein Haus in Porto und heiratete 1927 den portugiesischen Radiologen José Casimiro Carteado Mena.[310] In einem Brief an ihre Konzertagentur stellt sie klar, dass diese Ehe keine hinderlichen Wirkungen auf ihre Konzerttätigkeit haben werde:

> „[T]his won't mean that I have in any way to give up my *carrière*, rather the reverse for now I can consider the possibility of going to America as in that case my husband will accompany me."[311]

Suggia war 1927 an einem Punkt angelangt, an dem sie sich in ihrem persönlichen Lebensweg eine Beziehungskonstellation erschaffen hatte, die es ermöglichte, Ehe und Karriere zu vereinen. Zum anderen ist aus dem zitierten Brief herauszulesen, dass dies keine Selbstverständlichkeit war und explizit gegenüber der Konzertagentur betont werden musste. So wird noch verständlicher, warum Suggia eine Eheschließung sowohl mit Casals als auch mit Hudson vermieden hatte. Des Weiteren ist es interessant zu bemerken, dass Suggia an die Agentur schreibt, ihr Mann könne sie auf eine Amerikatournee begleiten. Die Formulierung legt nahe, dass ihr eine Amerikareise als alleinstehende Frau nicht möglich

305 Ebd.; vgl. Kap. 4.3.

306 Mercier 2008, S. 64; Briefe aus dem Zeitraum von 1924 bis 1925 zwischen Suggia und Vianna da Motta (1868–1948) werden in der Biblioteca Nacional Lissabon aufbewahrt.

307 Suggia 1920, dies. 1921b und dies. 1921a, siehe Kap. 4.4.

308 Vgl. Mercier 2008, Discographie 157–161.

309 *Diario de Notícias*, 3. Juni 1923 (CMM), Interview mit Mário Carregal, zitiert nach ebd., S. 64.

310 Dr. José Casimiro Carteado Mena (1876–1949).

311 Guilhermina Suggia an Ibbs and Tillett, 3. September 1927, zitiert nach Mercier 2008, S. 95.

oder angemessen erschienen war. Obwohl Musikerinnen bereits seit Ende des 19. Jahrhunderts Reisen nach Amerika unternommen hatten, meist ohne Begleitung eines Ehemannes, wie z.B. die Cellistinnen Hélène de Katow[312] und Eliza de Try[313], scheint Suggia hier auf ein älteres Konzept zurückzugreifen, welches weite Reisen für alleinstehende Frauen bzw. für Frauen generell nicht und wenn dann nur als Begleitung ihrer Ehegatten vorsah. Zum einen reproduziert sie hier dieses Modell, zum anderen verkehrt sie die Rolle – es ist ihr Mann, der sie auf ihren Konzertreisen begleiten wird. Suggia findet hier wieder einen Kompromiss, der in das ihr eigene Konzept zwischen Emanzipation und Selbstfürsorge passt. Es gelingt ihr, Beziehungen so zu gestalten, dass sie Teil ihrer beruflichen und künstlerischen Entfaltung sind. Dabei entwickelt sie neue, unkonventionelle Beziehungsmodelle.

Guilhermina Suggia letztes öffentliches Konzert fand im Mai 1950 in Aveiro in der Nähe von Porto statt.[314] Sie spielte Werke von Locatelli, Saint-Saëns, Bocherini, Bach, Fauré, Chopin und de Falla, begleitet von Maria Adelaide de Freitas Goncalves am Klavier. Auch dieses letzte Konzert der „Queen of Cellists"[315] muss ein großartiger Erfolg gewesen sein, Mercier berichtet von drei Zugaben und dass die Künstlerin in „in einem Auto voller Blumen" nach Porto gefahren worden sei.[316] Zu dieser Zeit war Suggia bereits schwer krank, eine Operation in London im Juni blieb erfolglos. Sie starb am 30. Juli 1950 an den Folgen ihres Krebsleidens in Porto. Sechs Tage vor ihrem Tod ließ sie noch ein Dankesschreiben im *Diario de Notícias* an alle, die sie besucht und ihr gute Wünsche während ihres Krankenhausaufenthaltes hatten zukommen lassen, veröffentlichen. Darunter waren viele Musiker, Freunde, Schülerinnen und Schüler gewesen, aber auch Queen Mary sowie Salazar, der Staatsführer der portugiesischen Diktatur.[317] Nie habe sie so viel Mut und solche Resignation und gleichzeitig so viel Liebe zum Leben bei einer todkranken Person gesehen, so soll sich Pilar Torres, Suggias Schülerin, geäußert haben, nachdem sie ihre Lehrerin noch kurz vor deren Tod besucht hatte.[318] Bei einer Gedenkfeier für Suggia in London spielte die Cellistin Zara Nelsova:

> „A memorial service was held in London with Malcolm Sargent conducting the London Symphony Orchestra. The Tate Gallery lent the John portrait to hang in the entrance of

312 Vgl. Wichmann 2011.

313 Vgl. Hoffmann 2010c.

314 Mercier 2008, S. 115.

315 *Scottish Daily Mail*, 25. August 1949.

316 Ebd., S. 116.

317 Ebd.

318 Brief von Pilar Torres an Filipe Loriente, 23. Juli 1950, private Sammlung von Henrique da Luz Fernandes, zitiert nach Mercier 2008, S. 116.

the concert hall. A chair sat empty on the cellist's platform and Zara Nelsova played the slow movement of the Elgar Concerto from a seat in the cello section."[319]

In Nelsovas Worten klingt auch die Rolle dieser großen Cellistin als Vorbild für folgende Generationen von Cello-Solistinnen an:

„Suggia was one of the great players of her time [...] She is certainly not forgotten by any cellists who ever heard her."[320]

4.6 Cellistinnen um die Jahrhundertwende und in der ersten Hälfte des 20. Jahrhunderts

Im Folgenden soll eine ganze Reihe von Cellistinnen erwähnt werden, um zu zeigen, dass es bereits in der ersten Hälfte des 20. Jahrhunderts zahlreiche Frauen in diesem künstlerischen Beruf gab, diese jedoch von der Musikgeschichtsschreibung marginalisiert blieben, bis die Frauen- und Genderforschung auf sie aufmerksam machte. Um die Jahrhundertwende gelang einigen Cellistinnen eine Karriere, die zu dem Transformationsprozess, der mit Lise Cristiani begonnen hatte, entscheidend beitrug. Auf der Grundlage der Forderungen und Errungenschaften der ersten Frauenbewegungen konnten diese Künstlerinnen bereits in ihren künstlerischen Lebensentwürfen weiter expandieren als die Cellistinnen des 19. Jahrhunderts. Trotzdem aber war ein an Berufstätigkeit und Karriere orientierter Lebensentwurf noch nicht selbstverständlich und auch nicht immer durchführbar. Auch hatten diese Frauen teilweise noch mit der Vorstellung vom Cello als ‚Männerinstrument' zu kämpfen. Im Folgenden sollen Beispiele genannt werden, aber weder eine ausführliche Quellenbearbeitung geleistet noch Anspruch auf Vollständigkeit erhoben werden.

Vom Musikkritiker und Brahms-Biographen Max Kalbeck wurde die Cellistin May Mukle (1880–1963) „ein weiblicher Casals"[321] genannt. An der Royal Academy of Music wird bis heute ein May Mukle Prize für begabte junge Cellistinnen und Cellisten vergeben.[322] Geboren 1880 in London, trat Mukle mit neun Jahren als Cellowunder an die Öffentlichkeit. Sie studierte an der Royal Academy of Music. Dort war ihr Werdegang von Preisen und Auszeichnungen gesäumt. Um 1900 begann sie große Konzerttourneen zu unternehmen, die sie bis zu ih-

319 Ebd.

320 Brief von Zara Nelsova an Virgílio Marques vom 26. März 2001, Sammlung Marques, siehe Dok. 3.

321 Kohnen 1999, S. 20; vgl. Campbell 2004, S. 132; vgl. Wenzel 2007b, siehe Abb. 12.

322 Vgl. Kohnen 1999.

rem 81. Lebensjahr durch die ganze Welt führten. Sie trat als Solistin sowie in zahlreichen Kammermusikformationen auf, so z.B. mit der Geigerin Maud Powell. Mukle wurde u.a. vom gleichen Agenten wie Pablo Casals gemanagt und musizierte mit Arthur Rubinstein und Jacques Thibaud, Maurice Ravel, Pablo Casals, Rebecca Clarke und zahlreichen anderen Größen dieser Zeit. Mukle engagierte sich für die zeitgenössische Musik und war Gründungsmitglied der 1911 gegründeten Society of Women Musicians, die sich für die Aufführung der Werke von Komponistinnen einsetzte. Sie komponierte auch, es sind jedoch nur drei ihrer Werke bis heute publiziert worden,[323] so 1918 *Two Fancies for Cello and Piano* mit den Titeln *The Hamadryad* und *The Light Wind*.[324]

Beatrice Harrison (1892–1965) begann als Achtjährige Cello zu spielen und gewann bereits ein Jahr später eine Associated Board's Gold Medal.[325] Sie studierte am Royal College of Music mit einem Stipendium, debütierte mit 15 Jahren in der Queen's Hall in London. Ihr Studium setzte sie bei Hugo Becker in Berlin fort. Beatrice Harrison gewann den Mendelssohn-Preis und spielte die erste Radioaufnahme des Cellokonzertes von Edward Elgar unter der Leitung des Komponisten.[326] 1985 erschien ihre Biographie *The Cello and the Nightingales*.[327] Der Titel bezieht sich auf eine Aufnahme, der im Garten von Beatrice Harrison gemacht wurde, bei der zum Klang des Cellos der Gesang einer Nachtigall hinzukam.

Marguérite Caponsacchi (1884–1933) wurde am 5. März 1884 in Bordeaux geboren. Wasielewski zufolge spielte sie als Jugendliche „in dem kleinen Orchester ihres Vaters“[328], absolvierte ab 1903 ein Studium am Pariser Konservatorium bei Julius Leopold Loeb, wo sie nach nur acht Monaten einen „ersten einstimmig zuerkannten Preis“ erhielt. Konzerte als Solistin in Frankreich, Spanien, Portugal, Skandinavien, Russland und Deutschland als Solistin schlossen sich an.[329] 1905 komponierte Emánuel Moór – der einige Jahre später für Guilhermina Suggia und Pablo Casals komponieren sollte – für sie das Violoncellokonzert op. 61. 1921 spielte sie in Paris die Uraufführung von Camille Saint-Saëns' *Suite pour violoncelle et orchestre ou piano*. 1906 heiratete sie den Komponisten und Organis-

323 Vgl. Wenzel 2007b.

324 May Mukle: *Two Fancies for Cello and Piano*: *The Hamadryad* und *The Light Wind*, 1918, Schirmer Verlag. CD: A Century of British Women Composers. Werke von R. Clarke, Mukle, Power, Hubicki u.a.; Catherine Willmers (Cello), Simon Marlow (Klavier), erschienen bei ASV, CD QS 6245. Siehe auch Sammlung Willmers.

325 Campbell 2004, S. 135.

326 Abb. 13.

327 Cleveland-Peck 1985, S. 132ff.

328 Wasielewski 1925, S. 197.

329 Ebd.; vgl. Wenzel 2013.

ten Daniel Jeisler[330], der sie in einigen Konzerten am Klavier begleitete. Zu ihrem Repertoire gehörten die Cellokonzerte von Lalo, Schumann, Dvořák, Haydn, Saint-Saëns, d'Albert, u. a. die 6. Suite von Bach, zahlreiche Sonaten und kürzere Stücke sowie Kammermusik.[331] Bis 1931 sind Konzerte als Solistin und Kammermusikerin nachweisbar, häufig in Frankreich, aber auch in der Schweiz und in Deutschland, Spanien, Portugal, Skandinavien und Russland.[332]

Leontine Gärtner wurde 1874 im damaligen Kronstadt/Ungarn geboren, war wie Gulhermina Suggia Schülerin von Julius Klengel und David Popper. In ihrem Debütkonzert 1895 begleitete Klengel sie am Klavier und spielte mit ihr die Suite von Popper für zwei Violoncelli.[333] Daran schlossen vor der Jahrhundertwende Konzertreisen als Solistin in Deutschland, Ungarn und den USA an. Von 1903 bis 1913 sind vor allem Konzertreisen nach Österreich, England, Tschechien und Deutschland nachweisbar, bei denen Gärtner als Cellistin des Quartetts von Marie Soldat-Röger, als Nachfolgerin der Cellistin Lucy Campbell, auftrat.[334]

Die Lebensdaten der Cellistin Eugenie Stoltz-Premyslav sind bislang unbekannt. Sie wurde vermutlich in den 1880er Jahren geboren. Zwischen 1900 und 1928 wirkte sie als Solistin und Kammermusikerin, studierte von 1900 bis 1903 in Berlin bei Robert Hausmann und war Mitglied des Wietrowetz-Quartetts. Später spielte sie, zusammen mit ihrem Ehemann, im Premyslav-Quartett.

Lotte Hegyesi[335] wurde 1893 vermutlich in Köln geboren. Sie ist die Tochter des Cellisten Lajos Hegyesi[336], studierte von 1905 bis 1911 bei Johannes Hegar am Hoch'schen Konservatorium in Frankfurt a. M. Dort war sie für ein Jahr als Dozentin für Violoncello tätig. Sie spielte solistisches Repertoire mit Konzerten von Haydn, Dvořák, d'Albert und Saint-Saëns sowie Kammermusik. Ab 1918 sind zunächst keine Konzerte dokumentiert, erst wieder in den 1940er Jahren in der Schweiz unter dem Doppelnamen Hegyesi-Haff.[337]

Elsa Ruegger (1881–1924) wurde in Luzern geboren, absolvierte ihr Studium von 1892 bis 1896 am Königlichen Konservatorium in Brüssel bei Eduard Jacobs. Sie machte eine internationale Karriere als Solistin und wurde ab 1898 von der Konzertagentur Hermann Wolff / Berlin vertreten. Ruegger unternahm Konzerttourneen nach Belgien, in die Schweiz, Skandinavien, Deutschland,

330 (Karl Vilhelm) Daniel Jeisler (1877–1959), siehe Wenzel 2013b.

331 Ebd.

332 Vgl. Wenzel 2013b; vgl. Wasielewski 1925, S. 197.

333 Babbe 2013a.

334 Ebd.

335 Geb. Charlotte Hegyesi, Lotte Hegyesi-Haff, Wenzel 2013d.

336 Louis/Ludwig Hegyesi (1854–1894), Wenzel 2013d.

337 Wenzel 2013d.

England sowie Frankreich und konzertierte als Solistin mehrfach mit den Berliner Philharmonikern, dem Boston Symphony Orchestra und dem New York Philharmonic Orchestra. Ab 1908 unterrichtete sie in Berlin am Klindworth-Scharwenka-Konservatorium. 1909 heiratete sie den Geiger Edmund Lichtenstein und lebte mit ihm gemeinsam ab 1909 in Detroit. Dort war sie weiterhin als Cellistin und Musikpädagogin aktiv und spielte u.a. gemeinsam mit ihrem Ehemann im Detroit String Quartet.[338]

Marie Roemaet-Rosanoff (1896–1967) wurde in Belgien geboren und studierte an der Juillard School in New York bei Willem Willeke, dessen Assistentin sie wurde. Sie heiratete den Cellisten Lieff Rosanoff (1885–1974). Gemeinsam gingen sie nach dem Ersten Weltkrieg nach Vendrell/Spanien, um bei Pablo Casals zu studieren. Marie Roemaet-Rosanoff und Lieff Rosanoff waren die Ersten, die Methode, Technik und den Interpretationsstil von Casals in Amerika unterrichteten.[339]

Um die Jahrhundertwende wurde eine starke Generation von französischen Cellistinnen geboren, die sich auch besonders um Uraufführungen verdient machte: Jeanne Fromont, Edwige Bergeron, Madeleine Monnier (1900–1985), Lucienne Radisse (1899–1997).

Nach May Mukle und Beatrice Harrison gibt es eine nächste Generation britischer Celllistinnen, die sehr erfolgreich wird. Thelma Reiss (1906–1991)[340] erhielt ein Stipendium für ihr Studium am Royal College of Music in London bei Ivor James und nahm zusätzlich Unterricht bei Guilhermina Suggia.[341] Sie konzertierte unter Dirigenten wie Sir Adrian Boult, Sir Henry Wood und John Barbirolli, trat im Rahmen der Wartime Concerts mit Myra Hess auf. Ein Kritiker schrieb über sie 1937: „Here we had a human being with the power of creation given only to a genius by the grace of god."[342]

Antonia Butler (1909–1997)[343] studierte bei Julius Klengel in Leipzig und bei Diran Alexanian in Paris, außerdem hatte sie Unterricht bei Suggia. In den frühen 1930er Jahren spielte sie ihr Debütkonzert erfolgreich in der Wigmore Hall in London. Sie betont die Bedeutung einer Studienperiode bei der französischen Cellistin Juliette Alvin, vor allem in Bezug auf ihre Bogentechnik.[344] Der ausbrechende Krieg verlangsamte ihre Karriere; so erging es fast allen Musikerinnen und Musikern in dieser Zeit. 1941 heiratete sie den Pianisten Norman Green-

338 Wenzel 2009c.

339 Campbell 2004, S. 91.

340 Vgl. Wenzel 2008c.

341 Mercier 2008, S. 110.

342 *Hamburger Anzeiger* 1937, zitiert nach Campbell 2004, S. 174.

343 Vgl. Wenzel 2008a.

344 Campbell 2004, S. 175.

wood; das Künstlerehepaar gab gemeinsam zahlreiche Duo-Konzerte und engagierte sich besonders für die Interpretation zeitgenössischer britischer Komponisten. Seit den 1960er Jahren unterrichtete Antonia Butler am Junior und am Senior Department des Royal College of Music London sowie an der Menuhin-School und der Birmingham School of Music.[345]

Amaryllis Fleming (1925–1999) hat sowohl für die Interpretation von zeitgenössischer Musik als auch für die historische Aufführungspraxis Entscheidendes geleistet. So spielte sie zahlreiche Uraufführungen sowie als erste Cellistin die 6. Suite von Johann Sebastian Bach auf einem nachgebauten Violoncello piccolo mit zusätzlicher E-Saite – das Instrument, für welches diese Suite ursprünglich komponiert wurde. Auch ließ sie sich für die *Arpeggione-Sonate* von Schubert ein der historischen Arpeggione vergleichbares Instrument anfertigen.[346] Amaryllis Fleming ist die Tochter des Malers Augustus John, der Guilhermina Suggia porträtierte. Während eines längeren Studienaufenthaltes erhielt Amaryllis Fleming Unterricht bei Guilhermina Suggia. Ihr Halbbruder Ian Fleming ist der Autor der James-Bond-Romane.

Des Weiteren sollten nicht unerwähnt bleiben Peers Coetmoore (1905–Juli 1976), Chrystia Colessa (1916–1968) und Peggy Sampson, deren Lebensdaten unbekannt sind. Geboren in Edinburgh, studierte Letztere wie Amaryllis Fleming bei Suggia in Portugal und London, emigrierte nach Kanada und widmete sich dort ganz dem Spiel der Viola da Gamba, sie galt als die wichtigste kanadische Gambistin ihrer Zeit.[347]

Im 20. Jahrhundert unterrichten auch Cellistinnen an Konservatorien und Hochschulen, so z.B. Reine Flachot (1822–1998) an der École Normale de Paris und am CNSM de Lyon.[348] Florence Hooton (1912–1988) erhielt ihren ersten Unterricht bei ihrem Vater, der Cellist war. 1926 begann sie ihr Studium an der London Cello School bei Douglas Cameron, welches sie später mit einem Stipendium an der Royal Academy of Music fortsetzte. Nach ihrem Debüt 1934 in der Wigmore Hall mit der Pianistin Dorothy Manley und der Aufführung des Tripelkonzertes von Beethoven mit dem BBC Symphony Orchestra unter der Leitung von Sir Henry Wood sowie weiteren erfolgreichen Engagements begann sie eine weitere Studienperiode in Zürich bei Emanuel Feuermann. Ihre Karriere als Kammermusikerin und Solistin expandierte, insbesondere nach der erfolgreichen Uraufführung des Cellokonzerts von Frank Bridge. 1964 wurde sie

345 Wenzel 2008a.

346 Vgl. Eggebrecht 2007.

347 Mercier 2008, S. 110.

348 Vgl. Gourdin 2015, S. 245.

Professorin an der Royal Academy of Music in London.[349] Margaret Avery Rowell (1900–1995) lehrte u.a. am Francisco Conservatory of Music, an der University of California at Berkeley, der Stanford University und der San Francisco State University und prägte eine Generation von Cellistinnen und Cellisten, die sich insbesondere wieder dem Unterrichten widmen sollten.[350]

Eva Heinitz (1907–2001) wurde in Berlin geboren und studierte dort bei Hugo Becker und bei Diran Alexanian in Paris. Sie verließ Deutschland, um der Verfolgung durch die Nationalsozialisten zu entgehen. Auf Einladung von Arthur Schnabel trat sie in New York auf und ließ sich in den USA nieder, wo sie sich dem Viola-da-Gamba-Spiel zuwandte. Sie übernahm den Gambenpart in den Passionen von Johann Sebastian Bach unter Wilhelm Furtwängler und Otto Klemperer. In Pittsburgh wurde sie stellvertretende Solocellistin des Pittsburgh Symphony Orchestra. Der Chefdirigent Fritz Reiner hätte eine Frau als erste Solocellistin nicht akzeptiert, so wird in einem Bericht über die Cellistin vermutet.[351] Dagegen wurde aber häufig angefragt, als Kammermusikpartnerin mit Gastsolisten wie Heifetz, Menuhin, Milstein, Szigeti und Stern aufzutreten.[352] Eva Heinitz unterrichtete 28 Jahre lang an der University of Washington und spielte im Washington University String Quartet. 1994 stiftete sie ihr Gofriller-Cello der Universität, damit jährlich der Eva Heinitz Scholarship Fund an junge Cellistinnen und Cellisten vergeben werden kann.[353]

Raya Garbousova (1909–1997) wurde in Tiflis geboren und trat als Wunderkind mit sieben Jahren auf, spielte mit zwölf Jahren bereits öffentlich die Rokoko-Variationen, für deren Interpretation sie mit Emanuel Feuermann verglichen wurde. Sie studierte in Leipzig bei Klengel und in Berlin bei Becker, gab ihr Debütkonzert 1926 in Berlin. Anschließend nahm sie Unterricht bei Casals und Alexanian. 1945 emigrierte sie in die USA und wurde amerikanische Staatsbürgerin. Sie trat als Solistin mit dem Detroit Symphony Orchestra, dem Boston Symphony Orchestra, als Kammermusikerin gemeinsam mit Prokovieff, Piatigorsky, Rachmaninov, Milstein, Feuermann u.a. auf, unterrichtete an der University of Northern Illinois und bekam von der Universität den Doctor of Human

349 Campbell 2004, S. 175ff.; siehe http://www.classicalsource.com/db_control/db_cd_review.php?id=6247, letzter Zugang am 24. April 2014; siehe http://www.bbc.co.uk/proms/archive/search/performers/florence-hooton/1, letzter Zugang am 24. April 2014.

350 http://www.cello.org/cnc/rowell.htm, letzter Zugang am 2. Mai 2014.

351 http://www.cello.org/heaven/bios/heinitz.htm, letzter Zugang am 22. August 2016.

352 Ebd.

353 Ebd.

Letters verliehen.[354] Samuel Barber komponierte für sie sein Cellokonzert und Raya Garbousova nahm auch seine Cellosonate auf Schallplatte auf.[355]

Senta Benesch (1913–1986) gilt als erste international erfolgreiche Cello-Solistin Österreichs. Sie konzertierte zudem als Kammermusikerin und unterrichtete von 1969 bis 1984 als Professorin an der Musikhochschule in Wien.[356]

Zara Nelsova (1918–2002) wurde als Kind russischer Eltern, die 1910 nach Kanada emigriert waren, in Winnipeg/Kanada geboren. Damit ihre Kinder eine gute musikalische Ausbildung erhielten, ging die Familie 1930 nach London, wo Nelsova an der London Cello School studierte, als Zwölfjährige gemeinsam mit ihren Schwestern im Canadian Trio in der Wigmore Hall auftrat und als Solistin das Lalo-Konzert mit dem London Symphony Orchestra spielte. Sie hatte Unterricht bei Casals, Feuermann und Piatigorsky, debütierte 1942 in New York. Zara Nelsova konzertierte weltweit als Solistin und Kammermusikerin, spielte die Uraufführungen von Werken von Schostakowitsch, Hindemith und Barber und war Professorin an der Juillard School und an der Rutgers University New Jersey.[357]

1925 ist Eleanore Schoenfeld geboren, sie lehrte als Professorin für Cello an der School of Music der University of Los Angeles.

Angelika May konnte sich als Solistin international etablieren, nachdem sie den Grand Prix im Concours International Pablo Casals gewonnen hatte. Sie hatte erst ein Klavierstudium an der Musikhochschule in Freiburg absolviert, bevor sie durch den Einfluss ihres Lehrers Pablo Casals sich ganz auf das Cello konzentrierte. Sie unterrichtete an der Musikhochschule in Düsseldorf und wurde 1984 Professorin an der Hochschule (heute Universität) der Künste in Wien.[358]

Béatrice Bluhm ist der Nachwelt vor allem dadurch in Erinnerung, dass sie die Lehrerin Paul Torteliers war. Tortelier erinnerte sich, dass Béatrice Bluhm im Unterricht noch im Damensitz, die Beine seitlich neben dem Cello, gespielt habe.[359] Anna Shuttleworth (* 1927) unterrichtete am Royal College of Music, aus ihrer Klasse gingen u.a. so erfolgreiche Cellistinnen wie Natalie Clein (* 1977) hervor. Irene Güdel (* 1930) war Professorin an der Musikhochschule in Detmold. 1946 gewann Raymonde Verrandeau den Musikwettbewerb in Genf, weitere Preise gingen an János Starker und an die Ungarin Eva Czako (Eva Janzer). Geboren in Indien, studierte Czako-Janzer in Budapest. Zweimal

354 Ebd., S. 162; vgl. Eggebrecht 2007.

355 http://www.nytimes.com/1997/01/30/arts/raya-garbousova-87-cellist-honored-by-composers.html, letzter Zugang am 22. August 2016.

356 Zeisner 2007.

357 Campbell 2004, S. 163f.

358 http://www.cellist.nl/database/showcellist.asp?id=1165, letzter Zugang am 22. August 2016.

359 Vgl. Campbell 2004, S. 131.

gewann sie den Cellowettbewerb in Genf und etablierte sich daraufhin als Solistin und Kammermusikerin von internationalem Format. Sie war Cellistin des Vegh Quartetts und des Grumiaux-Trios. Sie unterrichtete in Hannover und ab 1972 an der Indiana University School of Music.[360]

1915 nennt van der Straeten in seinem Kompendium *History of the Violoncello* u. a. die Cellistinnen Anna Ballio, Rosa Brackenhammer, Mabel Chaplin, Josefine Donat, Rosa Crow, Gertrude Ess, Amy Flood-Porter, Agga Fritsche, Muriel Handley, Florence Hemmings, Adelina Leon, Dora Pretherick, Marianna Raimondi, Elsa Ruegger und Guilhermina Suggia.[361] Wasielewski erwähnt Suggia in der Neuauflage von 1925 als „Guilh. Casals-Suggia“[362], hat aber keine weiterführenden Informationen über sie vorliegen.

Wichtige Forschungsarbeit zu Cellistinnen des 20. Jahrhunderts leisten Autorinnen und Autoren des *Lexikon Musik und Gender im Internet (MUGI)*[363], in dem man wichtige biographische Informationen und Quellen zur Rezeption zu den Cellistinnen Ruegger, Campbell, Caponsacchi, Benesch, Harrison, Mukle, Brackenhammer, Quidde, Stoltz-Premislav u. a. finden kann.

Zwei Cellistinnen, deren Schicksale auf unterschiedliche Weise mit der deutschen Geschichte, mit Nationalsozialismus und Holocaust verknüpft sind, sollen hier nicht unerwähnt bleiben. Maimi (Freiin) von Mirbach war Cellistin und Cellolehrerin (1899–1984), erhielt die Medaille Yad Vashem und wurde 1981 vom israelischen Staat mit dem Titel „Gerechte unter den Völkern“ geehrt, weil sie in der Zeit des Nationalsozialismus jüdische Mitbürger, unter ihnen vor allem auch Musikerinnen und Musiker, versteckt und unterstützt hatte.[364] Anita Lasker-Wallfisch wurde 1925 geboren. In Berlin von Leo Rostal zur Cellistin ausgebildet, überlebte sie ihre Deportation durch die Nationalsozialisten ins Vernichtungslager Auschwitz, weil sie dort in dem sogenannten Mädchenorchester spielte. 1996 veröffentlichte sie ihre Autobiographie mit dem Titel *Ihr sollt die Wahrheit erben. Die Cellistin von Auschwitz*[365].

360 http://www.music.indiana.edu/som/ejmccf/history.html, letzter Zugang am 29. Juni 2010.

361 Straeten 1915.

362 Wasielewski 1925, S. 239.

363 http://mugi.hfmt-hamburg.de, letzter Zugang am 30. Januar 2014.

364 Fraenkel, Daniel/Borut, Jacob: *Lexikon der Gerechten unter den Völkern: Deutsche und Österreicher*, Band 1, Göttingen 2005, S. 199; vgl. http://www.familie-von-mirbach.de/Angehoerige2.htm, letzter Zugang am 3. Januar 2014.

365 Lasker-Wallfisch 1996.

Teil III

5. Transformationen

5.1 Musik für Cellistinnen

„[T]he musical conventions for representing [...] human experiences are far from timeless or ahistorical.“[1]
Susan McClary

Im Folgenden sollen zwei Kompositionen im Fokus der Betrachtung stehen, die den Protagonistinnen dieser Studie gewidmet sind: *Romance sans paroles* D-Dur op. 109 posthum für Violoncello und Klavier von Felix Mendelssohn Bartholdy, Lise Cristiani gewidmet, sowie *Epilogue* für Violoncello und Klavier von Rebecca Clarke, für Guilhermina Suggia komponiert. Susan McClary geht von der Annahme aus, dass Bedeutung immer an Musik herangetragen wird:

> „Meaning is not inherent in music, but neither is it in language: both are activities that are kept afloat only because communities of people invest in them, agree collectively that their signs serve as valid currency. Music is always dependent on the conferring of social meaning [...] the study of signification in music cannot be undertaken in isolation from the human contexts that create, transmit, and respond to it.“[2]

McClary argumentiert, klassische Musik sei aufgeladen mit Bildern und Konstruktionen von Gender. Diese Bilder könnten sowohl die „patriarchalen Normen“ einer Kultur bestätigen als auch diese in Frage stellen.[3] Judith Butler sieht in der Verfehlung der Imitation sowie der Parodie von Geschlechterbildern subversive Möglichkeiten der Überschreitung von Geschlechternormen und „Geschlechter-Binarität“[4] oder Möglichkeiten des In-Frage-Stellens, wie McClary es ausdrückt.

Das folgende Kapitel möchte darstellen, inwiefern Mendelssohn und Clarke ihre Kompositionen nicht nur für die Widmungsträgerinnen schrieben, sondern auch so konzipierten, dass die Werke etwas von der Spielweise und vielleicht sogar dem historisch-biographischen Kontext der Widmungsträgerinnen erzählen. Dabei geht es weniger um eine harmonische Analyse als um die Betrachtung des Werkes im Hinblick auf die Beschaffenheit der Violoncello-Stimme. In

1 McClary 1991, S. 25.
2 Ebd., S. 21.
3 Ebd., S. 54.
4 Butler 1991, S. 218.

Mendelssohns *Romance sans paroles* ist eine starke Auseinandersetzung mit der in der zeitgenössischen Presse so lebhaft diskutierten ‚weiblichen' Spielweise Cristianis zu finden. Rebecca Clarke dagegen komponierte ein Stück, das Guilhermina Suggias Ansprüche und Wünsche an ‚modernes' Cellospiel und insbesondere an die Klanggestaltung, die sie in ihren Publikationen formulierte, widerspiegelt und zu erfüllen scheint. In dieser Spielweise Suggias zeigt sich etwas von der Selbstkonzeption und -präsentation der Cellistin als Künstlerin an der Weltspitze, die sich, obwohl sie eine Frau und eine der ersten erfolgreichen Cello-Solistinnen war, nicht mehr wie Cristiani an einschränkende Weiblichkeitsbilder in Bezug auf Spielweise und Karriereentfaltung zu halten hatte – oder wenn sie sich solchen Einschränkungen gegenübersah, weitestgehend nicht mehr bereit war, sich ihnen zu beugen.

5.1.1 *Felix Mendelssohn Bartholdy: Romance sans paroles, Lise Cristiani gewidmet*[5]

Die *Romance sans paroles*, häufig auch publiziert als *Lied ohne Worte*[6], wurde nach dem Tod Felix Mendelssohns 1868 veröffentlicht und mit der Opuszahl 109 versehen. Mendelssohn hatte Lise Cristiani 1845 im Gewandhaus spielen gehört, es könnte sogar sein, dass er bei ihrem Konzert selber mitgewirkt hatte. Neben diesem Stück für Violoncello und Klavier widmete er ihr ein Klavierstück: *Andante pastorale* in C-Dur.[7]

Mendelssohns *Romance sans paroles* wurde zu einem unter Cellistinnen und Cellisten sehr populären und häufig gespielten Werk, auf keiner Mendelssohn-Einspielung der Cellowerke darf es fehlen, und da es kurz und von mittlerem Schwierigkeitsgrad ist, vergeht kein Jugend-musiziert-Wettbewerb ohne dieses Stück. In einer freien A-B-A-Form präsentiert es zunächst ein am Gesang orientiertes, lyrisches erstes Thema in D-Dur, begleitet von einer halbtaktigen, federnden Klavierfigur. Das Cello ist eindeutig Soloinstrument, charakteristisch für die *legato*-Melodie ist eine immer wiederkehrende Punktierte, im Themenkopf ist diese sogar mit einem Vorschlag versehen, der sowohl das textuelle Moment der Melodie stützt als auch den Eindruck von leichter Bewegtheit erzeugt.

Die *Romance* scheint auf Lise Cristianis Qualitäten als Cellistin zugeschnitten zu sein, insbesondere im ersten oder A-Teil: im *piano* beginnend, gesanglich,

5 Noten: G. Henle Verlag Urtext, Felix Mendelssohn Bartholdy: Variations op. 17 und andere Stücke für Violoncello und Klavier, darin *Lied ohne Worte/Romance sans paroles* D-Dur, op. 109 posthum, für Violoncello und Klavier. Autograph Dok. 5.

6 So etwa in der Ausgabe des Peters Verlags, Edition Peters 10664.

7 Hoffmann 2007/2010.

langsam, elegant und doch bewegt und gefühlvoll. Der gesamte erste Teil ist nur auf der höchsten Saite des Cellos, der A-Saite, ausführbar. Es ist davon auszugehen, dass in der ersten Hälfte des 19. Jahrhunderts solche Fingersätze durchaus verwendet wurden, da der Klang der leeren Saite auf einem Instrument mit Darmbesaitung einen anderen Charme, vergleichbar mit den Flageoletttönen, besitzt. Mit der aufkommenden Stahlbesaitung ging man dazu über, leere Saiten eher zu vermeiden und stattdessen Lagenwechsel zu verwenden. Auch das Vibrato wurde im 19. Jahrhundert noch durchaus sparsamer eingesetzt als heute,[8] so dass die Verwendung von leeren Saiten keinen so starken Bruch zu dem heute üblichen, quasi durchvibrierten Standardklang bedeutete. Es ist bemerkenswert, dass in allen Rezensionen Cristianis schöner Klang hervorgehoben wird, aber nie über Vibrato gesprochen wird. Dagegen stellt Suggia etwa 80 Jahre später ebenfalls Tonqualität und Klangschönheit ins Zentrum, verbindet diese aber vor allem mit dem Einsatz von Vibrato. Aus Äußerungen von Suggias Zeitgenossen Carl Flesch und Hugo Becker ist herauszulesen, dass ab den 1920er Jahren Vibrato als grundlegendes Ausdrucksmittel von Geigern und Cellisten angewandt wurde.[9]

Nicht ohne bissige Ironie hatte ein Kritiker in der *Revue et Gazette Musicale* 1845 bemerkt:

> „Was man Mademoiselle Christiani raten muss, ist, auf dem Violoncello […] eine zarte, sanfte a-Moll-Romanze auf der A-Saite zu spielen.“[10]

Was hier in verächtlichem Ton formuliert wird, finden wir in Mendelssohns wunderbarem Werk auf kompositorisch höchstem Niveau wieder – er komponierte für die Cellistin eine „sanfte Romanze“, den ganzen ersten Teil auf der A-Saite, als ob er die Cellistin in ihrer kompromissbereiten Haltung habe unterstützen wollen: ein Stück ganz im Sinne der ‚weiblichen‘ Spielweise, aber so ernst und niveauvoll, von einem anerkannten Künstler komponiert, dass das Stück und damit auch Cristianis Spielweise der Kritik, ‚weiblich‘ und nicht ernstzunehmend zu sein, entzogen würde. Der erste Teil der Komposition ist eine musikalische Transformation durch Affirmation, im Sinne Butlers das positive Resultat einer Verschiebung, die das imitierte negative Original verfehlt. Das Übernehmen all der weiblichen Stereotype, mit denen Cristiani konfrontiert war, und die Imitation derselben (*piano*, langsames Tempo, A-Saite, Romanze) wird durch Mendelssohn, der das Stück aus Wertschätzung für die junge

---

8 Vgl. Pape/Boettcher 2005, S. 133.

9 Vgl. ebd., S. 134; Flesch 1923; Becker/Rynar 1929.

10 Ce qu'il faut conseiller à mademoiselle Christiani, c'est de dire sur le violoncelle […] une tendre et douce romance en *la* mineur sur la corde *la* […]“ (RGM 1845, S. 61, zitiert nach Hoffmann 2007/2010, Übersetzung von F. Hoffmann).

Cellistin schreibt, zu einer positiven Verfehlung im Sinne Butlers. Das Resultat ist eine neue Komposition, die sich in die Reihe der anderen *Lieder ohne Worte* für Klavier von Mendelssohn einordnen lässt und zur Rehabilitation der zunächst negativ bewerteten ‚weiblichen' Ausdrucksmöglichkeiten und zur Anerkennung der Cellistin beiträgt.

Diese Transformation durch Affirmation im ersten Teil des Stücks ermöglicht dann eine weitergehende Transformation im zweiten Teil, die durch den affirmativen Charakter des ersten Teils möglich gemacht wird: Alle Stereotypen wurden bedient, allerdings musikalisch so wertvoll, dass diese in den Hintergrund rücken müssen und Freiraum eröffnen für eine musikalische Entwicklung, die nicht von Stereotypen ‚weiblicher' Spielweise eingeengt wird. Zwischen dem viermal wiederholten Themenkopf in D-Dur finden sich leise Vorausdeutungen auf eine Veränderung – eine Transformation des musikalischen Materials –, eine kurze Modulation nach fis-Moll (T. 7–9), *sforzati* im *piano* (T. 8 und T.10), die wie kleine Erschütterungen den sanften und frohen D-Dur-Charakter durch ein sehnsuchtsvolleres Moment ganz kurz durchbrechen.

Der Mittelteil oder B-Teil in d-Moll (T. 10–48) erfüllt dann, was diese Vorausdeutungen versprachen: Er ist gegensätzlich gestaltet, schneller, dramatischer, der punktierte Rhythmus und das *legato* weichen einer geraderen, entschlossenen rhythmischen Gestaltung und stärker separierten Noten, unterschrieben mit *agitato* und von Sextolen-*Arpeggien* im Klavierpart begleitet. Im vierten Takt des Mittelteils kommt zum ersten Mal zwingend die D-Saite hinzu (T. 29), bis zu T. 36 überschreitet Mendelssohn diesen Tonumfang jedoch nicht weiter nach unten, allerdings erweitert er ihn um den bisher noch nicht verwendeten Flageolettton A (T. 31) sowie das darauffolgende H (T. 31). In Takt 35 kommt dann dem Autograph zufolge zum zweiten Mal die D-Saite vor. Es ist interessant, dass in anderen Fassungen[11] gerade diese Stelle oktaviert wird, obwohl im Autograph dazu keinerlei Hinweise vorliegen. Der oktavierte Ton E allerdings ist wiederum als Flageolettton spielbar – was ein Hinweis darauf sein könnte, dass die Oktavierung von Lise Cristiani oder anderen im Sinne von Cristianis spezifischer Spielweise gespielt wurde. Vielleicht störte auch einige Herausgeber – intuitiv oder bewusst –, dass das Cello ein zweites Mal die A-Saite verlässt und an beiden Stellen dem Klavier mit einem virtuosen *Arpeggio* den Vortritt lässt, um so einen kammermusikalischen Moment entstehen zu lassen und damit eine noch deutlichere Entfernung von den Salon-Romanzen, in denen das Klavier Soloinstrument oder Stimme nur begleitete? Wenn Mendelssohn sich einen Spaß daraus gemacht haben sollte, tatsächlich bis zu diesem Moment im Stück die unteren Saiten komplett zu vermeiden, ja sogar die D-Saite nur zweimal

---

11 Beispielsweise Edition Peters 10664.

einzusetzen, so könnte gerade die unscheinbare zweite Überschreitung des vorherigen Rahmens auf der A-Saite von ihm intendiert und im Sinne einer subversiven Transformation gewollt gewesen sein. Denn nach der Affirmation im ersten Teil, der ‚positiven Verfehlung', der Imitation von Stereotypen, den Vorausdeutungen auf einen dramatischeren und wilderen Mittelteil, ist genau das erreicht, was Lise Cristiani in ihrer Performanz auf der Bühne und im Leben anstrebte und was ihr gelang. Eine plötzliche unscheinbare Veränderung, eine Erweiterung der Handlungsspielräume, die keinen heftigen Bruch mit Weiblichkeitsbildern mehr erforderte, da diese sich durch die Art der imitierenden, verfehlenden Affirmation bereits verändert hatten. Indem Mendelssohn ein zweites Mal wie selbstverständlich die D-Saite verwendet, ist dies keine Überschreitung mehr, sondern symbolisiert eine bereits transformierte, neue Situation. Genau dies hatte Lise Cristiani erreicht, sie war eine erfolgreiche Cellistin geworden, und die Kritiker, die dies als Überschreitung, als Neuheit, als Kuriosität und Sensation sahen, fanden sich fast ebenso vielen Stimmen gegenüber, welche die Cellistin als Künstlerin anerkannten und akzeptierten. Ein wichtiger symbolischer Schritt sind dabei auch die zwei Widmungen Mendelssohns gewesen.

Obwohl die *Romance sans paroles* wahrscheinlich 1845 entstand – nach bisherigem Forschungsstand ist das genaue Entstehungsdatum unklar, der Autograph ohne Datum –, ist es verführerisch, im Verlauf des Stücks Parallelen zu Lise Cristianis Leben erkennen zu wollen. Denn wenn ihr Lebensweg bis 1847 von einem an Kompromissen orientierten Konzept bestimmt war, das hier ‚Transformation und Subversion durch Affirmation' genannt wurde, so passierte mit dem Beginn der Sibirienreise sowie der anschließenden Kaukasusreise etwas anderes. Der Bruch mit den Weiblichkeitsbildern, mit dem im Rahmen bürgerlicher Moralvorstellungen akzeptierten Lebensentwurf, den sie bisher auf der Bühne und in ihrer Selbstpräsentation vermied, geschah nun auf der Ebene dieser unglaublichen Reise. Man kann auch hier wieder das Prinzip der Affirmation erkennen: Nie konfrontierte oder brüskierte sie mit unvermittelten Entscheidungen, so ist es jedenfalls aus den erhaltenen Dokumenten herauszulesen, sondern sie fand immer einen Weg, die liebenswerte, elegante junge Frau zu bleiben. Ihre Entscheidungen präsentieren sich in den Reiseberichten als wohlüberlegt, sie wägt ab zwischen Gefahr, Neugier, Sehnsucht nach der Ferne und nach dem „Vaterland".[12] Aber wie entscheidet sie, wie verhält sie sich? Kompromisslos – denn das Leben, das sie 1847 bis zu ihrem Tod 1853 führen wird, ist ein so abenteuerliches, dass von Affirmation eigentlich keine Rede mehr sein kann. Sei es, dass Mendelssohn etwas von dieser Seite der jungen Cellistin gespürt hatte

12 Vgl. Kap. 3.4.

oder dass er doch von ihren abenteuerlichen Reisen erfahren und das Stück später als angenommen komponiert hatte: In jedem Fall inszeniert er musikalisch in den Takten 38–40 eine Entwicklung, die mit dem Lebensweg Cristianis zu korrespondieren scheint. Hier übernimmt das Klavier zum ersten Mal das Thema, ja entreißt es dem Cello geradezu und dieses stürzt in die Tiefe, auf die C-Saite. Das passiert dreimal, unterbrochen von immer kürzer werdenden thematischen Fragmenten aus dem Mittelteil. Beim zweiten Mal stürzt die Cellostimme nach einem langen Vorhalt auf Des sogar direkt auf den tiefsten Ton des Instruments, auf die leere C-Saite (T. 39). Dieser plötzliche Einsatz der C-Saite geschieht ohne jede Vorbereitung, unvermittelt, erschreckend, mit *sforzato*. Danach bleibt in A-Dur, dominantisch und drängend das Themenmotiv des Mittelteils im Cello erhalten, wird wiederholt und schließlich oktaviert, bis das zweigestrichene A erreicht wird (ein Ton, der als Flageolett zu spielen ist!), der höchste Cello-Ton im ganzen Stück, auf dem das Cello mehr als einen Takt, der in eine *Fermate* mündet, verharrt. Das Klavier steigt mit einem Motiv, das aus dem A-Teil stammt (zwei Sechzehntel und zwei Achtel, ein rhythmisches Motiv, welches die Begleitung des gesamten A-Teils ausmacht, dann aber wie ein mahnendes Grollen im Hintergrund auch im B-Teil verwendet wird; als Auftakt zum neuen Takt zwei Sechzehntel und eine Achtel: T. 25, 27, 28, 30 usw.) vom *forte* ins *piano* ab und endet auf einem fragenden Dominantseptakkord (T. 45).

Anschließend kehren Rhythmus und Form des ersten Themas wieder, allerdings fragmentarisch, wie eine müde Erinnerung, die nochmals ganz auf die C-Saite hinabsteigt, um mit einem A-Dur-Dreiklang über alle Saiten des Cellos zu schließen – es ist das erste Mal, dass die G-Saite zwingend verwendet wird und innerhalb eines Taktes ein Tonumfang von fast drei Oktaven durchschritten wird (T. 48). Die Reprise ist zunächst wortgleich mit dem Anfang, jedoch hat sich für die Fortführung bis zum Schluss einiges verändert: Die Klavierstimme verdichtet sich in T. 53 und 54, das lyrische Thema übernimmt dramatische, drängende Eigenschaften, um sich mit Elementen aus dem Mittelteil zu vermischen, die Klavierstimme wechselt zwischen beiden Begleitfiguren aus dem A- und dem B-Teil, die gesamte Bandbreite vorgestellter Emotionen wird noch einmal rekapituliert und kompositorisch vereint. Der Mittelteil war also nicht nur ein dunkler Traum, keine dramatische Travestie im Sinne Judith Butlers[13] oder nur ein Schauspiel-Kunststück, damit anschließend wieder in die alte Welt der „sanften Romanze" zurückgekehrt werden kann, sondern die Errungenschaften, die Transformationen, die Überschreitungen des Mittelteils haben tatsächlich etwas verändert. Das Cello darf nun das gesamte Spektrum sowohl emotionaler Ausdrucksmöglichkeiten als auch des instrumentalen Tonumfanges ausschöpfen. Ob

13 Vgl. Butler 1991.

Lise Cristiani diese Chance nutzen konnte, die in dieser ihr gewidmeten Komposition lag? Ob sie die *Romance sans paroles* im Konzert gespielt hat, wissen wir nicht. Das Stück wird in keiner Presserezension erwähnt, allerdings von Petr Svistunov, den Cristiani in Sibirien kennenlernte.[14] Vielleicht konnte sie dieses Stück erst in der Ferne spielen. Ebenso bleibt es Spekulation, ob Mendelssohn vom weiteren Lebensweg der Cellistin erfahren hat. Als konvertierter Jude hatte Mendelssohn mit vergleichbaren Themen – Anfeindung, Abwertung, Akzeptanz, Assimilation, Transformation durch Affirmation – in Bezug auf die antisemitischen Strömungen in der damaligen Zeit zu tun, man denke an Wagners antisemitischen Aufsatz „Das Judentum in der Musik“[15], der 1850 erschien und Mendelssohn explizit anfeindete.

5.1.2 Rebecca Clarke: Epilogue, Guilhermina Suggia gewidmet[16]

Rebecca Clarke (1886, Harrow – 1979, New York) absolvierte ab 1907 als einzige Frau ein Kompositionsstudium am Londoner Royal College of Music, ebenso war sie 1912 eine der ersten Frauen, die im Queen's Hall Orchestra angestellt wurden. Sie komponierte Lieder, Chorwerke und Kammermusik; ein Großteil ihrer Werke ist bis heute immer noch unveröffentlicht.[17] Neben ihrer Orchestertätigkeit expandierte ihre Karriere als Bratschistin und Kammermusikerin. Sie spielte in zahlreichen Ensembles und unternahm Konzertreisen in alle Kontinente der Welt. Mit der Cellistin May Mukle (1880–1963) war Rebecca Clarke nicht nur durch eine intensive und über Jahre andauernde Zusammenarbeit verbunden, sondern auch durch eine enge Freundschaft. Die zwei Musikerinnen gründeten gemeinsam mit der Geigerin Marjorie Hayward und der Pianistin Kathleen Long das erste feste Klavierquartett unter dem Namen The English Ensemble, das bis ins Jahr 1939 sehr erfolgreich konzertierte.[18] An der Royal Academy of Music wird bis heute der May Mukle Prize zur Förderung herausragender Cellistinnen und Cellisten verliehen. Die Stiftung dieses Preises geht auf Rebecca Clarke zurück, die ihn aus dem Erlös vom Verkauf des Montagnana-Cellos, das Mukle gespielt hatte, in Erinnerung an ihre Freundin und Kollegin einrichtete. In der Library of Congress in Washington kann man zu

14 Ginsburg 1950.

15 Wagner 1850.

16 Noten: Clarke, Rebecca/Johnson, Christopher (Hg.): Shorter Pieces for Cello and Piano. Oxford University Press 2003; CD: Hommage à Clara Schumann. Komponistinnen im Spiegel der Zeit. Katharina Deserno, Violoncello, Nenad Lečić, Klavier. Kaleidos Musikeditionen 2011. Dok. 7.

17 Talkner 2009, S. 173.

18 Vgl. Wenzel 2007b.

Ehren von Mukle eine Skulptur sehen, die diese Cello spielend abbildet, gestaltet von der Bildhauerin Dora Thacher Clarke – der Schwester Rebecca Clarkes.[19] Mukle war Mitglied der 1911 gegründeten Society of Women Musicians.[20] Das Stück *Epilogue* widmete Rebecca Clarke nicht May Mukle, sondern der Cellistin Guilhermina Suggia. Suggia und Clarke traten 1914 zum ersten Mal gemeinsam mit den Schwestern Jelly und Adila d'Arányi auf, Suggia spielte weitere Konzerte mit anderen Musikerinnen im Kontext der Society of Women Musicians, so z.B. mit den Pianistinnen Fanny Davies und Myra Hess.[21]

Das Entstehungsdatum des Stücks *Epilogue* ist unklar, Clarke selber soll sich daran erinnert haben, es um 1921 geschrieben zu haben, auf der anderen Seite erwähnt sie in ihrem Tagebuch die ersten Proben von *Epilogue* im Jahr 1931. Das Stück hatte zunächst den Titel *L'envoi* getragen.[22] Suggia scheint das Stück nicht gespielt zu haben, zumindest ist eine Uraufführung erst 1995, lange nach Suggias und Clarkes Tod dokumentiert, 2003 wurde es bei Oxford University Press verlegt.

Clarke entfaltet einen spätromantisch-expressionistischen Dialog zwischen Klavier und Cello, in welchem die Klangfarbenspektren beider Instrumente facettenreich eingesetzt werden.[23] Das Stück ist ein Duo zweier gleichberechtigter Partner und lässt doch dem Cello eine sehr solistische Rolle. Dies ist zum einen eine Hommage an Suggia als Solistin, zum anderen ein Zeichen der wichtigen Rolle, welche Kammermusik in dieser Zeit und für Musikerinnen wie Clarke, Mukle und Suggia spielte.

Ein nachdenkliches Terz-Motiv, vom Cello allein vorgetragen, wird allmählich zu einer großen Kantilene bis zu einer intensiven Kulmination entwickelt, um dann zu der Anfangsstimmung zurückzukehren und das Stück mit einem stillen Es-Dur-Klang zu beschließen.[24] Das Klangspektrum des Cellos wird fast völlig ausgeschöpft, ein Charakteristikum, das Suggia besonders an ihrem Instrument schätzte und in ihrem Artikel „The Violoncello"[25] hervorhob. Wahrscheinlich kannte Clarke Suggias Artikel über das Cello und das Cellospiel, die 1920 und 1921 erschienen waren; mit Sicherheit aber kannte sie die Einstellung und den Geschmack der Cellistin, mit der sie Kammermusik gespielt hatte. Sie stattete den Cellopart genau mit den Eigenschaften aus, die Suggia wichtig wa-

19 Vgl. Kohnen 1999.

20 Mercier 2008, S. 32; vgl. Kohnen 1999.

21 Mercier 2008, S. 35.

22 Clarke, Rebecca/Johnson, Christopher (Hg.), Shorter Pieces for Cello and Piano, Oxford University Press 2003.

23 Vgl. Deserno 2011.

24 Vgl. ebd.

25 Suggia 1920.

ren. *Epilogue* ermöglicht bzw. fordert einen sehr variablen Einsatz des Vibratos, eine intensive Suche nach verschiedensten Klangfarben von hochexpressiv, hymnisch und klagend bis fahl, düster, aber auch dunkel und warm. Die „Schönheit des Klangs“, die Suggia in ihrem zweiten Artikel „Violoncello Playing“[26] als die Grundvoraussetzung für niveauvolles Cellospiel hervorhebt, steht in Clarkes *Epilogue* nicht nur im Vordergrund, das Stück bietet der Interpretin auch die Möglichkeit, ihre persönliche, individuelle „Schönheit des Klangs“ in allen Facetten zu zeigen. Das Stück ist hochexpressiv, aber nicht virtuos im Sinne von Effekt, es beeindruckt durch den Aufbau, die melodiösen und gesungenen Phrasen, in denen Cello und Klavier miteinander kommunizieren. Trotzdem scheint ‚singend‘ nicht die richtige Charakterisierung zu sein, denn die Möglichkeiten des Cellos – und das muss Clarke am Spiel von Suggia beeindruckt und inspiriert haben – überschreiten den gesanglichen Modus und integrieren ihn zugleich. Während die *Romance sans paroles* noch von einer wirklich liedhaften Melodie bestimmt wird, erweitert *Epilogue* diese Ebene um die der Klangfarbenkomposition und zeichnet so ein musikalisches Bild zwischen Romantik und Expressionismus.

5.2 (Ur-)Aufführungen

In den ersten zwei Dritteln des 19. Jahrhunderts stellten Cellistinnen und Cellisten ihre Konzertprogramme vorwiegend aus beliebten Melodien, Arrangements und Opernparaphrasen, virtuosen Eigenkompositionen oder solchen von anderen Cellisten, die sich meist auf bekannte Themen bezogen, sowie vereinzelten Kammermusikwerken zusammen. Die Solosuiten von Johann Sebastian Bach wurden nur zu Studienzwecken gespielt, die Sonaten von Beethoven ebenfalls eher selten.[27] Gegen Ende des Jahrhunderts hatte sich für das Cellorepertoire viel getan: Waren die Sonaten von Beethoven noch die ersten in dieser Gattung der kammermusikalischen Duosonaten gewesen, so hatten mittlerweile Komponistinnen und Komponisten wie Mendelssohn, Schumann, Brahms, Grieg, Tschaikovsky, Luise Adolpha Le Beau, Louise Farrenc, Antonín Dvořák u.a. Konzerte, Sonaten und andere Werke für das Instrument geschrieben. Neben Unmengen von virtuoser Literatur, von der heute vor allem die Werke des Cellisten David Popper gespielt, andere Werke von Servais, Romberg, Goltermann u.a. eher zu Studienzwecken verwendet werden, war das Repertoire ent-

26 Dies. 1921b.

27 Vgl. dazu insbesondere den Fall Bernhard Romberg, der ausschließlich seine eigenen Kompositionen gespielt haben soll (Pape/Boettcher 2005, S. 148; vgl. Grimmer, W. 2002).

standen, das aus heutiger Perspektive die Standardwerke romantischer Violoncello-Literatur beinhaltet.

Während sich im 18. und 19. Jahrhundert viele Cellisten noch als Komponisten und Performer zugleich gesehen hatten,[28] insbesondere Bernhard Romberg, und es zum guten Ton gehörte, virtuose Musik für die eigenen Konzerte selber zu komponieren, wird im Laufe des 19. Jahrhunderts die Trennung zwischen Interpretation und Komposition immer stärker. Wer sich als Interpret in Abgrenzung zum Virtuosen verstand, konnte nicht mehr gleichzeitig Komponist virtuoser Literatur sein – wer sich der Komposition zuwandte, verzichtete mit der Zeit auf den Status des Interpreten, übernahm meist, wie Felix Mendelssohn und Robert Schumann, Positionen als Dirigent, Kapellmeister oder künstlerischer Leiter.

Luise Adolpha Le Beau war eine der ersten Frauen, die sich im Anschluss an ihre Karriere als Pianistin einer professionellen Karriere als Komponistin zuwandten, diese aktiv verfolgten und ihr Interpretentum nun ganz in den Dienst der eigenen Werke stellten.[29] Von Joseph Joachim ist überliefert, dass er seine eigenen Kompositionsideen zurückstellte, um seiner Rolle als Interpret gerecht zu werden – und er ist zu einer Symbolfigur für diesen neuen Typus des am Werk orientierten Interpreten geworden.[30] Wie unattraktiv die Uraufführung eines Zeitgenossen sein konnte, zeigt sich an der beliebten – allerdings nicht belegten – Anekdote über Romberg, der Beethovens Angebot, ein Cellokonzert für ihn zu schreiben, mit der Begründung ausgeschlagen haben soll, er spiele nur seine eigenen Konzerte.[31] Je mehr sich Komposition und Interpretation als Professionalisierungswege[32] voneinander trennten, desto mehr Bedeutung bekamen die Uraufführungen zeitgenössischer Werke.

Es ist nicht überliefert, ob Lise Cristiani die später bekannt und zu einem häufig gespielten Stück gewordene *Romance sans paroles*[33] von Felix Mendelssohn überhaupt in ihr Repertoire aufgenommen hat oder ob sie das Stück als Geste der Anerkennung zu ihren Unterlagen gelegt hat – vorausgesetzt, sie hatte das Manuskript von Mendelssohn überhaupt bekommen, auch das ist nicht mehr nachweisbar. In Presserezensionen und erhaltenen Konzertberichten

28 Vgl. Kennaway 2009.

29 Le Beau 1910; vgl. Weissweiler 1981, S. 277f.

30 Vgl. Borchard 2004.

31 Vgl. Grimmer, W. 2002.

32 Auch bei Dirigenten ist das zu beobachten. Während diese bis in die zweite Hälfte des 19. Jahrhunderts meistens auch Komponisten oder auch Interpreten waren und vor allem als Komponisten ihre Werke häufig selber dirigierten (etwa Rheinberger, Mendelssohn, Berlioz u.a.), kann Hans von Bülow als erster Berufsdirigent gelten, der sich ausschließlich dieser Profession widmete.

33 *Romance sans paroles / Lied ohne Worte* D-Dur op. 109 posthum, siehe Autograph Dok. 5.

wurde das Stück nach bisherigem Forschungsstand nicht erwähnt. Bei den Cristiani gewidmeten Stücken des Cellisten Bockmühl verhält es sich ähnlich. Diese Kompositionen gleichen nach heutigem Stilempfinden dem Repertoire, das Cristiani spielte. Bockmühl verstand sich als Komponist und Performer, was sein selbstbewusstes Auftreten gegenüber Robert Schumann erklärt.[34] Zwar dem Zeitgeist entsprechend, nicht aber an bereits bekannte Melodien anknüpfend, waren vielleicht auch diese Stücke für Lise Cristiani schon zu sehr eine Uraufführung unbekannter Stücke, von der sie fürchtete, das Publikum damit nicht gewinnen zu können.

Clara Schumann erhielt retrospektiv durch die Uraufführungen der Kompositionen Robert Schumanns ungleich größeren Ruhm als durch das virtuose Repertoire (Moscheles, Hertz, eigene Fantasien), das sie zu Beginn ihrer Karriere spielte. Diese Uraufführungen sowie die Aufnahme von Bach und Beethoven in ihr Repertoire ließen sie von einer „Virtuosin" zu einer „Interpretin"[35] werden. Dieses neue Interpretinnen-Profil erforderte für die zeitgenössischen Konzerte aber auch Mut und versprach nicht immer den sicheren Beifall des Publikums. Vergegenwärtigt man sich die Situation der Instrumentalistinnen und Instrumentalisten, die zugleich ihre eigenen Konzertunternehmer waren und deren finanzielle Situation meist direkt von den Erfolgen und den daraus resultierenden Einnahmen abhängig war, so wird eine skeptische Haltung in Bezug auf die Aufführung neuer, vielleicht komplizierter, anspruchsvoller Werke, welche die Hörgewohnheit des Publikums nicht bedienten, sondern überraschten, verständlich. In der Familie Mendelssohn wurden Bach und Beethoven und wenig virtuoses Repertoire gespielt, möglicherweise weil die Überlieferung insbesondere der Musik Bachs in der Familie Mendelssohn eine besondere Rolle spielte, vielleicht aber auch, weil die Familie keinen schnellen Erfolg im Sinne einer lukrativen Wunderkindkarriere als Ziel für die beiden hochbegabten Kinder Fanny und Felix vor Augen gehabt hatte.

Keine der Cellistinnen, die im 19. Jahrhundert aktiv waren, hat nach bisherigem Forschungsstand eigene Kompositionen hinterlassen. Sicherlich wurden diese Frauen, die schon mit der Wahl ihres Instruments ungewöhnliches Terrain betraten, unter dem Aspekt, ob dies wohl mit den gängigen Vorstellungen von Weiblichkeit vereinbar sei, beäugt und nicht dazu ermutigt, sich nun auch noch im Bereich der Komposition zu verwirklichen, die als „productive"[36] Kunst noch mehr als das Interpreten- und Virtuosentum als männliche Domäne galt. Hatte Hans von Bülow doch noch über Clara Schumann als Komponistin gesagt:

34 Briefe von Robert Emil Bockmühl an Robert Schumann 1851/52, in: Loesch 1995.

35 Vgl. Borchard 2004.

36 Hans von Bülow, zitiert nach Weissweiler 1981, S. 269.

> „Reproductives Genie kann dem schönen Geschlecht zugesprochen werden, wie productives ihm unbedingt abzuerkennen ist […].“[37]

Damit blieb diesen Cellistinnen des 19. Jahrhunderts insbesondere die Anerkennung der Nachwelt verwehrt. Sie wurden innerhalb der Musikgeschichtsschreibung als weniger „geschichtsmächtig und des Erinnerns wert“[38] erachtet, da diese sich an Interpretinnen und Interpreten vorwiegend in zwei Konstellationen erinnert: zum einen als Virtuosen-Komponisten, die eigene Stücke und häufig auch eine technische Methode, ein Lehrwerk hinterließen, wie Popper, Grützmacher, Romberg u. a.; zum anderen im Zusammenhang mit der Rolle als Interpretinnen und Interpreten von Uraufführungen.[39] Mit der Generation von Cellistinnen, die Ende des 19. Jahrhunderts geboren wurde, insbesondere mit den britischen Cellistinnen May Mukle und Beatrice Harrison, ist eine Veränderung in Bezug auf Uraufführungen zeitgenössischer Musik zu beobachten. May Mukle ist die einzige Cellistin, über die bekannt ist, dass sie auch als Komponistin tätig war, allerdings sind fast alle ihre Werke bis heute unveröffentlicht geblieben.[40] Als Gründungsmitglied der 1911 gegründeten Society of Women Musicians setzte sich die Cellistin gemeinsam mit ihren Kammermusikpartnerinnen für die Aufführung der Werke von Komponistinnen ein.[41] Mit der Komponistin Rebecca Clarke verband sie die musikalische Zusammenarbeit im English Ensemble Piano Quartet und eine lebenslange Freundschaft. Mukle spielte um 1924 die Uraufführung von Rebecca Clarkes *Rhapsody* für Violoncello und Klavier mit der Pianistin Myra Hess im Rahmen des Berkshire Festival in Pittsfield.[42] Clarke allerdings hat merkwürdigerweise ihre Cellowerke nicht May Mukle gewidmet. *Epilogue* trägt eine Widmung an Guilhermina Suggia. May Mukle spielte außerdem „zahlreiche Uraufführungen von Werken, die heute zum Kanon der Celloliteratur zählen, darunter Werke von Rebecca Clarke, Thomas Frederick Dunhill, Maurice Ravel und Ralph Vaughan Williams“[43], ebenso 1922 die Sonate für Violine und Violoncello von Maurice Ravel in der Konzertreihe des London Contemporary Music Centre sowie 1926 die Uraufführung von Ralph Vaughan Williams' *Six Studies in English Folk Song*, die ihr gewidmet sind.[44]

---

37 Hans von Bülow, zitiert nach ebd.

38 Kreutziger-Herr/Losleben 2009, S. 24.

39 Siehe Kap. 1.6.2.

40 Wenzel 2007b.

41 Ebd.

42 Vgl. ebd.

43 Ebd.

44 Ebd.

Beatrice Harrison ist ebenfalls von großer Bedeutung für die Erweiterung des zeitgenössischen Repertoires gewesen. Besonders verbunden war sie den Komponisten Delius und Elgar. 1920 spielte sie die Uraufführung von Delius' Doppelkonzert für Violine und Cello[45], 1921 das Cellokonzert des Komponisten, 1918 dessen Sonate. Harrisons Aufführung des Cellokonzerts von Elgar gilt als eigentliche Uraufführung, nach einer wenig erfolgreichen Uraufführung durch den Cellisten Felix Salmond.[46] Für die Zweitaufführung und die Aufnahme des Konzerts arbeitete Harrison eng mit Elgar zusammen, der dann sowohl die Aufführung als auch die spätere Aufnahme – 1928 beim Label His Masters Voice[47] – dirigierte. Sie ist die Interpretin, die das Cellokonzert bekannt gemacht hat, bevor es durch Jacqueline du Prés Interpretation unvergesslich wurde. 1929 fand die Uraufführung von Cyril Scotts *The Melodist and the Nightingales* in der Londoner Queen's Hall statt, 1920 hatte Harrison bereits Scotts Klaviertrio uraufgeführt, 1926 das Doppelkonzert, 1950 seine Sonate. Beatrice Harrison setzte sich für „britische Komponisten ihrer Zeit und deren Werke ein, wie die zahlreichen von ihr gespielten Uraufführungen vor allem in den 1920er Jahren belegen. Etliche Cello-Kompositionen dieser Zeit wurden für Beatrice Harrison geschrieben, darunter Werke von John Ireland, Cyril Scott, Herbert Hughes, Percy Grainger, Roger Quilter, York Bowen, Arnold Bax und George Henschel."[48]

Thelma Reiss engagierte sich ebenfalls mit zahlreichen Uraufführungen für die zeitgenössische Musik.[49] Mit dem London Symphony Orchestra spielte sie die Uraufführung des Cellokonzerts von Arthur Honegger.[50] Florence Hooton war Solistin in der Uraufführung des Cellokonzertes von Frank Bridge.[51] 1895 spielte die dänische Cellistin Agga Fritsche in einem Konzert ausschließlich Werke skandinavischer Komponistinnen, so u.a. anlässlich einer Women's Exhibition mit den Violinistinnen Ida Koppel und Anna Tryde sowie der Bratschistin Kamma Christophersen das 1861 komponierte Quartett d-Moll von Elfrida Andrée.[52] Edwige Bergeron arbeitete mit Vincent d'Indy und Nadia Boulanger zusammen. Samuel Barber komponierte für Raya Garbousova sein Cellokonzert, sie nahm auch Barbers Cellosonate auf Schallplatte auf.[53] Zara Nelsova spielte

45 Doppelkonzert für Violine, Violoncello und Orchester (1915/16).

46 Wenzel 2007a.

47 Ebd. 1919 hatte bereits die Einspielung einer gekürzten Version stattgefunden.

48 Wenzel 2007a; vgl. Cleveland-Peck 1985, S. 29.

49 Vgl. Wenzel 2008c.

50 Ebd.; Campbell 2004, S. 173f.

51 Ebd.

52 *Musical News*, 28. September 1895, zitiert nach Babbe 2013b.

53 http://www.nytimes.com/1997/01/30/arts/raya-garbousova-87-cellist-honored-by-composers.html, letzter Zugang am 12. Februar 2014; vgl. Eggebrecht 2007, S. 241.

Uraufführungen der Werke von Schostakowitsch, Hindemith, Bloch und Barber. Eine enge Zusammenarbeit verband sie mit Ernest Bloch[54], der sie „Madame Schelomo“ genannt und gesagt haben soll „Zara Nelsova is my music“[55]. Er widmete ihr seine Solosonaten.[56]

Komponist(in) und Interpret(in) bilden eine produktive Gemeinschaft bei der Hervorbringung eines Werkes, die mit der Uraufführung endet oder ihre Vervollkommnung erreicht. Das Werk ist die aus dieser produktiven Gemeinschaft hervorgegangene gemeinsame Schöpfung. Die enge Zusammenarbeit, die während der Vorbereitung auf eine Uraufführung notwendig und inspirierend sein kann, könnte mit der Fantasie einer idealisierten, schöpferisch-libidinösen Verbindung, einer Art Elternschaft für das entstehende Werk behaftet sein. Es ist möglich, dass im Falle von Interpretinnen und im Rahmen einer heteronormativ ausgerichteten Geschlechterkonzeption diese Assoziation der Verbindung zwischen Komponist und Interpretin bis ins frühe 20. Jahrhundert Frauen von Uraufführungen eher abgehalten hat.[57]

5.3 Frauenensembles

Die Frauenensembles, in denen Mukle und Harrison oder Agga Fritsche spielten, sahen es auch als Aufgabe, die Werke von Komponistinnen an die Öffentlichkeit zu bringen. Solidarität und gegenseitige Unterstützung waren für diese Musikerinnen, die sich erstmalig als Frauen gleichwertig mit männlichen Künstlern im zeitgenössischen Musikleben zu etablieren begannen, von Bedeutung. Bei Musikkritikern in der zweiten Hälfte des 19. Jahrhunderts hatten Frauenensembles regelrechte Abwehrreaktionen ausgelöst, die zu sarkastisch überspitzten Schilderungen führten und den Niedergang der Musikkultur beschworen. Der Pianist Anton Rubinstein (1829–1894) war in dieser Haltung mehr als kategorisch, ja die Vehemenz seiner Äußerung von 1890 legt nahe, wie sehr er sich und die „Musikkunst“ von erfolgreichen Musikerinnen bedroht fühlte:

54 Ernest Bloch (1880–1959).

55 http://www.cello.org/newsletter/articles/nelsova.htm, letzter Zugang am 12. Februar 2014; http://www.brintonaverilsmith.com/program_notes.html?ni=4&p=3, letzter Zugang am 12. Februar 2014.

56 Suite for Cello Solo, Nr. 1, 1956, Suite for Cello Solo Nr. 2, 1956, Suite for Cello Solo Nr. 3, 1957.

57 Clara Schumann konnte die Werke Robert Schumanns als seine Ehefrau tatsächlich wie ein gemeinsames Kind zur Welt bringen. Die Verbindung Suggias zu Tovey brachte Casals außer sich, Bevorzugungen von Seiten Moórs bei der Komposition des Cellokonzertes (die „spektakulärere Kadenz“) scheinen Auslöser für Auseinandersetzungen zwischen den beiden gewesen zu sein, Baldock 1994, S. 106.

„Die Überhandnahme der Frauen in der Musikkunst, sowohl im instrumentalen Ausüben, wie auch in der Komposition (ich nehme den Gesang aus, das Feld, auf welchem sie seit jeher Bedeutendes geleistet haben), datiert seit der zweiten Hälfte unseres Jahrhunderts – ich halte diese Überhandnahme auch mit für ein Zeichen des Verfallens unserer Kunst. – Es fehlen den Frauen zwei Haupteigenschaften sowohl für ausübende Kunst als auch fürs Schaffen – Subjektivität und Initiative."[58]

In Paris gründete die Geigerin Marie Tayau eines der ersten Frauenensembles mit dem vielsagenden Namen Quatuor Ste. Cécile. Aus einem Pressekommentar von 1876 wird ersichtlich, dass sich eine Akzeptanz von professionellen Instrumentalistinnen immer mehr durchsetzte:

„Ein weibliches Streichquartett! Die Sache wäre vor zwanzig Jahren zum Lachen gewesen; heute erregt sie allenfalls Neugier oder sogar Interesse. Die Zahl der jungen Mädchen, die Geige und Violoncello studieren, nimmt immer mehr zu [...]. Die Neulinge halten sich indes nicht mit kleiner Münze auf, sondern präsentieren sich zuvörderst als ernsthafte Künstlerinnen."[59]

Cellistinnen dieses Quartettes waren Eve Maleyx, dann Herminie Gatineau und später Marie Galatzin.[60] Tayeau war des Weiteren 1877 Gründerin eines Kammermusikvereins, L'Art moderne, der sich auf zeitgenössische Kammermusik konzentrierte, die in Porträtkonzerten einzelner Komponisten präsentiert wurde – „im Zeitalter der ‚gemischten Programme' eine Rarität."[61]

1897 wurde in der *Neuen Zeitschrift für Musik* ein Trio, bestehend aus drei Musikerinnen, angekündigt:

„In Berlin fehlt es nicht an Kammermusikgenossenschaften. [...] Den [sic] etwaigen Bedürfniß nach einem weiblichen Trio war bis jetzt aber nicht entsprochen worden. Diese Lücke auszufüllen, haben sich die Damen Scharwenka-Stresow (Violine), Lysell (Clavier) und Donat (Cello) vorgenommen. [...] Die drei Damen, [...] leisten sehr Erfreuliches. Sie spielten das Trio B dur von Anton Rubinstein und das in G dur von Jos. Haydn."[62]

---

58 Rubinstein 1890, zitiert nach Rieger/Steegmann 1996, S. 10.

59 „Un quatuor féminin d'instruments à cordes! la chose aurait fait rire il y a vingt ans; aujourd'hui, elle excite simplement la curiosité, voire même l'intérêt. La nombre des jeunes filles qui étudient le violon et le violoncelle va toujours croissant [...]. Les nouvelles venues, néanmoins, ne s'attardent pas aux bagatelles, et elles se posent tout d'abord en artistes sérieuses", RGM 1876, S. 29f., zitiert nach Hoffmann 2009.

60 Hoffmann 2009.

61 Ebd.

62 *Neue Zeitschrift für Musik* 1897, S. 137, zitiert nach Hoffmann 2013c.

Die Cellistin dieses Trios, Josefine Donat, spielte außerdem mit der Pianistin Margarethe Eussert und der Violinistin Margarethe Baginsky in einem Klaviertrio, welches im Jahr 1900 als „a new Ladies' Trio"[63] in der Presse erwähnt wurde. 1887 gründeten die Geigerin Marie Soldat-Röger und die Cellistin Lucy Campbell ein Streichquartett gemeinsam mit den Musikerinnen Agnes Tschetschulin und Gabriele Roy, in dem später Elly Finger-Bailetti und Natalie Bauer-Lechner mitwirken sollten.[64] Die Cellistin Lucy Campbell zog sich nach ihrer Hochzeit aus dem Quartett zurück, sie wurde ersetzt durch Leontine Gärtner.[65] Das Phänomen der erfolgreichen Frauenensembles beschränkte sich also nicht auf eine Großstadt oder einen besonderen Zirkel, sondern ist seit der zweiten Hälfte des 19. Jahrhunderts in fast allen großen Musikmetropolen, in Paris, Berlin und London zu beobachten.

May Mukle war Mitglied verschiedenster Ensembles: Von 1904 bis 1908 im Nora Clench Quartet, gründete sie um 1906 mit der Geigerin Beatrice Langley das Langley Mukle Quartet; sie spielte im Maud Powell Trio mit Maud Powell an der Violine und Anne Mukle Ford am Klavier. Außerdem war sie Cellistin im Marjorie Hayward String Quartet sowie in den 1920er Jahren im English Ensemble Piano Quartet mit Kathleen Long am Klavier, Marjorie Hayward an der Violine und Rebecca Clarke an der Viola.[66]

Guilhermina Suggia war eine der ersten und wenigen Frauen, die sich zwar nicht explizit von den Frauenensembles distanzierten, aber ihre Karriere so auszurichten versuchten, dass sie häufig mit männlichen Kollegen musizierten und von diesen als gleichwertig anerkannt wurden. Eine große Hilfe und entscheidend für einen Karrieresprung war auf diesem Weg allerdings die Zeit in London, in der sie in Kontakt mit der Society of Women Musicians war und auch mit anderen Musikerinnen aus diesem Umfeld Ensembles bildete.[67]

Die Zusammenarbeit in Frauenensembles stellte für Musikerinnen und insbesondere Cellistinnen ein wichtiges Modell dar, in einer Zeit, in der Frauen in Orchestern nicht zugelassen wurden und auch die Mitwirkung in einem festen gemischten Ensemble weniger akzeptiert war als eine kurze solistische Karriere, die häufig mit der Eheschließung endete.[68] Einige der Musikerinnen aus den erwähnten Frauenensembles nahmen diesen Weg und schieden aus den Ensembles nach der Heirat aus, so z. B. die Cellistin Lucy Campbell[69], anderen gelang

63 *The Monthly Musical Record* 1900, S. 281, zitiert nach Hoffmann 2013c.

64 Wenzel 2009a.

65 Ebd.

66 Wenzel 2007b.

67 Mercier 2008, S. 34.

68 Vgl. ebd., S. 7.

69 Wenzel 2009a.

eine selbstständige Berufstätigkeit als professionelle Musikerin. Die Musikerinnen aus den britischen Frauenensembles der Society of Women Musicians agierten bereits auf der Grundlage eines veränderten politischen Selbstverständnisses, sie konzipierten ihre Karrieren nicht mehr im Hinblick auf einen möglichen Abbruch durch eine Eheschließung. Einigen von ihnen, wie den Cellistinnen Mukle und Harrison, gelang es, ihr ganzes Leben andauernde Karrieren als Solistinnen und Kammermusikerinnen zu verfolgen. Die Frauenensembles ermöglichten neue professionelle Entfaltungsräume für Instrumentalistinnen, veränderten die Sichtweise des Publikums und der Kritik auf die professionelle Musikausübung von Frauen. In den klassischen Kammermusikensembles wie Trio oder Quartett wurden Cellistinnen benötigt, so dass sich notwendigerweise auch der Blick auf dieses Instrument veränderte.

5.4 Cellistinnen und ihre Väter[70]

Eine entscheidende Rolle bei der Förderung und Entdeckung von musikalischer Hochbegabung bzw. der Vorbereitung auf einen Weg als Berufsmusikerin oder Berufsmusiker spielen die Eltern. Während man heute von musikalischer Hochbegabung[71] und Expertise spricht, hatte insbesondere im 19. Jahrhundert das ‚musikalische Wunderkind' Hochkonjunktur. Um diesen Begriff entstanden widersprüchliche Diskurse und es bildeten sich Fronten von Bewunderern und Kritikern, schon seit dem Auftreten erster sogenannter Wunderkinder im 18. Jahrhundert.[72] Für Kinder aus Musikerfamilien war es meist selbstverständlich, dass auch sie eine professionelle Musikerlaufbahn einschlugen. Die frühe Ausbildung, das solistische Auftreten in jungem Alter sowie auch Berufstätigkeit in anderen Bereichen, sei es die Mitwirkung in Orchestern, Tanzkapellen, als Instrumentallehrerinnen/-lehrer oder beim Abschreiben von Noten,[73] gehörte zum Alltag. Die besondere Beachtung, die man den in öffentlichen Konzerten „virtuos musizierenden Kindern"[74] schenkte, ist „eine Erscheinung des öffentli-

70 Dieses Kapitel ist meinem Vater, Prof. Dr. Heinrich Deserno, gewidmet.

71 Vgl. u.a. https://kw.uni-paderborn.de/fileadmin/ibfm/dokumente/Begabungsfoerderung.pdf, letzter Zugang am 12. Februar 2014.

72 Vgl. Das Wunder von Lübeck 1726 (MGG, Sp.2068); vgl. Hoffmann 1991.

73 Man denke an die Familie Bach und andere Beispiele: Czerny begann mit 15 Jahren bis zu 12 Stunden am Tag zu unterrichten; Louis Spohr wurde im gleichen Alter als Hofmusiker angestellt, Beethoven sogar schon mit 13 Jahren. Hoffmann 1991, S. 314.

74 Jonas Traudes: „Adoration & Observation: Virtuos musizierende Kinder in der Öffentlichkeit um 1800", Dissertation an der Carl von Ossietzky-Universität Oldenburg, Veröffentlichung in Vorbereitung.

chen Musiklebens seit 1750“[75], die mit verschiedenen Faktoren zu tun hat: mit der Emanzipation der Künstler, der Entstehung des Virtuosentums, den sich vereinfachenden Bedingungen des Reisens sowie der Entstehung eines neuen Konzertwesens, das seine Blütezeit in der bürgerlichen Kultur des 19. Jahrhunderts erfährt. Die neuen ‚Wunderkinder' waren als „Kindervirtuosen ein Relikt der vorbürgerlichen Haushaltsfamilie: Kinder, denen kein kindlicher Schonraum zugebilligt wurde, sondern die möglichst frühzeitig zum Unterhalt der Familie beitragen sollten“[76], so Freia Hoffmann.

Ein Wunderkind erfolgreich öffentlich zu präsentieren, bedeutete nicht nur für das Kind die Option, eine Karriere zu machen, die sich ins Erwachsenenalter fortsetzte, was keinesfalls gesichert war. Es versprach für die Familien neben Ruhm und Ehre auch finanziellen Ertrag. Allerdings verschlangen die Reisen Unmengen an Geld, bedeuteten Unsicherheit und oftmals für das mitreisende Elternteil die Aufgabe des eigenen Berufs, so dass ertragreiche Konzerte das Ziel der Unternehmung sein mussten, wenn nicht die Familie in ein ökonomisches Desaster stürzen sollte.

Da das Reisen im 19. Jahrhundert vorwiegend Männern zugebilligt wurde, weil es die Sphäre von Haushalt und Kindererziehung überschritt und Frauen nicht die gesellschaftliche Stellung hatten, um mit Konzertveranstaltern oder wichtigen Förderern zu verhandeln, waren es meistens die Väter, die mit ihren Kindern auf Tournee gingen. Ausnahmen sind Fälle, in denen die Musikerinnen nicht aus Berufsmusiker-Familien stammten und deren Väter verstorben waren, wie beispielsweise bei Amalie Joachim oder Therese aus dem Winckel,[77] die von ihren Müttern begleitet wurden.

Hier wird eine positive Kehrseite des Machtmonopols der Väter über Frauen und Kinder sichtbar: Väter hatten die Entscheidungsmacht über ihre Familien. Der Code Napoléon hatte auf gesetzlicher Ebene die Unmündigkeit von Frauen und Kindern festgelegt. In der Macht zu entscheiden lag die Macht zu verhindern, einzuengen, zu strafen, aber auch zu fördern und zu unterstützen. Die Mütter hatten diese Macht nicht. Ihre Stimme zählte nicht, weder gesellschaftlich noch innerhalb der Familienhierarchie. Deswegen verschwinden die Geschichten der Mütter erfolgreicher Frauen und Männer so oft im Dunkel. In der Diskussion um die sogenannte schwarze Pädagogik[78] wird die Nähe von

75 MGG, Sp. 2068.

76 Hoffmann 1991, S. 313.

77 Vgl. Schweitzer 2011, S. 17f.; vgl. Borchard 2011, S. 197; in diesen Fällen reiste die Mutter mit, bei Amalie aus einer ökonomischen Notsituation nach dem Tod des Vaters heraus, die die Familie zwang, fast allen Besitz zu verkaufen, um die Reise zu finanzieren, und in der Amalies Anstellung als Opernsängerin die einzige Einnahmequelle für die Familie bedeutete.

78 Rutschky 1997.

Machtausübung und Förderung ersichtlich. Vermeintlich im Sinne der Entfaltung eines Talentes rechtfertigten sich Strapazen, Überforderung, rigide Strafen und ein respektloser Umgang mit der Würde und den individuellen Bedürfnissen von Kindern. Insbesondere an den Zumutungen, die mit den sogenannten Wunderkindkarrieren verbunden waren und sind, wird dies deutlich. Selbstverständlich waren die Kinder selber nicht in der Situation, entscheiden zu können, ob sie sich diesen Zumutungen und Anforderungen aussetzen wollten und gewachsen fühlten. Die tyrannische Beherrschung von Frauen und Kindern in der Tradition des römischen Pater familias, der über Leben und Tod von Kindern und Frauen entscheiden durfte, prägte auch noch das Vaterbild im 19. Jahrhundert. Ein besonders tragisches Beispiel für ein gescheitertes Förderungsmodell ist das Schicksal der Cellistin Cécile Clauss: Sie und ihre Schwestern Marie, Fanny und Jenny wurden von ihrem Vater als Wunderkind-Quartett präsentiert. Dieser Vater sollte seine Tochter wenige Jahre später erschlagen.[79]

Zugleich war das 19. Jahrhundert beeinflusst von philanthropischen und reformpädagogischen Denkansätzen, die das Modell des „guten Vaters"[80] entdeckten und mit Denkern wie Pestalozzi,[81] Rousseau und Comenius fortschrittlichere Konzepte von Kindheit und Erziehung zu dem autoritären Modell des herrschenden Vaters hinzufügten.[82] Väter von Cellistinnen bewegten sich im Spannungsfeld verschiedener und ausgesprochen gegensätzlicher Vaterbilder und -rollen: Als Musiker hatten sie einen Sonderstatus und waren nicht zwangsläufig Teil der bürgerlichen Kultur. So konnten sie sich auch im 19. Jahrhundert immer wieder über bürgerliche Familien- und Geschlechterbilder hinwegsetzen. Zugleich wurde die Wahrung dieser Bilder aber auch zur Aufgabe der Väter, denn im Gegensatz zur Oper waren Instrumentalmusik und Virtuosentum Phänomene, die aus eben dieser bürgerlichen Kultur und ihrer Nachfrage nach kulturellem Angebot und öffentlicher sowie privater Musikkultur hervorgingen, so dass Instrumentalistinnen mit den Konventionen dieses Bürgertums konfrontiert waren, auch wenn sie von ihrem Sozialstatus her nicht unbedingt dazugehörten.

Väter kontrollierten das Üben, die Ausbildung, planten das Leben der begabten Kinder, zensierten Tagebücher und Briefe, entschieden über Lebensverläufe; sie gaben ihre eigenen Berufe auf, um die Karriere der Töchter zu fördern, oder ließen diese von ihrem eigenen Renommee als Künstler profitieren; sie musizierten mit ihnen gemeinsam, verhielten sich kollegial oder autoritär; sie traten als

---

79 Wenzel 2011b.
80 Vgl. Drinck 2005.
81 Pestalozzi 1781.
82 Vgl. Drinck 2005.

Konzertveranstalter und Manager auf; sie enthoben ihre Töchter der Einschränkungen, die durch die polarisierten Geschlechternormen für die Mädchen gültig gewesen wären, oder entschieden, dass diese nicht überschritten werden sollten; sie schützten sie vor den Zumutungen, die eine Karriere als Instrumentalistin bedeutete, oder lieferten sie genau diesen aus, im Namen des Erfolges, im Namen der Freiheit, aus persönlichem Ehrgeiz oder aus der Idee heraus, dass Mädchen und Jungen gleichermaßen gefördert werden müssten.

Leopold Mozart, selber Violinist und Violinpädagoge, begab sich mit seinen zwei ‚Wunderkindern' Nannerl und Wolfgang auf die Reise. Ähnlich machte es der Vater der Geigerin Wilma Neruda. Er schickte seine Kinder zunächst als Trio, dann als Quartett durch Europa, wobei der Cellist Victor während einer Russlandreise 1852 starb und durch den Bruder Franz ersetzt wurde.[83] Isaac Offenbach fuhr 1833 mit seinen Söhnen Jakob und Julius nach Paris, damit diese dort am Konservatorium studieren und sich einen Namen als Musiker machen sollten, nachdem sie zuvor in „Kölner Wirtschaften und Weinstuben mit Modetänzen, Opernpotpourris usw."[84] – ebenfalls im Trio mit der Schwester Isabella – aufgetreten waren. Der Vater war Musiker, Kantor der jüdischen Gemeinde und Musiklehrer.[85] Friedrich Wieck – selber Klavierlehrer – plante die Pianistinnenkarriere seiner Tochter Clara und präsentierte sie, nicht zuletzt mit dem Ziel, sie als ein Ergebnis seiner Klavierpädagogik darzustellen, in Salons und Konzertsälen.

Da die Mütter bis ins 20. Jahrhundert wenig Recht zur eigenständigen Entscheidung hatten und von ihrem Ehemann finanziell sowie sozial abhängig waren, liegt es nahe, dass nicht nur bei Söhnen, sondern auch bei Töchtern, wenn sie gefördert wurden, der Vater diese Rolle übernahm. Es ist davon auszugehen, dass die Väter, die sich im 19. Jahrhundert entschieden, eine Karriere ihrer Tochter zu fördern, dafür besondere Gründe hatten. Diese Töchter wuchsen in einer Konstellation auf, in welcher der Vater nicht nur ihre Laufbahn als Musikerin unterstützte, sondern auch in entscheidenden Entwicklungsphasen, während Kindheit und Jugendalter, die wichtigste Bezugsperson war. Er war die Person, die sich für die Tochter einsetzte, von ihrem Können überzeugt war, es förderte, manchmal erzwang, es an die Öffentlichkeit brachte. Im Gegenzug war es auch dieser Vater, der meist zugleich Instrumentallehrer, Manager und Konzertveranstalter war, der von dem Kind Leistung erwartete und diese honorierte.[86] So mahnte Friedrich Wieck seine Tochter Clara: „Ich habe Dir und Deiner Ausbil-

83 Heise 2011, S. 46.
84 Kracauer 1976, S. 23f.
85 Ebd.
86 Vgl. Hoffmann 1991, S. 329.

dung fast 10 Jahre meines Lebens gewidmet; bedenke, welche Verpflichtungen du hast.“[87]

Neben der Begeisterung, welche die die Bühnen des 19. Jahrhunderts erstürmenden Wunderkinder auslösten, wurde auch harte Kritik an diesem Modell laut. Obwohl es bis Ende des 19. Jahrhunderts dauerte, bis Gesetze zum Schutze von Kindern und gegen Kinderarbeit gültig wurden, so wurde doch auch die „musikalische Kinderquälerei“[88] kritisiert. Ein Journalist beschrieb 1846 das Schreckbild eines Wunderkind-Vaters:

> „Gewöhnlich ist der Vater eines Pianofortevirtuosen ‚Clavierlehrer‘ [...] so wird die nicht ferne liegende Reitpeitsche hervorgeholt, jene Zauber- und Wünschelruthe, womit die Wunderkinder hervorgerufen und gezeitigt werden. Der unglückliche Knabe weint. [...] [D]ie mitleidsvolle, oder auch vielleicht selbst ehrgeizige Mutter darf dazu nichts sagen oder sagt nichts.“[89]

In der *Berliner musikalischen Zeitung* wird ebenfalls die Ambivalenz zwischen Drill und der Auffassung von Begabung als Geschenk thematisiert. Der Autor möchte in einem Konzert der Schwestern Neruda „gern an das Pathengeschenk irgendeiner gütigen, huldreichen Fee glauben“ und fragt, „warum stört dann der Vater der kleinen Virtuosinnen unsere Illusionen, wenn er ihnen [...] immer mit ernster, kalter Miene zur Seite bleibt und uns lebhaft an Dressur u. S. w. gemahnt?“[90] Dass häufig gerade im Nachhinein bei gelingenden Karrieren die Mühsal und das, was an dieser Begabung kein Geschenk, sondern für manches Individuum vielleicht mehr Mühe und sogar Fluch gewesen sein mag, im Dunkel hinter idealisierten Versionen verschwindet, ist nachzuvollziehen. Einige, wenngleich auch nicht viele Künstlerinnen und Künstler, haben kritisch über ihre Karriere als Wunderkinder gesprochen oder geschrieben.[91]

Die Väter als Förderer hatten Vorteile davon, wenn ihre Kinder erfolgreich wurden. Musikerfamilien fühlten sich häufig als Familienunternehmen und mit der Motivation für eine gelingende Karriere der Kinder waren nicht selten Aufstiegshoffnungen und pekuniäre Aspekte verbunde. Förderung ist im 19. und frühen 20. Jahrhundert weniger als Bildungsauftrag mit dem Ziel der Entfaltung der individuellen Kreativität von Individuen oder im Sinne eines modernen pädagogischen Gedankens der Förderung des Potentials zu sehen. Vielmehr bedeutete Talent eine Verpflichtung zum Erfolg, die Herkunft aus einer Musikerfamilie prädestinierte zur Laufbahn als Musikerin oder Musiker. Überforderung

87 Brief von Friedrich Wieck an Clara Wieck vom 12. Januar 1834, zitiert nach ebd., S. 335.

88 AWZ 1845, S. 188, zitiert nach Hoffmann 1991, S. 327.

89 Artikel aus der Zeitschrift *Gränzboten* 1846, zitiert nach Hoffmann 1991, S. 325f.

90 BMZ 1847, 4. Jg., Nr. 18, o. S.

91 Vgl. Midori 2004.

war dabei jedoch schon mit dem Auftauchen der ersten Wunderkinder aus anderen Bereichen ein Thema.[92] Der humanistische Bildungsgedanke, wie er von Humboldt, Pestalozzi und Rousseau formuliert wurde, stand auch im 19. Jahrhundert einer frühen Spezialisierung zum bzw. zur Instrumentalvirtuosen/-virtuosin entgegen. Allerdings waren auch die Ausbildungssysteme andere: Ohne Schulpflicht erhielten die Kinder von Privatlehrern Unterricht; Sprachen, Literatur und Musiktheorie gehörten beispielsweise bei Clara Schumann genauso zur Ausbildung wie das tägliche Üben. In Weissweilers Biographie über sie kann man lesen, dass der Vater Wieck versucht haben soll, seine Tochter bereits in Solfège zu unterrichten, bevor sie sprechen konnte, und damit bewirkte, dass das Kind überhaupt erst mit vier Jahren zu sprechen begann;[93] eine Szenerie, die den musikalischen Ehrgeiz des Vaters karikiert und ad absurdum führt. Gerade die Eltern sogenannter Wunderkinder nutzten die „großzügige Handhabung der allgemeinen Schulpflicht", um ihren Kindern statt „Allgemeinbildung, wie die bürgerliche Pädagogik sie forderte, […] lediglich eine berufsorientierte Ausbildung vorbürgerlicher Prägung"[94] zukommen zu lassen.

Freia Hoffmann betont für die „Vater-Tochter-Beziehungen"[95], die in Künstlerinnen-Karrieren entstanden, den Aspekt der Selbstverwirklichung des Vaters durch das erfolgreiche Wunderkind als „Produkt" seiner Erziehung und musikalischer Ausbildung.[96]

> „Was will denn der Vater ‚Clavierlehrer' […]?[97] Zunächst einen Beweis liefern von der Trefflichkeit seiner Methode und durch das gepeinigte, gequälte Modell Kunden anlocken, dann mit dem Opfer dieser Methode Geld verdienen und so sich selbst der Arbeit des Stundengebens überheben, auch mit Hilfe des Konzertgebers Städte und Länder sehen, wohlleben, beschenkt werden durch das Beschenkte Wunderkind …"[98]

Im Vergleich mit den Werdegängen der Cellistinnen fällt auf, dass dieses einseitige Bild vom ‚Früh-Drill', wie es sicherlich das Gros der Wunderkindbiographien im 18. und 19. Jahrhundert überschattet und geprägt hat, sich in vielen Fällen nicht übertragen lässt. Die Cellistinnen treten im 19. Jahrhundert später

92 Etwa das „Wunder von Lübeck" (vgl. MGG, Sp. 2068ff.).

93 Weissweiler 1990, S. 22.

94 Hoffmann 1991, S. 315.

95 Ebd., S. 325ff.

96 Ebd., S. 329.

97 In diesem Artikel ist von einem Sohn die Rede. Es ist aber davon auszugehen, dass dies genauso auf weibliche Wunderkinder zu übertragen war. Von Friedrich Wieck ist sogar überliefert, dass er Mädchen besonders geeignet für eine Pianistinnenkarriere hielt (Weissweiler 1990, S. 19).

98 Nachdrucke aus dem *Gränzboten* in der *Berliner musikalischen Zeitung*, BMZ 1846, 3. Jg., Nr. 25, o. S. und in der AWZ 1846, S. 239f., zitiert nach Hoffmann 1991, S. 326.

an die Öffentlichkeit, nie so früh wie Pianistinnen oder Geigerinnen. Eine Ausnahme stellen wiederum Cécile Clauss und ihre Schwestern dar. Um die Jahrhundertwende änderte sich das, im Falle von Suggia kann man schon von einer Wunderkindpräsentation sprechen. Guilhermina Suggia lernte auf einem kleinen Cello, das extra aus Paris angeschafft wurde, eine Sonderanfertigung, denn die Herstellung von kleinen Schülerinstrumenten war noch nicht verbreitet. Während Leopold Mozart sich noch für die möglichst frühe Verwendung von großen Instrumenten für Kinder aussprach, soll Bernhard Romberg bereits den Einsatz von Kinderinstrumenten befürwortet haben.[99] Von Jacqueline du Pré existiert ein Kinderfoto mit einem aus heutiger pädagogischer Perspektive viel zu großen Cello, dagegen spielte Suggia – als Tochter eines Cellisten – zu Beginn des Jahrhunderts auf einem ihrem Alter angemessenen Instrument, obwohl die konsequente Verwendung von Kindergrößen sich erst in der zweiten Hälfte des 20. Jahrhunderts durchsetzte.[100] Maria Kliegel erzählte in einem Interview, sie habe als kräftigere und größere Zwillingsschwester vom Vater ein Cello bekommen, als sie zehn Jahre alt war.[101]

So schützte vielleicht zum einen das große Instrument viele Cellistinnen und Cellisten vor einer frühen Wunderkindkarriere, die am Klavier oder an der Geige eher möglich war. Keine der Cellistinnen aus dem 19. Jahrhundert war als Kindervirtuosin aufgetreten, ihre Karrieren begannen frühestens im Teenageralter. Wie sah das bei den männlichen Cellisten aus? Romberg war mit seinem Bruder als Wunderkind aufgetreten, ebenso Offenbach. Das große und für Kinderhände schwer zu bedienende Instrument war also nicht immer ein Ausschlusskriterium gewesen. Benjamin Hallet spielte im Stehen, das Cello wie einen Kontrabass haltend.

Vielleicht hatte auch die mangelnde Konkurrenz an Cello spielenden Mädchen die Cellistinnen vor dem Früh-Drill bewahrt? Bei Lise Cristiani muss es jedenfalls so gewesen sein. Ihr (Groß-)Vater scheint, so ist es zumindest aus dem Artikel in der *Berliner musikalischen Zeitung* herauszulesen, verschiedene Erziehungsmodelle vereint zu haben: ein freiheitliches, ‚natürliches' Aufwachsen, autodidaktisches Lernen, zugleich den Ehrgeiz, aus der (Enkel-)Tochter eine Künstlerin zu machen, dann einen gewissen Pragmatismus in Bezug auf die Erfolgschancen sowie kaum Grenzen in Bezug auf weibliche Handlungsspielräume. Ob das der realen Situation in der Familie Barbier entsprochen hat, ist

99 Vgl. Susana 2008, S. 10f.; Mozart, Leopold, Gründliche Violinschule, 3. Auflage, Augsburg 1787; vgl. Bächi 2003.

100 Du Pré 1999, Bildanhang, o. S.; Jacqueline du Pré soll als Kind ihr Cello „Riesenwesen" genannt haben (ebd., S. 45); Abb. 14.2, Guilhermina Suggia Abb. 11.2.

101 Deserno 2008, S. 35.

nicht mehr nachzuvollziehen.[102] Tatsächlich war Lise Cristiani aber nicht als Wunderkind aufgetreten, sondern frühestens im Alter von 16 Jahren. Anna Kull trat nach bisherigem Forschungsstand mit 14 Jahren an die Öffentlichkeit, u.a. in einem von Josef Gabriel Rheinberger dirigierten Konzert in München.[103] Rosa Szuk war ebenfalls 14 Jahre alt, als sie in Pest 1858 ihre ersten öffentlichen Konzerte gab.[104] Sie erhielt ihre Violoncello-Ausbildung bei ihrem Vater, dem Violoncellisten und Professor am Pester Konservatorium, Leopold Szuk. Vater und Tochter konzertierten zusammen und Rosa Szuk spielte häufig „poesie- und bravourreiche Transcriptionen“[105] sowie Kompositionen ihres Vaters, so z.B. Variationen über serbische Volksmelodien oder eine Phantasie über ungarische Nationalmelodien.[106] Der Vater ging als konzertierender Musiker mit der Tochter gemeinsam auf Reisen, so dass sie sich, zumindest für die Momente des Zusammenspiels, auf einer gleichberechtigten, kollegialen Ebene befanden, anders als bei dem „Clavierlehrer“-Modell, in dem der Vater im Hintergrund eher als ehrgeiziger Dompteur erscheint. Ein zeitgenössischer Kritiker schrieb über Rosa und Leopold Szuk:

> „Vater und Tochter wählten nicht den breitgetretenen Pfad der Pianoklimperei, sondern verlegten sich auf die Streichinstrumente, und unter diesen besonders auf das gar wenig zu weiblichen Händen und Armen passende Violoncell. Doch der gewagte Versuch blieb nicht ohne Erfolg.“[107]

Sicherlich hatte auch Leopold Szuk ein Interesse daran, dass die Tochter als Beweis seiner erfolgreichen Pädagogik eine Karriere machte. Außerdem waren die gemeinsamen Konzerte eine besondere Attraktion – interessanter als wenn nur er, der etablierte Cellist, gespielt hätte. Für die junge Cellistin wiederum war es ein leichterer Einstieg, mit dem bereits bekannten Vater aufzutreten – eine für beide Seiten günstige Konstellation. Aus dem obigen Zitat ist eine Parallele zu den Vermarktungsideen des Vaters Barbier erkennbar: Das Mädchen am Cello war eine Attraktion. Leopold Szuk hätte auch mit seiner Klavier spielenden Tochter auftreten können. Neben dem Plan, dem Publikum etwas Besonderes zu bieten, scheint es, als ob beide Väter, Barbier und Szuk, sich wenig von bürgerlichen Moralvorstellungen hätten beeindrucken lassen. Vielleicht waren sie selbstbewusste Künstler, welche die Verhaltensnormen der bürgerlichen Schicht für

---

102 Siehe Kap. 3.3.2.

103 Timmermann 2008.

104 Ders. 2009; vgl. ders. 2010.

105 *Neue Zeitschrift für Musik* 1861 I, S. 18, zitiert nach Timmermann 2009.

106 Timmermann 2009.

107 Wurzbach, Constantin von, Biographisches Lexikon des Kaiserthums Oesterreich, 60 Bde., Bd. 40, Wien 1880, S. 271.

sich und für ihre Töchter nicht als gültig erachteten? Waren sie vielleicht selber so etabliert und identifiziert mit ihrem Leben als Künstler, dass eine bürgerliche Existenz ihnen – auch für ihre Töchter – gar nicht als attraktive Alternative erschien? Waren sie also in dem Sinne schon so emanzipiert, dass sie die Kunst als so Grenzen überschreitend empfanden, dass sie auch vor den gängigen Geschlechtergrenzen nicht Halt machen sollte?

Die Soziologen Haubl und Daser untersuchten im Jahr 2006 Konstellationen, in denen Töchter die Nachfolge ihrer Väter in besonders erfolgreichen Familienunternehmen übernahmen. Die Studie trägt den Titel „Vatertöchter"[108] und beschäftigt sich u.a. mit der Konstellation einer besonderen Beziehung zwischen Vater und Tochter, welche die Erfolgsorientierung der Tochter fördert. Auch aus psychoanalytischer Perspektive wird die Rolle des Vaters im Hinblick auf die Selbstkonzeption eines Mädchens als bedeutsam, aber auch als komplex eingestuft. In ihrem Artikel „Tochterväter"[109] von 2006 spricht Vera King von einem „Dilemma widersprüchlicher Identifizierungen":

> „Unter den bestehenden gesellschaftlichen Bedingungen der Organisation des Geschlechterverhältnisses sind berufliche Erfolge und die Selbstdefinition über Leistungen und Fähigkeiten in diesem Bereich weitgehend ‚männliches' Terrain und damit lebensgeschichtlich an den Vater geknüpft."[110]

Der Vater erhalte „im patriarchalen Kontext die Funktion des Förderers und Zerstörers von töchterlichen Autonomiewünschen und Identitätsversuchen"[111]. Diese Muster, die aus dem rechtlichen Kontext und der polarisierten Rollenverteilung des 19. Jahrhunderts heraus verständlich werden, scheinen bis ins 21. Jahrhundert Einfluss auf die Geschlechterbeziehungen zu haben.

Florence Hooton erhielt den ersten Unterricht bei ihrem Vater, der Cellist war; Ida Dorrenboom wurde von ihrem Vater, Govert Dorrenboom, der als Komponist, Organist und Violoncellist sowie als Leiter der Musikschule Breda tätig war, unterrichtet.[112] Auch Kate Ould[113] (1872–1950) erhielt ersten Unterricht bei ihrem Vater, dem Cellisten Charles Ould (1835–1913). Eliza de Try wurde, bevor sie bei Servais studierte, von ihrem Vater Charles de Try, Kapell-

---

108 Daser/Haubl 2006, S. 15.

109 King 2002b.

110 Ebd., S. 534.

111 Berger, Margarete: „Durch diese schöne Anstrengung mit sich selbst bekannt gemacht ...". Über Texte zu Töchtern und Vätern, in: Berger, Margarete/Wiesse, Jörg (Hg.): Geschlecht und Gewalt, Göttingen 1996 (Psychoanalytische Blätter, Bd. 4), S. 120ff., zitiert nach King 2002b, S. 535.

112 Wenzel 2009b.

113 Ould, Kate (Emma), verh. Slocombe (Hoffmann 2013d).

meister beim Erzbischof von Cambrai, ausgebildet.[114] Marguerite Capponsachi hatte, laut Wasielewski, mehrere Lehrer und lernte auch autodidaktisch, hatte also keinen Cellisten zum Vater, machte aber ihre ersten einschlägigen musikalischen Erfahrungen in einem von ihrem Vater geleiteten Orchester.[115] Lotte Hegyesi (1893–?) war die Tochter des Cellisten Lajos Hegyesi[116], der Professor am Kölner Konservatorium war. Er starb, als seine Tochter noch ein Kleinkind war. Trotzdem war der verstorbene Vater sicherlich – noch dazu in seiner Rolle als Professor – ein Vorbild für die Wahl dieses Instrumentes, für das es Ende des 19. Jahrhunderts noch kaum weibliche Vorbilder gab, insbesondere in Deutschland.

Bei all diesen genannten Cellistinnen spielten die Väter also eine ganz entscheidende Rolle bei der Instrumentenwahl und bei der Ermöglichung einer professionellen Musikerinnenkarriere der Töchter. Dies kann insofern als Transformation gewertet werden, als die bürgerliche Kultur und die von ihr proklamierten Weiblichkeitsbilder die Berufstätigkeit von Frauen ausschlossen. Die genannten Väter der Cellistinnen verhielten sich in diesem Sinne fortschrittlich und den Weiblichkeitsbildern der bürgerlichen Kultur gegenüber subversiv und unkonventionell. Bis auf Barbier waren alle Väter der genannten Cellistinnen selber Cellisten und Berufsmusiker. Damit liegt noch eine weitere Lesart nahe: Sie förderten ihre Töchter, weil es in Musikerfamilien immer üblich gewesen war, die Kinder, sowohl Mädchen als auch Jungen, musikalisch auszubilden. Dies nicht zuletzt, weil es vielleicht sogar der sicherere Weg für ein Mädchen aus einer Musiker- oder Künstlerfamilie war, die von ihrem Status her nicht zum Bürgertum zählte, so dass eine Heirat der Töchter in die bürgerliche Schicht oder gar in den Adel keine selbstverständliche Perspektive war. Als ausgebildete Musikerinnen konnten sie selbstständig Geld verdienen, im besten Fall als Solistin, im schlechteren Fall als Privat-Musiklehrerin oder Gouvernante. Auch konnte eine erfolgreiche Musikkarriere als Jugendliche durchaus die Chancen, in eine ökonomisch verbesserte Situation einzuheiraten, erhöhen.[117] Wann und ob das

114 Dies. 2010c.

115 Wenzel 2013b.

116 Auch Louis bzw. Ludwig Hegyesi (1854–1894); dies. 2013d.

117 Vergleichbares ist bis heute für einige Musikstudentinnen aus Südkorea gültig: Je höher qualifiziert der künstlerische Abschluss, bevorzugt im Ausland erworben, desto besser die Heiratsoptionen – in traditionellen Familien wird die künstlerische Tätigkeit dann mit der Heirat meist ganz abgebrochen; vgl. Lay, Denise: The Rise of Asians in Classical Music, in: *La Scena Musicale* 2004, 9. Bd., Nr. 5, http://www.scena.org/lsm/sm9-5/ascension-asiatiques-en.htm, letzter Zugang am 13. Februar 2014: „Ironically, although Asian parents often enrol their children in music lessons, they tend to consider music as an extracurricular activity rather than as a possible career option. Whereas medicine, law and engineering are deemed respectable professions, a music degree is not regarded as ‚real education', a perfect illustration of Asian pragmatism. ‚There is some degree of sexism', notes Chun.

bürgerliche Ideal vom weiblichen Lebensentwurf für die jungen Musikerinnen gültig wurde, muss sehr differenziert betrachtet werden. Es gab auch Fälle, in denen die künstlerische Tätigkeit unter Druck durch die Väter oder den Ehegatten, der vielleicht selbst Musiker war wie beispielsweise Friedrich Wieck und der von seiner Frau Marianne geb. Tromlitz erwartete, dass sie das öffentliche Konzertieren einstellte, die gemeinsame Tochter Clara hingegen zur Konzertpianistin heranzog.[118] Daneben gab es sicher auch einen Entwurf, in dem sich die Frauen mit der ‚weiblichen' Rolle identifizierten und den Rückzug von der Bühne in Kauf nahmen, um ein gesichertes Leben zu führen und eine Familie gründen zu können, wie es z.B. über die Schwester Guilhermina Suggias, die eine hochtalentierte Pianistin war, bekannt ist. Sie heiratete den Buchhändler Léon Pinchon und zog sich vom Konzertpodium zurück.[119] Margarethe Jacobson (1858–1940) gab zwar das öffentliche Konzertieren nach ihrer Eheschließung mit Ludwig Quidde wohl auf dessen Wunsch hin auf, blieb aber als Schriftstellerin, Herausgeberin, Musikkritikerin und Übersetzerin aktiv.[120] Fast alle Cellistinnen der zweiten Generation nach Lise Cristiani, so auch Rosa Szuk, zogen sich nach einer erfolgreichen Karriere wegen einer Eheschließung vom Konzertpodium zurück.

Wie bereits angesprochen wurde, verstanden sich alle diese Familien als Künstler- oder Musikerfamilien und nahmen damit gesellschaftlich eine Sonderstellung ein. Im Vergleich zum 18. Jahrhundert, in dem vielfach der Status von Musikern als prekär, abhängig vom Adel und gesellschaftlich randständig zu sehen ist, scheinen diese Künstlerfamilien des 19. Jahrhunderts, wie die Familien von Szuk, de Try und Cristiani, ein neues Selbstbewusstsein zu etablieren. Die Väter sind Künstler mit festen Anstellungen, Barbier als Maler am Hofe, Szuk am Konservatorium, de Try als Kapellmeister. Sie befinden sich in relativ gesicherten, wenn auch abhängigen Positionen, profitieren aber schon von dem aufgewerteten Ansehen, das Musikern und insbesondere Instrumentalvirtuosen im Laufe des 19. Jahrhunderts zukommt. Ihre Töchter stehen somit an der Schwelle zu einem neuen Künstlerbild, für das der neue Typus des Instrumentalsolisten charakteristisch ist.

Lise Cristianis Großvater, Nicolas-Alexandre Barbier, nutzte sicherlich seine Kontakte zum Adel, die er als Zeichenlehrer am Hofe Louis-Philippes hatte, um die junge Cellistin in die Salons einzuführen und damit ihre Karriere zu befördern. Auf Reisen ging sie allerdings allein – so der bisherige Forschungs-

‚Asian parents will push their sons to become doctors and lawyers, but their daughters to become musicians.'"

118 Vgl. Weissweiler 1990, S. 19f.

119 Mercier 2008, S. 22.

120 Wenzel 2008c; vgl. Holl 2007.

stand.[121] In der Presse wird nicht erwähnt, dass Vater, Bruder oder sonstige Familienmitglieder mitgereist seien, was ungewöhnlich war. Man muss dazu sagen, dass Lise Cristiani bereits 18 Jahre – nach offiziellem Geburtsdatum –, wahrscheinlich aber sogar schon 20 Jahre alt war, als ihre großen Konzertreisen begannen. Vielleicht war das einer der Gründe, warum es nicht mehr als notwendig erachtet wurde, dass Vater oder Mutter mitreisten? Sie war kein ‚Wunderkind' mehr, sondern eine erwachsene, junge Künstlerin, obwohl nach damaligem Gesetz die Volljährigkeit erst mit 21 Jahren begann und Frauen nach dem Code Napoléon bis zur Eheschließung dem Willen ihrer Väter oder gegebenenfalls anderer männlicher Verwandten unterstanden.[122] Clara Schumann war in diesem Alter bereits mit Robert Schumann verheiratet. Vielleicht hatte es aber einfach damit zu tun, dass Barbier seine Stelle nicht hätte aufgeben können oder wollen oder dass die Identifizierung der Familie mit Lise Cristiani nicht so stark war bzw. die Überzeugung, dass ihre Karriere gelingen könnte, nicht so sicher erschien? Sowohl wegen des speziellen Profils als Cellistin, immer mit dem Beiklang der Sensation versehen, als auch ohne frühe Wunderkindkarriere?

Guilherminas Suggias Vater gab zeitweise seine Position als Cellist am Teatro Real de São Carlos sowie als Cellolehrer am Konservatorium in Lissabon auf, um mit seiner Tochter nach Leipzig zu gehen, als diese ein Stipendium für einen Studienaufenthalt bei Julius Klengel bekam. Dies hatte zur Folge, dass die ältere Schwester Virgínia nicht nur zunächst ihre Karriere zurückstellen, sondern auch noch den Unterhalt für die Familie mit Klavierstunden verdienen musste. Pombo fragt sich, ob dies mit einer ungerecht verteilten Sympathie des Vaters für die Töchter zu tun hatte oder aber mit dem außerordentlichen Talent der Jüngeren.[123]

Augusto Suggia beschreibt in einem Brief an seinen Freund Michel'Angelo Lambertini indirekt die finanziell schwierige Situation, in der sich er und die Familie durch Guilherminas Studium befanden. Das Stipendium deckte Guilherminas Aufenthalt, nicht aber die Unkosten.[124] Alleine hätte Augusto Suggia die sechzehnjährige Tochter nicht nach Leipzig schicken können oder wollen, obwohl er für sie organisiert hatte, dass sie im Hause der Nichte eines Botschafters wohnen konnte.[125] Hierbei können moralische Gründe eine Rolle gespielt haben, immerhin war Portugal ein stark katholisch geprägtes Land. Aber auch eine enge Bindung zwischen Vater und Tochter oder der Wunsch des Va-

121 Vgl. Hoffmann 1991, S. 293.

122 Vgl. Horlacher 2009, S. 60.

123 Pombo 1993, S. 114.

124 Ebd., S. 117; Lambertini war Direktor der Zeitschrift *Arte Musical*, ebd., S. 122.

125 Ebd., S. 118.

ters, der lange Zeit ihr Lehrer gewesen war, weiterhin ihre künstlerische Entwicklung zu überwachen und zu unterstützen, können eine Rolle gespielt haben. Ob hier mehr Ehrgeiz und Kontrolle oder auch väterliche Empathie im modernen Sinne, das junge Mädchen nicht allein den Anforderungen im Ausland auszusetzen, den Ausschlag gaben, bleibt Spekulation. Sicherlich mischten sich diese verschiedenen Aspekte. Es sind zahlreiche Briefe erhalten, in denen Augusto Suggia über Guilherminas Fortschritte und Erfolge nach Portugal schreibt.[126] Ab 1904 werden diese Briefe ersetzt durch Postkarten, die Guilhermina von ihren Konzertreisen schreibt, in denen sie jeweils kurz von den Erfolgen berichtet.[127]

5.4.1 Vaterbilder im 19. Jahrhundert

Im Zuge von Professionalisierung und Industrialisierung, die Arbeitsteilung und polarisierte Rollenverteilung zur Folge haben, hat der Vater zunehmend weniger Anteil am Familienleben. Er ist zwar verantwortlich, die Familie zu ernähren, und hat gesetzlich alle Macht über Kinder und Frau. Seine Rolle verortet sich jedoch mehr in der öffentlichen Sphäre von Gesellschaft, Beruf und Arbeit. „Die Bürgerfamilien werden zur Domäne der Frauen."[128] Wilhelm Heinrich Riehl schreibt: Die „Berufs- und Erwerbsverhältnisse" seien „so kompliziert geworden, dass sich der Vater der häuslichen Erziehung seiner Kinder gar nicht mehr widmen kann"[129].

Das Vaterbild befindet sich im Wandel und schwankt vielleicht mehr als zuvor zwischen ambivalenten Bildern: zwischen dem Bild des vorrevolutionären Patriarchen, der im Sinne gottgegebener Hierarchien in der Familie das ist, was der Kaiser für das Vaterland ist, den neuen Bildern vom zugewandten oder „milden" Vater, wie ihn beispielsweise Edmund Burke idealisiert[130], und vom abwesenden Vater[131] als arbeitendem Familienoberhaupt, das aus der häuslichen Sphäre ausgeschlossen, nur für das Finanzielle und das Strafen verantwortlich bleibt.

Betrachtet man diese ambivalenten Vaterbilder, so stellen die Cellistinnen-Väter zum Teil echte Gegenmodelle dar. Zugleich repräsentieren sie eine Mischung aus alt und neu, sind Patriarchen und Pädagogen und werden in einigen

126 Erhalten sind vor allem die Briefe an Lambertini; vgl. Pombo 1993; vgl. Mercier 2008.
127 Postkarten von Suggia an Lamas, Sammlung Lamas, Lissabon, siehe Abb. 3, vgl. Kap. 4.3.
128 Thomä 2008, S. 124f.
129 Wilhelm Heinrich Riehl, zitiert nach Thomä 2008, S. 122.
130 Thomä 2008, S. 79.
131 Vgl. King 2002b, S. 536; vgl. Thomä 2008; vgl. Funcke 2007.

Fällen eher zu Künstlerkollegen, als dass sie zu lange in der Rolle des kontrollierenden und berechnenden Wunderkind-Vaters verharren.

5.4.2 Überforderung und Einschränkung

> „Welcher weibliche Körper hätte solche Herausforderungen ungestraft auf sich nehmen können?"[132]
>
> Ferdinand de Lanoye

In Bezug auf weiblicheWunderkinder und junge Künstlerinnen entstand im 19. Jahrhundert ein Überforderungsdiskurs, der dem allgemeinen pädagogischen Kontext enthoben und in eine biologisierende Debatte um Gesundheit eingebettet wurde. Dieser thematisierte nicht wirklich die Strapazen der Reisen und der frühen Wunderkindkarriere, die für Männer wie Frauen bedenklich waren, sondern stilisierte Frauen zu besonders schützenswerten Wesen, deren Gesundheit insbesondere durch Reisen, Anstrengung, zu viel Bewegung, aber vor allem durch eine Entfernung von der weiblichen Bestimmung Schaden nehmen würde.[133] Dies beschränkte Frauen in ihren Expansionsmöglichkeiten, die ihnen als Wunderkinder zugestanden worden waren. Diese Argumentation kumuliert in der Hysterie-Diagnose, die von Freud und Breuer erstmals vorsichtig als Folge von unterdrückter Kreativität und aufoktroyierter Schonhaltung gedeutet wurde. Eine besondere Beschränkung der beruflichen Aktivitäten für Frauen zogen paradoxerweise die Erkenntnisse von Pasteur über die Kindersterblichkeit nach sich. Zum einen verbesserten diese medizinischen Errungenschaften die Situation von Frauen und Kindern, zum anderen banden sie Frauen erneut stark an die Mutterrolle. Das Changieren zwischen Schutz von Frauen und der daraus resultierenden Beschränkung weiblicher Entfaltungsmöglichkeiten bewirkte, dass der Diskurs um die zu schützende Frau eine allgemeine Thematisierung von Überforderung verhinderte. Je mehr die Geschlechter polarisiert gedacht wurden, desto weniger konnten Männer wie Frauen ihre Lebenswege individuell differenziert gestalten.

Auch hier schienen die besprochenen Cellistinnen-Väter sorglos zu bleiben, oder besser: Sie sorgten sich um ihre Töchter nicht mehr als um ihre Söhne. Dies kann als ehrgeizige, karriereorientierte Lieblosigkeit interpretiert werden, wie es die Geschichte der Geschwister Neruda auf Konzertreisen mit dem frühen Tod des Bruders Franz nahelegt. Zugleich beinhaltete diese Sorglosigkeit aber auch einen Freiraum für die jungen Frauen, denen derselbe Weg wie ihren Brüdern

132 Lanoye 1863, S. 399.

133 Meyer 1848, S. 749f.; siehe Kap. 3.4.

eröffnet wurde, wie im Fall der Geschwister Neruda und Lise Cristiani. Dass sich Nicolas-Alexandre Barbier trotzdem große Vorwürfe gemacht hat, als Lise 1853 während der großen Reisen in Russland starb, ist zu vermuten. Jules-Paul Barbier thematisiert dies nur ganz vage in einem der Gedichte: „Als sie für eine große Reise / das fröhliche Nest verließ" – so beginnt er und spricht später von einer „Blume, die durch falschen Ehrgeiz in den Staub geworfen wurde"[134]. In den Gedichten des Bruders wird deutlich, wie schwer fassbar der Tod der jungen Künstlerin für die Familie ist; Selbstvorwürfe und Beschuldigungen, geschweige denn eine Thematisierung der „weiblichen Konstitution"[135], die aufgrund der Reisen Schaden genommen habe, wie es in *Le Tour du Monde* formuliert wird, sind in den Äußerungen der Familie nicht zu finden. Fétis schrieb über Cristiani und vergleicht ihre Sibirienreise mit Servais' Reisen: „[S]ie glaubte, dieselben Anstrengungen auf sich nehmen und dieselben Vorteile daraus ziehen zu können; aber ihre schwache Konstitution unterlag bei diesem waghalsigen Unternehmen."[136] Victoire Barbier dagegen betont den Ausnahmestatus, den sie ihrer Nichte als Musikerin, nicht spezifisch als Frau am Cello, einräumt: „Schon außerordentlich in dieser Welt als Du lebtest, in welch viel höheren Sphären musst Du jetzt leben!"[137]

Einen Einblick in ein ehrgeiziges und doch humanistisch orientiertes Erziehungskonzept musikalisch hochbegabter Kinder um die Jahrhundertwende bieten die autobiographischen Aufzeichnungen von Beatrice Harrison. „Jeder Moment am Tag war für die Mädchen genauestens geplant", so die Herausgeberin der Biographie von Beatrice Harrison, Patricia Cleveland-Peck. Am Morgen wurde geübt, Tagebücher lieferten Protokolle über das absolvierte Übe-Pensum, der Nachmittag war der Musiktheorie gewidmet, anschließend ging man spazieren, kümmerte sich um die Haustiere, las „die Klassiker" und „spielte Spiele".[138] Hier zeigt sich, wie eine wohlhabende Familie den Alltag ihrer Kinder nach einem Förderungsprinzip, aber auch im Hinblick auf eine umfassende Bildung und gesunde Entwicklung gestaltete.

Die Trennlinie zwischen Kinderarbeit und Förderung verschwimmt im 19. Jahrhundert und tut es bis heute in den Biographien musikalisch Hochbe-

---

134 Barbier, J.-P 1860: „À Marie", Nachlass Barbier, BNF, siehe Dok. 4.2.

135 „A de pareilles épreuves, quelle organisation féminine de notre Occident se jouerait impunément?", in: Lanoye 1863, S. 399.

136 „[O]n y parlait beaucoup d'un voyage hardi et fructueux que Servais avait fait récemment dans les provinces septentrionales les plus éloignées [...]: elle crut pouvoir supporter les mêmes fatigues et recueillir les mêmes avantages; mais sa frêle constitution succomba dans cette entreprise téméraire", Fétis 1883, S. 295f., Übersetzung: Hoffmann 1991, S. 204.

137 Barbier, V. 1880, S. 37.

138 Harrison/Cleveland 1985, S. 19, Introduction.

gabter genauso wie in denen von Leistungssportlern und Tänzern. Die Entscheidung für optimale Förderung und gegen Überforderung ist immer eine schmale Gratwanderung, der sich moderne und sensible Instrumentalpädagogik immer wieder stellen muss.

5.5 Ausbildungswege von Cellistinnen

Der künstlerischen Ausbildung von Berufsmusikerinnen und -musikern kommt eine weitaus komplexere Bedeutung zu als dem Studium anderer universitärer Fächer. Vergleichbar ist die Musikausbildung eher mit Leistungssport oder Kunsthandwerk, kombiniert jedoch mit Aspekten eines universitären Studiums, die gegen Ende des 20. Jahrhunderts zur Aufwertung von Musikhochschulen zu Universitäten oder Kunsthochschulen auf universitärem Niveau in Abgrenzung zu Berufsfachschulen oder Akademien geführt haben. Besonders komplex ist das Gebiet der musikalischen Ausbildung deswegen, weil sie sich zeitlich von der frühen Kindheit bis ins Erwachsenenalter erstreckt und vom elementaren Niveau bis zur Förderung von Hoch- und Höchstbegabungen reicht. Wie viele Weichenstellungen in einem solchen Ausbildungsprozess von Lehrerinnen und Lehrern, von Eltern und Familie, vom Umfeld, von der ökonomischen Situation, von Vorbildern sowie allgemein von den Handlungsspielräumen, welche der soziale und historische Kontext einem jungen Menschen eröffnet, abhängen, muss nicht extra hervorgehoben werden.[139] Dabei kann die Entfaltung eines Talentes gefördert, unterstützt, ja forciert oder sogar verhindert und unterbunden werden. Selbstverständlich kommen dabei auch geschlechtsspezifische Faktoren zum Tragen. Gerade im Jugendalter als einer der entscheidenden „Phasen der Transformation"[140] – dem Übergang von der Kindheit zum Erwachsenenalter – werden Weichen für Lebens- und Berufsbiographie gestellt. In diese Zeit fällt die wichtigste Phase der Instrumentalausbildung. Selbst wenn ein junger Mensch bereits eine Kindheit als sogenannte musikalische Hoch- oder Höchstbegabung, oder im Sinne des 18./19. Jahrhunderts als Wunderkind, hinter sich hat, entscheidet sich im Jugendalter, ob die Karriere weitergeführt oder abgebrochen wird. Auch wenn instrumentelle Fertigkeiten im Kindesalter erworben wurden, ändert sich der Zugang zu diesen noch einmal, in erster Linie durch den erwachsenen Körper, aber auch durch die veränderte Herangehensweise eines jungen Erwachsenen an Muster und Fertigkeiten, die im Kindesalter erlernt wurden. Dies kann, gerade in sogenannten Wunderkindbiographien, große Krisen auslö-

139 Vgl. Baker 2012, S. 3.
140 Vgl. King 2002a, S. 69f.

sen: das Wegfallen des Vorteils, ein Kind zu sein, der Verlust rein intuitiver Verhaltensweisen, die Irritation, die durch eine rationale und analytische Herangehensweise an das Instrumentalspiel vom jungen Erwachsenen gefordert wird, die zu erfüllenden Erwartungen des Umfeldes. Über Jacqueline du Pré ist bekannt, dass sie, nachdem sie als Siebzehnjährige ein sensationell erfolgreiches Debütkonzert gespielt hatte und ihre Karriere als konzertierende Cellistin begann, in eine tiefe Krise mit schweren depressiven Verstimmungen geriet.[141]

Musikerinnen und Musiker gehen als Kinder schon der Tätigkeit von Erwachsenen nach, verfolgen diese dann aber bis ins Alter. In wenigen Berufen wird eine Fertigkeit, die im Kindesalter erlernt wurde, das ganze Leben lang ausgeübt und immer weiter perfektioniert. In dieser Hinsicht stellt diese Laufbahn tatsächlich ein Sonderphänomen dar, das sich von anderen Künsten wie der Dichtung, der Malerei oder der Bildenden Kunst durch den frühen Beginn, vom Hochleistungssport oder Tanz dagegen durch die im Optimalfall fast das ganze Leben andauernde musikalische Tätigkeit unterscheidet.

Eltern und Lehrpersonen spielen demnach eine wichtige Rolle im Hinblick auf Professionalisierung und „Selbstkonzept“[142] anhand von Vorbildern, die Entdeckung von Möglichkeitsräumen und damit für die Förderung oder Verhinderung einer musikalischen Berufsbiographie. Dies gilt insbesondere auch für geschlechtsspezifische Weichenstellungen in Entwicklungsprozessen: „Teachers can play a key role in helping students set aside gender stereotypes when choosing an instrument“, betont Vicki Baker in der 2012 erschienenen Untersuchung *Gender Association with Stringed Instruments*.[143] Peter Röbke beschreibt eine optimale Lernsituation in der Instrumentalausbildung:

> „Lernen heißt unabschließbares Ringen um die Werke, heißt unabschließbare Suche nach der Wahrheit, eine Suche[,] die durch das Miteinander des erfahrenen Künstlers und des sich selbst bestimmenden Studenten charakterisiert ist.“[144]

Im Idealfall ermöglicht solch eine „pädagogische Situation“[145] eine individuelle Förderung von Begabungspotentialen und einen gelingenden Entwicklungsprozess.

141 Easton 2000, S. 73f.
142 Vgl. Spychiger 2013.
143 Baker 2012, S. 3.
144 Röbke 2000, S. 84.
145 Cada 2000, S. 147.

„[Diese] symmetrische Form der Beziehung [...] kollidiert mit der traditionellen Ausbildung von Musikern, in der es darum geht, verbürgtes instrumentales Handwerk und bewährte Aufführungspraxen an die Studierenden weiterzugeben.“[146]

Röbke spricht vom „Meister-Lehrling-Verhältnis“: „[H]inter der Meisterlehre, die an Musikhochschulen immer noch die dominierende Form der Unterweisung ist[,] stehen alte und gewichtige Traditionen“, so z.B. die Ausbildung von Musikern im 18. Jahrhundert im Rahmen von Musikerzünften und Stadtpfeifereien, aber auch die Lernstrukturen im 19. Jahrhundert an den neugegründeten Konservatorien.[147]

Die Unterscheidung in männliche und weibliche Lebensläufe, die im 19. Jahrhundert häufig zum Abbruch der Karrieren von Mädchen führte, fällt ins Jugendalter. In den Fällen von Nannerl Mozart und Fanny Hensel fiel der Bruch besonders heftig aus: Nach einer erfolgreichen Wunderkindkarriere sollten sich die hochbegabten Mädchen nun im Sinne eines ‚weiblichen‘ Lebensweges von der Öffentlichkeit zurückziehen.[148] Dieser Bruch war im Falle von konzertierenden Musikerinnen besonders sichtbar und muss sehr schmerzlich gewesen sein. Wilhelm Heinrich Riehl äußerte sich 1859 über die Förderung von begabten Mädchen:

„[S]o halte ich es für [die] Pflicht des Erziehers, das aufstrebende Genie des Mädchens zurückzudrücken und auf alle Weise zu verhindern, daß es selbst die Größe seiner Anlagen nicht bemerke.“[149]

In der Musikausbildung lag aber auch eine besondere Chance, einschränkende Geschlechterkonzeptionen zu umgehen: zum einen durch die frühe Ausbildung, zum anderen durch den Sonderstatus der Kunst und der Künstler bzw. Musiker in der Gesellschaft, außerdem durch die Modifizierbarkeit von Diskursen über Musik als nichtsprachliche Kommunikation. Es ist davon auszugehen, dass Diskurse um Weiblichkeit gerade in Bezug auf Musik, Spielweise sowie Interpretation besonders gut zu modifizieren sind, weil sie sich als Projektionen oder Spiegelungen der kursierenden Bilder dekonstruieren lassen und der Versuch, ihre musikalische Immanenz zu beweisen, immer an Debatten über Geschmack scheitern muss. Dies hat nicht zuletzt damit zu tun, dass gerade Musik als performative Kunst, die auf der Bühne stattfindet, ohne Worte

146 Röbke 2000, S. 84.

147 Bspw. Paris 1784/1793, Brüssel 1813.

148 Vgl. Hensel 1903, S. 96f.; vgl. Weissweiler 1981, S. 187ff.

149 Riehl, Wilhelm Heinrich, Culturstudien aus drei Jahrhunderten, Stuttgart 1859, S. 371, zitiert nach Rieger 1981, S. 55.

affirmative und subversive „Verschiebungen“[150] und damit Veränderungen der Bedeutungszuschreibungen ermöglicht, die bereits Heranwachsende für sich entdecken können:

> „It is a vital aspect of the symbolic power of music, that it enables girls and boys to *cross over*, just as it enables them to affirm, gender divides. Most particularly when pupils are regarded as exceptionally ‚talented‘ do such cross-overs occur.“[151]

Eine weitere instrumentalpädagogische Untersuchung von 2005 stellte fest:

> „[S]tudents who crossed gender lines in instrument choice received strong parental support, were encouraged by their elementary teachers, desired to establish a distinctive identity […].“[152]

An den gelingenden Künstlerinnenbiographien waren „Erzieher“ bzw. Lehrer beteiligt, die das „aufstrebende Genie“ und den Wunsch ihrer Schülerinnen, als Musikerin etwas Besonderes, Herausragendes zu leisten, nicht nur erkannten, sondern auch bewusst förderten. Es gab in den Biographien der Cellistinnen aus dem 19. Jahrhundert Bezugspersonen, insbesondere Väter und Lehrer, die ihre Karriere entgegen den zahlreichen Stimmen, die das Cellospiel für eine männliche Angelegenheit hielten, unterstützten und damit einen wichtigen Beitrag zu dem Transformationsprozess von Weiblichkeitsbildern in Bezug auf das Cellospiel von Cellistinnen leisteten.

> „Der Erfolg (oder Mißerfolg) gemeinsamen Lernens und Lehrens unterliegt den Gesetzmäßigkeiten menschlicher Interaktion […].“[153]

Adrien-François Servais sowie Auguste Franchomme bildeten Ende des 19. Jahrhunderts einige Cellistinnen aus, die einen erfolgreichen Weg einschlugen. Sowohl Spiel- als auch Unterrichtsweise der beiden Cellisten müssen auf besondere Art und Weise ermöglicht haben, dass ihre Studentinnen zu anerkannten Cellistinnen wurden. Dazu gehörte eine pädagogische Einstellung, die aus instrumentalpädagogischer Perspektive mit dem Begriff „Kreditierung“[154] erfasst werden kann – ein Vorschussvertrauen in die Fähigkeiten der Schülerinnen entgegen zahlreichen Vorurteilen. Außerdem vermittelten Servais und Franchomme

---

150 Butler 1991; dies. 1997b.

151 Green, Lucy: Exposing the gendered discourse of music education, in: Feminism and Psychology 2002, Bd. 12, Nr. 2, S. 137–144, https://core.ac.uk/download/files/52/82493.pdf, letzter Zugang am 13. September 2016.

152 Sinsabaugh, Katherine, Understanding students who cross over gender stereotypes in musical instrument selection, unveröffentlichte Dissertation, New York 2005, zitiert nach Baker 2012, S. 4.

153 Cada 2000, S. 147.

154 Grimmer, B. 2006; vgl. Deserno 2015.

eine Spielweise und Technik, die es den jungen Frauen ermöglichte, zum einen versierte und sichere Spielerinnen zu werden – dazu gehörte auch der Gebrauch des Stachels –, zum anderen einen Interpretationsstil zu kultivieren, der den Weiblichkeitbildern der Zeit gerecht wurde und sie zugleich nicht mehr als Einengung wirksam werden ließ.[155]

5.5.1 Musikausbildung von Frauen im 19. Jahrhundert

Die Musik-Konservatorien gehen auf die im 16. Jahrhundert gegründeten „Ospedali" zurück, die „ursprünglich als Waisenhäuser mit Erziehungsauftrag"[156] ins Leben gerufen wurden. Dort erhielten die Waisenkinder, insbesondere auch Mädchen, neben Gesangs- und Instrumentalunterricht eine allgemeine Musikausbildung, um sich eine Existenz als professionelle Musikerinnen und Musiker aufbauen zu können.[157]

In Berlin gründete Carl Friedrich Zelter 1804 die Singschule nach italienischem Vorbild. Das Pariser Conservatoire wurde 1784 gegründet und nimmt eine Vorreiterstellung im Prozess der Institutionalisierung von Musikausbildung ein.[158] In der ersten Hälfte des 19. Jahrhunderts wurden Konservatorien zum Beispiel in Brüssel, Budapest, Prag, Wien ins Leben gerufen.[159] In Leipzig gründete Felix Mendelssohn 1843 die Musik-Schule Leipzig, die 1876 zum Königlichen Konservatorium wurde. Dort war von Anfang an im Konzept enthalten, „Schüler und Schülerinnen des In- und Auslandes"[160] auszubilden, also auch Frauen in Gesang und Instrumentalspiel zu unterrichten.

Freia Hoffmann betont, dass „der Beruf der ausübenden Musikerin als einer der ersten qualifizierten Frauenberufe in der bürgerlichen Gesellschaft"[161] zu sehen ist. Die Musikausbildung in der ersten Hälfte des 19. Jahrhunderts gestaltete sich als „ungeregelte Vielfalt"[162], die sich in den seltensten Fällen auf eine Institution beschränkte: „Privatunterricht [...][,] Selbststudium [...][,]

155 Vgl. Deserno 2016.

156 Gerards 2009, S. 145.

157 Ebd.

158 Vgl. Pape/Boettcher 2005, S. 146.

159 Hoffmann 1992, S. 82.

160 *Neue Zeitschrift für Musik* 1843, S. 28, zitiert nach Hoffmann 1992, S. 85. 1856 wurde das Königliche Konservatorium Dresden, 1862 das Konservatorium der kaiserlichen Russischen Musikgesellschaft in Petersburg, 1866 das Konservatorium der kaiserlichen Russischen Musikgesellschaft in Moskau gegründet (Pape/Boettcher 2005, S. 146f.).

161 Hoffmann 1992, S. 79.

162 Ebd.

Reisen [...][,] eine früh einsetzende Berufspraxis"[163] – diese Kombination ermöglichte es auch Frauen, sich als Musikerinnen, vor allem als Sängerinnen, aber auch als Instrumentalistinnen früher zu professionalisieren als im akademisch-universitären Bereich. Gegner des Frauenstudiums, wie Theodor von Bischoff, argumentierten ab den 1870er Jahren in Bezugnahme auf anatomische und physiologische Studien: „aus der Andersartigkeit der Frau folge, dass sie einem Studium intellektuell und körperlich nicht gewachsen sei"[164]. Zwischen 1900 und 1909 begannen deutsche Universitäten, Frauen offiziell zum Studium zuzulassen.[165]

> „Der Zulassung waren jahrzehntelange Auseinandersetzungen zwischen der bürgerlichen Frauenbewegung, den Wissenschaftsministerien, Universitäten, akademischen Berufsorganisationen und politischen Parteien vorausgegangen."[166]

In Bezug auf die Musikausbildung von Frauen ist es nicht einfach zu rekonstruieren, wann Frauen an Konservatorien oder Hochschulen zugelassen wurden, da die Frage nach den musikalischen Ausbildungsmöglichkeiten von Frauen in zahlreichen Publikationen ausgeblendet wird[167] und nur wenige Veröffentlichungen sich explizit mit dem Thema befassen.[168] Außerdem verschwimmt häufig die Trennlinie zwischen berufsorientierter künstlerischer Ausbildung, einem Musikstudium im heutigen Sinne und einer Art semiprofessioneller Musikausbildungen, da die Konservatorien Laienabteilung und Berufsausbildung in einer Institution vereinten. Im 20. Jahrhundert ging die Laienabteilung in den Aufgabenbereich der Musikschulen über, während die an der musikalischen Professionalisierung orientierte Ausbildung heutzutage an Musikhochschulen stattfindet. Einige Institutionen, die sich Akademien, Fachschulen oder weiterhin Konservatorien nennen, bieten beide Ausbildungszweige an.[169] Das Bildungsangebot, wie es bis heute an den sogenannten „Laienabteilungen"[170] dieser Institutionen angeboten wird, richtete sich im 19. Jahrhundert vorwiegend an Mädchen und junge Frauen.

---

163 Ebd.

164 KLEINAU, ELKE: „Ordnung der Natur. Macht der Tradition". Geschlechterverhältnisse an der Universität, in: KLEINAU/SCHULZ/VÖLKER 2013, S. 35–48, hier S. 36.

165 Ebd., S. 35.

166 Ebd.

167 Vgl. HOFFMANN 1992, S. 79.

168 DIES. 1992; GROTJAHN 2005; DIES. 2007.

169 Wiesbadener Musikakademie, http://www.wma-wiesbaden.de/, letzter Zugang am 13. Februar 2014; Hamburger Konservatorium, http://www.hamburger-konservatorium.de/, letzter Zugang am 13. Februar 2014; Stiftung Dr. Hoch's Konservatorium Frankfurt, http://www.dr-hochs.de/, letzter Zugang am 24. August 2016.

170 Siehe Dr. Hoch's Konservatorium Frankfurt, Folkwang Musikschule/Konservatorium Essen.

In den sogenannten Musiklehren wurden auch Mädchen ausgebildet, an fast allen Instrumenten.[171] Im deutschsprachigen Raum waren an Konservatorien vor allem die Laienabteilungen für Frauen konzipiert sowie die Ausbildung zu Sängerinnen. Ab 1843 wurden auch professionelle Pianistinnen zugelassen.[172] Das Pariser Conservatoire dokumentiert dagegen in der gleichen Zeit schon Absolventinnen in fast allen Instrumentalfächern und stellte Frauen als Professorinnen für Klavier, Gesang, Solfège und Vorbereitungsklassen ein, wie z.B. Hélène de Montgeroult von 1795 bis 1798, Emilie-Marie-Julie Michu von 1825 bis 1828 oder Louise Farrenc von 1842 bis 1872.[173]

Zum einen wertete eine verstärkte Institutionalisierung den Status des Musikerberufs auf, zum anderen bedeutete dies zunächst auch eine Erschwerung des Zugangs für Frauen. Mit der Aufwertung des Musikerberufs ging auch eine stärkere Übernahme der bürgerlichen Moralvorstellungen einher, die für Musikerfamilien in dem Maße zuvor nicht von Relevanz gewesen waren. In Musikerfamilien gehörte es zum Selbstverständnis, Söhne und Töchter musikalisch auszubilden, in der Familie und durch ergänzenden Privatunterricht. Dies hatte mit Sicherheit auch Einfluss darauf, dass Musikstudentinnen schon ab der zweiten Hälfte des 19. Jahrhunderts an Konservatorien studierten, während der Kampf um die Zulassung von Frauen an Universitäten erst um die Jahrhundertwende Erfolg zeigte.

In der ersten Hälfte des 19. Jahrhunderts hatte die Ausbildung an Musikschulen und Konservatorien „in den Biographien namhafter Musikerinnen [...] nur eine untergeordnete Bedeutung"[174]. Ende des 19. Jahrhunderts stieg die Zahl der Studentinnen an Konservatorien laut Mercier rasant an:

> „Most European conservatories, including Leipzig, began admitting women in the last half of the nineteenth century. By the 1880s, the numbers of women in the conservatories had reached such a level that some observers feared they would crowd out the men."[175]

Privatunterricht war noch bis ins 20. Jahrhundert eine häufige Alternative zum Studium an Konservatorien für Frauen, aber auch generell eine Option für Musikerinnen und Musiker, von der man sich eine besonders intensive und zielgerichtete Förderung und Ausbildung versprach. Dies ist an Guilhermina Suggias Ausbildungsweg zu sehen: 1901 begann sie einen sechzehnmonatigen Studienaufenthalt in Leipzig, um bei Julius Klengel zu studieren, allerdings nicht am Konservatorium, wo dieser lehrte, sondern privat. Anita Mercier geht davon aus,

171 Vgl. Hoffmann 1992, S. 79.
172 Ebd., S. 81.
173 Ebd., S. 92.
174 Ebd., S. 79.
175 Mercier 2008, S. 7.

dass Suggia nicht als Studentin immatrikuliert wurde, weil sie bereits zu weit fortgeschritten gewesen sei:

> „Already a seasoned performer, apparently she was considered too advanced for the program of studies offered at the conservatory. This would have included classes in subjects such as harmony, counterpoint, ear training, and pedagogy in addition to instrumental lessons and chamber coaching.“[176]

Auch nach einem Hochschulstudium eröffneten sich für Frauen zu Beginn des 20. Jahrhunderts nur wenige Möglichkeiten, da sie bis auf einige Ausnahmen weder in Orchestern[177] noch als Dozentinnen an Konservatorien[178] zugelassen wurden. Für die meisten war das Musikstudium „a kind of finishing school on the path to marriage“,[179] so Mercier. Der Privatunterricht bedeutete also in Suggias Fall eher eine besonders individuelle Förderung, die zum Ziel hatte, die junge Künstlerin möglichst zielstrebig und schnell zur Solistin auszubilden, um die bereits begonnene Karriere optimal fortzusetzen.

Lise Cristiani nahm – etwas mehr als 50 Jahre zuvor – bei Bernard Bénazet Privatunterricht. Das Ziel war ein ähnliches: möglichst zeitnah eine professionelle und erfolgreiche Karriere als Cellistin einzuschlagen. Tatsächlich wäre sie in den 1840er Jahren aber auch höchstwahrscheinlich nicht am Pariser Conservatoire aufgenommen worden – auch nicht als Ausnahmeregelung. Für die französischen Cellistinnen Galatzin, Gatineau und Baude hatte Cristiani mit Sicherheit Vorbildfunktion. Gatineau und Baude wurden als Studentinnen am Conservatoire angenommen und absolvierten erfolgreich ein Cellostudium. Wie im vorigen Kapitel gezeigt wurde, hatten viele Cellistinnen zunächst bei ihren Vätern Unterricht, wenn diese wie bei Suk, Ould oder Suggia ebenfalls Cellisten waren. Dann wurden die Studien möglichst bei einem Lehrer oder Professor mit größerem Renommee fortgesetzt. Über Cristiani und Caponsacchi wird vage berichtet, sie hätten eine Weile autodidaktisch geübt. Bei beiden spricht dies für ihr Talent und ihre Durchsetzungskraft, wenn man bedenkt, wie wichtig eine solide Instrumentalausbildung für eine erfolgreiche Berufsbiographie ist.

---

176 Ebd.

177 Valborg Lagervall spielte ab 1884 im Kungliga Teatern Orchester in Stockholm, Kato van der Hoeven spielte als erste Cellistin ab 1897 im Concertgebouw Orchester.

178 Wie beispielsweise am Conservatoire in Paris.

179 Mercier 2008, S. 7.

5.5.2 Cellistinnen als Lehrerinnen und Vorbilder

Während die Cellisten des 19. und frühen 20. Jahrhunderts fast alle als Lehrer und in der Ausbildung junger professioneller Cellisten tätig waren, man denke an Servais, Franchomme, Becker, Klengel u.a., gilt dies nicht für die Frauen, denen seit Lise Cristiani eine Karriere als Cellistin gelang. Unterrichtstätigkeit auf elementarem Niveau mit Kindern und Amateuren war dagegen eine der ersten selbstständigen künstlerischen Berufsfelder für Frauen:

> „Teaching young children was the most common vocation of female conservatory graduates."[180]

Der Beruf der Privatmusiklehrerin bekam im Laufe des 19. Jahrhunderts große Bedeutung, die Nachfrage stieg mit dem Interesse der bürgerlichen Familien an Musik als Allgemeinbildung und zur Unterhaltung in Amateurkreisen.

> „Für Frauen entsteht hier eine der ersten Möglichkeiten für ein sozial geachtetes Berufsleben."[181]

Es dauerte noch bis in die Mitte des 20. Jahrhunderts, bis Cellistinnen als Pädagoginnen auf Hochschulniveau Einfluss nahmen. Dies korreliert mit der allgemeinen Unterrepräsentation von Frauen in Führungspositionen, mit dem Phänomen „glass ceiling"[182]. Allerdings scheint sich auch nach dem Verschwinden der Idee vom Cello als Männerinstrument eine gewisse Hürde gehalten zu haben, die nur wenige Cellistinnen zu Solistinnen *und* Professorinnen werden ließ. Lotte Hegyesi war eine der ersten Cellistinnen, die im deutschsprachigen Raum an einem Konservatorium unterrichtete. Sie erhielt 1913 für ein Jahr eine Vertretungsstelle am Hoch'schen Konservatorium in Frankfurt:

> „Zu ihren Schülerinnen und Schülern gehörten Nelly Geyger, Adalbert Müller und Somma Swerdloff; ihr wurden demnach auch zwei männliche Studierende zugeteilt."[183]

Wenige Cellistinnen und Cellisten sprechen von Lehrerinnen. Margaret Campbell erwähnt in ihrem Buch *The Great Cellists* die Cellistin Jane Cowan (1915–1996) und nennt sie „an unsung genius of cello teaching [...] whose work was never widely publicized, although she is remembered today with great affection by her many pupils"[184]. Steven Isserlis, Steven Doane, David Waterman, Shuna Wilson u.a. gingen aus ihrer Schule hervor.

180 Ebd.
181 Bäuerle-Uhlig 2003, S. 20.
182 Vgl. Mercier 2004.
183 Wenzel 2013d.
184 Campbell 2004, S. 177.

Antonia Butler (1909–1997)[185] studierte bei Julius Klengel in Leipzig und bei Diran Alexanian in Paris. Sie nahm aber auch Privatunterricht bei Guilhermina Suggia und betont die Bedeutung einer Studienperiode bei der französischen Cellistin Juliette Alvin, vor allem in Bezug auf ihre Bogentechnik.[186] Butler wurde selbst eine erfolgreiche Lehrerin. Amaryllis Fleming ging nach Portugal, um bei Suggia zu studieren, äußert sich in ihrer Biographie aber wenig positiv über ihre Begegnung mit der berühmten Cellistin. Anders Milly Stanfield, die bei Casals und bei Suggia studierte: Sie schrieb einen sehr wertschätzenden und differenzierten Nachruf nach Suggias Tod, in dem sie die Bedeutung, die Suggia als Vorbild für die Cellistinnen der nächsten Generation gehabt habe, hervorhebt:

> „Somehow, whenever we heard Mme. Suggia play, it made us feel that we were right in trying to live up to [...] [our] hopes that we might do our mite to belong to the world of professional cellists [...]. [L]et us also consider the changes that have come about in the status of women 'cellists since Mme. Suggia first began to plan her career. [...] What she has given to our generation can be passed on to the next."[187]

Die Cellistinnen der Vergangenheit tauchen meist als singuläre Erscheinungen auf, hinterlassen aber keine Spur im Sinne einer pädagogischen Prägung oder Schule. Betrachtet man die ‚Ahnenlinien', so scheinen kaum lineare Verbindungen zwischen den verschiedenen Generationen von Cellistinnen aufzeigbar zu sein. In manchen Fällen entsteht sogar der Eindruck, Cellistinnen bemühten sich besonders, sich gegen den Einfluss oder die Vorbildfunktion einer berühmten Frau am Cello oder gar einer spezifischen Orientierung an einem weiblichen Modell oder einer feministischen Sichtweise zu wehren. Dies fällt besonders in der negativen Schilderung Suggias durch Amaryllis Fleming und ihren Biographen auf.

Guilhermina Suggia verstärkte insbesondere seit ihrer Rückkehr nach Portugal ihre Unterrichtstätigkeit. Zu ihren Schülerinnen und Schülern zählen Pilar Torres, Isabel Cerqueira, Madalena Moreira de Sá, Maria Beires, Maria Alice Ferreira, Celso de Carvalho, Filipe Loriente, Carlos de Figueiredo, Amaryllis Fleming, Audrey Rainier, Jean Marcel,[188] Julia Beardswirth, Thelma Reiss und Antonia Butler.[189] Bereits in London hatte sie regelmäßig unterrichtet, auch ist

185 Vgl. Wenzel 2008a.

186 Campbell 2004, S. 175.

187 Stanfield, Milly: Obituary: Guilhermina Suggia, in: *The Strad Magazine* 1950, zitiert nach Mercier 2008, S. 152.

188 Pombo 1993, S. 158.

189 Vgl. Mercier 2008, S. 110.

davon auszugehen, dass sie in Paris unterrichtete, aber darüber fehlen bisher Dokumente.[190]

So berichtet der *Kent & Sussex Courier* bereits 1913 über ein Konzert in der Recreation Hall in Heathfield:

> „The programm consisted of 'cello solos by Miss Gwenydd Hart and her tutor (Madame Suggia) […]. Both Miss Gwenydd Hart and Madame Suggia were presented with handsome bouquets by their admirers for their excellent performance."[191]

Ebenso wird im gleichen Jahr über ein Wohltätigkeitskonzert zugunsten der British Red Cross Society berichtet, in dem Suggia und Gwenydd Hart Cello-Duette gespielt haben sollen.[192] Ab den 1930er Jahren kamen zahlreiche junge Cellistinnen und Cellisten für kürzere Studienperioden, zum Teil mit Stipendien, zu ihr nach Portugal, aber einige studierten auch mehrere Jahre bei ihr.

Amaryllis Flemings Biograph Fergus Fleming stellt die Studienepisode bei Suggia als misslungene und geradezu traumatische Erfahrung dar, die Fleming nur verunsichert und ihre Bogentechnik zerstört habe. Besonders problematisiert Fleming Suggias Bogenhaltung, die unbeweglich und somit nicht geeignet gewesen sei, um mit viel Klang zu spielen. Amaryllis Fleming hatte immer wieder Probleme mit Schmerzen in den Händen.[193] Es ist möglich, dass ihre persönliche Prädisposition nicht zu der von Suggia vermittelten Technik passte. Dass Suggia einen kleinen Klang gehabt haben soll, erscheint als nachträgliche Projektion, wie auch in der bereits erwähnten Feuermann-Anekdote.[194] Einschätzungen anderer Schülerinnen und Schüler von Suggia dagegen schildern Suggia als anspruchsvolle und aufmerksame Lehrerin, die sich dafür einsetzte, dass sie einen Platz im Musikleben fanden.[195] Stanfield schreibt in ihrem Nachruf über Suggia:

> „Her pupils told of marvellous lessons, in which she was extremely strict about technique as the basis for all art. She was said never to look at a clock when teaching […]. They talked about her patience and conscientiousness, of all that she tried to instil of style and knowledge."[196]

190 Vgl. ebd., S. 109.

191 *Kent & Sussex Courier*, 12. September 1913, S. 10, District News.

192 *The Sussex Agricultural Express*, 18. Juni 1915, o. S.

193 Ebd., S. 87; Eggebrecht 2007, S. 103.

194 Siehe Kap. 4.2.

195 Vgl. Mercier 2008, S. 109.

196 Stanfield, Milly: Obituary: Guilhermina Suggia, in: *The Strad Magazine* 1950, zitiert nach Mercier 2008, S. 152.

Zara Nelsova war keine Schülerin Suggias, diese unterstützte die jüngere Cellistin aber, indem sie Nelsova einlud, Konzerte in Portugal zu spielen.[197] Suggia stiftete außerdem ein Förderungsstipendium, den Suggia-Trust, für Nachwuchscellistinnen und -cellisten, den Jacqueline du Pré als Elfjährige erhielt und der bis heute verliehen wird.

In Flemings Biographie wird die Information weitergegeben, Suggia habe testamentarisch verfügt, dass keine Frau Mitglied der Jury zur Vergabe des Suggia-Trusts sein solle.[198] Diese Information übernimmt auch Hilary du Pré[199], tatsächlich ist in Suggias Testament von einer solchen Äußerung nichts zu finden.[200] Sowohl Amaryllis Fleming als auch Hilary du Pré stehen für eine Sichtweise auf Suggia, welche die Cellistin als Diva sieht, ihr unterstellt, sie habe gar die Förderung junger Frauen unterbunden oder traue Frauen nicht zu, in einer Jury über die Vergabe des von ihr gestifteten Stipendiums zu entscheiden. Tatsächlich hat sich Suggia nie in Frauenorganisationen politisch engagiert, wie es May Mukle, Rebecca Clarke und insbesondere Ethel Smyth taten. Sie hat sich aber auch nie explizit von diesen Bewegungen distanziert.[201] In der Art und Weise, wie sie ihren Lebensweg gestaltete, ist ein hohes Bewusstsein für ihre Rolle als Frau und die damit verbundenen Schwierigkeiten als Konzertcellistin zu sehen. Es scheint, als ob in solchen Positionierungen, wie sie Fleming und Hilary du Pré einnehmen, eine unausgesprochene Problematik artikuliert würde, die impliziert, dass der Erfolg von Frauen letztendlich doch von Männern abhängig sei. Zum einen wird hier die Unterstellung artikuliert, Frauen würden andere Frauen nicht fördern, und zum anderen wird ein mangelndes Bewusstsein der erfolgreichen Frauen problematisiert, dass die genderspezifischen Schwierigkeiten, die sie bereits überwunden haben, für andere Frauen durchaus noch gelten könnten. Beide Äußerungen implizieren eine Entwertung von Suggia. Hilary du Pré bezeichnet wenige Sätze später Suggia als „die Geliebte Casals", fügt aber auch hinzu, sie sei „eine Künstlerin mit großer Ausstrahlung und eine der wenigen berühmten Cellistinnen der ersten Hälfte des 20. Jahrhunderts"[202] gewesen. Ihr herausragendes Können scheint in dieser Zusammenfassung gar keine Rolle zu spielen.

Mit Sicherheit war es bis weit ins 20. Jahrhundert für Männer leichter, Frauen zu unterstützen. Warum handelt dieses Kapitel von Lehrern, das vorige von Vätern, nicht von Müttern und Lehrerinnen? Weil es bis in die jüngere Geschichte

---

197 Siehe Brief von Zara Nelsova an Virgílio Marques 26. März 2001, Sammlung Marques, Dok. 3.

198 Fleming 1993, S. 91.

199 Du Pré 1999, S. 55.

200 Ebd., S. 80f.; das Testament wurde abgedruckt in Pombo 1993, Appendix o.S.

201 Vgl. Mercier 2008, S. 34.

202 Du Pré 1999, S. 80.

Männer waren und sind, die über den Erfolg von Frauen entscheiden, und Frauen im 19. Jahrhundert keine öffentliche Stimme hatten – als Mütter noch weniger – sowie von den Positionen des öffentlichen Lebens ausgeschlossen waren. Frauenbiographien wird retrospektiv weniger Beachtung geschenkt, unabhängig von ihrer Bedeutung für den Bereich, in dem die Frauen tätig sind.[203] Es entsteht selten das Bewusstsein einer weiblichen ‚Ahnenlinie'. Häufig gehen Frauen als Ausnahmephänomene in das öffentliche Gedächtnis ein. Nicht selten ist eine Bedingung dafür die Verknüpfung einer weiblichen Erfolgsbiographie mit einer männlichen, bedeutenden Persönlichkeit[204] – man denke an Fanny als Schwester von Felix, Clara als Gattin Roberts, Guilhermina Suggia als „Geliebte" Casals. Diese Struktur von historiographischer Priorisierung trägt wenig zu einer veränderten Sichtweise auf die Geschichte bzw. auf die Lebenswege von erfolgreichen Frauen bei, wie sich in den widersprüchlichen Äußerungen über Suggia als Lehrerin zeigt. Erfolgreiche Frauen, die zu Ausnahmegestalten oder Begleiterinnen an der Seite einer bedeutenden männlichen Persönlichkeit stilisiert werden, geraten in eine Art Sonderkategorie. Ihr Erfolg ist kein Zeichen für eine Erweiterung von Möglichkeiten für talentierte Frauen im Allgemeinen. Selbst wenn er es zu Lebzeiten der Künstlerin war, wird dieser Fortschritt durch die retrospektive Stilisierung zur Ausnahmeheldin wieder zurückgenommen. Eine Konstellation, die tatsächlich Veränderung zugunsten der Entfaltungsmöglichkeiten von Frauen herbeiführen konnte, ist die in diesem Kapitel besprochene Vater-Tochter- bzw. Lehrer-Schülerin-Konstellation, die zu einer erfolgreichen Karriere führte. Natürlich sind die daraus hervorgegangenen Cellistinnen nicht vor der zuvor beschriebenen Problematik gefeit. Auch Guilhermina Suggia profitierte von einer besonders unterstützenden Lehrer-Schülerin-Konstellation. Julius Klengel scheint sie ganz besonders gefördert zu haben, er stellte begeisterte Prognosen, die sich erfüllten:

> „She is a cellist with the highest artistic merit, who has no reason to fear comparison with cellists of the masculine sex"[205]

und

> „She will go so high that no one will be able to reach her."[206]

---

203 Vgl. Stephan 2006, S. 79.

204 In diesem Zusammenhang siehe die Sparte der Internetseite „Fembio", hg. von Luise F. Pusch, Institut für Frauenbiographieforschung Hannover: „Berühmte Frauen berühmter Männer", http://www.fembio.org/biographie.php/frau/specials/beruehmte-frauen-beruehmter-maenner, letzter Zugang am 28. Februar 2009.

205 Pombo 1996, S. 60, zitiert nach Mercier 2008, S. 8.

206 Pombo 1996, S. 60, 63, zitiert nach Mercier 2008, S. 12.

Klengel bildete weitere Cellistinnen aus. Auch für die Cellistin Agga Fritsche legte das Studium bei ihm den Grundstein für eine erfolgreiche Karriere. Klengel schrieb am 20. Juli 1900 in ihr Abschlusszeugnis:

> „Fräulein Fritsche verlässt als eine mit ungewöhnlichem Können ausgestattete Violoncellistin das Kgl. Conservatorium“[207].

Wasielewski erwähnt eine „angeblich erst 15jährige Schülerin Klengels, von dem Meister selbst als ‚Instrumentalwunder‘ bezeichnet [...][:] Frl. Wallermann“[208]. Über sie ist nach bisherigem Forschungsstand nichts bekannt, aber durch Klengels Äußerung gelangte sie in Wasielewskis Cello-Kompendium.

Im Fall von Jacqueline du Pré muss ihr Lehrer William Pleeth diese entscheidende fördernde Rolle eingenommen haben. Der Pianist Gerald Moore betont, dass William Pleeth als Lehrer dieses herausragenden Talents die richtigen Entscheidungen getroffen habe, großzügig und ganz im Sinne der Förderung seiner Schülerin, mit „generosity and unselfishness“[209]. Pleeth schrieb ein Empfehlungsschreiben für seine elfjährige Schülerin Jacqueline du Pré, um sie für den Suggia-Trust vorzuschlagen. Darin bezeichnet er sie als „the most outstanding cellistic and musical talent I have met so far“ und spricht von ihrer „incredible maturity of mind“. Schließlich prophezeit er eine herausragende Karriere und drückt seine vollkommene Überzeugtheit von der Ausnahmebegabung seiner Schülerin aus: „I am of the opinion that she will have a great career and deserves every help to this end.“[210] Jacqueline du Pré gab noch nach ihrer Erkrankung ihr Können an zahlreiche Cellistinnen und Cellisten in Masterclasses weiter.

5.6 Cellistinnen und Frauenbewegungen[211]

In der folgenden Argumentation wird die These entfaltet, dass das Erscheinen der Frauen am ‚Männerinstrument Cello‘ zeitlich mit den verschiedenen Phasen der Frauenbewegungen korrespondiert. Durch ihr Auftreten symbolisieren die Cellistinnen veränderte, möglicherweise als freier zu verstehende Frauenbilder, sie erproben eine Selbstdarstellung, die als Typus veränderter Rollen- und Lebenskonzepte fungiert und dadurch verbreitet und verallgemeinert wird. Sie ge-

207 Zeugnis vom 20. Juli 1900, Hochschule für Musik und Theater „Felix Mendelssohn Bartholdy“ Leipzig, Bibliothek/Archiv, Zeugnis A I.3, 7234, zitiert nach Babbe 2013b.

208 Wasielewski 1925, im Nachtrag zur dritten Auflage, S. 256, „Frl. Wallermann“ muss also um 1910 geboren worden sein.

209 Wordsworth 1983, S. 53.

210 Pleeth, William, The Cello, London 1982, zitiert nach ebd., S. 52.

211 Vgl. Deserno 2008; dies. 2009a.

hen auf der Bühne einen Schritt voraus, sie können weiter gehen, als es anderen Frauen in der gesellschaftlichen Realität bereits möglich gewesen wäre. Dies liegt an ihrer exponierten Rolle als Bühnenkünstlerin. Sie spiegeln ein verändertes Frauenbild, das bereits in der Gesellschaft präsent ist und sich in den jeweils historisch aktuellen politischen Entwicklungen und deren emanzipatorischen Forderungen nach Veränderung artikuliert. Die instrumentalkünstlerische Inszenierung bleibt einerseits einmalig und individuell und erhält andererseits doch gesellschaftliche Relevanz, indem sie einen neuen Typus des Selbstverständnisses erschafft. Durch die Inszenierung und performative Bestätigung neuer Entwürfe der Darstellung künstlerischer weiblicher Identität tragen diese Künstlerinnen, jede auf ihre Weise, zu der Ausgestaltung und Verbreitung veränderter Weiblichkeitsbilder bei.

Lise Cristiani wurde in einer Zeit geboren, in der die Erinnerung an Aufklärung und Französische Revolution und deren gesellschaftspolitische Anliegen noch präsent war, die aber zugleich von restaurativen Strömungen geprägt war, wie sie in Frankreich in der politischen Haltung des juste milieu zum Ausdruck kamen.

Mary Wollstonecraft hatte 1792 mit „A Vindication of the Rights of Women“ bereits eine gleichberechtigte Gültigkeit der revolutionären Forderungen auch in Bezug auf die Rechte der Frauen gefordert.[212] Umgesetzt wurden diese Forderungen allerdings nicht, Freiheit und Gleichheit galten weiterhin nur im Zusammenspiel mit Brüderlichkeit, also nur für männliche Bürger. 1793 sprach der Konvent den Frauen das Bürgerrecht ab, so dass sie ebenso wie Kinder, Geisteskranke und Kriminelle eine fast gänzlich rechtlose Position zugewiesen bekamen.[213]

Im Vorfeld der europäischen Revolutionen um 1848 wurden erneut Forderungen, welche die Rechte der Frauen betrafen, laut. Cristianis Karriere als Cellistin begann genau in dieser Zeit, 1845. Vielleicht ist es kein Zufall einer individuellen Erfolgs- oder Misserfolgsgeschichte, dass sie ausgerechnet im Jahr 1848, als die europäischen Revolutionen an vielen Orten, auch in Deutschland, auf halber Strecke stehen blieben, Westeuropa verließ und nach Sibirien aufbrach. Dazu gibt es allerdings weder von ihr selbst noch aus anderen zeitgenössischen Quellen eine Stellungnahme. Ihr Auftreten als Frau am Cello wurde von der Presse in direktem Zusammenhang mit den emanzipatorischen Bewegungen, die im Vorfeld der 48er-Revolution artikuliert wurden, gesehen: „Eine Violoncellistin!!! […] Das sind die Früchte der Frauen-Emancipation!“[214] So em-

212 Vgl. Frey-Steffen 2006, S. 31.
213 Vgl. Horlacher 2009, S. 6; vgl. Deserno 2009a.
214 AWZ 1844, S. 276; zitiert nach Hoffmann 1991, S. 196.

pörte sich die *Wiener Musikzeitung* 1844 als Reaktion auf Lise Cristianis Konzerte in Berlin. In der *Berliner musikalischen Zeitung* wurde sie „als Apostel der Frauenemancipation"[215] angekündigt, sie betreibe „zwei Geschäfte, von denen das eine das andere unterstützt"[216].

Die Pionierinnen-Generation der Cellistinnen nach Lise Cristiani, zu der Eliza de Try, Rosa Szuk, Hélène de Katow und Anna Kull zählten, hatte bereits bessere Ausgangsbedingungen. Ihre Karrieren liefen dennoch kompromisshaft ab und wurden frühzeitig mehr oder weniger abgebrochen, wie in Kapitel 4 gezeigt werden konnte. Kaum eine von ihnen ist in der heutigen Musikgeschichtsschreibung präsent.

Ende des 19. Jahrhunderts begann in Großbritannien die sogenannte Suffragetten-Bewegung mit Protagonistinnen wie Christabel Pankhurst (1880–1958), der sich auch Musikerinnen wie beispielsweise die Komponistin Ethel Smyth anschlossen. Am Ende des 19. Jahrhunderts wurden dann die Cellistinnen geboren, welche nicht mehr gänzlich aus der Musikhistoriographie herausfallen werden und die eine ihr ganzes Leben andauernde Karriere verfolgen werden: May Mukle, Beatrice Harrison und Guilhermina Suggia.

Die Karrieren dieser drei Cellistinnen fielen in eine Zeit, in der tatsächlich gesellschaftspolitische Veränderungen die Situation von Frauen verbesserten. Dazu gehörten beispielsweise das Wahlrecht in Großbritannien und Deutschland[217] sowie die verfassungsrechtliche Verankerung von Gleichberechtigung und Chancengleichheit in der Weimarer Republik. Ein neues freiheitliches Denken, welches die Trennung von Sexualität und Fortpflanzung, voreheliche und gleichgeschlechtliche Beziehungen sowie die „neue Selbstverständlichkeit[,] einen Beruf auszuüben"[218] betraf, prägte die 1920er Jahre; Fraueninitiativen artikulierten diese Themen in der Öffentlichkeit. Auf dieser Grundlage verfolgten Künstlerinnen wie Suggia, Mukle und Harrison mit einem neuen Selbstverständnis und Selbstbewusstsein ihre Karriere- und Lebenspläne.

Paris war bereits in der Belle Époque und insbesondere in den 1920er Jahren berühmt für die freiheitliche und offene Atmosphäre, die insbesondere in Künstlerkreisen herrschte. Trotzdem war bis 1938 in Frankreich Artikel 213 des französischen Code Napoléon gültig, nach dem ein junges Mädchen von der Vormundschaft des Vaters bzw. anderer männlicher Verwandter – die das

215 BMZ 1844, 1. Jg., Nr. 34, o.S., zitiert nach Hoffmann 1991, S. 196.

216 Ebd.

217 Vgl. Housego/Storey 2012, S. 51; vgl. Spiegel Online, Kalenderblatt 1918, http://einestages.spiegel.de/static/topicalbumbackground/719/frauenwahlrecht_in_deutschland.html, letzter Zugang am 28. Januar 2014. In Großbritannien erhielten Frauen 1918 das Wahlrecht nur eingeschränkt (ab 30 Jahren); erst 1928 wurde die tatsächliche Gleichstellung erreicht.

218 Wischermann 2000, S. 98.

Züchtigungsrecht hatten – in die Obhut ihres Ehemannes überging; dieser hatte vom Moment der Eheschließung an uneingeschränktes Verfügungsrecht über Person und Vermögen der Ehefrau.[219] In Kapitel 4 wurde gezeigt, warum Guilhermina Suggia zu Beginn des 20. Jahrhunderts mit dieser Gesetzeslage im Hintergrund kein Interesse hatte zu heiraten. Auch in Portugal, einem stark katholisch geprägten Land, hatte es seit 1868 Frauenbewegungen gegeben, die sich für die Rechte der Frauen einsetzten. Die Forderungen der Aktivistinnen blieben jedoch weitestgehend erfolglos und die wenigen Errungenschaften wurden 1926 von der Diktatur Salazars erneut zunichtegemacht.[220] Insbesondere gleiche Bildungschancen waren ein Anliegen dieser frühen portugiesischen Frauenbewegung gewesen, da um 1900 noch 93 Prozent der Portugiesinnen Analphabetinnen waren.[221] Es ist jedoch davon auszugehen, dass auch diese zunächst erfolglosen emanzipatorischen Strömungen nicht ohne Wirkung blieben. Immerhin wurde Guilhermina Suggia in dieser Zeit von ihrem Vater auf die Laufbahn einer professionellen Cellistin vorbereitet und von Anfang an dazu angehalten, keine Kompromisse zugunsten einer weiblichen Spielweise oder Haltung zu machen.

Jacqueline du Pré setzte später ein Interpretationsideal fort, das Suggia bereits zu Beginn des 20. Jahrhunderts kultiviert hatte und das sich, so die hier vertretene Argumentation, insbesondere durch die Verbindung und Integration gegensätzlicher Ausdrucksmöglichkeiten im Sinne einer geschlechtsneutralen, im Dienste von Werk und Expressivität – in ihrer gesamten Bandbreite – stehenden Interpretation auszeichnet. Mit dieser Art von Spiel überwand Jacqueline du Pré Grenzen, die noch für ihre Vorgängerinnen – mehr oder weniger – gegolten hatten. 1968 sah *The Guardian* sie in direkter Ahnenlinie zu Casals. Betont wird auch hier explizit das weite Spektrum ihrer Ausdruckskraft:

> „Not since Casals have I heard a cello sing with so much lyrical warmth as Jacqueline strokes or caresses from it. And added to heart-easing song was strength and breadth of attack and phrase."[222]

Obwohl Guilhermina Suggia bereits ein ganz ähnliches Spielideal vertreten hatte, wurde sie nicht zu einer Protagonistin der Transformation in dem Ausmaß wie Jacqueline du Pré. Sie blieb in Casals Schatten, während Jacqueline du Pré auch retrospektiv unter den Größten ihres Fachs genannt wird. War Suggia noch

---

219 Vgl. Horlacher 2009, S. 60f.

220 Ambrosy 1996, S. 99.

221 Ebd., S. 100.

222 Artikel von Neville Cardus, in: *The Guardian*, 26. August 1968, zitiert nach Wordsworth 1983, S. 76.

zu sehr Pionierin? Zu sehr Neuheit? Zeigt sich vielleicht an beiden Cellistinnen eine Parallele zu den historischen Ereignissen?

Suggia tritt als erfolgreiche Cellistin während der emanzipatorischen Bewegungen in den 1920er Jahren auf. Du Pré steht für die sogenannte zweite Frauenbewegung der 1960er und 1970er Jahre. Diese musste viele Forderungen, die in den 1920er Jahren und auch schon um die Jahrhundertwende artikuliert worden waren, erneut stellen und um deren gesellschaftspolitische Umsetzung ringen. Die Summe der historischen Frauenbewegungen erreichte sozusagen in mehreren Anläufen die Ziele, deren Formulierung mit den ersten Frauenrechtlerinnen während der Französischen Revolution begonnen hatte. Das Gleiche gilt für die Rolle der Cellistinnen als Protagonistinnen in einem Transformationsprozess von Weiblichkeitsbildern. Jede Einzelne verkörperte einen Fortschritt. Jedoch erst in der Summe und in Verbindung mit der geschilderten historischen Entwicklung gelangte nach mehreren Anläufen der Transformationsprozess an einen Punkt, an dem das Cello nicht mehr als Männerinstrument angesehen wird und Frauen wie Männern mit diesem Instrument gleiche Chancen zugestanden werden. Die 1970er Jahre sind somit nicht nur eine „entscheidende Periode“[223], sondern geradezu ein Wendepunkt: „Zum ersten Mal“, so betont Marcelle Marini, habe die Frauenbewegung „in der Gesellschaft tatsächlich eine kulturelle Dimension“ angenommen; „ihre kulturellen Ansprüche wurden zu einer gesellschaftlichen Größe“.[224] Diese Ebene sozialkultureller Veränderung ist in Bezug auf die Cellistinnen mit Jacqueline du Pré erreicht.

Suggia hatte in den 1920er Jahren auf den Gebieten der Interpretation, der Performance, des Lebensstils, der Persönlichkeit und des Erfolgs bereits alle die Voraussetzungen vorzuweisen und propagiert, die als charakteristisch für ein erfolgreiches Cellospiel von Frauen angesehen werden können. Sie war in der Position, zur Protagonistin eines Transformationsprozesses, der das Cello endgültig kein Männerinstrument mehr sein ließ, zu werden. 1950 liest sich der Nachruf der Cellistin Stanfield ganz in diesem Sinne:

> „[W]henever we heard Mme. Suggia play, it made us feel that we were right in trying to live up to [our] hopes that we might do our mite to belong to the world of professional cellists.“[225]

Suggia wird zwar zum Vorbild, sie ist Grund zur „Hoffnung“ für die jungen Cellistinnen, so schreibt Stanfield 1950. Sie wurde jedoch noch nicht zur Symbol-

---

223 Marini 1995, S. 330.

224 Ebd.

225 Stanfield, Milly: Obituary: Guilhermina Suggia, in: *The Strad Magazine* 1950, zitiert nach Mercier 2008, S. 152, siehe Mercier 2008, S. 116.

figur für eine bereits erreichte Überwindung der gesellschaftlichen Grenzen und erweiterte Chancen für Cellistinnen, wie es Jacqueline du Pré werden sollte. Der Rückschlag, der durch Faschismus und Krieg in Europa fast alle Errungenschaften der 1920er Jahre in Bezug auf die Gleichstellung der Frauen zunichtemachte, wirkt sich auf die Musikgeschichtsschreibung und die retrospektive Sichtweise auf Künstlerinnen aus. Häufig werden ihre Leistungen im Rückblick geschmälert, wie beispielsweise an den Äußerungen von Moore und Fleming über Suggia gezeigt wurde. Es ist nochmals hervorzuheben, dass Entwertungsdiskurse in Bezug auf Suggia fast ausschließlich retrospektiv Raum greifen, wie in Kapitel 4.2.6 ausführlich dargelegt wurde. In den Presserezensionen der 1920er Jahre herrscht die Sichtweise auf Suggia als Künstlerin unter den ganz Großen an der Weltspitze vor. Im Nachhinein jedoch erinnert sich z.B. der Pianist Gerald Moore an Guilhermina Suggia im Vergleich mit Jacqueline du Pré, wobei sein Urteil über Suggia zu deren Ungunsten ausfällt. Er hebt an du Prés Spiel insbesondere den kraftvollen Ton hervor und vergleicht diesen mit Suggias; letztere spiele dagegen „wie eine Frau":

> „I partnered Guilhermina Suggia (often alluded to as the Teresa Carreno of the Violoncello) very frequently and we were great friends, but I think that Jackie's tone had more body. I do not say this to belittle the Portuguese artist, for she would herself acknowledged it, so ungrudging was she in her appreciation of her fellow players. In fact she played like a woman, whereas the English girl had the strength of a man."[226]

Gerald Moore reproduziert einen Entwertungsdiskurs, der aus dem 19. Jahrhundert nur zu bekannt ist – das Cello sei aufgrund des physischen Kraftaufwandes nicht für Frauen geeignet bzw. wenn Frauen Cello spielten, hätten sie nicht genügend Kraft, um genauso gut wie männliche Cellisten zu werden. Dieses Zitat macht deutlich, wie sehr Vorbehalte gegenüber Cellistinnen bis weit ins 20. Jahrhundert geläufig sind. In dieser Äußerung spiegelt sich aber auch folgende Konstellation: Wenn Jacqueline du Pré als die erste und einzige Frau dargestellt wird, die eine geschlechtsneutrale, gelungene Interpretation liefert, während alle Cellistinnen zuvor diesen Ansprüchen vermeintlich nicht genügt hätten, so wird du Pré in ihrer Einzigartigkeit zur Ausnahmecellistin. Sie hätte demnach bewiesen, dass es möglich ist, als Frau „wie ein Mann zu spielen", so kann man Moores Äußerung deuten, aber auch, dass es nur mit einem so außerordentlichen Talent möglich sei und dass dies keiner Cellistin vorher gelungen sei und es folglich nach wie vor in Frage steht, ob es weiteren Frauen gelingen wird, eine Leistung wie die von du Pré zu erreichen. Die Vorgängerinnen ver-

---

226 Moore, Gerald: „Fiery Talent", zitiert nach Wordsworth 1983, S. 53.

schwinden somit aus dem musikhistoriographischen Gedächtnis.[227] Diese Äußerung des durchaus berühmten Klavierbegleiters Gerald Moore ist ein gutes Beispiel für einen latenten, aber wirksamen Diskurs, der zur Definitionsmacht in der Kulturgeschichtsschreibung wird. Dies erklärt zum einen den verzerrten Blick auf den blinden Fleck in der Musikhistoriographie in Bezug auf eine „Geschichte der Cellistinnen"[228] vor du Pré sowie zum anderen deren Sonderstatus innerhalb dieser Geschichte.

5.7 Jacqueline du Pré: Symbolfigur für Transformation in der Geschichte Cello spielender Frauen?[229]

5.7.1 Die Ausnahmecellistin

> „So lange man von ‚Ausnahmefrauen' sprechen konnte, blieb – im Hinblick auf die bloße Masse ihrer Gefährtinnen – die kulturelle Geschlechtertrennung praktisch unverändert bestehen. Doch wenn die Akkulturation eine gesamte Generation betrifft, ist der Status der ‚Ausnahmefrau' dann noch sinnvoll?"[230]
>
> Marcelle Marini

Jacqueline du Pré nimmt eine Sonderposition in der Geschichte der Cellistinnen und Cellisten ein. Zeitgleich mit ihrem künstlerischen Wirken beginnt ein bildungspolitischer Trend, in dem das Cello regelrecht zu einem Modeinstrument wird – für Mädchen wie für Jungen. Die Frage, ob das Cello ein Instrument für Frauen sei, scheint nun endgültig kein Thema mehr zu sein. In Jacqueline du Prés Selbstinszenierung sowie in den Reaktionen von Publikum, Fachwelt und Presse spiegelt sich eine veränderte Sichtweise auf eine Cellistin, aber auch auf Frauen und deren Möglichkeitsräume im Allgemeinen.

Obwohl Publikum und Presse mit Jacqueline du Pré Vorbehalte gegen das Cello als Männerinstrument relativieren, bleibt dennoch das Bild von einer herausragenden Cellistin an ihre Person gekoppelt. Es sollen in diesem Kapitel einige Aspekte ihrer Sonderrolle aufgezeigt werden, die sich von einer Bewertung der Spielweise lösen und den Blick wieder einmal auf Kontexte sowie Weiblichkeits-, Künstlerinnenbilder und Diskurse richten.

---

227 Vgl. Marini 1995, S. 329f. Abbildungen Jacqueline du Pré: Abb. 14.1–14.3.

228 Deserno 2008.

229 Ebd.

230 Marini 1995, S. 329f.

Jacqueline du Pré wird in der Rezeption der 1960er und 1970er Jahre als Ausnahmecellistin betrachtet. In der Sicht der hier vorgelegten Arbeit sehen wir sie als Protagonistin eines Transformationsprozesses in der Geschichte von Cellistinnen, der mit Lise Cristiani begann. Obschon seit den 1970er Jahren mit Jacqueline du Pré bereits ein Vorbild für mögliche gesellschaftliche Entfaltungsspielräume von Cello spielenden Frauen gegeben war und dies in der gesellschaftlichen Öffentlichkeit anerkannt wurde, so dass die Anzahl der Cello-Studentinnen anstieg, steht in der Geschichtsschreibung über die künstlerische Ausbildung von Cello spielenden Frauen das Unerreichbare der Ausnahmecellistin Jacqueline du Pré im Vordergrund. In der Wahrnehmung und Diskussion künstlerischer Sozialisationsprozesse setzt sich eine Einstellung durch, dass herausragende instrumentalkünstlerische Leistung vielen Cello spielenden Frauen potentiell offen steht. Dass es sich dabei um eine sich vollziehende Transformation bislang gebräuchlicher Bildungs- und Ausbildungsvorstellungen handelt, die von einer Geschlechterdifferenz in der Qualität des künstlerischen Könnens ausgeht, tritt nicht ohne Weiteres ins Bewusstsein. Der gelingende Prozess dieser erhofften und erkämpften Transformation scheint viel weniger thematisiert zu werden als die als singulär definierte Begabung Jacqueline du Prés. Es bleibt deshalb die Frage, ob diese Künstlerin überhaupt auf einem bestimmten Niveau des gesellschaftspolitisch zu verstehenden Transformationsprozesses zur Symbolfigur neuer weiblicher Anspruchshaltungen in einem künstlerischen Bildungsprozess geworden ist. Im Laufe der 1970er bis 1990er Jahre verschwindet zwar die Frage, ob das Cello überhaupt ein Instrument für Frauen sei, gleichwohl scheint diese Veränderung hinter dem Topos des Ausnahmetalents in den Hintergrund zu treten.

Wenn die Diskursanalyse implizite, latente Machtstrukturen in den Blick nimmt, dann wäre an anderer Stelle zu untersuchen, wo und wie sich die transformierten, neuen, nicht mehr geschlechtsspezifisch orientierten Diskurse realisieren, in denen es um Definitionsmacht über Begabung und Talent geht – z.B. an den Musikhochschulen in konkreten Lehrer-Schüler-Beziehungen[231] sowie in Jurys von Wettbewerben. Seit den 1980er Jahren ist in instrumentalpädagogischen und -künstlerischen Diskursen nicht mehr die Rede von geschlechtsspezifischer Musikalität und Interpretation, sondern eine geschlechterneutrale Beschreibung künstlerischen Könnens und seiner Entstehung ist vorherrschend.[232] Es bleibt das Geheimnisvolle des herausragenden Ausnahmetalents, das sich in

231 Vgl. Röbke 2000; vgl. Grimmer, F. 2008; vgl. Cada 2000.

232 Siehe besonders auf das Cello bezogen die Arbeiten von Gerhard Mantel, über Cello üben, Cellotechnik, Interpretation u.a.; vgl. Mantel 1987, ders. 1998, ders. 2000, ders. 2005 und ders. 2010; vgl. Kliegel 2006; siehe auch Themen der instrumentalpädagogischen Zeitschrift Üben & Musizieren.

mühevollen und komplexen künstlerischen Prozessen herausbildet. Gleichwohl geht es nach wie vor um Zuschreibungen und Definitionen, die sich diskurskritisch und dekonstruktivistisch bestimmen lassen. Dies würde allerdings für die jüngere Vergangenheit und Gegenwart einer weiteren Untersuchung bedürfen und den Rahmen dieser Arbeit sprengen.

Der Begriff des Transformationsprozesses beinhaltet, dass er nicht abgeschlossen sein kann, sondern lediglich jeweils neue Stufen erreicht werden. Umgesetzte Gleichberechtigung und Chancengleichheit sind nie als abgeschlossen zu betrachten, sondern stets neu im sozialen und politischen Kontext zu definieren und zu überdenken. So gesehen stehen geschlechtsspezifische Vorurteile und Hindernisse zumindest in den heutigen musikpädagogischen Diskursen nicht mehr im Mittelpunkt. Seit Ende des 20. und zu Beginn des 21. Jahrhunderts sind Cello-Solistinnen selbstverständlicher Teil der Musikwelt. Über Geschlechterverhältnisse und die Auswirkungen von Diskursen über dieselben innerhalb neuer und sich wandelnder Kontexte gilt es weiter zu reflektieren und somit den andauernden Transformationsprozess mitzugestalten.

5.7.2 Kontextualisierung: Jacqueline du Pré und Weiblichkeitsbilder in der zweiten Hälfte des 20. Jahrhunderts

Jacqueline du Pré (1945–1987) wurde am 26. Januar 1945 in Oxford geboren. Frühzeitig erhielt sie Musikunterricht von ihrer Mutter Iris du Pré, die selbst Pianistin war. Später wurde sie Schülerin von William Pleeth, der sich sehr für die Förderung ihres herausragenden Talents einsetzte. Mit elf Jahren gewann sie den Suggia-Prize.[233] In welche Zeit wird diese junge Cellistin geboren und beginnt ihren musikalischen Weg als Cello-Höchstbegabung?

Die 1950er Jahre werden häufig, insbesondere für Deutschland, als „Blütezeit der Hausfrau und Mutter“[234] bezeichnet. Das Wirtschaftswunder, die aufstrebende Wohlstands- und Konsumgesellschaft charakterisieren diese Zeit, gerade Frauen werden als Konsumentinnen stilisiert. Tendenzen zur Entwertung von kreativen und berufstätigen Frauen als exzentrisch und hysterisch oder als zu intellektuell lassen sich in den 1950er Jahren beobachten und greifen auf verschiedene aus dem 19. Jahrhundert stammende Weiblichkeitsmodelle zurück. So bewirkt das Reden über ‚hysterische‘ Frauen zum einen eine Entmachtung von Frauen und zum anderen schreibt es ihnen eine diskreditierend wirkende unangemessene Emotionalität zu. Diese stereotypen Weiblichkeitskonzepte lassen

233 Vgl. Easton 2000; vgl. Du Pré 1999; vgl. Wilson 1999.

234 Thébaud, Françoise: Einleitung, in: Thébaud 1995, S. 11–32, hier S. 19.

sich wiederum als Oppositionen zu einem Männerbild verstehen, das die Nachkriegszeit dominierte. In der genannten Beschreibung von Frauen als tendenziell emotionalisiert, irrational, instabil – hysterisch – werden diese als Trägerinnen von Eigenschaften entworfen, die sich komplementär zu den vermeintlich starken, Stabilität verbürgenden Eigenschaften der Männer verhalten. Faktisch waren die Männer der Nachkriegszeit alles andere als stabil. Ein Bedürfnis nach stereotyper Klarheit in den Geschlechterrollen wird in diesen Diskursen machtvoll festgeschrieben.[235] Eine strikte Trennung männlicher und weiblicher Sphären wie im 19. Jahrhundert erschien als Problemlösungsmodell im postfaschistischen Europa. So stand der neuen Hausfrau und Mutter der in Zeiten des sich anbahnenden Wirtschaftswunders aufstrebende Geschäftsmann als versorgendes Oberhaupt der neuen „Kernfamilie"[236] gegenüber.

Des Weiteren ist ein Rückbezug auf das Bild von der unweiblichen und zu intellektuellen Frau sowie auf das der Frau in der Bestimmung zur Mutterschaft und Ehe, wie es bereits die Napoleonische Ära geprägt hatte, zu beobachten. Obwohl dieser Rückgriff auf extrem polarisierte Geschlechterbilder in den 1950er Jahren vorherrscht, die Stabilisierung nach den Schrecken von Faschismus und Krieg in Modellen einer heilen Welt versprechen, greifen zeitgleich auch emanzipatorische Strömungen Raum, welche entscheidende gesellschaftspolitische Veränderungen mit sich bringen: In Frankreich erhielten Frauen 1945 das Wahlrecht, 1949 publizierte Simone de Beauvoir *Das andere Geschlecht*, Sophie Drinkers Studie über die Frauen in der Musik erschien 1948[237], in Amerika entstanden Bürgerrechtsbewegungen zur Gleichstellung der Afroamerikaner.

1961 begann Jacqueline du Prés internationale Karriere mit ihrem spektakulär in der Presse und Musikwelt gefeierten Debütkonzert in der Wigmore Hall. Am 21. März 1962 spielte sie in der Londoner Royal Festival Hall mit dem BBC Orchestra das Elgar-Konzert. Bis heute gilt ihre Interpretation dieses Konzerts als legendär. 1966 begann sie einen Studienaufenthalt bei Mstislav Rostropovitsch in Moskau. Im gleichen Jahr lernte sie den Pianisten und Dirigenten Daniel Barenboim kennen, das Künstlerpaar heiratete 1967. Du Pré und Barenboim konzertierten gemeinsam und spielten zahlreiche Plattenaufnahmen ein.[238]

In den 1960er Jahren lassen die Proteste der Studentenbewegung sowie der zweiten Frauenbewegung ein Aufbegehren gegen eingefahrene Strukturen und die sogenannte bürgerliche Biederkeit laut werden. Ein Aufbrechen von Tabus sowie insbesondere die Aufarbeitung der Nazi-Vergangenheit in Deutschland

235 Vgl. ebd., S. 16.
236 Vgl. ebd., S. 467.
237 Drinker 1948.
238 Vgl. du Pré 1999, S. 116f., 143f., 203ff.; vgl. Eggebrecht 2007, S. 247f.

sowie demokratisch-revolutionärer Idealismus prägen diese Zeit. Betty Friedan kritisierte 1963 in ihrer zum feministischen Grundlagentext gewordenen Studie *Der Weiblichkeitswahn oder die Mystifizierung der Frau*[239] eine „ideologische Konditionierung durch die Medien – und die Psychoanalytiker“[240] auf einen traditionellen weiblichen Lebensentwurf einer ganzen Frauen-Generation. Das Bild von der befreiten Frau aus den 1920er Jahren wird in den 1960er Jahren wiederbelebt. In Bezug auf die zweite sexuelle Revolution der 1960er/1970er Jahre wird häufig von einem Anknüpfen an die 1920er Jahre gesprochen, da während der Zeit von Faschismus und Krieg fast alle in den 1920er Jahren errungenen Freiheiten, die den Status der Frauen in der Gesellschaft betrafen, zurückgenommen worden waren. Ausschlaggebend für das Selbstverständnis der neuen befreiten Frau war die Anti-Baby-Pille und die sexuelle Revolution.[241] Erstmals in der Geschichte konnten Frauen Sexualität ohne Angst vor ungewollter Schwangerschaft und kriminalisierter, illegaler Abtreibung ausleben.[242] Gleichzeitig artikuliert die zweite Frauenbewegung die Wichtigkeit von frauenspezifischen Themen in Abgrenzung zur Studentenbewegung. Problematisiert wurde von feministischer Seite auch die Gefahr einer Gleichsetzung von befreiter Sexualität mit Verfügbarkeit und sexuellem Leistungsdruck.[243] Ein Slogan der Frauenbewegung – „das Private ist politisch“[244] – thematisierte insbesondere die Aufwertung von Hausarbeit und Kindererziehung. In seiner 1977 publizierten Studie *Sexualität und Wahrheit* analysiert Michel Foucault u.a. auch die Sexualitätsdiskurse des 18. und 19. Jahrhunderts.[245]

In der Musik geben Yoko Ono und Annea Lockwood mit Konzept- und Aktionskunst neue Impulse, weitere Künstlerinnen wie Meredith Monk, Laurie Anderson und Pauline Oliveros thematisieren ebenfalls die Aufbruchsstimmung der Zeit. Auch eine Cellistin fällt durch außergewöhnlich provokante Bühnen- und Körperperformances auf: Charlotte Moorman (1933–1991).[246] Die feministische Frauenbewegung habe „die Protestaktionen in der Musik nicht unmittelbar befördert“, so Christa Brüstle, „doch der Kampf für gleiche Berufs- und Bildungschancen […] für die körperliche Selbstbestimmung von Frauen […]

239 Friedan 1963.

240 Thébaud 1995, S. 19.

241 Vgl. ebd., S. 20.

242 Vgl. Abtreibungskampagne im *Stern*, 6. Juni 1971: „Wir haben abgetrieben“.

243 Vgl. Friedan 1963.

244 Vgl. Eckart 1990, S. 23; vgl. http://www.bpb.de/gesellschaft/gender/frauenbewegung/35287/neue-welle-im-westen?p=all, letzter Zugang 3.1.2017.

245 Foucault 1977.

246 Vgl. Artikel in der FAZ online von Brita Sachs: http://www.faz.net/aktuell/feuilleton/kunst/ausstellung-ueber-charlotte-moorman-in-salzburg-14967822.html, letzter Zugang 22.10.2017.

erhöhte sicherlich die Sensibilisierung für die gleichberechtigte Berücksichtigung von Frauen im Musikleben und schuf ein breites Forum für die Erforschung der Geschichte der Frauen in der Musik“[247].

Jacqueline du Prés Karriere endete abrupt bereits in den 1970er Jahren, sie war jedoch in dieser kurzen Zeit bereits zu einer der bedeutendsten Musikerinnen der klassischen Musikwelt geworden. 1972 musste sie wegen plötzlicher Taubheit in Händen und Beinen ein Konzert abbrechen. Es wurde die Diagnose Multiple Sklerose gestellt, sie konnte nicht mehr Cello spielen. Einige Jahre lang gab sie vom Rollstuhl aus noch Meisterklassen. Im Alter von 42 Jahren starb sie am 19. Oktober 1987 in London an den Folgen der Krankheit.[248]

5.7.3 Zwischen Alice im Wunderland, Star und Engel

> „Ein Star war geboren. Jacqueline du Prés kometenartiger, weltweiter Erfolg erinnert an den gloriosen Aufstieg des jungen Yehudi Menuhin.“[249]
>
> Harald Eggebrecht

Die populäre Musik erhält in der zweiten Hälfte des 20. Jahrhunderts einen neuen Stellenwert, kulturelle Phänomene wie die ‚Beatlemania‘, Rock- und Pop-Ikonen repräsentieren ein neues Bild des Künstlers / der Künstlerin als Stars, die medial präsent sind und ein breites Publikum erreichen. Das beeinflusst auch die sogenannte klassische Musikwelt.

> „Star-Images rekurrieren dabei immer auf soziale Typen, d.h. sie nehmen direkt oder indirekt Bezug auf gesellschaftliche Normen.“[250]

Dazu zählen auch „Vorstellungen von Weiblichkeit“. Dabei werden nicht nur „die erwartungsgetreue Bedienung solcher Weiblichkeitsstereotype, sondern insbesondere spezifische ‚Rollenbrüche‘ von den Stars inszeniert“[251].

Zum Star gehört auch das Interesse der Boulevardpresse:

> „Ihren kometenhaften Aufstieg krönte sie durch die Traumhochzeit mit dem kongenialen argentinisch-jüdischen Tastenprinzen Daniel Barenboim. Ein Leben zwischen Klatschspalte und Grammophone Award […].“[252]

---

247 Brüstle 2009, S. 106.
248 Vgl. du Pré 1999.
249 Eggebrecht 2007, S. 247.
250 Borgstedt 2009, S. 519.
251 Ebd.
252 Müller 2014.

Auch im Buch der Geschwister du Pré heißt es über Konzerte von du Pré und Barenboim in Israel, dort „waren Jackie und Daniel Popstars“[253].

Welche Weiblichkeitsbilder lassen sich erschließen, wenn man Jacqueline du Prés künstlerische Existenz in der neuen Definition als Star betrachtet? Zum einen beeindruckt die performative Inszenierung der Künstlerin auf der Bühne. Zum anderen entstehen in den Reaktionen von Publikum und Presse Bilder, die sich sowohl mit der Person Jacqueline du Pré als Star als auch mit der Cellistin auf der Bühne befassen. Es handelt sich bei den Quellen um Äußerungen über das Spiel, das Auftreten, die Person du Prés, dokumentiert in Presseartikeln, Biographien, Bildern und Videos. Dies ist ein weitaus vielfältigerer Quellenkorpus als er über die Cellistinnen Suggia oder Cristiani und ihre Zeitgenossinnen zur Verfügung steht. Im Rahmen einer ausführlichen Untersuchung über Jacqueline du Pré müsste die Diversität der Quellen und die Frage nach der Perspektive genaue Beachtung finden. Im Rahmen dieser Untersuchung kann nicht mehr als ein Einblick gegeben werden. Der Fokus soll wieder auf der Dekonstruktion von Schlüsselbegriffen liegen, die zu Weiblichkeitskonzepten führen. Diese sollen im Hinblick auf Vorstellungen und Bilder betrachtet werden, die aus den Reaktionen auf die Cellistinnen der Vergangenheit bekannt sind. Des Weiteren werden Beschreibungen und Charakterisierungen der Künstlerin du Pré aufgegriffen, welche signifikant neu sind. Auch werden daraus resultierende Mischformen erkennbar, die sich als „Verschiebungen“[254] und Transformationen erschließen lassen.

Zu Beginn von Jacqueline du Prés Karriere herrschen in der Sprache der Rezensenten und auch in Äußerungen anderer Musiker Bilder vor, die das ‚Mädchenhafte‘, ‚Sensible‘, ‚Engelsgleiche‘ an ihrer Person hervorheben. 1965 schrieb ein Rezensent in der *New York Times*:

> „A tall, slim blonde, Miss du Pré looked like a cross between Lewis Carroll's Alice and one of those angelic instrumentalists in Renaissance paintings. And, in truth, she played like an angel, one with extraordinary warmth and sensitivity.“[255]

1965 war du Pré 20 Jahre alt, ihre ersten großen Erfolge hatte sie als sechzehnjähriges Mädchen gehabt. Gerade das Bild von ‚Alice im Wunderland‘ macht sie zur Kindfrau, zur Märchenfigur. Das Kindliche, Unschuldige erhält in Gestalt von Alice aber auch Macht, metaphorisch gesprochen vielleicht eine Macht, ‚Wunder‘ auszudrücken und die Zuhörer mit in ein ‚Wunderland‘ zu nehmen.

---

253 du Pré 1999, S. 209.

254 Vgl. Butler 1991.

255 Ericson, Raymond: An Angel of Warmth, in: *New York Times,* 15. Mai 1965, zitiert nach Wordsworth 1993, S. 66.

Auch im Bild des Engels dominiert die Inszenierung eines unschuldigen, unsexuellen, aber zugleich – durch das außerordentliche Talent – übermenschlichen Wesens. „Wärme und Empfindsamkeit" sind Eigenschaften im Spiel, die auch die Kritiker Cristianis einer Cellistin zugutegehalten hätten. In einer Äußerung von Pleeth, dem Lehrer du Prés, klingt bereits ein weiterer Aspekt an, der für Jacqueline du Pré charakteristisch werden sollte: das leidenschaftliche Spiel. Pleeth spricht von einer „Verbindung zwischen wahrer Leidenschaft und unschuldiger Ehrfurcht"[256]. Hier wird die kindliche Person auf der Bühne bereits mit einer Emotionalität ausgestattet, die im Widerspruch zu dem, was Pleeth „unschuldige Ehrfurcht" nennt, stehen könnte. Gerade diese Fusion von Gegensätzen in ihrer Person und Performance aber sollte ein Hauptmerkmal von du Prés Bühnenwirksamkeit werden. Des Weiteren sieht Pleeth in ihrer Darbietung eine weitere Fusion von Polaritäten: „Ein geistiger, nicht nur ein körperlicher Akt."[257] Die Polarisierung von Körper und Geist hat die Geschichte der Geschlechterbilder geprägt und steht im 19. Jahrhundert symbolisch für die Trennung in eine männliche Sphäre, der das Geistige zugeordnet wird, und eine weibliche Sphäre, in deren Bereich alles Körperliche gehöre.[258] Die Konstruktion der Vereinigung dieser zwei Polaritäten in der Person einer jungen Cellistin kann als Überwindung der polarisierten Geschlechternormen gelesen werden sowie als Appell, dieser Cellistin möge beides zugestanden werden. Dieser Appell kumuliert in einer Formulierung, welche der Instrumentalistin Kreativität im ursprünglichen Sinne des Wortes zubilligt: „Jedes einzelne Stück wurde von ihr zum Leben erweckt."[259]

In späteren Rezensionen mehren sich Äußerungen über Jacqueline du Prés Emotionalität und ihre freien Körperbewegungen. Du Pré kultivierte ein Spiel, in dem Körperbewegungen eine entscheidende Rolle spielen. Sie setzte nicht nur auf körperliche Freiheit, sondern sie benutzte den ganzen Körper, um das, was sie ausdrücken wollte, in Klang umzusetzen. Auch Suggia hatte bereits geäußert, auf der Bühne zu stehen, heiße, nicht nur das Instrument, sondern mit dem ganzen Körper zu spielen und zu kommunizieren.[260] Bis heute wird diese Spielweise kontrovers diskutiert, in höchstem Maße bewundert sowie als übertrieben eingeschätzt. Debatten um Körper- und Ausdrucksbewegungen beschäftigen Instrumentalistinnen und Instrumentalpädagogen und bieten Anlass für Kontroversen.[261] Aktuell wird dieses Thema nicht mehr in Verbindung mit ge-

---

256 William Pleeth über du Pré, zitiert nach du Pré 1999, S. 116.

257 Ebd.

258 Vgl. Cusick 1994, „The Mind/Body Problem".

259 Ebd.

260 Vgl. Mercier 2007.

261 Vgl. Mantel 2005; ders. 1987; ders. 1998; ders. 2000.

schlechtsspezifischem Verhalten diskutiert. Jedoch stehen hinter der an der Oberfläche geschlechtsneutral diskutierten Debatte zahlreiche Auffassungen über die Bedeutung von Körperlichkeit, Bewegung und Geschlecht, die aus den Rezensionen des 19. Jahrhunderts sowie den diskutierten Modellen der Geschlechterverschiedenheit bekannt sind. Diese Auffassungen wiederum verbinden sich in den Rezensionen über du Prés Konzerte sowie in aktuellen Debatten mit Sichtweisen, die eine authentische Ernsthaftigkeit von Interpretinnen und Interpreten fordern, unabhängig von den Körperbewegungen. Diesen wird von einer an Bewegungsökonomie orientierten Sichtweise eher eine strategische Funktion in der jeweiligen künstlerischen Inszenierung zugesprochen als dass sie eine unerlässliche Bedeutung bei der Hervorbringung musikalischer Höchstleistung und Ausdrucksvielfalt erhielten, während andere Theorien über das Instrumentalspiel den Einsatz von Körperbewegungen, die über rein funktionale Spielbewegungen hinausgehen, als untrennbaren Teil von Technik und Interpretation betrachten.[262] Es fällt auf, wie sehr gerade du Pré als Stellvertreterin für ein extrem an Bewegung orientiertes Spiel all das, was die Weiblichkeitsbilder des 19. Jahrhunderts von Instrumentalistinnen forderten, ad absurdum führte, indem sie entgegengesetzte Prinzipien ihrem Spiel und ihrer Performance zu eigen machte.

Eine negative Bewertung der von Pleeth angedeuteten Leidenschaftlichkeit sowie eine Transformation des ‚mädchenhaften', ‚unschuldigen', ‚engelshaften' Wesens in eine Frauenfigur, die Ekstase, Wahnsinn und eine aus der jugendlichen Leidenschaft hervorgehende, sexualisierte Körperlichkeit symbolisiert, deuten sich in der Bemerkung an, „sie könne sich von einem Augenblick zum nächsten von einem verschmitzten Landmädchen in eine wahnsinnige Ophelia verwandeln"[263]. Nach Erscheinen des Buchs *Ein Genie in der Familie* und des darauffolgenden Films *Hilary & Jackie* kann man in einer Rezension zum Film lesen: „Das Leben der frühverstorbenen britischen Cello-Virtuosin Jacqueline du Pré verfügt über den Zuschnitt einer klassischen Tragödie."[264] Die Cellistin beginnt nun zur Projektionsfläche für verschiedene Bilder von einer Instrumentalkünstlerin zu werden. Eine Figur der klassischen Tragödie ist sie insofern, als sie die auf sie projizierten emotionalen Facetten für das Publikum erlebbar macht, sie für die Zuhörer und Fans durchlebt und schließlich daran zugrunde geht und stirbt. Dem entspricht das Konzept der Diva bei Bronfen und Straumann.[265]

262 Ebd.

263 *Time Magazine*, zitiert nach du Pré 1999, S. 201.

264 Müller 2014.

265 Bronfen/Straumann 2002.

Während die Diva des 19. und frühen 20. Jahrhunderts die Extremzustände auf der Bühne und im Leben stellvertretend für all diejenigen ‚normalen' Frauen durchlebte, deren Leben sich nach normativen Weiblichkeitsbildern zu richten hatte, hat du Pré als Protagonistin eines neuen Frauenbildes noch eine andere Funktion. Sie inszeniert die neue befreite Frau der 1960er Jahre, die, wie es in der bereits oben zitierten Rezension heißt, „jung, exzentrisch, unangepasst in ihrem Spiel wie in ihrem Lebenswandel"[266] sei. In dieser Beschreibung kommt der Zeitgeist der 68er-Generation zum Ausdruck, sind doch die 1960er Jahre eine Zeit, in der Unangepasstheit und freiheitliches Denken sowie Expansion der Lebenspraxis und des politischen Handelns im Kontext der Frauenbewegung und der Studentenproteste auch für Frauen möglich und erstrebenswert wurden. Das subversive Potential, das in der als radikal erlebten Inszenierung des Bildes von der befreiten Frau durch du Pré gelegen haben muss, ihre Vorbildfunktion und ihre Rolle als Spiegel dessen, was aktuell von den Frauen zum Teil erhofft, zum Teil erkämpft wurde, rief auch Abwehr hervor, stand es doch für eine Destabilisierung der in den 1950er Jahren dominierenden polarisierten Geschlechterordnung. Eine solche Destabilisierung der Geschlechterbilder und Normvorstellungen im Zuge einer „Krise der Moderne"[267] hatte um 1900 zu einer „Radikalisierung und (Re-)Mystifizierung des Geschlechterverhältnisses"[268] geführt, die sich nicht zuletzt in der weiblichen Hysterie und dem Umgang mit diesem Krankheitsbild niederschlug. Die Hysterikerin demonstrierte in ihren Anfällen ein Ausleben aller gegensätzlichen Gefühlszustände in gesteigerter Form. Sie wurde als „Tragödin"[269], aber auch als „Lügnerin"[270] und vor allem als personifizierte weibliche Sexualität wahrgenommen.[271] Im Hysterie-Begriff wird Weiblichkeit zum Krankheitssymptom, konnte doch die Hysterikerin in dieser ungebändigten, expressiven Selbstinszenierung nicht zuletzt aufgrund sozialer Fesseln ihre Kreativität nur in verzerrter Form, nicht aber im Rahmen einer künstlerischen oder intellektuellen Produktivität zum Ausdruck bringen. Nicht selten diente eine Hysterie-Diagnose dazu, eine Frau sozial handlungsunfähig zu machen.[272]

266 Müller 2014.
267 Schössler 2008, S. 37.
268 Ebd.
269 Ebd.
270 Ebd.
271 Ebd.
272 Vgl. King 2002a, S. 73ff.; vgl. Deserno 2013, S. 220.

Es liegt nahe, folgenden Textausschnitt über du Pré mit der Schilderung einer „femme en attaques“[273], einer Hysterikerin, wie sie von Charcot beschrieben wurde, zu assoziieren:

> „Sie konnte keinen Augenblick stillsitzen. Die roten Chiffonwolken ihres bodenlangen Kleides umwehten ihre wilden Cello-Attacken; sie neigte sich vor und ließ den Bogen über die Seiten donnern. Vor Anspannung warf sie den Kopf zurück, und wieder und wieder brach der Klang ihres Cellos mit Urgewalt hervor.“[274]

Du Pré war so erfolgreich und das Bild der befreiten, emanzipierten und selbstbestimmten Frau in der Gesellschaft bereits so präsent, dass eine offensichtliche Diskreditierung dieser Künstlerin schwierig war. In den zitierten Formulierungen verbergen sich aber nur zu offensichtlich Entwertungstendenzen. Neben dem Hysterie-Diskurs klingen auch die Vorstellung von der Naturhaftigkeit der Frau sowie Assoziationen von animalischer, unkontrolliert leidenschaftlicher Weiblichkeit an. Auch in den Spekulationen über du Prés besonders freizügiges Liebesleben spiegeln sich zum einen die sich in der damaligen Zeit durchsetzende sexuelle Befreiung und Freizügigkeit, zum anderen aber auch eine Stilisierung der Cellistin zur femme fatale.[275] In der Person du Prés bündeln sich zwei gegenläufige Tendenzen: die Befreiung der Frau und die Angst vor der Befreiung der Frauen.

Die Vielzahl an Bildern, welche auf die Cellistin Jacqueline du Pré projiziert werden, gleichen fast einer Rückschau auf die Geschichte der Weiblichkeitsentwürfe. Wie durch ein Prisma gebrochen, blitzen Aspekte verschiedenster Weiblichkeitskonzepte auf, um sich mit anderen zu vermischen und zu neuen Bildern zu verbinden. Neben der femme fatale scheint sie auch Aspekte der femme fragile[276] zu erfüllen, nicht zuletzt durch ihre tragische Krankheit und ihren frühen Tod. Bevor die Diagnose der Multiplen Sklerose gestellt wurde, musste du Pré unter der Unklarheit über den Grund ihrer Symptome sehr gelitten haben, Spekulationen in der Presse, sie habe einen „nervous breakdown“[277] erlitten, stilisierten sie als nervöse, überlastete, vielleicht nicht zuletzt hysterische Frau.

„Die Einsamkeit, die aus diesem so feurigen wie singulären Cellospiel mitklingt, gibt der schwermütigen Komposition Untröstlichkeit mit“[278], schreibt Eggebrecht 2007 über du Prés Elgar-Interpretation. Er trifft einen Zustand, in dem sich diese außerordentliche Künstlerin trotz ihres überragenden Erfolgs

---

273 Lamott 2001, S. 73.

274 *New York Times*, Artikel von Harold Schonberg, zitiert nach du Pré 1999, S. 202.

275 Vgl. du Pré 1999, S. 264ff.; vgl. Easton 1989, S. 81.

276 Vgl. Unseld 2009b, S. 517f.

277 Wilson 1999, S. 383f.

278 Eggebrecht 2007, S. 248.

häufig wiedergefunden haben mag: Einsamkeit und untröstliche Befürchtungen. Dabei liegt der Vergleich mit Cristiani und ihrem Schicksal nicht fern.

5.7.4 Jacqueline du Prés Inszenierung zwischen Vereinigung und Überschreitung von Polaritäten

> „Die perfekte Verbindung zwischen wahrer Leidenschaft und unschuldiger Ehrfurcht. Ein geistiger, nicht nur ein körperlicher Akt. Jedes einzelne Stück wurde von ihr zum Leben erweckt. Die Zuhörer hatten Tränen in den Augen."[279]
>
> William Pleeth

Du Pré wird zur Symbolfigur für ein neues befreites Cellospiel von Frauen, ja sogar für das neue Frauenbild von der befreiten, emanzipierten Frau, der alle Chancen offenstehen und die in der Lage ist, all diese Chancen durch Talent und Leistung zu nutzen. Dieses Frauenideal verkörpert du Pré als Künstlerin. Ihrer Künstlerpersönlichkeit und ihrem Spiel wird zugeschrieben, gegensätzliche und zugleich zusammengehörende Eigenschaften und Charakteristika zu vereinen: Unschuld und Erotik, Ernsthaftigkeit und Exaltiertheit, Naivität und Tiefe, farbenreiches, gesungenes Spiel sowie Mut zu Attacke, Kraft und Übertreibung. Sie löst damit, so lassen sich diese Äußerungen interpretieren, die musikalischen Geschlechterpolaritäten auf. Auf der anderen Seite werden aber auch in du Prés Inszenierung polarisierte Bilder wirkmächtig: So ist die leidenschaftliche Ausdrucksweise schon aus den früheren Diven-Inszenierungen von Sängerinnen und Schauspielerinnen, aber auch von Instrumentalistinnen wie Guilhermina Suggia bekannt, auch das „sich [H]ingeben"[280] sowie eine Mystifizierung durch eine „Apotheose im Tod"[281], wie Bronfen und Straumann es ausdrücken. Trotz erotischer Ausstrahlung wurde Jacqueline du Pré nur selten in einem erotisierten Kontext beschrieben, vielmehr idealisierte man sie als Schöne und Unerreichbare, als Engel.[282]

Auch Suggia hatte bereits eine hochexpressive Spielweise kultiviert, in jungen Jahren wurde ihr manchmal vorgeworfen, sie spiele zu „emotional"[283] – ein Hin-

279 William Pleeth über du Pré, zitiert nach du Pré 1999, S. 116.

280 Eggebrecht 2007, S. 245.

281 Bronfen 2002, S. 101.

282 Der Film *Hilary & Jackie* stürzte sich sehr plump auf Details aus du Prés Liebesleben und löste bei einer breiten Öffentlichkeit Entrüstung aus.

283 Mercier 2008, S. 38.

weis darauf, dass du Pré mit ihrer hochemotionalen Spielweise etwas gestattet wurde, was an Suggia in diesem Ausmaß noch kritisiert wurde.

Auch im Hinblick auf die Ehe mit Daniel Barenboim wird eine ähnliche Rezeptionsstruktur der Idealisierung sichtbar, die beiden Musiker galten als „Glamourduo"[284] der Klassikwelt, als ideales Künstlerpaar. Ihre Verbindung basierte auf dem gemeinsamen Musizieren, auf gegenseitiger Inspiration und Unterstützung der künstlerischen Expansion beider Partner.[285] In diesem Sinne sind auch du Pré und Barenboim als Paar im Hinblick auf die Cellistinnen der Vergangenheit singulär. Zumindest für eine Weile gelingt es diesem Künstlerpaar, eine Künstlerehe mit intensiver gemeinsamer Konzert- und Aufnahmetätigkeit auf Weltklasseniveau zu führen. Der Vergleich zu Suggia und Casals liegt nahe, aber auch der zu Clara und Robert Schumann. Die Idee – oder „Illusion" – vom großen Künstlerpaar[286] hat in diesen Beispielen eine Realität und ein Scheitern. Die Künstlerpaar-Modelle vergegenwärtigen sowohl ein transformatorisches Potential als auch die Unerfüllbarkeit der Wünsche nach Verwirklichung der künstlerischen Besonderheit in der Verbundenheit der Paarbeziehung. In formaljuristischer Hinsicht war eine eheliche Verbindung noch bis in die 1970er Jahre zu Ungunsten der sozialen und individuellen Lebenschancen der Frau gestaltet. Heute bleibt im Bild vom idealen Künstlerpaar der Wunsch nach der Auflösung der psychischen und sozialen Geschlechterpolarität manifest.

5.7.5 Die „geborene Cellistin". Eine neue Selbstverständlichkeit

1961 beginnt nach dem Debütkonzert der sechzehnjährigen Cellistin in der Wigmore Hall eine außerordentliche Karriere. Presse und Musikwelt sind begeistert, du Pré wird als „geborene Cellistin"[287] gefeiert. So heißt es in einer Presserezension nach dem Konzert in der Wigmore Hall:

> „Jacqueline was born to play cello. She thoroughly understands its genius, and so instinctive is her reaction to the music that one feels the subtlest ideas of the composer to be embraced. She is in love with the cello. She sways it with her in every work. Her feelings – serious, stern, proud, triumphant – are shown in her movement and in her face. [...] What we saw and heard from this schoolgirlish artist was cello mastery."[288]

284 Eggebrecht 2007, S. 247.

285 Vgl. Tischer 2009.

286 Prokop 1991.

287 Cater, Percy, in: *Daily Mail*, ohne Datum, zitiert nach du Pré 1999, S. 117.

288 Cater, Percy, in: *Daily Mail*, 1. März 1961, zitiert nach Wordsworth 1983, S. 44f.

In diesen Formulierungen klingt eine neue Selbstverständlichkeit an: Dieses Mädchen ist die geborene Cellistin, die Natur hat ihr die Begabung für eben dieses Instrument sozusagen in die Wiege gelegt, für dieses Instrument, das bei ihren Vorgängerinnen noch Stein des Anstoßes darstellte. Eine Naturalisierung des Cellospielens verweist auf eine bereits veränderte Sichtweise auf die Möglichkeitsräume von Frauen und Männern. War das Cello für Cristiani noch ein Vorstoß in eine männliche Domäne gewesen, der eine Grenzüberschreitung, eine Missachtung der von der bürgerlichen Kultur als naturbestimmt verstandenen weiblichen Verhaltensweisen bedeutete, so kann dieser Kritiker du Pré attestieren, sie sei genau für dieses Instrument geboren. Gerade einmal 120 Jahre später scheint das, was für Cristiani naturwidrig war, bei du Pré als naturgegeben.

Hinter dem Naturbegriff und der Formulierung, „für etwas geboren“ zu sein, lauert die Opposition: das Unnatürliche, das Erarbeitete. In diesen Oppositionen spiegeln sich zwei Charakteristika, welche die Inszenierung und Rezeption Cristianis und Suggias prägen.

In Bezug auf Cristiani war die Tätigkeit, Cello zu spielen, das, was als unnatürlich verstanden wurde, das, wofür ‚eine Frau nicht geboren wird‘. Die Art und Weise, wie Cristiani es tat, wurde aber als stimmig, als weniger naturwidrig wahrgenommen als erwartet. Damit rückt das Künstliche oder das performativ Hergestellte in den Vordergrund, die Art und Weise der Performanz lässt scheinbar naturgegebene Grenzen hinfällig werden und bringt den Konstruktcharakter von Geschlechternormen und Verhaltensregeln zum Vorschein. Cristiani konnte also eine Transformation in Bezug auf das Cellospiel von Frauen erreichen, da ihre Kritiker sich überzeugen ließen, die Frage danach, wie sie spielte, der Tatsache, dass sie spielte, überzuordnen. Dabei war die Frage, wie Cristiani spielte, aber nicht an der Musik orientiert, sondern an den Weiblichkeitsbildern der bürgerlichen Kultur. Das Publikum war interessiert an der Performance, weniger an musikalischen Inhalten.

Für Suggia und auch für ihre Rezipienten stand die Kunst als übergeordneter Wert im Mittelpunkt. Zugleich aber lebt diese als absolut gedachte Kunst durch das, was in zahlreichen Kritiken die „starke Persönlichkeit“[289] genannt wurde, durch ihre Bühnenausstrahlung und Interpretation, durch ihre Performance. In ihren eigenen Texten und Äußerungen über Musik bemühte sich Suggia, als Interpretin von Musik, nicht als Selbstdarstellerin gesehen zu werden. Sie selbst distanzierte sich stark von der Rolle der „exotic diva“[290], deren Persönlichkeit die musikalische Aussage eines Stückes in den Hintergrund treten lässt. In der

289 Ebd.

290 Mercier 2008, Preface, S. IX.

Presse und Rezeption hingegen wird sie häufig als eine solche Diva wahrgenommen und beschrieben. Zugleich aber wird ihr eine vollkommene Beherrschung des Instruments zugeschrieben und die Fähigkeit, Gefühle in den Menschen auszulösen. Nur ihr Gesicht bleibe abseits, schrieb ein Kritiker.[291] Bei du Pré dagegen seien alle Gefühle in ihrem Gesicht zu sehen: „Her feelings – serious, stern, proud, triumphant – are shown in her movements and her face."[292] Hier zeigen sich Spuren von Ästhetikdiskursen über weibliche Schönheit aus dem 19. Jahrhundert, die bei Frauen insbesondere eine starke Mimik als ein Verzerren des Gesichtes kritisierten, was als unweiblich empfunden wurde.[293] In den 1960er Jahren wird eine neue Expressivität modern; im Zuge einer Befreiung von Tabus und festgelegten Rollenzuweisungen, aber auch im Zuge der Popularisierung des Kino- und Fernsehkonsums sollen Gefühle nicht nur gefühlt, sondern auch gelebt und gezeigt werden. Besonders Frauen wird eine geradezu übertriebene Emotionalität zugestanden, die neben der neuen Freiheit, die diese symbolisiert, auch Anleihen bei früheren Weiblichkeitsbildern wie denen der empfindsamen Frau, der Diva und der Hysterikerin macht.

In ihrer Bühnenerscheinung ist du Pré vielleicht die erste Cellistin, die mit langen, offenen Haaren auftritt. Dies ist Teil ihrer persönlichen Inszenierung, aber auch Resultat der Mode: So ist zu beobachten, dass zu der Performance von Cellistinnen und anderen Bühnenkünstlerinnen zwar bis zu einem gewissen Grad individuelle Bühnenoutfits gehören, diese aber doch sehr stark an der Mode der jeweiligen Zeit orientiert sind. So kann man sehen, dass auch Suggia und Cristiani Frisur und Kleidung nach der Mode der Zeit trugen. Fast ohne Make-up, mädchenhaft und doch kraftvoll und extrovertiert, erscheint Jacqueline du Pré auf Fotos und in Videos von Konzerten als eine Art Naturwesen, symbolisiert eine erotische und zugleich unantastbare Körperlichkeit, die aus ihrer sehr individuellen Performanz und dem sich in der Gesellschaft gerade durchsetzenden neuen Frauenbild resultiert, das Natürlichkeit mit körperlicher und sexueller Freiheit in Verbindung brachte.

5.7.6 Expressivität und Kontrolle

Jacqueline du Pré formulierte ihre Vorstellung von einer herausragenden musikalischen Darbietung, der es gelinge, durch ein breites Spektrum von in Musik

291 Gwynn 1927.
292 Cater, Percy, in: Daily Mail, zitiert nach Easton 2000, S. 55.
293 Vgl. Hoffmann 1991, S. 51.

ausgedrückten Emotionen das Publikum zu berühren: „A genius is one who, with an innate capacity, affects for good or evil the life of others."[294]

Es zeigt sich, dass die Interpretin genau darüber nachdachte, wie sie die emotionalen Anforderungen des Werks in gespielte Musik, in Technik und interpretatorische Details umzusetzen hatte, hier in einer Äußerung über das Elgar-Konzert:

> „I don't actually know why I've been linked so much with the Elgar, unless it's because of its English element. I loved playing it. There is a passage at the end of the concerto which has always meant a great deal to me. It's very inward, very intense, very passionate and flamboyant and at the same time very soft, all of which sounds like a contradiction in terms. It's difficult to play in the sense that one has to be well aware of the kind of sound one is making and know exactly how one wants to achieve this."[295]

Die Verbindung von Jacqueline du Pré und dem Elgar-Konzert ist bis heute in Rezeption und musikgeschichtlichem Gedächtnis präsent. Erst im zweiten Schritt erinnert man sich an die Cellistin, die das Konzert 1928 unter der Leitung von Edward Elgar mit dem New Symphony Orchestra auf Schallplatte aufnahm: Beatrice Harrison.[296]

Expressivität wird in Bezug auf du Pré geradezu als Superlativ verwendet, häufig auch mit Formulierungen, die an Kontrollaufgabe denken lassen. Ihr Lehrer Pleeth bezeichnete sie als „leidenschaftlich und temperamentvoll"[297]; Eggebrecht nennt die Cellistin „Königin der Exaltation"[298].

> „Sich ausspielen, sich hingeben, sich verströmen und erschöpfen im Musizieren, all das sind Charakteristika dieser Musikerin."[299]

Es besteht zwischen der Expressivität Suggias und der von du Pré ein auf diskursiver Ebene entscheidender Unterschied. Suggia scheint, so kann man Rezensionen und ihre eigenen Äußerungen interpretieren, für einen Interpretentypus zu stehen, der die Kontrolle nicht aufgibt, höchstens als Teil der Inszenierung. Sie vertritt damit eine Art kontrollierte Expressivität, in der im Sinne der polarisierten Geschlechterbilder das Expressive als weibliches Element, als das Unbe-

---

294 *Extracts from Jacqueline du Prés Notebooks*, zitiert nach Wordsworth 1983, S. 135f., hier S. 136.

295 Du Pré 1983, S. 131.

296 Edward Elgar: Violoncellokonzert e-Moll op. 85, 1. Satz, Beatrice Harrison, Cello, New Symphony Orchestra und Edward Elgar, Dirigent, aufgenommen 1928 in der Kingsway Hall, London: https://www.youtube.com/watch?v=cu7WQPH6qSA&list=PL514B4F012F64138C&index=1, letzter Zugang am 28. Januar 2014.

297 William Pleeth, zitiert nach du Pré 1999; vgl. Kliegel 2008.

298 Eggebrecht 2007, S. 248.

299 Ebd., S. 245.

zähmbare, das Kontrollierte dagegen als männliches Element geistvoller Genialität verstanden werden kann. Im Rahmen dieser Polarisierung muss es für eine Cellistin als Frau besonders wichtig gewesen sein, Kontrolle über die Expressivität zu bewahren. Dies wird Suggia retrospektiv von ihrem Duopartner Moore vorgeworfen. Moore koppelt seine Abwertung gleich an eine paradoxe Schlussfolgerung: Ihr Spiel wirke „überzeugend tief und leidenschaftlich“, obwohl es „berechnet“ und „korrekt“ und trotzdem „undifferenziert“ sei.[300] Aus der Retrospektive wird Suggia für beides kritisiert, ihre Kontrolle, die ‚echte‘ Leidenschaft verhindere, sowie ihre Unkontrolliertheit, die Undifferenziertheit zur Folge habe. Elizabeth Wilson schreibt in ihrer Biographie über Jacqueline du Pré:

> „She played with such a sunny radiance, yet there was no apparent trace of work or discipline behind what she did, rather a massive input of joy and energy.“[301]

Hier wird deutlich, dass du Pré für einen veränderten „Möglichkeitsraum“[302] innerhalb der Interpretationsfreiheit spezifisch für Frauen steht. Sie dürfen ungebremst, leidenschaftlich, unkontrolliert und genial spielen – oder zumindest so wirken.[303] Eine Einschränkung besteht und erinnert an die Gleichsetzung von Weiblichkeit und Natur sowie die Diskreditierung von Frauen als Schauspielerinnen und Lügnerinnen:[304] Leidenschaft und Gefühle müssen ‚echt‘ sein und es darf keine „Arbeit oder Disziplin“ dahinter erkennbar sein – eine unsinnige Anforderung, wenn man den mühsamen Prozess der künstlerischen Instrumentalausbildung auf Spitzenniveau in den Blick nimmt. Du Pré muss auch sehr genau gewusst haben, was sie auf der Bühne tat – der Eindruck, den sie erweckte, war jedoch der der absoluten Kontrollaufgabe. Als ob die Krankheit Teil einer Inszenierung gewesen sei, spiegelt sich auch darin eine letzte, tragische Steigerung dieser unlösbaren Forderung an die junge Künstlerin: Beendete die Multiple Sklerose doch letztendlich du Prés Laufbahn als Musikerin durch den Kontrollverlust über Nerven und Muskeln.

Du Pré, Cristiani und Suggia scheinen sich alle auf unterschiedliche Art und Weise genau bewusst gewesen zu sein, was sie technisch und musikalisch auf der Bühne taten. An allen drei Frauen sind unterschiedliche, aber auch ähnliche Inszenierungsstrategien festzustellen, welche sich insbesondere in der Darstellung von Gefühlen, Interpretation sowie Körperlichkeit ablesen lassen. Diese Inszenierungen sind Spiegelungen, performative Wiederholungen und Verschiebungen von Weiblichkeitsbildern der jeweiligen Zeit. Dabei spielen auch Rück-

---

300 Aussage des Pianisten Gerald Moore, zitiert nach Eggebrecht 2007, S. 96.

301 Wilson 1999, S. 184.

302 Vgl. King 2002a, S. 128ff.

303 Vgl. Deserno 2008.

304 Vgl. Schössler 2008, S. 39.

griffe auf Weiblichkeitsbilder aus älteren Kontexten eine Rolle, die unbegriffen Eingang in die Inszenierung finden, im Sinne einer Verschiebung oder Parodie, um mit Judith Butlers Begriffen zu sprechen, die wirksam werden, transformatorisches Potential freigeben, aber auch verhindern können.

Jacqueline du Pré wird zur Symbolfigur für einen entscheidenden Transformationsprozess hinsichtlich des Cellospiels von Frauen, weil sie zum einen ein neues Bild von einer Cellistin erschafft und performativ immer wieder ins Leben ruft; zum anderen, weil sie alte Weiblichkeitsbilder, in Form von Verschiebung, in ihre Inszenierung aufnimmt. Sie wird zur Projektionsfläche für ein sehr breites Spektrum von Weiblichkeitsbildern, so finden sich Anklänge an die Empfindsamkeit, die Hysterie, die Diva, die femme fatale und die femme fragile, die Verbindung von Weiblichkeit und Tod, das Konzept der unschuldigen Kindfrau, des übernatürlichen Wesens in Gestalt des Engels. Durch diese Integration verschiedenster Weiblichkeitsbilder aus der Vergangenheit werden diese ihrem Kontext entrissen, im Sinne Butlers verschoben, wieder und neu inszeniert und verlieren somit ihre vormalige Rigidität. Sie werden zu schillernden Aspekten in der Person einer Künstlerin, die ihr Publikum berührt und begeistert, und verlieren dadurch ihre Widersprüchlichkeit. Du Pré hat damit nicht nur eine Transformation in Bezug auf das Cellospiel angestoßen und geradezu verkörpert, sondern auch eine Veränderung der ästhetischen Wahrnehmung von Instrumentalkunst auf der Bühne, für das Cellospiel von Männern und Frauen im Allgemeinen. Vielleicht konnte gerade sie, als ‚befreite Frau' der 1970er Jahre, diese extreme Expressivität wagen, mehr noch, als es Männern in dieser Zeit möglich gewesen wäre. Vielleicht bedeutete für die Person, die junge Frau, die Cellistin Jacqueline du Pré diese überbordende Expressivität eine vergleichbar große, entscheidende und folgenreiche Grenzüberschreitung, wie es die Sibirienreise für Lise Cristiani gewesen war?

Es ist denkbar, dass mit und durch Jacqueline du Pré gerade diese Grenzüberschreitung zur idealisierten Normalität, zu der Form von Interpretation wurde, die heute als anstrebenswert angesehen wird: eine Verbindung von instrumentaltechnischer Kontrolle, interpretatorischer Bewusstheit mit einer in die Extreme gehenden Expressivität.

Jacqueline du Pré war Diva und Engel, femme fatale und femme fragile, Königin und Alice im Wunderland zugleich. Vielleicht musste sie sterben, um als einzige Cellistin einen herausragenden Platz am Cello-Himmel zugestanden zu bekommen? Man erinnere sich, dass viele der Cellistinnen in der Vergangenheit starben, bevor ihre Karrieren zum Höhepunkt gelangten und sie ihre Kunst vollständig verwirklichen konnten: real, wie Cristiani und Platteau, oder durch Verzicht auf ihre Kunst, wie Szuk, de Try, Kull. Mukle, Harrison, Suggia, Caponsacchi und einige weitere Cellistinnen verfolgten selbstbewusste Karrieren, die durchaus eine Komponente von Selbstfürsorge enthielten. Es stellt sich die Frage, ob nur diejenigen einen Platz im Cello-Himmel erhalten, deren Geschichte von „Genie und Martyrium"[305] erzählt, wie Victoire Barbier es ausdrückte, ob sie sterben müssen, damit man sich an sie erinnert.[306] Bleibt der Tod die „Apotheose der Diva"[307], ist dies eine spezifische Frauenrolle, oder gilt dies vielleicht vergleichbar auch für Männer? Ist der neue Künstlertypus, welcher die zweite Hälfte des 20. Jahrhunderts prägt, inspiriert gerade von den Grenzgängerinnen der Interpretengeschichte, von einem Wesen, dass weibliche und männliche Verhaltensspielräume für sich beansprucht, daran zugrunde gehen mag und damit unsterblich wird?

5.8 Perspektiven: Cellistinnen des 20. und 21. Jahrhunderts

Im 20. Jahrhundert gibt es zahlreiche Cellistinnen, die als Zeitgenossinnen und zugleich Nachfolgerinnen Jacqueline du Prés, als Preisträgerinnen großer Wettbewerbe, als Solistinnen und Kammermusikerinnen erfolgreich sind und Professuren bekleiden, auch an deutschen Musikhochschulen, so Natalia Gutman (* 1942), Karine Georgian, Natalia Shakovskaja, Esther Nyffenegger (* 1941), Xenia Jankovic (* 1958), Christine Walevska (* 1945) und Maria Kliegel (* 1952). Dieses Kapitel kann das Spektrum nur andeuten, erhebt weder Anspruch auf Vollständigkeit noch soll durch die Auswahl irgendeine Form der Bewertung suggeriert werden, sondern es soll als Anregung zum Weiterforschen gelesen werden.[308] Eine ausführliche Porträtierung bedeutender Cellistinnen der Gegenwart sprengt den thematischen Rahmen dieser Arbeit. Trotzdem ist es für die hier vorgelegte Transformationsthese interessant, einen Blick auf die vielfältigen Leistungen einiger Cellistinnen der Gegenwart zu werfen.

Maria Kliegel[309] wurde bereits mit 25 Jahren Professorin an der Folkwang-Musikhochschule in Essen. Ihre internationale Karriere expandierte, nachdem sie 1981 den Grand Prix des Concours Rostropovitsch in Paris gewann sowie zuvor den amerikanischen Hochschulwettbewerb in Chicago, den Deutschen

305 Barbier, V. 1880, S. 37, Abschrift aus der Sammlung Barbier / de Meyenbourg.

306 Vgl. Unseld 2001.

307 Bronfen 2002, S. 101.

308 Der Autorin ist bewusst, dass eine Auflistung von Namen im Sinne von Gender Mainstreaming und einem separatistischen Forschungsansatz für die Dokumentation sinnvoll ist, aber dass durch notwendige Auslassungen, um nicht den Rahmen dieser Arbeit zu sprengen, der Eindruck einer Wertung entstehen könnte. Dies ist nicht beabsichtigt. Siehe zu diesen Forschungsanforderungen Kap. 1.6 und 3.4.2.

309 Abb. 15.

Musikwettbewerb in Bonn und den Aldo-Parisot-Wettbewerb in Brasilien. Sie studierte u.a. bei János Starker (1924–2013) an der Indiana University Bloomington, wurde dessen Assistentin und begann eine intensive künstlerische Zusammenarbeit mit Mstislav Rostropovitsch (1927–2007), der sie als „die beste Cellistin, die er seit Jacqueline du Pré gehört habe“[310], bezeichnete. Durch diese viel zitierte Äußerung wurde sie häufig als direkte Nachfolgerin Jacqueline du Prés wahrgenommen. Mit ihren CD-Verkäufen liegt Maria Kliegel in der Celloliteratur weltweit auf Platz eins. Seit 1986 ist sie Professorin an der Hochschule für Musik und Tanz Köln. Für ihr besonderes Engagement auf dem Gebiet musikalischer Ausbildung sowie für die Unterstützung gemeinnütziger Projekte erhielt die Cellistin den Verdienstorden des Landes Nordrhein-Westfalen. Kliegel wird als Jurorin zu vielen internationalen Wettbewerben eingeladen und spielte lange Zeit das Stradivari-Cello, das zuvor Maurice Gendron (1920–1990) gehörte.[311] Die Cellistin, die den Beinamen La Cellissima erhielt, veröffentlichte 2006 ein Buch mit DVD: *Mit Technik und Fantasie zum künstlerischen Ausdruck* in der Reihe Schott Masterclass.[312] An der Hochschule für Musik und Tanz wird in ihrem Namen der Cellowettbewerb Concorso La Cellissima[313] durchgeführt. Außerdem entwickelte die Cellistin ein Cellogriffbrett für ein Training der linken Hand ohne Instrument.[314] Maria Kliegel ist in vieler Hinsicht eine Pionierin in einer Geschichte der Cellistinnen:[315] Sie ist die erste deutsche Cellistin mit einer solch umfassenden künstlerischen wie akademischen Karriere, die erste Cellistin mit einer nahezu das gesamte Cellorepertoire abdeckenden Diskographie sowie die erste Cellosolistin, die ein umfassendes instrumentalwissenschaftliches Werk veröffentlichte.

Anja Thauer (1945–1973) begann in den 1960er und 70er Jahren eine vielversprechende und steile Solistinnenkarriere. 1973 nahm sich die junge Cellistin das Leben. Auch sie wurde aufgrund ihres temperamentvollen und extrem expressiven Spiels häufig mit Jacqueline du Pré verglichen. 2012 wurden ihre Schallplattenaufnahmen, u.a. die Konzerte von Schumann, Dvořák und d'Albert, auf CD wiederveröffentlicht.[316] Mari Fujiwara wurde 1949 in Osaka geboren und ist die erste japanische Frau, die eine internationale Karriere machte, 1978

310 Deserno 2008, S. 35.

311 Siehe www.la-cellissima.com, letzter Zugang am 25. August 2016.

312 Kliegel 2006.

313 www.la-cellissima.com/seiten/de/concorso.html, letzter Zugang am 25. August 2016.

314 www.arc-verona.de/Instrumente/Violoncello/Cellofino/Cellofino.html, letzter Zugang am 25. August 2016.

315 Vgl. Deserno 2008.

316 http://www.hastedt-musikedition.de/interpret/thauer.html, letzter Zugang am 3. Mai 2014; vgl. Artikel von Vera Salm über Anja Thauer, in: *Das Orchester* 05/2012, S. 76.

gewann sie einen 2. Preis im Internationalen Cello-Wettbewerb in Moskau. Ihr folgte die etwas jüngere Nobuko Yamazaki (* 1953). Die erste koreanische Cellistin, die international erfolgreich wurde, ist Myung-Wha Chung (* 1944).[317]

Louise Hopkins (* 1968) und Amanda Truelove (* 1961), Phyllis Luckman, Susanne Müller-Hornbach, Susan Rybicki-Varga und Bonnie Hampton[318] haben sich neben Konzerttätigkeit insbesondere durch ihre Unterrichtstätigkeit hervorgetan. Müller-Hornbach ist Professorin an der Hochschule für Musik und Tanz Köln/Wuppertal, Rybicki-Varga unterrichtet am Conservatoire in Lausanne, Hopkins unterrichtet am Royal College of Music der University of London und war Schülerin von Amaryllis Fleming. Hampton und Luckman waren Schülerinnen von Margaret Rowell. Luckman publizierte die Ergebnisse ihrer Unterrichtstätigkeit in einem Handbuch über das Cellospiel.[319]

Die Frage, ob das Cello ein Instrument für Frauen sei oder ob diese es genauso erfolgreich spielen können wie Männer, steht heute nicht mehr zur Diskussion. Sol Gabetta (* 1981), Alisa Weilerstein (* 1982), Han-Na Chang (* 1982), Marie-Elisabeth Hecker (* 1987) sind etablierte Solistinnen; Wendy Warner, Natalie Clein (* 1977), Tatjana Vassilieva (* 1977), Jing Zhao (* 1978), Quirine Viersen, Anne Gastinel (* 1971), Sonia Wieder-Atherton (* 1961), Anja Lechner, Monica Leskovar (* 1981), Inbal Segev, Tanja Tetzlaff, Sennu Laine, Rachel Mercer, Kaori Yamagami, Sophie Shao, Christine Rauh, Elizaveta Sushchenko, Nina Kotova und Constanze von Gutzeit sind Preisträgerinnen entscheidender Wettbewerbe und auf internationalen Konzertpodien zu hören und Preisträgerinnen entscheidender Wettbewerbe. Elena Cheah lehrt neben ihrer vielfältigen Konzerttätigkeit als Professorin an der Musikhochschule Freiburg und war Solocellistin der Staatskapelle Berlin. Ihr Buch „Die Kraft der Musik: Das West-Eastern Divan Orchestra" erschien 2009.[320] Ophélie Gaillard (* 1974) ist Preisträgerin des Internationalen Johann-Sebastian-Bach-Wettbewerbs und Professorin an der Haute École de Musique Genève-Neuchâtel. Annemarie Dengler Speermann (* 1943) unterrichtete an den Hochschulen in Karlsruhe und Würzburg und war Cellistin des Bartholdy-Quartetts, das u.a. mit dem Deutschen Schallplattenpreis ausgezeichnet wurde. Zu nennen ist auch die vor wenigen Jahren mit nur 45 Jahren verstorbene Luxemburgerin Françoise Groben (1965–2011), die 1990 Preisträgerin des Tschaikovsky-Wettbewerbs in Moskau

317 http://www.busanmusicfestival.com/2007/eng/sub2-3.htm, letzter Zugang am 1. April 2014.

318 http://www.juilliard.edu/journal/bonnie-hampton?destination=node/13208, letzter Zugang am 2. Mai 2014.

319 Luckman 1998. Dank an Peter Mengel, der bei Phyllis Luckman studiert hat, für diesen Hinweis.

320 http://elenacheah.com, letzter Zugang 1.12. 2017.

war.[321] In Erinnerung an sie und ihre Schwester, die Geigerin Anne Groben, wurde 2011 der Wettbewerb „Prix Anne et Françoise Groben“[322] ins Leben gerufen.

Man könnte die Liste noch erweitern, so um die jüngere Generation, mit Künstlerinnen wie beispielsweise Camille Thomas (* 1988), Estelle Revaz (* 1989), Nadège Rochat (* 1991), Harriet Krijgh (* 1991), Ella van Poucke (* 1994), Anastasia Kobenikova (* 1994), Hayoung Choi (* 1998).

In deutschen Orchestern sind mittlerweile in den Cellogruppen Frauen und Männer oft in ausgewogenem Verhältnis zu finden, nicht selten sind in den Spitzenorchestern die Solostellen von Männern besetzt (z. B. Berliner Philharmoniker). Anita Mercier spricht in ihrem Artikel von 2004 in Bezug auf Cellistinnen in amerikanischen Orchestern noch von dem Phänomen „glass ceiling“[323], welches in zahlreichen Bereichen der Gesellschaft Frauen in Führungspositionen betrifft. Sennu Laine ist erste Solocellistin der Staatskapelle Berlin und Preisträgerin des ARD-Wettbewerbs.[324] Ulrike Schäfer ist Solocellistin des Gürzenich-Orchesters Köln und ebenfalls Preisträgerin des ARD-Wettbewerbs.[325] Dagmar Spengler ist Solocellistin der Staatskapelle Weimar.[326] Bei den Wiener Philharmonikern spielt mittlerweile die Cellistin Ursula Wex[327]; die Berliner nahmen die erste Cellistin, Solène Kermarrec, 2006 auf,[328] 2009 kam Rachel Helleur-Simckock dazu, die zuvor Solocellistin der Deutschen Oper Berlin war.[329]

---

321 *Luxemburger Wort* online, Artikel vom 17. September 2016, http://www.wort.lu/de/kultur/cellistin-francoise-groben-1965-2011-4f61bd10e4b0860580aa228c, letzter Zugang am 17. September 2016.

322 http://www.ocl.lu/PAGE_PRIX_ANNE_FRANCOISE_GROBEN.php?lang=FR, letzter Zugang am 17. September 2016.

323 Vgl. Mercier 2004. Detailliertere Betrachtungen zu diesem Thema stehen außerhalb der Fragestellung dieser Arbeit.

324 http://sennulaine.com/Biography/, letzter Zugang 18.10.2017.

325 http://www.guerzenich-orchester.de/mitglieder/ulrike-schaefer/58/, letzter Zugang 18.10.2017.

326 http://www.dohr.de/autor/spengler.htm, letzter Zugang am 4. Mai 2014.

327 http://www.wienerphilharmoniker.at/mitglied/personid/1014, letzter Zugang am 22. Januar 2014.

328 http://www.berliner-philharmoniker.de/berliner-philharmoniker/das-orchester/musiker/musiker/solene-kermarrec/, letzter Zugang am 22. Januar 2014; „Sie spielt Cello mit elf Männern: Solène Kermarrec gehört jetzt zu den Berliner Philharmonikern“ (Hanssen 2009).

329 https://www.berliner-philharmoniker.de/orchester/musiker/rachel-helleur-simcock/, letzter Zugang 18.12.2017.

6. Zusammenfassung, Diskussion und Ausblick für die instrumentalpädagogische Unterrichtspraxis

Am Schluss dieser Arbeit soll anhand einiger zentraler Thesen ein Ausblick für die musik- und instrumentalpädagogische Praxis stehen. Die Erkenntnisse dieser Untersuchung, so wird im Folgenden argumentiert, können für die instrumentalpädagogische Forschung und Praxis fruchtbar gemacht werden. Zentral sind dabei die in dieser Arbeit entwickelten und untersuchten Begriffe und Konzepte der Transformation von (Geschlechter-)Bildern durch performative Prozesse, welche Affirmation und Grenzüberschreitung, Maskerade, Parodie, Subversion und Verschiebung beinhalten, wobei die Terminologie Judith Butlers verwendet wurde.[1]

Die Dekonstruktion von Bildern, Stereotypen und Diskursen anhand der Rezeption und der Inszenierungen von Cellistinnen legte den Blick frei auf einen komplexen und beeindruckenden Transformationsprozess und zugleich auf die Macht diskursiver Formationen, welche die Musikhistoriographie und damit die Perspektive auf Künstlerinnen und Künstler und deren Leistungen prägen. In dieser Arbeit wurde gezeigt, dass die Rezeption und Inszenierungen von Cellistinnen, seit die erste Konzertcellistin, Lise Cristiani, Mitte des 19. Jahrhunderts an die Öffentlichkeit trat, bis heute mehrere Transformationsprozesse durchlaufen haben. Die Wahrnehmung der Künstlerinnen sowie auch ihre Selbstpräsentation werden von diskursiven Formationen und kulturellen Bildern geprägt und gehen aus diesen als performative Imitationen[2] hervor. Weiblichkeitsbilder und Geschlechterstereotype waren und sind für die Inszenierungen sowie die Wahrnehmung der Künstlerinnen durch Kritik und Publikum prägend, wie in dieser Arbeit gezeigt werden konnte. Weiblichkeit und Geschlechtsidentität wurden im Sinne Judith Butlers als performativ verstanden. Dic Performances von Cellistinnen auf der Bühne wurden fast immer in Bezug auf ihre Geschlechtszugehörigkeit und die daraus resultierenden Vorstellungen und Erwartungen wahrgenommen und bewertet. Dabei wurde deutlich, dass die Instrumentalkünstlerinnen in ihrer Performance nicht nur Weiblichkeitsbilder der jeweiligen Zeit und Kultur spiegelten, wiederholten und sich konform mit diesen Bildern präsentierten, sondern dass sie zur Überschreitung und Veränderung dieser Bilder beitrugen. Es konnte gezeigt werden, dass gerade die Konzertbühne ein geeigneter Raum ist, um Inszenierungen von Geschlechterbildern, die sich zwi-

---

1 Siehe Kap. 1.5.3.

2 Vgl. Butler 1991, S. 202f.

schen Performativität und Performance[3] bewegen, zu beobachten. In Rezensionen, Artikeln, Reiseberichten und anderen Texten über Cellistinnen wurden Diskurse über Weiblichkeit, die auf das Cellospiel von Frauen übertragen wurden, als wirkmächtig nachgewiesen. Es konnte festgestellt werden, dass diese sich einerseits in stereotyper Form wiederholten und sich andererseits veränderten und Bedeutungsverschiebungen erfuhren. Diese Transformationen entstanden zum einen im Sinne von Butlers Konzept der Verschiebung[4] durch die (Re-)Inszenierung von stereotypen Weiblichkeitsbildern. Ein prägnantes Beispiel dafür ist Lise Cristianis ‚damenhaftes' Auftreten in einem neuen Kontext, auf der Bühne des öffentlichen Konzerts. Cristiani fand einen Kompromiss, der in der Formulierung ‚weibliche Spielweise' zu fassen wäre. Sie machte eine erfolgreiche, geradezu atemberaubende Karriere als Cellistin, integrierte in ihre Spielweise und ihr Verhalten aber die Weiblichkeitsbilder und Verhaltensanforderungen der bürgerlichen Kultur: So spielte sie zart, leise, dezent, kleidete und verhielt sich damenhaft im Sinne der bürgerlichen Moralvorstellungen. Ihre Handlungen aber waren das Gegenteil von dem, was die bürgerliche Kultur als weiblichen Lebensentwurf konzipierte: Sie konzertierte in ganz Europa, spielte ein bis dahin als männlich verstandenes Instrument und reiste schließlich nach Sibirien bis zur Halbinsel Kamtschatka sowie in die Kriegsgebiete im Kaukasus. Als Cellistin und als reisende Frau überschritt sie alle Grenzen, die den weiblichen Lebensentwurf im 19. Jahrhundert absteckten. Durch ihre Grenzüberschreitung brachte Cristiani die stereotypen Weiblichkeitskonzepte „in Verwirrung"[5], um Butlers Worte aufzugreifen, und es gelang ihr zum ersten Mal in der Musikgeschichte, das Bild einer Konzertcellistin hervorzubringen und zu etablieren.

Guilhermina Suggia kann als Symbolfigur für eine neue Generation von Cellistinnen gesehen werden; sie stand mit Pablo Casals zu Beginn des 20. Jahrhunderts für einen neuen Typus des Violoncello-Solisten, der sich als Interpret von Musik verstand, höchste Ansprüche an instrumentale Technik hatte und diese wiederum in den Dienst der Interpretation stellte. Suggia gelang es, sich als Frau unter vorwiegend männlichen Cellisten an der Weltspitze zu positionieren. Als erste Cellistin in der Musikgeschichte publizierte sie instrumentalwissenschaftliche Texte, in welchen sie sich als Interpretin, Solistin und reflektierte Autorin präsentierte.[6] Obwohl Suggia und Casals zu Lebzeiten als die zwei bedeutendsten Cellisten ihrer Generation bezeichnet wurden, fällt auf, wie vergleichsweise

3 Vgl. Dies. 1997, S. 321, siehe Kap. 1.4.1.
4 Dies. 1991, S. 61.
5 Ebd., S. 218.
6 Siehe Kap. 4.4.

schnell die Erinnerung an diese Künstlerin nach ihrem Tod nachließ und wie wenig Platz ihr – angesichts ihrer herausragenden künstlerischen Leistungen – in der Musikhistoriographie zugesprochen wird. Es wurde gezeigt, dass dafür zum einen Mechanismen von geschlechtsspezifischem Erinnern, welches Leistungen und Lebensgeschichten von Frauen als weniger historiographiewürdig erachtet, sowie zum anderen Entwertungsdiskurse verantwortlich sind. Letztere schmälerten insbesondere in der Retrospektive ab den 1950er Jahren die Leistung der Cellistin, indem sie auf Weiblichkeits- und Geschlechterbilder zurückgriffen, welche die Cellistin zu Lebzeiten bereits mit Erfolg überschritten hatte.

Im dritten Teil dieser Arbeit wurden einzelne Parameter und Konstellationen der Transformationsprozesse von Weiblichkeitsbildern in der „Geschichte der Cellistinnen"[7] herausgestellt: für Cellistinnen komponierte Musik, Cellistinnen in ihren fördernden Beziehungskontexten, Väter, Lehrpersonen, Frauenensembles. Historisch wurde das Erscheinen von Cellistinnen mit den Phasen der Frauenbewegung in Verbindung gebracht. Jacqueline du Pré wird damit zur Repräsentantin einer neuen Ära, in der das Cello endgültig kein Männerinstrument mehr sein sollte. Zugleich konnten auch in der Rezeption dieser Cellistin Diskurse abgelesen, Bilder (wieder)erkannt und als solche dekonstruiert werden, die aus dem 19. Jahrhundert und den Äußerungen über die Cellistinnen vor Jacqueline du Pré bekannt waren.

Transformation wurde als Veränderung verstanden, als Übergang und Prozess. Die Entwicklung, die das Cello von einem Männerinstrument hin zu einem von Männern wie Frauen gleichermaßen gespielten Instrument durchlaufen hat, kann im Sinne politischer Emanzipation von Frauen als positiv bewertet und sogar als abgeschlossen betrachtet werden, was allerdings in weiteren Studien noch zu untersuchen wäre. Heute gibt es viele erfolgreiche Cello-Solistinnen, das Instrument hat seinen Ruf eines Männerinstruments spätestens seit der spektakulären Karriere von Jacqueline du Pré abgelegt.

Es wurde dennoch gezeigt, dass Transformation nicht als geradliniger Fortschrittsprozess verstanden werden kann. Die (Selbst-)Inszenierungen aller Künstlerinnen konnten mit Judith Butlers Konzepten der performativen Geschlechtsidentität und von Strategien der Performanz im Sinne von Affirmation, Verschiebung, Maskerade und Subversion erfasst und neu verstanden werden. Mit Butler wurde davon ausgegangen, dass die Bilder, an denen sich die performativen Wiederholungen orientieren, keine Originale, sondern Ideale bzw. idealisierte Normvorstellungen sind.[8] Bei der dekonstruktivistischen Analyse dieser Bilder konnte festgestellt werden, dass diese sich in Schlüsselwörtern und -for-

7 Deserno 2008.

8 Vgl. Butler 1991, S. 203, 207.

mulierungen wiederholen und reproduzieren und so in unterschiedliche historische und gesellschaftliche Kontexte verschoben werden können. Dabei entstanden Idealisierungs- sowie Entwertungsdiskurse, welche die nachträgliche Rezeption von Cellistinnen aus der Vergangenheit insofern beeinträchtigten, als sie keinen angemessenen Platz in der Musikhistoriographie erhielten. Als Beispiel hierfür sei noch einmal die ‚weibliche' Spielweise Cristianis genannt, die in der Retrospektive häufig als Resultat von mangelndem Können, nicht aber innerhalb des historischen Kontextes betrachtet wurde und so zur Entwertung der Cellistin als nicht historiographiewürdige Figur beitrug.[9] Im Fall von Suggia wurden Entwertungsdiskurse häufig am Bild der Diva, einer exotisierenden Sichtweise auf die portugiesische Cellistin als ‚südländische' Frau sowie an ihrer Rolle als Lebensgefährtin von Casals festgemacht.[10]

Die Erinnerung an Cellistinnen aus der Vergangenheit zerfällt in der Musikhistoriographie zu einer Sammlung von Einzelgeschichten, es entsteht keineswegs eine weibliche ‚Ahnenlinie' oder der Eindruck einer „Herstory". Vielmehr bleiben die Cellistinnen, wenn sie im kulturellen Gedächtnis präsent blieben, Ausnahmeerscheinungen, Einzelgestalten in einer männlich geprägten „History".[11] Frauenbiographien wurden und werden an sich weniger erinnert, unabhängig von ihrer Bedeutung für den Bereich, in dem die Frauen tätig sind, so Inge Stephan.[12] Des Weiteren wurden herausragende Frauen nur unter bestimmten Bedingungen und als Ausnahmephänomene im kulturellen Gedächtnis bewahrt. Diese Bedingungen sind Wendepunkte in der Entwicklung der Frauenemanzipation: So konnte in dieser Arbeit gezeigt werden, dass sich mit den verschiedenen Phasen der Frauenbewegungen auch die Chancen für Cellistinnen, wie sie wahrgenommen werden, veränderten. Andererseits spielen bei der Erinnerung die Verknüpfungen einer weiblichen mit einer männlichen Erfolgsbiographie sowie mediale Werbestrategien eine Rolle; nicht selten wurde Guilhermina Suggia vor allem im Zusammenhang mit Casals und mit dem Gemälde von Augustus John erinnert. Ein weiterer Punkt sind nationale ‚Erinnerungsinteressen', die dazu führen, dass beispielsweise Rosa Szuk vor allem als ungarische Cellistin,[13] May Mukle insbesondere in Großbritannien und Suggia besonders in Portugal gewürdigt werden.[14]

9 Siehe Kap. 3, Lise Cristiani.

10 Siehe Kap. 4, Guilhermina Suggia.

11 Kreutziger-Herr/Losleben 2009.

12 Vgl. Stephan 2006, S. 79; vgl. Deserno 2009a.

13 Vgl. Koch 1934.

14 So wird der May-Mukle-Prize an der Royal Academy of Music vergeben; vgl. Wenzel 2007b. Nach Suggia wurde nicht nur ein großer Konzertsaal in Porto, die Sala Suggia der Casa da Musica, sondern auch ein Flugzeug der portugiesischen Fluglinie TAP Air Portugal benannt.

Diese Arbeit leistet einen Beitrag zur Würdigung der Künstlerinnen Lise Cristiani und Guilhermina Suggia und kontextualisiert Leistungen und Lebensgeschichten von Cellistinnen im Rahmen eines dekonstruktivistischen und diskurskritischen Verständnisses von Musikgeschichte. Zum ersten Mal liegen hiermit in der deutschsprachigen Musikwissenschaft ausführliche biographische Porträts sowie detaillierte diskurskritische und dekonstruktivistische Fallanalysen zu Rezeption, Biographie und Selbstpräsentation dieser zwei Cellistinnen vor. Diese Forschungsarbeit basiert auf der Recherche und Auswertung zahlreicher Primär- und Sekundärquellen. Trotz problematischer Quellenlage und einem dadurch nicht unkomplizierten Rechercheprozess, welcher die Lückenhaftigkeit der Dokumentation weiblichen Musikhandelns immer wieder zum Vorschein treten ließ, kann eine Auswahl von Handschriften und historischen Dokumenten, die aus Archiven und verschiedenen Sammlungen zusammengetragen wurden, im Anhang dieser Arbeit zugänglich gemacht werden.[15]

6.1 Perspektiven der Weitergabe von Musik

Nicht nur die Musikgeschichte soll durch diese Untersuchung um ein Kapitel ergänzt werden. Die Perspektive auf genderspezifisches Erinnern und Vergessen,[16] auf die (Musik-)Geschichte als erzählerische Konstruktion im Sinne Hayden Whites[17], kann den Blickwinkel für neue Denkformen in musikwissenschaftlicher und musikpädagogischer Forschung und Praxis öffnen. Warum es auch für eine gendersensible Instrumentalpädagogik von Bedeutung ist, einen Blick auf die Interpretinnen-Geschichte zu werfen, soll im Folgenden diskutiert werden.

Wie über Musik, über Musikgeschichte, über Interpretinnen und Interpreten gesprochen, geschrieben und geurteilt wird, wer welchen Platz in der Musikgeschichte zugesprochen bekommt bzw. keinen Platz erhält, all dies prägt die Musik- bzw. Instrumentalausbildung von Kindern und Jugendlichen an Musikschulen sowie von Studierenden an Musikhochschulen. Nicht zuletzt stellt sich die Frage nach Vorbildern, nach Identifizierungsmodellen aus Vergangenheit und Gegenwart, wie Nancy Drechsler in einem Artikel in *Üben und Musizieren* betont:

> „Vor allem für Musikhochschulen und Musikschulen, welche in ihrer Lehre noch größtenteils dem traditionellen Autoren- und Werkbegriff verhaftet sind, bestünde die Auf-

15 Siehe Abbildungen und Dokumentenanhang.

16 Stephan 2006, S. 79.

17 White 1994.

gabe der Zukunft darin, ihren Horizont zu erweitern und für junge Frauen und Mädchen Vorbilder zu vermitteln: Hier wäre auch ein verstärkter Bezug auf die Interpretationsgeschichte wünschenswert."[18]

6.2 (Vor-)Bilder, Modelllernen und Identifizierungen

Dieses siebenjährige Mädchen (s. Abbildung S. 449) hatte im Cello-Unterrichtsraum der Musikschule eine Abbildung des Gemäldes *Madame Suggia*[19] gesehen. Zuhause machte die Mutter ein Foto von ihrer Tochter, auf dem das Mädchen, das erst seit kurzem Cellounterricht erhielt, sich um eine besonders gute, ‚vorbildliche' Haltung bemühte, denn das Foto wurde der Lehrerin geschenkt. Die Identifizierung des Mädchens mit Haltung und Geste von Suggia auf dem Gemälde ist unübersehbar.

In einer Studie zur genderspezifischen Instrumentenwahl von Kindern kamen Samantha Pickering und Betty Repacholi[20] zu zwei Ergebnissen: Erstens beeinflussen geschlechterstereotype Vorstellungen über Instrumente die Instrumentenpräferenz von Kindern und Jugendlichen sowie auch deren weitere musikalische Entwicklung. So bevorzugten laut der Untersuchung von Pickering und Repacholi Kinder und auch Erwachsene vor allem die Instrumente, die sie als zu ihrem eigenen Geschlecht passend – als ‚weiblich' oder ‚männlich' – empfanden:

> „A number of studies have demonstrated that adults categorize musical instruments as ‚masculine' or ‚feminine' and prefer those instruments that are consistent with their own gender [...]. These instrument stereotypes not only influence people's motivation to learn to play an instrument, but may also limit the availability and scope of their music education, effect their participation in musical ensembles, and, more importantly, restrict their career opportunities."[21]

Zweitens seien diese stereotypen Vorstellungen durch das Auftreten von „Gegenmodellen"[22] veränderbar. Weil Kinder dazu neigten, sich mit Personen des gleichen Geschlechts zu identifizieren, so Pickering und Repacholi, spielten Vorbilder eine entscheidende Rolle bei der Überwindung von geschlechtsstereotyper Wahrnehmung von Instrumenten und Instrumentalspiel. In der 2012 erschienenen Untersuchung *Gender Association with Stringed Instruments* konnte Vicki

18 Drechsler 2002, S. 47.
19 John, Augustus: *Mme Suggia*, 1920-1923, Tate Gallery, London.
20 Pickering/Repacholi 2001.
21 Ebd., S. 624.
22 Ebd., S. 623f.

Links: Gemälde „Madame Suggia"; rechts: Celloschülerin Ezgi Özütürk, 7 Jahre, Abdruck des Fotos mit freundlicher Genehmigung der Familie Özütürk

Baker zeigen, wie ausschlaggebend Lehrerinnen und Lehrer bereits bei der Wahl eines Instruments für Kinder und Jugendliche sein können:

> „Teachers can play a key role in helping students set aside gender stereotypes when choosing an instrument."[23]

So äußerte ein sechsjähriges Mädchen gegenüber seiner Lehrerin an der Musikschule: „Ich dachte, das Cello wäre was für Mädchen", und eine jugendliche Cellistin erinnerte sich: „Ich wollte Cello lernen, weil meine Tante Cello spielte."[24] Für diese Mädchen war die Wahl des Instruments Cello mit dem Vorbild einer Frau, die Cello spielte (der Lehrerin bzw. der Tante) verknüpft. Sie konnten das Cellospielen von einer weiblichen Vorbildfigur im Sinne des „Lernens am Modell"[25], wie es Albert Bandura beschrieb, imitieren. Lehrerinnen und Lehrer können Vorbilder sein, bekannte Musikerinnen und Musiker aus dem aktuellen Konzertleben, aus der Vergangenheit, aus Geschichten, vertraute Personen, die mit dem erlernten Instrument in Verbindung stehen, es selber spielen

23 Baker 2012, S. 3.

24 Deserno 2007–2014, unveröffentlichte Aufzeichnungen aus der Unterrichtstätigkeit an Hochschule und Musikschule.

25 Bandura 1994.

oder besonders schätzen. Aus der Perspektive einer psychoanalytisch orientierten Entwicklungstheorie wäre dem Konzept vom Modelllernen Banduras der Begriff der Identifizierung[26] hinzuzufügen, womit auf innere Prozesse verwiesen wird. Der Weg vom Vorbild über die Identifizierung führt zu einer Transformation, welche in der Entwicklung eine entscheidende Rolle spielt: Die „Entstehung des Neuen"[27] wird möglich, die Herausbildung von eigenen Fähigkeiten und künstlerischem Selbstbewusstsein. Aus dieser Perspektive ist es von zentraler Bedeutung, auf die Entstehung innerer Konflikte[28] zu verweisen, auf die Dynamik, welche solche Konflikte in einer künstlerischen Entwicklung entfalten, so dass sie diese bremsen oder befördern können. Diese wären es wert, in weiteren musikpädagogisch-entwicklungspsychologischen Fallstudien erforscht zu werden. Auch hier wird es von Interesse sein zu untersuchen, welche inneren Konflikte für Heranwachsende in der künstlerischen Entwicklung entstehen.

In der Untersuchung von Pickering und Repacholi wurde gezeigt, dass Abbildungen, auf denen Personen mit Instrumenten zu sehen waren, die zuvor stereotyp als nicht zu dem Geschlecht derselben passend definiert worden waren,[29] eine Veränderung der Sichtweise auf diese Instrumente hervorriefen und eine Identifizierung bewirken konnten:

> „[A] brief exposure to musicians playing gender-inconsistent instruments appears to be sufficient to modify, at least in the short term, children's instrument preferences."[30]

Das Bild der Cellistin im roten Kleid, Madame Suggia, war für das siebenjährige Mädchen in diesem Sinne ein Modell – ein ‚Vor-Bild' – ergänzend zu dem, welches die Lehrerin darstellte. Es ist auffällig, wie leicht es dem Mädchen fiel, Haltung und Geste der Cellistin auf dem Bild aus der Erinnerung zu imitieren. Wenn eine Musikgeschichte keine Cellistinnen als Vorbilder bereithält, entsteht ein Identifizierungskonflikt für Mädchen, die dieses Instrument lernen.

Lise Cristiani hatte keine Cello-Solistin zum Vorbild. In der *Berliner musikalischen Zeitung* wird ihrem Großvater in den Mund gelegt, er habe die Idee bekommen, seine Enkelin könne Cellistin werden, nachdem er eine Cellistin auf einem Gemälde gesehen hatte.[31] Ein weiteres (Vor-)Bild wird herbeigerufen: die heilige Cäcilie, da diese mit einer Bassgambe abgebildet wurde.[32] Cristianis Vorbilder waren also wortwörtlich Bilder, keine Personen.

---

26 Seidler 2008.

27 King 2002a.

28 Vgl. dies. 2002b, S. 534; Flaake/King 1992, S. 18.

29 Ebd., S. 640.

30 Pickering/Repacholi 2001, S. 632.

31 Gaillard 1846.

32 Ebd.

Aber auch für die Cellistinnen der darauffolgenden Jahrzehnte ist davon auszugehen, dass die Frage nach einem weiblichen Vorbild problematisch blieb. Für Rosa Szuk, Anna Kull, Eliza de Try u.a., die nur wenig später als Cristiani konzertierten, war diese als erste Konzertcellistin sicherlich zum einen Vorbild und der Beweis, dass eine Frau als Cellistin erfolgreich sein konnte, zum anderen aber auch eine Warnung aufgrund ihres frühen Todes und der Sonderrolle, die ihr von allen Rezensenten zugeschrieben wurde.

Die meisten Cellistinnen orientierten sich an ihren Vätern, wenn diese ebenfalls Cellisten waren, bzw. an den Lehrern, wenn diese sie in ihrer künstlerischen Entwicklung unterstützten. Die Cellistin Maria Kliegel erinnert sich, dass sie als junges Mädchen keine Cellistin zum Vorbild gehabt habe.[33] Hier greift eine Dynamik, die in dieser Arbeit mit der Identifizierung am männlichen Erfolgsmodell, welches für Töchter durch ihre Väter, aber nicht durch die Mütter repräsentiert wird, begründet wurde[34], wie von Vera King beschrieben.[35] Die Soziologin Christel Eckart geht so weit, „das Vorbild des Vaters als Sackgasse zur Autonomie“[36] für Mädchen und junge Frauen zu problematisieren. Damit verweist sie auf die konflikthafte Situation, die entsteht, wenn für junge Frauen das Selbstkonzept vom eigenen Erfolg und der Entfaltung ihrer Potentiale ausschließlich anhand von männlichen Modellen, Vorbildern, Identifikationsfiguren wie Vätern, Lehrern oder berühmten Künstlern gelernt werden kann – wie es aus Geschichte und Musikgeschichte bekannt ist. An den Biographien der Cellistinnen lassen sich Aspekte dieser Problematik erkennen.

Es konnte aber auch gezeigt werden, dass die Identifizierung mit dem als männlich verstandenen Erfolgsmodell, die Orientierung an männlichen Vorbildern und die Förderung durch männliche Bezugspersonen für viele der Cellistinnen keinesfalls eine „Sackgasse“ war, sondern der einzig mögliche Weg zum Erfolg, welcher eine Transformation der Bilder vom weiblichen Lebensentwurf für die Künstlerinnen mit sich brachte.

Auch wenn nach Lise Cristiani einige Cellistinnen auf den Bühnen des 19. Jahrhunderts und zahlreiche auf denen des 20. Jahrhunderts erfolgreich wurden, wurden wenige von ihnen in dem hier thematisierten Sinne zu Vorbildern. Das hat damit zu tun, dass sie in der Historiographie einen weniger prominenten Platz zugestanden bekamen als ihre männlichen Zeitgenossen, dass die Cellistinnen nur in wenigen Fällen als Professorinnen an Hochschulen unterrichteten, selten Studienwerke hinterließen und die Ahnenlinie der „Großen Cellisten“[37]

33 Kliegel 2008.
34 King 2002b, S. 534.
35 Ebd.
36 Eckart 1985.
37 Vgl. Eggebrecht 2007.

so gesehen nach wie vor eine männliche ist. Dies aufzubrechen, bedeutet, Licht auf die Wirkungs- und Lebensgeschichten dieser Künstlerinnen zu werfen und sie als historiographiewürdige Forschungssubjekte zu untersuchen, wie es in dieser Arbeit getan wurde.

Vorbilder können Modelle, Gegenmodelle, idealisierte Figuren, vertraute Bezugspersonen und mehr sein. Sie können zur Imitation sowie zur Identifikation und Identifizierung dienen. Und sie beeinflussen die Entwicklung von Kindern, Jugendlichen und jungen Erwachsenen in Richtung einer Transformation, welche die Entfaltung von eigenen, persönlichen, individuellen Potentialen ermöglicht. Instrumentallehrerinnen und -lehrer können diese Funktion haben. Auch hier scheint es für Mädchen wichtig zu sein, sich zumindest für eine Weile mit einer Lehrerin identifizieren zu können. Mädchen lernten eher personenorientiert, stellte Freia Hoffmann fest, die Beziehung zu den Lehrpersonen sei für sie noch wichtiger als für Jungen.[38] Zugleich aber kann es auch gerade für Mädchen und junge Frauen, so konnte anhand der Ausbildungsbiographien der in dieser Arbeit besprochenen Cellistinnen gezeigt werden, entscheidend sein, ob sie von männlichen Bezugspersonen, Vätern und Lehrern unterstützt und gefördert werden.

In folgendem Beispiel aus der Unterrichtspraxis sind zwei ähnlich erfolgreiche Jungstudierende, ein sechzehnjähriger Junge und ein fünfzehnjähriges Mädchen, auf unterschiedliche Wiese mit ihrer Lehrerin an der Hochschule identifiziert. Beide konnten gerade auf einen Preis beim Bundeswettbewerb Jugend musiziert zurückblicken. Der Junge kommentierte das mit den Worten: „Was soll aus mir werden, ich habe *nur* einen 1. Bundespreis mit 24 Punkten und ich habe noch nicht mit den Berliner Philharmonikern gespielt." Das Mädchen sagte zur Lehrerin: „Ich will einfach so werden wie Sie."[39] Für den Jungen sind seine idealisierten Vorbilder die großen Solisten an der Weltspitze, die ihn motivieren und zugleich sehr unter Druck setzen und Selbstzweifel hervorrufen. Für ihn ist das Berufsmodell seiner Lehrerin keine Option der Identifizierung. Für das Mädchen ist die Situation zunächst leichter; sie identifiziert sich mit der Lehrerin als Frau und entlastet sich in dieser mehr beziehungs- als leistungsorientierten Identifizierung von einem übermäßigem Anspruch an die eigene Leistung. Zugleich impliziert dies aber auch eine eventuell vorzeitige Aufgabe hochgesteckter und ehrgeiziger Ziele, welche der Junge beibehält und die für eine Erfolgsbiographie notwendig sind. Für beide kann die Lehrerin Vorbild sein, und zugleich benötigen beide weitere imaginierte oder reale Vorbilder außerhalb der Unterrichtssitu-

38 Hoffmann 2002, S. 14.

39 Deserno 2007–2014, unveröffentlichte Aufzeichnungen aus der Unterrichtstätigkeit an Hochschule und Musikschule.

ation sowie das Vertrauen, sich mit diesen sowie mit ihrer Lehrerin identifizieren zu dürfen: männliche Lehrpersonen, weibliche Weltspitze-Solistinnen, andere Alternativmodelle sowie die Option, in Orientierung an diesen (Vor-)Bildern eigene Bilder und Selbstkonzepte[40] zu entwerfen, die persönlichen Fähigkeiten optimal zu nutzen und einen individuellen Weg zu finden. Ergänzt werden müsste dies wiederum durch die Perspektive auch auf innere Konflikte, welche sich für die Jugendlichen typischerweise und spezifisch ergeben.[41]

6.3 „Gendering the Music Classroom“

Ein weiterer Punkt, warum Interpretinnen-Geschichte und Gender Studies für die Instrumentalpädagogik wirksam werden können, ist die Bedeutung der Sprache im Unterricht. Die Anglistin Andrea Gutenberg spricht in ihrem Artikel „Gendering/Queering the Language Classroom“ über die „Machtmechanismen von Sprache“ und betont, dass

> „Lehrpersonen […] Lernende für die Art und Weise sensibilisieren, wie sozialer Status über Sprache konstituiert wird, und sie können sie in die Lage versetzen, bewusste Entscheidungen über den Einsatz bestimmter sprachlicher Strategien zu treffen“[42].

Dies kann bis zu einem gewissen Grad auch auf Musik- und Instrumentalunterricht übertragen werden. ‚Gendering the Music Classroom‘[43] würde bedeuten, sich mit stereotypen Formulierungen und Erklärungsansätzen im Instrumentalunterricht auseinanderzusetzen, auf eine gendersensible und diskurskritische Gestaltung des Materials und der Kommunikation zu achten. Manchmal allerdings sind stereotype Formulierungen und Vergleiche, die auf Bilder und Geschichten rekurrieren, im Instrumentalunterricht nicht nur unumgänglich, sondern auch sinnvoll. Sie können im Sinne von Bruno Bettelheims Ansatz – „Kinder brauchen Märchen“[44] – als Interpretationsfiguren des Lebens und Erlebens fungieren. Durch Polaritäten kann die Fähigkeit zur Wahrnehmung von Unterschieden geschärft werden, wenn diese nicht als naturgegebene Wahrheiten definiert werden. Trotzdem ist es nicht notwendig, in Bezug auf die Sonatenhauptsatzform jedes Mal die Rede vom „männlichen ersten“ und „weiblichen

40 Vgl. Spychiger 2013.

41 Vgl. Flaake/King 1992, S. 18. Diese inneren Konflikte müssten in weiteren Forschungsarbeiten durch pädagogische Fallstudien im Interesse einer musikpädagogischen Entwicklungspsychologie untersucht werden.

42 Gutenberg 2013, S. 115.

43 Vgl. ebd., S. 106.

44 Bettelheim, Bruno, Kinder brauchen Märchen, Stuttgart 1977.

zweiten Thema" zu reproduzieren.[45] Gemeinsam können Lehrende und Lernende sicher angemessenere und fantasievollere Gegensatzpaare und über die Binarität und Komplementarität hinausgehende Modelle finden. Geschlechterstereotype, die heteronormative, sexistische und repressive Machtstrukturen repräsentieren können, müssen sensibel hinterfragt, immer wieder als solche dekonstruiert und sollten im Unterricht nicht unreflektiert reproduziert werden. Sie könnten allerdings im Sinne Butlers parodistisch und maskeradisch verwendet werden, durch Übertreibung, Experimentieren und Fantasieren zu produktiven Verschiebungen führen, könnten im Entwicklungsprozess von Kindern und Jugendlichen statt repressiv-einengend subversiv wirken, wenn Verschiebungen und ein ‚Spiel' mit den Begriffen angeregt und zugelassen werden, indem Interpretationsmuster, Erklärungsansätze, Theorien über Musik, Körper, Technik sowie Kommunikationsformen und Hierarchien hinterfragt und umgestaltet werden dürfen.

6.4 Grenzüberschreitung, Spiel und Transformation

In dieser Arbeit wurde gezeigt, dass Grenzüberschreitung und Subversion von normierten Geschlechterbildern zu Transformationen dieser Bilder führte. Dies kam insbesondere in den diskursanalytischen Betrachtungen zur Sibirienreise und den Reiseberichten Lise Cristianis zum Ausdruck. Als Cellistin und als reisende Frau brach sie durch ihre Grenzüberschreitungen aus den Konventionen der bürgerlichen Kultur aus, mit dramatischen Konsequenzen für ihr Leben. Guilhermina Suggia konnte ein halbes Jahrhundert später bereits vor dem Hintergrund gesellschaftspolitischer Veränderungen eine Karriere entfalten, welche vielleicht als Pionierleistung einer Frau, aber nicht mehr als Konventionsbruch aufgefasst wurde. Der von Lise Cristiani als Grenzüberschreitung angestoßene Transformationsprozess ging mit jeder Cellistinnengeneration einen Schritt voran, bis zu dem Punkt, dass junge Cellistinnen und Cellisten sich heute eher wundern, wenn sie von der Geschichte des Cellos als ‚Männerinstrument' hören.

Grenzüberschreitungen im Rahmen geschützter Situationen, wie eine respektvolle Unterrichtssituation es sein kann, können zu künstlerischer Freiheit führen, so soll hier argumentiert werden. Mit Grenzüberschreitung sind hier der Mut und die Anleitung zum Experimentieren mit Musik, Bewegung, Ausdruck und Kommunikation gemeint. Zu diesen kreativen (Grenz-)Überschreitungen

45 Vgl. Rieger, Eva: Frau, Musik und Männerherrschaft (1981/1988), in: Heesch/Losleben 2012, S. 21ff., hier S. 25; Marx, Adolph Bernhard, Die Lehre von der musikalischen Komposition, Bd. 3, Leipzig 1857, S. 282; vgl. Grotjahn/Hoffmann 2002, S. 3.

ermutigen, musikalisch wie auch menschlich Freiheit und Selbstständigkeit vermitteln und ermöglichen, kann als zentrale und nicht unkomplizierte Aufgabe einer gelingenden Instrumentalpädagogik gelten.

In Lern- und Rollenspielen dürfen nicht nur Regelsysteme, sondern auch Autoritäten hinterfragt werden, wie Ulrich Mahlert zeigt.[46] So kann es zu ganz unerwarteten Ergebnissen führen, Studierende oder Schülerinnen und Schüler einmal die Rolle der Lehrperson ‚spielen' zu lassen. Eventuell entsteht mehr Selbstbewusstsein auf Seite der Lernenden, eine neue Form von Respekt vor der Rolle und der Kompetenz der Lehrperson und dadurch stärkere Identifizierung; Humor gelangt in die Unterrichtssituation, Hierarchien werden aufgebrochen, und sei es nur im ‚Spiel'.[47] Im besten Fall wird selbstständiges Nachdenken und Handeln in einer geschützten Situation erprobt.

Die intensive Zweierbeziehung, die im Instrumentalunterricht wie sonst in kaum einer Lernform vorliegt, birgt Schwierigkeiten und ist „störungsanfällig"[48], wie Peter Röbke es formuliert, bietet aber auch zahlreiche Chancen.[49] Häufig hat gerade in der Phase der Pubertät der Einzelunterricht und die enge Beziehung zwischen Instrumentallehrerin/Instrumentallehrer und Schülerinnen/Schülern die Funktion einer möglichen Alternative oder Ergänzung zu den familiären Bezugspersonen, die Funktion eines Gegenmodells und eines ‚Spiel-Raums' zum Ausprobieren von neuen Rollen und Verhaltensmustern. Dieser Raum kann ein geschütztes Experimentierfeld sein, da gerade sehr junge Instrumentalistinnen und Instrumentalisten sich in diesen Situationen zum ersten Mal als Künstlerinnen und Künstler erfahren, zugleich aber noch der Betreuung der Lehrenden unterstellt sind. Diese ideale Vorstellung von gelingendem Instrumentalunterricht sieht sich leider konfrontiert mit die Musikgeschichte durchziehenden, unreflektierten Wiederholungen und der Weitergabe von stereotypen, autoritären, respektlosen und einengenden Unterrichtsmethoden.[50] „Du spielst schlecht, ich spiele gut, hör einfach zu"[51], das sei die wöchentliche Anweisung seines Lehrers gewesen, berichtete ein chinesischer Hochschulstudent. Hier wird auf groteske Weise das positive Vorbild zu einer autoritären und entwertenden Machtposition, die keinerlei Raum für Entfaltung des künstlerischen Potentials von Studierenden lässt sowie keine Rücksicht auf deren psychische Integrität nimmt.

46 Mahlert 2011, S. 190.
47 Vgl. Kaul 2008, zum Thema „Improvisation als Spiel", S. 143ff.
48 Röbke 2000, S. 86.
49 Vgl. Graf-Deserno 2007.
50 Vgl. Rutschky 1997; vgl. Busch 2008.
51 Deserno 2007–2014, unveröffentlichte Aufzeichnungen aus der Unterrichtstätigkeit an Hochschule und Musikschule.

6.5 Ausdrucksbewegungen und Performanz

Der Cellist und Musikpädagoge Gerhard Mantel hat in seinen Veröffentlichungen und in seinem Unterricht immer betont, wie wichtig ein Hinterfragen oder Dekonstruieren von scheinbar Natürlichem sei, so z.B. im Hinblick auf Begriffe wie Begabung, Inspiration und Interpretation. Dieses Hinterfragen und Dekonstruieren bestimmter Muster und pädagogischer Denkweisen in technischer, neurobiologischer und musikpädagogischer Weise, wie es Mantel vertritt[52], korrespondiert mit dem Hinterfragen historisch sich herausbildender Vorstellungen über Musik und Musikausübung in der Musikgeschichte. Mantel entwickelte das Konzept der musikalischen „Ausdrucksbewegung“[53]. Er geht davon aus, dass musikalischer Ausdruck nicht nur zu einer Körperbewegung führt, sondern in einer Wechselwirkung auch von einer ausgeführten Körperbewegung verstärkt, ja sogar erzeugt werden kann: „Ausdrucksbewegungen spiegeln nicht nur den Ausdruck, sondern formen ihn auch“[54].

Die Körperbewegung wäre somit im Sinne Butlers performative Realisierung von Ausdruck und emotionalem Erleben in der Interpretation von Musik. Auch Gesten und Mimik spielten dabei eine wichtige Rolle, so Mantel.[55] Durch eine zur Musik passende Geste, einen Gesichtsausdruck und eine Körperbewegung kann eine werkangemessene und zugleich individuelle Interpretation gefunden werden. Die Geste, die Performance dessen, was ausgedrückt werden soll, erzeugt performativ den Ausdruck. Diese Perspektive kann für den Instrumentalunterricht revolutionär sein. Assoziationen, Pantomime, Übertreibung, ja sogar Karikatur einer interpretatorischen Absicht sieht Mantel als fruchtbare Experimentierfelder auf der Suche nach einer werkangemessenen und individuellen Interpretation. „Die Arbeit mit Assoziationen erfordert Mut. Deshalb: Die Schwelle überspringen!“[56], so ermutigt er Lernende, Lehrende und übende Instrumentalisten. Dies bedeutet jedoch für Lehrende und Lernende, aus festgefahrenen Vorstellungen, Bedeutungszuweisungen sowie Kommunikations- und Denkformen auszubrechen und diese in ein Spiel mit den Möglichkeiten zu verwandeln. Obwohl gerade Musik von Fantasie und Kreativität lebt, kommt es vor, dass diese Aspekte im musikalischen Ausbildungs- und Übeprozess von starren Anweisungen, überlieferten Traditionen und hierarchischen Kommunikationsformen an den Rand gedrängt werden. Peter Röbke spricht von „Meisterlehre, die an Musikhochschulen immer noch die dominierende Form der

52 Vgl. Mantel 2000; ders. 1998.

53 Ders. 1987, S. 195; ders. 2005, S. 14f.; ders. 2010, S. 102ff.

54 Ders. 2010, S. 103.

55 Ebd., S. 108.

56 Ebd., S. 177.

Unterweisung ist"[57]. Grenzüberschreitungen führen in diesem Sinne zur Erweiterung der Grenzen, und ermöglichen die Entstehung von etwas Neuem.[58] Butlers Begriffe der Parodie und Subversion, der Maskerade und Verschiebung könnten in diesem Sinne gerade beim instrumentalen Lernen und Lehren als Konzepte nützlich sein und die instrumentale Ausbildung und Entwicklung bereichern, welche sowohl körperlich-motorische als auch geistig-intellektuelle und emotionale Fähigkeiten in Menschen fordert und hervorruft und so nicht zuletzt auch die Gender-Identifikation beeinflusst.

Jacques Derrida verwendet den Begriff „Spiel"[59] in seiner dekonstruktivistischen Differenztheorie und verschiebt mit dieser Formulierung das Erkenntnisinteresse weg von Bedeutungszuschreibungen, hin zu Differenzerfahrungen und Bedeutungs-Spielräumen. Gerade die subversive Freiheit, die der Begriff „Spiel" beinhalten könnte, sollte beim Spielen, Lernen und Lehren von Musik nicht allzu sehr in den Hintergrund geraten. Ein ‚Spielen' mit Stereotypen – damit seien sowohl sprachliche Definitionen in Bezug auf Verhaltensweisen, Interpretationsregeln und Technik als auch Kommunikationsformen und methodische Ansätze gemeint –, ein Maskieren und Parodieren, Wiederholen und Überschreiten derselben in den musikalischen Lern- und Übeprozess zu integrieren, kann für die Entwicklung junger Musikerinnen und Musiker eine entscheidende und wegweisende Erfahrung sein.

57 Röbke 2000, S. 84.

58 Vgl. King 2002a.

59 Derrida 1976.

Anhang

Dokumente

Dokument 1
Brief vom 18. Februar 1845 von Lise Cristiani an Jacques Arago (1790–1855), der Verfasser einer Kritik in der Zeitschrift *France Théâtrale* vom 16.2.1845 nach einem Konzert von Lise Cristiani und dem Flötisten Jean Baptiste Elie (1830–1895).
Staatsbibliothek zu Berlin – Preußischer Kulturbesitz, Musikabteilung mit Mendelssohn-Archiv; Signatur: Mus.ep. Cristiani L. B. 1.
Transkription und Übersetzung von Katharina Deserno

Monsieur,
Vivement touchée du témoignage de bienveillance que vous avez bien voulu m'accorder dans la France théâtrale, je viens vous en remercier du fond du cœur pour moi et pour Monsieur Elie qui m'a si généreusement prêté son concours. J'espère, plus tard, mériter même encore votre indulgent suffrage ; et je vous prie d'agréer, Monsieur, l'expression de ma sincère gratitude et de mes sentiments les plus distingués.
L.B. Cristiani
Mardi 18 Fevrier [sic].

Monsieur,
lebhaft bewegt von dem Beweis Ihres Wohlwollens, den Sie mir in der France théâtrale haben zukommen lassen, möchte ich Ihnen von ganzem Herzen danken, für mich und für Monsieur Elie, der so großzügig seinen Beitrag geleistet hat. Ich hoffe, später umso mehr ihrem nachsichtigen Beifall mich würdig zu zeigen und
verbleibe in großer Dankbarkeit und mit freundlichen Grüßen,
L.B. Cristiani
Dienstag, 18. Februar

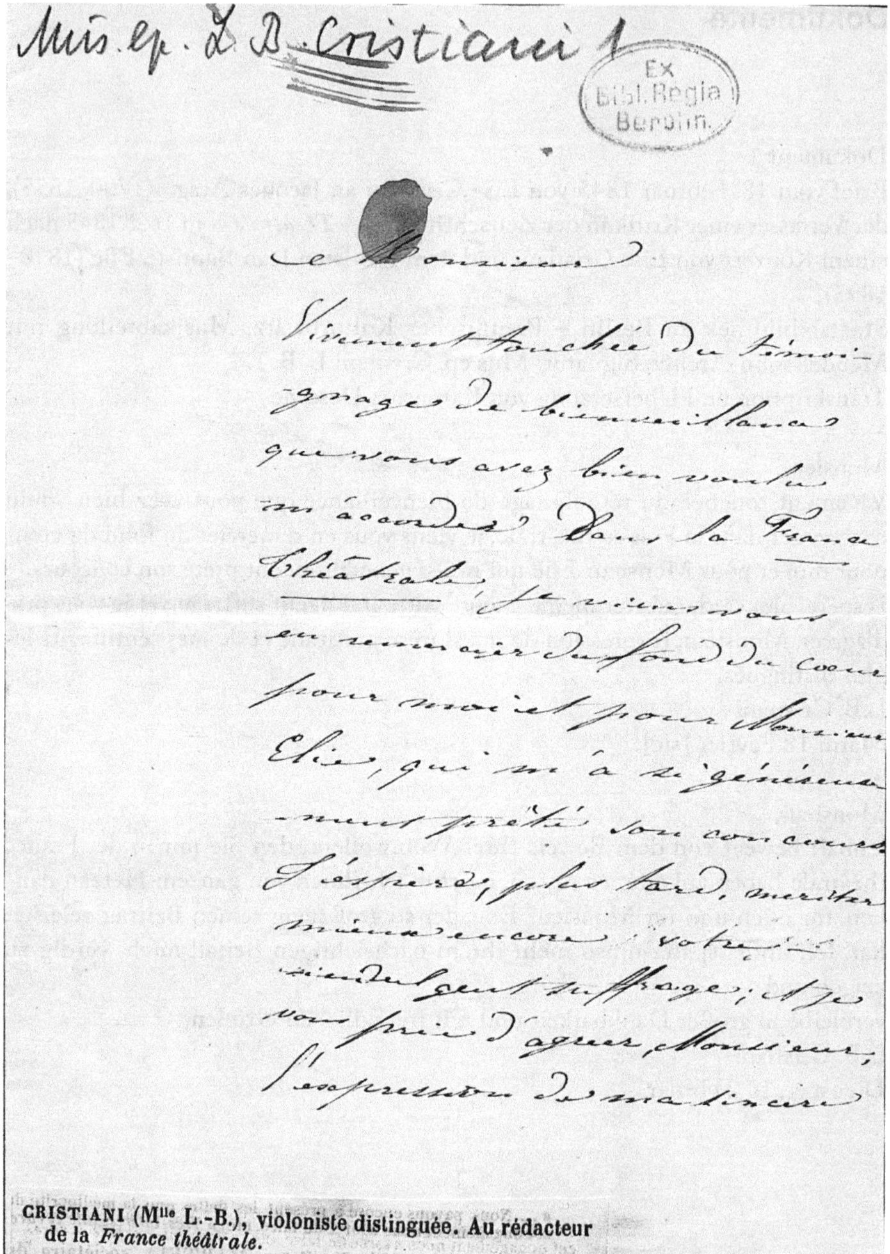

Monsieur

Vivement touchée de ces témoignages de bienveillance que vous avez bien voulu m'accorder dans la France Théâtrale, je viens vous en remercier du fond du cœur pour moi et pour Monsieur Elie, qui m'a si généreusement prêté son concours. J'espère, plus tard, mériter mieux encore votre si bienveillant suffrage, et je vous prie d'agréer, Monsieur, l'expression de ma sincère

CRISTIANI (Mlle L.-B.), **violoniste distinguée. Au rédacteur de la** ***France théâtrale.***

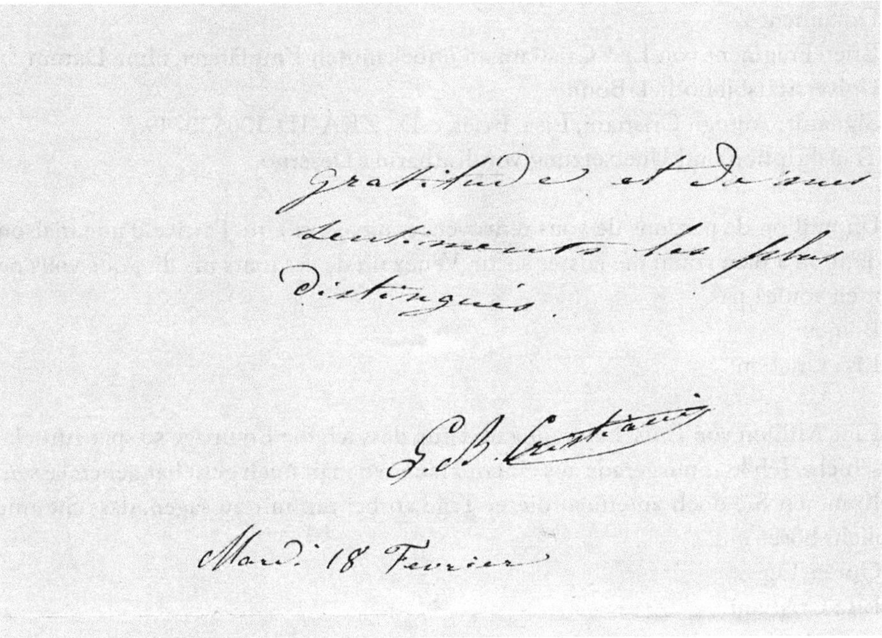

gratitude et de mes
sentiments les plus
distingués.

G.B. [illegible]

Mardi 18 Fevrier

Dokument 2
Brief-Fragment von Lise Cristiani an unbekannten Empfänger, ohne Datum
Universitätsbibliothek Bonn
Signatur: Autogr. Cristiani, Lisa, Brief, o.D., ZKA-ID: t00520749.
Transkription und Übersetzung von Katharina Deserno

Un million de pardons de vous renvoyer l'équipage si tard. J'arrive d'une maison dont on a bien voulu me laisser sortir. Venez un de ces jours me dire que vous ne m'en voulez pas.
Bonjour
Lisa Cristiani

Eine Million von Entschuldigungen dafür, dass ich die Equipage so spät zurückschicke. Ich komme gerade aus einem Haus, wo man mich gern hat gehen lassen. Kommen Sie doch an einem dieser Tage vorbei um mir zu sagen, dass Sie mir nicht böse sind.
Guten Tag
Lisa Cristiani

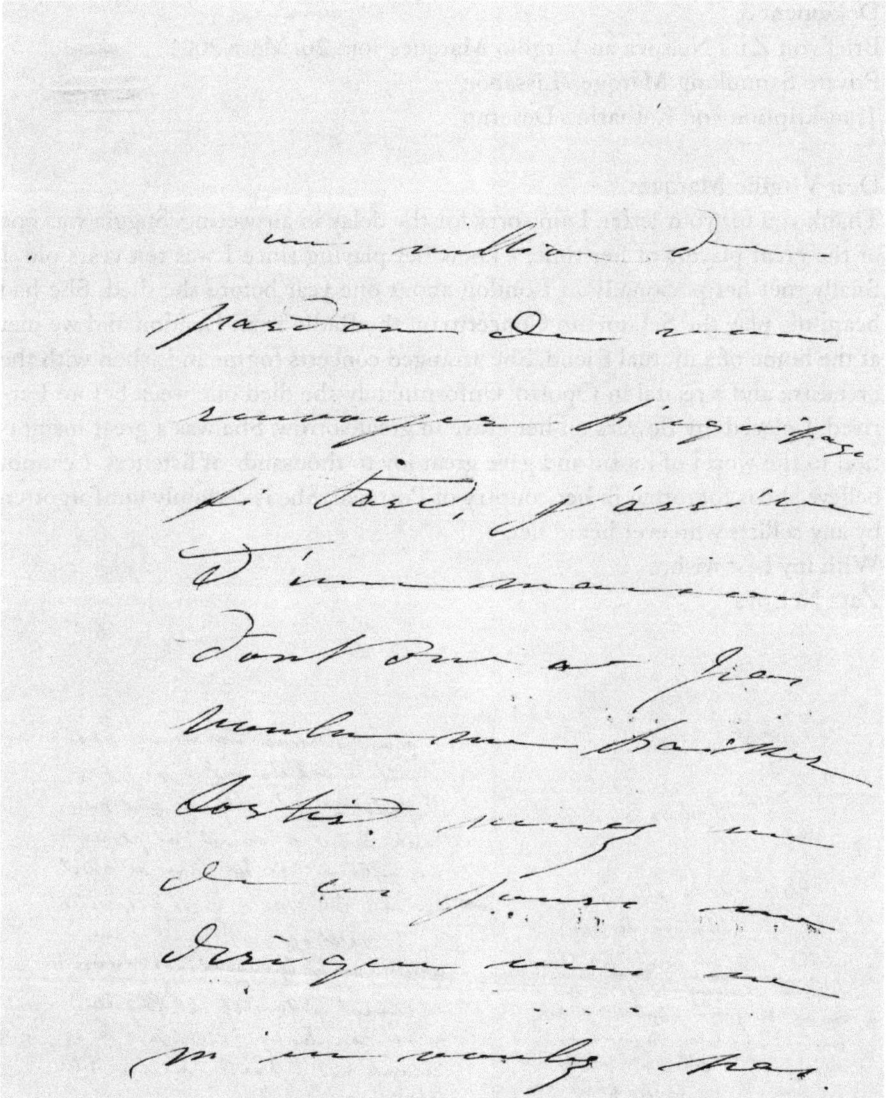

un million de
pardon de vous
remercier si [illegible]
si tard, j'[illegible]
d'un [illegible]
dont vous a[illegible]
voulu me [illegible]
[illegible] une
de ces jours [illegible]
diriger [illegible]
m'en voulez pas.
Toujours
Lise Cristiani

Dokument 3
Brief von Zara Nelsova an Virgílio Marques vom 26. März 2001
Private Sammlung Marques/Lissabon
Transkription von Katharina Deserno

Dear Virgilio Marques,
Thank you for your letter. I am sorry for the delay in answering. Suggia was one of the great players of her time. I knew her playing since I was ten years old. I finally met her personally in London about one year before she died. She had heard me play the Schumann Concerto on the Radio from London and we met at the home of a mutual friend. She arranged concerts for me in Lisbon with the orchestra and a recital in Oporto. Unfortunately she died one week before I arrived. I placed my flowers on her grave in great sorrow. She was a great inspiration to the world of music and gave great joy to thousands of listeners. I cannot believe she is forgotten in her country of Portugal. She is certainly not forgotten by any cellists who ever heard her.
With my best wishes
Zara Nelsova

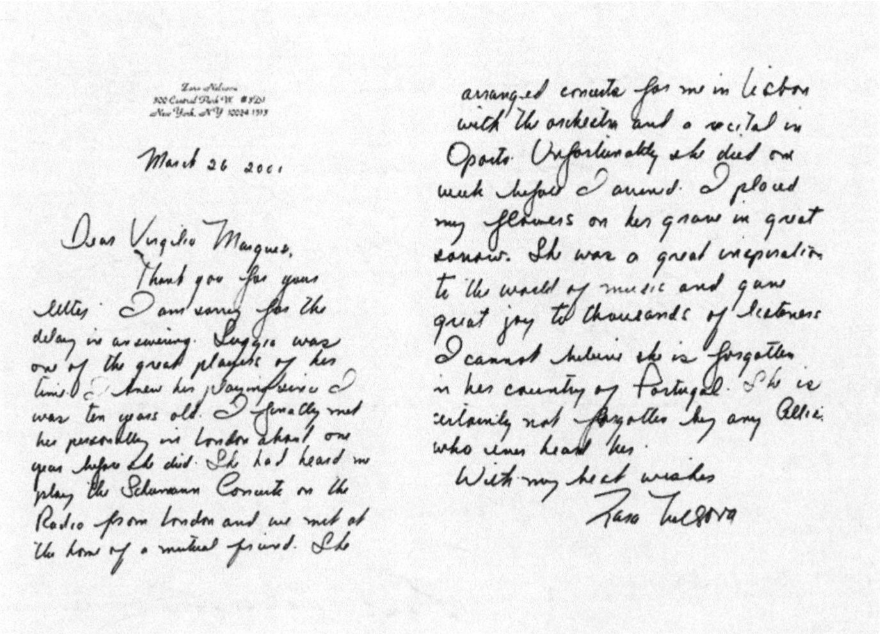

March 26 2001

Dear Virgilio Marques,
Thank you for your letter. I am sorry for the delay in answering. Suggia was one of the great players of her time. I knew her playing since I was ten years old. I finally met her personally in London about one year before she died. She had heard me play the Schumann Concerto on the Radio from London and we met at the home of a mutual friend. She arranged concerts for me in Lisbon with the orchestra and a recital in Oporto. Unfortunately she died one week before I arrived. I placed my flowers on her grave in great sorrow. She was a great inspiration to the world of music and gave great joy to thousands of listeners. I cannot believe she is forgotten in her country of Portugal. She is certainly not forgotten by any cellists who ever heard her.
With my best wishes
Zara Nelsova

Dokument 4
Unedierte Fragmente aus dem Barbier-Nachlass in der Bibliothèque Nationale de France/Paris

Dokument 4.1
Gedichtfragment von Jules-Paul Barbier, ohne Datum „À Lise“
Fragments inédits, Barbier-Nachlass in der Bibliothèque Nationale de France, Abteilung Opéra, Ms 137–139
Transkription und Übersetzung von Katharina Deserno

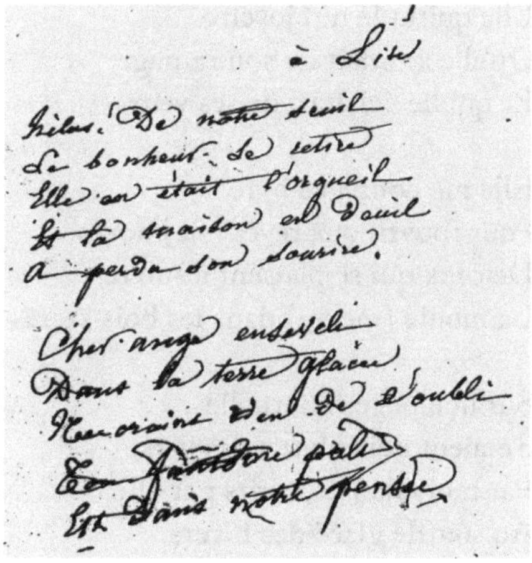
à Lise
hélas! De notre seuil
Le bonheur se retire
Elle en était l'orgueil
Et la maison en deuil
A perdu son sourire
Cher ange enseveli
Dans la terre glacée
[illegible] de l'oubli
Ton fantôme pâli
Est dans notre pensée

à Lise
hélas! De notre seuil
Le bonheur se retire
Elle en était l'orgueil
Et la maison en deuil
A perdu son sourire

Cher ange enseveli
Dans la terre glacée
Ne craint-on [sic, unleserlich, Anm. KD].
Ton fantôme pâli
Est dans notre pensée [Streichungen, Anm. KD].

An Lise
Ach! Von unsrer Schwelle/zieht sich das Glück zurück/sie war der Stolz all dessen/und das Haus in Trauer/hat ihr Lächeln verloren
Lieber begrabener Engel/in der gefrorenen Erde/man fürchtet das Vergessen/aber dein bleiches Geisterbild/ist in unseren Gedanken

Dokument 4.2
Gedicht von Jules-Paul Barbier, datiert auf den 12. Juli 1860 „À Marie“
Fragments inédits, Barbier-Nachlass in der Bibliothèque Nationale de France, Abteilung Opéra, Ms 137–139
Transkription und Übersetzung von Katharina Deserno

à Marie
Copie pour maman Galop

Quand pour un suprême voyage
Elle quitta le nid joyeux
Qu'elle animait de son ramage
Et qu'elle éclairait de ses yeux

Elle me confia ce livre
Pour l'ouvrir aux rèves [sic] dorés
De ceux qui se plaisent à suivre
La moule [meute] dans les bois sacrés

Sur une page fraternelle
S'étaient déjà blottis des vers
Par moi chantés, écrits par elle
Au souffle glacé des hivers.

Triste chanson où le poète
Conjurant les rigueurs du sort,
voyait sur cette jeune tête
planer les ombres de la Mort. –

Et voilà que la faux avide
Jette la fleur sur le gazon
Et le livre demeure vide
Vide, hélas! Comme la maison !-

Mais aujourd'hui la pauvre fille
Quitte sa tombe : la voici !-
À notre fête de famille
Elle a voulu venir aussi:

Elle approche et jette autour d'elle
Un regard voilé de douceur;
Elle sourit de te voir belle,
Et te dit tout bas: – "ô ma sœur!"

"Accepte cet humble héritage
"Des mains de celle qui n'est plus
"Que ce livre soit ton partage,
"Lis ces vers que je n'ai pas lus !-"

"Oh! L'espérance mensongère
"Qui vers vous ramenait mes pas !
"Bonheur, où je suis étrangère !
"Enfants, qui me n'entendez pas !"

"Vous qui m'avez pas connu,
"Et qui jamais ne me nommez,
"O Dieu ! Si j'étais revenue,
"Combien je vous aurais aimés !"

"Hélas! À vos jeunes années
"Je réservais mes plus doux sons ;
"Toutes mes couronnes fanées,
"Toutes mes plus belles chansons !

"O toi ma sœur ! O toi sa femme !
"Donne une larme à ma douleur,
"Et pardonne aux plaintes d'une âme
"Qui vient visiter ton bonheur !"

"Loin de vous, pauvre délaissée,
"Je vais rentrer dans mon sommeil,
"Permets que mon cœur glacé
"Se réchauffe à votre soleil"

"De ce livre que je t'apporte
"Une seule page est mon bien,
"Vivante, permets que la morte
"Garde son nom auprès du tien !"

"Quand l'époux t'a donné sa vie,
"Que le frère me donne un jour,
"Je peux tenir, sans qu'on m'envie,
"Un peu de place en votre amour-."

"Dans ta joie et dans ma souffrance
"Laisse son cœur nous réunir ;
"En ce livre où vit l'espérance
"Laisse une page au souvenir"

12 Juillet 1860 J. Barbier

An Marie
Kopie für Maman Galop.

Als sie für eine außerordentliche Reise / das fröhliche Nest verließ / beseelt von ihrem Vogelgesang / mit leuchtenden Augen
Sie vertraute mir dieses Buch an / um es den vergoldeten Träumen zu öffnen / derer, denen es gefällt / dem Vorbild[1] / in die heiligen Wälder zu folgen
Auf einer brüderlichen Seite / hatten sich schon einige Verse angeschmiegt / gesungen von mir, geschrieben von ihr / im gefrorenen Atem des Winters.
Ein trauriges Lied wo der Dichter / die Zeichen des Todes beschwört / du sahst über diesem jungen Wesen / schon die Schatten des Todes schweben
Und so warf falscher Ehrgeiz / die Blume in den Staub[2] / und das Buch blieb leer / leer, ach, wie das Haus!-
Aber heute verlässt / das arme Mädchen sein Grab – sieh! / bei unserem Familienfest / wollte sie nicht fehlen
Sie kommt näher und wirft / einen Blick voll Zärtlichkeit um sich / sie lächelt, dich so schön zu sehen / und sagt ganz leise: „Oh meine Schwester!
Akzeptiere dieses bescheidene Erbe / aus den Händen derer, die nicht mehr ist / dies Buch sei dein Anteil / lies die Verse, die ich nicht gelesen habe! –
Oh trügerische Hoffnung / die zu euch meine Schritte lenkte / Glück, dem ich fremd bin / Kinder, die ihr mich nicht versteht!
Ihr, die ihr mich nicht gekannt habt / und die ihr mich nie beim Namen nanntet / O Gott! Wenn ich wiedergekehrt wäre / wie sehr hätte ich euch geliebt!
Ach, Euren jungen Jahren / würde ich meine sanftesten Klänge widmen / alle meine verblühten Siegeskränze / und meine schönsten Lieder

1 In der Handschrift unklar; „moule: Vorbild" oder „meute: Rudel".
2 Wörtlich: „auf den Rasen".

O du meine Schwester! O Du seine Frau! / Schenke meinem Schmerz eine Träne / Und verzeih die Klagen einer Seele / die kommt, Euer Glück zu suchen
Fern von Euch, arm, verlassen / werde ich in meinen Schlummer zurückkehren / erlaube, dass mein gefrorenes Herz / sich an eurer Sonne wärmt
Von diesem Buch, das ich dir bringe / sei eine einzige Seite mir gewidmet / Lebende, erlaube der Toten / dass ihr Name neben dem Deinen bleibt!
Als der Gatte dir sein Leben schenkte / dass der Bruder mir einen Tag schenke / so dass ich, ohne dass man es mir neidet / ein wenig Platz in eurer Liebe haben kann / In deiner Freude und in meinem Leid / lass sein Herz uns beide vereinen / In diesem Buch wo die Hoffnung sein soll / lass eine Seite, in Erinnerung…“

12. Juli 1860 P. J. Barbier

Dokument 4.3
Kindertheaterstück: *La veille d'une fête ou il ne faut pas tant de beurre pour faire un quarteron*. Composé et dédié à Madame Barbier par Monsieur et Mademoiselle Barbier, 1832
Fragments inédits, Barbier-Nachlass in der Bibliothèque Nationale de France, Abteilung Opéra, Ms 137-139, Deckblatt und erste Seite

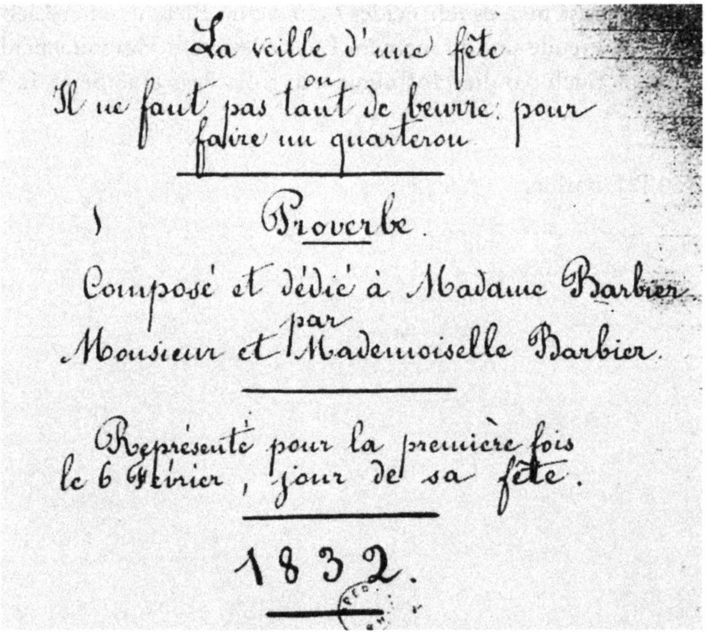
La veille d'une fête
ou
Il ne faut pas tant de beurre pour
faire un quarteron
Proverbe.
Composé et dédié à Madame Barbier
par
Monsieur et Mademoiselle Barbier.
Représenté pour la première fois
le 6 Février, jour de sa fête.
1832.

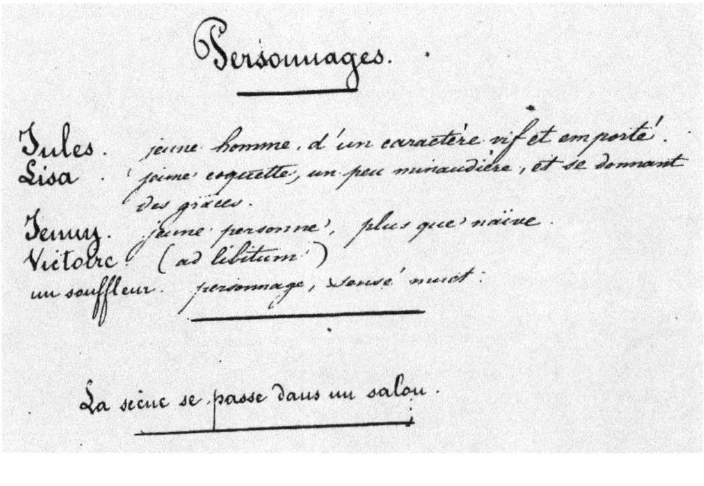
Personnages.
Jules. jeune homme, d'un caractère vif et emporté.
Lisa. jeune coquette, un peu minaudière, et se donnant des grâces.
Jenny. jeune personne, plus que naïve.
Victoire (ad libitum)
un souffleur. personnage, sensé muet.
La scène se passe dans un salon.

Dokument 5

Autograph Felix Mendelssohn Bartholdy, *Romance sans paroles,* Lise Cristiani gewidmet
Mendelssohn-Sammlung der alten Preussischen Staatsbibliothek, Berlin
©Biblioteka Jagiellońska, Kraków
Signatur: Mendelssohn Aut. 44.

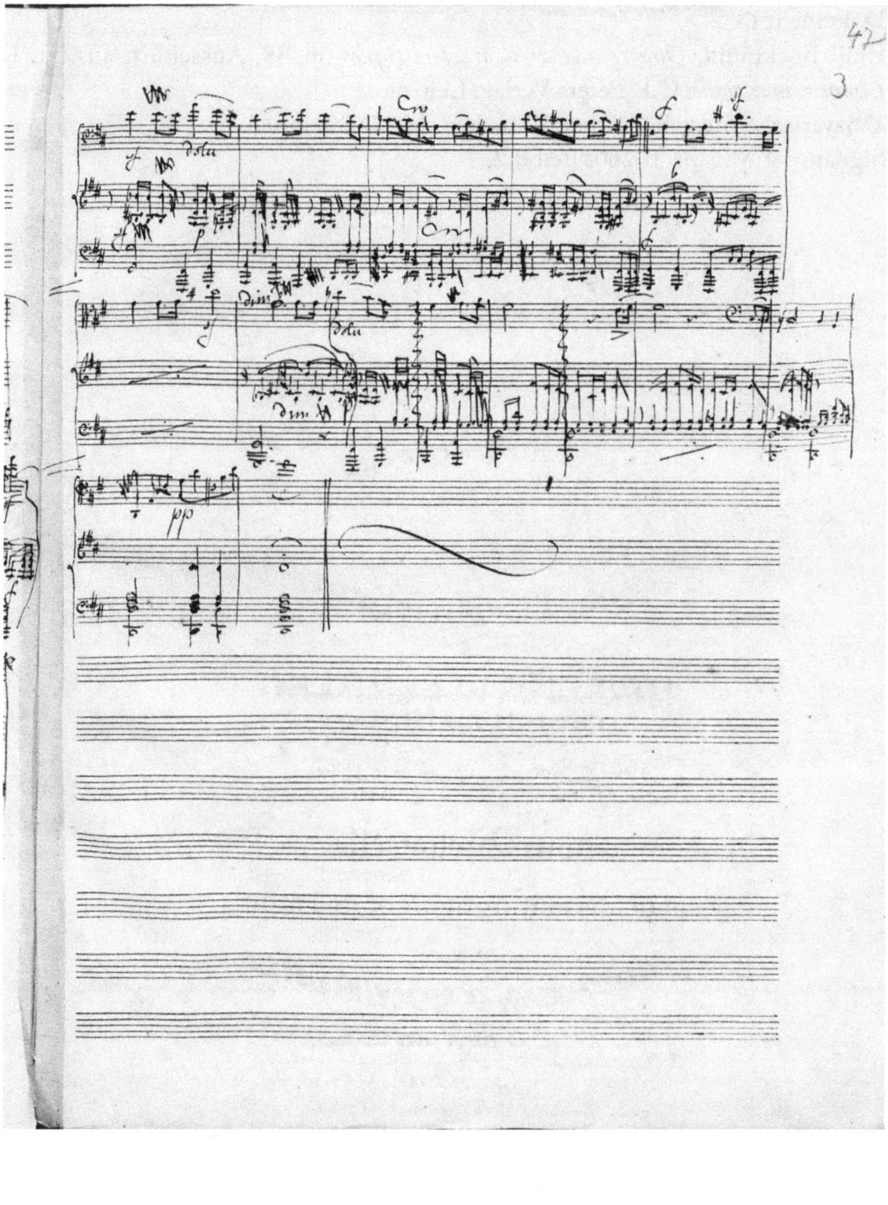
47
3
pp

Dokument 6
Emil Bockmühl, *Quatre mélodies caractéristiques* op. 38, Ausschnitt aus Nr. 1: *Chant romantique*, C.F. Peters Verlag, Leipzig.

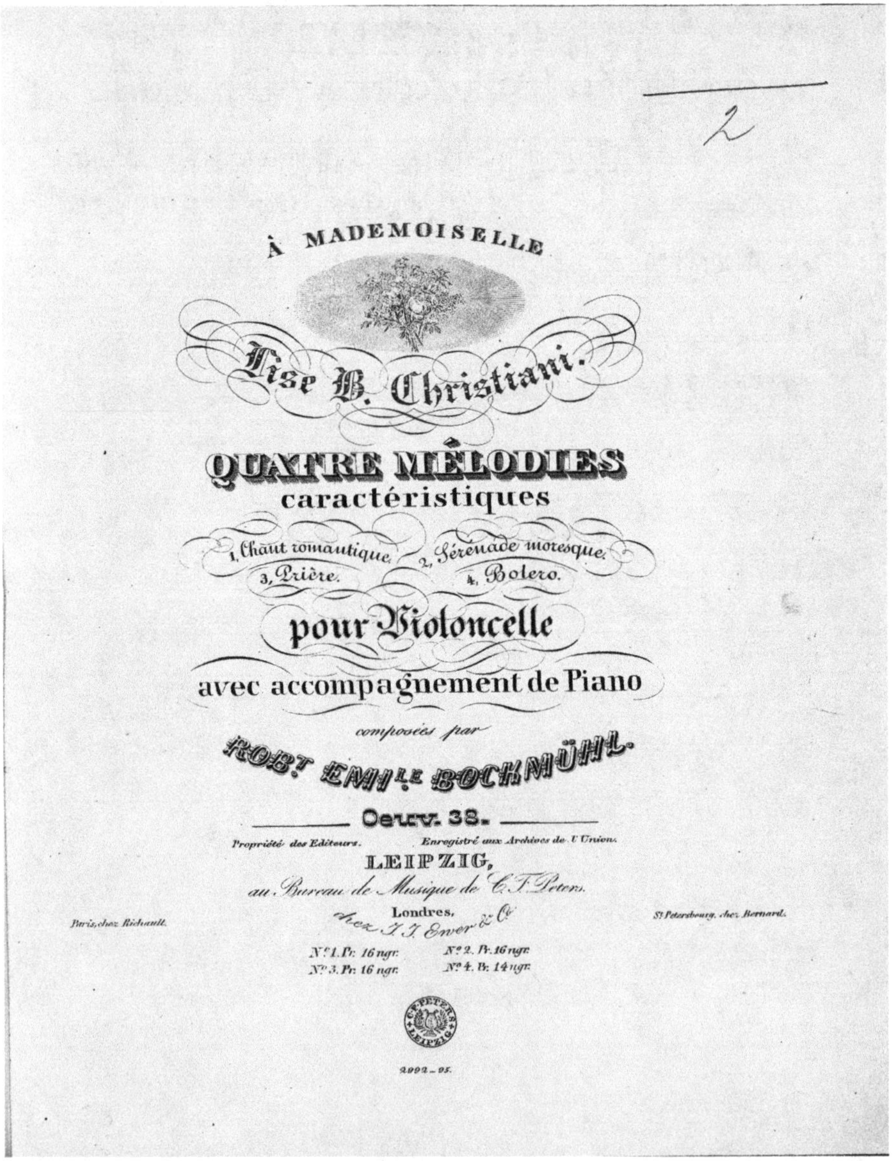

3
No 1. CHANT ROMANTIQUE.
R. E. Bockmühl, Op. 38.
Andante con moto.
VIOLONCELLO.
dol.
Andante con moto.
PIANOFORTE.
p e legato
mf
p
dol.
cresc.
mf
p
2992

Dokument 7
Epilogue aus: Shorter Pieces for Cello and Piano by Rebecca Clarke, erste Seite. Komponiert für Guilhermina Suggia. Assigned to Oxford University Press 2010. Extract reproduced by permission. All rights reserved.

Dokument 8
Widmung von Julius Klengel für Guilhermina Suggia
Abgedruckt in Pombo 1996, S. 261.

Caprice in Form einer Chaconne
Guilhermina Suggia freundschaftlichst zugeeignet.

Seiner ehemaligen Schülerin Frl. Guilhermina Suggia zur Erinnerung an ihre Studienzeit in Leipzig und an Julius Klengel

Transkription von Katharina Deserno

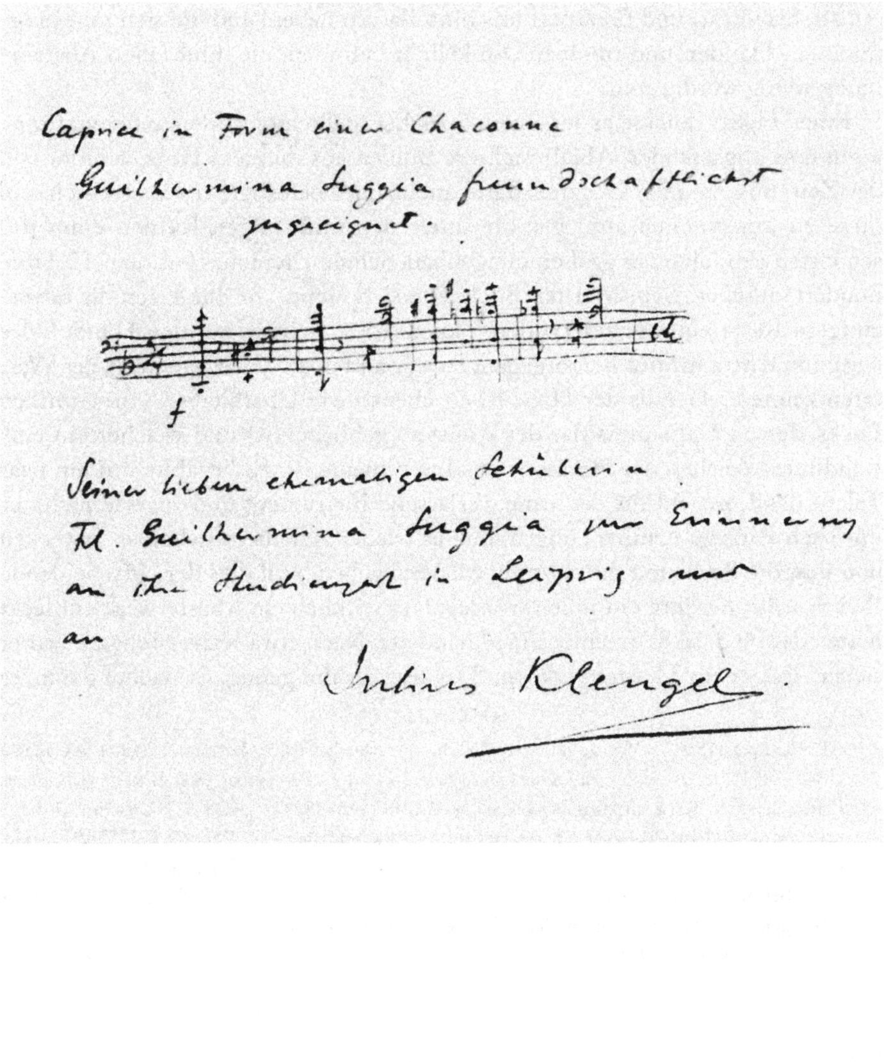
Caprice in Form einer Chaconne
Guilhermina Suggia freundschaftlichst
zugeeignet.

f

Seiner lieben ehemaligen Schülerin
Frl. Guilhermina Suggia zur Erinnerung
an ihre Studienzeit in Leipzig und
an
Julius Klengel.

Dokument 9
Deutsche Übersetzung des Reiseberichts von Alexandre Barbier

Die Reise eines Stradivarius durch Sibirien, nach Kamtschatka und in den Kaukasus (1848–1853)[3]
Übersetzung von Katharina Deserno

I.

Ich weiß es nicht genau zu sagen zu welcher Zeit, aber es mögen nicht mehr als 25 oder 30 Jahre her sein, als es einem unserer besten Pariser Geigenbauer in den Sinn kam – mehr Künstler denn Handwerker – eine Reise nach Italien zu machen, auf der Suche nach den Waisenkindern, welche die berühmten Familien Amati, Stradivari und Guarneri uns hinterlassen haben, und die sich nun in ignoranten Händen und in einer Dunkelheit befinden, die ihrer edlen Abstammung wenig würdig sind.

Eines Tages erblickte er auf einem Speicher in Cremona unter anderem formlosen und unpassenden Abfall mehrere Bohlen aus dünnem Holz, vergilbt von der Zeit, mit einem gekreuzten Band aneinander befestigt; er näherte sich, um diese zu untersuchen, und glaubte unter den unförmigen Ruinen eines der schönsten Produkte der großen Geigenbau-Schule Cremonas aus dem 17. Jahrhundert zu sehen. Sein Meister-Blick irrte sich nicht: Vor ihm lagen die unvereinigten Reste eines wundervollen Violoncellos, welches aus den Händen des berühmten Stradivarius hervorgegangen war und noch sein Siegel trug; des Weiteren zeigte es Details der Handarbeit ebenso wie Überbleibsel eines antiken Lacks, dessen Geheimnis das des Meisters geblieben ist und welcher ein einwandfreies Zeichen der Herkunft des Instruments ist. Er bezahlte mit ein paar Talern das Lösegeld für das arme, verlassene Instrument und zögerte nicht, es mit nach Paris zu nehmen, ungeduldig es wieder zu neuem Leben zu erwecken und ihm die Seele und die Stimme wiederzugeben, weil dies der entscheidende Beweis wäre, der ihm enthüllen würde, ob er wirklich ein Meisterwerk entdeckt hatte oder ob es sich um einen *Flop*[4] handelte. Nach etwa sechs Monaten war er sicher, dass es ein Meisterwerk war. Das war für ihn genug. Er dachte daran, es

3 AL. Barbier (1860) : „Voyage d'un Stradivarius à travers la Sibérie, le Kamtchatka et le Caucase (1848–1853)", in: *Feuilleton du Journal des Débats,* 26. und 27. September 1860, BNF Paris, Gallica. Franz. Original : Teil I: http://gallica.bnf.fr/ark:/12148/bpt6k452472z.r=Lise%20Cristiani%20Journal%20des%20debats?rk=21459;2; Teil II: http://gallica.bnf.fr/ark:/12148/bpt6k452473b/f1.image.r=Journal%20des%20Debats%20Lise%20Cristiani?rk=64378;0, letzter Zugang 24.8.2016.
Die Übersetzung wurde so nah wie möglich am französischen Original angefertigt, auch Zeichensetzungen wurden, wenn grammatikalisch möglich, übernommen.

4 Im Original „sabot: Holzschuh".

ehrenvoll auszustellen. Ein alter Gentleman, großer Musikliebhaber und geschickter Violoncellist, stellte sich mit der Geldbörse in der Hand vor, diese ziemlich rechtschaffen ausgestattet; der Handel wurde abgeschlossen und so nahm unser Stradivarius seinen Weg, um sich in einem altehrwürdigen Gutshaus in der wohlgenährten Normandie zu begraben. Da sang es zur Freude seines neuen Meisters, aber ohne Echo und ohne Ruhm. Es wäre hier immer noch, wenn nicht gewisse Umstände es wieder ans Licht gebracht und sein neues Schicksal entschieden hätten. Der edle Amateur erlitt eines Tages eine plötzliche Gliederlähmung, so dass er machtlos wurde, dem wundervollen Instrument von neuem Akkorde zu entlocken und so dass der Blick auf das Instrument die Bitterkeit seines Bedauerns nur noch vergrößerte. Also entschied er sich zu einer notwendigen Trennung, ach! Wie schmerzvoll!

Währenddessen hatte sich in den Salons von Paris das Renommee eines schönen jungen Mädchens aus einer Familie von Dichtern und Künstlern herumgesprochen, eine Virtuosin, kaum 17 oder 18 Jahre alt, welche – bereits beschrittene Wege fliehend und das Klavier und die Vokalisen verlassend – die mehr als originelle Idee gehabt hatte, mit ihren tapferen Händen den Bogen des Basses zu ergreifen – unter der weisen Anleitung eines unserer besten Solisten, des berühmten Bénazet.

Unser alter Amateur wünschte sich, sie zu sehen und zu hören. Sie folgte dieser Aufforderung, und nachdem er sie gehört hatte, bezaubert von ihrer Anmut und der lebhaften Empfindsamkeit, die ihr Spiel prägte, beschloss er, ihr sein Stradivari zu relativ großzügigen Konditionen zu überlassen – wenn man den Wert dieses außerordentlichen Instruments bedenkt.

Von diesem Tag an gab es zwischen dem schönen Violoncello und der jungen Virtuosin, seitdem bekannt in der Welt der Kunst und in ganz Europa unter dem Namen Lise Cristiani, eine Art Bündnis, das durch nichts mehr außer durch den Tod aufgelöst werden konnte.

Nachdem sie in Paris die Basis für ihren gemeinsamen Ruf gelegt hatten, bereisten sie gemeinsam alle großen Musik-Metropolen im Osten und Norden Europas: Baden, Frankfurt, München, Wien, Prag, Dresden, Weimar, Leipzig, Berlin und schließlich Kopenhagen.

Überall wurde das reisende Paar mit der einhelligsten Sympathie aufgenommen, bezauberte die Blicke, entzückte die Herzen. Das Talent Lise Cristianis hatte einen besonderen Reiz, mit dem sie ihrem Meister glich: sie war in der Lage, aus ihrem Instrument Klänge hervorzulocken, die man häufig für solche, wie sie eine menschliche Stimme hervorbringt, hätte halten können; sie besaß in höchstem Grade das Gefühl für Ausdruck im Gesang. Man musste sie sehen und hören, wie sie ihr schönes Stradivari in den Arm nahm, andächtig in der Erscheinung, die Hand auf dem Griffbrett und den Bogen auf der Saite, und so über die bewegenden Melodien aus *L'Elisir d'Amore*, aus *Lucia di Lammermoor*, aus *Norma* oder *Tancrède* präludierte. Gleich einer dieser Musen, oder noch besser, einer dieser Heiligen Cäcilien, sich selbst auf dem Basse de Viole begleitend, welche die italienischen Meister so gerne gemalt haben. Das war das Bild, was immer den Zuhörern sogleich in den Sinn kam, nachdem die ersten musikalischen Gefühle sich besänftigt hatten, so dass dieser Spitzname der jungen Künstlerin erhalten blieb.

Nachdem sie in Kopenhagen den Titel und das Diplom „Erste Violoncellistin des Königs von Dänemark" erhalten hatte, begaben sich Lise Cristiani und ihr treuer Stradivarius nach Stockholm und Uppsala. Dort, erneuter Erfolg, wiederum enthusiastischer Empfang, aber besonders in Uppsala. In dieser Stadt voller Musikkenner wurden der schönen Virtuosin und ebenso ihrem melodiösen Kompagnon von den studentischen Verbindungen solch eine Begeisterung entgegengebracht; nichts fehlte, nicht die Hurras, nicht die Gedichte, nicht die Blumen, nicht die Ansprachen, nicht die Ständchen, nicht mal ein Fackelzug.

Die Vorsicht riet es aber kaum, sich auf den Wonnen dieses Erfolgs, auf dem 60. nördlich gelegenen Breitengrad auszuruhen. Man kehrte nach Berlin zurück, um dort den Winter zu verbringen. Dann brach man im Frühling 1847 auf nach Sankt Petersburg, wo unsere Reisenden sich für einen Moment niederließen, nachdem sie alle nur denkbare Drangsal eines Moskauer Tauwetters unter den widrigsten Umständen hatten erleiden müssen.

Das war in der Zeit des Zaren Nikolaus. Ein grausamer Verlust hatte gerade die Familie des Herrschers getroffen; zu diesem ersten Schmerz sollte sich bald noch ein zweiter gesellen; es schien, als ob es dem Tod gefiele, sich seine Opfer an den Stufen des Thrones zu suchen. Während eines ganzen Jahres gab es nichts als Trauer am Hofe und in den Salons der Aristokratie. Jedoch wegen ihrer Berühmtheit erhielt das reisende Paar, nachdem es sich mehrere Male trotz des Verbotes, welches ihnen den Zugang zum Hofe verwehrte, bemüht hatte, dann dennoch die ehrenvolle Begünstigung, sich bei der Zarin hören zu lassen, jedoch nur für einen kleinen, privaten Kreis. Das war eine schöne Sache für die Ehre, aber wenig für das Vermögen. Von jetzt an und für lange Zeit war St. Petersburg nichts mehr als eine tote Stadt, zur Hälfte bedeckt von einem Leichentuch, in welches sich die Familie der Stadtherren einhüllte. Bald musste man sich traurig davonmachen und einige enttäuschte Hoffnungen hinter sich lassen. Die Zeit der einfachen Triumphe war vorbei, die der Prüfungen sollte beginnen. Man begann ein recht abenteuerliches Leben, in der Mitte eines Landes – zur Hälfte ganz und gar unzivilisiert und barbarisch – heimgesucht von drei Seuchen, der Cholera und dem Hunger für alle und den Staatstrauern für die Künstler.

Da waren sie also beide, sie und er, verwickelt in eine Art ungeheuerliches Unterfangen, in eine Reise durch alle russischen Länder, vom Orient zum Okzident, vom Süden zum Norden, von Stadt zu Stadt, von Ortschaft zu Ortschaft. Eine überwältigende Reise, die nicht weniger als ein Jahr dauern sollte, und die am Fuße des Urals enden würde und in die entlegensten Ecken Europas und Asiens führen sollte.

Es war Zeit. Man war am Ende mit den Kräften und den Vorräten. In Ufa kamen sie zu Beginn des Sommers 1848 an, die Werbekampagne war verpasst. Man musste nur noch einige Verst weiter, um die Baschkiren um Gastfreundschaft zu bitten, die unglücklicherweise kaum den Ruf haben, feine Musikkenner zu sein. Was sollte man an dieser Endstation bloß anfangen?

Das Problem, das sich stellte, war schwierig zu lösen für ein junges Mädchen, das mehr mit Geist und Talent ausgestattet war als mit Erfahrung, obwohl sie davon noch mehr hatte, als ein armes altes Violoncello, das zwar ganz und gar Stradivarius von seiner Abstammung her, aber dennoch in einem solchen Fall nicht so viel dazu zu sagen hatte.

So kam dem jungen Mädchen eine ebenso außergewöhnliche wie gewagte Idee in den Sinn. Sie hatte gerade ihr 23. Lebensjahr erreicht, das ist das Alter der Verwegenheiten. Sie entschied mutig, sich dem weiten Sibirien zuzuwenden, mit ihrem treuen Stradivarius, einer dicken russischen Kammerzofe und einem alten deutschen Pianisten, der ihr gegenüber die doppelte Funktion des Begleiters und eines *chaperon*[5] erfüllte.

Man musste die Schlittensaison abwarten. Sobald es ging, besorgte man sich eine *brichka* für das Gepäck und eine *dolgouch*e für die Personen (ein sibirisches Fahrzeug, sehr wenig gefedert und kaum richtig geschlossen). Schließlich dann, im Dezember 1848, in einer schönen Sternennacht und bei einer Kälte von 30 Grad minus, das Herz noch warm vom Abschied und den Umarmungen einiger Freunde, die man hinter sich ließ, brachen sie auf und befanden sich bald mitten in der Steppe, auf dem Weg nach Ekaterinenburg, einer Stadt, die Zentrum aller Minen und Goldwäschereien des Urals ist. Dort machte man Station, putzte sich heraus und organisierte zwei Konzerte, die wie erhofft reüssierten. Man brach wieder auf, ein wenig ermuntert und das Herz etwas leichter. Von Ekaterinenburg nach Tobolsk reiste man wie der Wind, getragen von den kleinen sibirischen Pferden, die so robust und schnell waren, dass sie kein anderes Tempo als den Galopp kannten und die in 36 Stunden die 150 Meilen übersprangen, welche die zwei Städte voneinander trennen.

In Tobolsk erwartete Lise Cristiani der liebenswürdigste Empfang. Hier trifft man auf eine Gesellschaft von Exilierten, die bessere Tage gekannt hatte und der die Künste Europas nicht fremd sind. Selbst die offiziellen Nestoren bemühten sich um sie; die Cellistin wurde aufgenommen wie ein Singvogel, wie ein Echo

5 Beschützer des Anstands, ‚Anstands-Wauwau'.

eines fernen Frühlings, der sich in dieses traurige Klima verirrt hätte. Man applaudierte ihr für ihr Talent, sie wurde verehrt und umworben wegen ihrer Anmut und ihres Geistes und ihr nobler Kompagnon wurde hier nicht weniger bewundert als sie selbst.

Tobolsk aber, nebenbei eine ziemlich schlecht gebaute Stadt, bot ihr keinen Anreiz, der sie hier länger halten konnte. Allerdings wollte sie, bevor sie die Stadt verlassen würde, noch eine arme Exilierte einer ganz seltenen Art sehen, die hier seit mehr als zweieinhalb Jahrhunderten schmachtete: Es ist eine Glocke, die, nachdem sie von der Hand des Henkers gegeißelt wurde, nach Sibirien geschickt wurde, weil sie das Signal einer Revolte geläutet hatte, die in Moskau ein falscher Demetrius angestachelt hatte. Man sieht sie heute in einem Glockenturm der zahlreichen Kirchen der Stadt, wo sie, wie alle anderen, ihren Dienst tut und die Gläubigen zum Gebet ruft.

Um den 15. Januar verließ man Tobolsk mit großem Prunk, mit einer Eskorte von 25 oder 30 Kosaken und zahlreichen Hundeschlitten, beladen mit allem, was es vom Feinsten in der Stadt gab. Man reiste weiter nach Omsk, dann nach Tomsk, von dort aus nach Barnaul, von dort nach Krasnojarsk, um sich dort wieder der großen Straße des Orientalischen Sibiriens anzuschließen. Aber die Reise wurde immer schwieriger und schwieriger. Die Jahreszeit schritt voran, erste Anzeichen von Tauwetter verstärkten sich. Das waren gegen Ende nicht nur die Überquerung von über die Ufer getretenen Flüssen, Strecken durch entfesselte Seen von Schlamm, Sumpflöcher und Wälder ohne Wege sowie Begegnungen mit Elchen, Rentieren, Wölfen und Bären sowie das Vorkommen der menschlichen Natur nur in der lächerlichen Silhouette eines Kirgisen-Paares – noch mehr Diebe als sie hässlich sind – oder ab und an in irgendeiner düsteren Figur eines Zwangsarbeiters, dessen Raubtierblick einen beim Vorübergehen erstarren lässt. Glücklicherweise hatte man eine Eskorte ehrlicher Kosaken dabei, die halfen, alle Hindernisse zu überwinden und vor all den Gefahren beschützten.

Es waren nicht mehr als 200 Meilen von Krasnojarsk nach Irkutsk und 280 Meilen, bis man in Kjachta an der chinesischen Grenze vorbeikam.

Stradivarius und sein Gefolge ließen sich von dieser originellen Fantasie verleiten, ein Konzert im hintersten Teil Asiens zu geben; 2000 Meilen entfernt von Paris, mehr als 1200 Meilen von St. Petersburg. Man preschte vorwärts und nach fünf oder sechs Tagen Galopp unserer kleinen sibirischen Pferde stieg man in Irkutsk bei Herrn General Murawiew ab, einem Ehrenmann mit Geist und Herz, dem Generalgouverneur von Ostsibirien, der Gegend, die sich von den Ufern des Jenissei bis einschließlich Kamtschatka erstreckt; dies ist eine Fläche so groß wie ungefähr ein Viertel der ganzen *Ancien Monde*. Er empfing unsere Reisenden auf zuvorkommendste und gastlichste Weise. In seiner Person vereinte er alles vom Gentleman und vom Stammesoberhaupt, eine Mischung aus eleganten Gewohnheiten, die er in den Salons des Westens angenommen hatte, und patriarchalen Sitten, die er aus den Zelten seiner mongolischen Nachbarn mitgenommen hatte. An seiner Seite stand, wie um ihn zu komplettieren, Mme Murawiew, eine reizende Französin und sogar Pariserin der feinsten Abstammung, die, verpflanzt in dieses bittere Klima, dort von allen geliebt wurde. Man wusste gar nicht, für was man sie mehr lieben sollte, für ihren feinen Geist oder für ihre unermüdliche Güte.

Wir zitieren hier einige Worte aus den Briefen Lise Cristianis. Ihr Reisetagebuch und ihre Korrespondenz lieferten uns außerdem die interessantesten Details für den Fortgang dieses Berichts.

Man kam in Irkutsk im Winter des Jahres 1849 an, als der Schnee zu schmelzen begann und die Flüsse sich wieder vom Eise befreiten. Bald war der Frühling da, aber solch ein sibirischer Frühling, von dem ein paar Tage genügen, um alles mit Blättern und Blüten zu schmücken. Man beeilte sich, ein Konzert zu organisieren, welches mit der größten Sympathie, die man von einer gebildeten Gesellschaft erwarten konnte, aufgenommen wurde; in dieser Gesellschaft, deren Zuhause Irkutsk ist, traf man neben den Angestellten der Regierung auch zahlreiche Gruppen von Exilierten der besten Herkunft, Russen und Polen, von denen die einen ihre Jugendirrtümer abbüßten, die anderen, dass sie sich zu sehr in die Politik eingemischt hatten. Aber am Ende eines Winters, der mehr als sieben Monate gedauert hatte, konnten unsere Künstler nicht hoffen, gegen die Konkurrenz, die ihnen die schöne Jahreszeit nun machte, zu gewinnen; alle gingen aufs Land, denn im hintersten Sibirien ist es genauso wie in Paris üblich, die Stadt im Mai zu verlassen.

Wir fügen zu dieser Ursache der Vereinsamung noch hinzu, dass der Generalgouverneur, begleitet von seiner Frau, von seinem zivilen und militärischen Generalstab und einigen Gelehrten, gerade dabei war, eine Reise in die ihm unterstellten Gebiete zu planen. Es handelte sich um nicht weniger als darum, bis nach Kamtschatka zu reisen. Der Gedanke an solch eine verwegene und weite Reise gefiel der lebhaften Fantasie der jungen Künstlerin, sie schlug M. und Mme Murawiew vor, um die Langweile des Reisens zu verkürzen, ihr liebliches Stradivari auf die Entdeckungsreise dieser so neuen Welt – insbesondere für ein Kind aus Cremona – mitzunehmen; das Angebot wurde angenommen.

Am 25. Mai begann die Karawane sich in bester Laune in Bewegung zu setzen: „Es schien eine wunderbare Sonne am Himmel und auf der Erde leuchteten die Blumen. Wir kamen ans Stadttor um 3 Uhr und 33 Minuten, das ist, so sagte man uns, eine der besten Zeiten, welche die Sanduhr uns bieten kann."

An dieser Stelle ist es der richtige Moment, um eine Idee davon zu geben, welche außerordentliche Aufmachung unsere Reisende für diese wagemutige

Exkursion nach den Gebräuchen des Landes hatte annehmen müssen; wir zitieren:

„Große Reiterstiefel mit Sporen; die Hose aus englischem Strickzeug bis zu den Füßen, eine Weste aus englischem Flanell, schwarz-weiß kariert, ein Taschen-Paletot aus schwarzer Watte, hochgeschlossene Wäsche, Krawatten-Halstuch, Haare à la jeune France, einen Hut aus grauem Filz, Militärhandschuhe, die Knute am Handgelenk, einen Mantel aus Kautschuk am Sattel befestigt, große, hochgeschlossene Stiefel, um Flüsse zu durchqueren, die an den Flanken des Pferdes hingen, ein Moskitonetz, welches meinen Hut umgab; das Aussehen eines Kavaliers, das Gesicht gebräunt, ein wildes Reittier, immer im Galopp, stets einen geistreichen Spruch auf den Lippen – und da habt ihr Lise in ihrem ganzen Glanze. – Was den Herrn Stradivarius angeht, meinen edlen Gatten, von dem ich mich nicht trennen wollte, dieses war seine Reisebekleidung:

Ein schmiedeeiserner Kasten, mit Blei verlötet, warm wattiert und gepolstert im Innern; ein Paletot aus Wolfsfell, den Pelz darunter verschnürt, sachgemäß und sicher befestigt an den Flanken eines erschöpften Bukephalos[6], welches das Instrument mit Bedeutsamkeit durchrüttelte, während ich, es mit einem ängstlichen und eifersüchtigen Blick bemutternd, ihm triumphal auf einem Kosakensattel sitzend folgte, den Mantel bis zum Hals geschlossen, das Moskitonetz heruntergeklappt, den Regen auf dem Rücken und den Fluss unter den Füßen. Nie befand sich ein Violoncello von so nobler Abstammung in einem vergleichbaren Abenteuer."

Einige Tage nach dem Aufbruch aus Irkutsk fuhr unser Schiff mit uns gelassen die Lena flussabwärts, in fröhlicher, gutgelaunter Gesellschaft.

Nach 10 Tagen Schifffahrt und einer Strecke von mehr als 700 Meilen kam man bei den Jakuten an, einem wilden Volksstamm, ansässig an den Ufern der Lena, in der Umgebung der Stadt Jakutsk. Deren ziemlich rohe und gutturale Sprache und Akzent beschrieb unsere Reisende folgendermaßen: „Eine Sprache, die man nicht sprechen konnte, bevor man nicht fünf oder sechsmal gewürgt worden war. Für solche Grobiane war es unmöglich auch nur daran zu denken, Stradivarius auszupacken, und wir dachten auch gar nicht daran. Wir waren 500 Meilen vom Ausgangspunkt entfernt und hatten noch 600 Meilen hinter uns zu bringen, um in Kamtschatka anzukommen, übers Meer und zu Land. Es begannen die großen Schwierigkeiten der Reise.

„...... Nach acht Tagen Pause in Jakutsk ging es weiter nach Ochotsk, mit einem ganz schrecklichen Wetter. Wir legten etwa 70 Meilen im Karren zurück, über kaputte Wege, mehr als 70 Meilen in einem kleinen, offenen Schiff, es lagen noch mehr als 260 Meilen zu Pferde vor uns, bis wir das Meer erreichen sollten;

6 Das Pferd Alexander des Großen.

wir übernachteten in Zelten, brachen auf, egal wie das Wetter war; wir liefen über solche Wege, von denen noch nicht einmal der übelste Alptraum eine Vorstellung geben könnte. Wir durchquerten endlose Sümpfe, ohne erkennbare Fährten, zerteilt von riesigen Wurzeln, in welchen sich unsere Füße und die der Reittiere verfingen, Schlamm bis zur Brust der armen Tiere, schroffe Berge, schnelle Abstiege, übersät von Felstrümmern, welche die Berghänge hinabrollten; wenn wir eine Furt durchquerten, mussten unsere armen Pferde nicht selten schwimmen. Ich selbst habe die Flut unterhalb meines Gürtels gespürt ... Ich habe gezählt, dass wir an einem einzigen Tag 42 Wasserläufe überquert haben. Fügen Sie zu all diesen Prüfungen auch noch die Anwesenheit von Bären hinzu, die – Dank sei dem Himmel! – sich uns abgesehen von ihren Spuren auf der Erde, nicht zeigten; dann die zahlreichen Pferdeskelette, die hier und dort den Weg säumten. Dann, innerhalb von drei Tagen und drei Nächten, regnete es in den Gletschern ohne Unterlass und dieser Regen ließ uns nicht einen Moment ausruhen. Minus drei Grad am 24. Juni und außerdem noch riesige Schnaken, die Tag und Nacht, trotz Regen, Wärme oder Kälte uns millionenweise einhüllten und entstellten, trotz der Ledermasken, mit denen wir unsere Gesichter bedeckten. Es war unmöglich, zu trinken und zu essen, ohne Hunderte dieser verdammten Insekten zu verschlucken. Als wir auf diese Weise 15 oder 20 Meilen unserer Reise hinter uns gebracht hatten, da hatten wir zum Schlafen nichts als den Boden, zum Schutz nichts als ein Zelt, das noch feucht war, und um uns zu trocknen nichts als ein Feuer aus grünem Holz. Trotz allem schlief man unter diesen schlechten Umständen, ich wie auch die anderen, den Schlaf der Todmüden, der tiefer und umfassender ist als der Schlaf der Gerechten. Dennoch standen wir in einer Nacht in Eile auf, wir hatten unsere Schlafstelle auf einer Anhöhe errichtet, aber der Regen hatte so viel und so gut gearbeitet, dass sich vier Schritte von uns entfernt ein Bach gebildet hatte, der zwei Stunden später zum Fluss werden sollte und bald darauf zu einem reißenden Strom. Dank dem Himmel, diese sintflutartigen Regenfälle dauerten nicht länger als drei Tage, sonst hätten wir keine andere Möglichkeit mehr gehabt, als auf die Bäume zu klettern oder uns an einer Art von Stangen zu befestigen, die man ab und an zu diesem Zwecke fand.

Um zusammenzufassen: Wir haben 270 Meilen zu Pferd in 16 Tagen zurückgelegt, durch Einöden, auf Berghöhen, inmitten von Gletschern, mit einer Temperatur von 30 Grad Hitze am Tag, die bis zu sieben oder acht Grad unter Null in der Nacht abfiel, Regen im Schnee, keine befestigten Wege, mit dem Kompass durch Sümpfe, die eine ganze Welt begraben, und dazu kamen Einheimische, Barbaren, so barbarisch, dass uns im Vergleich mit ihnen die halbwilden Hunde aus Kamtschatka freundlich, anmutig und zivilisiert erschienen."

Wenn man daran denkt, dass das, was wir hier lesen, das ist, was Mlle Cristiani in ihrer pittoresken Sprache umschrieb mit ‚ein Meerbad nehmen und eine Vergnügungsreise machen!'....
Aber wir sind noch nicht am Ende der Prüfungen angelangt.
Al. BARBIER
(Nächste Folge morgen)

II.
Wir fahren fort mit dem Bericht über die Abenteuer von Lise Cristiani in Begleitung ihres treuen Instrumentes. Nach so vielen mutig ertragenen Strapazen und ungezählten überstandenen Gefahren zu Lande und zu Wasser, kamen unsere zwei Reisenden endlich in Ochotsk an, wo ein Schiff der Krone mit Namen *Irtisch* auf sie wartete, um sie nach Petropawlowsk zu bringen. Dies ist der Hafen, der am südlichen Ende der Halbinsel Kamtschatka gelegen ist, die entlegenste Grenze zwischen dem europäischen Reich und Asien. Es gab noch mehr als 350 Meilen auf dem Meerweg zu überwinden, aber nach dieser atemberaubenden Reise, die man gerade hinter sich gebracht hatte, fühlte man sich ganz glücklich und wohl, nun nichts anderem mehr als den Nebeln und Unwettern des Meeres von Ochotsk und des Pazifischen Ozeans trotzen zu müssen.

Die Überfahrt wurde nur von einer einzigen, besonderen Begebenheit ausgezeichnet, die wir folgendermaßen in den Briefen Lise Cristianis geschildert finden.... :

„Auf dem Meer von Ochotsk, wo wir wegen widriger Winde lange herumkreuzten, hatten wir keine andere Zerstreuung, als dem Spiel der Wale zuzusehen. Einem dieser riesigen Wale fiel es ein, unter das Schiff zu tauchen, zum großen Schaden unserer Leute, die dadurch einen schrecklichen Schock erlitten, abgesehen von einem ziemlich starken Gefühl, ganz verwandt der Angst. Es war Nacht, atemlos rannten alle an Deck: „Was ist los? Was gibt es? Schaut nur!" Und wir sahen das Monster ganz ruhig, wie es sich unter unserem Kiel bequem gemacht hatte. Alle sprachen mit gedämpfter Stimme, gepackt von einem Gefühl von Vorsicht, aus Angst, das sensible Tier zu beunruhigen, das unser Schiff trug. Endlich, nachdem der Wal wieder zu Atem gekommen war, tauchte er in die Tiefe, einen mächtigen Wasserstrudel hinterlassend. Wir sahen ihn erst am nächsten Morgen wieder, wie er seinen Rücken der Sonne zeigte. Da am vergangenen Abend Stradivarius seine anrührendsten Melodien in den Wind und die Wogen gesendet hatte, vermutete man, dass der Wal von diesen ungewohnten Klängen angezogen worden war. Ein Naturforscher, der uns begleitete, sagte dazu nicht nein, und von diesem Moment an war man an Bord allgemein der Meinung, dass die Wale, ganz wie die Schildkröten, Musikliebhaber ersten Ranges seien.

Einige Tage vor der Ankunft in Petropawlowsk sah man am Horizont ein Segel näher kommen, vom Ausguck kam die Ansage: „Französisches Schiff!" Bei diesem Ausruf stürzte die junge Reisende aufs Deck, ganz bewegt und nicht an diese unverhoffte Begegnung glauben wollend, die ihr das Herz bis zum Halse schlagen ließ.

Man traf sie, das Fernglas in der Hand, wie sie nach der Flagge spähte, die mit den drei Farben am Mast wehte, die Tränen kamen ihr in die Augen und einige Momente lang war sie davon ganz verwirrt, sie lachte, sang, sprang, tanzte, alles im selben Moment; es war das Vaterland und wie ein Hauch von der Familie, von der sie seit so langer Zeit getrennt war, die hier jetzt in dieser verlorenen See zu ihr kamen.

Es war tatsächlich ein französischer Walfänger, für den dies ebenfalls eine glückliche Begegnung war. Er hatte seit mehreren Tagen ein Leck und trotz des unaufhörlichen Spiels der Pumpen hatte er alle 24 Stunden wieder 2 Fuß hoch Wasser in seinem Frachtraum. Der General bot dem Kapitän an, ihn bis nach Petropawlowsk in den Schlepptau zu nehmen, wo man am 10. oder 11. August 1849 ankam, unter dem Lärm eines gut ausgeführten Artillerie-Ständchens, mit dem allerdings die Stimmung unseres Stradivarius und die Ohren der Musikerin kaum zufrieden sein konnten.

In Petropawlowsk, einer kleinen Stadt von 2000 Seelen, noch ganz jungfräulich in Bezug auf Konzerte, lud man alles ein, was die Stadt an Uniformen, Paletots und an Taschen, mit den dazugehörigen Frauen zu bieten hatte. Man schaffte es, etwa 60 Leute zusammenzubringen, eine Anzahl von Leuten, die sich aus Franzosen, Amerikanern, Deutschen und Engländern zusammensetzte und im Mittelpunkt von dem allen, General Murawiew und sein Gefolge sowie der Bischof von Kamtschatka mit seinem geistlichen Hof!

„Ich habe ohne Begleitung gespielt, mein lieber Stradivarius wurde mir von einem Kosaken in großer Aufmachung übergeben, er machte alleine die Arbeit des Konzerts, glücklicherweise war er bei Stimme. Wir haben einen enthusiastischen Erfolg gehabt, der insbesondere etwa 30 französischen Matrosen zu danken war – in brandneuen Anzügen, um hier mit deren Sprache zu sprechen.

Bald hisste man unter dem Lärm ohrenbetäubenden Kanonendonners wieder die Segel in Richtung Ochotsk. Man kam an Ajan vorbei, eine gerade aus fünf oder sechs Häusern entstehende Stadt, an den Mündungen des Flusses Amur. – Oh unerwartetes Glück! Lise Cristiani fand dort eine Geige und einen Mann, der sie spielte, ein Klavier mit Saiten, einen deutschen Arzt, der es stimmen, und die Frau des Arztes, die es ganz angenehm zum Klingen bringen konnte, außerdem zwei Marineoffiziere, welche die tapfere Künstlerin in St. Petersburg gehört hatten, und schließlich ihr Porträt, das in diesen unbekannten Winkel der Erde im gleichen Moment wie der Ruhm der Cellistin gekommen war. Man holte

Stradivarius an die Luft und hatte zum ersten Mal seit sehr langer Zeit das Vergnügen, echte Musik mit echten Musikern zu machen. Es war der Gipfel des Glücks, nach 28 Tagen bei furchtbarem Seegang, einige Momente der Ruhe und der fröhlichsten Gastfreundschaft.

In Ochotsk wollte unsere Reisende nicht spielen. Die Nebel des Meeres und die Feuchtigkeit des Klimas hatten das alte Instrument heiser gemacht. Nach Jakutsk nahm man denselben Weg wieder zurück, der durch die fortgeschrittene Jahreszeit allerdings noch grauenvoller geworden war. Man musste wohl oder übel Halt machen und auf den Schlitten warten. Das war eine Verzögerung von einem Monat. Um sich die Zeit zu vertreiben, entschied man, ein Konzert zu geben; die einzige Schwierigkeit war es, irgendwie Instrumente und Musiker zu beschaffen: „Nachdem man die ganze Stadt abgesucht hatte, landete man bei der Entdeckung eines riesenhaften Klaviers, unwahrscheinlich vorsintflutlich, eine Art versteinertes Mammut .... ohne eine einzige Saite! Es kann zu einem der merkwürdigen Wunder des Landes gezählt werden. Das Orchester, mit dem ich es zu tun hatte, war zusammengesetzt aus einer in Moskau geklauten Violine, von der man das Schnittmuster genommen hatte, um zwei weitere anzufertigen, mit denen ein Fiedler vom Lande nicht mal seine Kuhhirten hätte zum Springen bringen können; schließlich, als Krönung ein phänomenales Violoncello, zusammengesetzt aus zwei zu langen Holzplanken, der Rücken wie die Decke mit Holzfäden befestigt, ein großer Hals, wie der eines Kontrabasses, eckig geschnitten in altmodischer Form und die Zargen des Instruments aus gekochter Birkenrinde, vernäht mit zwei Harmonie-Balken nach Art der Schuhmacher; es war so klangvoll wie Filz. Ich wollte versuchen, dieses groteske Ding zum Klingen zu bringen, aber ich konnte aus ihm nichts als ein gedämpftes Brummen herausbringen, ziemlich vergleichbar dem Brummen eines Bärs, der an der Kette beißt. Aber ich verliere die Hoffnung, Euch eine Idee von der außerordentlichen Komik zu geben, welche diese Amphibie Seite an Seite mit meinem schönen Stradivarius abgab, man musste sie einfach nebeneinander sehen.

Man darf nicht vergessen, dass wir uns mehr als 5000 Meilen von Paris entfernt befinden, in der vollkommenen Wildnis, und nicht eine solche Wildnis, welche unter der Sonne lebt, sondern eine, welche vor sich hinvegetiert und verschrumpft in der Nachbarschaft des Pols, bei 40 oder 50 Grad Kälte. Hier wird man noch mehr solche Mirakel der Industrie bewundern können.

Endlich fing der Schnee an zu fallen: Das war die Befreiung. Man stieg in den Schlitten und im dreifachen Galopp der Hunde, der Rentiere und Pferde überwand man in 12 Tagen die 500 Meilen, welche Jakutsk von Irkutsk trennen, wo man am 8. Oktober 1849 ankam. Am besten benahm sich von der ganzen Karawane der Herr Stradivarius, er hatte tapfer all die Strapazen und Unstetigkeiten der Reise ertragen und sich bei jeder Gelegenheit seiner energischen Begleitung als würdig erwiesen. „Ich weiß nicht, ob er um mich gezittert hat, schrieb Mlle Cristiani, aber er hat mir schwer auf den Ohren gelegen."

Es gab keine Zeit zu verlieren, wenn man vor der Rückkehr nach Tobolsk und Moskau die Bekanntschaft mit Kjachta und Mai Ma Tschin, der chinesischen Stadt, die angrenzt, machen wollte. Der Baikal, ein See von 160 Meilen Länge, machte einige Schwierigkeiten bei der Überquerung. Trotzdem kam man gesund und sicher an und man war nicht mehr als 360 Meilen von Peking entfernt! – Was für eine Versuchung! – Glücklicherweise verhinderten die Herren Mandarins, dass man ihr erlag; und in Bezug auf das Konzert, was man ihnen hätte präsentieren wollen, machten sie so einen Lärm mit ihren Tamtams, ihren Gongs, ihren ganz veralteten Hörnern und ihren sechs Fuß langen Klarinetten ohne Klappen, so dass unsere verschreckten Nachtigallen in aller Eile ihre Flugrichtung gen Irkutsk änderten. Während ihrer kurzen Abwesenheit hatten die Freunde alles vorbereitet für ein Abschiedskonzert, die Art und Weise, wie man vorging um es ertragreich werden zu lassen, ist originell genug, um zitiert zu werden: „...der General bat mich um hundert oder 150 Karten, die er dem Polizeichef anvertraute, sie seinem Diensteifer überlassend; dieser übergab sie seinen Offizieren (man bedenke, dass alles was irgendwie von nah oder fern mit Autorität zu tun hat, in Russland den Titel Offizier bekommt, sogar die Polizeibeamten); und so eilten die Unglückseligen, schnüffelten, schmeichelten, bittend, befehlend, manchmal mit Zwang Hand anlegend, wenn's nötig war, bis alle armen Karten à 12fr. komplett unter die Leute gebracht waren."

Über den Rest lässt sich nur sagen, dass die Opfer dieser ganz freundschaftlichen Hinterhältigkeit keinerlei Groll gegen die Künstlerin behalten hatten. Das Konzert war wundervoll, voller Enthusiasmus; nie war die junge Virtuosin schöner gewesen, nie hatte Stradivarius durchdringendere und rührendere Schwingungen ausgesendet; das war nicht mehr eine Stimme aus Holz, sondern in der Tat eine menschliche Seele.

Es kam der Tag des Abschieds; man reichte sich die Hand, Herz an Herz, eine Träne im Auge. Das war diesem schönen Paar eigen: Überall hinterließen sie auf ihrem Weg Freunde und passionierte Bewunderer.

Bald glitt man über den Schnee durch das Vorland um Tobolsk, begleitet von einer Kammerfrau und zwei Kosaken, Melodien und Konzerte auf dem Wege ausstreuend, wo immer man auch nur den Schatten eines Publikums finden konnte; so (wir kopieren das Reisetagebuch):

„In Krasnojarsk, war das Publikum begeistert bis zum Delirium. In Barnaul, da herrschte geradezu eine Musik-Wut, sieben Pianisten, eine unzählbare Sippschaft von *chaudrons*[7] und Gold-Suchern, die ihre Karten mit Pailletten bezahl-

7 „tribu de *chaudrons* et des chercheurs d'or"; wörtlich übersetzt ‚Kessel'.

ten: In Tomsk, 750 Meilen von St. Petersburg entfernt, mehr als 1500 Meilen von Paris, gab es ein exzellentes Orchester, sehr zahlreich, das sogar sauber spielte.

In Tobolsk empfing uns der Prinz-Generalgouverneur mit jeder Art Entgegenkommen und Rücksicht und als er erfuhr, dass ich in der Stadt nur eine sehr unbequeme und wenig gesellschaftsfähige Unterkunft gefunden hatte, ließ er mich bei den Offiziers-Obersten der Polizei wohnen, in einem hochherrschaftlichen Gebäude – für dieses Land – welches als Versammlungsort der Adligen diente; des Weiteren hatte er darüber nachgedacht, dass das Haus einsam gelegen sei, so gab er den Befehl mir zwei Soldaten zu schicken, die sich als sehr gute Untertanen zeigten, dies alles mit meinem Kosaken und dem Haus-Wächter vier Männer in Uniform! Auch abends beschaffte ich mir das Vergnügen, Befehle zu erteilen und zur Überprüfung der Posten vorbeizugehen."

Nach mehreren Konzerten in Tobolsk, wo man am 10. Januar 1850 angekommen war, brach man in den ersten Februartagen wieder auf, bei 40 Grad Kälte.

In diesem Moment schien Mlle Cristiani, zu sehr geprüft von den vorangegangenen Strapazen und der unerbittlichen Härte des Klimas, eine Art seelische Erschütterung zu erleiden, die sie uns weniger energisch als in der Vergangenheit zeigt. „Dieses ewige Leichentuch aus Schnee, das mich umgibt, lässt allmählich mein Herz erschauern. Gerade liegen hinter mir 3000 Verst Reise in einem Atemzug, nichts, nichts als Schnee, gefallener Schnee, Schnee der fällt, Schnee der fallen wird! Steppen ohne Ende, wo man sich verliert, wo man sich selbst zu Grabe trägt! Meine Seele lässt sich allmählich in dieses Totentuch einwickeln, und es scheint mir, als ob sie gefroren vor meinem Körper verweilt, der sie anschaut, ohne die Kraft zu haben, sie zu wärmen. Im Gegenteil, ich fürchte, dass es die begrabene Seele ist, die bald das Böse anzieht, wie Xavier de Maistre sagt."

Dies liest sich wie eine Vorahnung.

Ende des Monats März 1850 kam Lise Cristiani zurück nach Moskau, von wo sie bald wieder aufbrach, um einige Teile Russlands zu bereisen, die sie noch kaum besucht hatte. Aber die Hoffnungen, die sie in diese letzte Kunstreise setzte, erfüllten sich nicht, so dass ihr einen Moment lang, verzweifelt, der Gedanke kam, sich von ihrem Stradivarius zu trennen.

„Vielleicht werde ich mich entscheiden müssen: Wenn ich dafür nur einen guten Preis bekommen könnte, ich würde nach Paris zurückkehren, natürlich nicht ohne fürchterliche Schmerzen, die mir diese traurige Trennung bereiten würden, ich liebe meinen treuen Kompagnon über alles! Er ist mir so lieb geworden, er wurde so umsorgt, bewundert und hat mir solch treues Geleit gehalten. Aber was soll es, wenn ich mich trennen muss, dann werde ich mich fügen, was sind einige Tränen mehr oder weniger, darauf kommt es jetzt auch nicht mehr an.“ Glücklicherweise kam es zu dieser Trennung nicht.

Im Jahr 1852 befand sich unser reisendes Paar, vereinter denn je, in Tiflis, von wo sie weiter nach Stawropol, mitten im Kaukasus reisten – ein Reiseweg, der bevorzugt von Kosaken übersät war und sich durch eine undefinierte Zahl an Entführungen, Plünderungen und Morden hervortat; wo man nicht eine Viertelmeile hinter sich legen konnte, ohne sich von Angesicht zu Angesicht einem Pistolenlauf gegenüber zu sehen, wo man nicht eine Nacht verbringen konnte, ohne sich in wirklich schwerer Gefahr zu befinden. Das war alles noch nicht genug für unsere zwei wagemutigen Reisenden: Lise Cristiani, die bereits Opfer einer Art Fieber und Auszehrung geworden war, fühlte sich verpflichtet, gegen das Böse zu kämpfen, indem sie sich den Zufällen eines ganz und gar abenteuerlichen Lebens in die Arme warf.

„Ich hatte von der großen Expedition reden gehört, die der Prinz Bariatinski, der Held des Kaukasus, in Grosny gegen Schamil vorbereitete. Nun war die Frage, wie dorthin kommen? – Ich ließ den Prinzen verständigen und brach auf, um ich-weiß-nicht-wohin zu gehen, begleitet von vier oder fünf Kosaken, die lustig um meinen Wagen herumtollten. So legte ich einige hundert Verst zurück, und kam in einer Staniza an, bei einem tapferen Oberst der Artillerie, der mich als wahrer Freund empfing (eine Staniza ist ein befestigtes Dorf, wo die Bevölkerung der Umgebung Unterschlupf findet, wenn der Feind die Ebene einnimmt), des Weiteren war er sehr gelangweilt, verbittert und so wollte ich gerne aus Dankbarkeit in sein Herz einen Lichtstrahl von Trost fallen lassen… Ich ruhte mich bei ihm fünf Tage aus, und feierte dort mein 27. Lebensjahr. Man gab mir zu Ehren ein Kosakenfest, indem fünf- oder sechshundert Männer eine Parade liefen und einen kleinen Krieg um meine Kutsche herum aufführten, sie waren anschließend zu meiner Ehre gänzlich betrunken; ich erwähnte noch nicht, dass jeden Tag die Vorsänger der Bataillone kamen, um mir ein Ständchen zu bringen. Ich schweige über die Kanonenübungen, mit denen man mir ebenfalls Ehrerbietung erweisen wollte.

Überhäuft mit all diesen kriegerischen Galanterien, brach ich in Begleitung meines Gastgebers auf, um mich zu der Niederlassung eines weiteren Obersts zu begeben, der Chef des schönsten Regimentes des Landes. Fügen wir dazu, dass hier, wo es kaum Frauen gab, seine Staniza bevölkert war von den schönsten Kreaturen der Welt, die man vor mir Parade laufen ließ.

Ich fand einen Brief des Prinzen, der mir seine wohlwollendste Gastfreundschaft anbot, in den höflichsten Worten, und so genoss ich, dass man mich so schnell wie möglich zu seinem Generalsquartier geleitete, ohne dass ich die wöchentliche Wagenkolonne abwarten musste, man hatte eine extra für mich zusammengestellt. Nun also auf dem Weg, mein Stradivarius und ich, so marschierten wir wie die Herrscher, umringt von einer Eskorte von 200 Männern der Infanterie, erleuchtet an unseren Seiten durch 50 Reiter, eine Kanone vorweg, eine andere am Schluss, und hinter uns her 12 Congreves.[8] Nach 25 Verst kamen wir bei einem befestigten Posten an, wo mich ein feiner Imbiss erwartete und ein Willkommensbrief vom Prinzen. Weiter ging es ins Feld mit unserer kleinen Armee. Nach einigen Momenten erschien mir der Kommandant plötzlich sehr sorgenvoll und er verdoppelte die militärischen Vorsichtsmaßnahmen. Tatsächlich waren wir am gefährlichsten Punkt unseres Weges angekommen und ohne einen dichten Nebel, der uns plötzlich einhüllte und uns dem Blick der Tscherkessen entzog, hätten wir mit Sicherheit einen Zusammenstoß gehabt. Seitdem habe ich diese verpasste Gelegenheit bedauert…! Endlich waren wir in Blickweite von Grosny, wo wir ohne Hindernisse ankamen. Unser Wagen hielt vor einem eleganten Haus. Zwei livrierte Diener, mit weißen Handschuhen und Lackschuhen empfingen mich und geleiteten mich in einen anmutigen kleinen Salon, warm, elegant, komfortabel, Parfums auf dem Tisch, königliche Wäsche, persische Teppiche, aller asiatische Luxus vereint mit europäischem Komfort. Und all das in Grosny, einer Art Militär-Biwak, an den Ufern des kaspischen Meers, ein Ort, dessen Name auf keiner Karte aufgeführt wird.

Man kam, um mir zu sagen, dass der Prinz mich erwarte; schon oft hatte ich seinen Namen mit Lob gehört, er ist Generalleutnant, Adjutant des Zaren, Chef des linken Flügels, *grand cordon*[9] des Ordens St. Wladimir. Ich erwartete irgendeinen alten, eher unintelligenten Kopf mürrischen Aussehens anzutreffen. Man ließ mich in ein persisches Zimmer eintreten und ich fand mich einem großen, schönen, jungen, einfach gekleideten Mann gegenüber, von einer aufrichtigen und offenen Erscheinung, mit Manieren, geprägt von höchster Vornehmheit. Ich gebe zu, dass ich einen Moment lang verwirrt war: ein General-Leutnant von 37 Jahren, aus einer der wichtigsten Familien Russlands, reich, mit 800.000 fr. Rente; von einem militärischen Erfolg, der einem den Kopf verdreht, solche Dinge hätte man wirklich nicht vorhersehen können! … Ruhm und Ehre über alles liebend, fand er eines Tages heraus, dass er sich nicht zur gleichen Zeit um seine 1000 Bediensteten und um seinen Ehrgeiz kümmern konnte, so schenkte er 16.000 leibeigene Bauern seinem älteren Bruder, denn er sagte, er habe keine eigene Familie und werde nie eine haben. Und dann zeigte er mir das Malteserkreuz, das an seiner Brust prangte.

Ich war ganz sicher hier an einen Beweis der guten alten Zeit geraten; seine ganz und gar ritterliche Erscheinung wurde nur durch sein Umfeld ein wenig

8 Anspielung auf William Cengreve (1772–1825), britischer Artillerieoffizier und Erfinder von Raketen.

9 Höchster Grad eines Ordens.

verändert, welches sich aus Menschen mit Herz zusammensetzte, die aber gänzlich unvertraut mit jeder Art von Benehmen von Welt waren; sie brüsteten sich nicht gerade damit, sich der Anmut zu opfern. Trotzdem schenkte ich dieser besonderen Art Bewunderer fast drei Wochen lang meine Kunst und meine Lieder mit vollen Händen.

Die ersten Momente waren ein wenig steif, aber nach drei Tagen war alles Eis geschmolzen, so machte ich sie mit Stradivarius bekannt und wir zwei amüsierten uns, die Herzen dieser schönen und einfachen Männer beben zu lassen, einer verfluchte uns, weil wir ihn zum Weinen, ein anderer, weil wir ihn zum Lachen gebracht hatten. Es gab einige Tscherkessen, die nicht glauben wollten, dass Stradivarius eine tote Sache sei und die ihn wie einen Fetisch anbeteten.

Ein Perser feierte uns in Versen, wundervoll kalligraphiert und koloriert, nachdem er die Schlussarie aus Lucia gehört hatte! Ich hatte meine Haudegen so gut erobert, dass sie dem General böse waren, da er nicht zuließ, dass sie mich mit in den Kampf nahmen.

Nichts war schöner, als jeden Abend zu sehen, wie die *lézards*[10], wie der Prinz sie nannte, bei den ersten Noten aus ihren Verschlägen kamen, um sich mit schwerfälliger und eigenbrötlerischer Attitüde in den Ecken meines Salons aufzupflanzen. Ich habe niemals mehr Freude gehabt, zu singen und zu spielen; extra für diese derben Soldaten habe ich russische Lieder gelernt; ich habe für sie meine schönsten Garderoben getragen, glücklich, für einen Moment all diese armen Teufel zu erfreuen, die von einem zum anderen Moment einer tschetschenischen Kugel zum Opfer fallen konnten.

Wie viele von ihnen, denen ich am Abend noch eine Romanze, die ihnen besonders lieb gewesen war, versprochen hatte, sah ich nie wieder, nur als nächtliche Gespenster, die kamen, um mir die Nächte schwer zu machen!

Zwischen zwei Liedern sah man häufig Männer hin und her laufen, das Gesicht bedeckt, von mysteriösem Aussehen, die sich mit dem General in dessen Privat-Kabinett verdrückten. Bald trat er wieder heraus und sagte ganz ruhig: Meine Herren, Schamil verbringt die Nacht 12 Verst von hier entfernt (3 Meilen), er ist mit 12.000 Männern gekommen, er hat gestern 50 Männer auf den Vorposten getötet, es wird morgen einen Alarm geben, vielleicht sogar eine Schlacht! ... Und mein tapferer Varius und ich, nachdem wir für einen Moment die Musik unterbrochen hatten, fingen erneut an, noch schöner zu singen. Man muss mit dem alten Instrument gerecht sein, außer den Kanonen, die ihn ein bisschen zu sehr mitnahmen, ertrug er all diese Hürden des kriegerischen Lebens sehr heldenhaft. Er hatte sogar die ganz besondere Ehre, Pate für zwei

10 Eidechsen.

Schlachtrösser des kaukasischen Siegers zu sein, von denen eines den Namen *Stradi* und das andere den Namen *Varius* erhielt."

Um seine Gäste zu zerstreuen und zu ehren sowie um die Soldaten bei Laune zu halten, ließ der Prinz mehrere Militärpromenaden veranstalten, die durch das Spektakel der tausend Kriegsspiele noch mehr in Schwung gebracht wurden. Der Krach dieser Feste weckte die Neugier von Schamil und seinen Leuten: „Es ist aus dem Westen zu ihnen eine Frau gekommen, die sie alle verrückt macht. Sie amüsieren sich, sie überlassen sich dem Vergnügen; es scheint, als ob sie sich ihrer Sache zu sicher wären?" Und dieser Gedanke ließ den kaukasischen Führer in seinen Plänen ein wenig zögern, woraus wiederum sein geschickter Gegner sofort Vorteile ziehen konnte.

Am 13. Januar 1853, welcher dem russischen Neujahr entspricht, nach einem großen Essen, zu welchem der Prinz Bariatinski seinen ganzen Führungsstab einlud, eine hochherrschaftliche Mahlzeit, ein wahres kulinarisches Meisterwerk, serviert an den Ufern des kaspischen Meeres, als ob es in Paris zubereitet worden wäre von der weisen Hand eines *Carème*[11] oder eines *Chevet*, tranken alle Gäste auf das neue Jahr und man hatte für unser poetisches junges Mädchen die Ehre des letzten Toastes reserviert. Aber um die Intelligenz dessen, was folgt, zu verstehen, muss man wissen, dass in Russland ein durch Zufall zerbrochenes Glas am Tag eines Festes als Zeichen des Glückes gilt. Als sie an der Reihe war, erhob sie sich und sagte: „Meine Herren, da meine Anwesenheit an diesem Orte bei allen Zufällen der außerordentlichste ist, lassen Sie mich nun der Zufall sein und seine Rolle spielen, ich trinke auf alle meine Gastgeber!"

Und als sie das sagte warf sie das Glas mit aller Gewalt auf den Boden, unter dem Lärm der wunderbarsten Hurras, die diese Kehlen aus Eisen jemals hervorgebracht hatten.

„Nun aber inmitten dieser Menge von alten Schnurrbärten und wackeren Männern, die sich um mich bemühten", sagte sie an einer Stelle, „denen meine Lieder und meine Tugenden einer jungen Frau die ernsten Gesichter erhellten wie ein Lichtstrahl, dort gab es keine zuvorkommende Aufmerksamkeit, die man nicht für mich bereit gehabt hätte; ich habe mich wohler gefühlt als in den Salons von St. Petersburg: die ausgewählte Höflichkeit in perfektem Maße, die all diese Begegnungen prägte, hätte mich glauben lassen, ich befände mich in der Zeit der Ritter."

Nach drei Wochen dieses romanhaften Lebens musste man an den Abschied denken: Lise Cristiani verließ Grosny ebenso triumphal, wie sie dort angekommen war, eskortiert von Kanonen, Hunderten von Kosaken und mehreren Infanterie-Kompanien: „Der Prinz Bariatinski ließ mich wie eine Königin reisen und

11 Marie-Antoine Carême (1784–1833), Gourmetkoch aus Paris.

sein Schutz verließ mich nicht, bis nichts mehr von Schamils Schürzenjägern zu fürchten war. Alle meine alten *lézards* kamen in Mengen, um mir das Geleit zu geben, sie begleiteten mich bis einige Verst von der Festung entfernt und mit Tränen in den Augen donnerten sie ihre Salven, um ihrem *bon rêve*[12], wie sie mich nannten, Glück und Freude zu wünschen ..."

Ach! Ihr schöner Traum sollte ebenfalls zu Ende sein!

Am 5. September schrieb sie aus Vlady Kaaftat, einer kleinen befestigten Stadt im Kaukasus, an ihre Freunde: „Ich habe den Tod in meiner Seele... ich bin glücklich wie ein Kiesel im größten Unwetter ... meine Schmerzen steigen, meine Kräfte schwinden; was soll nun werden? Ich habe alles versucht; sogar in diesem verdammten Land, wo hinter jedem Busch ein Gewehr lauert, aber ich habe kein Glück, anstelle der Kugel, die ich suchte, bekam ich nur Bonbons, die Schamil in irgendeinem Handgemenge entrissen wurden! Ist das nicht ein großes Pech?"

Gegen Ende September kam sie mit ihrem treuen Gefährten Stradivarius in Novo-Tscherkassk am Don an, die Hauptstadt der Kosaken mit diesem Namen, wo die Cholera umging. In der Verfassung von Körper und Geist, in welcher sie sich befand, war sie ein leichtes Opfer der Seuche, der sie innerhalb weniger Stunden am 2. Oktober 1853 erlag.

Die fatale Nachricht erreichte ihre Familie sehr viel später. Mittlerweile war der Krimkrieg ausgebrochen, der arme Stradivarius blieb Gefangener und wäre es noch ohne die wohlwollende Intervention von M. Thouvenel, dem französischen Botschafter in Konstantinopel, dem er wirklich seine Befreiung zu danken hat, weil er dort in den Händen rechtschaffener Leute war, die nur den einen Fehler hatten, nämlich nicht so ohne weiteres ihre Beute hergeben zu wollen. Stradivarius kehrte im Monat Dezember 1857 nach Frankreich zurück, oder besser gesagt nach Paris, als Witwer der schönen und charmanten Künstlerin, der es so wohl verstanden hatte, seine Seele in der ihren zu versenken. Seit diesem Tag blieb er stumm, keine unwürdige Hand hat seine Saiten zum Klingen gebracht; er wartet heute, dass irgendein anderer Künstler von Ruf ihm das Gefühl und die Stimme wieder zurückgibt.

AL. BARBIER

12 „schöner Traum"

Dokument 10
Transkriptionen von Presseartikeln über Guilhermina Suggia

1905
A New Violoncellist
Mr. Schultz Curtius introduced us to a new violoncellist of great merit at the meeting of his concert club at the Bechstein Hall yesterday afternoon. Mlle. Gailhermina Suggia [sic] is a native of Oporto, and her playing has won her the highest praise on the Continent, praise which is certainly no more than her just due. She made it evident at once in Dvorak's Concerto in B minor that she is an artist of exceptional ability. Her tone in the first place is beautifully rich and pure, while there is no fault in her execution. In addition to this, however, she has the temperament of a real artist, and she caught the feeling of the music to perfection. Later in the programme [sic] she played a group of smaller pieces by Svendsen, Victor Herbert, and Piatti, being accompanied throughout by Mr. Richard Epstein. The other soloist of the concert was Mr. Howard Hones, who has now won himself a place in the front rank of our native pianists. [...]
(The Manchester Courier, Monday January 23, 1905, S. 6)

1922
GUILHERMINA SUGGIA. The world's greatest Lady 'Cellist
Recognised not only as the greatest of all lady violoncellists but as one of the leading instrumentalists of the world, Madame Guilhermina Suggia's success has been conspicuous and undeniable wherever she has appeared.

Born at Oporto on June 27, 1888 – though really of Italian descent – he received her first lessons at the age of five, from her father (he himself being an excellent 'cellist) and continued under him until the age of 15. Then she went to Leipzig to work under Klengel, her expenses being [unleserlich] by Queen Amelie and he late King Carlos both of whom were admirers of her musical gifts and inclinations.

At her appearance here last season she was accorded a truly tremendous reception and it will be with no small pleasure and enthusiasm that the music-loving public of Bristol will welcome this most gifted artist in the Duek, Son, and Pinker Concert at the Colston Hall, on Wednesday next when she appears in company with the great Moiseiwitch, Woodman and Harold Williams.
(Western Daily Press, Bristol, Saturday, February 11, 1922, S. 8)

Quellen- und Literaturverzeichnis

Siglen und Abkürzungen

AMZ – Allgemeine musikalische Zeitung, Rochlitz, Friedrich u.a. (Hg.), Leipzig 1798–1848, 1863–1882

AWZ – Allgemeine Wiener Musik-Zeitung, Schmidt, August/Luib, Ferdinand (Hg.), Wien 1841–1848

BMZ – Berliner musikalische Zeitung, Gaillard, Carl (Hg.), Berlin 1844–1847

LMG – Kreutziger-Herr, Annette/Unseld, Melanie (Hg.), Lexikon Musik und Gender, Kassel/Stuttgart 2010

MGG – Die Musik in Geschichte und Gegenwart. Allgemeine Enzyklopädie der Musik begründet von Friedrich Blume. 2., neubearb. Ausgabe, Ludwig Finscher (Hg.), Kassel/Stuttgart 1994–2008

MUGI – Musikvermittlung und Genderforschung. Lexikon und multimediale Präsentationen, Borchard, Beatrix (Hg.), Hochschule für Musik und Theater Hamburg, 2003ff. URL: http://mugi.hfmt-hamburg.de

RGM – Revue et Gazette Musicale de Paris, Paris 1827–1880.

SDI – Lexikon Europäische Instrumentalistinnen des 18. und 19. Jahrhunderts, Hoffmann, Freia (Hg.), auf der Webseite des Sophie-Drinker-Instituts, http://www.sophie-drinker-institut.de

Signale – Signale für die musikalische Welt, Senff, Bartholf u.a. (Hg.), Leipzig 1843–1941

Sammlungen, Archive und Nachlässe

BNA – British Newspaper Archive, http://www.britishnewspaperarchive.co.uk/

CMM – Câmara Municipal de Matosinhos, Biblioteca Florbela Espanca, Archivo Histórico Municipal, Matosinhos, Sammlung Guilhermina Suggia

Gallica – Gallica – Datenbank der Bibliothèque nationale de France/Paris

Nachlass Barbier, BNF – Fragments inédits aus dem Nachlass Jules-Paul Barbier/Fond Barbier in der Bibliothèque nationale de France/Paris, Abteilung Opéra, Microfiche Ms 137–139

Sammlung Barbier/de Meyenbourg – Private Sammlung der Familie Barbier, verwaltet von Marianne de Meyenbourg/Sceaux

Sammlung Jaillais – Private Sammlung Lise Cristiani von Lonaïs Jaillais/Amorgos

Sammlung Lamas – Private Sammlung von Elisa und João Lamas/Lissabon

Sammlung Marques – Private Sammlung Guihermina Suggia – von Virgílio Marques/Lissabon

Sammlung Willmers – Private Sammlung May Mukle von Catherine Willmers/Hertfordshire

Zeitschriften

Aberdeen Journal 1926
Allgemeine musikalische Zeitung [Leipzig] 1846, 1847, 1879, 1887
Allgemeine Wiener Musik-Zeitung 1844–1847
Berliner musikalische Zeitung 1844–1847
Bulletin français de la S.I.M.
(Société internationale de musique, Section de Paris) 1909
Country Life [London] 1927
Derby Daily Telegraph 1923
Dwight's Journal of Music [Boston/MA] 1865
Gazette de Champfleury [Paris] 1856
Gloucester Citizen 1915, 1917
Hastings and St. Leonards Observer 1930
Illustrirte Zeitung [Leipzig] 1851
Hofmeisters musikalisch-literarischer Monatsbericht [Leipzig] 1846
Kent & Sussex Courier 1913, 1920
L'Album de Sainte Cécile et les Petites affiches musicales [Paris] 1846
La Presse orphéonique [Paris] 1870
Le Ménestrel [Paris] 1844, 1845, 1846, 1858, 1862, 1865, 1933
Le Monde dramatique [Paris] 1862
Le Tour du Monde [Paris] 1863
Les Beaux-Arts [Paris] 1863
Les Spectacles [Lille] 1924
Manchester Courier and Lancashire General Advertiser 1915
Neue Zeitschrift für Musik [Leipzig] 1843, 1845, 1846, 1857, 1861, 1866, 1889, 1897, 1912
Revue contemporaine [Paris] 1865
Revue et Gazette Musicale [Paris] 1845, 1862, 1865, 1876
Revue musicale S.I.M. [Paris] 1909
Scottish Daily Mail [Edinburgh] 1949
Signale für die musikalische Welt [Leipzig] 1845, 1846, 1847, 1851, 1856
The Aberdeen Daily Journal 1919
The Daily Mail [London] 1919
The Strad [London] 1950
The Sussex Agricultural Express [Lewes] 1915
Westdeutsche Allgemeine Zeitung [Essen] 2005
Western Daily Press [Bristol] 1931
Wiener Signale 1880

Literatur

Adorno 1962 – Adorno, Theodor W., Einleitung in die Musiksoziologie. Zwölf theoretische Vorlesungen, Frankfurt a. M. 1962

Alexanian 1922 – Alexanian, Diran, Traité théorique et pratique du violoncelle, Paris 1922

Ambrosy 1996 – Ambrosy, Katia, Die Novas Cartas Portuguesas. Drei portugiesische Schriftstellerinnen sprengen Klostermauern, in: Freiburger Frauen Studien 1996, 2. Jg., Nr. 1, S. 99–107

Andree 1867 – Andree, Richard, Das Amur-Gebiet und seine Bedeutung. Reisen in Theilen der Mongolei, den angrenzenden Gegenden Ostsibiriens, am Amur und seinen Nebenflüssen. Nach den neuesten Berichten, vornehmlich nach Aufzeichnungen von A. Michie, G. Radde, R. Maack u. a., Leipzig 1867 (Malerische Feierstunden. Das Buch der Reisen und Entdeckungen. Neue illustrirte Bibliothek der Länder- und Völkerkunde zur Erweiterung der Kenntniß der Fremde. Asien, Bd. 3)

Assmann 2006 – Assmann, Aleida, Kanon und Archiv – Genderprobleme in der Dynamik des kulturellen Gedächtnisses, in: Bidwell-Steiner, Marlen/Wozonig, Karin S. (Hg.), A Canon of Our Own? Kanonkritik und Kanonbildung in den Gender Studies, Innsbruck u. a. 2006 (Gendered Subjects. Reihe des Referats Genderforschung der Universität Wien, Bd. 3), S. 20–34

Assmann 2008 – Assmann, Aleida, Einführung in die Kulturwissenschaft, 2., neu bearb. Auflage, Berlin 2008

Assmann 2009 – Assmann, Aleida, Erinnerungsräume. Formen und Wandlungen des kulturellen Gedächtnisses, 4. durchges. Auflage, München 2009

Austin 1979 – Austin, John L., Zur Theorie der Sprechakte, 2. Auflage, Stuttgart 1979

Babbe 2013a – Babbe, Annkatrin, Art. Gärtner, Leontine, in: SDI, http://www.sophie-drinker-institut.de/cms/index.php?page=gaertner-leontine, letzter Zugang am 7. März 2014

Babbe 2013b – Babbe, Annkatrin, Art. Fritsche, Agga, in: SDI, http://www.sophie-drinker-institut.de/cms/index.php?page=fritsche-agga, letzter Zugang am 6. November 2013

Bächi 2003 – Bächi, Julius, Berühmte Cellisten. Porträts der Meistercellisten von Boccherini bis zur Gegenwart; Schweizer Cellisten von heute, Zürich 2003

Baddely 1999 – Baddely, John Frederick, The Russian Conquest of the Caucasus, London 1908, Repr. Richmond 1999

Badinter 1993 – Badinter, Élisabeth, XY. Die Identität des Mannes, München/Zürich 1993

Baker 2012 – Baker, Vicki D., Gender Association with Stringed Instruments: A Four-Decade Analysis of Texas All-State Orchestras, in: Cavitt, Mary Ellen (Hg.), Texas Music Education Research, San Marcos 2012, Online-Publikation: http://www.tmea.org/assets/pdf/research/Bak2012.pdf, letzter Zugang am 9. April 2014

Baker/Slonimsky 1940 – Baker, Theodore, Baker's Biographical Dictionary of Musicians, 4. überarb. u. erw. Auflage, New York 1940

Baldock 1994 – Baldock, Robert, Pablo Casals. Das Leben des legendären Cellovirtuosen, München 1994

Bandura 1994 – Bandura, Albert, Lernen am Modell. Ansätze zu einer sozial-kognitiven Lerntheorie, Stuttgart 1994

Barbier, A. 1860 – Barbier, Al[exandre], Voyage d'un Stradivarius à travers la Sibérie, le Kamtchatka et le Caucase (1848–1853), in: Journal des débats politiques et littéraires, Teil 1 (26. Sept. 1860), o. S., Teil 2 (27. Sept. 1860), o. S.

Barbier, A./Barbier, V. 1861 – Barbier, Alexandre/Barbier, Victoire, Le maitre d'aquarelle. Traité pratique de lavis et de peinture à l'aquarelle, Paris 1861

Barbier, J. 1884 – Barbier, Jules, La Gerbe, poésies. 1842–1883, Paris 1884

Barbier, J.-V. 1893 – Barbier, Joseph-Victor, Un Chapitre du Livre d'or de la femme. Discours de réception, in: Mémoires de l'Académie de Stanislas 1893, 5. Jg., Nr. 11, S. XVII–XLIV

Barbier, P. 1987 – Barbier, Patrick, La vie quotidienne à l'Opéra au temps de Rossini et de Balzac. Paris 1800–1850, Paris 1987

Barbier, V. 1878 – Barbier, Victoire, Voyage sentimental autour d'une vieille femme, Paris 1878, Kopie aus dem Nachlass Barbier/de Meyenbourg

Barbier, V. 1880 – Barbier, Victoire, Causeries du soir par Mlle V. Barbier, Paris 1880, Abschrift aus dem Nachlass Barbier/de Meyenbourg

Bartsch 2004 – Bartsch, Cornelia, Virtuosität und Travestie. Frauen als Virtuosinnen, in: Loesch, Heinz von/Mahlert, Ulrich/
Rummenhöller, Peter (Hg.), Musikalische Virtuosität, Mainz 2004 (Klang und Begriff. Perspektiven musikalischer Theorie und Praxis, Bd. 1), S. 77–90

Bartsch 2007 – Bartsch, Cornelia, Fanny Hensel geb. Mendelssohn Bartholdy. Musik als Korrespondenz, Kassel 2007

Bauer 1927 – Bauer, Bernhard Adam, Komödiantin-Dirne? Der Künstlerin Leben und Lieben im Lichte der Wahrheit, Wien/Leipzig 1927

Bäuerle-Uhlig 2003 – Bäuerle-Uhlig, Dietlind, Professionalisierung in der Instrumentalpädagogik, Essen 2003 (Musikwissenschaft / Musikpädagogik in der Blauen Eule, Bd. 59)

Bäumer 2007 – Bäumer, Ursel, Wenn ich so denke, die Welt. Literarische Porträts historischer Frauen, Vechta-Langförden 2007

Bäumer 1901 – Bäumer, Gertrud/Lange, Helene (Hg.), Die Geschichte der Frauenbewegung in den Kulturländern, Berlin 1901 (Handbuch der Frauenbewegung, Teil 1)

Beauvoir 1960 – Beauvoir, Simone de, Das andere Geschlecht. Eine Deutung der Frau, gekürzte und bearb. Sonderausgabe, Reinbek bei Hamburg 1960

Beauvoir 1968 – Beauvoir, Simone de, Das andere Geschlecht. Sitte und Sexus der Frau, Reinbek bei Hamburg 1968

Becker/Kortendiek 2008 – Becker, Ruth/Kortendiek, Beate (Hg.), Handbuch Frauen- und Geschlechterforschung. Theorie, Methoden, Empirie, 2., erweiterte und überarb. Auflage, Wiesbaden 2008

Becker/Rynar 1929 – Becker, Hugo/Rynar, Dago, Mechanik und Ästhetik des Violoncellspiels, Wien/Leipzig 1929

Bednarz 2003 – Bednarz, Klaus, Vom Baikal nach Alaska. Eine Reise in Bildern, Reinbek bei Hamburg 2003

Benhabib u.a. 1993 – Benhabib, Seyla/Butler, Judith/Cornell, Drucilla/Fraser, Nancy (Hg.), Der Streit um Differenz. Feminismus und Postmoderne in der Gegenwart, Frankfurt a. M. 1993

Benthien/Stephan 2003 – Benthien, Claudia/Stephan, Inge (Hg.), Männlichkeit als Maskerade. Kulturelle Inszenierungen vom Mittelalter bis zur Gegenwart, Köln/Weimar/Wien 2003

Berger/Stephan 1987 – Berger, Renate/Stephan, Inge (Hg.), Weiblichkeit und Tod in der Literatur [Internationale Tagung von Frauen in der Literaturwissenschaft], Köln/Wien 1987

Bergmann/Timmermann 2009 – Bergmann, Hanna/Timmermann, Volker, Art. Wandersleb, Luise, in: SDI, http://www.sophie-drinker-institut.de/cms/index.php?page=wandersleb-luise, letzter Zugang am 6. November 2013

Berlioz 1914 – Berlioz, Hector, Lebenserinnerungen, Hans Scholz (Hg./Übers.), München 1914

Blankenburg 2003 – Blankenburg, Elke Mascha, Dirigentinnen im 20. Jahrhundert. Porträts von Marin Alsop bis Simone Young, Hamburg 2003

Bloss 2006 – Bloss, Monica: Musikwissenschaft, in: Braun/Stephan 2006, S. 307–321

Blot 2009 – Blot, Eric (Hg.), Antonio Stradivari. Violoncello Stauffer Ex Cristiani 1700, Cremona 2009 (Collezione degli archi di Cremona, Bd. 1)

Blum 1848 – Blum, Robert (Hg.), Volksthümliches Handbuch der Staatswissenschaften und Politik. Ein Staatslexicon für das Volk (Bd. 1), Leipzig 1848

Boerner 1983 – Boerner, Peter, Goethes „Englische Reise“ oder Gedanken zur Physiognomie des nicht-reisenden Reisenden, in: „Der curieuse Passagier“. Deutsche Englandreisende des achtzehnten Jahrhunderts als Vermittler kultureller u. technologischer Anregungen. Colloquium der Arbeitsstelle 18. Jahrhundert, Gesamthochschule Wuppertal, Universität Münster, Münster vom 11.–12. Dezember 1980, Heidelberg 1983 (Beiträge zur Geschichte der Literatur und Kunst des 18. Jahrhunderts, Bd. 6), S. 75–91

Borchard 1991 – Borchard, Beatrix, Clara Schumann. Ihr Leben, Frankfurt a. M./Berlin 1991

Borchard 2004 – Borchard, Beatrix, Der Virtuose – ein ‚weiblicher‘ Künstlertypus?, in: Loesch, Heinz von/Mahlert, Ulrich/Rummenhöller, Peter (Hg.), Musikalische Virtuosität, Berlin 2004 (Klang und Begriff. Perspektiven musikalischer Theorie und Praxis, Bd. 1), S. 63–76

Borchard 2006 – Borchard, Beatrix, Mit Schere und Klebstoff. Montage als wissenschaftliches Verfahren in der Biographik, in: Herr/Woitas 2006, S. 47–62

Borchard 2011 – Borchard, Beatrix, Amalie Joachim in Troppau und Herrmannstadt, in: Hoffmann 2011, S. 197–212

Borgstedt 2009 – Borgstedt, Silke, Art. Star, in: LMG, S. 518–519

Bork 2009a – Bork, Camilla, Art. Maskerade, in: LMG, S. 261–262

Bork 2009b – Bork, Camilla, Art. Virtuosität, in: LMG, S. 510–511

Bourdieu 1993 – Bourdieu, Pierre, Soziologische Fragen, Frankfurt a. M. 1993

Bourdieu 2005 – Bourdieu, Pierre, Die männliche Herrschaft, Frankfurt a. M. 2005

Bovenschen 1979 – Bovenschen, Silvia, Die imaginierte Weiblichkeit. Exemplarische Untersuchungen zu kulturgeschichtlichen und literarischen Präsentationsformen des Weiblichen, Frankfurt a. M. 1979

Braun 2006 – Braun, Christina von, Gender, Geschlecht und Geschichte, in: Braun/Stephan 2006, S. 10-51

Braun/Stephan 2006 – Braun, Christina von/Stephan, Inge (Hg.), Gender Studien. Eine Einführung, 2., aktualisierte Auflage, Stuttgart/Weimar 2006

Braun/Stephan 2009 – Braun, Christina von/Stephan, Inge (Hg.), Gender@Wissen. Ein Handbuch der Gendertheorien, 2., überarb. u. erg. Auflage, Köln/Wien/Weimar 2009

Breuer/Freud 1895 – Breuer, Josef/Freud, Sigmund, Studien über Hysterie, Reprint der Originalausgabe, Frankfurt am Main 1995

Brinker-Gabler 1988 – Brinker-Gabler, Gisela (Hg.), Deutsche Literatur von Frauen, Bd. 2: 19. und 20. Jahrhundert), München 1988

Brombach/Wahrig 2006 – Brombach, Sabine/Wahrig, Bettina, LebensBilder: Vorüberlegungen zu einer notwendigen interdisziplinären Debatte, in: Dies. (Hg.), LebensBilder. Leben und Subjektivität in neueren Ansätzen der Gender Studies, Bielefeld 2006, S. 7–22

Bronfen 2002 – Bronfen, Elisabeth, Sarah Bernhardt – Die Unermüdliche, in: Bronfen/Straumann 2002, S. 91–102

Bronfen 2002a – Bronfen, Elisabeth, Zwischen Himmel und Hölle. Maria Callas und Marilyn Monroe, in: Bronfen/Straumann 2002, S. 43–68

Bronfen/Straumann 2002 – Bronfen, Elisabeth/Straumann, Barbara (Hg.), Die Diva. Eine Geschichte der Bewunderung, München 2002

Bründl/King 2012 – Bründl, Peter/King, Vera (Hg.), Adoleszenz: gelingende und misslingende Transformationen, Frankfurt a. M. 2012 (Jahrbuch der Kinder- und Jugendlichen-Psychoanalyse, Bd. 1)

Brüstle 2006 – Brüstle, Christa, Performance Studies. Impulse für die Musikwissenschaft, in: Herr/Woitas 2006, S. 253–268

Brüstle 2009 – Brüstle, Christa, Art. Das 20. und 21. Jahrhundert, in: LMG, S. 98–108

Büchner 1862 – Büchner, Luise, Frauenherz, Berlin 1862

Busch 2008 – Busch, Barbara, Künstler oder Pädagoge? Ein Rollenkonflikt begleitet die Professionalisierung der Instrumentalpädagogik, in: Grimmer, Frauke/Lessing, Wolfgang (Hg.), Künstler als Pädagogen. Grundlagen und Bedingungen einer verantwortungsvollen Instrumentaldidaktik, Mainz 2008 (Üben & Musizieren. Texte zur Instrumentalpädagogik), S. 141–154

Bussmann/Hof 1995 – Bussmann, Hadumod/Hof, Renate (Hg.), Genus. Zur Geschlechterdifferenz in den Kulturwissenschaften, Stuttgart 1995

Butler 1991 – Butler, Judith, Das Unbehagen der Geschlechter, Frankfurt a. M. 1991

Butler 1993 – Butler, Judith, Für ein sorgfältiges Lesen, in: Benhabib u. a. 1993, S. 122–132

Butler 1994 – Butler, Judith, Melancholisches Geschlecht. Verweigerte Identifizierung, in: Benjamin, Jessica (Hg.), Unbestimmte Grenzen. Beiträge zur Psychoanalyse der Geschlechter, Frankfurt a. M. 1994, S. 168–187

Butler 1997a – Butler, Judith, Excitable Speech. A Politics of the Performative, New York/London 1997

Butler 1997b – Butler, Judith, Körper von Gewicht. Die diskursiven Grenzen des Geschlechts, Frankfurt a. M. 1997

Butler 1998 – Butler, Judith, Haß spricht. Zur Politik des Performativen, Berlin 1998

Butler 2001 – Butler, Judith, Psyche der Macht. Das Subjekt der Unterwerfung, Frankfurt a. M. 2001

Butler 2002 – Butler, Judith, Performative Akte und Geschlechterkonstitution. Phänomenologie und feministische Theorie, in: Wirth, Uwe (Hg.), Performanz. Zwischen Sprachphilosophie und Kulturwissenschaften, Frankfurt a. M. 2002, S. 301–322

Cada 2000 – Cada, Sibylle, Querverbindungen in der Unterrichtspraxis, in: Mantel, Gerhard (Hg.), Querverbindungen. Anstöße zur Erweiterung musikpädagogischer Spielräume, Mainz u.a. 2000, S. 145–151

Campbell 2004 – Campbell, Margaret, The Great Cellists, London 2004

Casals/Kahn 1971 – Casals, Pablo, Licht und Schatten auf einem langen Weg. Erinnerungen, aufgez. von Albert E. Kahn, Frankfurt a. M. 1971

Čechov 1976 – Čechov, Anton, Die Insel Sachalin, 6. Auflage, Zürich 1976 (Das erzählende Werk in 10 Bänden)

Čechov 2004 – Čechov, Anton, Über Theater, Hercher, Jutta/Urban, Peter (Hg.)., Frankfurt a. M. 2004

Citron 1993a – Citron, Marcia J., Gender and the Musical Canon, Cambridge u.a. 1993

Citron 1993b – Citron, Marcia J., Gender and the Musical Canon, in: Heesch/Losleben 2012, S. 72–86

Citron 2009 – Citron, Marcia J., Art. Kanon, in: LMG, S. 301–302

Clair 2005 – Clair, Jean (Hg.), Melancholie. Genie und Wahnsinn in der Kunst, Ostfildern/Berlin 2005

Cláudio 1986 – Cláudio, Mário, Guilhermina. Lissabon 1986 (Biblioteca de autores portugeses)

Collins 2002 – Collins, Davis, Anglophone Travelers in the Russian Altai, 1848–1928 Part 1: 1848–1904, in: Sibirica. Journal of Siberian Studies 2002, 2. Bd., Nr. 1, S. 43–68

Cott 1995 – Cott, Nancy F., Die moderne Frau. Der amerikanische Stil der zwanziger Jahre, in: Duby/Perrot 1995, S. 93–109

Crome 1765 – Crome, Robert, The Compleat Tutor for the Violoncello, London um 1765

Cusick 1994 – Cusick, Suzanne G.: Feminist Theory, Music Theory, and the Mind/Body Problem, in: Perspectives of New Music 1994, 32. Bd., Nr. 1, S. 8–27

Cusick 1999 – Cusick Suzanne G., Musikalische Geschlechterperformanzen, in: Heesch/Losleben 2012, S. 287–299

d'Amat/Prévost 1951 – d'Amat, Roman/Prévost, Michel (Hg.), Dictionnaire de biographie française, Bd. 5, Paris 1951

Daniel 2006 – Daniel, Ute, Kompendium Kulturgeschichte, Frankfurt a. M. 2006.

Daser/Haubl 2006 – Daser, Bettina/Haubl, Rolf, Familiendynamik in Familienunternehmen: Warum sollten Töchter nicht erste Wahl sein?, Frankfurt a. M. 2006

Derrida 1967 – Derrida, Jacques, Grammatologie, Frankfurt a. M. 1983

Derrida 1976 – Derrida, Jacques, Die Struktur, das Zeichen und das Spiel im Diskurs der Wissenschaft vom Menschen, in: Derrida, Jacques, Die Schrift und die Differenz, Frankfurt a. M. 1976; wiederabgedruckt in: Engelmann, Peter (Hg.), Postmoderne und Dekonstruktion. Texte französischer Philosophen der Gegenwart, Stuttgart 1990, S. 114–139

Derrida 1988 – Derrida, Jacques: Randgänge der Philosophie, Wien 1988; wiederabgedruckt in: Engelmann, Peter (Hg.), Postmoderne und Dekonstruktion. Texte französischer Philosophen der Gegenwart, Stuttgart 1990, S. 76–113

Derrida 2001 – Derrida, Jacques, Signatur, Ereignis, Kontext, in: Derrida, Jacques, Limited Inc., Wien 2001, wiederabgedruckt in: Engelmann, Peter (Hg.), Jacques Derrida. Die différance. Ausgewählte Texte, Stuttgart 2004, S. 68–109

Deserno 2008 – Deserno, Katharina, Ein Blick auf die Geschichte der Cellistinnen, in: Journal Netzwerk Frauenforschung 2008, 11. Jg., Nr. 24, S. 32–45

Deserno 2009a – Deserno, Katharina, Cellistinnen. Transformationen und Inszenierungen von Weiblichkeitsbildern in der Instrumentalkunst. Unveröffentlichte Diplomarbeit zur Diplomprüfung im Studiengang Musikpädagogik, Studienrichtung Instrumentalpädagogik, vorgelegt am 9. Februar 2009 an der Hochschule für Musik und Tanz Köln

Deserno 2009b – Deserno, Katharina, Cellistinnen. Vorschlag für eine andere Perspektive auf die Musikgeschichte, in: VivaVoce. Zeitschrift des Archivs Frau und Musik 3/2009, Nr. 83, S. 9–12

Deserno 2009c – Deserno, Katharina, „... eine Violoncellistin ... dieß fehlte noch!" Über weibliche und männliche Instrumente, in: Üben & Musizieren, 3/2009, S. 51–53

Deserno 2010a – Deserno, Katharina, Art. Geschlechterforschung, in: LMG, S. 239–240

Deserno 2010b – Deserno, Katharina, Art. Guilhermina Suggia, in: LMG, S. 488–489

Deserno 2010c – Deserno, Katharina, Art. Maria Kliegel, in: LMG, S. 310

Deserno 2010d – Deserno, Katharina, Ein „untypisches Frauenleben" – die Sibirienreise der Cellistin Lisa Cristiani, in: Forum Musikbibliothek 3/2010, S. 233–240

Deserno 2012 – Booklettext zur CD „Hommage à Clara Schumann. Komponistinnen im Spiegel der Zeit", Katharina Deserno, Violoncello, Nenad Lecic Klavier. Kaleidos Musikeditionen, KAL 6317-2

Deserno 2013 – Deserno, Katharina, Grenzüberschreitung und Transformation. Diskursanalytische Überlegungen zur Sibirienreise der Cellistin Lise Cristiani, in: Kleinau/Schulz/Völker 2013, S. 213–228

Deserno 2016 – Deserno, Katharina, Cellistinnen und ihre Lehrer im 19. Jahrhundert. Transformation der polarisierten Geschlechtergrenzen in der künstlerischen Ausbildung am Beispiel der Violoncellistinnen aus der belgischen Celloschule von Adrien-François Servais, in: Babbe, Annkatrin/Timmermann, Volker (Hg.), Musikerinnen und ihre Netzwerke im 19. Jahrhundert, Oldenburg 2016 (Schriftenreihe des Sophie Drinker Instituts, Bd. 12), S. 91–111

Dohm 1902 – Dohm, Hedwig, Die Antifeministen. Ein Buch der Verteidigung, Berlin 1902

Dostojewski 1992 – Dostojewski, Fjodor M., Aufzeichnungen aus einem Totenhaus und drei Erzählungen, deutsche Übersetzung von E. K. Rahsin, 8. Auflage, München 1992

Drechsler 2002 – Drechsler, Nanny, Denken und Musizieren jenseits der ‚Herrenkultur', in: Üben & Musizieren 5/2002, S. 44–49

Drinck 2005 – Drinck, Barbara, Vatertheorien. Geschichte und Perspektiven, Leverkusen 2005

Drinker 1948 – Drinker, Sophie, Music and Women: The Story of Women in Their Relation to Music, New York 1948

Dronsart 1904 – Dronsart, Marie, Les grandes voyageuses, Neuauflage, Paris 1904

Du Pre 1983 – Du Pré, Jacqueline, I was lucky you see. Compiled from conversations with the editor and from BBC radio programmes, in: Wordsworth 1983, S. 129–134

Du Pre 1999 – Du Pre, Hilary/Du Pré, Piers, Jacqueline du Pré. Ein Genie in der Familie, Berlin 1999

Durant/Durant 1985 – Durant, Ariel/Durant, Will, Die Napoleonische Ära, Köln 1985 (Kulturgeschichte der Menschheit, Bd. 18)

Easton 2000 – Easton, Carol, Jacqueline du Pré. A Biography, Cambridge (Mass.) 2000

Eckart 1985 – Eckart, Christel, Töchter in einer „vaterlosen Gesellschaft". Das Vorbild des Vaters als Sackgasse zur Autonomie, in: Hagemann-White, Carol/Rerrich, Maria S. (Hg.): FrauenMännerBilder. Männer und Männlichkeit in der feministischen Diskussion, Bielefeld, S. 170–193

Eckart 1990 – Eckart, Christel, Selbständigkeit von Frauen im Wohlfahrtsstaat? Diskussionspapier 8-90, Hamburger Edition, Institut für Sozialforschung, Hamburg 1990, http://www.his-online.de/fileadmin/user_upload/pdf/bibliothek/bestand/Downloads_Diskussionspapiere/000-0-00000-0890-0.pdf, letzter Zugang am 24.4.2014.

Eggebrecht 2007 – Eggebrecht, Harald, Große Cellisten. Mit zwei Exkursen über große Bratschisten, München/Zürich 2007

Ellis 1930 – Ellis, Havelock, Fountain of Life, Being the Impressions and Comments of Havelock Ellis, Boston 1930

Emde 1997 – Emde, Ruth B., Schauspielerinnen im Europa des 18. Jahrhunderts: ihr Leben, ihre Schriften und ihr Publikum, Amsterdam 1997

Fauser 2004 – Fauser, Markus, Einführung in die Kulturwissenschaft, Darmstadt 2004

Fétis 1883 – Fétis, François-Joseph, Biographie universelle des musiciens et bibliographie générale de la musique. Zweite, vollständig überarb. Aufl., Paris 1883

Fifield 2005 – Fifield, Christopher, Ibbs and Tillett. The Rise and Fall of a Musical Empire, Aldershot 2005

Fischer-Lichte 2004 – Fischer-Lichte, Erika, Ästhetik des Performativen, Frankfurt a. M. 2004

Flaake/King 1992 – Flaake, Karin, King/Vera: Psychosexuelle Entwicklung. Lebenssituation und Lebensentwürfe junger Frauen. Zur weiblichen Adoleszenz in soziologischen und psychoanalytischen Theorien, in: Flaake, Katrin/King, Vera (Hg.), Weibliche Adoleszenz. Zur Sozialisation junger Frauen, Frankfurt a. M./New York 1992, S. 13–39

Fleck 1980 – Fleck, Ludwik, Entstehung und Entwicklung einer wissenschaftlichen Tatsache. Einführung in die Lehre vom Denkstil und Denkkollektiv, Frankfurt a. M. 1980

Fleming 1993 – Fleming, Fergus, Amaryllis Fleming, London 1993

Flesch 1923 – Flesch, Carl, Die Kunst des Violinspiels, Berlin 1923

Flick 2005 – Flick, Uwe, Qualitative Sozialforschung. Eine Einführung, Reinbek bei Hamburg 2005

Foucault 1966 – Foucault, Michel, Die Ordnung der Dinge, Frankfurt am Main, 1966.

Foucault 1974 – Foucault, Michel, Die Ordnung des Diskurses, Frankfurt a. M. 1974

Foucault 1976 – Foucault, Michel, Überwachen und Strafen, Die Geburt des Gefängnisses, Frankfurt a. M. 1976

Foucault 1977 – Foucault, Michel, Sexualität und Wahrheit, Frankfurt a. M. 1977 (Der Wille zum Wissen, Bd. 1.)

Foucault 1978 – Foucault, Michel, Von der Subversion des Wissens, Walter Seitter (Hg.), Frankfurt a. M. 1978

Foucault 1994 – Foucault, Michel, Archäologie des Wissens, 6. Auflage, Frankfurt a. M. 1994

Fraisse/Perrot 1994 – Fraisse, Geneviève/Perrot, Michelle (Hg.), 19. Jahrhundert, Frankfurt a. M. u.a. 1994 (Geschichte der Frauen, Bd. 4)

François 2007 – François, Peter, Ah! Le métier de donneur de concerts! Adrien François Servais (1807–1866) als rondreizend cellovirtuoos, Halle 2007

Franz 2014 – Franz, Katja, Art. Quidde, Margarethe, in: SDI, http://www.sophie-drinker-institut.de/cms/index.php/quidde-margarethe, letzter Zugang am 25. August 2016

Freud 1900 – Freud, Sigmund, Die Traumdeutung. In: Gesammelte Werke, Bd. 2–3, Frankfurt am Main, 5. Auflage, 1973.

Frevert 1995 – Frevert, Ute, Mann und Weib, und Weib und Mann: Geschlechter-Differenzen in der Moderne, München 1995

Frey-Steffen 2006 – Frey-Steffen, Therese, Gender, Leipzig 2006

Friebertshäuser/Langer/Prengel 2010 – Friebertshäuser, Barbara/Langer, Antje/Prengel, Annedore (Hg.), Handbuch qualitative Forschungsmethoden in der Erziehungswissenschaft. 3., vollständig überarb. Aufl., Weinheim/München 2010

Fried 1993 – Fried, Erich, Gesammelte Werke, Bd. 2: Gedichte, Kaukoreit, Volker/Wagenbach, Klaus (Hg.), Berlin 1993

Friedan 1963 – Friedan, Betty, Der Weiblichkeitswahn oder die Mystifizierung der Frau, Reinbek bei Hamburg 1966

Fuchs 1907 – Fuchs, Carl, Violoncell-Schule, Violoncello-Method, Teil 1, London 1907

Funcke 2007 – Funcke, Dorett, Der abwesende Vater – Wege aus der Vaterlosigkeit, Berlin 2007

Gaillard 1846 – Gaillard, Carl, Elise B. Cristiani, in: BMZ 1846, Nr. 1, o.S.

Gallagher/Laqueur 1987 – Gallagher, Cathérine/Laqueur, Thomas (Hg.), The Making of the Modern Body. Sexuality and Society in the Nineteenth Century, Berkeley u.a. 1987

Geiss 2006 – Geiss, Immanuel, Geschichte im Überblick. Daten, Fakten und Zusammenhänge der Weltgeschichte, Überarb. und aktualisierte Neuausgabe, Reinbek bei Hamburg 2006

Gerards 2009 – Gerards, Marion, Art. Sozialisation, in: LMG, S. 144–145

Gerards/Grotjahn 2010 – Gerards, Marion/Grotjahn, Rebecca (Hg.), Musik und Emanzipation. Festschrift für Freia Hoffmann zum 65. Geburtstag, Oldenburg 2010 (Oldenburger Beiträge zur Geschlechterforschung, Bd. 12)

Ginsburg 1950 – Ginsburg, Lev Solomonovič, Istorija violončel'nogo iskusstva, Moskau 1950.

Ginsburg 1983 – Ginsburg, Lev Solomonovič, The History of the Violoncello, Neptune City (N.J.) 1983

Gmelin 1779 – Gmelin, Johann Georg, Voyage au Kamchatka par la Sibérie, Amsterdam 1779

Godineau 1994 – Godineau, Dominique, Töchter der Freiheit und revolutionäre Bürgerinnen, in: Fraisse/Perrot 1994, S. 25–44

Goethe 1809 – Goethe, Johann Wolfgang von, Die Wahlverwandtschaften, Tübingen 1809

Gourdin 2015 – Gourdin, Henri, La Suggia. L'autre violoncelliste, Paris 2015

Graf-Deserno 2007 – Graf-Deserno, Susanne, Entwicklungsförderung statt therapeutischer Ansprüche. Zur Psychodynamik der instrumentalpädagogischen Interaktion, in: Üben & Musizieren 2/2007, S. 24-30

Gregoir 1885 – Gregoir, Edouard Georges Jacques, Les artistes-musiciens belges au XVIIIe et au XIXe siècle, Brüssel u.a. 1885

Grimmer, B. 2006 – Grimmer, Bernhard, Psychotherapeutisches Handeln zwischen Zumuten und Mut machen. Das Beziehungs- und Kommunikationskonzept der Kreditierung, Stuttgart 2006 (Psychoanalytische Behandlung)

Grimmer, F. 2008 – Grimmer, Frauke, Der Ton in dem wir plötzlich die Welt entdecken … Über das künstlerische in der Ausbildung von Pianisten, in: Grimmer, Frauke/Lessing, Wolfgang (Hg.), Künstler als Pädagogen. Grundlagen und Bedingungen einer verantwortungsvollen Instrumentaldidaktik, Mainz 2008 (Üben & Musizieren. Texte zur Instrumentalpädagogik), S. 39–54

Grimmer, W. 2002 – Grimmer, Walter, Bernhard Romberg. Versuch einer kritischen Würdigung, oder: Warum Beethoven uns kein Cellokonzert hinterlassen hat. Eine pädagogisch orientierte Untersuchung im Rahmen der „anwendungsorientierten Forschung und Entwicklung" der HMT Zürich. Institut für Music Studies HfM, Zürich

2002, https://www.zhdk.ch/fileadmin/data_subsites/data_ims/Publikationen/Texte/IMS_online_04_2002_Grimmer.pdf, letzter Zugang am 21. März 2014

Grotjahn 2005 – Grotjahn, Rebecca, „Die höhere Ausbildung in der Musik". Gründungsidee und Gründungsgeschichte des Leipziger Konservatoriums, in: Fend, Michael/Noiray, Michel (Hg.), Musical Education in Europe (1770–1914), Bd. 2: Compositional, Institutional, and Political Challenges Berlin 2005, S. 301–330 (Musical Life in Europe 1600–1900. Circulation, Institutions, Representation), S. 300–330

Grotjahn 2007 – Grotjahn, Rebecca, Das Konservatorium und die weibliche Bildung, in: Kremer, Joachim/Schmidt, Dörte (Hg.), Zwischen bürgerlicher Kultur und Akademie. Zur Professionalisierung der Musikausbildung in Stuttgart seit 1857, Schliengen 2007, S. 147–165 (Forum Musikwissenschaft, Bd. 2)

Grotjahn 2011 – Grotjahn, Rebecca, „The most popular woman in the world." Die Diva und die Anfänge des Starwesens im 19. Jahrhundert, in: Grotjahn/Schmidt/Seedorf 2011, S. 74–97

Grotjahn/Hoffmann 2002 – Grothjahn, Rebecca/Hoffmann, Freia (Hg.), Geschlechterpolaritäten in der Musikgeschichte des 18. bis 20. Jahrhunderts, Herbolzheim 2002 (Beiträge zur Kultur- und Sozialgeschichte der Musik, Bd. 3)

Grotjahn/Schmidt/Seedorf 2011 – Grotjahn, Rebecca/Schmidt, Dörte/Seedorf, Thomas, Diva – Die Inszenierung der übermenschlichen Frau. Interdisziplinäre Untersuchungen zu einem kulturellen Phänomen des 19. und 20. Jahrhunderts, Schliengen 2011 (Forum Musikwissenschaft, Bd. 7)

Grützbach 1993 – Grützbach, Erwin, Stil- und Spielprobleme bei der Interpretation der 6 Suiten für Violoncello solo senza Basso von Johann Sebastian Bach. BWV 1007–1012, 3., erw. Auflage, Eisenach/Hamburg 1993

Guizot 1816 – Guizot, François, Du gouvernement représentatif et de l'état actuel de la France, Paris 1816

Gumprecht 1876 – Gumprecht, Otto, Neue musikalische Charakterbilder, Leipzig 1876

Gutenberg 2013 – Gutenberg, Andrea, Gendering/Queering the Language Classroom. Gender und Queer Studies als Herausforderung für das schulische Fremdsprachenlernen, in: Kleinau/Völker/Schulz 2013, S. 107–120

Gutenberg/Poole 2001 – Gutenberg, Anna/Poole, Ralph J., Einleitung: Zitier-Fähigkeit. Findungen und Erfindungen des Anderen, in: Gutenberg, Andrea/Poole, Ralph J. (Hg.): Zitier-Fähigkeit. Findungen und Erfindungen des Anderen, Berlin 2001 (Geschlechterdifferenz & Literatur. Publikationen des Münchener Graduiertenkollegs, Bd. 13), S. 9–40

Gutzkow 1835 – Gutzkow, Karl, Öffentliche Charaktere. Bd. 1, Hamburg 1835

Gwynn 1927 – Gwynn, Stephen, When Suggia was playing, in: Country Life, 26. November 1927, S. 767–778

Habinger 2006 – Habinger, Gabriele, Frauen reisen in die Fremde. Diskurse und Repräsentationen von reisenden Europäerinnen im 19. und beginnenden 20. Jahrhundert, Wien 2006

Hall 1994 – Hall, Stuart, Rassismus und kulturelle Identität, Hamburg 1994 (Ausgewählte Schriften, Bd. 2)

Hanisch 1996 – Hanisch, Ernst, Die linguistische Wende. Geschichtswissenschaft und Literatur, in: Hardtwig, Wolfgang/Wehler, Hans-Ulrich (Hg.), Kulturgeschichte Heute, Göttingen 1996 (Geschichte und Gesellschaft, Sonderheft 16), S. 212–230

Hanssen 2009 – Hanssen, Frederik, Sie spielt Cello mit elf Männern: Solène Kermarrec gehört jetzt zu den Berliner Philharmonikern, in: Der Tagesspiegel, 27. Februar 2009, http://www.tagesspiegel.de/kultur/solene-kermarrec-auf-der-sonnensaite/1460650.html, letzter Zugang am 21. März 2014

Harrison/Cleveland 1985 – Harrison, Beatrice, The Cello and the Nightingales. The Autobiography of Beatrice Harrison, Cleveland-Peck, Patricia (Hg.), London 1985

Hausen 1976 – Hausen, Karin, Die Polarisierung der „Geschlechtscharaktere". Eine Spiegelung der Dissoziation von Erwerbs- und Familienleben, in: Conze, Werner (Hg.), Sozialgeschichte der Familie in der Neuzeit Europas. Neue Forschungen. Stuttgart 1976 (Industrielle Welt, Bd. 21), S. 363–393

Hausen 1998 – Hausen, Karin, Die Nicht-Einheit der Geschichte als historiographische Herausforderung. Zur historischen Relevanz und Anstößigkeit der Geschlechtergeschichte, in: Medick, Hans/Trepp, Anne-Charlott (Hg.), Geschlechtergeschichte und Allgemeine Geschichte. Herausforderungen und Perspektiven, Göttingen 1998 (Göttinger Gespräche zur Geschichtswissenschaft, Bd. 5), S. 15–56

Hauser 1921 – Hauser, Otto, Geschichte des Judentums, Weimar 1921

Heesch/Losleben 2012 – Heesch, Florian/Losleben, Katrin (Hg.), Musik und Gender. Ein Reader, Wien/Köln/Weimar 2012 (Musik – Kultur – Gender, Bd. 10)

Heinemann 1997 – Heinemann, Michael, Liszts Maskeraden, in: Schubert, Giselher (Hg.), Biographische Konstellation und künstlerisches Handeln, Mainz u.a. 1997 (Frankfurter Studien, Bd. 6), S. 81–93

Heise 2007 – Heise, Jutta, Art. Wilma Neruda, in: MUGI, http://mugi.hfmt-hamburg.de/A_lexartikel/lexartikel.php?id=neru1838, Stand vom 2. Mai 2007, letzter Zugang am 28. Februar 2014

Heise 2011 – Heise, Jutta, Wilma Neruda, verw. Norman, verh. Hallé, gen. Lady Hallé (1838–1911). Wilma Neruda – „Groß und rein wie Joachim", in: Stahrenberg/Rode-Breymann 2011, S. 44–63

Heise 2013 – Heise, Jutta, Die Geigenvirtuosin Wilma Neruda (1838–1911). Biografie und Repertoire, Hildesheim/New York/Zürich 2013 (Studien und Materialien zur Musikwissenschaft, Bd. 70)

Heitmann 2012 – Heitmann, Christin, Art. Louise Farrenc, in: MUGI, http://mugi.hfmt-hamburg.de/A_lexartikel/lexartikel.php?id=farr1804, Stand vom 14. Mai 2012, letzter Zugang am 30. Juli 2013

Hennessy 2005 – Henessy, Brian Anthony, The Emergence of Broadcasting in Britain, Lympstone 2005

Hensel 1903 – Hensel, Sebastian, Die Familie Mendelssohn 1729–1847. Nach Briefen und Tagebüchern, 11. Auflage, Berlin 1903, Repr. 2006

Herr/Woitas 2006 – Herr, Corinna/Woitas, Monica (Hg.), Musik mit Methode. Neue kulturwissenschaftliche Perspektiven, Köln u.a. 2006 (Musik – Kultur – Gender, Bd. 1)

HIGHFILL 1991 – HIGHFILL, PHILIP H., A Biographical Dictionary of Actors, Actresses, Musicians, Dancers, Managers & other stage personnel in London 1680–1800, Bd. 14, Carbondale (Ill.) 1991

HIGONNET 1994 – HIGONNET, ANNE: BILDER – SCHEIN UND ERSCHEINUNG, MUSSE UND SUBSISTENZ, IN: FRAISSE/PERROT 1994, S. 283–312

HOFF 2009 – HOFF, DAGMAR VON, Performanz/Repräsentation, in: BRAUN/STEPHAN 2009, S. 185–202

HOFFMANN 1991 – HOFFMANN, FREIA, Instrument und Körper. Die musizierende Frau in der bürgerlichen Kultur, Frankfurt a. M./Leipzig 1991

HOFFMANN 1992 – HOFFMANN, FREIA, Institutionelle Ausbildungsmöglichkeiten für Musikerinnen in der ersten Hälfte des 19. Jahrhunderts, in: HOFFMANN/RIEGER 1992, S. 77–94

HOFFMANN 2002 – HOFFMANN, FREIA, Musiklernen männlich – weiblich. Fünf Thesen, in: Üben & Musizieren 5/2002, S. 12–17

HOFFMANN 2007/2010 – HOFFMANN, FREIA, Art. Cristiani, Lise, in: SDI, http://www.sophie-drinker-institut.de/cms/index.php?page=cristiani-lise, letzter Zugang am 7. März 2014

HOFFMANN 2009 – HOFFMANN, FREIA, Art. Tayau, Marie, in: SDI, http://www.sophie-drinker-institut.de/cms/index.php?page=tayeau-marie, letzter Zugang am 7. März 2014

HOFFMANN 2010a – HOFFMANN, FREIA, Art. Galatzin, Mathilde oder Marie, in: SDI, http://www.sophie-drinker-institut.de/index.php?page=galatzin-mathilde-oder-marie, letzter Zugang am 29. April 2014

HOFFMANN 2010b – HOFFMANN, FREIA, Art. Prins-Clauss, Fanny, in: SDI, http://www.sophie-drinker-institut.de/cms/index.php?page=prins-clauss-fanny, letzter Zugang am 7. März 2014

HOFFMANN 2010c – HOFFMANN, FREIA, Art. Try, Eliza de, in: SDI, http://www.sophie-drinker-institut.de/cms/index.php?page=try-eliza-de, letzter Zugang am 7. März 2014

HOFFMANN 2011 – HOFFMANN, FREIA (Hg.): Reiseberichte von Musikerinnen. Quellentexte, Biographien, Kommentare, Hildesheim/Zürich/New York 2011

HOFFMANN 2011a – HOFFMANN, FREIA, Lise Cristiani in Sibirien, in: HOFFMANN 2011, S. 149–180

HOFFMANN 2012 – HOFFMANN, FREIA, Art. Ballio, Anna, in: SDI, http://www.sophie-drinker-institut.de/cms/index.php?page=ballio-anna, letzter Zugang am 7. März 2014

HOFFMANN 2013a – HOFFMANN, FREIA, Art. Baude, Marguerite, in: SDI, http://www.sophie-drinker-institut.de/cms/index.php?page=baude-marguerite, letzter Zugang am 7. März 2014

HOFFMANN 2013b – HOFFMANN, FREIA, Art. Donat, Josefine, in: SDI, http://www.sophie-drinker-institut.de/cms/index.php?page=donat-josefine, letzter Zugang am 7. März 2014

HOFFMANN 2013c – HOFFMANN, FREIA, Art. Hoeven, Kato, van der, in: SDI, http://www.sophie-drinker-institut.de/cms/index.php?page=hoeven-kato-van-der, letzter Zugang am 7. März 2014

HOFFMANN 2013d – HOFFMANN, FREIA, Art, Ould, Kate in: SDI, http://www.sophie-drinker-institut.de/cms/index.php?page=ould-kate, letzter Zugang am 7. März 2014

HOFFMANN/RIEGER 1992 – HOFFMANN, FREIA/RIEGER, EVA (Hg.), Von der Spielfrau zur Performance-Künstlerin. Auf der Suche nach einer Musikgeschichte der Frauen, Kassel 1992 (Frau und Musik. Internationaler Arbeitskreis e.V., Schriftenreihe, Bd. 2)

HOFFMANN/TIMMERMANN 2013 – HOFFMANN, FREIA/TIMMERMANN, VOLKER (Hg.), Quellentexte zur Geschichte der Instrumentalistin im 19. Jahrhundert, Hildesheim/Zürich/New York 2013 (Studien und Materialien zur Musikwissenschaft, Bd. 77)

HOFFMANN/WICHMANN 2010 – HOFFMANN, FREIA/WICHMANN, JANNIS, Art. Gatineau, Herminie, in: SDI, http://www.sophie-drinker-institut.de/cms/index.php?page=gatineau-herminie, letzter Zugang am 7. März 2014

HONEGGER 1991 – HONEGGER, CLAUDIA, Die Ordnung der Geschlechter. Die Wissenschaften vom Menschen und das Weib. 1750–1850, Frankfurt a. M./New York 1991

HONNETH 1985 – HONNETH, AXEL, Kritik der Macht, Reflexionsstufen einer kritischen Gesellschaftstheorie, Frankfurt a. M. 1985

HONNETH 1994 – HONNETH, AXEL, Kampf um Anerkennung. Zur moralischen Grammatik sozialer Konflikte, Frankfurt a. M. 1994

HONNETH 2004 – HONNETH, AXEL, Anerkennung als Ideologie, in: Westend. Neue Zeitschrift für Sozialforschung, 1/2004, S. 51–70

HORLACHER 2009 – HORLACHER, STEFAN, Kulturwissenschaftliche Geschlechterforschung und ihre Notwendigkeit. Historische Entwicklungen und aktuelle Perspektiven, in: KREUTZIGER-HERR/LOSLEBEN 2009, S. 53–86

HOUSEGO/STOREY 2012 – HOUSEGO, MOLLY/STOREY, NEIL R., The Womens' Suffrage Movement, Oxford/Long Island (NY) 2012

HUBER 1997 – HUBER, ANNEGRET, Analyse als Diskurs, in: HEESCH/LOSLEBEN 2012, S. 242–258

Hubrath 2001 – HUBRATH, MAGARETE, Einführung, in: HUBRATH, MAGARETE (Hg.), Geschlechter-Räume: Konstruktionen von „gender" in Geschichte, Literatur und Alltag, Köln u.a. 2001 (Literatur, Kultur, Geschlecht. Große Reihe, Bd. 15), S. 1–8

HÜGEL 2003 – HÜGEL, HANS-OTTO, Handbuch Populäre Kultur. Begriffe, Theorien und Diskussionen, Stuttgart u.a. 2003

HÜGEL 2011 – HÜGEL, HANS-OTTO, Das selbstentworfene Bild der Diva. Erzählstrategien in der Autobiographie von Sarah Bernhard, in: GROTJAHN/SCHMIDT/SEEDORF 2011, S. 37–57

ILLOUZ 2011 – ILLOUZ, EVA, Warum Liebe weh tut. Eine soziologische Erklärung, Berlin 2011

IRIGARAY 1979 – IRIGARAY, LUCE, Das Geschlecht, das nicht eins ist, Berlin 1979

JUNKER 1783 – JUNKER, CARL LUDWIG, Vom Kostüm des Frauenzimmer Spielens, in: Musikalischer Almanach auf das Jahr 1784, Freiburg 1784, S. 85–99

KAUL 2008 – KAUL, ALBERT, Musikalische Bildung der Differenz. Ein musikdidaktisches Modell, Köln 2008

KENNAWAY 2009 – KENNAWAY, GEORGE WILLIAM, Cello Techniques and Performing Practices in the Nineteenth and Early Twentieth Centuries (Diss. University of Leeds School of Music), Leeds 2009

KESSEL/SIGNORI 2006 – KESSEL, MARTINA/SIGNORI, GABRIELA, Geschichtswissenschaft, in: BRAUN/STEPHAN 2006, S. 113–123

KING 2002a – KING, VERA, Die Entstehung des Neuen in der Adoleszenz. Individuation, Generativität und Geschlecht in modernisierten Gesellschaften, Opladen 2002

KING 2002b – KING, VERA, Tochterväter. Dynamik und Veränderungen einer Beziehungsfigur, in: WALTER, HEINZ (Hg.), Männer als Väter. Sozialwissenschaftliche Theorie und Empirie, Gießen 2002 (Forschung pychosozial), S. 519–554

KIP 2010 – KIP, JENNY, „Mehr Poesie als in zehn Thalbergs". Die Pianistin Marie Pleyel (1811–1875), Oldenburg 2010 (Schriftenreihe des Sophie Drinker Instituts, Bd. 7)

KIRK 1974 – KIRK, H. L., Pablo Casals. A Biography, New York u.a. 1974

KLEINAU/SCHULZ/VÖLKER 2013 – KLEINAU, ELKE/SCHULZ, DIRK/VÖLKER, SUSANNE (Hg.), Gender in Bewegung. Aktuelle Spannungsfelder der Gender und Queer Studies, Bielefeld 2013 (Gender Studies)

KLESSMANN 1990 – KLESSMANN, ECKART, Die Mendelssohns. Bilder aus einer deutschen Familie, Zürich/München 1990

KLIEGEL 2006 – KLIEGEL, MARIA, Mit Technik und Fantasie zum künstlerischen Ausdruck, Mainz 2006 (Schott Master Class, Bd. 2, Cello)

KLIEGEL 2008 – KLIEGEL, MARIA, Unveröffentlichtes Interview: Maria Kliegel im Gespräch mit Katharina Deserno, 27. Juni 2008, Musikhochschule Köln

KNIBIEHLER 1994 – KNIBIEHLER, YVONNE, Leib und Seele, in: FRAISSE/PERROT 1994, S. 373–415

KOCH 1934 – KOCH, LAJOS, Matlekovits Sándorné Szuk Róza naplója (a Fővárosi könyvtár BQ 927/38. sz. kézirata) [dt.: Das handschriftliche Tagebuch der Violincellokünstlerin Frau Rosa Matlekovits-Szuk], Budapest 1935 (Tanulmányok. Fővárosi Könvytár, Budapest, Bd. 6)

KOHL 2009a – KOHL, MARIE-ANNE, Art. Diva, in: LMG, S. 519–520

KOHL 2009b – KOHL, MARIE-ANNE, Art. Inszenierung des Geschlechts, in: LMG, S. 261

KOHNEN 1999 – KOHNEN, DANIELA, Rebecca Clarke. Komponistin und Bratschistin. Biographie, Egelsbach u.a. 1999 (Deutsche Hochschulschriften, Bd. 1157)

KRACAUER 1976 – KRACAUER, SIEGFRIED, Jacques Offenbach und das Paris seiner Zeit, Witte Karsten (Hg.), Frankfurt a. M. 1976 (Schriften, Bd. 8)

KREUTZIGER-HERR 2006 – KREUTZIGER-HERR, ANNETTE, Oper als Diskursfeld. Edward Saids Kultur und Imperialismus und Giuseppe Verdis Aida, in: HERR/WOITAS 2006, S. 177–196

KREUTZIGER-HERR 2007a – KREUTZIGER-HERR, ANNETTE (Hg.), Mozart im Blick. Inszenierungen, Bilder und Diskurse, Köln u.a. 2007 (Musik – Kultur – Gender, Bd. 4)

KREUTZIGER-HERR 2007b – KREUTZIGER-HERR, ANNETTE, Reader zur Ringvorlesung „History/Herstory" im Sommersemester 2007 an der Musikhochschule Köln

KREUTZIGER-HERR 2009 – KREUTZIGER-HERR, ANNETTE, History und Herstory: Musikgeschichte, Repräsentation und tote Winkel, in: KREUTZIGER-HERR/LOSLEBEN 2009, S. 21–46

KREUTZIGER-HERR/LOSLEBEN 2009 – KREUTZIGER-HERR, ANNETTE/LOSLEBEN, KATRIN (Hg.), History/Herstory. Alternative Musikgeschichten, Köln u.a. 2009 (Musik – Kultur – Gender, Bd. 5)

Kreutziger-Herr/Unseld 2010 – Kreutziger-Herr, Annette/Unseld, Melanie (Hg.), Lexikon Musik und Gender, Kassel/Stuttgart 2010

Kuhn 1976 – Kuhn, Thomas S., Die Struktur wissenschaftlicher Revolutionen, 2., rev. und um das Postskriptum von 1969 erg. Aufl., Frankfurt a. M. 1976

Lamott 2001 – Lamott, Franziska, Die vermessene Frau. Hysterien um 1900, München 2001

Lanoye 1863 – Lanoye, Ferdinand de: Voyage dans la Sibérie orientale. Notes extraites de la correspondance d'une artiste (Mlle Lise Cristiani) 1849–1853, in: Le tour du monde 1863, 7. Bd., S. 385–400

Lanoye 1865 – Lanoye, Ferdinand de, La Sibérie d'après les voyageurs les plus récents, Paris 1865, von Emile Jonveaux, in: Revue Contemporaine 1865, 14. Jg., Nr. 2, S. 161–165

Laqueur 1992 – Laqueur, Thomas, Auf den Leib geschrieben. Die Inszenierung der Geschlechter von der Antike bis Freud, Frankfurt a. M. u. a. 1992

Lasker-Wallfisch 1996 – Lasker-Wallfisch, Anita, Ihr sollt die Wahrheit erben. Die Cellistin von Auschwitz. Erinnerungen, Reinbek bei Hamburg 2007

Le Beau 1910 – Le Beau, Luise Adolpha, Lebenserinnerungen einer Komponistin, Baden-Baden 1910

Lenz 1872 – Lenz, Wilhelm von, Die grossen Pianoforte-Virtuosen unserer Zeit aus persönlicher Bekanntschaft. Liszt. – Chopin. – Tausig. – Henselt, Berlin 1872

Loesch 1995 – Loesch, Heinz von, Eine verkannte Quelle der frühen Schumann-Rezeption. Die Briefe Robert Emil Bockmühls im Spiegel von Rezeption und Werkanalyse des Cellokonzerts, in: Jahrbuch des Staatlichen Instituts für Musikforschung Preußischer Kulturbesitz, Berlin 1995, S. 114–133, http://www.sim.spk-berlin.de/uploads/03-forschung-jahrbuch/SIM-Jb_1995-06.pdf, letzter Zugang am 27. April 2014

Lorenzer 1978 – Lorenzer, Alfred, Der Gegenstand psychoanalytischer Textinterpretation, in: Goeppert, Sebastian (Hg.), Perspektiven psychoanalytischer Literaturkritik, Festschrift für Johannes Cremerius zum 60. Geburtstag, Freiburg i.Br. 1978, S. 71-81

Losleben 2012 – Losleben, Katrin, Musik, Macht, Patronage: Kulturförderung als politisches Handeln im Rom der Frühen Neuzeit am Beispiel der Christina von Schweden (1626–1689), Köln 2012 (Musicolonia, Bd. 9)

Löw 2009 – Löw, Martina, Die Konstitution von Raum, in: Kreutziger-Herr/Losleben 2009, S. 177–185

Luckman 1998 – Luckman, Phyllis, Handbook for Cello Students. Music Theory and Other Facts, Oakland (CA) 1998

Lummerding 2008 – Lummerding, Susanne, SEX/Geschlecht, Medialität und das Politische. Zur Re-Definition einer Kategorie, in: Oster, Martina/Ernst, Waltraud/Gerards, Marion (Hg.), Performativität und Performance. Geschlecht in Musik, Theater und MedienKunst, Hamburg 2008 (Focus Gender, Bd. 8), S. 177–187

Mackensen 2009 – Mackensen, Karsten, Art. „Musik als Beruf. Einleitung", in: LMG, S. 373–375.

MAHLERT 2011 – MAHLERT, ULRICH, Wege zum Musizieren. Methoden im Instrumental- und Vokalunterricht, Mainz u.a. 2011 (Schott Studienbuch Musik)

MANN 1935 – MANN, KLAUS, Symphonie pathétique. Ein Tschaikowsky-Roman, Amsterdam 1935

MANTEL 1987 – MANTEL, GERHARD, Cello üben. Eine Methodik des Übens für Streicher. Von der Analyse zur Intuition, Mainz u.a. 1987

MANTEL 1998 – MANTEL, GERHARD (Hg.), Ungenutzte Potentiale. Wege zu konstruktivem Üben, Mainz u.a. 1998 (Schott Musikpädagogik)

MANTEL 2000 – MANTEL, GERHARD (Hg.), Querverbindungen. Anstöße zur Erweiterung musikpädagogischer Spielräume, Mainz u.a. 2000 (Schott Musikpädagogik)

MANTEL 2005 – MANTEL, GERHARD, Der Körper als Mobile. Was hat Körperbewegung mit musikalischer Fantasie zu tun?, in: Üben & Musizieren 1/2005, S. 12–16

MANTEL 2010 – MANTEL, GERHARD, Einfach Üben. 185 unübliche Überezepte für Instrumentalisten, Neuauflage Mainz u.a. 2010 (Studienbuch Musik)

MARINI 1995 – MARINI, MARCELLE: Die Stellung der Frau im Bereich der Kultur. Das Beispiel Frankreich, in: THÉBAUD 1995, S. 327–353

MARKEVITCH 1984 – MARKEVITCH, DIMITRY, Cello Story, Princeton (NY) 1984

MARX-AVELING 1886 – MARX-AVELING, ELEANOR/AVELING, EDWARD, The Woman Question, London 1886

MCCLARY 1991 – MCCLARY, SUSAN, Feminine Endings. Music, Gender and Sexuality, Minnesota u.a. 1991

MERCIER 2002a – MERCIER, ANITA, Guilhermina Suggia, in: TUTTI CELLI, 2002, 8. Bd., Nr. 1, o. S.

MERCIER 2002b – MERCIER, ANITA, Guilhermina Suggia, 'Queen of the Cello', in: The Juilliard Journal 2002, XVII. Bd., Nr. 6

MERCIER 2004 – MERCIER, ANITA: The Glass Ceiling in International Orchestras: The Case of Female Cellists, in: International Alliance for Women in Music Journal 2004

MERCIER 2005 – MERCIER, ANITA: PIONEERS OF THE PODIUM, in: The Juilliard Journal 2005, XX. Bd., Nr. 6

MERCIER 2007 – MERCIER, ANITA, Art. Suggia, Guilhermina, www.cello.org/Newsletter/Articles/suggia.htm, letzter Zugang am 1. April 2014

MERCIER 2008 – MERCIER, ANITA, Guilhermina Suggia. Cellist, Aldershot u.a. 2008

MEYER 1848 – MEYER, J. (Hg.), Das große Conversations-Lexicon für die gebildeten Stände (Bd. 12), Hildburghausen 1848

MIDORI 2004 – MIDORI, Einfach Midori. Autobiographie, Berlin 2004

MILLS 1991 – MILLS, SARA, Discourses of Difference. An Analysis of Women's Travel Writing and Colonialism, London u.a. 1991

Möbius 1903 – MÖBIUS, PAUL JULIUS, Über den physiologischen Schwachsinn des Weibes, 5., veränderte Auflage Halle 1903

MOORE 1962 – MOORE, GERALD, Bin ich zu laut? Erinnerungen eines Begleiters, 12. Auflage, Kassel 2010

MÜLLER 2014 – MÜLLER, MANFRED, Hilary & Jackie: Jacqueline du Pré als Seifenopern-Star. Rezension, Spiegel Online Kultur, 5. August 1999 http://www.spiegel.de/kultur/

kino/hilary-jackie-jacqueline-du-pre-als-seifenopern-star-a-33759.html, letzter Zugang am 23. Januar 2014

Müller-Oberhäuser 2009 – Müller-Oberhäuser, Christoph, Art. Genie, in: LMG, S. 352–353

Neumann-Holzschuh 2001 – Neumann-Holzschuh, Ingrid (Hg.), Gender, Genre, Geschlecht. Sprach- und literaturwissenschaftliche Beiträge zur Gender-Forschung, Tübingen 2001 (Stauffenberg Colloquium, Bd. 57)

Nieberle 2009 – Nieberle, Sigrid, Art. Antifeminismus, in: LMG, S. 208–209

Nieberle/Rieger 2005 – Nieberle, Sigrid/Rieger, Eva, Frauenforschung, Geschlechterforschung und (post)-feministische Erkenntnisinteressen. Entwicklungen der Musikwissenschaft, in: Bussmann, Hadumod/Hof, Renate (Hg.), Genus. Geschlechterforschung/Gender Studies in den Kultur- und Sozialwissenschaften. Ein Handbuch, Stuttgart 2005, S. 262–294

Noeske 2009 – Noeske, Nina, Art. Dekonstruktion, in: LMG, S. 182–183

Noeske u.a. 2008 – Noeske, Nina/Rode-Breymann, Susanne/Unseld, Melanie, Art. Gender Studies, in: MGG, Supplement-Band, Sp. 240–252

Opfermann 2007 – Opfermann, Susanne (Hg.), Unrechtserfahrungen. Geschlechtergerechtigkeit in Gesellschaft, Recht und Literatur, Königstein 2007 (Frankfurter feministische Texte, Bd. 8)

Pape/Boettcher 2005 – Boettcher, Wolfgang/Pape, Winfried, Das Violoncello. Geschichte, Bau, Technik, Repertoire, Mainz u.a. 2005

Pestalozzi 1781 – Pestalozzi, Johann Heinrich, Lienhard und Gertrud. Ein Buch für das Volk, Berlin/Leipzig 1781

Pfeiffer 1845 – Pfeiffer, Ida, Reise einer Wienerin in das Heilige Land, Teil 1 und 2, 2. Auflage, Wien 1845

Perrot 1992 – Perrot, Michelle (Hg.), Von der Revolution zum Großen Krieg, Frankfurt a. M. 1992 (Geschichte des privaten Lebens 4)

Pickering/Repacholi 2001 – Pickering, Samantha/Repacholi, Betty: Modifying Children's Gender-Typed Musical Instrument Preferences: The Effects of Gender and Age, in: Sex Roles 2001, 45. Bd., Nr. 9/10, S. 623–643

Pleeth 1985 – Pleeth, William, Das Cello, Pyron, Nona (Hg.), Unterägeri (Zug) 1985 (Yehudi Menuhins Musikführer, Bd. 6)

Polk/Tiegreen 2004 – Polk, Milbry/Tiegreen, Mary, Frauen erkunden die Welt. Entdecken, forschen, berichten, München 2004

Pombo 1993 – Pombo, Fátima, Guilhermina Suggia ou o violoncelo luxuriante, Porto 1993 (zweisprachige Ausgabe, port./engl.; engl. Titel: Guilhermina Suggia or the Luxuriant Cello)

Pombo 1996 – Pombo, Fátima, Guilhermina Suggia: A Sonata de sempre, Matosinhos 1996

Prokop 1991 – Prokop, Ulrike, Die Illusion vom Großen Paar. Bd 1: Weibliche Lebensentwürfe im deutschen Bildungsbürgertum, 1750–1770, Frankfurt a. M. 1991

Pusch 1985 – Pusch, Luise F., Schwestern berühmter Männer, Frankfurt a. M. 1985

Quindeau 2008 – Quindeau, Ilka, Verführung und Begehren. Die psychoanalytische Sexualtheorie nach Freud, Stuttgart 2008

Reiche 1990 – Reiche, Reimut, Geschlechterspannung. Eine psychoanalytische Untersuchung, Frankfurt a. M. 1990

Ricklefs 1996 – Ricklefs, Ulfert: Bildlichkeit, in: Ricklefs, Ulfert (Hg.), Das Fischer-Lexikon Literatur, Bd. 1: A–F, Frankfurt a. M. 1996, S. 260–320

Rieger 1988 – Rieger, Eva, Frau, Musik und Männerherrschaft. Zum Ausschluß der Frau aus der deutschen Musikpädagogik, Musikwissenschaft und Musikausübung, 2. Auflage, Kassel 1988

Rieger 1981/1988 – Rieger, Eva, Frau, Musik und Männerherrschaft (1981/1988), in: Heesch/Losleben 2012, S. 21–35

Rieger/Steegmann 1996 – Rieger, Eva/Steegmann, Monica (Hg.), Frauen mit Flügel. Lebensberichte berühmter Pianistinnen. Von Clara Schumann bis Clara Haskil, Frankfurt a. M./Leipzig 1996

Risi 2011 – Risi, Clemens, Die Posen der Diva. Inszenierung und Wahrnehmung des Außergewöhnlichen hete: Anna Netrebko ‚gegen' Edita Gruberova, in: Grotjahn/Schmidt/Seedorf 2011, S. 195–206

Rivière 1929 – Rivière, Joan, Womanliness as a Masquerade, in: The International Journal of Psychoanalysis 1929, 10. Bd., S. 36–45

Röbke 2000 – Röbke, Peter, „Man kann nicht nicht kommunizieren". Aspekte der Lehrer-Schüler-Beziehung im Instrumentalunterricht, in: Mantel 2000, S. 73–89

Rode-Breymann 2007 – Rode-Breymann, Susanne (Hg.), Orte der Musik. Kulturelles Handeln von Frauen in der Stadt, Köln/Weimar/Wien 2007 (Musik – Kultur – Gender, Bd. 3)

Rode-Breymann 2009b – Rode-Breymann, Susanne, Orte und Räume kulturellen Handelns von Frauen, in: Kreutziger-Herr/Losleben 2009, S. 186–197

Rode-Breymann 2009a – Rode-Breymann, Susanne (Hg.), Musikort Kloster. Kulturelles Handeln von Frauen in der Frühen Neuzeit, Köln u. a. 2009 (Musik – Kultur – Gender, Bd. 6)

Rode-Breymann/Tumat 2013 – Rode-breymann, Susanne/Tumat, Antje (Hg.) Der Hof. Ort kulturellen Handelns von Frauen in der Frühen Neuzeit, Köln u. a. 2013 (Reihe Musik – Kultur – Gender, Bd. 12)

Rônez-Kubitschek 2012 – Rônez-Kubitschek, Marianne, Die Violintechnik im Wandel der Zeit. Die Entwicklung der Violintechnik in Quellenzitaten. Von den Anfängen bis Pierre Baillot 1835, Wien u. a. 2012 (Musik: Forschung und Wissenschaft, Bd. 3)

Roske 1985 – Roske, Michael, Sozialgeschichte des privaten Musiklehrers vom 17. zum 19. Jahrhundert. Mit Dokumentation, Mainz u. a. 1985 (Musikpädagogik. Forschung und Lehre, Bd. 22)

Rousseau 1761 – Rousseau, Jean-Jacques, Julie ou la nouvelle Héloïse, Amsterdam 1761

Rousseau 1762 – Rousseau, Jean-Jacques, Emile oder Über die Erziehung, 13. Auflage, Stuttgart 1998

Russel 1987 – Russel, Tilden A., The Development of the Cello Endpin, in: Imago musicae 1987, 4. Jg., S. 335–356

RUTSCHKY 1997 – RUTSCHKY, KATHARINA (Hg.), Schwarze Pädagogik. Quellen zur Naturgeschichte der bürgerlichen Erziehung, Berlin 1997

SAAK 2009 – SAAK, BIRGIT, Art. Instrumentalistin, in: LMG, S. 379–380

SALMEN 2000 – SALMEN, WALTER, Spielfrauen im Mittelalter, Hildesheim u.a. 2000.

SAND 1843 – SAND, GEORGES, Consuelo. Deutsche Ausgabe, Leipzig 1843

SCHALZ-LAURENZE 1992 – SCHALZ-LAURENZE, UTE, Attraktiv, stürmisch, blond. Beobachtungen und Überlegungen zum Sexismus in der Musikkritik, in: HOFFMANN/RIEGER 1992, S. 183–197

SCHEICH 2006 – Scheich, Elvira: Naturwissenschaften, in: BRAUN/STEPHAN 2006, S. 187-200

SCHELLING 1957 – SCHELLING, FRIEDRICH WILHELM JOSEPH, System des transzendentalen Idealismus, Schulz-Seitz, Ruth-Eva (Hg.), Hamburg 1957 (Philosophische Bibliothek, Bd. 254)

SCHLEGEL 1799 – SCHLEGEL, FRIEDRICH, Lucinde. Ein Roman, Berlin 1799

SCHLEUNING 2007 – SCHLEUNING, PETER, Fanny Hensel geb. Mendelssohn: Musikerin der Romantik, Köln/Weimar/Wien 2007 (Europäische Komponistinnen, Bd. 6)

SCHLEUNING 2009 – SCHLEUNING, PETER, „Aber erst wiederhaben“. Fanny Hensels langes erstes und kurzes zweites Leben, in: KREUTZIGER-HERR/LOSLEBEN 2009, S. 304–313

SCHÖSSLER 2008 – SCHÖSSLER, FRANZISKA, Einführung in die Gender Studies, Berlin 2008

SCHÜLER 2009 – SCHÜLER, JOHANNA, Art. Dirigentin, in: LMG, S. 375–376

SCHULZE 2010 – SCHULZE, THEODOR, Zur Interpretation autobiographischer Texte in der erziehungswissenschaftlichen Biographieforschung, in: FRIEBERTSHÄUSER/LANGER/PRENGEL 2010, S. 413–436

SCHWEITZER 2008 – SCHWEITZER, CLAUDIA, „... ist übrigens als Lehrerinn höchst empfehlungswürdig“. Kulturgeschichte der Clavierlehrerin, Oldenburg 2008 (Schriftenreihe des Sophie Drinker Instituts, Bd. 6)

SCHWEITZER 2011 – SCHWEITZER, CLAUDIA, Therese aus dem Winckel in Paris, in: HOFFMANN 2011, S. 16–35

SCOTT 1994 – SCOTT, JOAN W., Gender: eine nützliche Kategorie der historischen Analyse, in: KAISER, NANCY (Hg.), SelbstBewußt. Frauen in den USA, Leipzig 1994, S. 27–75

SEIDLER 2008 – SEIDLER, GÜNTER H., Identifizierung, in: MERTENS, WOLFGANG/WALDVOGEL, BRUNO (Hg.), Handbuch psychoanalytischer Grundbegriffe, 3., überarb. und erweiterte Auflage, Stuttgart 2008, S. 334–336

SIMMEL 1980 – SIMMEL, MONIKA, Erziehung zum Weibe. Mädchenbildung im 19. Jahrhundert, Frankfurt a. M./New York 1980

SINGER 1998 – SINGER, WOLF, „Früh übt sich“ – Zur Neurobiologie des Lernens, in: MANTEL 1998, S. 43–53

SOHN 1995 – SOHN, ANNE-MARIE, Zwischen den beiden Weltkriegen. Weibliche Rollen in Frankreich und England, in: Thébaud 1995, S. 111–140.

SOLIE 1993 – SOLIE, RUTH A. (Hg.), Musicology and Difference. Gender and Sexuality in Music Scholarship, Berkeley/Los Angeles/London 1993

SPECHT 2012 – SPECHT, BENJAMIN, Andreas Dekabrist: Held nach eigenem Ermessen?, in: v. Rosen, Claus (Hg.), „Nachrichtenblatt des Rosenschen Familienverbandes“, Nr. 120, April 2013, S. 15–24.

Spelz 2009 – Spelz, Nicole, Art. Neue Frau, in: LMG, S. 211

Spychiger 2013 – Spychiger, Maria, Das musikalische Selbstkonzept. Wer ich bin und was ich kann in der Musik, in: Üben & Musizieren 6/2013, S. 18–21

Spivak 2008 – Spivak, Gayatri Chakravorty, Can the Subaltern Speak? Postkolonialität und subalterne Artikulation, Wien 2008 (es kommt darauf an. Texte zur Theorie der politischen Praxis, Bd. 6)

Stahrenberg/Rode-Breymann 2011 – Stahrenberg, Caroline/Rode-Breymann, Susanne (Hg.), „… mein Wunsch ist, Spuren zu hinterlassen …“. Rezeptions- und Berufsgeschichte von Geigerinnen, Hannover 2011 (Beiträge aus dem Forschungszentrum Musik und Gender, Bd. 1)

Steinbeck 2010 – Steinbeck, Anke, Jenseits vom Mythos Maestro. Dirigentinnen für das 21. Jahrhundert, Köln 2010

Stephan 2006 – Stephan, Inge, Gender, Geschlecht und Theorie, in: Braun/Stephan 2006, S. 52–90

Stephan 2006a – Stephan, Inge, Literaturwissenschaft, in: Braun/Stephan 2006, S. 284–293

Stowell 1999 – Stowell, Robin (Hg.), The Cambridge Companion to the Cello, Cambridge 1999

Strachey 2006 – The Letters of Lytton Strachey, Levy, Paul (Hg.), London 2006

Straeten 1915 – Straeten, Edmund S. J. van der, History of the Violoncello, the Viol da Gamba, their Precursors and Collateral Instruments with Biographies of all the Most Eminent Players in Every Country, London 1915 (Repr. London 2008)

Stümcke 1905 – Stümcke, Heinrich, Die Frau als Schauspielerin, Leipzig 1905

Suggia 1920 – Suggia, Guilhermina, The Violoncello, in: Music & Letters 1920, 1. Bd., Nr. 2, S. 104–110

Suggia 1921a – Suggia, Guilhermina, A Violoncello Lesson: Casal's „Obiter Dicta“, in: Music & Letters 1921, 2. Bd., Nr. 4 S. 359–363

Suggia 1921b – Suggia, Guilhermina, Violoncello Playing, in: Music & Letters 1921, 2. Bd., Nr. 2, S. 130–134

Suggia 1923 – Suggia, Guilhermina, Sitting for Augustus John, in: Weekly Dispatch, 8. April 1923, o. S.

Susana 2008 – Susana, Judith, Vom 1/8 bis zum 4/4 Violoncello: Untersuchungen des Klanges unterschiedlich großer Instrumente. Dipl.-Arbeit an der Universität für Musik und Darstellende Kunst Wien, Wien 2008

Swert 1882 – Swert, Jules de, The Violoncello. London/New York 1882

Talkner 2009 – Talkner, Katharina, Art. Clarke, Rebecca, in: LMG, S. 173

Thébaud 1995 – Thébaud, Françoise (Hg.), 20. Jahrhundert. Frankfurt a. M. u. a. 1995 (Geschichte der Frauen, Bd. 5)

Thébaud 1995a – Thébaud, Françoise, Der Erste Weltkrieg. Triumph der Geschlechtertrennung, in: Thébaud 1995, S. 33–92

Theweleit 1977 – Theweleit, Klaus, Männerphantasien, Bd. 1: Frauen, Fluten, Körper, Geschichte, Frankfurt a. M. 1977

THOMÄ 2008 – THOMÄ, DIETER, Väter. Eine moderne Heldengeschichte, München 2008

THOMASTIK 1932 – THOMASTIK, FRANZ, Die Stahlsaite als Kulturfaktor. Moderner Streichinstrumentenbau, 1. Teil, Wien 1932

TIBBE 2011 – TIBBE, MONICA, Vom Erzgebirge über Konstantinopel nach Saigon. Marie Stütz und Ida Tschek, in: HOFFMANN 2011, S. 213–252

TIMMERMANN 2008 – TIMMERMANN, VOLKER, Art. Kull, Anna, in: SDI, http://www.sophie-drinker-institut.de/cms/index.php?page=kull-anna, letzter Zugang am 7. März 2014

TIMMERMANN 2009 – TIMMERMANN, VOLKER, Art. Suck, Rosa, in: SDI, http://www.sophie-drinker-institut.de/cms/index.php?page=suck-rosa, letzter Zugang am 7. März 2014

TIMMERMANN 2010 – TIMMERMANN, VOLKER, „Das Violoncello aber, dieser halbgewachsene Mann…“ – Violoncellistinnen in den 50er und 60er Jahren des 19. Jahrhunderts, in: GERARDS/GROTJAHN 2010, S. 111–118

TIMMERMANN 2011 – TIMMERMANN, VOLKER, „So kann aber auch kein Mann spielen!“. Der zeitgenössische Blick auf die Schwestern Milanollo in Wien 1843, in: STAHRENBERG/RODE-BREYMANN 2011, S. 22–43

TIMMERMANN 2012 – TIMMERMANN, VOLKER, Art. Lagervall, Valborg, in: SDI, http://www.sophie-drinker-institut.de/cms/index.php?page=lagervall-valborg, letzter Zugang am 7. März 2014

TISCHER 2009 – TISCHER, MATTHIAS, Art. Paare, in: LMG, S. 420–421

TREITLER 1993 – TREITLER, LEO, Gender und andere Dualismen in der Musikgeschichte, in: HEESCH/LOSLEBEN 2012, S. 48–63

UNSELD 2001 – UNSELD, MELANIE, „Man töte dieses Weib!“ Weiblichkeit und Tod in der Musik der Jahrhundertwende, Stuttgart/Weimar 2001

UNSELD 2006 – UNSELD, MELANIE, Auf dem Weg zu einer memorik-sensibilisierten Geschichtsschreibung. Erinnerungsforschung und Musikwissenschaft, in: HERR/WOITAS 2006, S. 63–74

UNSELD 2009a – UNSELD, MELANIE, Art. Das 19. Jahrhundert, in: LMG, S. 87–97

UNSELD 2009b – UNSELD, MELANIE, Art. femme fatale/femme fragile, in: LMG, S. 517–518

UNSELD 2009c – UNSELD, MELANIE, Art. Instrumente, in: LMG, S. 288–291

UNSELD 2010 – UNSELD, MELANIE, (Auto-)Biographie und musikwissenschaftliche Genderforschung, in: GROTJAHN, REBECCA/VOGT, SABINE (Hg.): Musik und Gender. Grundlagen – Methoden – Perspektiven, Regensburg 2010 (Kompendien Musik, Bd. 5), S. 81–93

UNSELD/ZIMMERMANN 2013 – UNSELD, MELANIE/ZIMMERMANN, CHRISTIAN VON (Hg.), Anekdote – Biographie – Kanon. Zur Geschichtsschreibung in den schönen Künsten, Köln/Wien/Weimar 2013 (Biographik, Bd. 1)

VEDDER 2009 – VEDDER, BRIGITTE, Art. Sängerin, in: LMG, S. 380–381

VRIES 2014 – VRIES, RENÉ DE: Met een cello door Siberië. Het avontuurlijke leven van Lise Cristiani [1827–1853] en haar stradivariuscello [1700–heden], Leiden 2014

WAGNER 1850 – WAGNER, RICHARD, Das Judentum in der Musik, Leipzig 1869

WALDEN 1998 – WALDEN VALERIE, One Hundred Years of Violoncello. A history of Technique and Performance Practice, 1740–1840, Cambridge 1998 (Cambridge Musical Texts and Monographs)

Walter, Heinz 2002 – Walter, Heinz (Hg.), Männer als Väter. Sozialwissenschaftliche Theorie und Empirie. Gießen 2002

Wasielewski 1897 – Wasielewski, Wilhelm Joseph von, Aus siebzig Jahren. Lebenserinnerungen, Leipzig/Stuttgart 1897

Wasielewski 1925 – Wasielewski, Wilhelm Joseph von, Das Violoncell und seine Geschichte, Leipzig 1889, 2., durchgearb. und vermehrte Auflage, Leipzig 1911, 3. Auflage, Leipzig 1925, Repr. 1995

Weigel 2004 – Weigel, Sigrid, Geschlechterdifferenz und Literaturwissenschaft, in: Brackert, Helmut/Stückrath, Jörn (Hg.), Literaturwissenschaft. Ein Grundkurs, 8., erweiterte und überarb. Auflage, Reinbek bei Hamburg 2004, S. 677–689

Weininger 1902 – Weininger, Otto, Eros und Psyche. Studien und Briefe 1899–1902, Hannelore Rodlauer (Hg.), Wien 1990 (Österreichische Akademie der Wissenschaften. Philosophisch-Historische Klasse. Sitzungsberichte, Bd. 559)

Weininger 1903 – Weininger, Otto, Geschlecht und Charakter. Eine prinzipielle Untersuchung, Leipzig/Wien 1903

Weissweiler 1981 – Weissweiler, Eva, Komponistinnen aus 500 Jahren. Eine Kultur- und Wirkungsgeschichte in Biographien und Werkbeispielen, Frankfurt a. M. 1981

Weissweiler 1985 – Weissweiler, Eva (Hg.), Fanny Mendelssohn. Ein Portrait in Briefen, Frankfurt a. M. u.a. 1985

Weissweiler 1990 – Weissweiler, Eva, Clara Schumann. Eine Biographie, Hamburg 1990

Weissweiler 2013 – Weissweiler, Eva, Erbin des Feuers – Friedelind Wagner. Eine Spurensuche, München 2013

Wenzel 2007a – Wenzel, Silke, Art. Harrison, Beatrice, in: MUGI, http://mugi.hfmt-hamburg.de/A_lexartikel/lexartikel.php?id=harr1892, Stand vom 10. Dezember 2007, letzter Zugang am 27. März 2014

Wenzel 2007b – Wenzel, Silke, Art. Mukle, May, in: MUGI, http://mugi.hfmt-hamburg.de/A_lexartikel/lexartikel.php?id=mukl1880, Stand vom 26. Oktober 2007, letzter Zugang am 26. November 2013

Wenzel 2008a – Wenzel, Silke, Art. Butler, Antonia, in: MUGI, http://mugi.hfmt-hamburg.de/grundseite/grundseite.php?id=butl1909, Stand vom 26. August 2008, letzter Zugang am 31. März 2014

Wenzel 2008b – Wenzel, Silke, Art. Quidde, Margarethe, in: MUGI, http://mugi.hfmt-hamburg.de/A_lexartikel/lexartikel.php?id=quid1858, Stand vom 10. April 2008, letzter Zugang am 1. April 2014

Wenzel 2008c – Wenzel, Silke, Art. Reiss, Thelma, in: MUGI, http://mugi.hfmt-hamburg.de/A_lexartikel/lexartikel.php?id=reis1906, Stand vom 28. August 2008, letzter Zugang am 31. März 2014

Wenzel 2009a – Wenzel, Silke, Art. Ruegger, Elsa, in: MUGI, http://mugi.hfmt-hamburg.de/A_lexartikel/lexartikel.php?id=rueg1881, Stand vom 28. Januar 2009, letzter Zugang am 19. November 2013

Wenzel 2009b – Wenzel, Silke, Art. Dorrenboom, Ida, in: MUGI http://mugi.hfmt-hamburg.de/A_lexartikel/lexartikel.php?id=dorr1881, Stand vom 24. November 2009, letzter Zugang am 4. August 2013

Wenzel 2009c – Wenzel, Silke, Art. Campbell, Lucy, in: MUGI, http://mugi.hfmt-hamburg.de/A_lexartikel/lexartikel.php?id=camp1873, Stand vom 2. Mai 2009, letzter Zugang am 14. August 2013

Wenzel 2011a – Wenzel, Silke, Art. Clauss, Cécile, in: MUGI, http://mugi.hfmt-hamburg.de/A_lexartikel/lexartikel.php?id=clau1848 Stand vom 16. Mai 2011, letzter Zugang am 4. August 2013

Wenzel 2011b – Wenzel, Silke, Art. Beningfield, Ethel, in: MUGI, http://mugi.hfmt-hamburg.de/A_lexartikel/lexartikel.php?id=Beni1875, Stand vom 16. August 2011, letzter Zugang am 4. August 2013

Wenzel 2012a – Wenzel, Silke, Art. Grimson, Amy, in: MUGI, http://mugi.hfmt-hamburg.de/A_lexartikel/lexartikel.php?id=grim1872, Stand vom 26. Juli 2012, letzter Zugang am 4. August 2013

Wenzel 2012b – Wenzel, Silke, Art. Fletcher, Maud, in: MUGI, http://mugi.hfmt-hamburg.de/A_lexartikel/lexartikel.php?id=flet1870, Stand vom 12. September 2012, letzter Zugang am 4. August 2013

Wenzel 2013a – Wenzel, Silke, Art. Try, Elisa de, in: MUGI, http://mugi.hfmt-hamburg.de/A_lexartikel/lexartikel.php?id=detr1846, Stand vom 6. Mai 2013, letzter Zugang am 21. Oktober 2013

Wenzel 2013b – Wenzel, Silke, Art. Hegyesi, Lotte, in: MUGI, http://mugi.hfmt-hamburg.de/A_lexartikel/lexartikel.php?id=hegy1893, Stand vom 6. Mai 2013, letzter Zugang am 13. August 2013

Wenzel 2013c – Wenzel, Silke, Art. Caponsacchi, Marguérite, in: MUGI, http://mugi.hfmt-hamburg.de/A_lexartikel/lexartikel.php?id=capo1884, Stand vom 18. April 2013, letzter Zugang am 13. August 2013

Wenzel 2013d – Wenzel, Silke, Art. Geist, Marie, in: MUGI, http://mugi.hfmt-hamburg.de/A_lexartikel/lexartikel.php?id=geis1859, Stand vom 6. Mai 2013, letzter Zugang am 4. August 2013

Wenzel 2013e – Wenzel, Silke, Art. Brackenhammer, Rosa, in: MUGI, http://mugi.hfmt-hamburg.de/A_lexartikel/lexartikel.php?id=brac1870, Stand vom 13. Juni 2013, letzter Zugang am 4. August 2013

White 1994 – White, Hayden, Metahistory. Die historische Einbildungskraft im 19. Jahrhundert in Europa, Frankfurt a. M. 1994

Wichmann 2011 – Wichmann, Jannis, Art. Katow, Hélène de, in: SDI, http://www.sophie-drinker-institut.de/cms/index.php?page=katow-helene-de, letzter Zugang am 7. März 2014

Wichmann 2012 – Wichmann, Jannis, Art. Beningfield, Ethel, in: SDI, http://www.sophie-drinker-institut.de/cms/index.php?page=beningfield-ethel, letzter Zugang am 7. März 2014

Wilson 1999 – Wilson, Elizabeth, Jacqueline Du Pré, London 1999

Wischermann 2000 – Wischermann, Ulla, Vom Sprechen über Scham und Ehre zum Anspruch auf Lust und Begehren. Sexualitätsdiskurse in 100 Jahren Frauenbewegung, in: Opfermann 2007, S. 91–110

Woolf 2005 – Woolf, Virginia, Ein eigenes Zimmer. 4. Auflage, Frankfurt a. M. 2005

Wordsworth 1983 – Wordsworth, William (Hg.), Jaqueline du Pré. Impressions, New York 1983

Würzbach 2006 – Würzbach, Natascha, Raumerfahrung in der klassischen Moderne. Großstadt, Reisen, Wahrnehmungssinnlichkeit und Geschlecht in englischen Erzähltexten, Trier 2006 (ELCH. Studies in English Literary and Cultural History, Bd. 20)

Yoshihara 2008 – Yoshihara, Mari, Musicians from a Different Shore: Asians and Asian Americans in Classical Music, Philadelphia (PH) 2008

Zeisner 2007 – Zeisner, Elisabeth, Art. Senta Benesch, in: MUGI, http://mugi.hfmt-hamburg.de/A_lexartikel/lexartikel.php?id=bene1913, Stand vom 31. Mai 2007, letzter Zugang am 30. Januar 2014

Ziegler 2005 – Ziegler, Gudrun, Der achte Kontinent. Die Eroberung Sibiriens, Berlin 2005

Abbildungsnachweise

Abb. 1 *Lise B. Cristiani, Lithographie H.J.J. d'apres Thomas Couture*, um 1844, © BNF, Datenbank Gallica, Signatur: Est. Cristiani 001

Abb. 2 *Madame Suggia*, Gemälde von Augustus John 1923–25, Tate Galery, London, © Tate Images und Bridgeman Images

Abb. 3.1 – 3.6 Postkarten von Guilhermina Suggia an António Lamas aus dem Besitz von António Lamas, © Private Sammlung Elisa Lamas und Joao Lamas/Lissabon

Abb. 4.1 Titelseite des Reiseberichts in *Le Tour du Monde*, Ferdinand de Lanoye (Hg.): „Voyage dans la Sibérie orientale. Notes extraites de la correspondance d'une artiste (Mlle Lise Cristiani) 1849 – 1853", in: *Le Tour du Monde* 1863, vol. 7, S. 385–400, hier S. 385, Signatur: G-6794, © BNF Datenbank Gallica

Abb. 4.2 *Tombeau de Mlle Cristiani. Dessin de Thérond d'après un dessin envoyé de Novo-Tcherkask à sa famille*, In: *Le Tour du Monde* 1863, S. 400, Signatur: G-6794, © BNF, Datenbank Gallica

Abb. 4.3 Jenny Barbier auf dem Totenbett, Zeichnung von Jules Barbier, © Private Sammlung Barbier/de Meyenbourg/Sceaux

Abb. 5.1–5.11 Karikaturen über Lise Cristianis Werdegang zur Cellistin, *„Illustrationer til Foedrelandets. Artikel um Deslle. Christiani"*, *Corsaren* 1846, Nr. 288, S. 11-14, Kopie aus der Privaten Sammlung Lonais Jaillais/Amorgos, © Collections of The Royal Library Copenhague

Abb. 5.12 Karikatur über das Violoncellospiel Jacques Offenbachs von Gustave Doré: *„De l'influence et de la propagation du violoncelle, a l'exemple de M. Offenbach"*, in: *Petit Journal pour rire*, Nr. 15, 1856, BMVR de Nice, abgedruckt in: Boettcher/Pape 1996, S. 155.

Abb. 6 Abbildung aus der Violoncell-Schule von Bernhard Romberg, *Violoncell Schule in zwei Abteilungen*, Berlin, ohne Jahr, Fig. IV., abgedruckt in Boettcher/Pape 1996, S. 135.

Abb. 7 *Benjamin Hallet. A Child not five Years old*, Stich von James McArdell nach einem Gemälde von Thomas Jenkins; British Museum, London, © The Trustees of the British Museum

Abb. 8 Hélène de Katow, Fotografie von Nestor Schaffers um 1864, Signatur: Servais Collection – B3694, Halle, Belgien, Archiv Streekmuseum Halle, © Servais Society/Halle

Abb. 9 *Mademoiselle Szuk, violoncelliste hongroise, nouvellement arrivée à Paris*, Zeichnung von L. Breton, nach einer Fotografie von Nadar, Signatur: Est. Szuk 001, © BNF, Datenbank Gallica

Abb. 10 Margarethe Quidde, Fotografie von R. Rosenow/Königsberg, © Monacensia Literaturarchiv und Bibliothek München, Signatur: LQ_F43

Abb. 11.1 Von Guilhermina Suggia signierte Fotografie, Autogrammkarte vom 4.9.1924 für den Bildhauer Teixeira Lopes, Suggias Trauzeuge, © Private Sammlung Virgílio Marques/Lissabon

Abb. 11.2 Guilhermina Suggia als Kind mit Schwester Virgínia Suggia, um 1892, Kopie aus der Privaten Sammlung Virgílio Marques/Lissabon, © Camara Municipal de Matosinhos, Arquivo Municipal und Virgílio Marques

Abb. 11.3 Fotografie Guilhermina Suggia und Pablo Casals, um 1912, Kopie aus der Privaten Sammlung Virgílio Marques/Lissabon, © Camara Municipal de Matosinhos, Arquivo Municipal und Virgílio Marques

Abb. 12 Signierte Fotografie May Mukle von Agnes Jennings/London, zwischen 1902–1909, Sammlung F.N. Mahnskopf, Signatur S36_F11013, © Universitätsbibliothek Johann Christian Senckenberg Frankfurt am Main

Abb. 13 Beatrice Harrison in einer Probe mit Edward Elgar im Dezember 1919 in Severn House, Fotografie abgedruckt in Cleveland-Peck 1986, Bildteil, Abbildung Nr. 11.

Abb. 14.1 Jacqueline du Pré, Coverfoto von Ken Veeder/EMI Records, in: CD-Booklet „Jacqueline du Pré. The Concerto Collection“, EMI Classics 2000

Abb. 14.2 Jacqueline du Pré als Kind, um 1950, abgedruckt in du Pre 1999, Bildteil o.S.

Abb. 14.3 Jacqueline du Pré und Daniel Barenboim in einer Probe, um 1970, abgedruckt in du Pre 1999, Bildteil o.S.

Abb. 15 Signierte Fotografie Maria Kliegel von Karl Scheuring/Reutlingen, 1990, © Maria Kliegel/Karl Scheuring

Danksagung

Im Laufe der Entstehung meiner Forschungsergebnisse über Cellistinnen haben mich zahlreiche Menschen und Institutionen unterstützt, denen ich an dieser Stelle danken möchte.

An erster Stelle möchte ich meinen ganz besonderen Dank an Prof. Dr. Annette Kreutziger-Herr richten, die als Doktormutter dieses Dissertationsvorhaben betreut hat. Sie hat nicht nur meine ersten Überlegungen zu diesem auch biographisch motivierten Thema bestärkt, sondern auch meine wissenschaftlichen Schritte mit großer Geduld und steter Präsenz angeleitet und begleitet. Ich danke ihr für ungezählte weiterführende Hinweise, ihr Vertrauen in meine Fähigkeiten, ihre Anerkennung und ihre unermüdliche Unterstützung in Situationen, in denen Fragen und Unklarheiten überhandzunehmen schienen.

In diesem Zusammenhang danke ich auch Dr. Katrin Losleben von Herzen dafür, dass sie mich mit Annette Kreutziger-Herr bekannt gemacht hat und dass sie in einem von ihr geleiteten Seminar meine Motivation zur Beforschung dieses Themas geweckt sowie in engagierter Weise Anregungen und wegweisenden Rat gegeben hat.

Vom inspirierenden Arbeitsstil und der fachlichen Kompetenz der Doktormutter geprägt waren die Diskussionen im Kolloquium. Den Kolleginnen und Kollegen aus dem Doktoranden-Kolloquium, Dr. Evelyn Buyken, Dr. Annette Ziegenmeyer, Dr. Anne Kohl, Dr. Katrin Losleben, Dr. Anja Städtler, Dr. Gabriela Lendle, Dr. Valerie Lukassen, Dr. Jonas Traudes, Caroline Wiese sowie Dr. Gesa Finke danke ich für ihre motivierende Diskussionsbereitschaft.

Ebenso gilt mein herzlicher Dank Prof. Dr. Heinz Geuen für die Übernahme der Zweitbetreuung und sein hilfreiches Feedback. Prof. Maria Kliegel und Prof. Gerhard Mantel danke ich an dieser Stelle nochmals für ihren engagierten Cello-Unterricht und ungezählte künstlerische und pädagogische Inspiration während meines Studiums.

Mein Dissertationsprojekt, das in diesem Buch nun als Publikation vorliegt, wurde von der Konrad-Adenauer-Stiftung e.V. mit einem Promotionsstipendium gefördert. Ich danke der Stiftung sowie Dr. Daniela Tandecki und Dr. Gernot Uhl für die herzliche und zugewandte Betreuung innerhalb der Stiftung. Die Publikation wurde von der Geschwister Boehringer Ingelheim Stiftung für Geisteswissenschaften sowie von der Mariann Steegmann Foundation durch Druckkostenzuschüsse mitfinanziert. Ich danke beiden Stiftungen und namentlich Prof. Dr. Eva Rieger von der Mariann Steegmann Foundation.

Besonders möchte ich zwei Wissenschaftlerinnen hervorheben, deren Publikationen für diese Arbeit wegweisend und von großer Bedeutung waren: Prof. Dr. Freia Hoffmann und Prof. Dr. Anita Mercier.

Für ihre Hilfe und Kooperation bei der Recherche gilt nochmals mein großer Dank Prof. Dr. Freia Hoffmann und Prof. Dr. Anita Mercier sowie Dr. Volker Timmermann vom Sophie Drinker Institut.

Für die Bereitstellung von Quellenmaterial aus Privaten Sammlungen und große Hilfsbereitschaft beim Rekonstruieren, Scannen und Transkribieren von Dokumenten danke ich Marianne von Meyenbourg (Private Sammlung Barbier von Marianne de Meyenbourg/Sceaux), Virgílio Marques (Private Sammlung Guilhermina Suggia von Virgílio Marques/Lissabon), Lonaïs Jaillais (Private Sammlung Lise Cristiani von Lonaïs Jaillais/Amorgos) und Elisa Lamas und João Lamas (Private Sammlung Guilhermina Suggia von Elisa Lamas und João Lamas/Lissabon) sowie für viele weiterführende Informationen Prof. Dr. René de Vries, Dr. Benjamin Specht, Catherine Willmers, Peter François von der Servais Society, Walter Mengler und Holger Best.

Für den Zugang zu und die Freigabe von Dokumenten und Bildern sowie Hilfe im Laufe des aufwendigen und nicht immer unkomplizierten Rechercheprozesses danke ich den Mitarbeiterinnen und Mitarbeitern zahlreicher Bibliotheken und Archive: Staatsbibliothek zu Berlin/Preußischer Kulturbesitz, Universitätsbibliothek Bonn, Bibliothèque Nationale de France, Biblioteka Jagiellońska/Krakau, Musikabteilung der Bayerischen Staatsbibliothek München, Camara Municipal de Matosinhos, The Royal Library Copenhague, BMVR de Nice, British Museum/London, Archiv Streekmuseum und der Servais Society/Halle, Monacensia Literaturarchiv und Bibliothek München, Universitätsbibliothek Johann Christian Senckenberg Frankfurt am Main, Oxford University Press, British Newspaper Archive, Tate Galery/London sowie Bridgeman Images/Berlin.

Annkatrin Babbe danke ich für die Bereitschaft zum ausführlichen Korrekturlesen sowie für ihre zuverlässige Gründlichkeit und Hilfe bei der Überprüfung der Quellen und der Literatur; Peter Büssers für die großzügige und geduldige Bereitstellung seines computertechnischen Wissens.

Liudmila Firagina danke ich für die Übersetzung der russischen Textstellen, Dr. Gilles Revaz für die Überprüfung einiger französischer Transkriptionen, Virgílio Marques für die Hilfe bei Transkriptionen und Übersetzungen aus dem Portugiesischen, Marianne von Meyenbourg für ihre Transkription der Texte von Victoire Barbier und des Handschriftenfragments von Lise Cristiani.

Prof. Dr. Andrea Gutenberg und Dr. Christina Scharff danke ich für anregende Diskussionen mit Literaturhinweisen und ihre Bereitschaft zum Korrekturlesen; Prof. Dr. Anne Weber-Krüger für weiterführende Literaturhinweise;

Andreas Bauer für seine hilfreichen und inspirierenden Hinweise in der letzten Korrekturphase der Druckfahnen. Norbert Wieser danke ich für seine Unterstützung bei der Fahnenkorrektur und Erstellung des Registers sowie Roxana Littau für ihre hilfreiche Mitarbeit daran.

Ein Dank geht auch an meine Jungstudierenden und Studierenden der HfMT Köln, die mich über die Jahre durch ihre Fortschritte und ihre gelingenden musikalischen und persönlichen Entwicklungen in meiner instrumentalpädagogischen Arbeit bestärkt haben.

Für stete Diskussionsbereitschaft, ermutigende Worte und liebevollen Beistand in Situationen, in denen meine Anstrengungsbereitschaft nachließ, danke ich meinen Eltern, Dr. Susanne Graf-Deserno und Prof. Dr. Heinrich Deserno. Für seine große Hilfsbereitschaft und Geduld beim Korrekturlesen des umfangreichen Manuskriptes sowie ungezählte inspirierende Hinweise und Diskussionen, seine stetige Ermutigung, sein bestärkendes Interesse an meiner Arbeit und für seine liebevolle Anerkennung bin ich meinem Vater Heinrich Deserno sehr dankbar. Meinem jüngeren Bruder Dr. Lorenz Deserno danke ich für anregende, kritische Diskussionen zu den Texten von Judith Butler und Bemühungen, mich zu trösten, als mein Computer mit dem Dissertationsdokument auf dem Schiff nach La Gomera zerbrochen ist. Daniel Kemminer möchte ich für seine liebevolle Unterstützung in vielen Lebenssituationen und besonders für seine Geduld mit meinen Computerschwächen danken. Außerdem gilt mein Dank Prof. Astrid Bolay, Prof. Gesa Lücker, Tamara Stefanović und Nenad Lečić für ihre Freundschaft, Unterstützung und Inspiration während dieses Arbeitsprozesses.

Das Buch ist meiner Mutter Dr. Susanne Graf-Deserno gewidmet, die in allen entscheidenden Situationen mir umsichtig und in inniger Verbundenheit mit Anregungen, Anteilnahme und guten Ideen zur Seite gestanden hat. Sie hat immer an meine Fähigkeiten geglaubt, war stets diskussions- und hilfsbereit und für mich mit ihrem kritischen und kreativen Denken präsent. Sie hat nicht zuletzt den Grundstein für mein Interesse an der Frauen- und Geschlechterforschung gelegt – angefangen mit dem Streichquartett von Fanny Mendelssohn-Hensel.

Register

Zur Autorin

Katharina Deserno ist Cellistin, Musikwissenschaftlerin, Musikpädagogin und lehrt seit 2015 als Professorin für Instrumentalpädagogik an der Hochschule für Musik und Darstellende Kunst Frankfurt. Ihre künstlerische Ausbildung, die sie mit dem Konzertexamen abschloss, erhielt sie in Frankfurt, Köln und Paris. 2008 begann sie als Dozentin für Violoncello an der Hochschule für Musik und Tanz Köln zu unterrichten. Ihre Violoncello-Studierenden sind als Preisträgerinnen und Preisträger zahlreicher Wettbewerbe erfolgreich. Die Konzerttätigkeit von Katharina Deserno ist neben Uraufführungen, Tourneen, Einladungen zu Festivals und Masterclasses sowie Rundfunkübertragungen durch mehrere CDs bei Kaleidos und Wergo dokumentiert. Musikwissenschaftliche und musikpädagogische Forschungsarbeiten, Publikationen und Herausgebertätigkeiten u.a. beim Bärenreiter- und Schott-Verlag. 2014 wurde sie an der Hochschule für Musik und Tanz Köln mit summa cum laude zum Dr. phil. promoviert. Die Publikationsfassung der Dissertation liegt mit diesem Buch vor.

MUSIK – KULTUR – GENDER

HERAUSGEGEBEN VON
ANNETTE KREUTZIGER-HERR, DORLE DRACKLÉ,
DAGMAR VON HOFF UND SUSANNE RODE-BREYMANN

BD. 1 | CORINNA HERR,
MONIKA WOITAS (HG.)
MUSIK MIT METHODE
NEUE KULTURWISSENSCHAFTLICHE
PERSPEKTIVEN
2006. XIV, 330 S. MIT 2 S/W-ABB. BR.
ISBN 978-3-412-00106-3

BD. 2 | BEATE KUTSCHKE
NEUE LINKE/NEUE MUSIK
KULTURTHEORIEN UND KÜNSTLE-
RISCHE AVANTGARDE IN DEN 1960ER
UND 70ER JAHREN
2007. 432 S. MIT 10 S/W-ABB. BR.
ISBN 978-3-412-17906-9

BD. 3 | SUSANNE RODE-BREYMANN (HG.)
ORTE DER MUSIK
KULTURELLES HANDELN VON
FRAUEN IN DER STADT
2007. VI, 290 S. MIT 30 S/W-ABB. UND
4 FARBTAFELN. BR.
ISBN 978-3-412-20008-4

BD. 4 | ANNETTE KREUTZIGER-HERR (HG.)
MOZART IM BLICK
INSZENIERUNGEN, BILDER
UND DISKURSE
2007. XIV, 316 S. 6 FARB. ABB. UND
EINIGE NOTENBSP. BR.
ISBN 978-3-412-20003-9

BD. 5 | ANNETTE KREUTZIGER-HERR,
KATRIN LOSLEBEN (HG.)
HISTORY/HERSTORY
ALTERNATIVE MUSIKGESCHICHTEN
2009. XIII, 430 S. 23 FARB. UND S/W-ABB.
BR. | ISBN 978-3-412-20243-9

BD. 6 | SUSANNE RODE-BREYMANN (HG.)
MUSIKORT KLOSTER
KULTURELLES HANDELN VON FRAUEN
IN DER FRÜHEN NEUZEIT
2009. VI, 274 S. 34 S/W-ABB. UND 11 FARB.
ABB. MIT MUSIK-CD. BR.
ISBN 978-3-412-20330-6

BD. 7 | CARSTEN WERGIN
KRÉOL BLOUZ
MUSIKALISCHE INSZENIERUNGEN VON
IDENTITÄT UND KULTUR
2010. VII, 212 S. 9 FARB. ABB. AUF 4 TAF.
UND MUSIKBSP. AUF BEIGELEGTER CD.
BR. | ISBN 978-3-412-20442-6

BD. 8 | MARION GERARDS
FRAUENLIEBE – MÄNNERLEBEN
DIE MUSIK VON JOHANNES BRAHMS
UND DER GESCHLECHTERDISKURS IM
19. JAHRHUNDERT
MIT EINEM VORWORT VON
FREIA HOFFMANN
2010. VIII, 364 S. 41 S/W-ABB. UND
NOTENBSP. BR. | ISBN 978-3-412-20496-9

böhlau

MUSIK – KULTUR – GENDER

BD. 9 | MARTINA BICK, JULIA HEIMERDINGER, KRISTA WARNKE (HG.)
MUSIKGESCHICHTEN – VERMITTLUNGSFORMEN
FESTSCHRIFT FÜR BEATRIX BORCHARD ZUM 60. GEBURTSTAG
2010. 360 S. 62 S/W-ABB. GB.
ISBN 978-3-412-20625-3

BD. 10 | FLORIAN HEESCH, KATRIN LOSLEBEN (HG.)
MUSIK UND GENDER
EIN READER
2012. 313 S. EINIGE NOTENBSP. BR.
ISBN 978-3-412-20785-4

BD. 11 | KORDULA KNAUS, SUSANNE KOGLER (HG.)
AUTORSCHAFT – GENIE – GESCHLECHT
MUSIKALISCHE SCHAFFENSPROZESSE VON DER FRÜHEN NEUZEIT BIS ZUR GEGENWART
2013. 284 S. 28 S/W-ABB. UND NOTENBSP. BR. | ISBN 978-3-412-20902-5

BD. 12 | SUSANNE RODE-BREYMANN, ANTJE TUMAT (HG.)
DER HOF
ORT KULTURELLEN HANDELNS VON FRAUEN IN DER FRÜHEN NEUZEIT
2013. 386 S. 34 S/W- UND 14 FARB. ABB. BR. | ISBN 978-3-412-21102-8

BD. 13 | DANIELLE ROSTER, MELANIE UNSELD (HG.)
KOMPONISTINNEN IN LUXEMBURG
HELEN BUCHHOLTZ (1877–1953) UND LOU KOSTER (1889–1973)
2014. 317 S. 46 FARB. UND 30 S/W-ABB. AUDIO-CD. BR. | ISBN 978-3-412-22185-0

BD. 14 | KATHARINA DESERNO
CELLISTINNEN.
TRANSFORMATIONEN VON WEIBLICHKEITSBILDERN IN DER INSTRUMENTALKUNST
2018. 540 S. 8 FARB. UND 24 S/W-ABB. BR. | ISBN 978-3-412-50171-6

BD. 15 | NINA NOESKE
KOMPONISTINNEN IN LUXEMBURG
LISZTS »FAUST«. ÄSTHETIK – POLITIK – DISKURS
2016. 672 S. 4 S/W-ABB. BR. | ISBN 978-3-412-50620-9

BD. 16 | CAROLA BEBERMEIER, MELANIE UNSELD (HG.)
»LA COSA È SCABROSA«
DAS EREIGNIS »FIGARO« UND DIE WIENER OPERNPRAXIS DER MOZART-ZEIT
2018. 164 S. 10 S/W-ABB. BR.
ISBN 978-3-412-51117-3